C·H·Beck
PAPERBACK

Als zu Beginn des 18. Jahrhunderts die Erblande der Habsburger unteilbar wurden, war damit der Grundstein für eines der mächtigsten europäischen Reiche gelegt. Maria Theresia und Joseph II. formten die Territorien zu einem einheitlichen Staat, dessen Vorteile Bauern oder Unternehmer bald für sich entdeckten. Pieter Judson erzählt die Geschichte dieses Imperiums vom 18. Jahrhundert bis zu dessen Auflösung am Ende des Ersten Weltkriegs. Dabei berücksichtigt er neben der politischen Geschichte immer auch den Alltag der Menschen an der Peripherie. So gerät eine Gesellschaft in den Blick, die zwar vielsprachig war, aber erst im Laufe des nationalistischen 19. Jahrhunderts «Völker» voneinander abgrenzte. Deren territoriale Geschlossenheit war jedoch eine Illusion: Als Europas zweitgrößter Staat 1918 zerbrach, waren die Nachfolgestaaten ihrerseits kleine «Vielvölkerreiche». Pieter Judsons eindrucksvolle Geschichte lässt das Kaiserreich der Habsburger in erfrischend neuem Licht erscheinen.

Pieter M. Judson, geboren 1956, ist Professor für die Geschichte des 19. und 20. Jahrhundert am Europäischen Hochschulinstitut in Florenz. Zuvor hat er am Swarthmore College in Swarthmore in Pennsylvania, USA, gelehrt. Er gehört international zu den besten Kennern der Geschichte des Habsburgerreichs. Für seine Forschungen wurde er vielfach ausgezeichnet.

Pieter M. Judson

Habsburg

Geschichte eines Imperiums

1740–1918

Aus dem Englischen von
Michael Müller

C.H.Beck

Titel der amerikanischen Originalausgabe:
«The Habsburg Empire. A New History»
Copyright © 2016 by the President and Fellows of Harvard College
Zuerst erschienen bei Harvard University Press

Die deutsche Ausgabe erschien zuerst 2017 in gebundener Form
im Verlag C.H.Beck
2. Auflage. 2017
3., durchgesehene Auflage. 2019

Mit 7 Karten und 40 Abbildungen

1. Auflage in C.H.Beck Paperback. 2020

Für die deutsche Ausgabe:
© Verlag C.H.Beck oHG, München 2017
www.chbeck.de
Umschlaggestaltung: Rothfos & Gabler, Hamburg
Umschlagabbildung: Kaiser Franz Joseph bei einer Parade in Sarajewo
am 1. Juni 1908. Foto: Österreichische Nationalbibliothek
Satz: Janß GmbH, Pfungstadt
Druck und Bindung: Druckerei C.H.Beck, Nördlingen
Printed in Germany
ISBN 978 3 406 75768 6

myclimate

klimaneutral produziert
www.chbeck.de/nachhaltig

Für Charles

Inhalt

Vorbemerkung

Thema dieses Buches ist die Geschichte eines Staates, der in der Zeit von 1770 bis 1918 unter vielen verschiedenen Namen bekannt war. Ich nenne ihn im Folgenden Habsburgermonarchie oder Habsburgisches Kaiserreich. Von 1804 bis 1867 war er als Kaisertum Österreich bekannt. Nach dem sogenannten Ausgleich von 1867 wurde die neu entstandene Doppelmonarchie als Österreich-Ungarn bezeichnet. Auf den westlichen Teil dieses Staates beziehe ich mich mit dem Ausdruck «Österreich», wenn er auch offiziell «Die im Reichsrat vertretenen Königreiche und Länder» hieß. Gebräuchlich war für den Westen auch der Begriff «Cisleithanien», während der östliche Teil, der offiziell «Länder der Heiligen Ungarischen Stephanskrone» hieß, «Transleithanien» genannt wurde.

Es ist fast unmöglich, über das habsburgische Mitteleuropa zu schreiben, ohne nationalistische Muster zu reproduzieren. Da mir das bewusst ist, habe ich es mir zur Regel gemacht, Orte nicht mit einem einzigen Namen zu nennen, sondern die Bezeichnungen in den zwei oder drei verschiedenen Sprachen zu verwenden, die früher in ihnen gebräuchlich waren. Das mag umständlich erscheinen, und Nationalisten könnten, je nachdem welchem «Volk» ihre Sympathien gelten, an der Reihenfolge der Namen Anstoß nehmen, doch wirkt dieses Vorgehen dem Eindruck entgegen, jeder dieser Orte habe eine eindeutige nationale Identität besessen. Für größere Städte wie Krakau, Prag, Trient oder Wien verwende ich die im Deutschen eingeführten Namen.

Ich habe versucht, essenzialistische Begriffe wie «Tschechen», «Deutsche», «Polen» oder «Slowenen» zu vermeiden, und stattdessen deskriptive Bezeichnungen wie «Sprecher des Tschechischen» benutzt, obwohl diese die tatsächliche Sprachpraxis der so bezeichneten Staatsbürger oft nicht adäquat erfassen. Sie gestehen jedoch Menschen, die sonst häufig nach Kriterien eingeteilt werden, die ihnen selbst fremd und unverständlich waren, ein Mindestmaß an eigenem Handlungsvermögen zu. Ich spreche von «Ungarn» oder «Ungarisierung» dort, wo andere von «Magyaren» oder «Magyarisierung» reden würden. Einige Wissenschaftler haben zwischen einer auf einem Staat (Ungarn) basierenden «Nation» und einer «Nation», die auf ethnischer Zugehörigkeit (zur magyarischen Bevölkerungsgruppe) gründet, unterschieden, doch scheint mir diese scharfe Trennung wenig Sinn zu ergeben, vor allem, was das neunzehnte Jahrhundert betrifft. Mit Rücksicht auf den historischen Kontext verwende ich durchgehend die Begriffe «Ruthenen» und «ruthenisch» zur Bezeichnung der Bevölkerungsgruppe und Sprache, die heute generell «ukrainisch» genannt werden, obwohl dieser Begriff schon von 1900 an immer gebräuchlicher wurde.

Einleitung

Am Dienstag, dem 13., und Montag, dem 19. Juni 1911, machten sich in Dörfern, kleinen und großen Städten überall im kaiserlichen Österreich mehr als viereinhalb Millionen Wähler auf, um ihre Stimmen für ein neues Parlament abzugeben.[1] In den einzelnen Stimmbezirken wurden erbitterte Wahlkämpfe ausgetragen, und Agitatoren der verschiedenen Parteien bemühten sich bis zur letzten Minute, ihre Wähler zum Gang an die Urnen zu bewegen. Von Vorarlberg bis zur Bukowina, von Prag bis Dubrovnik prägten in den Wochen vor der Wahl Parteikundgebungen und pathetische Bekanntmachungen politischer Programme das öffentliche Leben. Die Bürger wurden mit Flugblättern überschwemmt, und die Zeitungen veröffentlichten geistreiche Satiren.[2]

Parteizeitungen drängten Leser, die das noch nicht erledigt hatten, schleunigst die zuständige Amtsstelle in ihrem Ort aufzusuchen, wo sie sich gegen Vorlage eines offiziellen Ausweises ihre Wahllegitimation aushändigen lassen konnten. Diese sollten sie auch nach der Stimmabgabe weiter bereithalten für den Fall, dass es in ihrem Kreis zu einer Stichwahl kommen sollte. Parteiübergreifend wurde vor Störmanövern gewarnt, die die jeweiligen Gegner in letzter Minute aushecken könnten. Christsoziale Zeitungen in Graz baten ihre Wahlhelfer inständig, in allen Straßen und Wohnvierteln ihres Bezirks weiterhin für ihre Partei zu werben, bis die Wahlen abgeschlossen sein würden. In Czernowitz (Cernăuți/Černivci) riefen die bürgerlichen deutschen, rumänischen, ukrainischen und polnischen nationalistischen Parteien ihre Wählergemeinschaften auf, dafür zu sorgen, dass der bisherige Abgeordnete, ein Sozialist, die Stadt nicht wieder im Reichsrat vertreten würde. In Pettau (Ptuj) appellierte die slowenischsprachige Zeitung *Štajerc* in einem «Wähler! Bauern, Arbeiter und Handwerker» überschriebenen Aufruf an ihre Leser, sich vereint hinter die von dem Blatt unterstützten Kandidaten für die Südsteiermark zu stellen.[3]

Prognostiker und Kandidaten übertreiben bei jeder Wahl gerne deren politische Bedeutung. Rückblickend mag es bei dieser Wahl im Jahr 1911 nicht um außergewöhnlich viel gegangen sein, doch sowohl der hohe Grad an emotionaler Anteilnahme, der in regionalen Zeitungen zum Ausdruck kam, als auch die hohe Wahlbeteiligung zeigen, dass die Wähler ihrem Votum große Bedeutung beimaßen. Eine sozialdemokratische Zeitung fing ein, was viele mit dieser Wahl verbanden, als sie verkündete: «Wenn Ihr Euren Wahlzettel in die Urne werft, entscheidet Ihr über Eure eigene Zukunft.»[4]

Als die Österreicher zu den Wahllokalen strömten, um über ihre eigene Zukunft zu entscheiden, waren sie sich bewusst, dass sie auch über die Zukunft ihres Reiches entschieden. Und einige von ihnen zahlten sogar den allerhöchsten Preis, um ihren Entschluss zu wählen in die Tat umsetzen zu können, wie schockierte Leser überall in der Monarchie am 20. Juni, dem Tag nach der Wahl, aus der Zeitung erfuhren. Am Vortag war es in der galizischen Ölförderstadt Drohobytsch (Drohobycz) zu einem Massaker gekommen.[5] Eine große Schar jüdischer und ruthenisch- beziehungsweise ukrainischsprachiger Galizier war auf dem Marktplatz zusammengekommen, fest entschlossen, am Ende eines erbittert geführten Wahlkampfs von ihrem Recht auf Mitbestimmung über ihre Vertretung im Reichsrat Gebrauch zu machen. Viele fürchteten nicht ohne Grund, dass die örtlichen Behörden versuchen würden, die Ergebnisse zugunsten des amtierenden Abgeordneten Nathan Löwenstein zu manipulieren und sie davon abzuhalten, für ihren Kandidaten, den Zionisten Gershon Zipper, zu stimmen. Ersterer war der Kandidat der jüdischen Drahtzieher von Drohobych und der im Polenklub zusammengeschlossenen konservativen Eliten, die de facto über das Kronland Galizien herrschten.

Für diese Wahl hatten die Stadtoberen ein einziges Wahllokal für potenziell mehr als 8000 Stimmberechtigte eingerichtet. Am Wahltag hinderte die Polizei des Ortes alle, die nicht als Anhänger Löwensteins bekannt waren, daran, den Raum zu betreten. Mehrfach zerstreuten berittene Gendarmen unruhige Menschentrauben, die sich immer wieder vor dem Wahllokal versammelten, und trieben sie weg. Anstatt wie erhofft gute Geschäfte mit einer festlich gestimmten Schar von Wählern zu machen, mussten Ladenbesitzer erleben, dass die immer gereizter werdende Menge ihnen die Schaufensterscheiben einwarf und weitere Schäden verursachte. Am Nachmittag befahlen die Stadtoberen den Soldaten, die man aus der Garnison Rzeszow bei der Festung Przemyśl herbeigeholt hatte, das Feuer auf die Aufsässigen zu eröffnen. Sechsundzwanzig Menschen blieben tot auf dem Platz zurück, darunter auch Alte, Frauen und Kinder. Untersuchungen ergaben, dass die meisten von ihnen in den Rücken getroffen worden waren, was vermuten ließ, dass sie vor den Soldaten geflohen waren.

Diese aufwühlende Geschichte zeigt, zu welch extremen Maßnahmen örtliche Machthaber bereit waren, um in einer Zeit, in der die Staatsbürger sich erstmals in großer Zahl an Wahlen beteiligen konnten, an der Herrschaft zu bleiben. Sie dokumentiert aber auch, wie stark die Einwohner einer weit von Wien und Budapest entfernt gelegenen Industriestadt sich politisch und emotional mit dem Reich, in dem sie lebten, identifizierten. Es war erst die zweite Wahl, die seit der Einführung des allgemeinen Wahlrechts für Männer im Jahr 1907 stattfand, und die dritte, die seit der Ausdehnung des Stimmrechts auch auf männliche Untertanen ohne Besitz im Jahr 1896 abgehalten wurde. Genau aus diesem Grund sahen die Menschen das hart erkämpfte Wahlrecht als so bedeutsam für ihr zukünftiges Leben an. Was die Durchführung von Wahlen betraf, hatte das Kronland Galizen einen schlechten Ruf, denn es war dort immer wieder zu Manipulationen gekommen. Die Einwohner von Drohobytsch wussten sehr gut, dass die Männer, die die Geschicke ihrer Stadt bestimmten, zu allen denkbaren Schikanen und Fälschungen bereit waren, um das Ergebnis der Abstimmung zu ihren Gunsten zu beeinflussen.[6] Dennoch war die ethnisch, religiös und sprachlich so bunt zusammengesetzte Arbeiterschaft der Stadt entschlossen, den Kandidaten, auf den man sich geeinigt hatte, ins Parlament zu hieven. Dass sich Zionisten und ruthenische Bauern verbündeten, mag uns heute merkwürdig erscheinen, da wir sonst meist lesen, dass sich im Habsburgerreich nationale oder religiöse Gruppen erbittert gegenüberstanden. In diesem Fall lag aber beiden Gruppen die Zusammensetzung des Reichsrats im weit entfernten Wien sehr am Herzen, und das, obwohl diese Institution viel weniger Einfluss auf ihr Leben hatte als die Regierung des Kronlands Galizien, deren Sitz in Lemberg (Lwów, Lwiw) war. Warum war an jenem Tag jedermann in Drohobytsch von der großen Bedeutung der Wahlen überzeugt? Was verrät uns das über den Stellenwert des Habsburgerreichs und seiner Institutionen im Leben der Untertanen?

Für viele Österreicher war das Reich eine alternative Quelle symbolischer und realer Macht, die vielleicht die Macht der einzelnen örtlichen Eliten nicht übertraf, sich aber zumindest mäßigend auf sie auswirken konnte. Als zionistische und ruthenische politische Führer vor dem Innenminister über die gesetzeswidrige Durchführung der Wahl klagten, gewährte Wien ihnen ein gewisses Maß an juristischer Unterstützung. Allerdings konnte man die grundsätzliche Ungerechtigkeit der örtlichen politischen Verhältnisse nicht beseitigen. Am 19. Juni 1911 setzten die Menschen in Drohobytsch das Wahlrecht, das sie als Bürger der Monarchie besaßen, als – in ihrer Wirkung begrenzte – Waffe gegen diejenigen ein, die sie als ihre lokalen Unterdrücker ansahen.

Die Parlamentswahlen hatten für die Menschen überall im Reich immense kulturelle und soziale Bedeutung. Zwar waren nur männliche Untertanen über vierundzwanzig Jahre wahlberechtigt, doch dass unter den Todesopfern in Drohobytsch auch Frauen und Kinder waren, zeigt, in welchem Maß an jenem Tag das Geschick des ganzen Reiches jedermann am Herzen lag. Die Beschränkung des Wahlrechts auf Männer konnte Frauen, Jugendliche und sogar Kinder kaum davon abhalten, an diesem politischen, kulturellen, staatsbürgerlichen Ritual teilzunehmen, das häufig feierlich zelebriert wurde, Tausende von Menschen an einem Ort vereinte und ihre Gemeinde mit dem Rest des Reiches verband.

Eine Untersuchung der turbulenten Ereignisse vom Juni 1911 in den Dörfern und Städten des österreichischen Teils des Reiches oder Cisleithaniens, wie er auch genannt wurde, würde zeigen, dass sozial, religiös und oft auch sprachlich ähnlich heterogene Gruppen wie in Drohobytsch ihren Willen geltend machten, um die Zukunft ihres Staates mitzugestalten, und dafür unerwartete Allianzen eingingen. Das galt häufig auch für die ungarische Hälfte der Doppelmonarchie, für Transleithanien, obwohl das restriktivere Wahlrecht die Wählerschaft dort zahlenmäßig stark beschränkte. Von den 1890er-Jahren an wurden aber auch dort die Scharen der Nichtwahlberechtigten aktiv, um am

Tag der Abstimmung eine bestimmte politische Position oder einen bestimmten Kandidaten zu unterstützen. Am Wahltag wurde das Reich für alle, ob wahlberechtigt oder nicht, zur Projektionsfläche für religiöse und sonstige Überzeugungen, Wertvorstellungen, Hoffnungen, Frustrationen und vor allem für Zukunftsvisionen. Die Wahlen stellten ein wichtiges, dem Imperium gewidmetes Ritual dar, an dem Menschen aller gesellschaftlichen Klassen teilnahmen. Man hegte auch die gleichen Hoffnungen, was den Ablauf der Wahl selbst betraf, dass nämlich die Vertreter des Staates deren Rechtmäßigkeit garantierten – Hoffnungen, die durch die Machthaber in Drohobytsch auf so ungeheuerliche und tragische Weise enttäuscht wurden.

Dieses Buch handelt davon, wie sich zahllose lokale oder regionale Gesellschaften in ganz Mitteleuropa vom achtzehnten Jahrhundert bis zum Ersten Weltkrieg mit den Bemühungen der Habsburgerdynastie identifizierten, einen vereinigten und vereinigenden Kaiserstaat zu schaffen. Es wird untersucht, wie die Institutionen des Reiches, die administrativen Praktiken und kulturellen Programme vom späten achtzehnten Jahrhundert bis in die ersten Jahrzehnte des zwanzigsten Jahrhunderts hinein dazu beitrugen, in den einzelnen Regionen die lokale Gesellschaft zu prägen. Umgekehrt wird gefragt, wie die Bürger des Imperiums mit den verschiedenen staatlichen Praktiken und Institutionen umgingen, wie sie sich diese oft für ihre eigenen Zwecke zunutze machten oder umgestalteten, damit sie ihren eigenen Interessen entgegenkamen. Insgesamt führten die komplexen Prozesse der Miterschaffung des Reiches durch die Bürger zu gemeinsamen Erfahrungen, durch die sprachliche, konfessionelle und regionale Trennlinien überbrückt wurden.

Die Ereignisse in Drohobytsch sind nur einer von vielen Belegen dafür, dass eine Annäherung an die Geschichte des Habsburgerreichs aus der Perspektive gemeinsamer Institutionen, Praktiken und Kulturen die herkömmlichen Darstellungen fragwürdig werden lässt, die die unterschiedlichen Völker und ihre Differenzen in den Vordergrund rücken. Wenn man das Reich als Ganzes in den Mittelpunkt der Untersuchung stellt und nicht seine einzelnen «Bausteine», also die unterschiedlichen Sprachgemeinschaften oder die ethnisch von-

einander abgegrenzten Völker, dann erscheint die Geschichte Mittel-
und Osteuropas in einem ganz neuen Licht. Regionale, sprachliche,
religiöse oder ethnische Unterschiede zwischen den Bevölkerungsgruppen, also das, was man um 1900 oft global als «nationale Differenzen» bezeichnet hat, bestimmten keinesfalls entscheidend die Politik der Habsburger in Mitteleuropa, und sie führten keineswegs dazu,
dass die Geschichte des Reiches eine unausweichliche – tragische –
Entwicklung nahm. Die Menschenmenge in Drohobytsch, auf die die
Soldaten feuerten, war multikonfessionell und mutilingual zusam-
mengesetzt, und doch schlossen sich die Menschen zusammen, um
ihr Recht zu wählen gemeinsam geltend zu machen; zumindest an
jenem Tag ergaben sich aus ihrer unterschiedlichen ethnischen oder
nationalen Zugehörigkeit keine konträren politischen Ansichten:
Diese Menschen empfanden sich nicht als Juden, Ruthenen oder Polen, sondern als Bürger, denen man ein Grundrecht streitig machen
wollte. Der Aufstand am 19. Juni war ein Volksaufstand in dem Sinne,
dass die einfachen Einwohner sich gegen die starken Männer vor Ort
erhoben, die ihnen gesetzeswidrig Rechte nehmen wollten, die sie als
Bürger des Reiches besaßen. In vergleichbaren Situationen kam es zu
anderen Allianzen.

Sicher trugen Herrscher, Staatsmänner, Beamte, Militärberater oder
Wissenschaftler zum Aufstieg und Erfolg des Habsburgerreichs bei,
doch handelte es sich bei der Erschaffung dieses Staates um eine langfristige Unternehmung, die die geistigen Kräfte, die Herzen und Ener-
gien vieler Bürger aus allen gesellschaftlichen Schichten beanspruchte.
Das vorliegende Buch nimmt das Verhältnis von Staat und Gesellschaft
in den Blick, indem es die gemeinsame Erschaffung eines Habsburgerreichs aus zwei verschiedenen Richtungen – von oben und von unten –
beschreibt. Unter Staat verstehe ich dabei mehr als einen bestimmten
Bereich der Politik oder eine Reihe formeller Institutionen. Vielmehr
meine ich damit unterschiedliche kulturelle, religiöse und gesellschaftliche Praktiken, während «Gesellschaft» einen gleichermaßen wichtigen Bereich bezeichnet, in dem die Politik zur Anwendung gelangt.

Im achtzehnten Jahrhundert versuchten die Herrscher aus dem Hause
Habsburg, das Sammelsurium unterschiedlicher Territorien, über die
sie geboten, zentralisierten und vereinheitlichten Institutionen zu

unterstellen. Viele dieser Territorien funktionierten nach eigenen Gesetzen, besaßen eigene Institutionen und administrative Traditionen. Zentralisierung und Vereinheitlichung waren für das neue Reich von entscheidender Bedeutung, um Großmachtstatus erlangen und den militärischen Angriffen seiner vielen Feinde standhalten zu können. Gleichzeitig musste der habsburgische Staat aber – so wie viele andere europäische Staaten, die sich zu jener Zeit bildeten – ein Gefühl der Verbundenheit in den verschiedenen ihm angehörenden Völkern wecken, indem er diese dazu anregte, ihre individuellen oder kollektiven Interessen mit den Interessen des Reiches zu verknüpfen.

Das Buch beginnt mit einer Darstellung unterschiedlicher administrativer und institutioneller Experimente, zu denen im achtzehnten Jahrhundert Kaiserin Maria Theresia und danach ihre Söhne Joseph II. und Leopold II. den Anstoß gaben. Diese Experimente reichten von der Verringerung der Fronarbeit für die bäuerliche Bevölkerung bis zur Einführung einer Steuerpflicht für den Adel, zwei Neuerungen, die dem Reich in mehreren Regionen nachhaltige Unterstützung vonseiten der Bauernschaft einbrachten. Spätere Kapitel befassen sich mit Strategien der Staatsbildung, die von den Nachfolgern der genannten Herrscher initiiert wurden. Dabei geht es um die Einführung eines liberalen Absolutismus in den 1850er-Jahren, Verfassungsänderungen 1848 sowie in den Sechzigerjahren des Jahrhunderts, um das österreichisch-ungarische Abkommen von 1867, den sogenannten «Ausgleich», um Versuche mit anderen nationalen Ausgleichen nach 1900, die Gewährung des allgemeinen Wahlrechts für die männliche Bevölkerung in Cisleithanien im Jahr 1907 sowie um die Föderalisierung im Oktober 1919. Thema des Schlusskapitels ist die Übernahme habsburgischer Gesetze und Praktiken durch die Nachfolgestaaten in den Jahren 1919 und 1920.

Jeder dieser Meilensteine in der Geschichte des Habsburgerreichs ist wohlbekannt, und mit einer Ausnahme hält sich das Buch an die herkömmliche Periodisierung. Was die vorliegende Darstellung von anderen unterscheidet, sind die Erklärungen dieser Meilensteine, denn ich schreibe der Gesellschaft eine wesentliche Mitwirkung an ihrem Zustandekommen zu. In jeder der uns vertrauten Perioden setzten die Habsburger beharrlich ihre Bemühungen fort, ein geeintes Reich mit einem gemeinsamen Anliegen zu schmieden. Sie taten das auf eine bemerkenswert kreative und flexible Weise, auch im Sinne von Kompromissbereitschaft, während sie auf rhetorischer Ebene immer wieder ihre ungebrochene und unverminderte Herrschermacht betonten. Da sich die lokalen, nationalen und europaweiten Rahmenbedingungen radikal änderten, waren geschickte Strategien bei der Reichsbildung erforderlich, für deren Erfolg man auf den Beistand verschiedener Verbündeter in der Gesellschaft angewiesen war.

Für sich genommen verraten die Visionen, politischen Maßnahmen, strategischen Rückzüge oder taktischen Kompromisse der Regierung wenig über die Bedeutung, die die Reichsidee in den einzelnen lokalen Gesellschaften hatte. Von Anfang an suchten die Habsburger jedoch bei ihren Maßnahmen zum Aufbau des Reiches die stillschweigende oder auch ausdrückliche Unterstützung verschiedener gesellschaftlicher Gruppen und Akteure. Im achtzehnten Jahrhundert beispielsweise wurden die Bauern und die gebildete Mittelschicht – aus ganz unterschiedlichen Gründen – indirekt Nutznießer von Reformen. Oft nutzten sie aktiv die neuen Freiräume, die durch die Reichspolitik im öffentlichen Leben entstanden – etwa durch die Abschaffung feudaler agrarischer Einrichtungen oder die Schaffung einer landesweiten, überregionalen Bürokratie –, um energisch ihre eigenen Interessen zu verfolgen. Damit unterstützten sie aber gleichzeitig das Reich und seine Einrichtungen.

Durch neue Entwicklungen in den Bereichen Recht, Wirtschaft und Erziehung noch vor der Französischen Revolution von 1789 hatten die Habsburger Herrscher ein Staatsbürgerschaftsmodell schaffen können, das implizit allen Untertanen (aus denen bald Staatsbürger werden sollten) gleiche Rechte und gleiche Pflichten in Aussicht stellte. Dieses Konzept war in einem gewissen Maß das unbeabsichtigte Ergebnis der Bemühungen, die Masse der unter der Herrschaft des ländlichen Adels stehenden unfreien Bauern zu unabhängigen Steuerzahlern zu machen: Eine freie steuerpflichtige Bauernschaft würde eine viel wertvollere Ressource für einen finanziell notleidenden Staat mit großem Machthunger darstellen. Die Bauern zu befreien bedeutete aber auch, die lokale Macht der Adligen zu beschneiden und viele von ihnen der Arbeitskräfte zu berauben, die sie zur Bewirtschaftung ihrer Güter benötigten. Sowohl die Bauern als auch die adeligen Großgrundbesitzer begriffen sehr gut, was diese Reformbestrebungen der Habsburger konkret mit sich bringen würden.

Im frühen neunzehnten Jahrhundert weiteten die Monarchen aus dem Haus Habsburg durch verschiedene neue Gesetzessammlungen das Versprechen staatsbürgerlicher Gleichstellung auf Männer und Frauen aller sozialen Schichten aus; den Höhepunkt bildete in dieser Hinsicht das Allgemeine Bürgerliche Gesetzbuch von 1811, das für einen Großteil des Reiches galt. Natürlich bedeutete eine rechtliche Gleichstellung keine soziale oder kulturelle Gleichheit. Statusunterschiede, die auf fein abgestuften, auf Bildung oder Klassenzugehörigkeit basierenden Hierarchien beruhten, machten sich nach wie vor im öffentlichen Leben bemerkbar und spiegelten sich auch in den komplexen Rangordnungen der Beamten und Angehörigen des öffentlichen Dienstes, der zunehmend für den gebildeten Mittelstand geöffnet worden war, wider, nicht zuletzt durch deren Uniformen.

Im achtzehnten Jahrhundert brachten die Habsburger auch sozialpolitische Maßnahmen auf den Weg, die das Empfinden einer staatsbürgerlichen *égalité* verstärkten und gleichzeitig patriotische Verbundenheitsgefühle mit dem Staat und den Respekt vor der gesellschaftlichen Ordnung förderten. Ein allgemeiner Grundschulunterricht in den jeweiligen Volkssprachen, eine landesweite Verwaltung, die sich vorwiegend aus der gebildeten Mittelschicht rekrutierte, ein unabhängiges Gerichtswesen und die Förderung des freien Handels im Reich führten ebenfalls dazu, dass die Macht des regionalen Adels gebrochen wurde und Österreich zu einer Großmacht aufstieg. Überdies banden diese politischen Maßnahmen diejenigen, die unmittelbar von ihnen profitierten, stärker in das Imperium ein. Am Ende der Napoleonischen Kriege lassen sich von Triest im Westen bis nach Brody im Osten Belege dafür finden, dass sich viele gesellschaftliche Gruppen stark mit ihrem Staat identifizierten. Das galt für Bauern ohne Landbesitz ebenso wie für Kaufleute, die überregionalen Handel betrieben, für Priester ebenso wie für Verwaltungsbeamte auf Distriktsebene. Ein Patriotismus, der sich auf das gesamte Reich bezog, gewann in dem 1804 gegründeten Kaiserreich an Bedeutung, auch wenn «Lokalpatrioten» das Reich nach Maßgabe ihrer partikularen Interessen definierten.

Mitte des neunzehnten Jahrhunderts entwickelten viele Menschen ihre persönlichen wirtschaftlichen Visionen oder politischen Programme, für deren Umsetzung sie die Vorteile, die das gemeinsame Reich bot, nutzen wollten. Darunter waren natürlich auch viele Nationalisten. Verfassungsreformen regten lokale Gemeinschaften dazu an, sich direkt an Einrichtungen und Initiativen des Reiches zu beteiligen, so dass viele Aktivitäten auf lokaler Ebene in die Schaffung bemerkenswert ähnlicher politischer, ziviler und kultureller Institutionen mündeten. Durch die Einführung von Stadt- und Gemeinderäten, deren Mitglieder aus den Reihen der Bürger gewählt und die von diesen selbst geleitet wurden, um die Mitte des neunzehnten Jahrhunderts und noch mehr durch die regelmäßig stattfindenden Wahlen zu Landtagen und zum Reichsrat wurden immer mehr Menschen in ein öffentliches Leben einbezogen, das durch Institutionen des Reiches geprägt war.

Die in den 1850er- und 1860er-Jahren im gesamten Staatsgebiet erfolgte Unterrichtsreform an Volksschulen, höheren Lehranstalten und Universitäten vergrößerte ebenfalls die Vorteile, die ein vereintes Reich mehreren Bevölkerungsgruppen – potenziell – bringen konnte. In den Natur- und Sozialwissenschaften, ob sie nun akademisch oder aus Liebhaberei betrieben wurden, prägte im neunzehnten Jahrhundert die Vorstellung vom Reich als einem geordneten und in sich geschlossenen imperialen Raum die Forschungsfragen und Methoden. Wissenschaftshistoriker haben kürzlich nachgewiesen, dass Versuche, die räumliche Dimension und demographische Diversität des Reiches mit natürlichen Gegebenheiten zu rechtfertigen, die Entwicklung verschiedener wissenschaftlicher Disziplinen, von der Meteorologie über die Seismologie bis hin zur Volkskunde, beeinflussten.[7] 1883 initiierte die Regierung von Österreich-Ungarn unter der Schirmherrschaft von Kronprinz Rudolf ein umfassendes Projekt, das sowohl die Diversität als auch die Ausdehnung des Reiches beschreiben sollte. Ziel war es, Forschungsarbeiten zur höchst unterschiedlichen geologischen Beschaffenheit, zur ungeheuer artenreichen Fauna und Flora sowie zur Vielfalt der Bevölkerungsgruppen des Reiches in einer Reihe illustrierter Bände zusammenzufassen, die man per Subskription erwerben konnte. Das war das sogenannte *Kronprinzenwerk*. Diese Arbeit war mehr als das Ergebnis eines reichsweiten Projekts, denn sie erzeugte gleichzeitig die Vision von einem spezifisch habsburgischen Imperium, von einem Reich, das verschiedene Kulturen in sich vereint und zugleich deren autonome Entwicklung fördert.[8]

Was ist mit den Völkern?

Im letzten Drittel des neunzehnten Jahrhunderts stellte das Reich der Habsburger immer häufiger und nachhaltiger seine einzigartige Fähigkeit unter Beweis, aus der kulturellen Diversität seiner Völker produktive Kraft zu gewinnen. Warum war dieses Thema von so großer Bedeutung? War die Habsburgermonarchie kulturell oder gesellschaftlich vielfältiger als andere europäische Staaten der Zeit? In der zweiten Hälfte des neunzehnten Jahrhunderts entstanden überall in Europa einflussreiche nationale Bewegungen. Sie erklärten die Eigenständigkeit ihres Volkes mit ihrer besonderen Kultur, wie sie vor allem in Sprache und Religion zum Ausdruck kam. Solche Vorstellungen waren stark von popularisierten Fassungen der Schriften Johann Gottfried Herders (1744–1803) beeinflusst. Um 1900 vertraten viele Nationalisten die Ansicht, dass nationale Unterschiede in der Praxis unüberbrückbar seien und Volksgemeinschaften das Recht auf eine autonome Pflege der eigenen Kultur und auf eine eigene politische Organisierung hätten; das erinnerte stark an das liberale Eintreten für die Naturrechte des Individuums.

Im Habsburgerreich machten sich Argumente für die Autonomie der einzelnen Nationalitäten oft an Institutionen des Reiches wie Gerichtshöfen und Schulen fest. So stand etwa im ausgehenden neunzehnten Jahrhundert der Sprachgebrauch im öffentlichen Bereich beziehungsweise das Recht auf den Gebrauch einer bestimmten «Landessprache» im Mittelpunkt vieler Auseinandersetzungen. Traditionell war aus Gründen der Zweckmäßigkeit die Praxis verfolgt worden, Erlasse in der jeweiligen Volkssprache zu veröffentlichen und auch den Unterricht in der Grundschule in dieser erteilen zu lassen. Als österreichische und ungarische Gesetzgeber in den 1860er-Jahren neue Verfassungsgesetze verabschiedeten und darin die Bestimmungen über den Sprachgebrauch festschrieben, wurde dies bei vielen Gelegenheiten zum Anlass für eine

Politik genommen, die sich die Verwirklichung dieser «Versprechungen» bezüglich sprachlicher Eigenständigkeit zum Ziel setzte.

Dieses Buch behandelt den politischen Nationalismus in Mitteleuropa unter den Habsburgern als Produkt imperialer Strukturen und regionaler Traditionen, nicht als etwas, mit dem sich übergeschichtlich existierende Ethnien Ausdruck verschafften, wie Aktivisten des neunzehnten Jahrhunderts behaupteten. Natürlich haben Historiker solche Deutungen schon vor langer Zeit zurückgewiesen, doch ist es ihnen nicht gelungen, die Konzepte von «Reich» und «nationaler Eigenständigkeit» in eine produktive Beziehung zueinander zu bringen. Die Vorstellungen von nationaler Identität und von einem allumfassenden Reich waren aufeinander angewiesen: Sie entwickelten sich im Dialog miteinander und nicht in Opposition zueinander. Um 1900 hegten viele Programmatiker eines Reiches nationale Überzeugungen, während nationale Wortführer regelmäßig politische Lösungen innerhalb des vom Reich vorgegebenen gesetzlichen Rahmens zu finden versuchten. Nationale Bewegungen, die für kulturelle Eigenständigkeit eintraten, spielten eine Schlüsselrolle in vielen politischen und sozialen Einrichtungen des Reiches. Doch so groß ihre Bedeutung in der hohen Politik auch war, im Alltag der Menschen spielten sie nicht unbedingt eine Rolle. Ihre nationale Identität erschien den Menschen vor allem dann schützenswert und wertvoll, wenn ihre fundamentalen kulturellen Anrechte bedroht zu sein schienen (für gewöhnlich durch eine andere Volksgruppe). Doch damit es zu einer solchen Besinnung auf die nationale Identität überhaupt kam, mussten nationale Aktivisten ihnen diese Rechte erst vor Augen führen, ihnen deren Bedeutung für das gesellschaftliche Leben vor Ort bewusst machen und rechtzeitig warnen, wenn sie gefährdet waren.

Der Nationalismus mag bei Ereignissen, die größere Gruppen von Menschen betrafen, Leidenschaften entfacht haben – etwa bei Ritualen wie der alle zehn Jahre stattfindenden Volkszählung oder bei Wahlen –, doch verblasste seine Bedeutung sofort, wenn ein solches Ereignis vorüber war und wieder alltäglichere Probleme eine Rolle spielten. Nationale Bewegungen nahmen auf die Angelegenheiten und den Rhythmus des alltäglichen Lebens oft allenfalls flüchtig Einfluss.[9] Versuche, die Menschen dazu zu veranlassen, ihr wirtschaftliches Verhalten oder ihre erzieherischen Ziele an nationalen Vorstellungen auszurichten, fanden häufig keinen großen Widerhall bei der breiten Masse. Das bloße Vorhandensein sprachlicher, religiöser und regionaler Unterschiede zwischen den Bürgern des Reiches bestimmte nicht den Verlauf von dessen Geschichte. Diese Unterschiede allein ließen nicht das Gefühl entstehen, dass die Welt unter mehreren Nationalitäten mit gleichem Anspruch auf die politische Macht aufgeteilt war. Das für das beginnende zwanzigste Jahrhundert typische Beharren darauf, dass alle Menschen ethnischen oder nationalen Gemeinschaften angehörten, muss teilweise als Ergebnis der politischen Arbeit nationaler Aktivisten verstanden werden. Es war aber auch ein Produkt der von Beamten des Reiches vorgenommenen Kategorisierung seiner verschiedenen Volksgruppen mit dem Ziel, diese effizienter regieren und verwalten zu können.[10]

Die Erfahrungen vom Reich

In den vergangenen dreißig Jahren haben Mittel- und Osteuropahistoriker viele der populärsten Ansichten über das Habsburgerreich revidiert – und dies häufig in radikaler Weise. Sie sehen das Imperium nicht länger als einen Anachronismus unter den Staaten des neunzehnten Jahrhunderts an und stellen die nationalistischen Konflikte nicht mehr undifferenziert als ein unveränderliches Phänomen dar. Ihre Untersuchungen haben aufregende neue Deutungen lokaler oder regionaler Phänomene ermöglicht, vor allem dadurch, dass sie die unterschiedlichen politischen Kulturen im Reich in den Vordergrund gerückt haben. Allein schon der vielsprachige Charakter der Habsburgermonarchie regte Historiker dazu an, das Imperium mithilfe transnationaler und interdisziplinärer Ansätze zu untersuchen. Auf diese Weise haben Historiker des Habsburgerreichs eine Vorreiterrolle für neue Perspektiven auf dem Gebiet der europäischen Geschichte im Allgemeinen gespielt. Ihre Arbeit hat auch die Historiker selbsternannter «Nationalstaaten» dazu angeregt, über kulturelle Unterschiede nachzudenken, die dicht unter der Oberfläche einer zur Schau gestellten oder behaupteten nationalen Homogenität verborgen liegen können. Gleichzeitig haben jedoch nur sehr wenige Autoren die neuen Ergebnisse genutzt, um ein neues Gesamtbild des Habsburgerreichs zu zeichnen.[11]

Die Erforschung des Habsburgerreichs ist zwar im Fach inzwischen als Laboratorium für Innovationen bekannt, doch die neuen Erkenntnisse und Perspektiven sind noch nicht zu den Nichtfachleuten vorgedrungen. Allgemeine Darstellungen der europäischen Geschichte behandeln die Donaumonarchie immer noch als ein Gebilde mit Ausnahmestatus, der zum einen darauf zurückgeführt wird, dass im österreichischen Kaiserreich mehrere ethnische und religiöse Gruppen vertreten waren, zum anderen mit der angeblichen «Rückständigkeit» vor allem der wirtschaftlichen Entwicklung begründet wird.[12] Ein so einfühlsamer Historiker wie der verstorbene Tony Judt etwa schrieb 1996, dass

die Zentren ökonomischer und kultureller Schwerkraft sich gewiss recht dramatisch verschoben [...], doch selten sehr weit nach Osten und nie über Wien hinaus. Wie brillant auch immer zeitweise die Kultur von Prag oder Vilnius gewesen sein mag, waren beide doch nie die Hauptstädte von etwas als europäisch Definierbarem, auf eine Weise, wie es zu verschiedenen Zeitpunkten für Florenz, Madrid, Amsterdam, Paris, London oder Wien gegolten hat.[13]

Peter Bugge hat nicht nur darauf hingewiesen, dass Prag auf Judts geistiger Europakarte östlich von Wien liegt – ein bei Historikern verbreiteter geografischer Irrtum –, sondern dass dieser auch davon ausgeht, der Leser würde schon verstehen, warum Prag (oder auch Vilnius) im Lauf ihrer Geschichte nie etwas eindeutig Europäisches an sich hatten.[14]

Historiker bringen ihr Empfinden von der Andersartigkeit einer Region manchmal in einer objektiver klingenden Darstellung ihrer ökonomischen Entwicklung zum Ausdruck, oder sie führen diese Andersartigkeit zum Teil auf die Auswirkungen des Kalten Krieges zurück. Wie mehrere Historiker klar gezeigt haben, dient dieses Hervorkehren eines vermeintlichen Unterschieds zwischen Mittel- und Osteuropa und dem Westen oft dazu, die beruhigende Normalität des restlichen Europa zu bekräftigen.[15] Dieser Trend zeichnet sich besonders deutlich in der großen Zahl von Büchern über den Ersten Weltkrieg ab, die in den letzten zehn Jahren vorgelegt wurden, einige von ihnen in Erinnerung an den hundertsten Jahrestag des Kriegsbeginns. In fast allen wird die Tradition fortgesetzt, das Habsburgerreich zu pathologisieren, es aufgrund innerer Nationalitätenkonflikte am Rande des Abgrunds taumelnd und kurz vor dem Kollaps darzustellen.[16]

Wir sollten nicht in das andere Extrem fallen und eine generelle Ähnlichkeit Mittel- und Osteuropas mit dem Rest des Kontinents geltend machen. Wir müssen vielmehr versuchen, die Geschichte der Region – ihre Institutionen und ihre wirtschaftliche, gesellschaftliche, politische und kulturelle Entwicklung – in einem europäischen Kontext und nicht außerhalb davon zu verstehen. Dieses Buch will deutlich machen, wie sehr das Habsburgerreich anderen europäischen Staaten ähnelte, und zugleich hervorheben, wenn es neue Vorstellungen von nationaler Identität entwickelte und neue Regierungsformen einführte. Wie jeder europäische Staat entwickelte es ganz eigene Institutionen und Praktiken, die seine Geschichte einzigartig machen.

Vor allem aber handelt dieses Buch vom Charakter, der Entwicklung und dem bleibenden Vermächtnis eines großen Reiches in Mittel- und Osteuropa. Es will keine erschöpfende Geschichte der Habsburgermonarchie liefern. Einige Leser werden hier möglicherweise Informationen zu Regionen oder Ereignissen vermissen, für die sie sich besonders interessieren. Andere hätten sich vielleicht eine ausführlichere Darstellung der Außen- und der Großmachtpolitik gewünscht, beides zugegebenermaßen Themen von entscheidender Bedeutung für die Geschichte des Imperiums. Solche Auslassungen sind aber unvermeidlich in einem Buch, das neue Antworten auf die Frage sucht, warum das Reich und seine Institutionen für so viele Menschen so lange so viel bedeuteten, und weniger von dem enzyklopädischen Verlangen getrieben ist, die lange und wechselvolle Geschichte dieses Staates lückenlos zu dokumentieren. Als Autor des Buches bin ich mir bewusst, dass ich Ereignisse auslasse – manche möglicherweise entscheidend, andere mit Folgen für die Argumentation – und dass ich tendenziell vereinfache, wie es beim Verfassen einer Synthese unvermeidlich ist. Das Buch verdankt der ausgezeichneten Arbeit anderer Historiker viel, vor allem insofern es auf ihren Versuchen aufbaut, den Blick auf andere Fragen als nur die der nationalen Identität zu lenken. Indem es den Schwerpunkt auf bestimmte Regionen und Entwicklungen legt, hat es jedoch seinerseits Grenzen.

Seit die Habsburgermonarchie 1918, gegen Ende des Ersten Welt-kriegs, zusammengebrochen ist, ist ihre Geschichte weitgehend unter dem Aspekt der Koexistenz verschiedener Völker oder auch ihres «Streits» untereinander gesehen worden.[17] Sehr viel seltener haben Historiker das Reich selbst zum Gegenstand ihrer Deutungen gemacht. In seinem häufig zitierten Versuch, Wissenschaftler dazu zu bewegen, sich weniger auf das sogenannte Nationalitätenproblem zu konzentrie-ren und mehr die Gesamtgesellschaft in den Blick zu nehmen, meinte 1967 der Historiker István Deák: «Es gab keine dominierenden Natio-nalitätengruppen in der österreichisch-ungarischen Monarchie. Es gab dominierende Klassen, Institutionen, Interessen- und Berufsgrup-pen.»[18] Mehrere maßgebliche Historiker der Region haben sich in den 1980er-Jahren seinem Argument angeschlossen. 1980 veröffentlichten Gary Cohen und John Boyer einflussreiche Studien zu Politik und Gesellschaft in Prag und Wien, in denen sie von den herkömmlichen Annahmen bezüglich der primären Bedeutung der nationalen Identität in diesen beiden Gebieten abrückten.[19] Cohens Analyse zufolge war das Gefühl nationaler Zugehörigkeit nicht etwas, das sich zwangsläufig durch Geburt oder Abstammung ergab. Vor allem bei der Prager Arbei-terschaft hing im neunzehnten Jahrhundert die Identifikation mit einer bestimmten Volksgruppe oft davon ab, ob es gesellschaftliche Institu-tionen gab, die solche Identitätsgefühle förderten. Boyer untersuchte den Aufstieg des Christlichen Sozialismus in Wien vor dem Hinter-grund der Stadtteilpolitik und ging der Frage nach, wie ideologische Konstrukte und politische Kulturen aus spezifischen Nachbarschafts-angelegenheiten und situationsbedingten Allianzen heraus entstanden.

Gleichzeitig gingen der österreichische Historiker Gerald Stourzh und mehrere seiner Studenten und Studentinnen (allen voran Emil Brix, Hannelore Burger und Maria Kurz) der Frage nach, auf welche Weise Institutionen des Habsburgerreichs wie etwa Schulen, Justiz-behörden oder die mit der Durchführung der österreichischen Volks-zählung beauftragten Stellen praktische Probleme, die sich aus der sprachlichen Vielfalt ergaben, lösten.[20] Dass sie Verbindungen zwischen Beispielen auf lokaler Ebene und der reichsweiten Politik herstellen konnten, widerlegt die Annahme, sprachliche Unterschiede hätten die gesellschaftlichen Beziehungen und die institutionelle Entwicklung in

den einzelnen Regionen bestimmt. Sie zeigten zum ersten Mal, wie
stattdessen – umgekehrt – Reichsinstitutionen und administrative
Praktiken regionale nationale Bestrebungen geprägt hatten. Gegen
Ende des Kalten Krieges begannen auch Wirtschafts-, Politik- und
Literaturwissenschaftler sowie Anthropologen die noch fortlebende
Annahme, Mittel- und Osteuropa habe sich vom Rest des Kontinents
aufgrund ökonomischer Rückständigkeit oder unüberbrückbarer kultureller Unterschiede abgesetzt, einer produktiven kritischen Überprüfung
zu unterziehen.[21]

Seit den späten 1990er-Jahren sind Historiker der Habsburgermonarchie oft an vorderster Front gestanden, wenn es darum ging, kulturelle, transnationale oder komparative Forschungsansätze zu entwickeln, um einige der sich am hartnäckigsten haltenden dualistischen
Konzepte infrage zu stellen, die traditionelle Darstellungen der west-
und der osteuropäischen Geschichte bestimmt haben: hier «staatsbür-
gerliche Identität», da «ethnische Identität», hier «entwickelt», da «rückständig», hier «demokratisch», da «autoritär», hier «ethnisch homogen»,
da «ethnisch zusammengewürfelt». Ihre Arbeiten zeigen, dass diese Gegensätze sich größtenteils in Luft auflösen, wenn man Ergebnisse aus der
Untersuchung lokaler Gesellschaften zur Überprüfung heranzieht.[22]
Heute ist die Geschichte des Habsburgerreichs ein florierendes, von bemerkenswerter Kreativität und Innovationskraft gekennzeichnetes For-
schungsgebiet.

Historiker der Habsburgermonarchie haben ihren Kollegen, die
sich anderen Regionen Europas widmen, sehr viel darüber beigebracht, wie man sich Themen wie nationaler Identität, Vielsprachigkeit oder Indifferenz gegenüber der Nation annähern sollte, und, vielleicht am wichtigsten, wie man typologische Begriffe wie «Reich»
und «Nation» verstehen sollte. Merkwürdig bleibt jedoch, dass nur
wenige Autoren oder Herausgeber breiter angelegte historische Darstellungen vorgelegt haben, die nicht die einzelnen Völker oder
Nationalitäten, sondern das Reich als Antriebskraft hinter der Entwicklung der verschiedenen Regionen sehen. In mehreren Bänden der
bemerkenswerten von der Österreichischen Akademie der Wissenschaften herausgegebenen Reihe *Die Habsburgermonarchie 1848–
1918* sind die Abhandlungen zu einzelnen Sachgebieten nach natio-

nalen Kriterien strukturiert, das heißt nach den einzelnen Kronländern gegliedert. Es gibt natürlich gute Gründe, solche Schemata beizubehalten. Bis vor Kurzem waren historische Forschung und Lehre in Europa und den Vereinigten Staaten von nationalen Schulen organisiert, was es schwer macht, sich ein funktionsfähiges alternatives Modell für die Durchführung eines großen Projekts vorzustellen.[23]

Das vorliegende Buch schlägt vor, das Habsburgerreich als Ganzes zum Gegenstand der Forschung zu machen, indem es die gemeinsamen Erfahrungen der Staatsbürger mit ihrem Reich in den Vordergrund rückt. Es untersucht, wie Institutionen des Reiches, administrative Praktiken und kulturelle Programme, an denen alle Staatsbürger teilhatten, dazu beitrugen, die lokalen Gesellschaften in jedem Winkel des Staatsgebiets zu formen. Es überprüft, wie diese kollektiven Elemente Erfahrungen vermittelten, die sprachliche, konfessionelle und regionale Trennlinien wie auch zeitliche Grenzen überschritten. Sogar nachdem die Habsburgermonarchie im November 1918 formell zu existieren aufgehört hatte, beeinflussten vertraute Elemente der früheren Regierungs- und Verwaltungspraxis weiterhin die Ansichten vieler Menschen, ob sie nun die öffentliche Fürsorge betrafen, die Einberufung zum Militär oder die Vorstellung davon, wie das politische Leben funktionieren sollte. Prominente national orientierte Politiker in den Nachfolgestaaten, von Tomáš Masaryk (1850–1937) in der Tschechoslowakei bis zu Alcide de Gasperi (1881–1954) in Italien oder Anton Korošec (1872–1940) in Jugoslawien, waren stark von den Erfahrungen, die sie als bedeutende Akteure im politischen Geschehen des Kaiserreichs gemacht hatten, beeinflusst. Oft übernahmen sie für die von ihnen regierten neuen Staaten bewährte Gesetze, Praktiken und Institutionen des Habsburgerreichs. Gleichzeitig behaupteten sie, das Vermächtnis dieses Reiches sei mit demokratischen Prinzipien und nationaler Selbstbestimmung unvereinbar.

Wenn wir unseren Blick von den heutigen Nationalstaaten Mittel- und Osteuropas weglenken und uns stattdessen auf das Habsburgerreich selbst konzentrieren, dann benötigen wir dringend neue große Erzählstränge, die die einzelnen Erkenntnisse miteinander verbinden. Wir brauchen keine weiteren Darstellungen von Einzelheiten, sondern großformatige alternative Narrative, die als Tragebalken für die exzellenten neuen Forschungen der letzten Jahrzehnte dienen können. Wir können nicht von unseren Studenten – oder gar dem breiten Publikum – verlangen, dass sie die neueren Studien lesen und davon lernen, wenn wir gleichzeitig weiter auf Gesamtdarstellungen zurückgreifen, die diesen neuen Arbeiten widersprechen. Ich hoffe, mit diesem Buch ein mögliches Set alternativer Narrative vorgelegt zu haben, das ein tragfähiges Gerüst für unser sich wandelndes Forschungsfeld bildet.

1

Das zufällige Reich

Der Grieche und Römer erzog nicht der Familie allein einen
Sohn; er erzog auch der Republik einen Bürger. Der Jüngling
wurde frühzeitig auf die Vorzüge seines Vaterlandes aufmerksam gemacht: man gewöhnte ihn, Vollkommenheiten daran
wahrzunehmen, die anderen Staaten fehlten. Es war natürlich,
dass er von solchen Vollkommenheiten gerührt ward.

Joseph von Sonnenfels, Ueber die Liebe des Vaterlandes, 1771[1]

Einen Staat schaffen

1770 bemühte sich die Regierung von Maria Theresia (1717–1780), die
genaue Zahl ihrer Untertanen in den westlichen Kronländern zu
ermitteln und ein neues System zur Erfassung ihrer Gebäude einzuführen, das darin bestand, diese in allen «Städten, Märkten und Dörfern, als auch in zerstreuten Orten,»[2] mit einer Nummer zu versehen.
Ein solch genauer Überblick über die Bevölkerung war unerlässlich für
die Einberufung von Rekruten zum Militär. Noch unentbehrlicher war
er aber für die Verwirklichung des zweiten von Maria Theresia in ihrer
Herrschaftszeit angestrebten Ziels: effizientere Regierungsinstitutionen zu bilden, um einen einheitlichen Staat zu erschaffen. Frühere, in
den 1760er-Jahren unternommene Versuche, die Zahl der Untertanen

zu ermitteln – die sich vorwiegend auf von Gemeindepriestern oder örtlichen Verwaltungsbeamten gelieferte Informationen stützten –, hatten Ergebnisse gebracht, die so stark divergierten, dass sie nutzlos waren. Einen der Geheimräte der Herrscherin hatten diese zu dem frustrierten Ausruf veranlasst, er bezweifle, dass «mit solchen Tabellen ein Staat zu machen seye».[3] Doch allen Widrigkeiten zum Trotz musste Maria Theresia aus zwingenden Gründen, über die wir weiter unten mehr erfahren werden, genau dies tun: einen Staat schaffen.

Der Wiener Hof beschloss, seine Wissenslücken zu schließen, und betraute das Militär sowohl mit der Volkszählung als auch mit der Erfassung der Häuser und ihrer Nummerierung. Diese Entscheidung brachte jedoch einige Risiken mit sich. Wenn die Soldaten sich in die ländlichen Gebiete vorwagten, sahen sie sich für gewöhnlich offener Feindseligkeit vonseiten der dortigen Bevölkerung ausgesetzt, die verzweifelt bemüht war, die jüngere Generation vor dem Militärdienst zu bewahren, der bis zu zwanzig Jahre dauern konnte. In einigen Dörfern wurden die jungen Burschen von ihren Angehörigen versteckt oder in die Wälder geschickt. In anderen Fällen nahmen die Männer im waffenfähigen Alter, um der Zwangsrekrutierung zu entgehen, Zuflucht zu Selbstverstümmelung – für gewöhnlich, indem sie sich ein Bein oder einen Arm brachen. In einigen Orten löste die irrige Annahme, Verheiratete würden vom Militärdienst verschont, eine Welle von Eheschließungen aus. Da sie mit Problemen dieser Art rechnete, wies die Regierung örtliche Priester im Jahr 1770 an, Befürchtungen und Ängste dieser Art nach Möglichkeit einzudämmen. Die Geistlichen sollten den Menschen versichern, dass die Volkszählung in keiner Beziehung zum Wehrdienst stand. Man bezweifelte jedoch, dass die Bevölkerung sich davon überzeugen lassen würde.

Zur allgemeinen Überraschung verhielt sich jedoch die örtliche Bevölkerung, als die Soldaten im Jahr 1770 bei ihnen auftauchten, ganz anders als erwartet. In der Regel fassten sie deren Erscheinen als ein positives Ereignis auf, oft begrüßten sie die Fremden sogar voller Begeisterung. Was war der Grund dafür? Die Regierung hatte dem Militär noch eine dritte Aufgabe von größter Bedeutung übertragen, die über das bloße Zählen der Einwohner und das Kennzeichnen ihrer Häuser mit Nummern hinausging. Es sollte auch die «Condition», die Verfassung, in der die lokale Bevölkerung sich befand, feststellen, das heißt, ihren Gesundheitszustand, ihren Bildungsgrad und die Qualität ihrer allgemeinen Lebensumstände (Wohn- und sanitäre Verhältnisse, Kompetenz der Lehrer, Zustand der lokalen Wirtschaft) ermitteln. Sobald den Menschen klargeworden war, dass das Militär ihre «Condition» – und damit ihre Probleme – an die Herrscherin weitermelden würde, hießen sie die Soldaten willkommen; sie sahen in ihnen Vertreter der Landesfürstin, der sie über diese Mittelsmänner ihren persönlichen Kummer anvertrauen zu können hofften.[4] Wie ein Offizier aus dem Kronland Krain berichtete, verhielten die Leute sich im Allgemeinen «ganz ruhig und willig [...], nicht zwar aus Lust zum Soldatenleben, sondern in der Hoffnung, in den Robat [sic] und in den Frohndiensten [sic] erleichteret zu werden».[5]

Die Geschichte von diesen überraschend positiv verlaufenden Begegnungen zwischen der Landbevölkerung und einem sich ausbildenden österreichischen Staat enthält *in nuce* drei entscheidende Themen dieses Buches. Erstens liefert sie typische Beispiele für die Bestrebungen eines imperialen Regimes des achtzehnten Jahrhunderts, seine Kontrolle über mehrere sehr unterschiedliche Territorien zu festigen, indem es deren Geografie kartografisch festhielt, ihre Bewohner zählte, ihre Häuser mit Nummern versah und zum ersten Mal etwas über die Lebensbedingungen der Leute in Erfahrung brachte. Diese Praktiken des «State-Building» dienten mehr als nur der Erfassung von bestimmten Daten; sie sollten im Lauf der Zeit dazu führen, dass überkommene lokale Abhängigkeitsverhältnisse durch neue Bindungen ersetzt wurden, die den Einzelnen an den Zentralstaat banden. Damit das eintreten konnte, musste zunächst die traditionelle politische Oberherrschaft, die regionale Machthaber aus dem Landadel ausübten, zerschlagen werden. 1770 beispielsweise vermied es die Zentralregierung bewusst, den ländlichen Adel oder die lokale Geistlichkeit mit der Aufgabe der Volkszählung und der Erfassung der damit verbundenen Angaben zu betrauen, sondern schickte ihr eigenes, ihr treu ergebenes Werkzeug aus, um die wahren Gegebenheiten zu ermitteln: das Militär. Damit stellte sie den örtlichen Adel kalt und begann das sich gerade bildende Band zwischen Reich und Bevölkerung in den diversen ländlichen Regionen zu festigen.[6]

Zweitens spiegelt sich in Maria Theresias Projekt, *alle* Häuser durchzunummerieren, einiges von dem fundamental neuen Denken der Habsburger Dynastie und ihrer Berater über das angemessene Verhältnis zwischen einer Regierung und deren Untertanen, adeligen wie bürgerlichen, wider. Die neue Auffassung ging von der Vorstellung aus, dass die Einwohner des Reiches im Wesentlichen ähnlichen Ranges und miteinander vergleichbar seien, anstatt von der traditionellen hierarisch geprägten Vorstellung privilegierter und weniger privilegierter Stände, von denen jeder seine jeweils spezifischen Rechte besaß.[7]

Ein drittes Thema, dem wir wiederholt begegnen, bildet die Art und Weise, in der die Bauern die Männer, die ausgesandt worden waren, um sie zu zählen und über sie zu berichten, aufnahmen. Auf dem gesamten Gebiet der Monarchie geschah es immer wieder, dass die Einwohner der Städte und Dörfer verlangten, mit den angereisten Vertretern des Militärs persönlich zusammentreffen zu können, um ihnen ihre Beschwerden über die in ihrem jeweiligen Ort herrschenden Bedingungen zu unterbreiten. Der spezifische Inhalt ihrer Klagen ist hier nicht von Belang – einige der militärischen Abgesandten bezweifelten auch, dass das, was sie zu hören bekamen, vollkommen der Wahrheit entsprach –, sondern die dahinter stehende Überzeugung, dass man sich an Vertreter des Staates anstatt an örtliche Honoratioren wenden konnte, um Missstände zu beseitigen. Die Bauern waren keinesfalls von dem naiven Glauben an die angeborene Güte der in weiter Ferne residierenden Herrscherin erfüllt, die lokale Ungerechtigkeiten aus der Welt schaffen würde, sobald sie nur darauf aufmerksam gemacht wurde. Aber als sie den Offizieren ihre Beschwerden vorbrachten, schienen sie sich der angespannten Beziehungen zwischen Maria Theresia und den örtlichen Grundherren sehr wohl bewusst zu sein. Sie nutzten diese Situation aus, indem sie ihr Schicksal voller Begeisterung dem Zentralstaat anvertrauten und ihre Zuversicht zu erkennen gaben, dass er sich ihrer annehmen könne und werde. Hier haben wir ein frühes Beispiel dafür vor uns, wie die Einwohner eines Ortes das ganze Reich zu dem ihren machten, indem sie dessen sich ausbildende Strukturen benutzten, um in ihrem eigenen Interesse aktiv zu werden.

Von marginal zu global

In der zweiten Hälfte des achtzehnten Jahrhunderts begann sich aus den verschiedenen Territorien, die die Habsburger Dynastie seit dem dreizehnten Jahrhundert an sich gebracht hatte, ein zentralisierter Staat zu bilden. Wo genau war dieser im Entstehen begriffene Staat lokalisiert und welche Bevölkerungsgruppen umfasste er im achtzehnten Jahrhundert? In den 1780er-Jahren erstreckten sich die Besitzungen der Habsburger von Innsbruck im Westen bis zum heutigen Lwiw (dem damaligen Lemberg) im Osten, von Mailand und Florenz auf der italienischen Halbinsel bis nach Antwerpen an der Nordsee und Klausenburg in den Karpaten, von Prag in Böhmen bis nach Vukovar und noch weiter südlich bis nach Belgrad.

Die Habsburger waren Herrscher über Territorien, die sich in heutiger Zeit auf zwölf verschiedene europäische Staaten verteilen, und ihre Untertanen verständigten sich im späten achtzehnten Jahrhundert in Sprachen, die heute als Deutsch, Flämisch, Französisch, Italienisch, Jiddisch, Kroatisch, Ladinisch, Polnisch, Rumänisch, Serbisch, Slowakisch, Slowenisch, Ungarisch und Ukrainisch bekannt sind.[8] Eine solche Vielfalt herrschte auch in der Religion. Obwohl die römisch-katholische Kirche traditionell in den Ländern der Habsburger eine privilegierte Stellung einnahm, gab es unter ihren Untertanen auch orthodoxe Christen, griechische Katholiken oder Uniaten, Calvinisten, Lutheraner, Juden, armenische Christen und Unitarier.

Eine solche sprachliche und konfessionelle Diversität war für größere Staatsgebilde im Europa der frühen Neuzeit typisch, für die Reiche der Spanier und der Franzosen im Westen ebenso wie für die polnisch-litauische Adelsrepublik oder das sich entwickelnde russische Reich im Osten. Da diese Staaten viele ihrer Territorien durch Kriege erworben hatten (sie verloren diese oft auch wieder auf eben jene Weise), durch Heirat von Angehörigen der Herrscherdynastien oder auch durch Tauschabkommen, standen diese Gebiete nicht notwendig in irgendwelchen historischen oder kulturellen Beziehungen zueinander und mussten noch nicht einmal geografisch zusammenhängen. Die europäischen dynastischen Staaten stützten sich auch nicht auf einheitliche administrative Einrichtungen oder einheitliche kulturelle Praktiken (wie die Verwendung einer gemeinsamen Sprache), und ganz gewiss nicht auf ein die Untertanen verbindendes Identifikationsgefühl. Stattdessen verfuhren Europas Herrscherhäuser mit territorialen Einheiten wie mit Familienbesitzungen oder den Früchten militärischer Eroberungen, die man nach Belieben gegen andere eintauschen konnte. In den meisten dieser Teilgebiete hatten aber im Allgemeinen mächtige Adelsfamilien die Kontrolle über das Steuerwesen, die lokale Rechtsprechung und die Einberufung zum Militärdienst inne. Die Vertreter dieser Familien trafen sich in unregelmäßigen Abständen zu Sitzungen regionaler Parlamente oder Landtage. Die Herrscher aus dem Haus Habsburg waren auf Verhandlungen mit diesen Gremien angewiesen, was die Besteuerung der jeweiligen Bevölkerung und die Aushebung von Rekruten zum Militärdienst betraf.

Die Habsburger waren anfangs eine weniger bedeutende Adelsfamilie mit Ländereien und einem Schloss im heutigen Schweizer Kanton Aargau.[9] Der erste aus diesem Fürstengeschlecht, der politischen Ruhm erlangte, war Graf Rudolf IV. (1218–1291); er wurde 1273 als Rudolf I. zum römisch-deutschen König gewählt. Zu jener Zeit – und bis zu seiner Auflösung 1806 – war das Heilige Römische Reich ein lockerer Verband von großen und kleinen mehr oder weniger souveränen Territorien, der von der italienischen Halbinsel im Süden bis nach Jütland im Norden und vom heutigen Frankreich im Westen bis tief in das heutige Polen im Osten reichte. Sein nominelles Oberhaupt – ein König oder Kaiser, der auf Lebenszeit von den mächtigsten Fürsten des Reiches, den Kurfürsten, gewählt wurde – erfreute sich aufgrund seines Titels auf internationaler Ebene eines gewissen Prestiges, sozialen Status und kulturellen Einflusses.[10] Seine vorwiegend repräsentative Funktion verlieh dem Kaiser aber nur geringe politische Autorität über die mehr als dreihundert politischen Einheiten, die das Reich bildeten. In der Tat verhielt es sich so, dass die Kurfürsten, indem sie dem eher unauffälligen Rudolf von Habsburg 1273 den Vorzug vor eindrucksvolleren Konkurrenten gaben, verhindern wollten, dass das Gleichgewicht der Kräfte in Europas Mitte durch einen der mächtigeren Mitbewerber um den Thron gefährdet wurde.

Gegen Ende der Herrschaft Rudolfs war es den Habsburgern aber gelungen, zu Hauptakteuren im politischen Geschehen Mitteleuropas

Die Habsburg, der Stammsitz des Adelsgeschlechts, im Schweizer Kanton Aargau. Stahlstich von Henry Winkles nach einer Zeichnung von Gustav Adolph Müller

aufzusteigen. Sie hatten den Territorialbesitz der Familie beträchtlich vermehrt und das geografische Zentrum ihrer Besitzungen mit der Übernahme oder Eroberung der Herzogtümer unter und ob der Enns (weitgehend das heutige Nieder- und Oberösterreich) einschließlich Wiens, der Steiermark und der Markgrafschaft Krain von den Babenbergern in Richtung Osten verlagert. Im darauffolgenden Jahrhundert fügte die Familie Habsburg noch das Herzogtum Kärnten und das Fürstentum Tirol diesem Konglomerat von Territorien hinzu. Als neue Machtbasis der Familie wurden diese Gebiete – die sich geografisch grob mit den heutigen Staaten Österreich und Slowenien decken – als deren «Erblande» bekannt, da sich die Habsburger in dieser Region das Recht auf die Erbfolge sicherten. Gleichzeitig büßten sie ihre Besitzungen in der heutigen Schweiz ein. In der Zeit danach wurde die Bezeichnung «Österreich» – die sich von den Namen der beiden erwähnten Herzogtümer ableitete – für die Gesamtheit dieser Territorien gebräuchlich.

Nach dem Tod Kaiser Rudolfs im Jahr 1291 wurde erst 1439 ein weiterer Habsburger für einen kurzen Zeitraum zum römisch-deutschen König gewählt. Diesem folgte 1452 sein Vetter Friedrich III. nach, der sogar zum Kaiser des Heiligen Römischen Reiches gekrönt wurde.[11] Noch zu Lebzeiten konnte Friedrich erreichen, dass sein Sohn, Maximilian I., zu seinem Nachfolger gewählt wurde, womit er eine Praxis begründete, aufgrund derer der Kaisertitel bis zum Ende des Heiligen Römischen Reiches im Jahr 1806 in der Familie blieb (von einer kurzfristigen Ausnahme im achtzehnten Jahrhundert abgesehen). Sowohl Friedrich als auch Maximilian erweiterten den Besitz und die Macht der Familie durch eine Reihe arrangierter Heiraten mit den Mitgliedern anderer Adelshäuser. Maximilians eigene Ehe mit Maria von Burgund brachte den Habsburgern die Ressourcen eines der reichsten Staatswesen Europas ein. Die gleiche Strategie brachte zwei von Maximilians Kindern, Philipp und Margarete, in den Besitz des jüngst vereinten Königreichs Spanien mitsamt seinen riesigen überseeischen Besitzungen. Maximilians Enkel Karl V. (1500–1558), der Sohn Philipps, erbte dadurch ein Reich, das die gesamte Erdkugel umspannte. Es umfasste Spanien mit seinen Kolonien auf dem amerikanischen Kontinent ebenso wie Burgund und Österreich und brachte darüber hinaus die Oberhoheit über das Heilige Römische Reich mit sich. Ein weiterer erfolgreicher Schachzug der Heiratspolitik Maximilians war es, zwei von Karls Geschwistern, Maria (1505–1558) und Ferdinand (1503–1564), mit König Ludwig II. von Ungarn und Böhmen beziehungsweise mit dessen Schwester Anna zu verheiraten. Als der junge König Ludwig 1526 in der Schlacht bei Mohács gegen die Truppen des Osmanischen Reiches fiel, wählten die ungarischen und böhmischen Stände, wenn auch nicht widerstandslos, dessen Schwager Ferdinand von Habsburg zu seinem Nachfolger. Die ungarische Krone verlieh den Habsburgern auch Anspruch auf zwei Regionen, die historisch mit dem Königreich verbunden waren, auf das Königreich Kroatien im Südwesten und das Fürstentum Siebenbürgen im Osten. Es blieb aber im Grund bei diesem Anspruch. Die Herrschaft über Ungarn bestand jedoch mehr oder weniger nur *de jure*, da der größte Teil des Landes für die nächsten 175 Jahre weiterhin von den Osmanen – oder, wie im Falle von Siebenbürgen, von deren Verbündeten – beherrscht wurde.

Gegen Ende seiner Regierungszeit, im Jahr 1556, teilte Karl V. ein kaum noch überblickbares Weltreich zwischen einem westlichen, das heißt spanischen, und einem östlichen, dem österreichischen Zweig der Familie auf, deren Oberhäupter sein Sohn Philipp II. (1527–1598) beziehungsweise Karls Bruder waren, der als Ferdinand I. 1558 den Thron des Heiligen Römischen Reiches bestieg.[12] Für die folgenden 150 Jahre blieben der spanische und der österreichische Zweig eng miteinander verflochten und verbündet; sie stärkten ihre Beziehung durch häufige Eheschließungen innerhalb der Großfamilie. Als der spanische Zweig ausstarb, weil es keinen männlichen Erben gab, beanspruchte der französische König Ludwig XIV. den Thron für sich. Daraufhin brach der sogenannte Spanische Erbfolgekrieg aus, in dem die österreichischen Habsburger und ihre Verbündeten Frankreich gegenüberstanden. Als der Krieg 1714 zu einem Ende kam, hatten die österreichischen Habsburger den spanischen Thron an eine jüngere Nebenlinie des französischen Königshauses verloren.[13] Die Einbuße der spanischen Territorien sollte den Aufbau eines habsburgischen Territorialstaats in Mitteleuropa im Lauf der folgenden zwei Jahrhunderte allerdings bis zu einem gewissen Grad erleichtern.

Sex and the Empire

Die Ursprünge eines vereinten Habsburgerreichs in Mitteleuropa, inoffiziell nach den Kernländern der Dynastie «Österreich» genannt, reichen ins frühe achtzehnte Jahrhundert zurück, als eine Folge bestimmter Gesetze erlassen wurde, die später kollektiv als «Pragmatische Sanktion» bezeichnet wurden. Diese Gesetze galten vordergründig einem inneren Problem der Herrscherfamilie: der besorgniserregenden Tatsache, dass es keinen männlichen Erben gab. Anders als in England und Schottland, wo Frauen aus den Dynastien der Tudors und der Stuarts ebenso die Nachfolge auf dem Thron antreten konnten, war dies in vielen kontinentaleuropäischen Monarchien aufgrund von Traditionen, die sich vom sogenannten Salischen Recht herleiteten, nur Männern vorbehalten. Demnach konnte keine Frau zum Oberhaupt des Heiligen Römischen Reiches gewählt werden, doch gab es keinen Grund, dass diejenigen Territorien, die sich im direkten Besitz der Habsburger befanden, nicht von einer Fürstin regiert werden sollten. Rein formal gesehen hatten die Habsburger ihre Kernländer in Österreich vom Kaiser des Heiligen Römischen Reiches als Lehen erhalten, und falls die Kaiserwürde an eine andere Dynastie überging, würde dieser neue Kaiser den Habsburgern die Herrschaft über ihren «eigenen» Territorien streitig machen?[14]

Da beide Söhne Leopolds I. (1640–1705), Joseph I. (1678–1711) und Karl VI. (1685–1740), bislang nur Töchter in die Welt gesetzt beziehungsweise gar keine Kinder gezeugt hatten, befürchtete der Kaiser, dass der österreichische Zweig des Hauses Habsburg aussterben könnte, so wie es 1700 mit dem spanischen geschehen war. 1703 erließ er das *Pactum mutuae successionis*, ein Hausgesetz, das eine Teilung der Monarchie verbot und es dafür einer weiblichen Nachfahrin erlaubte, in Ermangelung eines männlichen Erbens die Herrschaftsnachfolge in den Kernländern der Habsburger anzutreten. 1713 änderte Karl VI. Leopolds Erlass ab, um seine beiden eigenen Töchter in der Erbfolge vor die Tochter seines verstorbenen älteren Bruders zu rücken. Schnell ratifizierten die verschiedenen ständischen Versammlungen diesen Erlass. Befürchtungen, das Ende der Habsburger Dynastie könnte der Region Krieg und Instabilität bringen, machte die Pragmatische Sanktion annehmbarer für die Stände der einzelnen Länder, die jene sonst wohl als eine Verletzung ihrer Rechte abgelehnt hätten. Sie sagten alle zu, falls nicht auf wundersame Weise doch noch ein männlicher Nachfolger vor dem Tode Karls VI. das Licht der Welt erblicken sollte, dessen älteste Tochter Maria Theresia als Herrscherin zu bestätigen. Karl wandte dann auch beträchtliche finanzielle Ressourcen sowie politischen Einfluss auf, um die anderen europäischen Mächte dazu zu bewegen, dieses Arrangement zu akzeptieren, unternahm jedoch paradoxerweise nichts, um seine Tochter auf ihre zukünftigen Pflichten und Aufgaben als kaiserliche Herrscherin vorzubereiten.[15]

Die «Pragmatische Sanktion» mag auf das Engste mit den Problemen der Nachfolge verbunden gewesen sein, doch stellte sich im Lauf der Zeit heraus, dass sie noch viel größere Bedeutung für etwas Anderes hatte. Sie war der erste signifikante gesetzgeberische Akt, der dieses Staatengebilde, das aus den verschiedenen Territorien der Habsburger einschließlich der Königreiche Böhmen und Ungarn bestand und das man deshalb höchstens als «zusammengesetzte Monarchie» bezeichnen könnte, als «unteilbar und untrennbar»,[16] das heißt als politische Einheit auswies. Zu jener Zeit hingen Besitzungen der Habsburger in der Tat geografisch enger zusammen als ein Jahrhundert zuvor, obwohl es immer noch einige vom Rest des Reiches abgetrennte Gebiete in den Niederlanden und auf der italienischen Halbinsel gab. Seit 1700 verwendeten Kartografen zunehmend die Bezeichnung «Österreich», und zwar für ein größeres Gebiet als nur die beiden Erzherzogtümer ob und unter der Enns, während man sich gleichzeitig immer öfter auf die Habsburger als das «Haus Österreich» bezog. Die Bemühungen Karls VI. und Maria Theresias um den Aufbau eines Staates spiegelten sich in zeitgenössischen Karten Mitteleuropas wider, in denen bei der Darstellung der Habsburger Besitzungen Wien ins Zentrum rückte und damit an die Stelle Frankfurts trat, der ständigen Wahlstadt des Heiligen Römischen Reiches, obwohl Letzteres immer noch im Titel der Dynastie figurierte und dieser höchsten Glanz verlieh.

Auch wenn die Zeitgenossen die Territorien der Habsburger allmählich als einen einheitlichen, geschlossenen Staat namens Österreich wahrnahmen, war dieser Status keinesfalls in der institutionellen Realität begründet. Was die Verwaltung und die Institutionen betrifft, sind wir heute eine Homogenität gewöhnt, wie sie von den Nationalstaaten durchgesetzt wurde, und könnten daher versucht sein, uns die Habsburger Territorien, wie sie sich auf den Karten um 1700 finden, als ein kohärentes Ganzes vorzustellen. Das wäre jedoch ein Irrtum. Der Charakter und das Ausmaß der Herrschaft des Hauses Habsburg variierten in ihren Territorien von Ort zu Ort beträchtlich.

Durch die Österreichische Hofkanzlei mit Sitz in Wien übten die Habsburger die weitgehende Kontrolle über Verwaltung, Fiskus und Justiz in ihren Erblanden (Österreich unter und ob der Enns, die Steiermark, Kärnten, die Krain und Tirol) aus.[17] Um 1700 hatten sie ein fast ebenso großes Maß an Kontrolle über ihre böhmischen Kronländer (Böhmen, Mähren und Schlesien), versuchten aber nicht, eine derartige systematische Kontrolle auch auf ihre Territorien auf der italienischen Halbinsel auszuweiten. Am geringsten war ihr Einfluss in Ungarn, wo sich der einheimische Adel Versuchen der Habsburger widersetzte, das

Kaiserin Maria Theresia und ihre Kinder im Jahr 1776.
Gemälde von Heinrich Füger

Land nach seiner Rückeroberung von den Osmanen in ein größeres gemeinsames Staatswesen einzugliedern.

Auch wenn die Pragmatische Sanktion langfristig die gesetzlichen Grundlagen für einen einheitlichen Habsburgerstaat schuf, scheiterte Karl VI. mit seinem Versuch, deren Anerkennung durch die anderen – auf Gelegenheit zu eigenem Zugewinn wartenden – europäischen Mächte zu erlangen. Als der Kaiser 1740 starb, sah sich seine dreiundzwanzigjährige Tochter Maria Theresia (1717–1780) sofort Angriffen ihrer expansiven Nachbarn ausgesetzt. Friedrich II., bekannt als «der Große», von Preußen (1712–1786) witterte eine günstige Gelegenheit, die reiche und dicht bevölkerte Provinz Schlesien an sich zu bringen, und ließ seine Truppen dort einmarschieren. Gleichzeitig erhob Kurfürst Karl Albrecht von Bayern, unterstützt von den Franzosen, Sachsen und einem Teil der im Prager Landtag vertretenen böhmischen Adligen, Anspruch auf das Nachbarland Böhmen und wurde zudem als Karl VII. zum Kaiser des Heiligen Römischen Reiches gewählt, womit er sich zunächst gegen den Gatten Maria Theresias, Franz Stephan von Lothringen (1708–1765), durchsetzten konnte.[18]

Die von mehreren Seiten bedrängte Maria Theresia sah sich gezwungen, gleich zu Beginn ihrer Herrschaft dem ungarischen Adel Konzessionen anzubieten. Sie benötigte Geld, sie benötigte Soldaten, und zwar unverzüglich. 1741 hatte sie sich zur Königin von Ungarn krönen lassen und bei einer Versammlung des ungarischen Landtags in Pressburg (Pozsony, Bratislava) um finanzielle und militärische Hilfe nachgesucht.[19] Bei ihrer Rede trug Maria Theresia Weiß und Gold, die damaligen ungarischen Nationalfarben – anders als später berichtet oder auf Bildern dargestellt, war sie aber nicht in Begleitung ihres sechs Monate alten Sohnes Joseph, den sie erst neun Tage später dem Landtag vorstellte –, und richtete einen eindringlichen Appell an die Versammelten, der einen Schwur einschloss, deren Privilegien nicht anzutasten:[20]

> Es handelt sich um das Königreich Ungarn, um Unsere Person, um Unsere Kinder, um die Krone. Von allen verlassen, flüchten wir einzig und allein zur Treue der Ungarn und zu ihrer altberühmten Tapferkeit. Wir bitten die Stände, in dieser äußersten Gefahr für Unsere Person, Unsere Kinder, die Krone und das Reich ohne die geringste Versäumniß werkthätige Sorge zu tragen. Was an uns liegt, soll geschehen, um den früheren glücklichen Zustand Ungarns und seines Volkes, den Glanz seines Namens wieder herzustellen. In all dem werden die getreuen Stände die Wirkungen Unserer gnädigen Gesinnung erfahren.[21]

Dieser Appell entlockte den versammelten Magnaten und Notabeln Zusicherungen, ihr «Blut und Leben für [unsere] Königin Maria Theresia zu geben».[22] Wenig bekannt ist aber, dass diesen Loyalitätsbekundungen harte Verhandlungen vorausgegangen waren. Es war vor allem der Unterstützung Ungarns zu verdanken, dass es Maria Theresia rasch gelang, das Kriegsgeschick zu ihren Gunsten zu wenden. Was Bayern betraf, konnte sie sogar den Spieß umdrehen, indem sie Ende 1741 München einnahm. Die Österreicher brachten Böhmen, Mähren und

Territorien der Habsburger am Ende des Österreichischen Erbfolgekriegs 1748

einen kleinen Teil Schlesiens wieder an sich; sie schlugen die Bayern und die Franzosen, deren brutale Besatzungspolitik sie ihren potenziellen böhmischen Verbündeten bereits entfremdet hatte. Nach dem Tod Karl Albrechts von Bayern im Jahr 1745 erreichte Maria Theresia, dass ihr Gatte Franz Stephan zum Kaiser des Heiligen Römischen Reiches gewählt wurde. 1748 beendete der Frieden von Aachen offiziell den Österreichischen Erbfolgekrieg. Maria Theresia hatte alle Versuche, ihr ihre Herrschaftsrechte streitig zu machen, erfolgreich abgewehrt; sie hatte aber den größten Teil Schlesiens, ihre wirtschaftlich wertvollste Provinz, an Preußen verloren.

Der Umstand, dass ihre Monarchie militärisch und finanziell nicht auf einen Krieg vorbereitet gewesen war, verdeutlichte Maria Theresia, dass sie ihren Staat reformieren musste, und zwar schnell, wenn dieser im Europa des achtzehnten Jahrhunderts seine Großmachtstellung nicht einbüßen sollte. Sie würde auch eine Reihe neuer Verbündeter gewinnen müssen, um mit deren Hilfe Schlesien von Preußen zurückzuerobern. Außerdem würde sie ein stehendes Heer schaffen müssen, das in der Lage sein würde, es mit Preußens effizienterem Militär aufzunehmen. Vor allem aber würde sie ihre Länder zu einem mächtigen Staatswesen vereinigen müssen. Maria Theresia gewann zwar Schlesien nie zurück, aber gewiss nicht, weil sie nicht den Versuch dazu unternahm. In den 1750er-Jahren initiierte sie zusammen mit ihrem Staatskanzler Graf (später Fürst) Wenzel Anton Kaunitz (1711–1794) eine diplomatische Revolution in Mitteleuropa.[23] Österreich löste sich von Großbritannien und verbündete sich zum ersten Mal seit Jahrhunderten mit dem bisherigen Erzfeind Frankreich. Diese Allianz wurde durch die Heirat von Maria Theresias jüngster Tochter Maria Antonia (1755–1793) mit dem späteren französischen König Ludwig XVI. besiegelt. Dieser strategische Richtungswechsel richtete sich in erster Linie gegen Preußen. Nur das brennende Verlangen der Herrscherin, Schlesien zurückzugewinnen, ließ sie ihre starke Abneigung gegenüber Frankreich überwinden. Da ihr aber die Rückeroberung dieses Herzogtums auch im Siebenjährigen Krieg (1756–1763) nicht glückte, blieb Frankreich der nominelle Verbündete Österreichs in einer Zeit, in der die Lage im Osten immer besorgniserregender wurde. Dort strebte das russische Zarenreich auf Kosten der Nachbarn, des Osmanischen Reiches, Schwedens und der Polnisch-Litauischen Union, aggressiv danach, sein Territorium zu erweitern.[24] In der Tat war es so, dass Maria Theresia an der Front im Osten den Verlust Schlesiens durch Gewinn eines anderen Territoriums ausgleichen konnte: 1772 partizipierte sie – wenn auch widerstrebend – zusammen mit Friedrich II. von Preußen und Zarin Katharina II. (der Großen) an der ersten Teilung von Polen-Litauen.

Unter dem Vorwand, im Inneren dieses Doppelstaats herrsche Unordnung, teilten diese drei Länder etwa ein Drittel seines Territoriums untereinander auf. Obwohl Maria Theresia ursprünglich die Pläne Russlands und Preußens hinsichtlich Polen-Litauens vehement abgelehnt hatte – schon das Wort «Teilung» widere sie in diesem Zusammenhang an («Ce mot de partage me répugne») –, stellte ihr Außenminister Kaunitz sicher, dass ein substanzieller Teil der Beute ihr zugesprochen wurde. Das neue Gebiet wurde – auf Latein – als «Regnum Galiciae et Lodomirae» («Fürstentum Halytsch und Wolodymyr» oder «Halitsch-Wolhynien») bezeichnet, nach den mittelalterlichen altrussischen Fürstentümern Halitsch und Wolhynien, auf welche die ungarische Krone im zwölften Jahrhundert Anspruch erhoben hatte.[25] Maria Theresia war sich bewusst, von wie großem Wert es war, die mythische Geschichte ihrer Familie wiederaufleben zu lassen, um Skrupel bezüglich der Übernahme neuer Territorien gar nicht erst aufkommen zu lassen.

Aufbau des Staates und Reformen

1748, unmittelbar nach Ende des Österreichischen Erbfolgekriegs, gab Maria Theresia den Anstoß für eine Reihe administrativer Reformen zur Stärkung des Militärs und zur Schaffung eines effizienten und zentralisierten Staates. Der Präsident der Finanz- und politischen Verwaltung (des «Directorium in publicis et cameralibus») Graf Friedrich Wilhelm von Haugwitz (1702–1765) zwang die Landtage der Erblande, ihre Kontributionen zum Militärbudget zu erhöhen, so dass sich ein an die 108 000 Mann starkes, stehendes Heer aufstellen ließ. Überdies rang Haugwitz den Landtagen die Zusage ab, dieses Geld jeweils für zehn Jahre zu bewilligen und nicht nur jährlich, womit er ihre Möglichkeit beschnitt, mit dem Staat zu feilschen, wenn er Geld für militärische Zwecke benötigte.

Im Zuge dieser institutionellen Prozesse, welche die bis dahin autonomen Königreiche in die Provinzen eines zentralisierten Staatswesens verwandelten, wurden lokale und regionale Verwaltungsbeamte zunehmend nicht mehr den einzelnen Landtagen, sondern Wien unterstellt. 1749 vereinte Haugwitz die böhmische Hofkanzlei mit der entsprechenden Institution der Erblande.[26] 1751 begründete Maria Theresia für die böhmischen und die österreichischen Länder die Oberste Justizstelle mit Sitz in Wien. Im Lauf der nächsten Jahrzehnte setzte die Regierung ihre institutionellen Experimente, die der weiteren Zentralisierung der Staatsverwaltung dienen sollten, fort. Die vehemente Opposition vonseiten der einzelnen Landtage zwang die Herrscherin jedoch oft dazu, entsprechende Vorschläge zu verändern oder einstweilen von deren Umsetzung abzusehen. Ihre Regierung setzte aber ihre Bemühungen beharrlich fort und schlug häufig die Einrichtung weiterer neuer Institutionen vor.

Bei ihrem Bemühen um territoriale Integration und Zentralisierung orientierten sich die Habsburger und ihre Berater an keinem bestimmten Modell der Staatsbildung. Die großen Reformer, die das Herrscherhaus im achtzehnten Jahrhundert hervorbrachte – Maria Theresia sowie ihre beiden Söhne, Joseph II. und Leopold II. –, arbeiteten Ideen aus, wie man die einzelnen Territorien in ihrem Besitz effizienter zusammenführen könnte. Alle drei verfolgten langfristig gemeinsame grundlegende Ziele: die Staatsfinanzen durch Besteuerung des Adels auf eine solide Basis zu stellen, die Produktivität des Bauernstandes durch Lockerung oder Abbau der Feudalbeziehungen zu steigern, die Expansion der einheimischen Warenmanufaktur und des Handels sowie die Ausweitung des Kommunikations- und Straßennetzes zu fördern, die zünftischen Restriktionen der Warenherstellung zu reduzieren, die moralische und die politische Erziehung ihrer Untertanen zu verbessern und schließlich die katholische Kirche zu reformieren, um die religiöse Praxis der Kontrolle des Staates zu unterstellen.

Wie einige ihrer Zeitgenossen in Europa sind diese drei ehrgeizigen Herrscher aus dem Hause Habsburg-Lothringen oft als «aufgeklärte Despoten» bezeichnet worden. Damit ist gemeint, dass sie ihre uneingeschränkte, zentralisierte Macht als unerlässlich für die Reform von Staat und Gesellschaft ansahen. «Absolutismus» (oder «Despotismus») bedeutet ihre Weigerung, die Macht mit dem Adel zu teilen. «Aufklärung» bezieht sich auf ein lockeres Geflecht intellektueller Strömungen und kultureller Bewegungen im Europa des späten siebzehnten und des achtzehnten Jahrhunderts, die im Erwerb von Wissen schwelgten und sich dafür einsetzten, dieses Wissen für die Gestaltung sozialer Einrichtungen und politischer Strukturen zu nutzen und so die Lebensbedingungen der Menschheit zu verbessern. Im achtzehnten Jahrhundert stieg die Zahl der publizierten Werke in den Habsburger Gebieten geradezu explosionsartig an, in der schönen Literatur genauso wie in der Wissenschaft, wo das Spektrum von naturwissenschaftlichen Themen über Geschichte und Religion bis hin zur Philosophie reichte. Die europäische Gesellschaft des achtzehnten Jahrhunderts verzeichnete auch einen starken Anstieg der Zahl derer, die lesen und schreiben konnten, sowie eine Zunahme öffentlicher Einrichtungen – nicht nur solcher, die der Elite vorbehalten waren –, in denen man neue Ideen durch Lektüre erfahren und offen diskutieren konnte. Die Hinwendung zu den Natur- und Geisteswissenschaften machte auch Ansätze zu ausdrücklich säkularen Formen des Regierens in einer Welt möglich, die nach wie vor weitgehend von religiösen Institutionen und Kulturformen dominiert wurde. Gleichzeitig stellten die Aufklärer aber weiterhin Fragen des Glaubens und der Moral in den Mittelpunkt ihrer Überlegungen. Obwohl Maria Theresia und ihre Söhne mit ihren Beratern unter viel utilitaristischeren und funktionelleren Aspekten als ihre Vorgänger über politische Maßnahmen debattierten und bei einer Reihe gebildeter weltlicher Fachleute Rat suchten, bestätigten sie dennoch weiterhin die fundamentale Bedeutung der Religion für das gesellschaftliche Zusammenleben.

Die zunehmende Alphabetisierung und das Aufkommen von interregionalen Netzwerken geistes- und naturwissenschaftlicher Forschung ermöglichte es Menschen jeden Standes, die von den Monarchen initiierten Reformprozesse zu kommentieren wie auch in der Öffentlichkeit oder im privaten Kreis zu diskutieren. Während vom Adel dominierte Landtage und Angehörige der Oberschicht schon lange in der Lage gewesen waren, ihre unterschiedlichen Ansichten bekannt zu machen, begannen Angehörige der kaufmännischen, unternehmerischen und administrativen Berufe erst im achtzehnten Jahrhundert damit, ihrem Interesse an der staatlichen Politik und vor allem ihrer Einstellung dazu öffentlich Ausdruck zu verleihen. In der zweiten Hälfte des Jahrhunderts wurden in größeren und kleineren Städten wie Wien, Prag, Brünn (Brno), Kaschau (Kassa, Košice) und Pressburg ganz neue Orte geschaffen, an denen öffentliche Diskussionen geführt werden konnten: Kaffeehäuser, halböffentliche Salons und Museen. Dort trafen sich Menschen aus der Mittelschicht – gelegentlich kamen sie dabei auch mit Adligen zusammen –, um sich zu aktuellen religiösen, philosophischen und künstlerischen Fragen auszutauschen. Schon bald nachdem die Stadtväter von Kaschau 1781 ein Stadttheater hatten errichten lassen, gaben sie Umbauten an dem Gebäude in Auftrag, damit an seiner Nordseite ein Kaffeehaus entstehen konnte.[27] In den 1790er-Jahren ermöglichten Einrichtungen wie Kaffeehäuser, wissenschaftliche Gesellschaften oder ökonomische Vereinigungen, die dem geselligen Beisammensein dienten, es ihren Mitgliedern, miteinander zu debattieren und eigene politische Ideen zu entwickeln. Wie wir noch sehen werden, dienten diese Zirkel auch den Vereinen als Vorbilder, die im frühen neunzehnten Jahrhundert in den größeren Städten so zahlreich entstanden.[28]

Ähnlich bedeutend für die Umsetzung aufklärerischer Ideen in politische, soziale, wirtschaftliche oder kulturelle Programme waren die zahlreichen Freimaurerlogen, die von Beginn der 1740er-Jahre an in beträchtlicher Zahl in den Territorien der Habsburger gegründet wurden. Zum Teil auch dank der Unterstützung durch Maria Theresias Gatten Franz Stephan, der selbst Freimaurer war, etablierten sich trotz der lautstark bekundeten Missbilligung des Heiligen Stuhls Logen mit Tausenden von Mitgliedern.[29] In den Logen herrschte nicht unbedingt soziale Gleichberechtigung, und sie waren von ihrem Charakter her auch nicht ausgeprägt säkular. In den 1770er-Jahren gehörte eine größere Zahl von österreichischen Geistlichen zu ihren Mitgliedern, die die römische Kirche von dem gesäubert sehen wollten, was sie als «altmodisch» oder «intolerant» bezeichneten.[30] Die Logen boten ihren Mitgliedern ebenfalls Stätten zum Debattieren und Erproben aller möglichen reformerischen Ideen. In Ungarn waren es vor allem protestantische religiöse Denker, Schriftsteller und Aristokraten, die sich mit dem Gedankengut der Aufklärung auseinandersetzten, um Reformprogramme zu entwickeln und auf den Weg zu bringen. Es waren aber nicht nur die Freimaurerlogen in den großen Städten, die Gelegenheiten zum Treffen mit Gleichgesinnten und zum Debattieren schufen. So begründeten bespielsweise in etlichen Kronländern (Böhmen, Kärnten, Niederösterreich und Mähren) örtliche Honoratioren landwirtschaftliche Vereine, die zum einen den Bauern Kenntnisse über technologische Neuerungen vermitteln, zum anderen aber auch Wissen über neue Anbauverfahren oder bislang unbekannte Feldfrüchte unter ihren wohlhabenderen Mitgliedern verbreiten sollten.[31]

Die zeitgenössischen Theorien zur politischen Ökonomie, über deren Wert in Flugschriften, Salons, landwirtschaftlichen Vereinigungen und Freimaurerlogen diskutiert wurde, boten den Habsburgern zahlreiche sehr unterschiedliche Modelle für Reformen. Die Physiokraten beispielsweise machten den Wohlstand eines Landes ganz spezifisch in dem aus, was die bäuerliche Bevölkerung durch Bearbeitung des Bodens produzierte. Die Merkantilisten hingegen förderten die lokale Warenmanufaktur und regulierten den internationalen Handel durch Verhängung von Schutzzöllen. Kameralisten versuchten die Regierungsinstitutionen zu reorganisieren, indem sie deren Aufgabenbereiche eng begrenzten und ihnen ganz spezifische Funktionen übertrugen (ähnlich Ministern in einem Kabinett), um sie effizienter zu machen. Die Jansenisten Mitteleuropas hatten sich der Verbesserung der öffentlichen Moral durch die Verbreitung eines kraftvollen, reformierten und weit weniger jesuitischen Katholizismus verschrieben. Wichtig war vor allem, dass diese neuen gesellschaftlichen Aktivisten sich an leidenschaftlich ausgetragenen intellektuellen Debatten über Politik, Wirtschaft und Gesellschaft beteiligten und damit das ideologische Rüstzeug produzierten, auf das die auf Reform sinnenden Monarchen zurückgreifen konnten.

Wenn auch das Ausmaß und der Umfang der Reformprogramme, die die Habsburger ins Auge fassten, eine extreme Herausforderung für ein solch großes Reich darzustellen schienen, konnten sie sich jetzt zumindest bei der Konzeptualisierung und Rechtfertigung bestimmter Programme auf – selbsternannte – Männer der Wissenschaft und empirische Untersuchungen der Verhältnisse vor Ort beziehen. Wie wir zu Beginn dieses Kapitels gesehen haben, war das achtzehnte Jahrhundert nicht nur das Zeitalter von Philosophie und Wissenschaft, sondern auch das Zeitalter des Sammelns aller Art von Information, der Kartografie, der statistischen Erhebungen. Der Sinn und Zweck, zu dem man solches praktisches Wissen anhäufte, war, dem Wohl des Staates und der Gesellschaft zu dienen, erfüllte also dieselbe Funktion wie der aufgeklärte Despot.

Die expandierende und zunehmend zentralisierte Bürokratie des achtzehnten Jahrhunderts beschäftigte weiterhin viele der regionalen Adligen, die sonst wohl an Einfluss verloren hätten, da die Zuständigkeitsbereiche der Landtage in immer größerem Maß an Wien übergingen. In Böhmen etwa stützte Maria Theresia sich weiterhin auf die Dienste verschiedener einheimischer Adliger in der Regional- wie auch der Zentralverwaltung, obwohl einige von diesen 1741 vorübergehend auf die Seite der Bayern übergewechselt waren.[32] Die ambitionierten

Reformprogramme führten dazu, dass die Staatsbediensteten administrativ viel stärker in die Angelegenheiten der Gesellschaft eingriffen als je zuvor. Sie lösten auch einen wachsenden Bedarf an neuen Beamten zur Bewältigung des ständig zunehmenden Arbeitspensums aus. Unter Maria Theresia erlebten die Behörden und Ämter in Ungarn einen Anstieg der Arbeitslast auf das Vierfache, und allein die Zahl der Mitarbeiter, die ausschließlich mit der Korrespondenz beschäftigt waren, wuchs von fünfzig auf mehr als einhundertzwanzig an! Und zur Verwirklichung der administrativen Reformen benötigte man ganz eindeutig mehr und besser ausgebildete Staatsangestellte. In den höheren Schichten der expandierenden Bürokratie waren zwar für gewöhnlich Adlige und andere Angehörige der Oberschicht zu finden, die Positionen in den mittleren und unteren Rängen bekleideten jedoch zunehmend gebildete Söhne der bürgerlichen Mittelklasse. Davon abgesehen nahm Maria Theresia mehr Nobilitierungen vor als jemals einer ihrer Vorgänger. Bürgerliche, die sich um den Staat verdient gemacht hatten, wurden in den Adelsstand erhoben. Während ihrer Regierung kamen 40 Prozent derer, die auf diese Weise ausgezeichnet wurden, aus den wachsenden Reihen der Verwaltungsbeamten.[33]

Gleichzeitig zwang die Notwendigkeit, eine größere Streitmacht zu unterhalten, die Herrscherin 1748 dazu, die Steuerbefreiungen abzuschaffen, die der Adel und der Klerus in den böhmischen und den österreichischen Ländern bislang genossen hatten. Diese wichtige Maßnahme unterminierte die traditionellen gesellschaftlichen Privilegien des Adels, auch wenn der Staat die Besitzungen der Aristokratie und des Klerus weiterhin niedriger besteuerte als den Grund und Boden bäuerlicher Untertanen. Maria Theresia setzte auch fiskalpolitische Maßnahmen ein, um den interregionalen und internationalen Handel zu fördern. Die Steuerprivilegien, die ihr Vater 1719 den Städten Triest (damals eigentlich noch ein Fischerdorf) und Fiume (Rijeka) an der Adria gewährt hatte, blieben bestehen. Durch diese wurden die örtlichen Kaufleute von Import- und Exportzöllen befreit, was diese Häfen für den Handel mit dem Ausland besonders attraktiv machte. Nachdem der größte Teil Schlesiens 1741 an Preußen verloren gegangen war, hoffte die Regierung Maria Theresias, einen substanziellen Teil des Warenverkehrs von den nördlichen (über Hamburg verlaufenden) Handels-

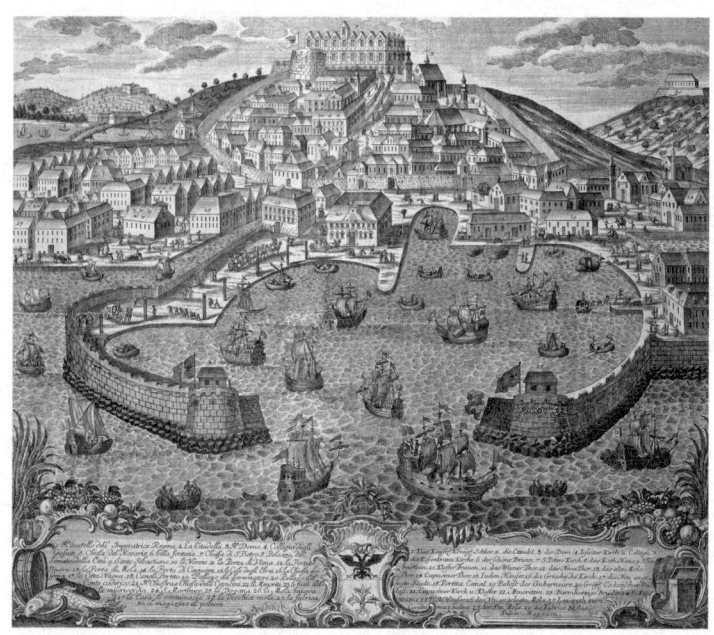

Die Stadt Triest und ihr Freihafen im 18. Jahrhundert.
Zeitgenössischer Stich

routen so weit wie möglich nach Süden und über die beiden adriatischen Hafenstädte umlenken zu können. Tatsächlich entwickelten sich Triest und Fiume im Lauf des achtzehnten Jahrhunderts schnell zu größeren Städten und wetteiferten in den 1760er-Jahren mit Venedig im Mittelmeerraum um die Vormachtstellung im Handel.[34] Gegen Ende des Jahrhunderts wurde bereits ein Drittel des Außenhandels der Monarchie über Triest abgewickelt, und die Bevölkerungszahl der Stadt überstieg bald die 30 000. Triest avancierte schließlich zur viertgrößten Stadt des Reiches und zu einem der geschäftigsten Handelshäfen in ganz Europa.

1779 verlieh Maria Theresia ähnliche Freihandelsprivilegien einem anderen, am östlichen Rand ihres Imperiums gelegenen wichtigen Umschlagplatz für Waren. Als das galizische Brody als Teil des neuen

Königreichs Galizien der Habsburgermonarchie einverleibt worden war, war der Status der Stadt als reicher Handelsposten in einem Netz von Handelsrouten, das sich von Osten nach Westen, von Odessa und der Krim bis nach Leipzig erstreckte, zunächst bedroht. Denn die Kaufleute der Stadt, die zumeist Juden waren, mussten, wenn sie ihre früheren Handelsbeziehungen aufrechterhalten wollten, fortan mehrere Grenzen passieren und an jedem der Grenzübergänge Import- und Exportzölle entrichten. Da die Regierung einen wirtschaftlichen Niedergang Brodys vermeiden wollte, erklärte sie die Stadt einschließlich der umgebenden Dörfer zur Freihandelszone, was es den Kaufleuten ermöglichte, in diesem Gebiet Waren umzuschlagen, ohne Abgaben entrichten zu müssen. In den Verhandlungen vor dieser Entscheidung hatten die Zuständigen in Wien tatsächlich darüber debattiert, ob sie Brody – das ja weit im Landesinneren liegt – in den Status eines «freien Seehafens» erheben sollten, wie es Triest und Fiume waren.[35] Dabei hatten sie die ökonomische Entwicklung des gesamten Reiches im Auge behalten und nicht nur die Interessen der galizischen Provinz. Man war in Wien besorgt, dass die Kaufleute Brodys sich ohne steuerliche Begünstigungen dazu entschließen könnten, ihre Geschäfte über die Grenze in nahe Städte des der Adelsrepublik Polen-Litauen noch verbliebenen Staatsgebiets zu verlegen. Gleichzeitig protestierte jedoch die habsburgische Verwaltung Galiziens heftig gegen diese Privilegien, weil sie gerne weiterhin die üppigen Steuereinnahmen aus dem florierenden Handel Brodys erhalten hätte.

Viele der ökonomischen Maßnahmen der Wiener Regierung dienten ebenfalls dem politischen Ziel, die unterschiedlichen Territorien des Habsburgerreichs effizienter zu einem größeren Ganzen zu verschmelzen. 1775 etwa vereinte die Regierung nach Jahren des Planens, Verhandelns und Gerangels die österreichischen Erblande mit den böhmischen Ländern, indem es eine einzige Zollordnung einführte und so den freien Handel innerhalb dieser Grenzen ermöglichte. Galizien hätte man als nächstes in dieses Zollgebiet einbeziehen können, doch in Wien hatte man Bedenken, dass es aufgrund seiner vergleichsweise schwachen Wirtschaft und der Notwendigkeit, nach der ersten polnischen Teilung dessen Handelsnetze neu auszurichten, zu früh war, es an einer großen Freihandelszone zu beteiligten.

Politische Denker des achtzehnten Jahrhunderts vertraten oft die Ansicht, das militärische Vermögen eines Staates hänge unmittelbar vom Wohlstand seiner Gesellschaft ab. Wir können also das ganze Ausmaß und die Tragweite der Reformen Maria Theresias nicht richtig einschätzen, wenn wir ihre staatsbildenden Maßnahmen nur als administrative und fiskalische Neuerungen ansehen. Sie versuchte auch die Produktivität der Landwirtschaft zu erhöhen sowie die Warenherstellung zu beleben und zu fördern, indem sie Zunftordnungen lockerte oder abschaffte, um Österreichs Anteil am internationalen Handel zu vergrößern. Da im Europa des achtzehnten Jahrhunderts die Wirtschaft eines Landes letztlich auf der Produktivität und dem Wohlstand der Bauernschaft basierte und dieser Teil der Bevölkerung auch in erster Linie für das Steueraufkommen verantwortlich war, zeigte sich der Staat zunehmend an der Lage der Bauern und ihrer Verbesserung interessiert. Unzählige zeitgenössische Beobachter gaben der wirtschaftlich ineffizienten Organisation der ländlichen Bevölkerung die Schuld an der fiskalischen Instabilität des Habsburgerstaats.

In der Mehrzahl der Territorien, über die Maria Theresia gebot, waren die Bauern sowohl de iure als auch de facto örtlichen Grundherrn untertan. Die Großgrundbesitzer konnten nicht nur Abgaben in Form von Geld oder Naturalien von den Bauern verlangen, sondern diese waren auch dazu verpflichtet, an einer bestimmten Anzahl von Tagen in der Woche Arbeiten für ihre Herren zu verrichten. Die genaue Zahl der Tage, an denen sie diese verhasste, als *Robot* bekannte Zwangsarbeit zu leisten hatten, variierte von Gebiet zu Gebiet beträchtlich. In Galizien und Ungarn waren es aber mehr als drei in der Woche, wodurch eine Situation entstand, die es einem Zeitgenossen zufolge «dem Bauern unmöglich machet, seine Grundstüke [sic] zu bearbeiten».[36] Niemand geringerer als Maria Theresias Sohn Joseph II. machte 1773 auf seiner ersten Reise nach Galizien die wichtige Beobachtung, die Menschen seien derart mit *Robot* beschäftigt, dass ihr eigenes Korn ungeerntet bleibe, aufgegeben werde und verderbe.[37] In einigen Regionen hielt das Gesetz die Bauern auch davon ab, woanders hinzuziehen oder ohne Einwilligung des Grundherrn zu heiraten. Und wenn ein Bauer gegen die Behandlung vonseiten seines Grundherrn Klage erheben wollte, entschied für gewöhnlich dieser selbst als Richter vor Ort über den Fall. Insgesamt gesehen konnte man – wie viele der Berater Maria Theresias es taten – behaupten, dass den Bauern das Bestimmungsrecht über ihren eigenen Körper verweigert wurde, etwas, das, wie die religiös eingestellte Herrscherin fürchtete, im Lauf der Zeit ihren moralischen Charakter verderben wie auch ihre Lebenschancen einschränken musste. Man sollte vielleicht den *Robot*, diese Einschränkung bäuerlicher Freiheit und Produktivität, im Vergleich mit den vielen anderen Formen bäuerlicher Unfreiheit sehen, die damals existierten: von der Leibeigenschaft im zaristischen Russland bis hin zur Sklaverei auf den Plantagen in den europäischen Kolonien auf dem amerikanischen Kontinent und den Inseln der Karibik.

Es waren aber in erster Linie zu geringe Steuereinnahmen und nicht moralische Entrüstung, die die Wiener Regierung dazu veranlassten, Maßnahmen zu ergreifen, die zur Steigerung der landwirtschaftlichen Produktivität führen sollten. Es waren also finanzielle Gründe, die zu der ungewollt radikalsten Reformmaßnahme Maria Theresias führten, einer, die erst nach ihrem Tod unter ihren Söhnen Joseph II. und Leopold II. ihren Abschluss fand: der Abänderung oder gar Abschaffung der patrimonialien Verpflichtungen, die die meisten Bauern an den Landadel banden. Da Maria Theresia überzeugt war, dass Adlige, Bauern und der Staat insgesamt davon profitieren würden, wenn man die Bauern in produktivere und unabhängigere Individuen verwandelte, versuchte sie anstelle der Entrichtung von Arbeitsleistungen oder der Abgabe von Naturalien an die Grundherren die Zahlung von festgesetzten Summen einzuführen, die die Landbesitzer und der Staat sich teilten. Die Bauern sollten ihre Geschicke als rechtlich, wirtschaftlich und moralisch unabhängige und freie Individuen selbst in die Hand nehmen und im Lauf der Zeit selbst in den Besitz von Grund und Boden gelangen, wo immer im Reich das möglich war. Adelige, die auf Arbeitskräfte zur Bestellung ihrer Äcker und Felder angewiesen waren, würden dann landlose Bauern gegen Bezahlung beschäftigen können. Damit verbunden waren der Verzicht seitens der adeligen Grundherren auf die unbezahlte (Zwangs-)Arbeit der untertänigen Bauernschaft, das Vorrecht der Rechtsprechung in lokalen Angelegenheiten sowie die Steuerfreiheit des Adels.

Nirgendwo in Österreich konnte Maria Theresia der Gesellschaft einen solchen drastischen Wandel einfach per Dekret aufzwingen. Sie hatte auch nicht die Absicht, derart radikal vorzugehen: Sie zog es vielmehr vor, über einen längeren Zeitraum hinweg Verhandlungen zu führen und, wenn nötig, auch Kompromisse einzugehen. Dennoch setzte sie diese Modellreformen nach Möglichkeit in die Tat um, vor allem auf den Ländereien, die sich im direkten Besitz der Dynastie befanden. Wenn es ihr auch nicht gelang, in ihrem gesamten Herrschaftsgebiet einen umfassenden Wandel zu bewirken, unterminierte sie doch schon allein damit, dass sie die Zahl der Tage unbezahlter Arbeit, die die Adeligen von den Bauern fordern konnten, begrenzte, die Denkweise, auf der die traditionellen sozialen Hierarchien fußten. In Flugschriften und öffentlichen Debatten wurde in den 1760er- und 1770er-Jahren immer häufiger die Frage gestellt, wie die Rechte und die Pflichten einer zukünftig freien Bauernschaft aussehen sollten. Die Urheber der Flugschriften trugen mit dazu bei, die Erörterung dessen, was möglich oder was wünschenswert war, zu prägen. Die Regierung initiierte auch die Ausarbeitung eines neuen Strafgesetzbuches, bei der man sich darum bemühte, der neuen Vorstellung vom Bauern als einem freien Individuum Rechnung zu tragen.[38] Wie wir sehen werden, hatte in den 1790er-Jahren die der Reform zugrundeliegende Logik bewirkt, dass die Regierung sich der Vorstellung von der Gleichberechtigung aller Einwohner des Reiches vor dem Gesetz, ungeachtet ihres Standes, immer mehr angenähert hatte. 1799 – als keiner der drei Habsburger Reformmonarchen mehr lebte – konnte man in einem Gesetzesentwurf für Galizien die Formulierung finden: «Jeder Staatsbürger ohne Unterschied des Ranges, des Standes, oder Geschlechtes ist verpflichtet, die allgemeine Wohlfahrt des Staates durch genaue Befolgung der Gesetze möglichst befördern zu helfen.»[39] In dieser Formel finden zwei sehr unterschiedliche Gesellschaftsauffassungen ihren Niederschlag: von einer Gesellschaft, die durch soziale und kulturelle Merkmale in verschiedene Stände unterteilt war, und von einer anderen, noch im Entstehen begriffenen, in der alle Bürger sowohl in ihren Verpflichtungen gegenüber dem Staat als auch in ihren Rechten gleich waren.

Die Bauern haben das Wort

Wie erwähnt war der Staat, was Auskünfte über seine Bevölkerung betraf, traditionell auf Berichte von Priestern über Geburten, Eheschließungen und Sterbefälle angewiesen, die in unregelmäßigen zeitlichen Abständen eingingen. Aufgrund der zahlreichen Kriege, in die das Land unter Maria Theresia pausenlos verwickelt war, wuchs der Bedarf an gesunden Rekruten. Das wiederum regte die Entwicklung neuer Erhebungsmethoden an, mit deren Hilfe man den zahlenmäßigen Umfang der Einwohnerschaft bestimmter Regionen oder Orte ermitteln und deren genauen Zustand in Erfahrung bringen konnte. Die militärische Führung wurde Mitte des achtzehnten Jahrhunderts zu einem einflussreichen und mächtigen Unterstützer einer Vielfalt gesellschaftlicher, politischer und ökonomischer Reformen, und dies zu einem nicht geringen Teil, weil sie nicht nur an der Zahl ihrer Rekruten interessiert war, sondern auch an deren körperlicher Tauglichkeit und Gesundheit. Aus diesem Grund teilten mehrere militärische Komandeure Maria Theresias Bedenken über die ökonomische Ineffizienz und geringe Produktivität der Landwirtschaft, die von den traditionellen Abhängigkeitsverhältnissen auf dem Land verursacht wurden, und unterstützten energisch ihre Vorstellung von einer rechtlich emanzipierten und wirtschaftlich unabhängigen Bauernschaft.

Als 1770 eine Volkszählung durchgeführt wurde, die Größe, Gesundheitszustand und Bildungsniveau der lokalen Bevölkerungen in den Erblanden und in Böhmen ermitteln sollte, und es darum ging, die Territorien der Habsburger kartografisch zu erfassen – viele von ihnen zum ersten Mal –, war es das Militär, das neue Mittel und Wege entwickelte, um diese Vorhaben umzusetzen. Nur die Armee konnte auf eine genügend große Zahl von Männern zurückgreifen, um solche Projekte erfolgreich abschließen zu können; das Heer von Beamten und öffentlichen Bediensteten, das später die Landschaft Mitteleuropas quasi flächendeckend überziehen sollte, existierte noch nicht. Vor allem da sie beim Einziehen der Wehrpflichtigen und der Erhebung der Daten aktiv beteiligt waren, entwickelten die militärischen Führer wie auch viele mittlere Offiziersdienstgrade ein tiefes Mitgefühl für die notleidende Bauernschaft in ganz Europa. 1770 gab der für die Kriegsführung zuständige Hofkriegsrat bekannt, dass er mit der Volkszählung das allgemeine Ziel verfolge, «das unterthänige Volk mehr vernünfftig, nüchtern, reinlich und auch wohlhabender, mithin glüklicher zu machen».[40]

Eine 1770 eingeführte Neuerung bestand darin, Gebäude in Dörfern und Städten systematisch durchzunummerieren, was ermöglichen sollte, über die jeweiligen Hausbewohner langfristig genauer «Buch zu führen». Militärangehörige reisten in jedes Dorf und zählten nicht nur die Einwohner, wobei sie Alter und Geschlechtszugehörigkeit festhielten. Sie versahen auch alle Gebäude, von der armseligsten Hütte bis zum stattlichsten Stadtpalais, an denen ihr Weg sie vorbeiführte, mit einer sogenannten Konskriptionsnummer, waren gleichsam die Augen und Ohren der Zentralregierung und trugen in jedem Ort Angaben zu vierzehn verschiedenen Punkten zusammen, die für diese relevant sein könnten: zu Gesundheit und Hygiene, Bildungsstand, religiöser Frömmigkeit, Vermögensstand und zur allgemeinen Stimmung.

Die Offiziere, die 1770 und im Jahr darauf die Erhebung durchführten, hatten die explizite Anweisung erhalten, die Bauern nicht zu Beschwerden zu ermutigen. Wie wir zu Beginn dieses Kapitels erfahren haben, bekamen sie dennoch eine Menge dessen zu hören, was die Bevölkerung bedrückte. Aus der Steiermark berichteten die für die Befragung zuständigen Militärs: «Eine allgemeine Klage ist die allzuviele Robbat [sic], welche den Bauern unmöglich machet, seine Gründstuk zu bearbeiten und die landesfürstliche nebst den obrigkeitlichen Gaben zu entrichten.» In der Gegend um Cilli (Celje) in der Südsteiermark waren die Zustände so desolat, dass, wie die Offiziere festhielten, «viele Häuser leer und so viele Gründe oede seyen». Die Bauern in diesem Landstrich hätten sich gezwungen gesehen, «Haus und Grund gleichfalls zu verlassen, um in Croat[i]en […] den Unterhalt für sich und seine Familie zu suchen».[41] In der im Südwesten an die Steiermark angrenzenden Krain kooperierte die Bevölkerung im Allgemeinen bereitwillig bei der Erhebung «in der Hoffnung, in der Robat [sic] und den Frondiensten erleichteret zu werden».[42] In Böhmen beschwerten sich Pächter des Grafen Palm offen über die Härte der ihnen auferlegten Fronleistungen: «Sie muessen zu Winterzeiten alle Wochen drey Tage, im Sommer aber alle Tage mit dem Vieh fronen und über dieses auch noch ein oder

zwey Persohnen zur Handrobat gehen.» Im Bezirk Leitmeritz seien
«Beschwerden [...] nur im Gehaim vorgekommen». Wie der Bericht er-
stattende Offizier meinte, würde eine objektive Untersuchung wohl
viele Vergehen vonsciten der dortigen Grundbesitzer zutage fördern.[43]

Die lokalen Obrigkeiten verteidigten sich umgehend gegen die von
den Bauern erhobenen Vorwürfe und warfen ihnen vor, grob zu übertreiben und einen starken Eigenwillen zu haben. Zudem ergriffen sie
Maßnahmen, um die Bauern mundtot zu machen: Aus der südböhmi-
schen Stadt Klattau (Klatovy) meldete etwa der zuständige Offizier, die
Bauern hätten ihm mit Sicherheit noch mehr Klagen vorgetragen, wenn
in dem Ort nicht plötzlich der Befehl erlassen worden wäre, sich nicht
mit Beschwerden an die Offiziere zu wenden. In der Steiermark beklag-
ten sich die Offiziere darüber, dass in einem Bezirk der dortige Grund-
herr sie persönlich daran zu hindern versucht habe, die Bauern zu be-
fragen. Tatsächlich warnten in Böhmen und Mähren, wo es in den
1770er-Jahren immer wieder zu Bauernunruhen kam, die Verwalter und
Inspektoren einzelner Herrschaften, dass die vom Militär durchgeführte
Volkszählung und das Versehen der Häuser mit Nummern bei der ländlichen Bevölkerung einen gefährlichen Freiheitssinn und Wunsch nach
Emanzipation von der lokalen Obrigkeit aufkommen lasse.

Es scheint, dass 1770 viele Bauern im Zentralstaat und der kaiserlichen Autorität ein nützliches Gegengewicht zur Macht des lokalen
Adels sahen. Obwohl dieser Staat, was seine Institutionen betraf, auf
lokaler Ebene noch so gut wie gar nicht existierte, hatte er für die Bauern
bereits ganz eindeutig große symbolische Bedeutung angenommen.
Diese Bauern hielten gegenüber seinen Vertretern, das heißt, den Offizieren, die sie befragten, mit ihren Begehren und Forderungen nicht
hinterm Berg. In vielen Regionen begannen sie sich – wenn auch bisweilen nur situationsbedingt – der Habsburgerdynastie und ihren zentralen
Institutionen zutiefst verpflichtet zu fühlen; sie sahen in beidem etwas,
das dazu dienen könnte, ihre Interessen zu schützen und zu fördern. Die
Distanz zwischen dem Imperium und den zahlreichen Territorien, aus
denen es sich zusammensetzte, wie auch deren Unterschiedlichkeit
konnte also paradoxerweise bewirken, dass sich neue Arten von Bezügen
bildeten: Die Vertreter der Zentralregierung schienen sich schützend
zwischen die lokalen Adligen und die Bauern zu stellen.

Die Befreiung der Bauern aus der rechtlichen Abhängigkeit vom lokalen Adel verlangte auch, dass man neue Bildungseinrichtungen oder Ausbildungsstätten schuf. So mussten die Bauern nicht nur in den neuesten landwirtschaftlichen Verfahren unterwiesen werden, sondern, was vielleicht noch wichtiger war, darüber hinaus auch eine moralische Erziehung erhalten, damit sie unter völlig veränderten Umständen sich weiterhin gesittet benähmen, Autoritäten respektierten und mit Fleiß ihre Pflichten erfüllten. Bei der vom Militär 1770/71 durchgeführten Volkszählung zeigte sich wiederholt, dass die mangelnde Bildung der Bauern eine der Ursachen für Armut und soziales Elend war. Dieses Bildungsdefizit hatte wiederum seinen Grund in der Vernachlässigung der Schulen durch die örtlichen Machthaber, in der zu geringen Zahl von Lehrern oder den unmöglich zu bewältigenden Aufgaben, die diesen aufgebürdet wurden. In der Südsteiermark fiel den militärischen Demografen 1771 Folgendes auf:

> Bey den Pfarreyen ist zwar überall ein Schulmeister fundiret und angestellet, die Weitschichtigkeit der Pfarreyen aber, die Zerstreuung der Häuser und der Umstand, dass die Schulmeister theils zum Dienst des Pfarrers, theils der Kirche die meiste Zeit verwenden müssen, lässt ihnen zuwenig Zeit übrig, den Kindern den nöthigen Unterricht zu geben, dahero dan auch die wenigsten Bauern lesen können, ja gar viele [weder] ihren Namen noch ihr Lebensalter wissen.

Und auch in Böhmen hielten die Militärs voller Missbilligung fest: «An die Schulen wird wenig gedacht, sich auch nicht beeyferet, angemessene Schulmaister zu bestellen. Die ganz kleinen Kinder werden durch die Unachtsamkeit der Eltern vielfältig verwahrloset.»[44]

1774 (1777 in Ungarn) führte Maria Theresia die allgemeine Schulpflicht für Kinder, Jungen wie Mädchen, ein. Von jenem Zeitpunkt an sollten alle Kinder zwischen sechs und zwölf Jahren in der gesamten Monarchie eine Schule besuchen. Zumindest auf dem Papier, wenn auch nicht in der Praxis, stand der Habsburgerstaat aufgrund dieser Maßnahme in Europa plötzlich an vorderster Front, was die Entwicklung eines erneuerten Bildungssystems betraf. Das Gesetz zielte jedoch in erster Linie auf die Erziehung der am wenigsten aufgeklärten Schichten. Das heißt, Maria Theresia wollte mit ihrer Initiative nicht primär zum Entstehen von Akademien oder weiteren Ausbau existierender universitärer Institutionen beitragen, auch wenn dies zur Folge hatte, dass in größeren Städten und Provinzzentren neue Programme zur Ausbildung von Lehrern ins Leben gerufen wurden. In einigen Orten wurden neben neuen höheren Lateinschulen auch Schulen eröffnet, an denen technisches Wissen in Fächern wie Bergbau und Metallurgie vermittelt wurde. Schon 1754 hatte die Herrscherin die Orientalische Akademie gegründet, an der Türkisch, Arabisch und Persisch gelehrt und Übersetzer und Dolmetscher ausgebildet wurden – was vor allem dazu diesen sollte, fach- und sachkundige Mitarbeiter für die ständig expandierende Bürokratie heranzuziehen.[45] Doch insgesamt gesehen wollte Maria Theresia mit ihrer Politik vor allem die am wenigsten gebildeten Untertanen erreichen. Sie hoffte, den Angehörigen des Bauernstandes das erforderliche Wissen vermitteln und die moralische Erziehung angedeihen lassen zu können, damit sie zu produktiven und rechtschaffenen Mitgliedern der Gesellschaft wurden, wollte aber gleichzeitig diesen nicht zu einer so hohen Bildung verhelfen, dass sie die Lehre der Kirche oder die staatliche Ordnung hätten infrage stellen können. Vor allem war dem Gesetz die reichsweite Einrichtung von ein- oder zweiklassigen Volksschulen zu verdanken, in denen auch in den jeweiligen Volkssprachen unterrichtet wurde. In Anbetracht der relativ bescheidenen Ziele, die man mit diesen Schulen verfolgte, wurde die Volkssprache für ausreichend gehalten; ihre Verwendung war aber auch notwendig, weil nur wenige Kinder eine andere Sprache verstanden hätten.

Im achtzehnten Jahrhundert handelte es sich bei den Lehrern, die an diesen Volksschulen unterrichteten – wenn sie denn wirklich eingerichtet wurden –, oftmals um Angehörige des örtlichen Klerus. Auch in den anderen europäischen Ländern hätte es kaum anders sein können, da Geistliche, vor allem in den entlegeneren Dörfern und Weilern, oft die einzigen waren, die über einen Anflug von Bildung verfügten. Dennoch zwingt uns die Tatsache, dass man auf diese Geistlichen zurückgreifen musste, um allen Kindern eine Grundausbildung angedeihen lassen zu können, darüber nachzudenken, welche Rolle die Kirche bei der Festlegung der Lehrinhalte spielte und wie das allgemeine institutionelle Verhältnis der Habsburger zur Kirche im achtzehnten Jahrhundert aussah. Wie ging die Kirche mit dieser zusätzlichen Verantwortung um, da doch der Staat dem lokalen Klerus schon die Aufgabe aufgebürdet hatte, Geburten, Todesfälle und Eheschließungen schriftlich zu verzeichnen und auch über die Einberufung zum Militär Buch zu führen?

Dass man die Dorfgeistlichen zu Werkzeugen der Bildungsreform machte, bedeutete nicht, dass der Unterricht zwangsläufig vom Geist strenger barocker Religiosität erfüllt sein und im Zeichen eines gegenreformatorischen Katholizismus stehen musste, wie es zweifellos ein Jahrhundert zuvor der Fall gewesen wäre. Im sechzehnten Jahrhundert hatte die katholische Kirche in der Habsburgermonarchie höchst gefühlsbetonte, optisch wirksame und auf anschaulichen Ritualen gründende Formen der religiösen Verehrung eingeführt, um der Verbreitung des Protestantismus beim Volk entgegenzuwirken. Zwei Jahrhunderte später lehnten jedoch viele Katholiken diese Art offen bekundeter Religiosität ab. Stattdessen strebten sie nach schlichteren Formen der Glaubensbezeugung, und die innere persönliche Frömmigkeit sowie das Verrichten guter Werke wurden wichtiger als dramatische öffentliche Zurschaustellungen von Religiosität in zeremonialem Rahmen. Maria Theresias persönliche religiöse Praxis hatte viel mit dieser schlichteren Art der Religionsausübung gemein, die sich sowohl in Ungarn als auch in Österreich im Lauf des achtzehnten Jahrhunderts immer mehr durchsetzte. Diese Art des Katholizismus legte Wert auf ein einfaches, bescheidenes und gottgefälliges Verhalten im alltäglichen Leben, während er die Gefühlsexzesse barocker ritueller Praxis scheute. Unter Maria Theresia befürworteten viele katholische Denker, Staatsbedienstete und Orden die zunehmende Einwirkung der Regierung auf kirchliche Belange. Der genaue Charakter der Einflussnahme der Kirche auf die öffentliche Erziehung hing demnach zu einem großen Teil von der Einstellung und den Ansichten des örtlichen Priesters ab, der unter Umständen auch auf einer rudimentären Ebene mit dieser oder jener Entwicklung auf dem Gebiet der Geistes- und Naturwissenschaften, der Rechtsprechung oder mit aufklärerischen Ansichten zur Erziehung vertraut sein konnte.

Maria Theresias radikalere Berater konnten die Herrscherin im Laufe der Zeit dazu bewegen, alle kirchlichen Angelegenheiten mit

Ausnahme der rein spirituellen staatlicher Aufsicht zu unterstellen: von der Ausbildung der Priester in staatlichen Seminaren bis hin zur Bestellung von Bischöfen. So attackierte die Regierung zunehmend den Einfluss des Jesuitenordens an den Universitäten und, was noch wichtiger war, übernahm 1752 auch die Ausübung der Zensur von der Kirche. Der von der Regierung zusammengestellte Index verbotener Schriften unterschied sich sehr bald stark von dem der Kirche.[46] Zudem wurde die Zahl der kirchlichen Feiertage deutlich reduziert; später unter Joseph II. wurden kontemplative Orden aufgelöst, wenn deren Angehörige keine karitativen Aufgaben in einer Gemeinde verrichteten. Der Besitz solcher Orden wurde anschließend enteignet und dafür verwendet, wohltätige oder der Ausbildung dienende Einrichtungen zu finanzieren. Insgesamt nahm die Regierung der Kirche etliche – doch bei Weitem nicht alle – ihrer alten Privilegien und behandelte sie zunehmend wie eine der vielen privaten Vereinigungen, die nach einem gewissen Grad an staatlicher Regulierung verlangten. Gleichzeitig jedoch hielten ihre persönlichen Sympathien für einen reformierten Katholizismus Maria Theresia davon ab, sich den radikal säkularen Rationalismus zu eigen zu machen, dem viele ihrer Berater und später ihre Söhne Joseph II. und Leopold II. anhingen. So lehnte sie auch das Prinzip religiöser Toleranz ab; während ihrer gesamten Herrschaft weigerte sie sich, Angehörige protestantischer oder orthodoxer Glaubensgemeinschaften, ganz zu schweigen von den Juden, rechtlich den Katholiken gleichzustellen. Als fromme Katholikin konnte sie nicht ersehen, wie die Tolerierung anderer Konfessionen den moralischen Charakter ihrer Untertanen verbessern sollte. Und die Angehörigen der katholischen Kirche blieben im Besitz von beträchtlichen Privilegien, die «Andersgläubigen», also Mitgliedern anderer Konfessionen, verweigert wurden. Dazu gehörte etwa das Recht, Gott öffentlich zu verehren, Gotteshäuser mit Türmen zu bauen und Kirchenglocken zu läuten.

Maria Theresia zögerte aber nicht, gegen ihre eigenen Überzeugungen zu handeln, wenn das einem wichtigen politischen Ziel diente. Um zum Beispiel das Handelsaufkommen im freien Seehafen Triest zu steigern, förderte sie den Zuzug von Kaufleuten, unter denen auch viele Juden, griechisch-orthodoxe Christen, Armenier und Angehörige der unierten Kirchen waren. Nach dem Tod der Herrscherin schloss ihr

Sohn Joseph II. auch Protestanten in diese Politik ein.[47] Angefangen mit den Juden im Jahr 1746, wurde es jeder dieser religiösen Minoritäten in der Stadt gestattet, ihre eigene Körperschaft zu bilden, ihre Religionsausübung zu organisieren und für die Schulausbildung der Mitglieder zu sorgen. Außerdem genossen sie die gleichen Bürgerrechte und wirtschaftlichen Vorteile wie die ortsansässigen katholischen Kaufleute.[48]

Was auch immer ihre genauen Absichten in den 1740er-Jahren gewesen waren, in den 1770er-Jahren hatten die Reformanstrengungen Maria Theresias bereits so gut wie alle denkbaren Aspekte des öffentlichen Lebens und der Politik auf irgendeine Weise berührt. Das galt für die Religionsausübung ebenso wie für die Erziehung und Bildung, für den Justizvollzug ebenso wie für landwirtschaftliche Techniken. Deren Folgen reichten von der Anlage neuer Manufakturen über den Ausbau von Straßen und Kanälen bis hin zur Förderung des Binnen- wie des Überseehandels.

Ungarn und die Habsburger

Mehr als zweihundert Jahre lang hatten die Habsburger einen großen Teil ihrer Ressourcen auf den Versuch verwendet, den von den Osmanen besetzten Teil Ungarns zurückzuerobern, das eigene Gebiet vor deren Angriffen zu schützen und – nachdem sie die Osmanen endlich besiegt hatten – größere Kontrolle über Ungarn, Kroatien und Siebenbürgen zu erlangen.[49] Die Ende des siebzehnten Jahrhunderts gleichsam zufällig erfolgte Eroberung weiterer Teile Ungarns eröffnete den Habsburgern die Möglichkeit, die Machtverhältnisse zwischen ihnen und der mächtigen ungarischen Adelsnation bis zu einem gewissen Grad neu zu bestimmen. In Anerkennung der habsburgischen Erfolge im Krieg gegen die Osmanen gestand der ungarische Landtag 1687 dem Haus Habsburg das Erbrecht zu. Die neuen Herren richteten auf ungarischem Territorium aber auch eine Zone ein, in der sie selbst die unmittelbare administrative Kontrolle ausübten: Es handelte sich um einen Streifen Landes, der sich in Südungarn an der Grenze zum Osmanischen Reich entlang zog und als «Militärgrenze» bekannt wurde. Dieses Gebiet wurde hauptsächlich mit serbisch-orthodoxen

Flüchtlingen aus dem osmanischen Herrschaftsgebiet besiedelt, die Steuererleichterungen dafür erhielten, dass sie sich verpflichteten, die Grenze gegen Angriffe aus dem Süden zu verteidigen.[50] Doch im achtzehnten Jahrhundert verfügten die Habsburger nicht über die nötigen Mittel, um Ungarn ihrer vollständigen administrativen Kontrolle zu unterwerfen. Ein klares Indiz für diese Schwäche war ihr Unvermögen, sich der nicht geringen Anzahl kalvinistischer, lutheranischer und unitarischer Gemeinden (und ihrer adeligen Unterstützer) zu entledigen, die weiterhin in Siebenbürgen und Oberungarn existierten. In Ungarn blieb demnach in religiösen Belangen eine weitaus größere Diversität bestehen als in den anderen habsburgischen Besitzungen. Aufstände in Ungarn, die bis 1715 gleichsam periodisch wiederkehrten, sporadische Kriege mit den Osmanen bis 1739 und die fortgesetzte Abhängigkeit der Dynastie von der Kooperation der ungarischen Adelsnation in der Lokalverwaltung hatten ebenfalls zur Folge, dass Ungarn unter den Besitzungen der Habsburger eine Sonderstellung einnahm.

In Ungarn war es nicht nur der Landtag, der regelmäßig die Unabhängigkeit von den Habsburgern geltend machte, sondern es waren auch Regierungen der einzelnen Komitate, die aus den Reihen des Adels gewählt wurden. Während der langen osmanischen Herrschaft, als eine Zentralregierung in weiten Teilen Ungarns de facto nicht mehr existiert hatte, hatten diese Institutionen die mühevolle Aufgabe der lokalen Verwaltung, der Rechtsprechung und sogar der militärischen Verteidigung übernommen. Während der Phase administrativer Reorganisation, die der Eroberung Ungarns durch die Habsburger folgte, hatten weder die Dynastie noch die katholische Kirche die nötigen Mittel besessen, um dem Land – abgesehen von der Neuverteilung von Landbesitz, der Wiederbesiedlung von Zentralungarn und der Einrichtung der Militärgrenze im Süden – gänzlich neue politische oder religiöse Strukturen aufzuzwingen. Während des achtzehnten Jahrhunderts wurden denn auch die Komitate zu wichtigen Bastionen des Widerstands gegen die Habsburger Verwaltung; sie berieten sich sogar untereinander, um gemeinsame Strategien gegen den habsburgischen Herrscher zu erarbeiten.[51]

Mit welcher ideologischen Begründung rechtfertigten die ungarischen Magnaten den Widerstand gegen die Zentralisierungsbestrebun-

gen des Königs? Im achtzehnten Jahrhundert bezeichneten sich sowohl
der Landtag als auch die Regierungen der Komitate kollektiv (und auf
Latein, ihrer traditionellen Verwaltungssprache) als *natio Hungarica*.
Sie machten geltend, dass dieser in der eigenen Geschichte wurzelnde
Status, «Nation» zu sein, ihnen gewisse gemeinsame gleichsam «historische» Rechte verleihe. Bei der Krönung musste denn auch jeder ungarische Monarch schwören, die kollektiven Rechte dieser *natio* zu
respektieren. Doch was verstand die Öffentlichkeit des achtzehnten
Jahrhunderts unter dem Begriff «Nation»? Im damaligen Ungarn bezog er sich tatsächlich nur auf eine kleine Minderheit der Untertanen
des Königs. Die *natio Hungarica* setzte sich aus jenen Adligen zusammen, die einem der beiden Häuser des Landtages angehörten, denjenigen, die das Recht hatten, deren Deputierte zu wählen und die per
definitonem über Steuerfreiheit verfügten. Das heißt, dass die meisten
Untertanen des ungarischen Königs, ja die Mehrheit der Menschen, die
in den Grenzen des Landes lebten, nicht als Mitglieder der ungarischen
Nation galten.

Gegen die Bemühungen des Königs, seine Macht über Ungarn auszuweiten, betonte das Konzept der *natio Hungarica* die Unabhängigkeit des eigenen Staates, dessen Herrscher gleichsam nur zufällig auch
andere Territorien regierte. Ungarn war gewiss nicht nur ein Teilgebiet
eines größeren Habsburgerstaats, ebensowenig gehörte es wie etwa
Böhmen zum Heiligen Römischen Reich. Auch wünschte die ungarische Adelsnation, nicht in administrative Strukturen einbezogen zu
werden, wie es sie in anderen vom Habsburger Monarchen regierten
Ländern gab. Aufgrund bestimmter Bemerkungen, die der französische Philosoph Charles de Montesquieu nach einem Besuch Ungarns in
seinem 1748 erschienenen *De l'ésprit des lois* gemacht hatte, begann
der ungarische Adel auch ins Feld zu führen, dass seine traditionellen
«nationalen Rechte» auf eine uralte ungeschriebene Verfassung zurückgingen. Der Landtag berief sich auf diese altehrwürdige – und erfundene – Verfassung, um seine Argumente gegen eine vollständige
Inkorporation des Landes in einen habsburgischen Einheitsstaat juristisch zu untermauern.[52] Die habsburgischen Könige auf der anderen
Seite bemühten sich, die Verwaltung Ungarns mit der der restlichen
der Monarchie zu koordinieren. Die Könige verwiesen dazu auf andere

uralte ungarische Verfassungstraditionen, die ihnen umfassende Hand-
lungsvollmachten, die juristische Oberhoheit und das uneingeschränkte
Recht, Soldaten zur Verteidigung des Landes auszuheben, einräumten.
Wenn der König gegen die Feinde Ungarns Krieg führte, stellte seine
Streitmacht ein einziges, einheitliches Heer dar und eben keine aus
separaten österreichischen, böhmischen oder ungarischen Truppentei-
len zusammengesetzten Streitkräfte. In der Vergangenheit hatte der ungarische Landtag diese Forderungen allerdings auch immer akzeptiert.

Abgesehen von der Erziehungsreform wich Maria Theresia, wenn es
um Ungarn ging, bei der Realisierung fast jeder Regierungsmaßnahme
von der Norm ab. Ihre persönliche Beziehung zu Ungarn war ganz
augenscheinlich von der Dankbarkeit geprägt, die sie gegenüber der
ungarischen Adelsnation dafür empfand, dass sie ihr in einem Augenblick größter Gefahr entscheidende Unterstützung hatte zukommen
lassen. Sie war stolz auf ihren ungarischen Königstitel, den sie auch mit
niemandem, weder mit ihrem Gemahl Franz Stephan noch mit ihrem
Sohn und Nachfolger Joseph, teilte. Dies machte Maria Theresia denn
auch dazu geneigt, ihre Zentralisierungsbestrebungen gegenüber Ungarn zu zügeln, seinen – wie auch immer gearteten – Sonderstatus im
Reich zu erhalten und in dieser Sache eher auf Verhandlungen als auf
Gewalt zu setzten. Deshalb gingen die intensiven Bemühungen um
institutionelle Reformen, die während eines halben Jahrhunderts den
Rest des Habsburgerstaats einten, an Ungarn weitestgehend vorbei.

Um keine Missverständnisse aufkommen zu lassen: In Ungarn
wurde in dieser Zeit auch vieles zum Ausbau des Staates getan. Wie in
ihren anderen Ländern vergrößerte Maria Theresia den öffentlichen
Dienst, zentralisierte die Verwaltung und organiserte den Staatsdienst
professioneller. In Ungarn aber, wo die Verwaltungsämter dem Adel
vorbehalten waren, schmälerte der Ausbau einer zentralen Bürokratie
die Machtfülle der einheimischen Aristokratie nicht, da hier kein Beamtenapparat mit der Verwaltung betraut wurde, dessen Mitglieder
zunehmend aus dem Bürgertum stammten. Auch in der Wiener Verwaltung waren ungarische Adlige für ungarische Angelegenheiten zuständig. So trugen die Verwaltungsreformen – abgesehen von solchen,
die das Militär betrafen, das explizit ausgenommen war – dazu bei,
dass sich die ungarische Gesellschaft vom Rest der Habsburgermonar-

chie weiter absetzte. Maria Theresia benötigte ständig Geld für ihre Reformen und für ihre Kriege. Dennoch berief sie in den vierzig Jahren ihrer Regierung nur dreimal den ungarischen Landtag ein, womit sie auch potenziellen Konflikten mit der ungarischen Adelsnation vorbeugte. Allerdings erließ sie 1767 mit dem «Urbarium» Gesetze, die die Behandlung der ungarischen Bauern durch ihre Herren auf radikale Weise ordneten und neu festlegten. In für sie untypischer Weise ging sie dieses heikle Problem zuerst in Ungarn an, bevor sie sich ihm auch im Rest der Monarchie stellte. Dies war zum einen darauf zurückzuführen, dass es in den frühen 1760er-Jahren in den westungarischen Komitaten zu Unruhen in der bäuerlichen Bevölkerung gekommen war; zum anderen sah sie darin eine Möglichkeit, dem widerspenstigen Landtag ihren Willen aufzwingen. Ihre Sympathien für die ungarischen Adligen, die sie 1741 gerettet hatten, trübte keineswegs ihren Blick dafür, wie diese die bäuerliche Bevölkerung behandelten. Immerhin, so ließ sie etwa über die Bauernaufstände verlauten, sei es ausschließlich der Grausamkeit der Grundherren geschuldet, dass diese elenden Bauern zu solchen Extremen getrieben worden seien.[53]

Die Entscheidung, diese Problematik gerade zu diesem Zeitpunkt aufzugreifen, war allerdings auch durch andere strategische Überlegungen motiviert. Nach dem Ende des Siebenjährigen Kriegs im Jahre 1764 hatte sich Maria Theresias Regierung vor einem drohenden Bankrott gesehen, weswegen sich die Herrscherin mit der Bitte um eine zusätzliche Sondersteuer an den ungarischen Landtag wandte. Gleichzeitig waren aber sie und ihre Berater um steuerliche Erleichterung für diejenigen bemüht, die de facto für die Steuern Ungarns aufkamen – alle Nicht-Adligen! – und auch die gemeinen Soldaten stellten. Allerdings hatte der Landtag aus Argwohn gegenüber den immer stärker werdenden absolutistischen Tendenzen Wiens eine Zusatzsteuer verweigert und stattdessen der Königin eine Liste von nicht weniger als 228 eigenen Beschwerden vorgelegt. Vor allem in Reaktion auf diesen Affront hatte Maria Theresia sich entschlossen, die Frage der Lebensbedingungen der bäuerlichen Bevölkerung auf die Tagesordnung des Landtags zu setzen.

Mit dem Urbarium von 1767 wurden die Rechte und Pflichten der Bauern sowie ihrer Herren unter Berücksichtigung der jeweiligen Bedingungen vor Ort ganz genau festgesetzt. Auf ihren königlichen

Besitzungen in Ungarn ging Maria Theresia sogar noch einen Schritt weiter und wandelte alle bäuerlichen Arbeitsleistungen und Naturalienabgaben in Pachtgebühren um. Während sie aber auf der einen Seite so weitreichende Reformen durchführte, unterließ sie es auf der anderen Seite, den Adel des Landes einer allgemeinen Besteuerung zu unterwerfen, wie sie es in Böhmen und den Habsburger Erblanden getan hatte. Auch die Beteiligung Ungarns am Militärbudget blieb, wenn man die Größe des Landes berücksichtigt, relativ gering, woran vor allem die Böhmen Anstoß nahmen, auf die der Löwenanteil der Kontribution entfiel. Ansprüche auf einen Ausnahmestatus Ungarns fanden aber kaum Gehör, wenn es um die Einberufung von Soldaten, ihre Verpflegung und die Frage ging, wer sie befehligte. Schon vor der Pragmatischen Sanktion hatte ein 1715 erlassenes Gesetz die Rekrutierung von ungarischen Truppen für eine vereinte Habsburger Streitmacht genehmigt. Von jenem Zeitpunkt an hatten die Streitkräfte der Habsburger regelmäßig ungarische Regimenter eingeschlossen, und ab der Mitte des achtzehnten Jahrhunderts kämpften ungarische Soldaten nicht nur auf ungarischen oder siebenbürgischen Kriegsschauplätzen (wie etwa während der «Türkenkriege»), sondern überall in Europa.[54] Indem sie ungarische Einheiten mit jenen aus den übrigen habsburgischen Besitzungen verband, machte Maria Theresia das Militär zu einem der wenigen Bereiche, in dem nichtadelige Ungarn – durch Beförderung in höhere Ränge – sozial aufsteigen konnten.[55] Die militärischen Reformen selbst vermehrten aber ungewollt die Macht der einzelnen Komitate, indem sie ihnen die Verantwortung für die Rekrutierung der militärischen Kontingente und deren Versorgung übertrugen.[56] Diese lokalen Regierungsorgane führten in Ungarn den eigentlichen Widerstand gegen das absolutistische Regime der Habsburger an, von dem sie jetzt auch noch gestärkt wurden.

Auf dem Weg zum Staat: Bürgerrechte und Patriotismus

Maria Theresias ambivalente Position, was das Verhältnis Ungarns zum Rest ihrer Herrschaftsgebiete betraf, lässt einige allgemeinere Fragen zur Natur des habsburgischen Staatswesens, das sich während jener Zeit im Aufbau befand, aufkommen. Ungarns Elite beanspruchte für sich eine eigene Identität und berief sich dafür vor allem auf die Rolle, die sie in der Landesgeschichte gespielt hatte, und auf die mythische «Verfassung» des Landes. Die Adligen führten diese «nationale Identität» ins Feld, um ihren Widerstand gegen die absolutistischen Bestrebungen ihrer Herrscherin zu rechtfertigen. Obwohl fast 95 Prozent der ungarischen Untertanen Maria Theresias die Zugehörigkeit zur *natio Hungarica* verwehrt blieb, diente dieser Begriff einer kleinen Elite, die behauptete, im Interesse aller Ungarn zu agieren, als nützliches rhetorisches Schlagwort.

Inwieweit erkannten zeitgenössische Ideologen in dem sich ausbildenden Habsburgerreich ein Konstrukt, mit dem eine Person oder eine größere Gruppe der Bevölkerung sich identifizieren konnte? Und bis zu welchem Ausmaß war dieser neue Staat in den Augen der gebildeten wie auch der ungebildeten Öffentlichkeit Realität geworden? War er auf einer Höhe mit traditionellen Objekten der Identifikation wie dem Heimatdorf, der Region oder gar mit universalistischen Konzepten wie der römisch-katholischen Kirche oder dem Heiligen Römischen Reich? Das neue Konzept eines habsburgischen Territoriums lief auch dem Anspruch der Herrscherfamilie zuwider, zumindest nominell Erben des viel umfassenderen römischen Reiches zu sein. In früheren Jahrhunderten hatte man die Herrschaft über ein Territorium nicht nur übernommen, um die materiellen Ressourcen der Dynastie zu vergrößern, sondern auch, um ihren Ruhm in Europa oder gar weltweit zu mehren. Die zahlreichen Besitzungen der Habsburgerdynastie hatten auch deren Ansprüche auf die Kaiserwürde des Heiligen Römischen Reiches untermauert. Nach dieser älteren Denkweise hatte die dynastische Macht der Habsburger nicht in der Existenz eines bestimmten habsburgischen Territorialstaats gewurzelt, da Territorien eines politischen Vorteils wegen nach Belieben ausgetauscht werden konnten. Es bestand daher auch keine Notwendigkeit, die inneren Strukturen der verschiedenen Territorien, über die eine Dynastie gebot, an ein einheitliches Verwaltungsmodell anzupassen.

Im achtzehnten Jahrhundert verteidigten die Habsburger weiterhin ihren universellen, symbolischen Status als Herrscher des Heiligen Römischen Reiches. 1745 wurde Maria Theresias Gatte als Franz I. zum Kaiser gewählt und 1765 ihr Sohn als Joseph II.; diesem folgte 1790 sein Bruder als Leopold II. nach. Verschiedene praktische Beweggründe waren jedoch dafür verantwortlich, dass die Habsburger 1750 ihre Aufmerksamkeit von dem universellen Reich, dessen nominelle Herrscher sie waren, abwandten und sich stärker auf die Stabilisierung und Stärkung des neuen eigenen Staates konzentrierten, der zunehmend als «Österreich» bekannt wurde. 1741 hatte das pure Überleben der Dynastie dies verlangt.

Als das Heilige Römische Reich für die Habsburger unter Maria Theresia stark an Bedeutung verlor, begannen einige Publizisten in ihren Schriften über den neuen Habsburgerstaat die Ausdrücke «Nation» und «Vaterland» zu verwenden und diesen Staat zum Gegenstand patriotischer Verehrung zu machen. Wir sind dem Begriff «Nation» schon als Bezeichnung für eine ungarische Elitegemeinschaft mit politischen Vorrechten begegnet. Im späten achtzehnten Jahrhundert begann man ihn auf die Gesamtheit der Menschen anzuwenden, die eine Art gleichberechtigte Mitgliedschaft in einem bestimmten Staat besaßen.

Diese neuere Auffassung von Nation bedeutete die Zugehörigkeit zu einer Gemeinschaft, die von gemeinsamen Grenzen umgeben war, die Unterwerfung unter gemeinsame Gesetze, das Unterstelltsein unter eine gemeinsame Regierung und natürlich unter eine gemeinsame Dynastie. Das Verständnis von Nation auf der Grundlage eines Staates, unterscheidet sich sowohl von den ethnischen oder sprachlichen Bestimmungen von Nation, wie sie im Europa des neunzehnten Jahrhunderts populär wurden, als auch von der Auffassung als Adelsnation in früheren Jahrhunderten. Die Definition von Nation als einer Gemeinschaft, die von gemeinsamen Grenzen und Institutionen ge- oder vereint wird, stellte einen Bruch mit der älteren Auffassung einer politischen Gemeinschaft dar, die auf der hierarchischen Verteilung von Privilegien und Macht basierte. Zum Teil entsprang diese neue Auffassung den neuerdings verstärkt vorgebrachten Forderungen, dass die Gesetze für ausnahmslos alle gleichermaßen gelten müssten.

Maria Theresia und ihre Berater fassten ihre Vision von staatsbürgerlicher Gleichberechtigung nie in Worte, doch viele ihrer politischen Maßnahmen deuteten ganz eindeutig in diese Richtung. Andere Denker, Politiker sowie ihre beiden ältesten Söhne beschritten zielbewusst und radikal den Weg, den die Herrscherin ihnen bereitet hatte. Wenn die Bauern tatsächlich eines Tages aus der Leibeigentschaft befreit und als moralisch und wirtschaftlich mündige Individuen behandelt werden sollten, würde es in der Tat schwer fallen, die rechtlichen Privilegien des Adels weiter zu rechtfertigen; und wenn Sachkenntnisse und Leistung für den Staatsdienst erforderlich waren, dann würde das Privileg adeliger Geburt viel von seiner gesellschaftlichen Bedeutung verlieren. Der Historiker R. J. W. Evans hat zu den zentralisierenden Maßnahmen jener Periode angemerkt: «Der gesamte Angriff auf Privilegien, auf Körperschaften, auf den Status der Provinzen, den ‹aufgeklärte Despoten› wie Maria Theresia und Joseph II. unternahmen, ging mit einer neuen Betonung von Staatsbürgerschaft einher.» Er hielt zudem fest, dass die «Sprache der Regierung, vor allem [in] ihren zahllosen administrativen Verordnungen, mit Erwähnungen des *Bürgers* oder *Bürgertums* oder Hinweisen auf das *Volk* als Gegenstand einer politischen Maßnahme oder eines politischen Programms» durchdrungen war.[57]

In seiner 1771 erschienenen Abhandlung *Ueber die Liebe des Vaterlandes* drängte der Schriftsteller und Jurist Joseph von Sonnenfels (1732–1817) die Angehörigen aller gesellschaftlichen Schichten, sich als Staatsbürger gemeinsam verantwortlich dafür zu fühlen, dass eine größere Liebe zu dem entstehe, was er «das Vaterland» nannte. Obwohl diese Vorstellung von Patriotismus eine kulturelle Rechtfertigung für die neue, umfassende Konzeption von Staatsbürgertum anstrebte, bot dieses den meisten Menschen der Monarchie gleichzeitig auch eine weitere Möglichkeit zur Identifikation mit der Dynastie und ihrem sich ausbildenden Staat.[58] Die Bevölkerung könnte dazu gelangen, ihre Interessen durch ein reichsweites, von reformerisch eingestellten Monarchen auf den Weg gebrachtes Programm wahrgenommen zu sehen und die von der örtlichen Aristokratie verfochtenen Partikularismen zurückzuweisen.

Wie ließ sich dieser im Entstehen begriffene Patriotismus, diese Liebe zu einem umfassenderen Vaterland mit den existierenden regionalen Bindungen oder jenen Formen der Identifikation vereinbaren, für die die adeligen Eliten Österreichs eintraten? Die Herausforderung, das Verhältnis der Gesellschaft zum neuen Staat als kulturelle oder emotionale Identifikation auszudrücken, die persönliche Identifikation mit ihm durch die Förderung eines (zugegeben dynastischen) Patriotismus zu verstärken und die vom Adel dominierten Nationen wie Ungarn oder Polen in einen größeren vereinigten Staat zu integrieren, sollte Maria Theresias Nachfolger weiterhin beschäftigen, die dafür verschiedene Lösungen vorschlugen und erprobten.

In dieser Hinsicht ähnelte der Habsburgerstaat anderen europäischen Staaten der Zeit mehr, als er sich von ihnen unterschied. Kein europäischer Staat konnte in den 1770er-Jahren als zentralisiert, vereinigt und innerlich kohärent gelten. Die meisten besaßen ebenfalls eine Bevölkerung, die durch eine beträchtliche Sprachenvielfalt gekennzeichnet war. Im Britannien der damaligen Zeit gab es unterschiedliche Rechtssysteme; Schottland, Wales und England hatten jeweils ihr eigenes, und Irland besaß sein eigenes Parlament. In Preußen regierten verschiedene Provinzialstände die einzelnen Regionen. In Frankreich gab es mehrere Bevölkerungsgruppen mit eigenen Sprachen. Die Situation in Österreich mag wirklich extrem gewesen sein, sowohl was die Diversität seiner Institutionen als auch die Zahl offizieller Landessprachen betraf, doch war der Unterschied zu den Verhältnissen in anderen Staaten eher quantitativer als qualitativer Art. [59]

Bei ihrem Tod im Jahr 1780 hinterließ Maria Theresia ihrem Sohn Joseph ein Reich, das administrativ wesentlich geeinter und geschlossener war als ein halbes Jahrhundert zuvor. Es war auch ein Staat, auf den immer mehr gesellschaftliche Gruppen, von der Bauernschaft im Jahr 1770 bis zu der neuen Schicht von Verwaltungsbeamten, ihre eigenen Visionen und Vorstellungen projizierten. Maria Theresias Errungenschaften wurzelten sowohl in der Hartnäckigkeit, mit der sie ihre Reformprojekte über mehrere Jahrzehnte hinweg verfolgte, als auch in ihrer Bereitschaft, wann immer das nötig war, Kompromisse einzugehen, um einen Fortschritt zu erreichen.[60] Inwieweit und in welchem Ausmaß würden auch ihre Nachfolger noch solche Kompromisse schließen müssen oder können, wenn die Zentralisierung und Reformierung des Staates zu einem logischen Abschluss gebracht werden sollten? Und in welchem Maß würden die Anhänger des Reiches, deren Macht beständig wuchs und deren Stimmen immer lauter wurden, es noch tolerieren, wenn bei der Realisierung der kaiserlichen Reformprojekte Kompromisse eingegangen wurden?

2

Diener und Bürger,
Kaiserreich und Vaterland,
1780–1815

Den vollen Genuss der bürgerlichen Rechte erwirbt man durch
die Staatsbürgerschaft.

Allgemeines Bürgerliches Gesetzbuch von 1811

Maria Theresia hatte den Grundstein zu Reformen von entscheidender Bedeutung gelegt, die von ihren Söhnen und ihrem Enkel zum Abschluss gebracht wurden; deren Kern war, dass Untertanen fortan als Staatsbürger angesehen wurden – das heißt als männliche und weibliche Individuen mit gemeinsamen und gleichen Rechten und Pflichten, die sich aus ihrer unmittelbaren Beziehung zu einem zentralen Staat ergaben. Diese radikale Neukonzeption des Individuums – von einem Glied in einer ständischen Hierarchie zum Bürger, dessen rechtliche Position einzig durch seine (manchmal auch ihre) rechtliche Zugehörigkeit zum Staat determiniert wurde – hatte tiefgehende Auswirkungen darauf, wie man über die Bevölkerung eines Landes nachdachte. Zumindest theoretisch waren damit alle Bürger, von Leibeigenen bis hin zu mächtigen Aristokraten, vor dem Gesetz gleichgestellt und mussten, wie Maria Theresias Sohn und Nachfolger Joseph II. (reg. von 1780–1790) forderte, für das Allgemeinwohl entsprechend ihrem Vermögen, ihrer Kraft und ihrer Fähigkeit, nützlich zu sein, tätig werden.[1]

Auch ohne eine Revolution, wie sie die französische Gesellschaft gegen Ende des achtzehnten Jahrhunderts in Aufruhr versetzte, wandelte sich die habsburgische Gesellschaft dieser Zeit rechtlich fundamental. Ironischerweise war es aber nicht Joseph II., der seine diesbezüglichen Visionen in einem neuen österreichischen Staat in die Tat umsetzte, sondern sein konservativer und wenig einfallsreicher Neffe Franz, der zunächst als Franz II. Kaiser des Heiligen Römischen Reich wurde und ab 1804 als Franz I. als österreichischer Kaiser herrschte. Zwanzig Jahre unerbittlicher und größtenteils erfolgloser Kriege gegen die Franzosen brachten die Monarchie häufig an den Rand des ökonomischen und sozialen Zusammenbruchs, erzwangen aber auch die Schaffung eines neuen Staates; dessen 1811 erlassenes und im Folgejahr in Kraft tretendes *Allgemeines Bürgerliches Gesetzbuch* (ABGB) verwirklichte weitgehend Josephs II. radikale Visionen von Staatsbürgerschaft.

Joseph II. betonte wiederholt die gedankliche Verbindung zwischen der Fähigkeit des freien Individuums, ein produktives Leben zu führen, und dem daraus resultierenden Nutzen für Staat und Gesellschaft. Dieser Zusammenhang tritt im Text eines seiner Gesetze, mit dem 1782 der rechtliche Status der Juden in Niederösterreich und Wien festgelegt wurde, deutlich hervor:

> Von Antretung Unserer Regierung an haben Wir es einen Unserer vorzüglichsten Augenmerke seyn lassen, daß alle Unsere Unterthanen ohne Unterschied der Nazion und Religion, sobald sie in Unseren Staaten aufgenommen und geduldet sind, an dem öffentlichen Wohlstande, den Wir durch Unsere Sorgfalt zu vergrößern wünschen, gemeinschaftlichen Antheil nehmen, eine gesetzmäßige Freyheit genießen und auf jedem ehrbaren Wege zu Erwerbung ihres Unterhalts und Vergrößerung der allgemeinen Aemsigkeit kein Hindernis finden sollten.[2]

Joseph II. wurde in seinen Entscheidungen noch stärker als seine Mutter von dem Verlangen bestimmt, die Fähigkeiten des Einzelnen zum Nutzen des Staates freizusetzen. Dadurch entstanden jedoch zwei grö-

ßere Probleme, denen sich die Monarchie während ihrer kurzen Herrschaftszeit und noch darüber hinaus ausgesetzt sah.

Das erste war Josephs Tendenz, mit den Reformmaßnahmen voran-
zupreschen; Ratschläge, die er erhielt, schlug er häufig in den Wind.
Das führte unvermeidlich zu Konflikten mit mächtigen Interessengruppen, deren privilegierte Stellung auf ihren traditionellen Rechten
gründete, andere ökonomisch auszubeuten. Deren Proteste wischte
Joseph kurzerhand beiseite, da er glaubte, die Vorrechte, die der örtliche
Adel über die Bauernschaft ausübte, verstießen gegen das Naturrecht:

> Wo die kleinste Zahl sich für Herren des Landes, und die Grossen[,] nem-
> lich die Arbeitende, und Furchtbringende nur alß Mitteln zu Verschaf-
> fung ihrer Geldbedürfniße, und ihrer Wohllust, wo diese sich die Gesez-
> gebung oder Auslegung insgesamt auf eine Unstrafbarkeit, Unabhängigkeit
> ausdruken machten, allda ist keine bestehende dauerhafte Kuhr zu hofen,
> weil die Menschlichkeit wider ihre natürliche Empfindung gedrückt ist,
> und sich eine Anzahl von etlichen Tausend Despoten zu Bedrükung eini-
> ger Millionen Menschen einverstanden.[3]

Joseph war der Ansicht, dass am Ende «das Gesetz» all die willkür-
lichen Konventionen und Gewohnheiten der traditionellen ständischen
Gesellschaft ablösen sollte. Obgleich soziale und ökonomische Unterschiede die Habsburger Gesellschaft weiterhin charakterisierten, setzte
sich das Gesetz mit seinem universellen Geltungsanspruch zunehmend
gegen alle anderen Formen von Autorität durch. So wurde auch der
Souverän bald vor allem als Gesetzgeber gesehen: Er erließ das Gesetz,
schützte es und sorgte für dessen Umsetzung.

Josephs hartnäckige Entschlossenheit, das einzuführen, was er als
Richtlinie für eine Herrschaft der Vernunft ansah, grenzte jedoch
häufig an Rücksichtslosigkeit. Als ungeduldiger Reformer verlangte er
von seinen Beamten bedingungslosen Einsatz und höchstes Können. Er
kritisierte sie oft wegen ihrer Unfähigkeit, seinen Ansprüchen gerecht
zu werden, beließ aber die meisten von ihnen in ihren Positionen, weil
er keinen geeigneten Ersatz fand. Während seiner kurzen Herrschaft
schuf er sich – vor allem in den Reihen der Staatsbeamten – Anhänger,
die ihm geradezu fanatisch ergeben waren. Bewunderer, die seiner
Person zu nahe kamen, wurden jedoch häufig durch sein Wesen abge-

stoßen, das oft an das eines Zuchtmeisters erinnerte. Es überrascht jedoch kaum, solche charakterlichen Eigenschaften bei einem Mann zu finden, der Rationalität, Zentralisierung und Disziplin derart schätzte und alles Militärische bewunderte; diese militärische Denkweise übertrug er oft auch auf seine zivile Politik. Während Maria Theresia in ihren Reformbemühungen versuchte, auf andere zielbewusst einzuwirken und taktische Kompromisse zu schließen, setzte Joseph seine weitreichenden Pläne oft mit Zwang durch, wenn er sich einmal zu einem bestimmten Vorgehen entschlossen hatte; selten ließ er Diskussionen zu oder zeigte sich kompromissbereit. Zur Hälfte seiner Regierungszeit musste man sich fragen, inwieweit er seine Herrschaftsgebiete würde umwandeln können, bevor seine Gegner zu einem wirksamen Gegenschlag ausholten.

Aus seiner Entschlossenheit, die Gesellschaft um jeden Preis zu reformieren, ergab sich als weiteres Problem die Frage nach den Kosten. Joseph kürzte rücksichtslos den Etat aller Behörden, übertrug aber gleichzeitig den Regierungen vor Ort zahllose neue Aufgaben. Und während er die Ausweitung der Zentral- und Regionalverwaltung überwachte, dehnte er auch deren Verantwortungsbereiche aus, so dass die Aufgabenlast viel schneller wuchs als ihre Budgets und Ressourcen. Dementsprechend rief die Reform nicht nur Widerstand hervor, sondern belastete auch den Staatshaushalt extrem und bescherte Staatsdienern jeden Rangs erhebliche Mehrarbeit.

Als Joseph 1790 früh starb, hatte seine Gesetzgebung sowohl in den Österreichischen Niederlanden als auch in Ungarn zu Revolten geführt; auch in anderen Teilen der Monarchie brachen erhebliche Unruhen aus. Seinem Bruder Leopold, dem Großherzog von Toskana, der ihm als Leopold II. (1747–1792) für kurze Zeit auf dem Thron nachfolgte, blieb es überlassen, die Scherben aufzulesen; er musste dem aufsässigen Adel neues Vertrauen einflößen, gleichzeitig jedoch die Reformen vorantreiben. Als er aber bereits nach zwei Jahren starb, hinterließ er diese unvollendeten Vorhaben seinem ältesten Sohn Franz (1768–1835), gleichsam als Vermächtnis. Obwohl weder von seinem Naturell noch von seiner Überzeugung her ein Reformer, war Franz es, der mit der Ausrufung eines Österreichischen Kaisertums 1804 die Umwandlung der disparaten Herrschaftsgebiete der Habsburger in ein einheitliches

Territorien der Habsburger 1772

Staatswesen endlich zum Abschluss brachte. Die unter ihm erfolgte Promulgation des *Allgemeinen Bürgerlichen Gesetzbuchs* (ABGB) 1811/12 machte den Großteil seiner Untertanen zu Bürgern, die vor dem Gesetz gleichberechtigt waren. All dies geschah im Schatten der verheerenden, dreiundzwanzig Jahre dauernden Kriege gegen das revolutionäre Frankreich und seinen selbsternannten Kaiser Napoleon.

Diener der Gesellschaft

Nach 1780 verlieh ein Gefühl von Dringlichkeit dem habsburgischen Projekt der Zentralisierung der Gesellschaft neuen Schwung. Gelenkt wurden diese intensivierten Bemühungen von Joseph II., einem neuen Typ von Herrscher, der mehr als jeder seiner Zeitgenossen die nüchterne Auffassung vom Oberhaupt eines Staates als dessen «erstem Diener» verkörperte.[4] Er war somit auch der Inbegriff dessen, was Zeitgenossen und spätere Historiker einen «aufgeklärten Herrscher» nannten. Er verdiente sich diesen Ruf durch seinen unermüdlichen Arbeitseinsatz, seine häufigen Reisen in jeden Winkel seines riesigen Herrschaftsgebiets, die Besessenheit, mit der er Informationen über alle möglichen gesellschaftlichen Phänomene zusammentrug, seine kompromisslosen Reformen traditioneller Institutionen und durch die Angewohnheit, seine Verwaltungsbeamten mit detaillierten Anweisungen zu überhäufen und so ihre Handlungen bis in die letzte Einzelheit zu beeinflussen. In Anbetracht dieser Charakterzüge ist es nicht überraschend, dass er sich in dem kurzen Jahrzehnt seiner Regierungszeit auch bei fast jedem, der mit ihm zu tun bekam, unbeliebt machte.

Gleichzeitig wurde Joseph aber auch Objekt intensiver Verehrung oder hasserfüllter Dämonisierung – und dies noch lange nach seinem Tod. Zu seinen Lebzeiten feierten ihn Bauern auf dem gesamten Gebiet der Monarchie, von Böhmen und Mähren bis nach Galizien, als einen Volkshelden, der mehr als einmal versucht hatte, mit höchsteigener Hand einen Pflug über einen Acker zu führen. Berühmt wurde eine solche Episode, die sich 1769 bei Slavíkovice in Mähren zugetragen hatte. Joseph galt bei der ländlichen Bevölkerung später auch als derjenige, der die Leibeigenen «befreit» hatte. In dem halben Jahrhundert nach seinem Tod beriefen sich die Bauern immer häufiger auf ihn, wenn sie sich weigerten, die Forderungen ihrer adeligen Grundherren zu erfüllen. Später, im neunzehnten Jahrhundert, verklärten liberale Juden ihn zu einer mythischen Gestalt, weil er der für ihre rechtliche Emanzipation hauptverantwortliche Herrscher gewesen war. Überdies sahen viele fortschrittliche Aufklärer in ihm den Verfechter des Prinzips der Gedankenfreiheit, und Demokraten erkannten in ihm einen großen gesellschaftlichen «Gleichmacher». Im Gegensatz dazu verteufelten ihn, sogar schon während seiner Regierungszeit, viele Kritiker aus Kreisen des Adels und des Klerus als kalten und kurzsichtigen Tyrannen, der das, was sie als ihre «traditionellen» oder «nationalen Freiheiten» betrachteten – andere mochten wohl eher von «traditionellen Privilegien» sprechen –, mit Füßen trat.

Kaiser Joseph II. löst am 19. August 1769 in Slawikowitz/Slavíkovice (Mähren)
einen Bauern beim Pflügen seines Ackers ab. Heliogravüre nach einem Gemälde
von Emil Pirchan d. Ä. vom Ende des 19. Jahrhunderts

Spätere Generationen versuchten Joseph zur Symbolgestalt für ganz
anders geartete Bestrebungen zu erheben. So deuteten ein Jahrhundert
nach seinem Tod Deutsch-Nationalisten in Österreich seinen Versuch,
Deutsch zur allgemeinen Verwaltungssprache der gesamten Monarchie
zu machen, absichtlich als eine nationale Tat und errichteten zu seinem Gedenken zahllose Statuen. Im Gegenzug verabscheuten viele
ungarische und tschechische Patrioten ihn als «Germanisierer», dessen
Sprachpolitik angeblich die verschiedenen Völker der Monarchie ihres
kostbaren sprachlichen Erbes beraubt habe.

Diese Mythenbildung sagt mehr über spätere politische Konflikte
aus als über die Intentionen oder die Visionen des Kaisers. Mit einem
Liberalen des neunzehnten Jahrhunderts hatte Joseph nichts gemein,
obwohl viele seiner emanzipatorischen Maßnahmen Ähnlichkeiten zu
einzelnen Aspekten späterer liberaler sozialer Programme aufwiesen.
Er war aber auch kein Nationalist, der regionale oder lokale Sprach-
kulturen ausmerzen wollte, indem er seine Herrschaftsgebiete einer
zwangsweisen Germanisierung unterzog. Tatsächlich regten einige

seiner weniger bekannten Reformmaßnahmen zu einer stärkeren Verwendung regionaler Landessprachen – vor allem des Tschechischen – in Schulen, Publikationen und der Verwaltung an.[5] Insgesamt strebte er danach, seinen Untertanen größere Möglichkeiten zu einem besseren Leben zu eröffnen, weil er darin das beste Mittel sah, das Wohlergehen des Staates und aller seiner Bürger zu fördern. Gleichzeitig versteifte er sich aber darauf, allein derjenige zu sein, der am besten beurteilen konnte, was wirklich zu ihrem Nutzen war.

Als Joseph 1780 die uneingeschränkte Macht übernahm, hatten seine Mutter und deren Ratgeber schon mehr als dreißig Jahre lang mit Reformen experimentiert, die eine Menge gesellschaftlicher und politischer Traditionen infrage stellten. Während jener Jahre war das größtmögliche Wohlergehen von Staat und Gesellschaft allmählich zu dem neuen Maßstab geworden, nach dem die Habsburger und ihre Berater die Auswirkungen politischer Programme beurteilten. Ihr Streben galt nicht länger der Mehrung ihres dynastischen Ruhms. Der Ruf des Herrscherhauses hing zunehmend von dessen Fähigkeit ab, seinen Untertanen zu Wohlstand zu verhelfen. Das Wohlergehen des Staates – und der Gesellschaft, über die er herrschte – wurde zu einem wichtigen Ziel *sui generis*.

Nach dem Tod seines Vaters Franz Stephan im Jahr 1765 war der damals vierundzwanzigjährige Joseph zum Kaiser des Heiligen Römischen Reiches gewählt worden, während seine Mutter ihn zum «Mitregenten» über die habsburgischen Länder erhoben hatte. Maria Theresia behielt aber weiterhin selbst die Kontrolle über die Ausarbeitung von Strategien und Programmen; häufig enthielt sie ihrem Sohn wichtige Informationen vor und schränkte seine Beteiligung an Entscheidungen von großer Tragweite ein. Deswegen suchte Joseph in den fünfzehn Jahren, in denen er den Thron mit seiner Mutter teilte, nach anderen Ventilen für seinen unerschöpflichen Tatendrang. Unermüdlich reiste er durch das Reich und traf in allen Regionen Angehörige aller Schichten und Konfessionen. Endlos stellte er Fragen zu den Bedingungen vor Ort und nahm unzählige Petitionen von seinen Untertanen, vor allem von Bauern, entgegen. Als seine Mutter 1780 starb, füllte Joseph bereits ganz bewusst die Rolle eines ersten Dieners des Staates aus. In der Praxis war seine Mutter oft eine solche Dienerin

Der Sohn Maria Theresias, der Großherzog von Toskana und spätere Kaiser Leopold II., in Florenz im Kreis seiner Familie. Durch das Fenster sieht man die Kuppel von Santa Maria del Fiore. Zeichnung von Giuseppe Piattoli (Figuren) und Giuseppe Fabbrini (Köpfe), radiert von Benedetto Eredi und Giovanni Battista Cecchi, 1785

gewesen, hatte ihre Stellung jedoch auf traditionellere zeremonielle und repräsentative Weise zum Ausdruck gebracht.

Zeitgenössische bildliche Darstellungen Maria Theresias stellten mit ikonografischen Mitteln entweder ihre vielen königlichen, kaiserlichen oder religiösen Titel in den Vordergrund – gleichsam um die Legitimität ihrer Herrschaft zu betonen – oder erhoben sie zur symbolischen Mutter ihrer Völker, indem sie die Herrscherin in einem im weitesten Sinn häuslichen Interieur im Kreis ihrer großen Familie zeigten.[6] Joseph II. hatte eine ganz andere Vorstellung von Herrschaft: Offizielle wie auch inoffizielle Porträts zeigen einen Mann in Uniform, der für gewöhnlich einen Marschallstab in der Hand hält, nie aber eine Krone auf dem Haupt oder standesgemäße Kleidung trägt; oft sieht man ihn

auch in Unterhaltung mit einfachen Leuten.[7] Von dem kinderlosen
Monarchen existiert kein offizielles Porträt, das ihn mit einer seiner
beiden Gattinnen zeigt.[8] Erst sein jüngerer Bruder und Nachfolger,
Großherzog Leopold von Toskana, führte das von Maria Theresia begründete Genre, das sich häuslich-habsburgischer Symbolik bediente,
fort: Oftmals ließ er sich zusammen mit seiner Frau und seinen Kindern malen, von denen dreizehn das Erwachsenenalter erreichten.

Josephs Ablehnung traditioneller Symbolik und traditionellen Zere-
moniells – sein Biograf Derek Beales charakterisierte seine Hofhaltung
als die «kargste, maskulinste und am wenigsten einladende in ganz
Europa» – bedeutete nicht, dass er weniger als seine Vorgänger an das
absolutistische Herrschaftssystem geglaubt hätte.[9] Seiner Überzeugung nach waren nur der Herrscher und seine engen Berater sachkun-
dig genug, um zu erkennen, was für das Wohlergehen der gesamten
Gesellschaft nötig und förderlich war. Vielmehr wandte er nun dieselbe
staatsmännische Logik auf sich persönlich an, die schon Maria Theresia
zu ihren Reformbemühungen angetrieben hatte: Er entfernte das kulturelle, religiöse und symbolische Beiwerk kaiserlicher Herrschaftsausübung und ersetzte es durch eine funktionelle Staatsideologie, die
von Vernunft und Logik geprägt war. Natürlich dachte Joseph nicht
zwingend rationaler oder logischer als andere. Doch für ihn standen,
wenn es darum ging, getroffene Entscheidungen zu rechtfertigen, die
Vernunft, die Rationalität und das Naturrecht im Zentrum politischer
Debatten, nicht die Religion oder die kaiserliche Tradition.

Ein Instrument zur Umsetzung seines entschlossenen Willens bildete der anwachsende bürokratische Apparat, dessen Ausbau bereits
unter seiner Mutter begonnen worden war. Maria Theresia und ihre
Berater hatten, allerdings noch ohne System, ein neues Konzept
öffentlichen Dienstes etabliert, das auf der Loyalität gegenüber dem
Staat und nicht gegenüber der Dynastie oder dem Herrscherhof gründete. Aristokraten und Magnaten am Hof dienten als die höchsten
Funktionäre der Herrscherin. Exklusive Akademien wie das 1745 gegründete Theresianum oder die Orientalische Akademie zur Ausbildung zukünftiger Diplomaten nahmen sich der männlichen Spröss-
linge aus Adelskreisen an, um sie auf eine Laufbahn in den allerhöchsten
Rängen des Staatsdiensts vorzubereiten. Die Söhne der Mittelklasse

und der Kaufmannsschicht, die in wachsender Anzahl in die Beamtenschaft drängten, bekleideten etwas niedrigere Positionen. Mit Ausnahme Ungarns, wo adelige Abstammung weiterhin Voraussetzung für den Staatsdienst blieb, eröffnete eine Karriere in der Verwaltung nichtadeligen Kandidaten die Aussicht auf sozialen Aufstieg, wenn sie die erforderliche Ausbildung erhalten hatten.

In den 1770er-Jahren studierten die meisten Bewerber aus der Mittelklasse, die sich um einen höheren Posten in der Bürokratie bemühten, an einer der österreichischen Universitäten Jura.[10] Das Studium selbst war nicht notwendigerweise mit großen Kosten verbunden, vor allem nicht für diejenigen, die bereits in einer Universitätsstadt lebten. Überdies machten Stipendien es auch jungen Männern aus weniger wohlhabenden Familien möglich, ein Studium aufzunehmen, auch wenn die Stipendien oft nur die Lebenshaltungskosten deckten.[11] In der Zeit von 1780 bis 1848 stieg die Zahl nichtadeliger Männer, die im gehobenen Staatsdiensts tätig waren, sowohl absolut gesehen als auch proportional. Während dieser Zeit hing eine erfolgreiche Karriere in der Verwaltung immer mehr vom Nachweis der eigenen Leistungsfähigkeit ab. Ein Posten in der Bürokratie war weder vererbbar noch käuflich. Der Kandidat, der ihn erhielt, wurde zu jemandem, der sich aktiv am Aufbau des neuen Staates beteiligte. Deswegen beruhte, wie Waltraud Heindl betont hat, die Ausweitung der Bürokratie als dem ausführenden Organ staatlicher Maßnahmen auf dem aufklärerischen Ideal einer engagierten Bürgerschaft. Eine Anstellung als Beamter zu erhalten «musste daher die Staatsbürgerschaft voraussetzen, und Staatsbürgersein bedeutete nach dem Verständnis der Aufklärung […], an der Bildung des Nationalstaates teilzuhaben. Sie konnte daher weder erblich, käuflich, noch von der Willkür des Fürsten abhängig sein.»[12] Die rapide Zunahme der nichtadeligen Beamtenschaft ließ ein Arbeitsethos entstehen, das um 1800 neue Gewohnheiten, neue soziale Verhaltensweisen und neue kulturelle Praktiken hervorbrachte und sich sowohl in den Amtsstuben als auch im häuslichen und familiären Bereich bemerkbar machte.[13]

Die Eroberung der Bürokratie durch die Mittelklasse ging sachte vor sich, hatte aber tiefgehende Auswirkungen. Die Rhythmen des für die Mittelklasse typischen Arbeits- und Familienlebens verdrängten nach und nach aristokratische Normen und Gepflogenheiten. Das galt für alle Aspekte des Diensts und hatte auch Auswirkungen darauf, *wo* dieser verrichtet wurde. So waren zum Beispiel unter Maria Theresia in Wien und in den Hauptstädten der Kronländer mehrere neue Gebäude errichtet worden, in deren Arbeitsräumen die Mitarbeiter der Verwaltung tagtäglich ihren Dienst verrichteten.[14] Obwohl einige Aristokraten weiterhin von zu Hause aus arbeiteten (noch in postnapoleonischer Zeit empfing etwa Metternich Kollegen bei sich daheim im Schlafrock), verlangte der neue Trend alsbald eine strikte Trennung von Arbeitsplatz und häuslicher Sphäre. Ein Zeitzeuge aus Wien schilderte 1787, wie er jeden Tag um halb neun «eine Armee von ungefähr viereinhalbtausend Mann» vorbeimarschieren sah. Es war das Heer der Bürokraten, darunter «Sekretaere, Registranten, Adjuncten, Conzipisten, Protocollisten, Kanzellisten, Accessisten etc. etc. [...] Nach diesen folgen drey hundert Wagen, mit Kanzlern, Vicekanzlern, Praesidenten, Vicepraesidenten, Referenten, Archivaren, Raethen, Registratoren u. a. beladen. Alles dieses treibt nach der Staatskanzelley, Reichskanzelley, Kriegskanzelley, Oestereichisch-Boehmischen Kanzelley, Ungarisch-Siebenbuergischen Kanzelley, Niederlaendischen Kanzelley, auf das Rathaus, zur Obersten Justizstelle, Muenze, Oberst-Rechenkammer, Religions-Commission, Studien-Commission, zur Regierung etc. etc.».[15] Seit etwa 1790 arbeiteten Beamte nur noch in Notzeiten in den eigenen vier Wänden – während der Napoleonischen Kriege etwa, als die Regierung Kosten für Beleuchtung und Heizung einsparen musste.

Der Staatsdienst verlangte auch, dass man feste Arbeitsstunden einhielt, in denen man im Büro anwesend war (in Wien für gewöhnlich von 9 bis 12 und 15 bis 18 Uhr); zudem hatte man pünktlich zu sein. Obwohl Pünktlichkeit im frühen neunzehnten Jahrhundert zur typisch bürgerlichen Tugend avancierte, mussten sich nicht nur Aristokraten, sondern auch Angehörige der Mittelklasse erst an sie gewöhnen. Das Nebeneinander von Vertretern beider Schichten in ein und derselben Amtsstube erforderte auch, dass man sich in den Umgangsformen aufeinander einstellte. Es überrascht kaum, dass Angehörige unterschiedlicher sozialer Klassen einander zum Teil misstrauisch beäugten. Beamte aus der Mittelklasse argwöhnten oft, dass ihre aristokratischen Kollegen ungerechterweise bevorzugt wurden, während letztere über die angeblich engstirnige, kleinkrämerische Einstellung ihrer bürgerlichen Kollegen stöhnten.[16] Im Alltag außerhalb der Amtsstuben hielt man an den Standes- und Statusunterschieden fest. Vor allem in Wien, aber auch in den Hauptstädten der Kronländer wie Prag, Lemberg und Graz, wahrte die adelige «erste Gesellschaft» strikte Distanz zur «zweiten Gesellschaft», die sich aus Beamten, Geschäftsleuten, Intellektuellen oder Künstlern zusammensetzte. Auch Ehen zwischen Angehörigen dieser beiden Gesellschaften – die für gewöhnlich aus finanziellen Beweggründen geschlossen wurden – führten deren Familien nur selten zusammen.

Die Bürokratie wurde für Joseph II. Gegenstand einer Obsession. 1783 legte er in einem Schreiben, das man als «Hirtenbrief» bezeichnen könnte («Erinnerung an seine Staatsbeamten»), seine Vorstellungen vom idealen Staatsdiener fest:

> Wer nun mit mir so denket und sich als einen wahren Diener des Staats, so lange er selben dient, ganz mit hindansetzung aller anderen rücksichten widmen will, für diese werden vorstehende meine sätze begreiflich fallen, jenem aber, der nur das seinem Dienst anbleibende utile oder honorificum zum Augenmerk hat, die bedienung des staats aber als nebending betrachtet, der soll es lieber voraussagen und ein Amt verlassen, zu dem er weder würdig noch gemacht ist, dessen verwaltung eine warme seele für des staats bestes und eine vollkommene entsagung seiner selbst und aller gemächlichkeiten fordert.[17]

Manch junger Mann aus der Mittelklasse, der danach strebte, sich in der österreichischen Gesellschaft einen Namen zu machen, mag sich an der Vorstellung berauscht haben, ein solches entsagungsreiches Leben zu führen und seine persönlichen Interessen aufzugeben, um sich mit «warmer Seele» ganz dem Dienst am Staat zu verschreiben.

Mit diesen zahlreichen Vorschriften zur Bürokratie und zu deren Verfahrensweisen versuchte Joseph, einheitliche Normen für den öffentlichen Dienst in der gesamten Monarchie einzuführen und eine Institution zu begründen, die zeitweise stark an einen säkular konzipierten Priesterorden erinnert. Während der zehn Jahre seiner Herrschaft erließ er eine Vielzahl Vorschriften, die die Laufbahn eines Beamten von Anfang bis Ende bis ins kleinste Detail regelten. Diese betrafen alles: seine

Ausbildung, Einstellung, Beförderung, die Höhe seines Gehalts, die Ferien, mögliche Bestrafungen und die Annahme von Geschenken (die natürlich nicht gestattet war). Joseph war der Erste, der Personalakten – sogenannte *Conduitelisten* – anlegen ließ und Vorgesetzte aufforderte, ihm Beamte, deren Leistung nicht zufriedenstellend war, zu melden.[18] Er bestand darauf, dass der gesamte Verwaltungsapparat auf dem Prinzip sozialer Gleichbehandlung fußen sollte, weswegen auch das Dienstalter für die Beförderung und die Postenvergabe entscheidend sein sollte. Unabhängig davon, ob ein Kandidat «bürgerlichen, Ritter-, Herrenstandes oder auch Fürst» sei, war dieser dem Dienstalter entsprechend zu behandeln.[19] Dieses Prinzip war demnach ein wichtiges Mittel, um die frühere Dominanz des Adels über den öffentlichen Dienst zu beenden und legte den Grundstein für den sozialen Aufstieg des Bürgertums. Man vermutete, dass sich seine Mitglieder dem Staat gegenüber, der ihnen den Aufstieg ermöglicht hatte, zu mehr Treue verpflichtet fühlten als adelige Beamte, die in erster Linie regionale Interessen vertraten oder sich für den Erhalt ihrer Standesprivilegien einsetzten.

Ein wichtiges Charakteristikum der josephinischen Beamtenschaft war, dass sie sich zunehmend mit dem Zentrum des Reiches, Wien, und vor allem mit dem *österreichischen* Staat identifizierten. Im Idealfall widmete der patriotisch gesinnte Beamte wie Joseph selbst sein gesamtes Leben dem Staatsdienst. Doch welchem Land sollte ihr Patriotismus gelten? Weder Böhmen und Mähren noch Ungarn oder Kroatien, die auf ihre jeweils eigene Geschichte als unabhängige Staaten zurückblicken konnten, eigneten sich dazu. Wie schon am Ende des Ersten Kapitels kurz erwähnt, hatte Maria Theresias Berater Joseph von Sonnenfels in seiner 1771 veröffentlichten Abhandlung *Ueber die Liebe des Vaterlandes* ausgeführt, selbiges sei das Land, «worin man seinen beständigen Sitz genommen». Dieser vagen Aussage ordnete er im Anschluss die Gesetze zu, denen die Bewohner dieses Landes gehorchten, die darin festgesetzte Regierungsform und schließlich alle übrigen Bewohner dieses Landes, die gleichen Rechten unterworfen waren. Für Sonnenfels benötigte ein reformierter Staat, der auf rationalen Prinzipien aufbaute, keine traditionellen patriarchalen Bindungen oder dynastische Loyalität. Stattdessen sei solch ein Staat auf Patriotismus angewiesen, die emotionale Zuneigung, die alle Bürgerinnen und Bürger mit ihrem Staatswesen verbinde. Sonnenfels' Darstellung der «Vaterlandsliebe» wurzelte fest in der Gegenwart und betonte das Gebundensein an gemeinsame Gesetze, an das, was wir heute wohl Verfassung nennen würden. Er vermied jedoch jeden Verweis auf eine gemeinsame Vergangenheit, Kultur oder Sprache. Stattdessen betonte Sonnenfels die Vernunftentscheidung als Ursache der Gefühle, die diesen patriotischen Zusammenhalt stiften sollten, und verankerte somit die «Vaterlandsliebe» in einer Art utilitaristischen Kalkulation des eigenen Vorteils:

> Das Gefühl von dem Glücke, welches uns, in diesem Lande, unter dem Schutze dieser Gesetze, durch die Gestalt der Regierung, und in der Gesellschaft solcher Mitbürger zu Theil wird, erzeugt die Anhänglichkeit, welche die Grundlage zur Vaterlandsliebe ist, aber noch nicht die Vaterlandsliebe selbst.
>
> Es muß noch die Ueberzeugung dazu kommen, daß man in jedem anderen Lande, durch andere Gesetze, bey einer anderen Regierungsform, und mit anderen Mitbürgern dieses Glück nicht oder zum mindesten nicht in einem so hohen Grad […] so zuverlässig finden kann.
>
> In jedem Verluste des Vaterlandes sieht man seinen eigenen Verlust, jeden Vortheil desselben sieht man als einen Zuwachs seines eigenen Vortheils an.[20]

Die Furcht, dieser Vorteile verlustig zu gehen, werde uns dazu veranlassen, um die Errettung des Vaterlands zu kämpfen. Doch stimmte das wirklich? Sonnenfels war überzeugt, dass sich durch Bildung im Lauf der Zeit dem Volk die Liebe zu einem österreichischen Vaterland einpflanzen ließe. Das setzte allerdings voraus, dass an örtlichen Schulen wie auch an Universitäten das Vaterland zum Thema gemacht würde. In einem tschechischsprachigen Lehrbuch für Grundschulen aus der Regierungszeit von Joseph II. fand sich etwa die Erläuterung:

> Unter «Vaterland» [vlast] verstehen wir den Ort, an dem wir geboren sind, aber auch das Land […], in dem wir leben und Sicherheit und Schutz genießen. Alle Länder über die ein Kaiser, König oder anderer hoher Herr regiert, sollten als ein einig Vaterland gesehen werden. Daher ist nicht nur Böhmen, sondern sind auch Mähren, Österreich und andere Länder, die unserem Monarchen gehören, unser Vaterland.[21]

Wie in Sonnenfels' oben zitierter Definition von Patriotismus wird auch in diesem Lehrbuch das gemeinsame Vaterland, in dem die Menschen vom Gesetz verbürgten Schutz, Sicherheit und Gleichheit genießen, in enge Verbindung mit der Dynastie gebracht, die all dies verkörpert.

1788/89 hielt Gottfried van Swieten (1733–1803), der von Joseph zum Leiter der Staatlichen Bildungs-Commission ernannt worden war und später Vorsitzender der Hofkommission für die Studien- und Bücherzensur wurde, an der Wiener Universität die ersten Vorlesungen überhaupt über die Geschichte des Landes, das er «Österreich» nannte; dieser Begriff trat an die Stelle des Heiligen Römischen Reiches beziehungsweise einer Liste der einzelnen Kronländer, aus denen sich die Monarchie zusammensetzte. Josephs fortschreitende Sparmaßnahmen setzten diesen Vorlesungen jedoch bald ein Ende. Diese frühen Versuche, das Reich durch Bildung zu legitimieren, übten wohl auf kaum jemanden große emotionale Wirkung aus, sieht man einmal von einigen Staatsdienern ab.[22] Doch wie zuvor schon die Bauernschaft neigten gegen Ende des achtzehnten Jahrhunderts immer mehr Österreicher dazu, sich mit dem Reich zu identifizieren, das mehr als die Summe seiner Kronländer darstellte. Wie wir sehen werden, gewann im Kontext des Traumas der Napoleonischen Kriege, kaum eine Generation später, der Begriff «Österreich» als Bezeichnung für das Reich in seiner Gesamtheit tatsächlich emotionale Bedeutung. Er meinte das Vaterland oder die nationale Heimstatt von Menschen unterschiedlicher sozialer und geografischer Herkunft.

Reform

Unter Joseph II. wuchs im Vergleich zu den letzten Regierungsjahren Maria Theresias die Zahl kaiserlicher Erlasse sprunghaft an: 1780 hatte die Herrscherin für die nicht zu Ungarn gehörenden Regionen ihres Staates 82 Dekrete erlassen; allein im Jahr darauf erließ Joseph 402 Dekrete für dieselben Regionen. Dazu gehörten vor allem am Anfang Gesetze, die die Zensur in ihrer bisher praktizierten Form beendeten und den Zensoren radikal neue Richtlinien vorgaben. Maria Theresia hatte bereits die Zuständigkeit der katholischen Kirche, jedes Werk auf seine

Eignung für eine Publikation hin zu überprüfen, an eine von der Regierung eingesetzte Kommission übertragen. Joseph löste diese Kommission nicht auf, veränderte aber ihre Funktion grundlegend: Künftig sollten alle seriösen wissenschaftlichen Werke anstandslos veröffentlicht werden; nur einige wenige, die im Verdacht standen, nicht den neuen Maßstäben zu entsprechen, sollten weiterhin überprüft werden. Lediglich Mitgliedern des Klerus war es nicht mehr gestattet, die Regierung in ihren Schriften öffentlich anzuprangern. Andere Verfasser wurden dagegen eingeladen, Josephs Politik zu kritisieren.

Joseph war offensichtlich der Meinung, dass ein Zensurverfahren, mit dem das Erscheinen jedes möglicherweise gefährlichen Buchs verhindert wurde, auch ungewollt die Publikation vieler guter Bücher unmöglich mache. Dadurch würde «ein lebenswichtiger Aspekt des Commerzes blockiert» und der Gesellschaft Schaden zugefügt. Die strengen Regeln gegen die Veröffentlichung von Schriften, in denen die Herrscher anderer Staaten angeprangert wurden, ließ er jedoch bestehen. Auch anti-christliche Werke blieben verboten, und Theateraufführungen wurden strenger kontrolliert als Bücher und Flugschriften. Seine Besorgnis darüber, wie sehr Werke ein größtenteils ungebildetes Publikum beeinflussen könnten, ließ ihn davor zurückschrecken, sie allgemein zugänglich zu machen. Er verordnete, man müsse

> gegen alles, was unsittliche Auftritte und ungereimte Zotten enthält, aus welchen keine Gelehrsamkeit, keine Aufklärung jemals entstehen kann, strenge, gegen alle übrige Werke aber, wo Gelehrsamkeit, Kenntnisse und ordentliche Sätze sich vorfinden, um so nachsichtiger sein, als erstere nur vom grossen Haufen, und von schwachen Köpfen gelesen, letztere hingegen schon bereiteten Gemüthern, und in ihren Sätzen standhafteren Seelen unter die Hände kommen.[23]

Diese Änderung der Zensurvorschriften ließ die Zahl der verbotenen Bücher schlagartig von 5000 auf 900 zurückgehen. Sie brachte auch eine Flut von kürzeren Abhandlungen und Flugschriften hervor; mehr als tausend waren es allein in den ersten achtzehn Monaten seiner Herrschaft. Am Beginn einer dieser Schriften findet sich eine begeisterte – wenn auch nicht ganz zutreffende – Huldigung an den Kaiser: «Freyheit zu schreiben, was wir denken, gab uns der Weiseste, der

Beste der Monarchen. Für dieses edelste Geschenk, welches die Quelle
all des Schönen ist, muß Ihm jeder rechtschaffene, jeder edelgesinnte
Biedermann im Grunde der Seele danken.»[24] Die neue Zensurpolitik
rief allerdings auch Proteste des päpstlichen Nuntius und anderer
kirchlicher Würdenträger hervor und führte zu zynischen Reaktionen
vieler Beobachter aus den Reihen der Aristokratie. Darunter war auch
die mit Joseph befreundete Fürstin Eleonore von Liechtenstein, die in
einem Brief an ihre Schwester klagte: «Wir befinden uns in einer ganz
neuen Welt. [...] Reicht es nicht, alles zu tolerieren, müssen wir es auch
noch veröffentlichen?» Wie andere Kritiker Josephs deutete die Fürstin
seine Zensurpolitik als Indiz für seine Missachtung der traditionellen
Hierarchie und des katholischen Glaubens. «Die Veranlagung des Kaisers auf diesem Gebiet, seine Liebe zur Novität, seine Perversität, seine
Manie, Untergebene gegen ihre Vorgesetzten aufzubringen, und noch
mehr die Verhärtung seines Herzens und zuletzt sein Abfall von Gott
geben alles Erdenkliche zu befürchten.»[25]

Seit Beginn seiner Herrschaft versuchte Joseph II., die Maßnahmen
seiner Mutter zur allgemeinen Verbesserung der Bildung auszuweiten
und zu vertiefen. Es hatte nie auch nur annähernd genug Schulen gegeben, um Maria Theresias Forderung nach einem Grundschulunterricht
für alle Kinder – Jungen wie Mädchen – erfüllen zu können. Außerdem
war nie ein probates Mittel gefunden worden, störrische Eltern dazu zu
zwingen, ihre Kinder zur Schule zu schicken. Die finanziellen Mittel
zur Durchführung des ehrgeizigen Projekts waren absolut unzurei-
chend. Josephs Neigung, sich um alles bis ins kleinste Detail persönlich
zu kümmern, bewog ihn dazu, bestehenden Institutionen die Mittel zu
kürzen, um Volksschulen stärker unterstützen zu können. Höhere
Schulen und Universitäten erhielten nun weniger Geld, damit den
untersten Klassen mehr Bildung zuteilwurde. Die von ihm selbst begründete Bildungs-Commission widersetzte sich jedoch mehrfach seinen Versuchen, einige der Universitäten herunterzustufen und den
Unterricht in Fächern, die er als weniger wichtig ansah, abzuschaffen.

Irgendwann sah Joseph ein, dass man mit noch so einschneidenden
finanziellen Kürzungen für die Universitäten nicht erreichen konnte,
dass alle Kinder zwischen sechs und zwölf überall im Reich eine Volksschule besuchten.[26] So erließ er 1785 ein Gesetz, das jede Pfarrei zur

Einrichtung einer eigenen Schule verpflichtete. Die Lehrer sollten als Angestellte des öffentlichen Diensts gelten, ihre beruflichen Pflichten aber auch die Aufgaben des Küsters im örtlichen Gotteshaus einschließen; deshalb sollte auch die Kirche für den größten Teil ihres Gehalts aufkommen. Die jeweiligen geistlichen und weltlichen Eliten sollten sich auch an den Kosten für die Schulgebäude und die Unterbringung der Lehrer beteiligen. Den unglücklichen und unterbezahlten Lehrern oblag es, dafür zu sorgen, dass die Kinder des Ortes und der umliegenden Region sechs Jahre lang die Schule besuchten. Die Gebühren, die deren Eltern zu zahlen hatten, waren zwar gering, wenn aber eine Familie nicht über die notwendigen Mittel verfügte, um das Schulgeld für ihre Söhne oder Töchter aufzubringen, sollte sie davon befreit werden. Zusätzlich hatten die Universitäten mit einer Abgabe zur Finanzierung der Volksschulen beizutragen.[27]

1805 gab die Regierung eine Sammlung aller Dekrete heraus, die seit 1785 erlassen wurden und mittlerweile jeden denkbaren Aspekt des Schulwesens in den Erblanden betrafen, vom Grundstück für die Gebäude (fester trockener Grund – kein Sumpfboden!) über die optimale Gestaltung der Klassenzimmer bis hin zum idealen Lehrer. Jeder Lehrer sollte ein eigenes Unterrichtszimmer bekommen, das hell sein (die Verteilung der Fenster war genau angegeben) und im Winter mit einem Ofen geheizt werden musste. Auf jeder Seite des Raums sollten Zweierbänke aufgestellt werden, und zwar so, dass die Kinder ausreichend Platz hatten, um entspannt zu sitzen und zu schreiben (die genauen Abmessungen wurden vorgeschrieben). Der Lehrer sollte an einem kleinen Tisch auf einem Podest an der Stirnseite des Zimmers sitzen, vor einer großen Tafel, «damit er alle Kinder überschauen kann». Es sollte darauf geachtet werden, dass der Unterricht «durch die häuslichen Geschäfte des Weibes, der Kinder und Dienstleute des Schullehrers nicht gestöret [werde], dass mithin das Schulzimmer durchaus nicht zu einem anderen Gebrauche als zum Unterricht diene». Überdies sollten Gegenstände, die nichts mit dem Unterricht zu tun hatten wie «Bettstellen, Spinnräder, Haspeln», nicht zu sehen sein. Ein eigener Schrank sollte die Schulbücher aufnehmen, die von den Kindern benutzt wurden, deren Eltern zu arm waren, um ihnen welche zu kaufen. Für Besucher und Beobachter sollten genügend Hocker bereit-

stehen. Neuere Schulgebäude sollten eine separate Wohnkammer aufweisen, in der ein älterer kranker Lehrer oder ein junger Gehilfe untergebracht werden könnten oder aber die Geräte und Utensilien, die jene
Kinder benötigten, die außerhalb der regulären Schulstunden Fertigkeiten wie Spinnen oder Stricken erlernten.[28]

Im selben Jahr, in dem die Zensurvorschriften gelockert wurden, erließ Joseph zudem Toleranzedikte, die nichtkatholische Christen, später
auch die jüdischen Untertanen betrafen. Berater wie Kaunitz hatten
hartnäckig versucht, Maria Theresia zu einer solchen Maßnahme zu
bewegen, die Kaiserin war als fromme Katholikin aber besorgt gewesen, dass die Tolerierung anderer Konfessionen die moralische Verfassung des einfachen Volks untergraben könnte. Joseph hatte ganz
andere religiöse Ansichten: Er war nicht gegen die katholische Kirche,
doch das Praktizieren eines religiösen Glaubens war seiner Meinung
nach eine ausschließlich private Angelegenheit, die sich nicht auf
öffentliche Maßnahmen auswirken sollte. Außerdem nahm er zu Recht
an, dass Glaubensgemeinschaften, die von Staats wegen toleriert wurden, sich dem Staat gegenüber besonders loyal verhalten würden. In
einem 1781 erlassenen Dekret hieß es, dass «in keinem Stücke, außer
daß sie kein öffentliches Religionsexercitium haben, ein Unterschied
zwischen katholisch und protestantischen Unterthanen mehr gemacht
werden solle».[29] Die meisten der Einschränkungen, unter denen seine
protestantischen, orthodoxen oder griechisch-katholischen Untertanen
gelitten hatten – diesen war unter anderem das Recht, in den Staatsdienst einzutreten, Land zu besitzen und ihre Kinder ausbilden zu lassen, verwehrt gewesen –, wurden jetzt aufgehoben. So mussten beispielsweise künftig protestantische Kinder an katholischen Schulen
aufgenommen werden. In Gemeinden mit mehr als fünfhundert
protestantischen Kindern durften deren Mitglieder eigene Schulen
gründen. Wie die katholischen unterstanden auch diese den von der
Regierung erlassenen Vorschriften und Regelungen. Nichtkatholische
Christen sahen sich aber weiterhin mit Einschränkungen hinsichtlich
des «öffentlichen Exerzitiums» ihrer Religion konfrontiert – ihre Kirchen durften weder Aufsehen erregen noch Glockentürme aufweisen,
und es war ihnen generell verboten, auf ihre Andachtsorte aufmerksam
zu machen. Dennoch veränderte sich durch die Toleranzedikte die Lage

der protestantischen, orthodoxen, griechisch-katholischen und unita-rischen Christen entscheidend. Sie bekamen dadurch mehr Rechte – sie durften Zünften beitreten, eine Universität besuchen, in den Staats-dienst eintreten –, als sie die Angehörigen protestantischer Splitter-gruppen damals in England genossen, von den Katholiken ganz zu schweigen.[30]

Das, was Joseph in Bezug auf seine jüdischen Untertanen unter-nahm, erwies sich als radikaler als alles, was seine Berater ihm vorge-schlagen hatten. Durch den Erwerb von Galizien im Jahr 1772 wuchs die jüdische Population der Monarchie auf mehr als das Doppelte an. Zuvor hatte sie in den Erblanden, Böhmen und Ungarn zusammen-genommen rund 150 000 Menschen betragen, um 1780 lag die Zahl bei ungefähr 350 000. Die Habsburgische Regierung hatte Juden (wie auch Protestanten) untersagt, sich in den österreichischen Ländern (den Erz-herzogtümern ob und unter der Enns sowie den innerösterreichischen Herzogtümern Steiermark, Kärnten und Krain) niederzulassen. Doch wie wir in Kapitel 1 erfahren haben, hatte sogar die vehement anti-jüdisch eingestellte Maria Theresia jüdischen Kaufleuten und Händlern Anreize geliefert, sich in der Hafenstadt Triest anzusiedeln. Während ihrer Regierungszeit waren Juden in der Tat dazu ermuntert worden, sich als sogenannte Kolonisten in entvölkerten Gebieten Ungarns, im Banat oder in Siebenbürgen niederzulassen. Insgesamt sechshundert Juden genossen zudem das Privileg, in Wien wohnen zu dürfen, darun-ter die bedeutenden Bankiersfamilien Arnstein, Eskeles und Wert-heimer, die der Regierung oft auch als Mittelsmänner bei Geldgeschäf-ten und als Kreditgeber dienten. Die jüdische Bevölkerung Böhmens und Mährens lag 1780 insgesamt bei 60 000 Menschen. Dort bürdete die Regierung den Juden aber im Gegenzug für die Duldung extrem hohe Steuern auf und schränkte ihre Bewegungsfreiheit sowie die Möglichkeit, zu heiraten, Anstellungen zu finden und Grundbesitz zu erwerben, stark ein. In Ungarn lebten an die 75 000 Juden, in Sieben-bürgen waren es ungefähr 1000.[31]

Zwischen 1781 und 1785 wurden in den habsburgischen Kronländern mit einer nennenswerten jüdischen Einwohnerschaft – Böhmen, Gali-zien, Ungarn und Mähren – durch Erlasse viele dieser Restriktionen aufgehoben; Kaufmannsberufe und handwerkliche Berufe standen ihnen ebenso wie Regierungsdienste von da an offen, und eine säkulare Erziehung in deutscher Sprache wurde obligatorisch; nur in Ungarn waren außer Deutsch auch Ungarisch oder eine lokale slawische Sprache als Unterrichtssprache zugelassen.[32] Die Erlasse verlangten, dass juristische und geschäftliche Dokumente, die die Juden betrafen, in Zukunft in Deutsch (beziehungsweise in Ungarn auch in Ungarisch oder Latein) ausgefertigt wurden.[33] Obwohl der Militärdienst in diesen Erlassen nicht erwähnt wurde, lösten sie sofort nach ihrem Bekanntwerden im gesamten Heiligen Römischen Reich eine Debatte über die Möglichkeit beziehungsweise Unmöglichkeit aus, Juden zum Dienst mit der Waffe zu verpflichten. Viele «aufgeklärte Nicht-Juden» und Maskilim, «jüdische Aufklärer», die sich mit Streitschriften an diesen Diskussionen beteiligten, sahen in der für alle anderen Bevölkerungsgruppen geltenden Konskription zum Militärdienst etwas, das es Juden deutlich erschweren oder gar unmöglich machen würde, ebenfalls zu vollwertigen Staatsbürgern zu werden.[34]

Als der Statthalter von Galizien 1787 den Entwurf eines Toleranzediktes für sein Kronland vorlegte, schlug er auch vor, galizische Juden zum Transportkorps einzuziehen. Der Hofkriegsrat lehnte das unter Verweis darauf ab, dass Juden angeblich am Sabbat keinen Dienst tun könnten; außerdem machte er geltend, dass die jüdischen Speisevorschriften Probleme bereiten würden. Joseph wischte diese Einwände beiseite und ordnete den Einsatz galizischer Juden sowohl in der Etappe als auch bei der Artillerie an.[35] Vier Monate später wurde die Order auf die gesamte Monarchie ausgeweitet. Jüdische Gemeinden in Galizien erhoben heftigen Einspruch gegen diese Anweisungen und schlugen stattdessen vor, dass jüdische Rekruten von ihnen selbst bezahlte Ersatzmänner schicken durften. Eines der von ihnen ins Feld geführten Argumente war, dass jüdische Militärangehörige immer benachteiligt sein würden, da sie nie in höhere Ränge aufsteigen könnten, gleichgültig was für Verdienste sie sich erwürben. Einige Offiziere brachten aus der entgegengesetzten Perspektive ein ganz ähnliches Argument vor: Es wäre der Ehre der Truppe abträglich, wenn jüdische Untertanen, die im Zivilleben von verschiedenen Berufen ausgeschlossen waren, in Positionen aufrückten, in denen sie Befehlsgewalt über christliche Soldaten innehätten.

Michael Silbers Analyse dieser Debatten macht deutlich, dass zumindest für Joseph selbst diese Frage schon durch sein früheres Toleranzedikt nichtkatholische Christen betreffend gelöst war. Darin war klar und deutlich festgehalten, dass eine Beförderung in höhere militärische Ränge einzig und allein von der Kompetenz abhängen solle. Leopold Kolowrat (1727–1809), Kanzler der vereinigten Hofstelle der böhmischen und österreichischen Länder, begründete durch diese Bestimmung indirekt die Rückweisung der Petitionen, in denen galizische Juden ihre Befreiung von der Wehrpflicht gefordert hatten:

> Nachdem Euer Majestät den Juden, die Fähigkeit zu allen Aemtern, wie Kristen zu gelangen gnädigst ertheilet haben, so versteht sich von selbst, dass ihnen auch in dem Militarfach alle jene Belohnungen bevorstehen, auf welche das Verdienst anderer Glaubensgenossen Anspruch hat.[36]

Ein bemerkenswertes Ergebnis dieser Entscheidungen bestand darin, dass während des Vierteljahrhunderts, in dem in Europa Krieg herrschte, von 1788–1815, nur im Habsburgerreich sowie im revolutionären und napoleonischen Frankreich Juden in signifikanter Zahl zum Militär eingezogen wurden. In den Kriegen gegen das Osmanische Reich (1788–1791) und später gegen Frankreich (1792–1815) schickten die Habsburger tausende jüdische Soldaten in den Kampf. So waren beispielsweise 1814, gegen Ende der Napoleonischen Kriege, von der halben Million in diesem Jahr eingezogenen Männern zwischen 15 000 und 19 000 Juden. Insgesamt kämpften in den fünfundzwanzig Jahre währenden militärischen Auseinandersetzungen mit Frankreich wohl bis zu 35 000 Juden auf habsburgischer Seite.[37]

Trotz der emanzipatorischen Elemente in den von Joseph erlassenen Toleranzpatenten blieb diese Bevölkerungsgruppe weiterhin einer Vielzahl anderer Restriktionen unterworfen. So wurde ihnen etwa nach wie vor das Recht verweigert, sich auf dem Gebiet der Monarchie frei zu bewegen: Mit Ausnahme von Niederösterreich blieb ihnen der größte Teil der Erblande verschlossen. Überall in der Monarchie war es nur dem ältesten Sohn einer jüdischen Familie erlaubt zu heiraten, und dies nur nach Entrichtung einer beträchtlichen Steuer. Diese Regelungen hatten eine ganze Reihe negativer gesellschaftlicher Auswirkungen: In einigen Regionen benötigten Juden immer noch eine Sondererlaubnis, um sich in bestimmten Gegenden oder Städten – etwa im mährischen Brünn – niederzulassen.[38] Wie im Fall ihrer Beteiligung am Militär war die jüdische Reaktion auf die josephinischen Gesetze oft zwiespältig, vor allem weil der Herrscher ihre Emanzipation mit einer Art allgemeiner Assimilation zu verbinden schien – etwa indem er die Verwendung bestimmter amtlich anerkannter Sprachen für den Unterricht sowie für juristische und geschäftliche Dokumente obligatorisch machte.

Während Joseph die offizielle Tolerierung anderer Religionen gesetzlich festschrieb, suchte er gleichzeitig den Katholizismus einer stärkeren Kontrolle durch die Regierung zu unterwerfen. De facto unterstellte er die katholische Kirche staatlicher Aufsicht und Leitung. In diesem Zuge löste er klösterliche Gemeinschaften auf, wenn diese nicht unmittelbar in der Erziehung oder Krankenpflege tätig waren, und finanzierte mit ihrem Besitz den Ausbau des Grundschulunterrichts. In Reaktion auf Proteste der katholischen Bischöfe entschied er sich, auch die Ausbildung der Geistlichen unter staatliche Kontrolle zu stellen. 1784 errichtete er in jedem Kronland staatliche Priesterseminare und erweiterte die existierenden Universitäten um theologische Fakultäten.[39] Katholischen Bischöfen in Österreich war nur wenig formeller Kontakt mit dem Papst oder internationalen katholischen Institutionen gestattet. Seiner Neigung freien Lauf lassend, alles bis ins Kleinste persönlich zu regeln, nahm Joseph bestimmte Änderungen an der Liturgie vor, reduzierte die Zahl der Feiertage, schaffte katholische Bruderschaften ab und erließ Vorschriften, die von Prozessionen und Pilgerfahrten bis hin zu Beisetzungspraktiken alles Erdenkliche betrafen. Diesen Maßnahmen lagen sowohl praktische, wirtschaftliche Überlegungen zugrunde (Verringerung von Feiertagen, an denen die Arbeit ruhte, weniger Geld für Prozessionen und Kirchenschmuck, Einführung hygienischerer Beerdigungsvorschriften) als auch ideologische Beweggründe (Abschaffung von vermeintlich abergläubischen Praktiken). Eine seiner radikalsten Verfügungen aus dem Jahr 1784 betraf die Eheschließung, die den juristischen Status eines Vertragsabschlusses erhielt; gleichzeitig übertrug er die Entscheidungsgewalt darüber, welche ehelichen Verbindungen statthaft waren (etwa im Fall von Partnern, die miteinander verwandt oder geschieden waren), von der kirchlichen auf die weltliche Gerichtsbarkeit. Die Ehe zwischen zwei Christen blieb ein religiöses Sakrament und wurde weiterhin vor einem Priester geschlossen, doch nun griff der Staat in etwas ein, was vorher ausschließlich von der Kirche geregelt worden war.[40] Diese Gesetzgebung begründete zwar nicht die Zivilehe, schien aber einer solchen den Weg zu bereiten.

Von 1781 bis 1784 erließ Joseph auch Dekrete, die die Verfügungs-gewalt der adeligen Grundherren über die unfreien Bauern einschränk-ten. Diese Intervention wurde als Abschaffung der Leibeigenschaft bekannt. Von nun an durften Bauern ohne die Genehmigung ihres Grundherrn heiraten und konnten sich frei im Land bewegen oder einen Beruf ergreifen, ohne zuvor um Erlaubnis zu fragen.[41] Die Er-lasse schränkten außerdem die Möglichkeit des Herrn ein, körperliche Strafen über seine Bauern zu verhängen oder ihnen wegen etwaiger Vergehen Geld abzupressen. Einige der Unfreiheiten, die die alte Form der Leibeigenschaft beinhaltete, wurden jedoch in vielen Teilen des Reiches erst im Zuge der Revolutionen des Jahres 1848 abgeschafft: So blieb vor allem jene verhasste Verpflichtung zu unbezahlten Arbeits-leistungen oder *Robot* bestehen.

Joseph hatte darüber hinaus die Absicht, der emanzipierten Bauern-schaft eigenes Land zur Bestellung zukommen zu lassen. Das Gesetz, mit dem in Böhmen die Leibeigenschaft abgeschafft wurde, begründete er mit dem Hinweis darauf, «daß die Aufhebung der Leibeigenschaft und die Einführung einer gemäßigten nach dem Beispiele Unsere Oesterrichischen Erblande eingerichteten Untertänigkeit auf die Ver-besserung der Landeskultur und Industrie den nützlichsten Einfluss habe».[42] Doch bei der Umsetzung der Reform, die das Verhältnis des Adels zu unfreien Bauern regeln sollte, stieß Joseph auf energischen Widerstand. Vor allem in Ungarn versuchte man seine Pläne, die Stel-lung der Bauern zu verbessern und die adeligen Grundherren der Steu-erpflicht zu unterwerfen, mit allen Mitteln zu vereiteln.

Imperium, Integration und Siedler

Die Bemühungen, einen ebenso vereinten wie einheitlichen österrei-chischen Staat zu schaffen, schlossen auch territoriale Expansions-bestrebungen ein, vor allem im Osten gegen Polen und das Osmanische

Reich. Die Habsburger glaubten, dass Zentralisation und Verwaltungsreform in diesen jüngst erworbenen Gebieten in ihrer reinsten Form
verwirklicht werden könnten. Als sie sich 1772 zusammen mit Russland und Preußen an der Teilung Polens beteiligt hatten, gewannen die
Habsburger ein großes Territorium, das sie «Königreich Galizien»
nannten. Dadurch vervielfachten sich jedoch die Schwierigkeiten
administrativer und institutioneller Art, die sich ihnen bei ihrem Bemühen um territoriale Integration in den Weg stellten. Im Fall Galiziens
brachte die Neubestimmung der Außengrenzen die Notwendigkeit mit
sich, den Handel mitsamt der Verkehrs- und Kommunikationswege
neu auszurichten, das heißt weg von dem, was von Polen übrig geblieben war, (und den von Preußen und Russland für sich beanspruchten
Gebieten) nach Österreich hin zu lenken.

Joseph und seine Nachfolger behandelten das jüngst geschaffene
«Königreich» als eine Art Tabula rasa und glaubten, in dieser «unbe-
schriebenen» territorialen Einheit leichter aufgeklärte administrative
Institutionen etablieren zu können. Mit dem Mythos vom polnischen
Chaos, das zuvor in dem Land geherrscht habe und mit dem die Erste
Teilung gerechtfertigt worden war, leugnete man die Rechtmäßigkeit
und sogar die Existenz früherer Institutionen. So verstanden es die
Habsburger und ihre mit großem Eifer erfüllten Beamten als ihre
Mission, in Galizien Ordnung zu schaffen, das heißt, einer vorgeblich
primitiven, gesetzlosen und schlecht regierten Gesellschaft Gesetze,
nützliche Einrichtungen und eine Ausbildung zu schenken. Joseph
selbst schrieb anlässlich seines ersten Besuchs der Region im Jahr
1773 an seine Mutter: «Ich habe bereits vorausgesehen, dass die hier
zu leistende Arbeit immens sein wird. Abgesehen von dem allgemeinen Durcheinander herrscht hier ein aufsässiger Geist, der erschreckend ist.»[43]

Die Österreicher hofften, in Galizien binnen Kurzem jene Art von
zentral kontrollierten Institutionen präsentieren zu können, deren Einführung sich bisher anderswo in der Monarchie als schwierig oder gar
unmöglich erwiesen hatte. Das Problem war jedoch, dass Galizien keineswegs eine administrative Tabula rasa war. Die adeligen Großgrundbesitzer hatten in der Adelsrepublik Polen-Litauen, einem höchst de-
zentral regierten Staat, traditionell große Macht über die lokale und

regionale Gesellschaft innegehabt, und an diesem grundlegenden Zustand konnten keine noch so sehr dem Geist der Aufklärung entsprun-
genen Gesetze etwas ändern. Die überkommenen sozialen Verhältnisse
vor Ort machten es außerordentlich schwer, ohne enorme Investitionen
eine neue galizische Gesellschaft zu schaffen. Und genau solche Investitionen konnten sich die Habsburger – allen voran der ständig Ausgaben
kürzende Joseph – nicht leisten. Später wurde deutlich, dass aufklärerische Maßnahmen Galizien nicht «austrianisieren» («zivilisieren», wie
einige Beamte es nannten) konnten. Man führte dies auf die gewaltige
Rückständigkeit und Desorganisation der galizischen Gesellschaft und
das in ihr herrschende Chaos zurück. Diese Vorwürfe verlangten wiederum nach der Einführung noch strengerer zentralisierter Herrschaftsformen, und als auch diese versagten, gab dies von Neuem Anlass zu
Unterstellungen über die Rückständigkeit Galiziens.[44]

Galizien war nicht das einzige Territorium, das durch neue und
aufklärerische Institutionen in die Habsburgermonarchie integriert
werden sollte. 1774 besetzten österreichische Truppen ein Gebiet im
Norden des dem Osmanischen Reich verbundenen Fürstentums Moldau, da sie so Siebenbürgen mit dem kürzlich annektierten Königreich
Galizien verbinden wollten. Die Österreicher nannten diese Region, die
in jüngerer Vergangenheit Schauplatz mehrerer Kriege gewesen war,
«Bukowina» (Buchenland), was sich darauf bezog, dass die Region dicht
mit Buchen bestanden war. Wie Galizien stellte auch die Bukowina eine
neu erfundene territoriale Einheit dar, war aber anders als dieses nur
spärlich besiedelt: es fanden sich dort so gut wie keine adeligen Großgrundbesitzer, die sich den Plänen der Habsburger hätten widersetzen
können. Das machte es zwar viel einfacher, neue Vorschriften und Institutionen einzuführen, allerdings brachte die geringe Bevölkerungs-
dichte mit sich, dass die Region kaum für den Erhalt der eigenen Institutionen aufkommen konnte. Beinahe unmittelbar nach dem Erwerb
versuchten daher Maria Theresia und Joseph II., das Grenzland neu zu
bevölkern und seine wirtschaftliche Entwicklung anzuregen, vor allem
in der Hoffnung, dass dadurch ein Teil der Sicherheits- und Verwal-
tungskosten durch das neue Kronland selbst getragen werden könnte;
ungeachtet dessen kann aber kaum von einer kohärenten Strategie gesprochen werden.

Als die habsburgische Verwaltung in den 1770er-Jahren zum ersten Mal ihre Tätigkeit in der Bukowina aufnahm, hatten in dieser Region Russland, das Osmanische Reich, Polen und Österreich über ein Jahrhundert lang einen Krieg nach dem anderen geführt. Im Letzten dieser Kriege waren viele Bauern schließlich in das benachbarte Fürstentum Moldau geflohen, um sich in Sicherheit zu bringen. Der Umstand, dass sie sich ihre Mobilität bewahren mussten, um fliehen zu können, wenn die Heerscharen des einen oder anderen Herrschers durch ihr Gebiet zogen, hatte sich auch auf dessen landwirtschaftliche Nutzung ausgewirkt. So lag das Hauptaugenmerk hier auf der Viehzucht – vorrangig Schafe – und es wurden nur die Feldfrüchte kultiviert, die für die eigene Ernährung benötigt wurden. Daher wurden nur selten Überschüsse produziert, mit dem die Einwohner Handel treiben oder Steuern entrichten konnten.[45] Aufgrund seiner geophysikalischen Beschaffenheit war das Territorium ohnehin nur unter Mühen landwirtschaftlich nutzbar; das galt vor allem für das Vorgebirge und den Hauptkamm der Karpaten.

Das Militär versuchte, Bauern auf Dauer in Gemeinden anzusiedeln, um mit Nahrung und anderen Dingen, die es benötigte, versorgt werden zu können. Nachdem die Österreicher erneut die Ordnung im Land hergestellt hatten, ermunterten sie die Bauern zur Rückkehr aus dem Fürstentum Moldau. Joseph II. und seine Verwaltung hegten aber weitaus ambitioniertere Pläne: Sie hofften, die wirtschaftliche Entwicklung der Bukowina beschleunigen zu können, indem sie Bauern und Handwerker aus anderen Gebieten der Monarchie und des Heiligen Römischen Reiches dort ansiedelten. Solche Migranten, die man bald als «Kolonisten» bezeichnete, wurden für eine Weile von Steuerzahlungen befreit und erhielten Grundstücke zugeteilt, außerdem Nutztiere und Saatkorn. Mit diesen Anreizen hoffte man, sie in das weitgehend unbekannte Land locken zu können. Unter Joseph II. garantierte man zudem nichtkatholischen Christen religiöse Toleranz. Da dieses neue Kronland weder von einer adeligen Großgrundbesitzerschicht dominiert wurde (wie etwa Galizien), noch die Kirche dort große Macht besaß, erschien es vorstellbar, dass durch den Zuzug von Kolonisten Josephs Ideal einer Gesellschaft von freien, produktiven, Land besitzenden, Steuern zahlenden und patriotischen Bauern Realität werden könnte.[46]

Deutschnationale Aktivisten behaupteten im neunzehnten und frühen zwanzigsten Jahrhundert, dass durch die Auswanderung von Menschen aus dem Heiligen Römischen Reich (einschließlich der böhmischen Länder) und Siebenbürgen in die Bukowina und nach Galizien auch ein kultureller Transfer von West nach Ost stattgefunden habe. Ihnen zufolge wurden nicht nur landwirtschaftliche Kenntnisse oder allgemeine Sitten und Bräuche übermittelt, sondern die deutsche Kultur selbst (ihrer Auffassung nach gleichsam ein «Düngemittel» für Ödland) gelangte mit den Kolonisten in den Osten. Einige Autoren behaupteten, die Siedler hätten größere Wertschätzung von Ordnung, Bildung und Hygiene – allesamt Anzeichen eines «höheren» Zivilisationsgrades – in die Bukowina und nach Galizien mitgebracht. So konnte die österreichische Siedlungspolitik in diesen Gebieten im neunzehnten und zwanzigsten Jahrhundert von deutschen oder ungarischen Nationalisten als Teil einer uralten Mission zur «Zivilisierung» Ost- und Südosteuropas gedeutet werden. Mit dieser Interpretation verfochten diese selbstbewusst die These von einer Überlegenheit des Westens, wie sie auch von den Befürwortern des globalen Kolonialismus verfochten wurde; in Kapitel 6 werden wir darauf zurückkommen.

Nationalistische Schilderungen der Verhältnisse im Osten gewannen für spätere Beobachter dadurch an Glaubwürdigkeit, dass viele Zeitgenossen – einschließlich des Kaisers selbst – die Siedler, die in die Bukowina und nach Galizien zogen, als «Kolonisten» bezeichneten. Außerdem ließen sich Aussagen über das zivilisatorische Niveau dieser Territorien mit den Argumenten in Einklang bringen, die seitens des Hofes ins Feld geführt wurden, um die Beteiligung der Habsburgermonarchie an der Teilung Polens zu rechtfertigen – nämlich, dass man das Land erworben habe, um einer Gesellschaft, die immer wieder als heruntergekommen, desorganisiert, rückständig und schlecht regiert charakterisiert wurde, Ordnung, Stabilität und wirtschaftlichen Wohlstand zu bringen. Es ist jedoch wichtig, zwischen Ansichten des achtzehnten Jahrhunderts bezüglich einer dynastischen Mission der Habsburger und späteren nationalistischen Behauptungen, die auf eine ethnische oder gar rassische Überlegenheit hinausliefen, zu unterscheiden. Wir müssen auch Behauptungen von nationalistischen Geschichtsschreibern infrage stellen, etwa dass die Habsburger Galizien einer Form von ausbeuterischem Imperialismus unterwarfen, so wie beispielsweise Großbritannien und Frankreich mit ihren Kolonien in Nord- und Südamerika verfahren waren. Die Debatten, die am habsburgischen Hof über die Maßnahmen zur Besiedlung der östlich gelegenen Kronländer geführt wurden, waren nicht von Argumenten bestimmt, die auf eine kulturelle oder ethnische Überlegenheit des Westens hinausliefen. Und auch die Bestrebungen, die Bukowina mit Bauern und Handwerkern aus dem Westen zu besiedeln, waren nicht Teil eines Vorhabens, die Region zu germanisieren, auch wenn spätere Nationalisten sie gerne so darstellten, indem sie diese mit den Bemühungen Josephs II. um die Einführung des Deutschen als offizieller Amtssprache verknüpften.

Stattdessen spielten bei diesen Fragen mehrheitlich utilitaristische Überlegungen eine zentrale Rolle, wie sie für zeitgenössische Debatten über Kolonisten typisch waren. Man diskutierte darüber, welche Einwanderer am besten für die Kolonisierung der Region geeignet seien. Wäre es sinnvoller, Bauern aus Böhmen herbeizuholen oder Szekler aus Siebenbürgen? Oder sollte man die Bukowina mit Bauern aus dem östlich angrenzenden (und unter osmanischer Oberhoheit stehenden) Fürstentum Moldau besiedeln? Unter Joseph II. scheint seitens der Verwaltung erstere Lösung bevorzugt worden zu sein, während das Militär sich für letztere aussprach. In keinem Fall spielte aber die Vorstellung von der Zivilisierung einer unzivilisierten Gesellschaft und Region eine Rolle. Vielmehr war das Bedürfnis nach militärischer Absicherung oder wirtschaftlichem Aufbau vorrangig, denn davon war abhängig, welche Bevölkerungsgruppe aufgrund ihrer spezifischen Charakteristika für die Besiedlung der Bukowina am geeignetsten wäre. In jedem Fall musste die Regierung aus früheren Fehlern lernen. Maria Theresia hatte zum Beispiel versucht, geschulte Handwerker nach Galizien und in die Bukowina zu bringen, herrschte dort doch allgemeiner Mangel an solchen Fachleuten. Es wurde jedoch rasch klar, dass deren bloße Ansiedlung allein die lokale Wirtschaft nicht würde umwandeln können. Daraufhin arbeitete Joseph II. ein durchdachteres und detailliertes Besiedlungsprogramm aus, das auf Beobachtungen beruhte, die er selbst vor Ort in der Bukowina und in Galizien gemacht hatte. Er sprach sich dafür aus, Bauern in ganz bestimmte Gegenden und sogar in bestimmte Dörfer zu holen. Angesichts seines allgemeinen Herrschaftsstils überrascht es nicht, dass er zudem eine Menge darüber zu sagen hatte, welche Häuser die Kolonisten errichten mussten und zu welcher Jahreszeit und unter Verwendung welcher Materialien sie dies tun sollten. Er trug auch den Bedürfnissen des Militärs Rechnung, indem er neue Siedlungen anlegen ließ, deren einziger Zweck darin bestand, die in der Region stationierten Truppen mit allem Notwendigen zu versorgen.

Von Untertanen zu Staatsbürgern?

1823 zog Elisabeth Hausner von Bayern nach Wien, um sich dort eine Anstellung in einem Haushalt zu suchen. Im darauffolgenden Jahrzehnt arbeitete sie nicht nur als Hausmädchen, sondern brachte es nebenher auch als Herstellerin von Schmuck zu einigem Erfolg.[47] Sie heiratete nie – was wichtig für ihre Lebensgeschichte ist –, doch es gelang ihr, eine ansehnliche Summe auf die Seite zu legen, mit der sie ein eigenes Geschäft eröffnen wollte. Da sie aber Ausländerin war, verhinderte dies das österreichische Gesetz; deshalb beantragte sie 1833 die österreichische Staatsbürgerschaft. Die Behörden beschäftigten sich mit ihrem Fall und zogen zur Beurteilung ihres Gesuchs ein polizeiliches Führungszeugnis heran. Vier Wochen später fand Elisabeth Hausner sich auf den Stufen des Wiener Rathauses wieder, wo sie sich einen Vortrag über die Rechte und Pflichten, die sich mit der Staatsbürgerschaft verbanden, anhörte. Dann sprach sie in der Gegenwart von zwei Zeugen eine Eidesformel nach und erhielt schließlich eine Urkunde, die ihre nunmehr österreichische Staatsbürgerschaft bestätigte.

Diese Geschichte ist beispielhaft für die vieler Einwanderer nach Österreich im achtzehnten und frühen neunzehnten Jahrhundert und bezeugt, dass die Habsburger im Allgemeinen der Immigration von Menschen aus ganz Europa offen gegenüberstanden. Sie bemühten sich nicht nur darum, Gebiete von Ungarn, Galizien und der Bukowina, die vom Krieg verwüstet worden waren, wieder zu bevölkern, sondern auch darum, vielerorts die Produktivität zu erhöhen, indem sie sachkundige Bauern sowie Handwerker, die sich in einer Vielfalt neuer Verfahren und Techniken auskannten, ins Land holten.[48]

Indem sie die Anforderungen für die Gewährung der Staatsbürgerschaft für das gesamte Reichsgebiet festschrieben und vereinheitlichten, machten die Habsburger es sowohl Einwanderern beiderlei Geschlechts als auch Ausländern, die bereits in Österreich ansässig waren, relativ leicht, diese zu erlangen. In einem Dekret von 1784 fand sich etwa die Anweisung: «Jene Ausländer, welche durch volle 10 Jahre sich hier befinden, sind für Inländer zu halten.»[49] Ganz ähnlich hieß es im ersten Band des zwei Jahre später erschienenen *Josephinischen Gesetzbuches* (ABGB), dass «alle, die in den Erbländern unter der landesfürstlichen Gewalt vereinigt leb[t]en, für Inländer und Unterthanen zu halten» seien. Die endgültige Fassung des ABGB, die 1811 veröffentlicht wurde, bestätigte die relative Problemlosigkeit, mit der Ausländer die Staatsbürgerschaft erwerben konnten. Wie Elisabeth Hausners Geschichte zeigt, machte das Gesetzbuch keinen Unterschied zwischen männlichen und weiblichen Einwanderern: Auch alleinstehende Frauen konnten sich um die Staatsbürgerschaft bewerben. Dass die Geschlechtszugehörigkeit keine Rolle spielte, war nicht auf eine emanzipatorische Einstellung gegenüber Frauen zurückzuführen, sondern vielmehr darauf, dass man davon ausging, bei Ausländerinnen, die einen Antrag auf Einbürgerung stellten, handele es sich in der Regel um Ehefrauen oder Töchter männlicher Einwanderer und nicht um Unverheiratete. Eine alleinstehende Frau wie Elisabeth Hausner konnte deswegen zur österreichischen Staatsbürgerin werden, weil sie als Frau nicht der Norm entsprach, das Gesetz ihren speziellen Fall also im Grunde gar nicht abdeckte.[50]

Zusammen mit unzähligen Dekreten, die unter Josephs Herrschaft erlassen wurden, veränderten sein Gesetzbuch und das 1811 vorgelegte ABGB das juristische und gesellschaftliche Verhältnis von Untertanen und Kaiser zueinander und zum sich ausbildenden österreichischen Staat entscheidend.[51] Paragraf 16 gab bekannt, dass sie als Bürger dieses Staates gewisse angeborene Rechte genossen, die sich an den Diktaten des Naturrechts orientierten:

> Jeder Mensch hat angeborne, schon durch die Vernunft einleuchtende Rechte, und ist daher als eine Person zu betrachten. Sclaverey oder Leibeigenschaft, und die Ausübung einer darauf sich beziehenden Macht, wird in diesen Ländern nicht gestattet.[52]

Es folgte eine kommentierte Auflistung der Rechte und Pflichten der Untertanen, die mehrheitlich in Richtung Gleichstellung oder Gleichberechtigung vor dem Gesetz bei gleichzeitiger Abschaffung der Privilegien adeliger und geistlicher Institutionen tendierten. Wenn auch den traditionellen Privilegien des Adels und der katholischen Kirche weiterhin große Bedeutung im Alltag zukam und viele Galizier und Ungarn klagten, dass die Leibuntertänigkeit eigentlich nicht abgeschafft worden sei, betonte der zunehmende Gebrauch der Wortneuschöpfung *Staatsbürger* die Gleichheit vor dem Gesetz des Zentralstaats.[53]

Schon die Erwähnung der Staatsbürgerschaft in dem neuen Gesetzbuch hob hervor, dass eine Person jetzt dem ganzen Reich angehörte und nicht einfach einem Ort oder einem bestimmten Territorium wie etwa Böhmen oder Galizien. Solch ein Konzept gemeinsamer Staatsbürgerschaft trat an die Stelle der «Untertanenschaft», zu der die Bewohner der verschiedenen Länder von ihren Landtagen verpflichtet gewesen waren.[54] Dieses Konzept stellte die gemeinsamen Rechte und Pflichten aller in den Vordergrund und beschnitt gleichzeitig die Kompetenzen örtlicher oder regionaler Machthaber. In Paragraf 11 wurde beispielsweise ausgeführt, dass nach der Veröffentlichung des Gesetzbuches Gesetze, die von einzelnen Ländern oder Kreisen erlassen wurden, vom Herrscher bestätigt werden mussten. Rechtlich wurden die habsburgischen Untertanen somit zu Staatsbürgern, noch bevor die Französische Revolution ein Modell nationaler Zugehörigkeit und Staatsbürgerschaft für Europa postulierte.

Elisabeth Hausner hatte wohl von der Ambiguität der Gesetzeslage profitiert, doch weist ihr Fall darauf hin, dass sich auch nach der Veröffentlichung des Josephinischen Gesetzbuches örtliche Gesetze häufig auf andere Aspekte der juristischen Stellung, die jemand im Reich innehatte, auswirkten. Ein Problem für Bürger und dauerhaft ansässige Ausländer, das indirekt das neue Konzept der Staatsbürgerschaft infrage stellte, bestand in der Forderung, dass jeder Bürger eine «Heimat» haben müsse. Damit war ein Heimatort gemeint, an dem er – oder sie – offiziell gemeldet war und öffentliche oder kirchliche Beihilfe oder Unterstützung in Anspruch nehmen konnte. Üblicherweise erfolgte der Heimatnachweis durch den Eintrag im Geburtenverzeichnis der zuständigen Pfarrei. Das Problem war nur, dass mit dem allmählichen Verschwinden der Leibeigenschaft und dem Aufkommen von Manufakturen und Industriebetrieben auch immer mehr Menschen aus den ländlichen Regionen in die Städte zogen. Wenn jemand seinen Wohnsitz in eine der wachsenden Städte verlegte, berechtigte ihn das nicht, dort irgendwelche Sozialleistungen zu beziehen, häufig noch nicht einmal zum Empfang von karitativen Zuwendungen. Wenn Arbeiter in Schwierigkeiten gerieten, sahen sie sich daher genötigt, in ihren Heimatort zurückzuziehen, wollten sie öffentliche oder kirchliche Unterstützung erhalten. Wer dazu nicht bereit war – etwa weil er seinen Geburtsort schon als Kleinkind verlassen hatte – konnte zwangsweise, per *Schub*, wie man es nannte, dorthin abgeschoben werden.

Im neunzehnten Jahrhundert beriefen sich die Behörden in den expandierenden großen und kleinen Städten immer häufiger auf die Verpflichtung des Einzelnen, einen Heimatort nachzuweisen. Sie wollten so die Ausgaben für öffentliche Einrichtungen und Sozialfürsorge reduzieren und das Anwachsen der städtischen Arbeiterschaft bremsen. Lokale Beamte beriefen sich auch gerne auf Gesetze, die es ihnen ermöglichten, Bettler, Kleinkriminelle und alle, die auf öffentliche Unterstützung angewiesen waren, in ihre Heimatorte zurückzuschicken. Stein des Anstoßes war eindeutig nicht das «Fremdsein» einer Person, sondern deren Armut: Erst der Antrag auf Unterstützung setzte den juristischen Prozess in Gang, an dessen Ende die Ausweisung oder Abschiebung stand. Im achtzehnten Jahrhundert hatten daher lokale Grenzen und Gesetze viel größere Bedeutung für die Angehörigen der Arbeiterschaft als die durchlässigeren Grenzen oder milderen Gesetze, deren Geltungsbereich sich über das gesamte Habsburgerreich erstreckte. Während lokale Beamte oft allzu rasch aktiv wurden, um Bedürftige und ihre Familien in deren Heimat abzuschieben, stoppten regionale oder Staatsbeamte, an die die Unglücklichen sich oft um Hilfe wandten, diesen Prozess häufig, um erst eigene Nachforschungen anzustellen. Das geht unter anderem aus Harald Wendelins Studie über die Schubpraktiken im Wien der ersten Hälfte des neunzehnten Jahrhunderts hervor.[55] Obwohl sie sich am Ende gewöhnlich auf die Seite der lokalen Behörden stellten, legten die staatlichen Beamten oft beträchtliche Empathie für die Arbeiter und ihre Familien an den Tag.

Manchmal mussten diese in abgelegene Dörfer zurückkehren, in denen sie keine Verwandten besaßen, ohne soziale Kontakte waren und auch keine Beschäftigung fanden, die ihren Fähigkeiten entsprach. In Wendelins Studie finden sich zudem Angaben zu den überraschend großen Entfernungen, die die Ärmsten des Landes auf ihrer andauernden Suche nach Arbeit, mit der sie ihren Lebensunterhalt bestreiten konnten, zurücklegten.[56]

Die anhaltende juristische Bedeutung von «Heimat» im neunzehnten Jahrhundert und die Bereitschaft der lokalen Behörden, zur Abschiebung zu greifen, werfen die Frage auf, bis zu welchem Grad es den Habsburgern gelang, die Vorstellung einer gemeinsamen Staatsbürgerschaft im Denken und Fühlen der Bevölkerung zu verankern. Empfanden die Menschen unterschiedlicher Klassen sich als einem größeren Ganzen zugehörig? Und wenn dem so war, was genau war dann das Gemeinsame, sie Verbindende? Wie fassten sie ihr Verhältnis zum Ganzen und zu ihren Mitbürgern auf? Bevor wir versuchen, Antworten auf diese Fragen zu finden, müssen wir uns dem Territorium zuwenden, in dem die Vorstellung von einer gemeinsamen Staatsbürgerschaft sowie Loyalität untereinander und gegenüber dem Staat die geringste Wirkung zeitigte: dem Königreich Ungarn.

Von Opposition zu offener Rebellion

Nach dem Tod Maria Theresias vermied es Joseph, sich in irgendeinem seiner Territorien einer Krönungs- oder Inthronisationszeremonie zu unterziehen; damit ging er der Verpflichtung aus dem Weg, mit deren Landtagen zusammenzuarbeiten.[57] Ein anlässlich seiner Krönung einberufener ungarischer Landtag hätte ihn beispielsweise dazu gezwungen, sich Forderungen nach der Beseitigung von Missständen im Land anzuhören. Da Maria Theresia den ungarischen Landtag seit 1764 nicht mehr einberufen hatte, wäre im Jahr 1780 die Liste der Beschwerden wohl entmutigend lang ausgefallen. Es war vermutlich besser, wenn der Landtag erst gar nicht zusammentrat. Da Joseph ihn auch in der Zeit danach nicht einberief, übernahmen die dreiundsechzig Komitats-Versammlungen schrittweise und informell dessen Funktionen: Sie brachten die Beschwerden vor und organisierten den Widerstand gegen den König. 1785/86 hob Joseph daher deren Recht auf, ohne seine ausdrückliche Genehmigung zusammenzutreten. Außerdem waren die Komitats-Versammlungen fortan königlichen Bevollmächtigten gegenüber verantwortlich, die er selbst ernannte.

Die nächste politische Maßnahme Josephs, die energischen Widerstand provozierte, war eine unvermeidbare Begleiterscheinung seiner Zentralisierungsbemühungen, nämlich sein Versuch, eine neue Amtssprache für Ungarn einzuführen. 1780 verwendete der Staat in öffentlichen Angelegenheiten vier verschiedene Sprachen: Deutsch in den österreichischen und böhmischen Ländern sowie Galizien, Latein in Ungarn (einschließlich Kroatiens und Siebenbürgens), Italienisch in der Lombardei und Französisch in den Österreichischen Niederlanden. Auf lokaler Ebene fanden in den Volksschulen noch andere Sprachen Verwendung, etwa Tschechisch in den Ländern der Wenzelskrone, Polnisch in Galizien und Ungarisch oder Slowakisch in Ungarn. Aus administrativen Gründen verfügte Joseph 1784, dass in Ungarn zukünftig Deutsch anstelle von Latein als Amtssprache dienen solle. Beamte, die das Deutsche noch nicht beherrschten, mussten sich innerhalb von drei Jahren die nötigen Kenntnisse aneignen, wenn sie ihre Stellen behalten wollten.

Es waren jedoch weder deutsch-nationalistische Motive, die Joseph zu diesem Schritt bewogen, noch hatte er die Absicht, durch die Einführung einer einzigen Amtssprache der Bevölkerung eine größere Einheit zu verleihen. Ihm ging es um mehr Effizienz. Seiner Meinung nach war das Lateinische als Alte Sprache, die kaum mit den wissenschaftlichen, technologischen und institutionellen Neuerungen des achtzehnten Jahrhunderts Schritt halten konnte, kein geeignetes Mittel für die kommunikativen Bedürfnisse eines modernen Staates.

Doch gab es nur wenige Sprachen, die sich als Ersatz angeboten hätten. Französisch und Italienisch waren in den Kreisen der Aristokratie verbreitet und im achtzehnten Jahrhundert bei Hof gebräuchlich gewesen – aber sogar Maria Theresia war in ihren Briefen unbewusst vom Französischen zum Italienischen und dann zum Deutschen übergegangen. Deutsch schien unter praktischen Gesichtspunkten eher dazu geeignet, Latein als *lingua franca* in Ungarn abzulösen. Es wurde bereits überall in der Monarchie unterrichtet und war auch dabei, sich zu einer der bedeutendsten Literatur- und Wissenschaftssprachen Europas zu entwickeln.

Mitglieder der ungarischen Elite verfügten traditionell nur über sehr geringe Kenntnisse der ungarischen Sprache. Ungarisch war vor allem die Sprache der Bauern, wenn es auch in Josephs Regierungszeit Anhänger unter den Magnaten und dem Landadel gewann. 1784 wäre jedoch Ungarisch als Ersatz für das Lateinische keine realistische Wahl gewesen. Die Angehörigen der ungarischen Elite – auch die weniger gebildeten – beherrschten in der Regel mehrere Sprachen: eine slawische, etwa Slowakisch, Kroatisch oder Serbisch, die sie von ihrem Dienstpersonal oder Kindermädchen gelernt hatten, Französisch oder Italienisch, das zum Bildungskanon des höheren Adels gehörte oder das man sich bei Hof aneignete, Latein, das die Angehörigen des Landtags oder der Komitats-Versammlungen für die Ausübung ihrer Ämter verwendeten – und gelegentlich auch Deutsch. Die kroatische Oberschicht, die man zum ungarischen Adel rechnete, verständigte sich ebenfalls eher in einer slawischen Sprache, auf Latein oder Deutsch als auf Ungarisch; Deutsch sprachen auch die meisten Einwohner ungarischer Städte, vor allem die politisch unterrepräsentierten Kaufleute und Handwerker von Pressburg, Buda und Pest. Darüberhinaus diente das Deutsche bereits als überregionale Amts- und Verkehrssprache in vielen anderen Teilen des Habsburgerstaats und fand auch beim Militär Verwendung: Die Einführung dieser Sprache in Ungarn wäre somit ein weiteres Mittel einer fortschreitenden Integration dieses Territoriums in den Verband der Habsburgermonarchie gewesen.

All dies ließ wohl einem unbeirrbaren Reformer wie Joseph die Einführung des Deutschen als Amtssprache überaus vernünftig erscheinen. Doch seine neue Sprachpolitik provozierte den erbitterten Widerstand der ungarischen Elite, vor allem auf lokaler Ebene. Ungarische Adlige, reiche wie arme – das Einkommen vieler Familien des Landadels unterschied sich kaum von dem gewöhnlicher Bauern –, besaßen zwei grundlegende Privilegien, durch die sie sich vom Rest der Bevölkerung abhoben. Das eine war das alleinige Recht, in der örtlichen und der königlichen Verwaltung zu dienen; das heißt, in Ungarn konnten, anders als im Rest der Monarchie, nur Adlige als Verwalter tätig sein. Das zweite Vorrecht bestand in ihrer Steuerfreiheit, einem Privileg, das der Adel in vielen anderen Teilen der Monarchie erst kürzlich unter Maria Theresia eingebüßt hatte. Josephs Sprachreform bedrohte das erste dieser Privilegien: Wenn die lokalen Verwalter aus den Reihen des Landadels nicht binnen drei Jahren Deutsch lernten, würden sie den Teil ihres Einkommens verlieren, der ihnen aus diesen Verwaltungsaufgaben erwuchs und auf den viele existenziell angewiesen waren.

Der Zeitpunkt, den Joseph für die Einführung des Deutschen als *lingua franca* der Verwaltung wählte, war äußerst ungünstig – und dies galt nicht nur für Ungarn. Joseph bevorzugte das Deutsche aufgrund seines Status als Sprache der Literatur und Wissenschaft, den es vor Kurzem erlangt hatte. Zur selben Zeit unternahmen jedoch Patrioten in Böhmen und Ungarn den Versuch, das Tschechische und Ungarische wiederzubeleben, es zu modernisieren und zu fördern. In den 1780er-Jahren erschienen verschiedene neue Zeitschriften in diesen beiden Sprachen. Überdies bemühten sich damals auch Staatsbeamte, die Landwirtschaft mithilfe von Broschüren, die sie in beiden Volkssprachen veröffentlichten, effizienter zu gestalten. Diejenigen, die das Programm der Regierung befürworteten, konnten etwa mit dem Ungarn Györgi Bessenyei argumentieren, dass «für die Kultur eine nationale Sprache entscheidend ist, [...] und die Kultivierung dieser Sprache ist die erste Pflicht der Nation». Wie Robert J. W. Evans festgestellt hat, war das Deutsche trotz seiner zunehmenden Bedeutung in Literatur und Wissenschaft keineswegs anderen Sprachen überlegen. Es diente aber als Vorbild, wie man andere Volkssprachen an die Bedürfnisse der Zeit anpassen und zu ihrer Verbreitung beitragen konnte. Aber just dieses Zusammenwirken beraubte auch Josephs Sprachreform ihres neutralen Charakters: Angesichts der Versuche, andere «Volkssprachen» zu fördern, erschien seine Initiative alsbald als Germanisierung und wurde rasch zum Ziel erbitterten Widerstands.[58]

Die darauffolgenden Initiativen des Herrschers bedrohten das zweite wichtige Privileg der ungarischen Adligen, ihre Befreiung von der Steuerpflicht. Als Joseph eine Volkszählung anordnete, um die Einberufung zum Militär in Ungarn mit der im Rest des Reiches abzugleichen, kam sofort der Verdacht auf, der tiefere Sinn dieser Aktion bestünde darin, den ungarischen Adel der Besteuerung zu unterwerfen, so, wie Maria Theresia es dreißig Jahre zuvor mit dem Adel in Böhmen und den Erblanden gemacht hatte.[59] Ein weiterer Plan Josephs aus dem Jahr 1785 – die Vermessung des Territoriums der gesamten Monarchie – rief hingegen den Widerstand des Adels in allen Reichsteilen hervor, der darin ebenfalls ein Vorspiel zur Einführung von Steuern sah.[60] In der Tat diente diese Vermessung dann auch als Grundlage dafür, dass später eine vereinfachte Grundsteuer eingeführt wurde. Im Februar 1789 wurden durch die Ankündigung einer neuen «Steuer und Agrar-Reform» die schlimmsten Befürchtungen des Adels in allen Ländern der Monarchie bestätigt. Das Gesetz führte genau das System ein, das Maria Theresia Jahrzehnte zuvor für ihre eigenen Besitzungen in Böhmen und Ungarn eingerichtet hatte. In Zukunft sollten alle erbuntertänigen Bauern (sogenannte «Rustikalbauern») nur noch eine einzige Abgabe in Höhe von 30 Prozent ihres Ertrags bezahlen.[61] Dieser Betrag, der geldlich zu entrichten war, würde zwischen dem Zentralstaat und dem jeweiligen Grundeigentümer aufgeteilt werden: Ersterer sollte 12,2 Prozent der Summe erhalten, an Letzteren würden 17,8 Prozent gehen. Alle übrigen Verpflichtungen der Bauern wurden mit diesem Gesetz abgeschafft, auch die verhasste Zwangsarbeit, die die meisten Pächter nach wie vor dem Grundherrn schuldeten. Theoretisch war bei der Festsetzung der Steuer der monetäre Wert dieser Arbeitsleistungen schon berücksichtigt worden.

Die meisten Adligen fürchteten durch diese Reform drastische Einbußen in ihrem Einkommen – und dies mit gutem Grund. So strichen etwa in den Erblanden die Grundherren zwischen 25 und 42 Prozent des jährlichen Ertrags ihrer Pächter ein, erheblich mehr also als die 17,8 Prozent, die das neue Gesetz ihnen zugestehen würde. In Galizien wäre ihre potenzielle Einbuße noch höher.[62] Noch schlimmer träfe es allerdings den ungarischen Adel, der bislang von jeder Steuer befreit gewesen war. Für die Adligen mit großen Besitzungen kam die Abschaffung des Robot dem Ende ihrer alten Lebensweise gleich, die sich seit vielen Jahrhunderten auf soziale Verhältnisse stützte, die an Sklaverei grenzten.

Obwohl die neue Gesetzgebung nur erbuntertänige Bauern betraf, hatten die meisten adeligen Großgrundbesitzer Angst, dass die anderen Bauern, die in direkten grundherrschaftlichen Verhältnissen lebten (auf sogenanntem Dominikalland), ein ähnliches Abkommen aushandeln wollten, sobald sie von den Reformen erführen.[63] In jedem Fall war es in Anbetracht von Josephs Ansichten über Staatsbürgerschaft und die Bedeutung unabhängiger Produktion wohl nur eine Frage der Zeit, bis er den übrigen Bauern auf Dominikalland ähnliche Rechte gewährte. Und dies, so fürchteten die Großgrundbesitzer, würde die Grundlagen ihrer eigenen wirtschaftlichen Existenz zerstören.[64] Wäre das Gesetz wirklich in Kraft getreten, hätten sich viele Grundherren in Ungarn und Galizien in der Tat gezwungen gesehen, ihre Besitzungen zu verkaufen. Ohne den von den Bauern erbrachten Frondienst wäre es ihnen nicht möglich gewesen, ihren Grund und Boden zu bestellen. Die Umsetzung dieser Reformen hätte womöglich eine Gesellschaft effizient arbeitender kleiner Grundbesitzer entstehen lassen, wie Reformer sie seit den 1740er-Jahren zu schaffen gesucht hatten, doch für viele Adlige hätte dies den Untergang bedeutet.[65]

Der Schock, den diese Gesetzgebung auslöste, brachte im Verein mit der Wut über so viele andere Reformen die Habsburgermonarchie näher an den Rand der Katastrophe, als sie zu irgendeinem Zeitpunkt seit der Invasion Schlesiens durch Friedrich II. von Preußen 1741 gestanden hatte. Mehrere Berater Josephs protestierten daher heftig gegen die neue Regelung, deren Inkrafttreten der Herrscher allerdings von 1789 auf das Jahr 1790, in dem die Landvermessung abgeschlossen sein sollte, verschieben musste. In der Zwischenzeit setzten in Erwartung des neuen Gesetzes Bauern in mehreren Teilen der Monarchie die Steuerzahlungen aus. In den Österreichischen Niederlanden (dem heutigen Belgien) lösten Josephs Reformen heftige Proteste des Bürgertums aus; die Anführer der dortigen oppositionellen Kräfte begannen sogar, eine bewaffnete Revolte zu organisieren. In Ungarn rief die Steuerreform im Zusammenspiel mit der Zentralisierung der Verwaltung und der geplanten Einführung des Deutschen als Amtssprache einen Sturm der Entrüstung hervor. Als wäre dies nicht genug, zwang eine Allianz, die er mit Katharina der Großen gegen das Osmanische Reich eingegangen war, 1787 Joseph wider Willen zum Krieg gegen Letzteres, nachdem die Osmanen Russland den Krieg erklärt hatten. Noch während ein 200 000 Mann starkes österreichisches Heer auf dem Balkan festgehalten wurde, drohte Joseph bereits aus einer anderen Himmelsrichtung erneut Gefahr:[66] Der neue preußische König Friedrich Wilhelm II. (1744–1797) hatte 1790 ein Offensivbündnis mit der Hohen Pforte ausgehandelt. Er erahnte Habsburgs Schwäche und entsandte daher Unterhändler sowohl in die Österreichischen Niederlande als auch nach Ungarn und schien sogar im Begriff zu sein, einen Einmarsch in Böhmen vorzubereiten.[67] In Ungarn verlangten viele Adlige, die in Opposition zu Joseph standen, die Einberufung des Landtags, um den Monarchen abzusetzen. Sie argumentierten, Joseph sei nie zum König gekrönt worden, weswegen alle seine Gesetze null und nichtig seien; zudem sei es traditionsgemäß immer der Landtag gewesen, der den König gewählt habe, weswegen es ihm auch zustehe, einen neuen König aus einem anderen Herrscherhaus zu wählen.

An dieser Stelle muss auf eine andere Institution eingegangen werden, die Joseph während der letzten Jahre seiner Regierung ins Leben gerufen hatte: die Geheime Polizei, die er von Graf Johann Anton von Pergen (1725–1814), der vorher als der erste Statthalter Galiziens tätig gewesen war, aufbauen ließ. Der genaue Zweck dieser Truppe ist bis heute nicht völlig klar. Vom Staat besoldete Geheimpolizisten waren nichts Neues; es gab sie nicht nur in Österreich. Angeblich wollte Joseph, dass diese Truppe die öffentliche Stimmung auskundschaftete und verdächtige Personen ebenso wie Ausländer im Auge behielt; sie sollte aber auch das Verhalten seiner eigenen Beamten überwachen. Joseph selbst hatte jedoch seinem Biografen Derek Beales zufolge keine hohe Meinung von Spitzeln, die ihre Aufgabe «nur um des Geldes willen erfüllten, ohne einen echten Dienst zu leisten [...] und oft eine Schweinerei anrichteten». Seine mangelnde Begeisterung für diese Männer spiegelte sich in dem armseligen Budget wider, mit dem er Pergen ausstattete, der gerade einmal zwei Assistenten einstellen konnte.[68]

Diese winzige Truppe konnte etwa die Korrespondenz von Verdächtigen kontrollieren, doch Joseph war es wichtig, dass ihre Aktionen «die Reputation der Post und der bürgerlichen Freiheit» nicht beschädigten. Überdies hob er wiederholt hervor, dass man es den Leuten gestatten solle, die Regierung zu kritisieren, solange dadurch nicht die öffentliche Sicherheit bedroht war. Nach Beales' Ansicht verdankte diese neue Truppe ihre Existenz eher Josephs unstillbarem Verlangen, immer genau darüber informiert zu sein, was überall im Land vor sich ging, als einem Bedürfnis nach Überwachung der Gesellschaft. Doch als sich im letzten Jahr seiner Regierungszeit in Ungarn und den Österreichischen Niederlanden offene Aufstände zusammenbrauten, spielte diese Behörde eine immer bedeutendere Rolle. Nun begann Joseph auch einige alte Formen der Zensur wiederzubeleben. Im Grunde erfuhr er durch Pergens Geheimpolizei nur, wie stark um 1789 die Unzufriedenheit mit seiner Politik unter den Eliten der Habsburgermonarchie verbreitet war.[69]

Es waren nicht nur Pergens Spitzel, sondern auch viele von Josephs engsten Beratern, die die Reaktion des Adels auf die Agrarreformen fürchteten. In den Österreichischen Niederlanden schien die Revolution, die jüngst in Frankreich stattgefunden hatte, große Begeisterung und kleinere Revolten in Adelskreisen ausgelöst zu haben. Der dortige Statthalter berichtete nach Wien, «unsere Lage wird mit jedem Tag, der vergeht, kritischer».[70] In diesem Augenblick größter Gefahr für seine Dynastie begann der schwerkranke Joseph zurückzurudern. Um die Österreichischen Niederlande für die Monarchie zu erhalten, war es zu spät; er versprach jedoch, den ungarischen Landtag einzuberufen. Als das die Opposition dennoch nicht zum Erliegen brachte, nahm er die meisten der politischen Maßnahmen, die er während seiner zehnjährigen Herrschaft Ungarn aufgezwungen hatte, zurück und versprach, die Stephanskrone von Wien in den Burgpalast von Buda bringen zu lassen.[71] «Ich will also», so Josephs Resolution, «um allen ersinnlichen und nur einen Schein der Billigkeit habenden Klagen der Stände in Ungarn und Siebenbürgen auf einmal Einhalt zu tun, alle diejenigen seit Meiner Regierung das allgemeine betreffenden Verordnungen und Veranlassungen hiermit aufheben, und selbe auf den Stand, wie sie bei Ihrer Majestät der Kaiserin seeligen Ablebens waren, zurücksetzen.» Gewisse Erlasse aber waren von diesem Widerruf ausgenommen: Sowohl das Toleranzpatent (zu Gunsten nichtkatholischer Christen und der Juden) und andere kirchliche Reformen als auch die Abschaffung der Fronarbeit behielten weiterhin ihre Gültigkeit. Er «wünsche von Herzen, daß Ungarn durch diese Veranlassung an Glückseligkeit und guter Ordnung so viel gewinne, als Ich durch Meine Verordnungen in allen Gegenständen selben verschaffen wollte.»[72]

An seinen Bruder und Nachfolger Leopold, Großherzog von Toskana, schrieb Joseph in einem Brief, dass er in allem glücklos gewesen sei, was er unternommen habe. In für ihn typischer Weise fügte er hinzu, dass «die haarsträubende Undankbarkeit», mit der man alle seine Einrichtungen betrachte und ihn behandelte, ihn mit Zweifel erfülle. Er wage es nicht, seine eigene Meinung zu verteidigen und besitze nicht die Kraft, sie durchzusetzen und sie mit Argumenten zu vertreten.[73] Drei Wochen später starb Joseph, weniger als einen Monat vor seinem neunundvierzigsten Geburtstag, und überließ die Stabilisierung der Lage seinem Bruder Leopold.

Opposition und nationale Selbständigkeit

Nach seiner Übersiedlung von Florenz nach Wien hatte Leopold alle Hände voll zu tun, seine rebellischen Untertanen wieder friedlich zu stimmen und die fragile Einheit des Staates zu schützen. Um die Monarchie vor dem dramatischen Geschehen zu retten, das sich aufgrund der turbulenten Herrschaft seines Bruders anzubahnen drohte, leitete Leopold mehrere taktische Rückzüge ein. Höflich hörte er sich endlose Klagen an und zwang sich, Sympathie für die Adligen und deren partikulare Probleme zu zeigen. Um einen gewissen Grad an beiderseitigem Vertrauen herzustellen, stimmte er sofort offiziellen Krönungszeremonien in Ungarn und Böhmen zu, was Joseph zeitlebens verweigert hatte. Solche Anlässe gaben den Landtagen Gelegenheit, Forderungen an den Souverän zu richten, wenn dieser den Schwur ablegte, die traditionellen Rechte der einzelnen Länder zu wahren. Leopold war nicht nur dafür gewappnet, sich solche Forderungen anzuhören, er lud die Landtage oder «Nationen», wie deren Angehörige sich selbst nannten, vielmehr ausdrücklich dazu ein, ihm ihre Beschwerden zu Gehör zu bringen. Überall in der Monarchie suchten die ständischen Vertreter die sich durch den Amtsantritt des neuen Herrschers bietende Gelegenheit zu nutzen, um ihre privilegierte Stellung abzusichern oder Vorrechte, die sie eingebüßt hatten, wiederzuerlangen.

Wie schon in der Vergangenheit beanspruchten die ungarischen Magnaten angesichts der Beeinträchtigungen, die sie durch Joseph erfahren hatten, die am weitesten reichenden Rechte für ihre «Nation».

Auch in den übrigen Ländern der Monarchie führten die jeweiligen Landtage, die seit Jahrzehnten nicht mehr zusammengekommen waren, vermehrt das Schlagwort von der «nationalen Eigenständigkeit» ins Feld, um das in Bewegung geratene Gleichgewicht der Kräfte zu ihren Gunsten zu verschieben. In dieser Rhetorik spiegelte sich ein neues Verständnis von «Nation» wider, ein Begriff, der gegenüber früher einen subtilen Bedeutungswandel durchgemacht hatte. Zwei sehr unterschiedlichen Auffassungen von «Nation» sind wir bereits begegnet: Der Ausdruck bezog sich einerseits in Ungarn und Polen traditionell auf die politisch privilegierte Schicht (die Adelsnation); andererseits meinten damit Männer wie Sonnenfels einfach das gemeinsame Vaterland aller Staatsbürger. Der Begriff hat jedoch noch eine dritte Bedeutung: Herrscher oder Verwaltungsbeamte stuften manchmal verschiedene Kronländer als separate eigenständige Nationen ein, so beispielsweise die «böhmische», «mährische» oder «ungarische» Nation. Maria Theresia etwa ging in ihrem politischen Testament von 1750/51 kritisch auf die Art und Weise ein, in der ihre Verwaltungsbeamten nicht um das Wohl des ganzen Vaterlands, sondern um das ihrer jeweils eigenen «Nationen» bemüht gewesen seien, womit eben die Kronländer ihrer jeweiligen Herkunft (Böhmen oder Ungarn) gemeint waren. Anderswo hatte sie im Zusammenhang mit der Erörterung ihrer Verwaltungsreformen die böhmischen Länder (Böhmen, Mähren und Österreichisch-Schlesien) zu ihren Erblanden gerechnet, Ungarn aber als eigene «Nation» eingestuft. In Maria Theresias Denken nahm Ungarn immer eine Sonderstellung ein, schließlich war es 1741 entscheidend für ihr Überleben als Herrscherin gewesen; Joseph II. hatte sich hingegen geweigert, eine Sonderstellung Ungarns zu akzeptieren und davon Abstand genommen, sich dort krönen zu lassen.

Dennoch gebrauchten sowohl Maria Theresia als auch Joseph II. den Begriff «Nation» noch in einer vierten Bedeutung, wenn sie informell von den vielen «Völkern» oder «Nationen» sprachen, die die gesamte Monarchie ausmachten und sich in diesem speziellen Fall auf die verschiedenen von den einzelnen Bewohnern verwendeten Sprachen bezogen. In einem Patent Maria Theresias von 1747 wurde beispielsweise die «böhmische Landessprache», die Vorstufe des heutigen Tschechisch, erwähnt. Als die Ungarn gegen die Einführung des Deutschen als Verwaltungssprache protestierten, schrieb Joseph 1784: «Die deutsche Sprache ist die Universalsprache meines Reiches. Warum sollte ich die Gesetze und die öffentlichen Geschäfte in einer einzigen Provinz nach der Nationalsprache traktieren lassen?»[74] Mit seiner Charakterisierung des Ungarischen als «Nationalsprache» bezog Joseph sich hier allerdings auf deren provinziellen Charakter, durch den sie sich vom Deutschen als gemeinsamer Sprache des gesamten Habsburgerreichs abhob. Doch stellte sich die Bedeutung des Deutschen als «Universalsprache» durch die Position der Habsburger im Heiligen Römischen Reich komplizierter dar. Wollte Joseph sagen, dass Deutsch die universelle Sprache des Heiligen Römischen Reiches war oder die des im Entstehen begriffenen Habsburgerstaats? Eine solche Unterscheidung fiel den Zeitgenossen wohl nicht immer leicht, da viele oft nicht die Position der Habsburger als nominelle Oberhäupter des Alten Reiches klar und deutlich von ihrer Herrschaft über den sich ausbildenden österreichischen Staat trennten. In anderem Kontext erklärte Joseph Deutsch zur wahren Muttersprache und zur «Landessprache» der gesamten Habsburgermonarchie.

Genau wie die Revolutionäre in Frankreich die gemeinsame nationale Identität hervorhoben, um ihren Staat zu einen, versuchten die Habsburger durch die Berufung auf die gemeinsame Staatsangehörigkeit oder Nationalität, ihren unterschiedlichen Territorien Uniformität und Zusammenhalt zu verleihen. Ihre Gegner benutzten wiederum den Begriff der «Nation», um eine Art Föderalismus zu stärken, der allen Zentralisierungsversuchen zum Trotz die Beibehaltung diverser Rechte und Privilegien gewährleistete. Das wurde offenbar, als Leopold sich bereit erklärte, viele der einzelnen Landtage einzuberufen, um nach Josephs Tod wieder Stabilität einziehen zu lassen. Mehrere dieser Landtage beriefen sich auf ihre «nationalen Rechte», um ihre alten Vorrechte wiederzuerlangen. Damit konnte ein Landtag aber den Widerstand eines anderen hervorrufen, der die eigene nationale Eigenständigkeit anders definierte. Als Leopold 1790 sein Einverständnis bekanntgab, sich in Ungarn und Böhmen krönen zu lassen, erhob der böhmische Landtag den Anspruch, dass Mähren und Schlesien integrale Bestandteile der Länder der Wenzelskrone seien.[75] Die Angehörigen des mährischen Landtags verweigerten daraufhin ihre Teilnahme an den in Prag abgehaltenen Krönungszeremonien mit der Begründung, Mähren stelle eine eigenständige «Nation» dar. Sie versuchten daher zu erreichen, dass neben den Feierlichkeiten in Prag auch in Mähren eine eigene Zeremonie abgehalten werde. Diese Petition verdeutlicht, in welchem Ausmaß nationale Identität für viele Menschen nur in einem historisch-politischen Sinn (das historische Böhmen gegen das historische Mähren) oder in klar umrissenen territorialen Zusammenhängen (trotz sprachlicher Verwandtschaft mit der Bevölkerung des benachbarten Kronlandes bildeten die Mähren territorial eine andere Nation als die Böhmen) existierte und sie diese eben nicht mit sprachlichen oder ethnischen Eigentümlichkeiten verbanden.[76]

Aus den Argumenten, die der böhmische Landtag beim Versuch vorbrachte, seine Beziehung zur Krone neu auszuhandeln, geht allerdings noch ein fünftes Konzept von «Nation» hervor. Während seiner Verhandlungen mit dem König verwendete der Landtag den Begriff der «Nation» zwar weiterhin als Bezeichnung für die in ihm traditionell vertretenen privilegierten Stände: Adel, Klerus und gelegentlich die Städte. Doch traten einige Angehörige der privilegierten Stände gleichsam als Vertreter aller Einwohner Böhmens auf, als sie behaupteten, in diesen Verhandlungen mit dem Herrscher gleichsam dem gesamten Volk Stimme zu verleihen. Um diese Behauptung zu bekräftigen, hielt der böhmische Landtag einen Teil der Krönungsrituale für Leopold (1791) wie auch im Folgejahr für dessen Sohn und Nachfolger Franz auf Tschechisch (beziehungsweise seiner Vorform Böhmisch) ab. Die Texte der Krönungszeremonien stammten aus der Feder des Philologen Joseph Dobrovský (1753–1829), der sie in einer altertümlichen und sehr formellen Sprache sorgfältig ausgearbeitet hatte; diese wies kaum Ähnlichkeiten mit der Sprache auf, die die bäuerliche wie städtische Bevölkerung Böhmens verwendete.[77]

Der symbolische Akt, das Tschechische mit einzubeziehen, legt kaum nahe, dass die böhmischen Stände dieses zu ihrer Alltagssprache machen wollten. František Martin Pelcl (1734–1801), ein Hauslehrer böhmischer Adelsfamilien, berichtet, dass sich der Klerus im Allgemeinen des Lateinischen bediene, der Adel Französisch spreche, Kaufleute, Bürger und Beamte auf Deutsch miteinander kommunizierten und sich nur «ein Teil der Bürger, der Pöbel und die Bauern» auf Tschechisch verständigten. Dobrovský gab 1791 ebenfalls an, Tschechisch sei die «gesprochene Sprache des gemeinen Mannes, aber in keinem Fall die gesprochene oder geschriebene Sprache des gesittetsten und aufgeklärtesten Teiles der Nation». Diejenigen Adligen, die Französisch bevorzugten, betrachteten das Deutsche als eine fast ebenso ungeschliffene und primitive Sprache wie das Tschechische. Es sollte noch ein Jahrzehnt vergehen, bis Josef Jungmann sich bemühte, die böhmische Gesellschaft davon zu überzeugen, dass die tschechische Sprache alle notwendigen Eigenschaften besitze, um zu einer überregionalen Sprache auf einer Höhe mit dem Französischen, Italienischen oder Deutschen zu werden, und nicht nur zur Verständigung der Angehörigen der untersten Schichten untereinander verwendet werden solle. Indem man sich ihrer in der Krönungszeremonie bediente, stellte man eine selbstbewusste Verbindung zum mittelalterlichen böhmischen Königtum her und deutete damit an, dass der Landtag für alle Böhmen sprach und nicht nur für die traditionelle (Adels-)«Nation».

Die tschechische Sprache wurde von den Eliten, die beanspruchten, alle Einwohner zu repräsentieren, allmählich zum Symbol für die Autonomie Böhmens und dessen *politische* Eigenständigkeit erhoben, gleich, ob sie verwendet wurde oder nicht. Wiens Doppelpolitik, auf der einen Seite Deutsch als Verwaltungssprache für die gesamte Monarchie vorzuschreiben, auf der anderen Seite aber zur Verwendung von Volkssprachen auf lokaler Ebene und im Schulunterricht anzuregen, führte dazu, dass sich ungewollt eine Hierarchie der Sprachen ausbildete, die im Anschluss, so könnte man argumentieren, auch vor deren Sprechern nicht haltmachte. Gleichheit vor dem Gesetz – und die Vorstellung der Nation als der Gesamtheit aller Einwohner eines Landes – verlangte aber, dass alle Sprachen der Habsburgermonarchie als gleichberechtigt angesehen werden mussten.

Was genau war es, was jene Landtage, die behaupteten, für eine ganze Nation zu sprechen, von Leopold verlangten? Grob gesagt bemühten sie sich um eine Rückkehr zum Status quo, der vor den zahlreichen Reformen Maria Theresias und Josephs bestanden hatte. Der böhmische Landtag versuchte sogar durchzusetzen, dass der König wiedergewählt werden und die legislative Macht mit dem sich jährlich versammelnden Landtag teilen müsse; zudem wollte er Gesetze rückgängig machen, die die Adligen der Besteuerung unterworfen und die Verpflichtungen der Bauern gegenüber ihren jeweiligen Grundherren verringert hatten. Die österreichischen Länder forderten mehr oder weniger dasselbe: die Wiederherstellung der Privilegien des Adels und die Wiedereinführung des Robot. Leopold nahm einige der radikalsten Reformen seines Bruders zurück (einschließlich des neuen Systems, mit dem die Leistung des Robot und Entrichtung von Abgaben in Form von Naturalien durch die Zahlung von Steuern in barer Münze ersetzt wurden), doch insgesamt war er bemüht, die weitgehend zentralisierten Strukturen des Staates seiner Mutter und seines Bruders zu erhalten.

Krieg und ein neuer österreichischer Staat

Als die 1789 in Frankreich ausgebrochene Revolution immer radikalere Formen annahm, begann sich Unruhe und Besorgnis unter den Herrschern der anderen europäischen Länder auszubreiten. Dies galt insbesonders für Leopold II., den Bruder der französischen Königin Marie Antoinette. Im April 1792 erklärte das revolutionäre Regime Österreich und Preußen den Krieg, und im September desselben Jahres mussten die Streitmächte beider Länder bei Valmy eine unerwartete Niederlage einstecken. Das revolutionäre Frankreich stürzte fast ganz Europa in ein Vierteljahrhundert voller kriegerischer Auseinandersetzung. Leopold war bereits vor der Kriegserklärung im März 1792 unerwartet gestorben, ohne die brisante Lage, die sein Bruder Joseph ihm hinterlassen hatte, vollständig aus der Welt schaffen zu können. Leopolds ältester Sohn Franz (1768–1835), der seine Herrschaft als Kaiser Franz II. des Heiligen Römischen Reiches begann und als Franz I. von Österreich beendete, war jedoch kein Kind der Aufklärung wie sein Vater und sein Onkel. Überdies waren die ersten beiden Jahrzehnte seiner langen Herrschaft (1792–1835) von der Notwendigkeit überschattet, wiederholte militärische Angriffe der Franzosen abzuwehren, die die Existenz des Reiches bedrohten. Das ließ ihm wenig Freiraum für kreative Initiativen, die den inneren Aufbau seines Staates betrafen. Im Verein mit der ihm eigenen außergewöhnlichen Vorsicht führte dies dazu, dass er sich in erster Linie darauf beschränkte, den bestehenden Staat mit konservativen und defensiven Maßnahmen zu erhalten.[78] Wie sein Onkel Joseph und sein Vater Leopold betrachtete Franz sich selbst zwar als ergebenen Diener des Staates und des Gesetzes, und auch ihm war die Zentralisierung des Staates ein Anliegen. Anders als sein Vater stand Franz jedoch selbst zaghaften Ansätzen konstitutioneller Reformen ablehnend gegenüber, und im Unterschied zu seinem Onkel besaß er nur eine äußerst begrenzte Vorstellungskraft. Für ihn war die Bürokratie nicht dazu da, die Gesellschaft zu reformieren, sondern sollte vorrangig dafür sorgen, dass Recht und Ordnung gewahrt blieben.

Seine Vorstellung davon, welche Ideale seine Beamten verkörpern sollten, unterschied sich ebenfalls von der seines Onkels. Sie sollten nicht nur den anspruchsvollen Arbeitsanforderungen Genüge tun, die Joseph II. zur Norm erhoben hatte – und dies aufgrund der durch den Krieg ausgelösten horrenden Inflation für verhältnismäßig geringen Lohn –, der Staat begann sich auch zunehmend für deren Privatleben zu interessieren. Joseph hatte am Privatleben seiner Beamten kein besonderes Interesse gehabt; für ihn hatte nur gezählt, wie gut jemand seine Arbeit erledigte. Zeitgenossen deuteten jedoch die sozialen Unruhen, die die Französische Revolution ausgelöst hatten, oft als Ergebnis eines moralischen Verfalls im Privaten. Wenn sich daher jemand um eine Anstellung in der öffentlichen Verwaltung bewarb, wog unter Franz eine untadelige Lebensführung schwerer als Sachkenntnisse oder herausragende Fähigkeiten. Die Moral und die Religiosität eines Beamten (und seiner Familie) zählten mehr als sein Bildungsstand und seine Erfahrung.[79] Und das galt nicht nur für ihn selbst: Auch seine Witwe musste, wollte sie eine Pension beziehen, moralisch «über jeden Tadel erhaben» sein, wie auch seine Tochter ein tugendhaftes Leben führen musste, um sich Hoffnung auf ein Stipendium für den Besuch einer Anstalt für junge Damen machen zu können.

Franz' Ansicht über den Zweck der öffentlichen Verwaltung schuf beträchtliche Probleme, als die lange, kriegsbedingte Notzeit zu Ende gegangen war. Anders als sein Vater und sein Onkel war er der Meinung, dass die Interessen der Krone mit denen der Aristokraten der diversen Kronländer deckungsgleich waren. Obwohl viele Josephinisten in Amt und Würden blieben, bezeichnete der britische Historiker Carlile A. Macartney Franz' System als «von seinen Institutionen her absolutistisch und zentralistisch, doch für gewöhnlich aristokratisch und ultrakonservativ in der Art und Weise, in der diese geführt wurden».[80]

Nach den ersten Kriegsjahren, in denen überraschend gute Ernten die Lebensmittelpreise weiterhin niedrig hielten, führte das weitere Kriegsgeschehen zu einer allgemeinen Inflation und Nahrungsmittelknappheit in vielen Teilen der Monarchie, vor allem in den Städten. 1795 ließ die Regierung Papiergeld drucken, um die zusätzlichen Kriegskosten decken zu können, und 1797 wurden aufgrund einer Panik, die von der Furcht vor der drohenden Einnahme Wiens durch Napoleon ausgelöst worden war, Silbermünzen vollkommen aus dem Verkehr gezogen. Gläubiger des Staates mussten sich wie seine Angestellten fortan mit Papiergeld zufriedengeben.

Aus einer Vielzahl von Gründen verschlechterten sich die Lebensbedingungen der städtischen Arbeiterschaft während des Krieges drastisch, während die Einwohnerschaft der Städte trotz allem weiter wuchs.[81] In den ersten Kriegsjahren protestierten Tagelöhner, die in den Wiener Textilmanufakturen beschäftigt waren, offen gegen die zunehmende Einstellung ungelernter Frauen und Kinder:[82] Die Demonstranten machten dafür allerdings eher die Arbeitgeber als die Arbeiterinnen verantwortlich. Knapp zwanzig Jahre später drangen wütende Menschenmengen in Bäckereien ein, nahmen das Papiergeld aus den Kassen und zerrissen es unter allgemeinem Jubel. Die Textilproduzenten hatten in der Zwischenzeit häufig vom Krieg profitiert, weil sie mit dem Militär lukrative Verträge über Uniformen und anderen Nachschub hatten abschließen können. Dass Napoleon mit der «Kontinentalsperre» lange die Einfuhr britischer Waren nach Kontinentaleuropa verhindert hatte, war ihnen ebenfalls zugutegekommen.[83]

Der Krieg ließ in den Kreisen der Regierung auch immer mehr die Angst vor einem Umsturz aufkommen. 1800 verlangte der Staat von seinen Beamten erstmals einen jährlichen Treueeid. Gleichzeitig war die Regierung bemüht, die Möglichkeiten im Öffentlichen wie Privaten, in denen ein Umsturz vorbereitet werden könnte, zu reduzieren. Freimaurerlogen wurden geschlossen, und man ging in aller Härte gegen die angeblichen «jakobinischen Verschwörer» vor, denen man in Wien, Tirol, Ungarn, Kärnten und der Krain auf die Spur gekommen war. Zu diesen «jakobinischen Verschwörern», deren Name sich von der radikalen politischen Partei in Frankreich ableitete, gehörten vor allem Staatsangestellte, gebildete Männer, die unter Joseph II. und Leopold II. Dienst getan hatten und hofften, der Herrschaft von Franz II. größeren Reformgeist einhauchen zu können. Viele von ihnen unterstützten Programme, die nach Maßstäben der 1790er-Jahre kaum mehr als radikal gelten konnten. Einer der radikalsten Verschwörer hatte beispielsweise geplant, einen reichsweiten Volksrat einzuberufen; das deutet darauf hin, dass diese «Jakobiner» nicht die Existenz des Reiches an sich infrage stellten, sondern nur die konkrete Art und Weise, in der es regiert wurde.[84] Dennoch verfuhr man mit Verschwörern, die die Polizei aufspürte, außerordentlich harsch; mehrere endeten gar auf dem Schafott. Die Zahl der Kaffeehäuser und anderer beliebter Orte geselligen Beisammenseins verringerte sich in den Städten der Monarchie während des Krieges jedoch nicht. Zumindest in den Städten begannen die Kaffeehäuser sogar eine neue Funktion zu erfüllen, da sie zu Orten wurden, an denen man die neusten Nachrichten über das Kriegsgeschehen austauschen und die Ereignisse diskutieren konnte.

Auf der anderen Seite stellte Kaiser Franz sich während der zwei Kriegsjahrzehnte die meiste Zeit gegen Bemühungen, beim Volk patriotische Gefühle für sein Reich zu fördern. Während einige andere mitteleuropäische Herrscher – allen voran der König von Preußen – mit Reformprogrammen experimentierte, um ihr Militär neu aufzubauen und öffentliche Unterstützung für den Krieg zu erhalten, leitete Franz Vergleichbares nur mit größtem Widerstreben in die Wege. Alles, was eine soziale Reform initiieren oder, noch schlimmer, im Volk Begeisterung auslösen könnte, war ihm verdächtig. Solche Entwicklungen konnten sich, einmal in Gang gesetzt, möglicherweise nur schwer wieder eindämmen lassen. Es blieb daher anderen überlassen, während des Krieges die Popularität des entstehenden Habsburgerreichs zu fördern – und die des neuen Österreichischen Kaisertums, das Franz 1804 schließlich ausrief. Schon 1796, als französische Heere von Norditalien aus auf die österreichischen Grenzen vorrückten, hatte der Statthalter von Niederösterreich, Franz Josef Graf Saurau, den Dichter Leopold Haschka beauftragt, einen patriotischen Text zu verfassen, der Begeisterung für die Sache Österreichs entfachen könne. Er konnte sogar

Josef Haydn dazu bewegen, Haschkas Verse zu vertonen; Haydn nannte seine Komposition explizit «Volkslied». Am 12. Februar 1797, dem Geburtstag des Kaisers, erklang «Gott erhalte Franz den Kaiser» zum ersten Mal in Theatern und Konzertsälen überall im Reich. Der Herrscher selbst hörte die Hymne im Wiener Hoftheater.[85] In alle Volkssprachen der Monarchie übersetzt wurde dieses Lied später im neunzehnten Jahrhundert zur offiziellen Hymne des österreichischen Kaiserstaates.

Nachdem drei Kriege in Folge gegen Frankreich verloren gegangen (1793, 1799 und 1805) und mehrere österreichische Territorien unter fremde Herrschaft geraten waren (die Bayern hielten Tirol, während die Franzosen einige der neuen Besitzungen des Reiches an der Adria an sich gebracht hatten), genehmigte Kaiser Franz widerstrebend einige zaghafte Bemühungen, in der Gesellschaft während der Kriegszeit einen gewissen Patriotismus zu etablieren. Diese kurze Periode war in keiner Weise mit der zu vergleichen, die man in Preußen zur selben Zeit durchlief, und wenn wir die Veränderungen selbst untersuchen, sollten wir sie in Beziehung zu denen setzen, die anderswo stattfanden. Dennoch wird offenkundig, dass die wenigen Reformen, die die Regierung einleitete, das Aufkommen eines stärkeren Gemeinsinns und eines intensiveren Gefühls von Verbundenheit in der Bevölkerung förderten. Dem Bruder des Kaisers, Feldmarschall Erzherzog Karl (1771–1847) oblag es, die weitreichendsten administrativen Reformen durchzuführen: Er entließ fünfundzwanzig Generäle, gestaltete den Militärdienst durch Lockerung der allzu strengen Disziplin menschlicher und setzte die neue Idee, Reservebataillons zu bilden, in die Tat um. So unterstützte er Pläne zur Gründung einer Landwehr. Der Kaiser selbst gab seine Absicht bekannt, der Gesellschaft ein freieres intellektuelles Leben zu ermöglichen – unter anderem durch Förderung der Literatur – und mehr Schulen zu errichten. Die Erwartungen, dass er die Zensur abschaffen würde, wurden jedoch ebenso enttäuscht wie die Hoffnung, dass er die Befugnisse der Geheimpolizei beschneiden würde (von der er nicht nur normale Bürger, sondern auch seine allseits beliebten Brüder bespitzeln ließ).[86]

Als Österreich sich 1809 für den fünften Koalitionskrieg gegen Napoleon rüstete, stellte der populäre und – wie einige meinten –

auch fähigere Bruder des Kaisers, Erzherzog Johann (1782–1859), eine
Landwehr zusammen. Der Dienst in dieser Miliz war für alle Männer
zwischen dem achtzehnten und dem fünfundvierzigsten Lebensjahr
in den Erblanden und in Böhmen verpflichtend, wenn sie nicht bereits
im regulären Militär dienten. In Ungarn wurde mit der *insurrectio*
eine vergleichbare Truppe geschaffen. In Galizien wurde stattdessen
eine Reservetruppe formiert: Nicht zu Unrecht vermutete die Regierung, dass die national gesinnte Elite Polens Sympathien für Napoleon hegte, der ihr einen unabhängigen polnischen Staat versprochen
hatte.[87]

Die Landwehr erlangte als überregionale, allösterreichische und
patriotische Institution eine beträchtliche symbolische Bedeutung: sie
förderte die Mobilisierung aller Österreicher und ihre bedingungslose
Bereitschaft zur Verteidigung des gesamten Reiches. Außerdem machte
sie deutlich, dass der Krieg nicht im Namen weit entfernter, oder besser: entrückter Herrscher geführt wurde, sondern dass das «österreichische Volk» in ihn involviert war – Angehörige aller Schichten,
Generationen und manchmal sogar beider Geschlechter. Alle brachten
um des gemeinsamen Zieles willen Opfer. 1813, nur vier Jahre nach
Gründung der Landwehr und mitten im sechsten Koalitionskrieg (dem
sogenannten «Befreiungskrieg»), malte Johann Peter Krafft einen
entschlossen blickenden jungen Mann in der Kleidung eines Land-
wehrmanns, der sich, mit der Büchse in der Hand, von seiner Familie
verabschiedet, um in den Kampf zu ziehen. *Der Abschied des Landwehrmannes* war ein populäres Bild, auf dem die Gestalt des Milizio-
närs das Opfer des österreichischen Volks und seine Begeisterung für
die gemeinsame Sache verkörperte.[88]

Die Szenerie ist häuslich; man sieht das Innere einer Hütte auf dem
Land, in der sich trotz ihrer Bescheidenheit mehrere Möbelstücke und
dekorative Objekte befinden, die auf die wirtschaftliche Solidität der
Familie schließen lassen. Der Maler hat mehrere Generationen ins Bild
gesetzt: Die Eltern des Landwehrmannes beten und weinen, während
seine Frau und seine drei Kinder ihm Lebewohl sagen. Ein weiterer
Landwehrmann steht halbverdeckt hinter der Hauptfigur; durch ein
kleines Fenster sieht man viele seiner Kameraden in eine hügelige
Landschaft davonziehen. Haltung und Erscheinung des Landwehrman-

«Der Abschied des Landwehrmannes», Gemälde von Johann Peter Krafft,
1813 (Kopie von Johann Wachtel)

nes im Vordergrund lassen keinen Zwang erkennen. Sein entschlosse-
ner Ausdruck kündet von seiner Bereitschaft, sein Vaterland zu ver–
teidigen, und auch seine Familie bringt ihr Opfer freiwillig, obwohl
alle wissen, was für schreckliche Folgen der Krieg für sie haben könnte.
Zwar schlägt die Schwester des Landwehrmannes die Hände weinend
vors Gesicht, doch seine Frau ergreift die Hand ihres Gatten, ohne zu
weinen oder die Augen niederzuschlagen – was auch die Kinder nicht
tun. Die zentrale Position, die die Ehefrau auf dem Bild einnimmt,
weist auf die Universalität der Sache hin, die hier thematisiert wurde:
Sie verlangte Österreichs Frauen ein ebenso großes Opfer ab wie
Österreichs Männern.

Der Abschied des Landwehrmannes war keine Auftragsarbeit;
Krafft war seiner inneren Eingebung gefolgt. Das Werk brachte ihm
sofort viel Lob ein und diente im Lauf des nächsten halben Jahrhun-

derts vielen anderen Künstlern als Vorbild. Kaiser Franz erwarb das Werk im Jahr 1815 und ließ es öffentlich ausstellen, bevor es in der kaiserlichen Gemäldegalerie untergebracht wurde. Kraffts Popularität wuchs weiter, als zwei bekannte Kupferstecher es als Stiche in Umlauf brachten. Er gelangte in den Ruf, der führende «vaterländische» Maler zu sein.[89] Die Themen seines Bildes wurden auch von der zeitgenössischen Porzellan- oder Glasmalerei aufgenommen, und ganz ähnliche Darstellungen fanden sich auch auf Gedenkmedaillen.[90]

Der Landwehrmann mag damals im Kaiserreich eine universelle Figur gewesen sein; die jeweiligen Bedingungen, die ihn bereit dazu machten, in den Kampf zu ziehen, konnten aber von Region zu Region ganz andere sein. Was diesen historischen Moment entscheidend für die Geschichte des Kaiserreichs machte, war die Art und Weise, in der sich diese regional unterschiedlichen Bedingungen mit dem Verlangen verbanden, für die Sache des «Vaterlands» einzutreten. Das wird am Fall der «Tiroler Nation» und der Gestalt des Freiheitskämpfers Andreas Hofer, um den sich zahlreiche volkstümliche Legenden ranken, besonders deutlich. Als französische Truppen 1796 in Tirol einzumarschieren drohten, griffen Männer aus allen Schichten des Volks zu den Waffen, um das Land gegen den gemeinsamen Feind zu verteidigen. Volkstümliche Lieder aus der Zeit belegen, welche Stimmung damals herrschte: «Auf, tapfere Tiroler!» forderte ein in Mundart verfasstes Lied die Bevölkerung auf. An dessen Ende heißt es: «Das Herz eines jeden brennt aus Liebe zum Vaterland» und «Wir lieben einen Herren allein, nur Franz den Zweiten». Die allgemein verbreitete Auffassung der Tiroler vom Verhältnis ihres Landes zum Reich war aber eher die einer gegenseitiger Verpflichtung als einer organischen Einheit: Franz II. schützte die traditionellen Rechte und Freiheiten der politischen Nation Tirol; im Gegenzug kämpften die Tiroler tapfer für ihren Kaiser.

1805 fiel Tirol durch den Friedensvertrag von Pressburg, mit dem die Beteiligung Österreichs am Dritten Koalitionskrieg beendet wurde, an das benachbarte Bayern. Der Versuch der Bayern, ihre zentralistische Verfassung auf Tirol auszuweiten, löste im Verein mit einigen neuen Religionsgesetzen starken Widerstand der Bevölkerung aus. Im April 1809 erklärte Österreich Frankreich erneut den Krieg. In einer von

Friedrich Schlegel für Erzherzog Karl verfassten Ansprache an seine Soldaten wurde die Sache Österreichs explizit mit dem Ringen der Österreicher um Freiheit verbunden: «Die Freiheit Europas hat sich unter unsere Fahnen geflüchtet. Eure Siege werden ihre Fesseln lösen.» Diese Erklärung sollte die Tiroler, die unter der Fremdherrschaft durch die Bayern litten, daran erinnern, dass Österreich bereit war, sie zu befreien. Napoleon versuchte jedoch, die Einheit des Kaiserreichs zu unterminieren, und veröffentlichte eine eigene Erklärung, in der er die Ungarn dazu aufrief, sich gegen Österreich zu erheben. Wie ein Historiker es formulierte, «verpuffte» diese Aufforderung nahezu ungehört.[91]

Zur selben Zeit führte Andreas Hofer in Tirol einen Aufstand gegen die bayerische Herrschaft an, nachdem er zuvor mit Wien Geheimverhandlungen über die Lieferung von Waffen und finanzielle Unterstützung geführt hatte. Hofer, ein Gastwirt aus der Gegend unmittelbar nördlich von Bozen, der sowohl Deutsch als auch Italienisch sprach, hatte früher als gewählter Vertreter im Tiroler Landtag gedient. Unter der Führung Hofers drängten Landwehrmänner und Schützen die Bayern schnell aus dem Land und unterstellten sich in Innsbruck wieder der österreichischen Herrschaft. Vor allem führten sie auch wieder die alten Tiroler Sitten und Bräuche ein. Im Mai versprach Kaiser Franz dem wiederbegründeten Landtag, keinen Friedensvertrag zu unterzeichnen, durch den Tirol nicht mit Österreich wiedervereint werde. Doch es kam anders: Nachdem die Franzosen im Juni bei Aspern eine Niederlage gegen Erzherzog Karls Truppen hatten hinnehmen müssen, schlugen sie die Österreicher im Juli bei Wagram; beide Schlachten ereigneten sich unweit von Wien. Mit dem im Oktober geschlossenen Vertrag von Schönbrunn wurde Österreich verpflichtet, den Franzosen gewaltige Reparationszahlungen zu leisten, sein Heer zahlenmäßig zu reduzieren und seine Besitzungen an der Adria einschließlich Triests, Istriens und der Krain an Frankreich abzutreten. Außerdem musste Österreich sich bereiterklären, Tirol wieder den Bayern zu überlassen.

Indem er Tirol hergab, verfuhr Franz mit dem Kronland gemäß älteren Usancen unter Herrschern, wie wir sie schon in Kapitel 1 kennengelernt haben, einer Art imperialem «Kuhhandel»; die Tiroler sahen in Franz hingegen weit mehr als einen Souverän und betrachteten Österreich jetzt eindeutig als ihren Staat, ihr Vaterland. Dem kaltherzigen staatspolitischen Kalkül der Regierung in Wien stand das brennende Verlangen der Tiroler entgegen, Teil des österreichischen Reiches zu bleiben. Und so setzten die Tiroler einen Guerillakrieg gegen die Franzosen fort, die aber im Januar 1810 Hofer gefangen nehmen konnten. Er wurde in Ketten in die Festung von Mantua geschafft, wo ihm Napoleon den Prozess machte. Obwohl Metternich sich für ihn verwendet hatte, ließ ihn Napoleon dort im Februar durch ein Erschießungskommando exekutieren.[92] Hofers hartnäckiger Widerstand gegen die Franzosen und die Bayern mag 1810 wirkungslos geblieben sein, doch sein Tod – der im streng katholischen Tirol bald zum Märtyrertod verklärt wurde – ließ Mythen vom Widerstand der Tiroler gegen jede Form von Tyrannei und ihrer außergewöhnlichen Treue zu Österreich entstehen, Mythen, die in dunklen Zeiten den österreichischen Patriotismus nährten und zum Ruhm und Glanz des Kaisertums beitrugen.

Im Lauf der Zeit diente der Mythos um Andreas Hofer dazu, zwei verwandte, aber doch sehr unterschiedliche Behauptungen zu stützen. Zum einen betonte er die Besonderheit Tirols, indem sie die ausnehmende Tapferkeit und den unabhängigen Geist der «Tiroler Nation» ins Mythische überhöhte. Zum anderen sicherte er Tirol, was Mut, Frömmigkeit und Patriotismus seiner Bevölkerung betraf, einen Ehrenplatz unter den verschiedenen Ländern des Reiches. Die Besonderheit Tirols, so meinten viele in späteren Jahrzehnten, liege genau in seiner außergewöhnlichen Loyalität gegenüber der Dynastie und somit gegenüber dem Reich begründet.[93] Das deutet darauf hin, dass trotz Sonnenfels' Beharren auf einem Patriotismus, der sich aus Loyalität gegenüber den Gesetzen speiste, die Dynastie weiterhin eine zentrale Stellung in den Mythen des gemeinsamen Reiches einnahm.

Das gemeinsame Imperium im Frieden

Nachdem im Juni 1814 Napoleon auf die Insel Elba verbannt worden war, kehrte Kaiser Franz im Triumph von Paris nach Wien zurück. Auf seinem Weg von Paris in die österreichische Hauptstadt wurde er von Menschenmassen bejubelt, oft in Städten, die noch vor Kurzem zum

Heiligen Römischen Reich gehört hatten, das einmal zumindest nominell von ihm regiert worden war. Auf Spruchbändern, Hausfassaden und hastig errichteten Triumphbögen feierte man ihn abwechselnd als Friedensfürst, ruhmreichen Eroberer, Befreier des Papstes, Vater des Volkes oder deutschen Kaiser, und am 15. Juni erreichte er seinen vor den Toren Wiens gelegenen Palast Schönbrunn. Tags darauf hielt er Einzug in die Hauptstadt selbst: Am Kärntnertor empfing ihn der Bürgermeister mit einer Schar von 547 Jungen und Mädchen, die in Weiß und Rot – die Farben Wiens – gekleidet waren. Die Mädchen trugen Blumengirlanden über ihren Kleidern, die Jungen Lorbeerkränze.[94] Vom Stadttor aus zog der Kaiser durch die engen, mit Blumen bestreuten Gassen der Altstadt zum Stephansdom, wo man zu seinen Ehren ein *Te Deum* anstimmte. Am Abend beleuchteten die Wiener ihre Wohnhäuser aufwändig und schmückten die Fassaden mit Bildern, Allegorien und Sprüchen – viele davon waren der klassischen Mythologie entlehnt –, die Kaiser Franz als Sieger und Friedensbringer verherrlichten.

Das Theater am Kärntnertor zeigte an jenem Abend ein allegorisches Schauspiel mit dem Titel *Die Weihe der Zukunft* aus der Feder von Joseph von Sonnleithner, in dem die Friedensgöttin beschließt, sich in «Austria» niederzulassen, nachdem sie die Dämonen des Krieges besiegt hat. Um ihre Entscheidung zu feiern, stellen sich fünfzig Paare, die «in den Nationaltrachten» der Einwohner der verschiedenen historischen Kronländer gekleidet sind und so alle «Völker» des Reiches repräsentieren, im Halbkreis um die Göttin auf. Sie ermahnt sie zur Einheit, und die Ungarn, Böhmen, Tiroler, Nieder- und Oberösterreicher und alle anderen leisten ihr im Namen aller Völker Österreichs den Treueschwur. Diese allegorische Darstellung trat an die Stelle der martialischen Aufrufe zum Patriotismus, die kurz zuvor noch ein Land dominiert hatten, das sich mehr als zwei Jahrzehnte lang nahezu ohne Unterbrechung im Krieg befunden hatte; jetzt galt ein gemeinsames Engagement für den Frieden als einheitsstiftend. Wie Brian Vick hervorgehoben hat, kamen die Organisatoren der Aufführung aber auch auf «Freyheit» zu sprechen, um eine aktive Auffassung von Bürgerschaft zu fördern.[95]

Dass wir über diese Feierlichkeiten in allen Einzelheiten Bescheid

«Einzug des Kaisers Franz I. in Wien nach dem Pariser Frieden»: Teil eines Bilder-
zyklus von Johann Peter Krafft für den Audienzwartesaal der Wiener Hofburg
aus dem Jahr 1833

wissen, verdanken wir dem Fleiß Joseph Rossis, eines Wiener Beamten, der in einem zweibändigen Werk alles darüber festhielt.[96] Der erste Band enthält Beschreibungen und Zeichnungen von dem Lichter-schmuck, den die Einwohner Wiens und seiner Vorstädte an ihren Häusern anbrachten. Wir erfahren etwa, dass die ortsansässigen Juden die Rückkehr des Kaisers auf «zwar minder glänzende, aber doch sehr niedliche und geistreiche Weise» feierten.[97] Im zweiten Band werden ähnlich detailliert die Feiern geschildert, zu denen es mehr oder weni-ger spontan im Rest des Reiches kam, nicht nur in den Städten, sondern auch in den kleinsten Dörfern. Die Festlichkeiten wurden nicht vom Zentralstaat organisiert, angeordnet oder angeregt, der sowieso nicht über die nötigen finanziellen Mittel verfügt hätte; diese waren ihm schon vor längerer Zeit ausgegangen.[98] Stattdessen wurden sie von ortsansässigen Geschäftsleuten, Beamten und lokalen Grundbesitzern initiiert und finanziert. Komitees, die mit der Organisation befasst waren, nutzten oft die Gelegenheit, zu Spenden für Spitäler und Lazarette aufzurufen, in denen die Kriegsversehrten versorgt wurden. Das spiegelt die Existenz einer gemeinsamen Einstellung zum Reich wider, die von Tausenden geografisch weit verstreut lebenden Österreichern geteilt wurde. Es belegt auch, dass eine ausgeprägte gemeinsame Kultur existierte, nämlich von Bildern, Worten beziehungsweise Texten und rituellen Praktiken, die sich um das Konzept «Kaiserreich» herum ausgebildet hatte.

Rossi hatte Beamte aus jedem Kronland gebeten, ihm Berichte über die in ihrer Region oder ihrem Ort abgehaltenen Feierlichkeiten zukommen zu lassen, um so den Subskribenten seines Buches ein möglichst vollständiges Bild der Festivitäten liefern zu können, mit denen das Ende des Krieges und die Rückkehr des Herrschers begangen worden waren. Was er erfuhr, sagt viel über die jeweiligen Auffassungen vom Reich vor Ort aus, ebenso über eine diesem geltende gemeinsame Fest- und Feierkultur, deren Normen und Praktiken geografische, geschichtliche und sprachliche Unterschiede überbrückten. Obwohl die Orte, an denen die Feierlichkeiten stattfanden, so weit auseinanderlagen, sie unterschiedlichen Kulturkreisen angehörten und die Freudenstimmung oft auch in unterschiedlichen Sprachen ihren Ausdruck fand, wiesen die Zeremonien in den großen Städten bemerkenswerte Ähnlichkeiten untereinander sowie zu der in Wien auf. Wenngleich in den Schilderungen der einzelnen Beamten, die Rossi angeschrieben hatte, manchmal Einzelheiten hervorgehoben wurden, die dem Festschmuck in dem jeweiligen Ort einen eigenen Charakter verliehen, so zeugen doch die Meldungen über die Errichtung von Triumphbögen, Ansprachen in den Rathäusern und Paraden von Veteranen und Landwehrmännern auf den Marktplätzen, das Singen der Kaiserhymne und des *Te Deum* in der Kirche sowie abendliche Illuminationen von einer Reihe auffallend ähnlicher Rituale, mit denen dem Imperium auch in den entlegensten Winkeln seiner Territorien gehuldigt wurde. Dass dieser Eindruck von großer Ähnlichkeit entsteht, ist umso bemerkenswerter, als Rossi darauf achtete, in seine Berichte detailliert darauf einzugehen, wie die Feierlichkeiten von unterschiedlichen religiösen Gemeinschaften – orthodoxen, griechisch-katholischen, protestantischen und vor allem jüdischen – begangen wurden. In seinen Darstellungen hielt er überdies genau fest, ob die Predigten oder

Ansprachen in kleinen Dörfern auf Deutsch, «Slawisch» (womit in Böhmen, der Krain, Kroatien, Galizien, der Bukowina und der Südsteiermark die jeweils gebräuchlichen Sprachen gemeint waren) oder Italienisch gehalten worden waren.[99]

Rossi wollte die Einwohner aller Territorien Österreichs darstellen, wie sie gleichzeitig und über alle räumlichen Grenzen hinweg an einer gemeinsamen Feier teilnahmen. Doch war diese Gleichzeitigkeit nicht wirklich möglich, da Nachrichten damals, im Juni 1814, mit unterschiedlicher Geschwindigkeit in die verschiedenen Teile des Imperiums vordrangen. In den größeren Städten Böhmens und Mährens fanden die Feierlichkeiten am 16. oder 17. Juli statt, während sie in den kleineren Dörfern dieser beiden Kronländer erst gegen Monatsende veranstaltet wurden. In dem weiter im Osten gelegenen Lemberg wurden sie am 29. Juli abgehalten, in Czernowitz am 31. des Monats. Dennoch vermittelt Rossis Auflistung den Eindruck von Gleichzeitigkeit und kultureller Einheitlichkeit. Wenn auch in verschiedenen Städten an verschiedenen Tagen gefeiert wurde, fanden diese Feierlichkeiten doch überall statt, unmittelbar nachdem man von dem frohen Ereignis erfahren hatte.

Gerade die von Rossi erwähnten lokalen Eigentümlichkeiten heben die Existenz einer übergreifenden sozialen und kulturellen Einheitlichkeit hervor. Seiner Darstellung zufolge fanden sich zwar in der Art, in der die Untertanen des Kaisers ihre Verehrung ausdrückten, leichte Unterschiede; sie verwendeten ja auch unterschiedliche Sprachen. Die Gefühle von Loyalität gegenüber dem österreichischen Staat und seiner Dynastie, die sie damit bekundeten, wurden aber von allen geteilt. In dieser gemeinsamen Festkultur spiegelte sich also ihre Identifikation mit dem Herrscherhaus und mit ihren Mitbürgern in allen Regionen des Habsburgerreichs wider.

Wenn wir die Popularität des neuen, offiziell zu Beginn des neunzehnten Jahrhunderts geborenen österreichischen Staates untersuchen wollen, sollten wir einem anderen wichtigen Element sozialer Einheit Beachtung schenken, das sich ebenso, wenn auch unabsichtlich, in Rossis Bericht widerspiegelt. Die äußere Ähnlichkeit der Feiern, die vor allem von Angehörigen des Bürgertums in sozial sehr unterschiedlichen Regionen ausgerichtet wurden, weist auf eine bestehende Gesel-

Das Kaisertum Österreich nach dem Wiener Kongress 1815

ligkeitskultur hin, die sich ganz bestimmter Symbole, Texte und Bilder bediente, um den Teilnehmern gemeinsame Bezugspunkte zu bieten. Diese beruhten wiederum auf miteinander geteilten Inhalten der höheren Schulbildung; das galt vor allem für die zahllosen Anspielungen auf die Geschichte des Altertums, die antike Mythologie und die klassische Literatur. Gleichzeitig basierte diese Kultur auch auf einer gesamteuropäischen Bildersprache, gemeinsamen Diskursen und gemeinsamen patriotischen und bürgerlichen Symbolen – Flaggen, Kokarden, Nationaltrachten und Nationalhymnen –, die vor allem durch die Französische Revolution große Bekanntheit und weite Verbreitung erfahren hatten. Überdies waren es die bürgerlichen Klassen Österreichs und nicht der bankrotte Staat, die die Feierlichkeiten von Triest bis Lemberg organisiert hatten. Überall im Reich verwendeten Hausbesitzer, religiöse Gemeinschaften und Vereine die gleichen Sprüche, Symbole, Gedichte, mythologischen Anspielungen und Bilder für den Festschmuck ihrer Häuser, Marktplätze und Straßen. Es scheint, als hätte diese das gemeinsame Reich verherrlichende Kultur eine andere, aber gleichermaßen bedeutende Legitimation seiner Existenz geliefert, genau wie die vielen bäuerlichen Gemeinschaften es taten, indem sie das Reich – oder die Dynastie – als ihren Beschützer gegen die Willkürherrschaft der örtlichen Grundherren ansahen.

Es bleibt jedoch die Frage bestehen, in welchem Ausmaß die defensiv und konservativ eingestellte Regierung unter Kaiser Franz sich weiterhin für die Klassen der Bauern, Handwerker und Gebildeten einsetzen würde. Würde das von Maria Theresia, Joseph und Leopold geschaffene gemeinsame Reich unter einem um Bewahrung des Bestehenden bemühten Kaiser Franz weiter florieren? Wenn die Regierung es unterließ, eine aktive Reformpolitik der Art einzuschlagen, wie Franz' Vorgänger sie betrieben hatten, könnte dann die Öffentlichkeit, das Volk selbst, an die Stelle der Obrigkeit treten, um die Reformen voranzutreiben? In den folgenden Jahrzehnten, die nach dem österreichischen Staatskanzler auch als die «Ära Metternich» oder, unter Bezugnahme auf die Revolutionen im März 1848, als «Vormärz» bezeichnet werden, war es zum ersten Mal die Gesellschaft selbst, die die weitere Entwicklung des gemeinsamen Kaiserstaates antrieb, deren potentiellen Ausgang der Kaiser selbst fürchtete.

3

Ein Reich der Widersprüche, 1815–1848

[Es ist] daher ein hohes Verdienst um das Vaterland [...], wenn Private, wenigstens zum Theile und allmälig leisten, was der Staat jetzt zu leisten nicht vermag.

Moritz von Stubenrauch, Statistische Darstellung des Vereinswesens im Kaiserthume Österreich, 1857[1]

Im Jahr 1814 kam es zu einer Reihe spontaner vom Volk ausgehender Jubelfeiern nach dem Sieg über Napoleon. Auch wenn ein spezifisch österreichisches Reich erst kurz vorher, und von den Napoleonischen Kriegen überschattet, entstanden war, schien es sich doch im Denken und Empfinden vieler seiner Bürger erfolgreich etabliert zu haben. Die von Maria Theresia gelegten institutionellen Fundamente für diesen Staat hatten ihm alsbald die Loyalität mehrerer Interessengruppen eingebracht, wenn diese oft auch strategisch begründet war. Unter Joseph II. war der im Entstehen begriffene Staat überdies das Eigentum von Teilen einer zahlenmäßig weiter anwachsenden bürgerlichen Mittelschicht geworden, die in ihm beträchtliche Möglichkeiten zu wirtschaftlichem Fortkommen und gesellschaftlichem Aufstieg sahen. Durch seine Versuche, alle religiösen Gemeinschaften in gleicher

Weise staatlicher Kontrolle zu unterwerfen, hatte Joseph seinem Reich auch die Loyalität mehrerer religiöser Minderheiten verschafft. Mit der Veröffentlichung des *Allgemeinen Bürgerlichen Gesetzbuchs* im Jahr 1811 war es dem Reich gelungen, den unterschiedlichen rechtlichen Status seiner Untertanen zu beseitigen, indem es ihnen allen den legalen Status von Staatsbürgern verlieh. Damit verband sich das Versprechen einer Gleichberechtigung, welche alle traditionellen, durch Klassenzugehörigkeit oder Bildung gegebenen hierarchischen Unterschiede einebnete.[2]

Nachdem 1815 ein Frieden herbeigeführt worden war, der Bestand hatte, erhielt die Habsburgerregierung ihre Bemühungen um Zentralisierung aufrecht, wobei jedoch die einen umfassenden gesellschaftlichen Wandel einleitenden Programme der Reformmonarchen des achtzehnten Jahrhunderts nicht wieder aufgenommen wurden. Sogar in einer Zeit des Friedens und der größeren Stabilität und trotz ihres anhaltenden Interesses an einer institutionellen Rationalisierung scheuten Kaiser Franz I. und die einflussreichsten seiner Berater vor Experimenten zurück, die gesellschaftlichen Wandel bedeuten könnten. Jahrzehnte des Krieges hatten sie gelehrt, dass man jeder Art von sozialem Wandel mit Misstrauen begegnen musste. Während andere Monarchen glaubten, mit Reformen ein revolutionäres Potenzial «entschärfen» zu können, war Franz genau entgegengesetzter Meinung. Er fürchtete, eine Reform könne leicht das empfindliche gesellschaftliche Gleichgewicht stören und zu einer Mobilisierung der Bevölkerung führen, wie sie die Revolution in Frankreich ausgelöst hatte.

Die dynamische Gesellschaft, über die diese zaudernd-konservative Regierung herrschte, verlangte jedoch nach Neuerungen. Nach einem Vierteljahrhundert nahezu ununterbrochener kriegerischer Ereignisse konnte jetzt jede Region des Österreichischen Kaisertums eine signifikante Steigerung der Einwohnerzahl, der landwirtschaftlichen Produktion, des Handels und der Warenproduktion verzeichnen. Technologische Innovationen und neue unternehmerische Praktiken veränderten den Charakter des lokalen Gewerbes. Landstraßen, Brücken, Kanäle, Schornsteine, Eisenbahngleise und neue landwirtschaftliche Verfahren veränderten die Landschaft. Viele der sozialen Reformen, mit denen Maria Theresia und ihre Söhne das Wirtschaftsleben in ihrem Reich hatten umgestalten wollen, trugen nach den Jahrzehnten des Kriegs endlich Früchte.[3] Und obwohl das Ende der Kontinentalsperre, mit der Napoleon die Einfuhr britischer Waren verhindert hatte, den Niedergang einiger industrieller Betriebe eingeleitet haben mag, erlebte Österreich in dieser Beziehung einen beachtlichen Aufschwung, der sich oft – wie anderswo in Europa – in Wachtumsschüben vollzog und regionalen Schwankungen unterworfen war.

Vieles von dieser rastlosen wirtschaftlichen Aktivität stellte die lokalen Behörden vor neue Herausforderungen, vor allem in Angelegenheiten öffentlicher Gesundheit und Sozialfürsorge. Anders als noch im achtzehnten Jahrhundert gingen von Österreichs post-napoleonischen Regierungen jedoch keine entscheidenden Impulse zu sozialem und wirtschaftlichem Wandel aus, vielmehr mussten sich diese immer stärker bemühen, mit den gesellschaftlichen Veränderungen Schritt zu halten. In den Jahren 1815 bis 1848 waren es in der Tat unabhängige Elemente in der örtlichen Gesellschaft – Bauern, Unternehmer, Facharbeiter, Akademiker –, die sich die Visionen zu eigen machten, von denen die «aufgeklärten Despoten» Joseph II. und Leopold II. sich hatten leiten lassen, und sie wurden zu deren entschiedensten Verfechtern, oft gegen die Wünsche der kaiserlichen Regierung.

Sowohl Angehörige der Mittelschicht als auch des Adels wurden auf neue Art und Weise aktiv, um soziale Probleme in ihren Heimatorten oder -regionen zu lösen, derer sich die oft wie gelähmt wirkende Regierung offenbar nicht annehmen wollte. Sie gründeten Vereinigungen, um den kulturellen, moralischen, ökonomischen Status ihrer Mitbürger – Männer wie Frauen – und deren Bildungsniveau anzuheben. Sie schufen neue Bildungseinrichtungen, da der Staat aufgehört hatte, solche zu finanzieren, gründeten wissenschaftliche und literarische Gesellschaften und eröffneten naturwissenschaftliche Museen. Sie erfanden neue Technologien oder brachten von anderen erfundene in der Landwirtschaft, im Geschäftsleben oder in der Produktion zur Anwendung. Damit verfolgten die Protagonisten aus den Kreisen der lokalen Gesellschaft ihre eigene Vision vom Reich, eine, die in vieler Hinsicht von den Versprechungen, die mit dem vom Staat ausgehenden Aktivismus des späten achtzehnten Jahrhunderts verbunden waren, geprägt war.

Es überrascht nicht, dass Franz' Regierung solchen Initiativen mit Zurückhaltung, ja sogar voller Misstrauen gegenüberstand. Auf der einen Seite duldeten die Herrscher angesichts der leeren Staatskassen solches Engagement zur Lösung kostspieliger sozialer Probleme vonseiten der Bürger und ermutigten es manchmal sogar. Auf der anderen Seite sahen viele Mitglieder der Regierung hinter jeder Verbindung, die Bürger zur Förderung des Gemeinwohls eingegangen waren, potenziell eine Bedrohung der öffentlichen Ordnung. Metternich soll solche Vereinigungen und Vereine in den Erblanden als «deutsche Pest» bezeichnet haben, und er stand mit seiner Ablehnung nicht allein. Immerhin hatte Franz I. während der Französischen Revolution die Freimaurerlogen verboten und die Jakobinerklubs, die sich in Österreich zu bilden begannen, brutal zerschlagen.

Nachdem die Revolutionen des Jahres 1848 dem Regime ein dramatisches Ende bereitet hatten, wurde es insbesondere von liberalen Historikern für seine kurzsichtigen und engstirnigen Repressionspraktiken gegeißelt. Um ihr eigenes Geschichtsbild von einem unausweichlichen Fortschritt zu übertünchen, neigten sie dazu, die 1830er- und 1840er-Jahre als Periode der versäumten Gelegenheiten darzustellen. In Fortsetzung dieser Tradition machten die Historiker des Kalten Krieges die Ursprünge dessen, was sie als wirtschaftliche und politische Rückständigkeit des östlichen Mitteleuropa ansahen, in genau dieser Periode aus. Sie beschuldigten ein repressives Habsburgerreich, die Kräfte des Marktes und demokratische Entwicklungen unterdrückt zu haben. In diesem Kapitel soll aber gezeigt werden, dass die österreichische Gesellschaft selbst sich den Herausforderungen stellte, einen sozialen und ökonomischen Wandel herbeizuführen und dort anzusetzen, wo die «aufgeklärten Despoten» aufgehört hatten.

Starker Staat, schwacher Staat

Die Befürchtungen der Regierung in Bezug auf den sozialen Aktivismus in der Bevölkerung waren nur schlecht mit dem kraftvollen reformerischen Ethos des gesellschaftlichen Interventionismus vereinbar, das Maria Theresia und ihre Söhne nur ein halbes Jahrhundert zuvor kultiviert hatten. Sie hatten eine erweiterte Verwaltung als Instrument geschaffen, mit dem sich gegen die etablierte Macht des regionalen Adels ein Wandel durchsetzen ließ. Sie hatten ihre Beamten ermutigt, auf jeder gesellschaftlichen Ebene neue soziale und ökonomische Praktiken einzuführen. Jetzt aber beauftragten die Machthaber ihre Staatsdiener damit, den Status quo zu erhalten oder, wie einige meinten, zu zementieren. Auch wenn einige Mitglieder der Verwaltung weiterhin eine produktive Umgestaltung der Wirtschaft und Gesellschaft aktiv unterstützten, wurde die Regierung in ganz Europa für ihre paranoide Scheu vor jeglichem Wandel und ihre Neigung, ihre Bürger einer strengen Zensur zu unterwerfen und sie sogar zu bespitzeln, bekannt.

Auch wenn Metternichs Herrschaft vielfach als Diktatur charakterisiert wird, weil sie alle Forderungen nach erweiterter Beteiligung am öffentlichen Leben erfolgreich unterdrückte, entsprach der Polizeistaat des Staatskanzlers nie dem Bild, das sich sowohl er selbst als auch seine Gegner gerne davon machten.[4] Die österreichische Gesellschaft saß keineswegs von der Umwelt abgeschottet hinter einer, wie zeitgenössische Kritiker und spätere Historiker es spöttisch nannten, «Chinesischen Mauer» gefangen, unter Zensur, Bespitzelung durch die Polizei und allgemeiner Unterdrückung leidend. Und obwohl die Regierung regelmäßig versuchte, von der bürgerlichen Gesellschaft ausgehende Initiativen zu ersticken und den Einfluss sogenannter «ausländischer Ideen» auf die Gesellschaft einzuschränken, war sie kaum in der Lage, die finanziellen oder personellen Kapazitäten aufzubringen, um dies wirksam durchzuführen. Der Grund dafür lag in der beängstigenden finanziellen Krise, die man aus der Zeit der Napoleonischen Kriege und der Periode nach 1815 geerbt hatte. Zudem waren die Methoden zur Kontrolle der Gesellschaft damals noch nicht sehr ausgereift. Davon abgesehen waren viele der sogenannten «ausländischen Ideen», vor denen Metternich die österreichische Gesellschaft abschirmen wollte, auf heimischem Boden gewachsen.

Es gab noch eine andere wichtige, aber häufig unterschätzte Kraft, die den repressiven Bestrebungen der Regierung Einhalt gebot: die Kraft des Gesetzes. Trotz wiederholter Klagen über staatliche Willkür funktionierte in Österreich der Rechtsstaat verhältnismäßig gut; der Staat war den Regeln des Gesetzes unterworfen und nicht den Launen seines Herrschers oder lokaler Machthaber. Dies deutet auf eine Reihe weiterer Widersprüche hin, denen man in geschichtlichen Darstellungen der Epoche von 1815–1848 häufig begegnet. Schon die Vorstellung von Willkürherrschaft an sich widersprach den rationalisierenden und integrierenden Elementen des josephinischen Systems, auf dem die Regierung Franz' I. fußte. Die Tatsache, dass die Regierung sowohl dem ererbten josephinischen Zentralismus als auch dessen Legalismus treu blieb, zwang sie dazu, Konsistenz, Systematisierung und die Verwendung einheitlicher Verwaltungssysteme in jeder Region, über die sie gebot, einschließlich Ungarns, zu fördern. Diese Betonung einheitlicher Institutionen und Prozeduren wiederum ließ Beamte im ganzen Reich äußerst penibel auf die Einhaltung der Gesetze achten.

Österreich brachte, wie ein Historiker es genannt hat, «ein Rechtssystem hervor, das peinlichst genau darauf achtete, dass die Rechtsstaatlichkeit bestehen blieb».[5] Wenn lokale Adlige sich darüber beschwerten, dass die Zentralregierung sich in ihre Angelegenheiten einmischte, dann reagierten die Beamten vor Ort darauf mit dem Hinweis auf die universelle Gültigkeit der Reichsgesetze. Die Regierung mochte geheime Überwachungsmethoden einführen, sie mochte Zeitungen und Zeitschriften zensieren, sie mochte Personen wegen politischer Vergehen verfolgen, aber sie musste sich dabei an die Gesetze halten und einem anerkannten Prozedere folgen. In den österreichischen, böhmischen und galizischen Kronländern musste die Regierung sich ebenfalls an die Vorschriften des *Allgemeinen Bürgerlichen Gesetzbuchs* (ABGB) halten. In der ersten Hälfte des neunzehnten Jahrhunderts waren die Österreicher nach den Maßstäben des Rechtsstaates gleichermaßen Staatsbürger wie Untertanen des Kaisers.[6] Wien forderte zu Respekt vor diesem Gesetz auf, um zentralisierte, «rationale» Verhältnisse in den Territorien herzustellen, über die der Kaiser herrschte.

Es war allerdings nicht überraschend, dass die neue Zielsetzung, nämlich den Status quo zu erhalten und keine Reformen mehr durchzuführen, viele loyale Staatsdiener demoralisierte. Einige hohe Beamte in Wien oder den Hauptstädten der Kronländer verschlossen einfach ihre Augen, wenn es zu gravierenden Verstößen gegen die Zensurgesetze kam: Ihr neuer Auftrag, die Gesellschaft zu überwachen, brachte sie in Verlegenheit. Mehrere hohe Beamte – vor allem in den 1840er-Jahren – kritisierten die Regierung heftig in anonymen Flugschriften, die sie im Ausland drucken ließen. Sie geißelten die Versteinerung des Regimes und die Art und Weise, wie sie selbst als geistlose Ausführende von Anweisungen und nicht als kreative Problemlöser behandelt wurden. Ironischerweise kam es dazu, dass ein großer Teil der österreichischen Gesellschaft einschließlich vieler Beamter in den 1830er- und 1840er-Jahren die Bürokratie selbst dafür verantwortlich hielt, dass Fortschritt und Wohlstand verhindert wurden. Die Selbstgeißelung der Beamten erreichte später im neunzehnten Jahrhundert einen Höhepunkt, als, wie Waltraud Heindl ausführt, man hätte meinen können, die Beamtenschaft sei für den Ausbruch der Revolution von 1848 verantwortlich.[7]

Es waren aber nicht nur die eingeschränkten, genau vorgeschriebenen Aufgaben, die die Beamten demoralisierten. Ihr eigener sozialer Abstieg verbitterte sie ebenfalls. Während mehr als zwei Jahrzehnten des Krieges waren die Reallöhne der Beamten wie auch die der Angehörigen vieler anderer Berufsgruppen aufgrund der außer Kontrolle geratenen Geldentwertung bei gleichzeitiger Stagnation der Gehälter drastisch gesunken. In den beiden Jahrzehnten nach dem Krieg kamen diese Staatsdiener nie mehr in den Genuss der finanziellen Sicherheit, derer sie sich früher einmal erfreut hatten, wenn man von einigen Privilegierten ganz an der Spitze der Hierarchie absieht. Und die Familien, die hofften, ihre Söhne könnten durch den Eintritt in den Staatsdienst sozial aufsteigen, waren alles andere als erfreut über die Kürzungen der Ausgaben für die höheren Lehranstalten, die die jeden (Papier-)Gulden umdrehende Regierung nach 1815 anordnete.[8]

Finanzielle Engpässe erschwerten es dem Staat auch, langfristige Maßnahmen zur Zentralisierung so umfassend wie von den Planern gewünscht zu realisieren. Wir können uns den Staat jener Zeit als ambitioniert, aber unfähiger denn je, diese Ambitionen umzusetzen, vorstellen. Was nach Zögerlichkeit oder Angst vor den Risiken eines innovativen Programms zum Ausbau der Industrie oder zu sozialen Reformen aussah, erwies sich oft als Ergebnis mangelnder Ressourcen. Österreichs Herrscher zogen es in dieser Zeit vor, lieber überhaupt

nichts zu unternehmen, als sich mit halben Maßnahmen zufriedenzugeben. Das Regime von Franz I. stand Initiativen auf Gebieten wie der
öffentlichen Erziehung oder der industriellen Entwicklung feindselig
gegenüber. Hin und wieder wurden Minister des Kabinetts sich bewusst, dass Geschäftsleute und Akademiker aus der Mittelklasse bestimmte Bedürfnisse hatten, die man erfüllen musste, wenn das wirtschaftliche Wachstum angekurbelt werden sollte. Der Herrscher selbst
bekundete immer wieder sein Mitgefühl mit den notleidenden ärmsten
Schichten. Oft sah sich die Regierung zur Sparsamkeit veranlasst, weil
sie noch lange damit zu tun haben würde, die kriegsbedingte Schulden-
last abzutragen. Das hatte Folgen, etwa für die höhere Bildung. Die
Zahlen der an Gymnasien eingeschriebenen Schüler und der Studenten
an den Universitäten sanken zwischen 1815 und 1848. Obwohl einige
dies als Zeichen einer offensichtlichen Feindseligkeit der Regierung
gegenüber Universitäten als potenziellen Brutstätten politischer Opposition deuteten oder sogar einen Versuch darin sahen, die soziale Mobilität einzudämmen, war das Absinken in erster Linie das Ergebnis einer
kurzsichtigen Sparpolitik. Gleichzeitig aber resultierte die unverkennbar restriktive Atmosphäre, die sich an Gymnasien und Universitäten
ausbreitete, weit mehr aus den politischen Befürchtungen der Regierung als aus der Geldknappheit des Staates.[9]

Wie genau es sich auswirkte, dass die Bemühungen der Regierung,
die Folgen sozialen Wandels einzudämmen, mit einer wachsenden Dynamik der Gesellschaft kollidierten, darüber wird immer noch von den
Historikern diskutiert. Was die Wirtschaft betrifft, lässt sich aber nicht
länger behaupten, dass die Angst vor einem sozialen Konflikt die Regierung dazu veranlasste, neue Initiativen in diesem Sektor zu unterbinden. Der österreichische Absolutismus hemmte mit Sicherheit in
dieser Zeit nicht das ökonomische Wachstum, wie einige Historiker des
Kalten Kriegs geltend machten. In vielen Teilen Mittel- und Osteuropas entwickelten sich die verschiedenen Wirtschaftszweige rasch. Tatsächlich war die Regierung von 1815 bis 1848 oft maßgeblich für den
Ausbau der inländischen Transportwege verantwortlich, was den Bau
von Straßen und Kanälen, die Einrichtung eines Schienennetzes sowie
die Gründung von Schifffahrtgesellschaften betraf. Davon abgesehen
ergriff die Regierung ganz gezielt steuerliche Lenkungsmaßnahmen,

reformierte das Patentrecht und liberalisierte den Handel, um die Gründung neuer Betriebe anzuregen.[10]

Die Auswirkungen des kompromisslosen Konservatismus der Regierenden auf das soziale oder bürgerliche Leben lassen sich jedoch viel schwerer einschätzen. Wie andernorts in Europa strebten sowohl bürgerliche Unternehmer als auch Angehörige der immer größer werdenden gebildeten Schichten (oft Staatsbeamte) zunehmend nach politischer Partizipation. Außerdem war die Regierung auf die Gewährung von Darlehen durch einige wenige große Bankhäuser angewiesen, um ihre immer wieder auftretenden Haushaltsdefizite decken zu können. Das hatte zur Folge, dass auch diese Geldgeber nach einiger Zeit ein Mitspracherecht bei der Budgetierung forderten. Die Regierung hatte jedoch keine zufriedenstellenden Antworten auf solche Forderungen parat, sondern pochte nur noch aggressiver auf ihre traditionelle Autorität. Das wiederum brachte die Angehörigen der gehobenen Geschäftswelt und der gebildeten Schichten in Rage. Immer öfter verbündeten sie sich mit Mitgliedern des lokalen Adels, um ihre Unzufriedenheit darüber zu bekunden, wie ein verknöchertes Regime die Bedürfnisse ihres Bezirks ignorierte. Dabei nahmen sie die Ausdrucks- und Argumentationsweise des achtzehnten Jahrhunderts wieder auf, indem sie traditionelle rechtliche Formen der Autonomie eines bestimmten Gebiets oder Kronlands – oft als «Nation» bezeichnet – gegen Übergriffe einer zentralisierenden kaiserlichen Regierung ins Feld führten.[11]

1835 verschlimmerte sich die Situation durch die Thronbesteigung von Ferdinand I., dem Sohn von Franz I. Der von 1835 bis 1848 regierende entscheidungsschwache Herrscher ließ ein gravierendes Machtvakuum an der Spitze des Systems entstehen. Zunehmende politische Stagnation – die wachsende Unfähigkeit, angemessen auf neue politische und wirtschaftliche Herausforderungen wie Streiks oder Hungerrevolten zu reagieren, in Verbindung mit aktivem Widerstand gegen jede gesellschaftliche oder politische Neuerung – rief den Zorn vieler grundsätzlich patriotisch eingestellter Untertanen hervor.

Dass es zu dieser politischen Stagnation kommen konnte, die in Kreisen der immer mehr an Bedeutung gewinnenden Geschäftswelt und der gebildeten Klassen in der ganzen Monarchie Opposition aufkeimen ließ, war bei Weitem nicht die einzige Schwäche der Regierung, wenn auch die offenkundigste. Die dynamische ökonomische Entwicklung, die sich damals in einigen Regionen und auf einigen Gebieten vollzog, kaschierte die im Kern immer noch feudalen wirtschaftlichen und gesellschaftlichen Beziehungen, die anderswo bestehen blieben, vor allem in stärker von der Landwirtschaft abhängigen Regionen wie Galizien oder großen Teilen Ungarns und Dalmatiens. Die Probleme, die sich dort ergaben, waren häufig sowohl auf die Mittellosigkeit der lokalen Grundherren zurückzuführen als auch darauf, dass diese nur in ungenügender Weise erkannten, welche wirtschaftlichen Möglichkeiten ihnen offenstanden. Im Unterschied zu ihnen ergriff in wirtschaftlich dynamischeren Gegenden wie Böhmen, Niederösterreich oder Mähren oft ein wohlhabender Landadel die Initiative und investierte beachtliche Summen, um einen wirtschaftlichen Wandel herbeizuführen. Adelige Familien mit großen Besitzungen gingen voran, indem sie auf ihrem Grund und Boden neue technische Verfahren erprobten und neue ländliche Betriebe, beispielsweise zur Weiterverarbeitung von landwirtschaftlichen Produkten oder zur Energiegewinnung, aufbauten. In vielen Regionen Ungarns und im größten Teil Galiziens blieben lokale Grundbesitzer jedoch für ihr ökonomisches Überleben von den Arbeitsleistungen abhängig, die sie aus ihren Bauern herauspressen konnten. Die Bauern, die starken Verpflichtungen unterworfen waren, setzten sich häufig gewaltsam zur Wehr. So kam es in Galizien in den 1820er- und 1830er-Jahren wiederholt zu örtlich begrenzten Bauernaufständen. Die Aufständischen durchschauten die Dynamik der Zentralisierung und suchten aus strategischen Gründen Beistand bei der Wiener Regierung. Mitte der 1840er-Jahre wandelte man in Galizien auf schmalem Grat: Auf der einen Seite war man der gewaltsamen Bedrohung durch die Bauernschaft ausgesetzt, auf der anderen strenger Repression durch den Staat. Es liegt wohl Ironie darin, dass die sich krisenhaft zuspitzende Situation letztlich den Effekt hatte, die Bauern für die Sache des Reiches zu gewinnen – zum Nachteil derer, die für eine regionale Autonomie eintraten, und zum Schaden der nationalistisch eingestellten Adligen.

Anders als die Grundherren in Galizien riefen die adeligen Angehörigen der ungarischen Oberschicht in den 1830er-Jahren eine Reformbewegung ins Leben, deren Anhänger darüber diskutierten, wie man eine Erstarkung der Wirtschaft herbeiführen könnte.[12] Sie gaben sich als ungarische Patrioten zu erkennen und versuchten die Gründe dafür auszumachen, warum die wirtschaftliche Produktivität ihres Landes hinter der des restlichen Reiches und jener Länder Europas herzuhinken schien, mit deren Situation die ungarische Elite die in ihrem eigenen Land gerne verglich. Viele vaterländisch gesinnte Ungarn waren erbost darüber, dass das Land aufgrund der Zollgrenze zu Österreich – beinahe wie eine Kolonie – in einem Zustand wirtschaftlicher Rückständigkeit gefangen bleibe. 1830 und 1831 veränderte Graf István Széchenyi die Parameter der Debatte über Ungarns Wirtschaft mit zwei Werken: *Hitel* (*Über den Kredit*) und *Világ* (Licht). Er vertrat mit Nachdruck die These, dass Ungarns vergleichsweise deutliche wirtschaftliche Rückständigkeit und Handelsschwäche nicht der österreichischen Zollpolitik angelastet werden könnten. Schuld daran seien vielmehr die feudalen Produktionsverhältnisse.[13]

In *Hitel* führte Széchenyi aus, dass die Landwirtschaft Ungarns so unproduktiv sei, weil diese auf der unbezahlten Arbeit unfreier Bauern beruhe. Wenn sie die Produktion steigern wollten, müssten die Großgrundbesitzer stattdessen Lohnarbeiter auf ihren Gütern einsetzen. Doch damit man sich große Scharen von Lohnarbeitern oder den Luxus, mit neuen Technologien zu experimentieren, leisten könnte, müsste man sich von der rechtlichen Tradition der Unveräußerlichkeit adeligen Landbesitzes trennen. Dieses Gesetz verhinderte bisher, dass die Besitzungen der Magnaten – Ungarns Hochadel – aufgeteilt oder verkauft werden konnten. Es verlangte, dass deren Güter einer besonderen Erbregelung entsprechend ungeteilt von Generation zu Generation weitergegeben wurden. Auf einen solchen Grundbesitz konnte also keine Hypothek aufgenommen werden, und man konnte ihn auch nicht veräußern, um an Geld zu kommen. Die gesetzlichen Bestimmungen machten es also unmöglich, mit dem Verkauf von Land das Kapital aufzubringen, um in neue Technologien zu investieren oder freie Bauern gegen Bezahlung für sich arbeiten zu lassen. Széchenyi wies darauf hin, dass mehr als zwei Drittel des landwirtschaftlich nutzbaren Landes im Besitz des Adels seien, doch ein überraschend hoher Anteil davon unbestellt bleibe. Und dies in einer Zeit, in der 920 000 Bauernfamilien als «ohne Grundbesitz» registriert waren. Wenn die Adligen in der Lage wären, ihr Land zu verkaufen oder Hypothekenkredite darauf aufzunehmen, könnten sie in neue Produktionsverfahren investieren und Bauern als Lohnarbeiter einstellen. Sie könnten zudem neue Manufakturbetriebe finanzieren, in denen landlose Bauern eine Anstellung finden konnten. Széchenyi kritisierte noch viele andere Aspekte des ungarischen Feudalsystems: vor allem die weiterhin bestehende Steuerfreiheit des Adels; die Tatsache, dass Bauern nach wie vor der Besitz von Land verwehrt blieb; die Restriktionen, die durch das Zunftsystem der ungehinderten Entwicklung von Herstellungsbetrieben auferlegt wurden; und die fehlende rechtliche Gleichberechtigung der großen Mehrheit der Bevölkerung.[14]

Széchenyis Gedanken stießen in Ungarn auf großen Widerhall und wurden eifrig diskutiert; wie wir noch sehen werden, trugen sie mit dazu bei, dass dort in den 1840er-Jahren eine einflussreiche Reformbewegung entstand. Doch die Aktionen dieser Bewegung erschöpften sich größtenteils in rhetorischen Erklärungen. Auch wenn einige Angehörige der landbesitzenden ungarischen Oberschicht in den 1830er- und 1840er-Jahren ein Wirtschaftswachstum zu fördern suchten, blieben die sozialen Verhältnisse in Ungarn doch weitgehend unverändert. Es kam zwar nicht in demselben Ausmaß wie in Galizien zu gewalttätigen Erhebungen der Bauern, allerdings waren Weigerungen, den Robot, den Frondienst, zu leisten, nahezu an der Tagesordnung.

Wieder einmal war es in erster Linie der Mangel an finanziellen Mitteln, der den Zentralstaat davon abhielt, in Galizien, Ungarn und einigen kleineren Kronländern wie dem an der Küste gelegenen Dalmatien einzuschreiten. Nicht einmal in den Ausbau der Infrastruktur investierte der Staat. In der ersten Hälfte des neunzehnten Jahrhunderts scheint die Regierung gerade so viele von ihren ehrgeizigen Versprechungen erfüllt zu haben, dass sich für die Bauern, örtlichen Unternehmer und die gebildeten Schichten mit dem kaiserlichen Zentralstaat weiterhin Hoffnungen für die Zukunft verbanden.[15]

Wirtschaftliches Wachstum und sozialer Wandel

In der Zeit unmittelbar nach den Napoleonischen Kriegen lebten an die 30 Millionen Menschen innerhalb der neu festgelegten Grenzen des Kaisertums Österreich. Im Laufe der darauffolgenden dreißig Jahre wuchs die Bevölkerung jährlich um mindestens ein Prozent an. Durch die Steigerung der landwirtschaftlichen Produktion vor allem in den Erblanden und in Böhmen war es möglich, diese anwachsende Bevölkerung zu ernähren. Auch die Städte Österreichs nahmen an Größe zu. Die Einwohnerschaft von administrativen Zentren wie Wien oder Prag vergrößerte sich nahezu explosionsartig, und in der zweiten Hälfte des Jahrhunderts sollte die jährliche Wachstumsrate sogar noch spektakulärer sein. Die Einwohnerzahl Wiens nahm von 260 000 im Jahr 1817 auf 357 000 im Jahr 1848 zu, die der Einwohner Prags stieg im selben Zeitraum von 65 000 auf 115 000. Doch das Bevölkerungswachstum in diesen beiden Städten sagt vielleicht weniger aus als dasjenige in einigen Städten der Provinz, wo die Schwerpunkte des Wirtschaftswachstums lagen.[16] Pest zum Beispiel wuchs rasant: Während dort in der Regierungszeit von Joseph II. noch 22 417 Menschen gelebt hatten, waren es 1810 schon 35 349 und 1830 um die 44 000. In den späten 1840er-Jahren zählte die Stadt mehr als 100 000 Einwohner, womit sie die bei weitem größte von ganz Ungarn war. In den 1840er-Jahren zogen die in Pest abgehaltenen Landwirtschaftsmessen an die 30 000 Aussteller und Besucher an. Bereits 1821 wurde in einem Führer darauf hingewiesen, wie rasch sich das Erscheinungsbild der Stadt gewandelt hatte:

> Wo einst Sümpfe und Schilfrohr und alles verheerender Flugsand den Boden deckten [...], da ist jetzt der Centralpunct des mächtigen Verkehrs der Jahrmärkte [...], da bildet die schönste Regelmässigkeit der Häuser jenen neuen Platz, der allen seinen Brüdern in dem österreichischen Kaiserstaate (den Marcusplatz in Venedig ausgenommen) vorgezogen, und den grössten und schönsten Plätzen in Europa an die Seite gesetzt zu werden verdient.[17]

Der Hafen von Triest am nordöstlichen Ende der Adria erlebte eine ähnlich dynamische Entwicklung; er wandelte sich vom Hafen eines

Fischerdorfs, das Triest im achtzehnten Jahrhundert noch gewesen war, zu einem Umschlagplatz von internationaler Bedeutung. 1820 hatte die Stadt 43 000 Einwohner; nur zwanzig Jahre später waren es bereits mehr als 80 000.[18] Die Einwohnerschaft der mährischen Hauptstadt Brünn (Brno) – vermutlich die Stadt der Monarchie, in der die Industrialisierung vor dem Entstehen des Eisenbahnnetzes am weitesten fortgeschritten war – näherte sich 1830 der Zahl von 30 000 und ein Jahrzehnt später der von 45 000. Städte, die wie Pest, Triest und Brünn einen derart gewaltigen wirtschaftlichen Aufschwung erlebten, verdankten diese Entwicklung den Kaufleuten und Fabrikanten (oft handelte es sich um Ausländer), die neue Betriebe eröffneten oder bereits bestehende vergrößerten und in ihren Läden, Manufakturen, Lagerhäusern – im Fall von Triest auch in den Hafenanlagen – immer mehr Menschen beschäftigten.

Das Wachstum von Brünn war ein Sonderfall in Österreich, da es fast ausschließlich der rasant wachsenden Produktion in den Textilfabriken zu verdanken war. Schon 1840 waren an die 15 000 Menschen in solchen Betrieben beschäftigt, die vor allem in den Vorstädten aus dem Boden geschossen waren und Brünn den Beinamen «Manchester Österreichs» eingebracht hatten. Der Journalist Jan Ohéral hat eine eindrucksvolle Schilderung sowohl vom veränderten Erscheinungsbild der Stadt als auch von der Geschwindigkeit hinterlassen, mit der die Veränderungen sich vollzogen. «Die Ansicht von Brünn», berichtete er 1838, «hat sich in wenigen Jahren ganz verändert.» Das Ruhige, ja Statische hervorhebend, das früher die Atmosphäre der Stadt ausgezeichnet hatte, schrieb er, sie habe wie ein malerisches Stillleben gewirkt. Damit kontrastierte er das neue Bild Brünns und die Betriebsamkeit, die dort – vor allem in den Industrievororten – ständig herrschte:

> Eine *neue* Macht, eine *neue* Beschäftigungsweise hat in kurzer Zeit *ihre* Farbe diesem Gemälde geliehen und mit fester Hand einen Charakter ausgeprägt, der uns aus dem stillen, träumerischen Frieden in das Getöse der Werkstätte versetzt; sie hat sich die Vorstädte zum Kampfplatze ausersehen, und hier die hohen Paläste gebaut mit den monumentenähnlichen Schornsteinen, die vom Boden aufwärts wie erstarrte Riesenfinger in die Luft zeigen und mit ihren dunkeln Rauchwolken die alte vielgethürmte Stadt verhüllen.

Wenn der aufmerksame Beobachter die Straßen der eigentlichen Stadt durchschreite, schrieb Ohéral weiter, könne er auch dort, zwischen den respektablen Palästen und Amtsgebäuden, «aus den zahllosen Magazinen, dem eiligen, geschäftigen Treiben der Menschen und der isolierten Stellung des Müßiggängers [...] auf eine Bevölkerung schließen, deren Mehrzahl den Interessen des gewerblichen Lebens folgt». Er fuhr fort:

> Wenn ihr aber in den langen Vorstädten Fabrik an Fabrik, Werkstätte an Werkstätte gereiht findet, wenn aus den massiven, oft kaum vollendeten Gebäuden das ächzende Getöse der Dampfmaschine oder der monotone Lärm des Hammers und des Webestuhls fast bei jedem Schritte zu euch dringt, wenn ihr des Abends die weiten Fensterreihen erleuchtet und dahinter Hunderte von Menschen bis in die späte Nacht emsig beschäftigt, oder beim milden Scheine der Gasflamme die Massen von Maschinen aller Art und zu den verschiedensten Verrichtungen vertheilt und in ununterbrochener Thätigkeit sehet: ihr werdet keinen Augenblick länger in Zweifel sein, daß jenes Arbeits-System bei uns in größter Ausdehnung vorherrscht, welches als Fabrikswesen seine höchste Stufe erreicht und über Welttheile seine Erzeugnisse aufhäuft.[19]

In den meisten anderen Teilen der Monarchie sollte es noch weitere fünfzig Jahre dauern, bis Industrieunternehmen Arbeitskräfte in solchem Umfang vom Land in die Stadt lockten, wie es in Brünn schon in den 1830er-Jahren der Fall war. In Prag etwa, das um 1840 mit zirka 100 000 Menschen eine viel größere Bevölkerung aufwies, waren zu jener Zeit nur ungefähr vier- bis fünftausend Fabrikarbeiter ansässig.

In Städten wie Brünn, Pest und Triest profitierten Produktion und Handel von den neuen Verbindungen, die durch den Ausbau der Transportwege entstanden. Neue Überlandstraßen und Kanäle, die Regulierung von Flüssen und der Bau von Passstraßen zur Überquerung von Gebirgen förderten den Personen- und Warenverkehr mit anderen europäischen Ländern und reduzierten die Reisezeit zwischen zwei wirtschaftlich verknüpften Orten oft um mehr als 50 Prozent.[20] Zwischen 1815 und 1848 ließ der Staat neue Straßen mit einer Gesamtlänge von 2240 Kilometern anlegen, wozu von Adligen oder von Städten privat finanzierte Straßen mit einer Gesamtlänge von weiteren 46 400 Kilometern kamen.[21] In Ungarn wurde mit mehreren Baumaßnahmen die schiffbare Strecke auf der Donau und der Theiß erweitert. In den

1830er-Jahren nahm die Donaudampfschifffahrtsgesellschaft den regelmäßigen Fahrbetrieb zwischen Wien und Pest auf. 1847 beförderte die aus einundvierzig Schiffen bestehende Flotte der Gesellschaft bereits mehr als 900 000 Passagiere.[22]

In den 1830er-Jahren stellte eine neue Schifffahrtsgesellschaft mit Sitz in Triest die erste regelmäßige Seeverbindung mit den Küstenstädten Dalmatiens und den zum Osmanischen Reich gehörenden Mittelmeerhäfen Alexandria, Konstantinopel und Thessaloniki her. Der Österreichische Lloyd erblickte das Licht der Welt in von Kaufleuten frequentierten Kaffeehäusern in Triest. Ursprünglich handelte es sich um einen Zusammenschluss von Seetransportversicherungsgesellschaften (1833), aus dem aber binnen Kurzem eine Schifffahrtsgesellschaft wurde, die sich darum bemühte, die Beförderung von Gütern und die Übermittlung von Informationen im Mittelmeerraum – und schließlich weltweit – schneller abzuwickeln. Die Schiffe des Österreichischen Lloyd liefen in erster Linie Häfen im östlichen Mittelmeer an, wodurch die Gesellschaft das wichtigste Transportunternehmen nicht nur für Österreich, sondern auch für das Osmanische Reich wurde. Der Bereich, den der Lloyd abdeckte, vergrößerte sich aber im Lauf der Zeit immer mehr und reichte schließlich bis nach Ostasien und Lateinamerika. Zehn Jahre nach seiner Gründung hatte der Lloyd maßgeblich dazu beigetragen, dass Triest zu einem der zehn bedeutendsten Häfen der Welt aufgestiegen war.

Zum ersten Mal standen den Geschäftsleuten der Stadt nach einem festen Fahrplan verkehrende Schiffe zur Verfügung, mit denen sich Waren und Passagiere kreuz und quer über das Mittelmeer transportieren ließen, von Marseille bis nach Thessaloniki, von Alexandria bis nach Istanbul. 1851 beförderte der Lloyd 222 000 Passagiere, über eine halbe Million Briefe und mehr als eine Viertelmillion Pakete.[23] Für Dalmatien, dessen Hafenstädte im Allgemeinen von unwegsamem gebirgigem Gelände umgeben waren, boten die Schiffe der Gesellschaft Seeverbindungen, die ein viel schnelleres und bequemeres Reisen gestatteten, als es auf dem Landweg möglich war. Im März 1848 war es dann auch ein Dampfer des Lloyd und keine Postkutsche, der die Nachricht von der in Wien ausgebrochenen Revolution in die Hafenstadt Zara (Zadar), die dalmatinische Hauptstadt, brachte.[24]

Ein österreichisches Dampfschiff im Hafen von Triest um die Mitte
des 19. Jahrhunderts. Gemälde von P. Kappley

Direkt nach den Napoleonischen Kriegen wirkten einflussreiche Politiker, private Unternehmer und eine Handvoll österreichischer Offiziere auf den Kaiser und seine Berater ein, damit zunächst von Pferden gezogene, später mit Dampf betriebene Eisenbahnen zur schnelleren Beförderung von Gütern, Reisenden und Soldaten im Reich eingesetzt wurden. 1816, nach der Rückkehr von einer Englandreise, drängte der reformerisch gesinnte Erzherzog Johann seinen Bruder, Kaiser Franz, es den Engländern gleichzutun und ein Schienennetz anlegen zu lassen. 1825 trat er für den Bau einer Eisenbahnlinie ein, die Triest mit Hamburg verband (und durch seine steirische Heimat lief und an Wien vorbeiführte).[25] In den 1830er-Jahren fand der Erzherzog Unterstützung bei mehreren einflussreichen Bankiers (Rothschild, Sina) und Industriellen.

Die ersten Vorschläge zum Bau von Eisenbahnlinien wurden von Privatleuten gemacht. Für gewöhnlich sollten die Trassen neben bereits existierenden und vielbenutzten Handelsrouten errichtet werden. Mit der allerersten Strecke, die in Österreich angelegt wurde, sollte eine Reihe von Transportproblemen überwunden werden, denen man früher einmal mit einem komplexen System von Kanälen hatte beikommen wollen. Seit den Zeiten Maria Theresias hatten die österreichische Regierung und einflussreiche Kaufleute nach einer Möglichkeit gesucht, den Schiffsverkehr auf der durch Südböhmen fließenden Moldau – die in die nordwestlich fließende Elbe mündete, auf der man bis nach Hamburg gelangen konnte – mit der von Westen nach Osten fließenden Donau zu verbinden. Der Ingenieur Franz Joseph Gerstner (1756–1832) meinte 1807, dass das schwierige Terrain, das Moldau und Donau trennte, leichter mit einer Eisenbahn zu überwinden sei, deren Bau auch weniger kosten würde als der einer Reihe von Kanälen.[26] Gerstner und sein Sohn Franz Anton setzten hierfür als erste eine neue Technik ein: Sie ließen an problematischen Stellen Durchbrüche durch den Fels schaffen oder Dämme anschütten, so dass sich ein moderat ansteigender Schienenstrang bauen ließ. 1824 erwirkte Franz Anton Gerstner bei der Regierung eine Konzession, um auf der 139 Kilometer langen Strecke für einen Zeitraum von fünfzig Jahren eine Pferdeeisenbahn zu betreiben, die Budweis an der Moldau im Süden Böhmens mit dem Donauhafen von Linz in Oberösterreich verband. Mit einer derartigen Konzession erhielt der Antragsteller das alleinige Recht, für eine bestimmte Zeit die betreffende Eisenbahnstrecke zu betreiben, und oft verpflichtete sich der Staat mit ihrer Erteilung auch, den Investoren eine im Voraus festgelegte Anlagerendite zu garantieren.[27] Um die Öffentlichkeit für seine Vorhaben zu interessieren, ließ Gerstner sogar eine 250 Meter lange Teststrecke im Prater anlegen.

Als man die Arbeiten an der Strecke Linz–Budweis in Angriff nahm, war dies das erste derartige Projekt in Europa.[28] In den 1830er-Jahren jedoch ließen mehrere andere europäische Staaten Eisenbahnlinien bauen. Vor allem die kleinen und mittelgroßen Staaten des Deutschen Bundes beeilten sich, in den Besitz dieser neuartigen Transportmöglichkeiten zu gelangen, da sie vermeiden wollten, dadurch, dass wichtige Handelsrouten in Zukunft durch benachbarte Staaten verlaufen würden, umgangen zu werden. Dieses Bedürfnis, Einfluss darauf neh-

Der Eisenbahnviadukt bei Brünn (Brno) mit der Stadt im Hintergrund

men zu können, wo genau die sich ausbildenden neuen Handelsrouten
verliefen, machte den Bau von Eisenbahnstrecken für die kleinen deutschen Staaten zu einer dringlicheren Aufgabe als für Österreich. Dennoch taten sich 1829, als die Arbeiten an der Strecke, die Moldau und
Donau auf dem Landweg verbinden sollte, noch nicht abgeschlossen
waren, Gerstner und der Ingenieur Franz Xaver Riepl (1790–1857) mit
dem Bankier Salomon von Rothschild zusammen, um bei der Regierung um die Erteilung einer Konzession für ein ambitionierteres
Projekt nachzusuchen: Sie planten den Bau einer Strecke, auf der mit
Dampf betriebene Lokomotiven verkehren sollten und die Wien mit
den Erz- und Kohlenbergwerken in Nordmähren und den Salzberg-
werken im weiter östlich gelegenen Galizien verbinden würde.[29] Zwar
weigerte sich der knauserige Kaiser Franz, die Konzession zu gewähren, doch fünf Jahre später erteilte sein Sohn Ferdinand dem Bankier
Rothschild die Genehmigung zur Gründung einer Aktiengesellschaft,

die die sogenannte «Kaiser Ferdinands-Nordbahn» betrieb, welche später Wien mit Mähren, Schlesien, Galizien und schließlich auch mit der Bukowina verbinden sollte. 1838 verließ der erste Personenzug den Wiener Vorort Floridsdorf und fuhr ungefähr fünfzehn Kilometer nach Nordosten bis nach Deutsch-Wagram. Im Juli 1839 nahm die neue Gesellschaft den regelmäßigen Fahrdienst zwischen Wien und Brünn, der Hauptstadt Mährens, auf.[30] Innerhalb eines Jahres beförderte sie mehr als 228 000 Fahrgäste nach Brünn, ein Jahr später transportierte sie bereits Güter mit einem Gesamtgewicht von knapp 30 000 Tonnen.[31]

Historiker unterteilen die Geschichte des österreichischen Eisenbahnwesens gerne in mehrere Phasen, wobei der Wechsel der Besitzverhältnisse – von privat zu öffentlich und umgekehrt – die Zäsuren schafft. Die erste Phase war vorwiegend von Privateisenbahnen bestimmt und endete 1841, als die Regierung einen umfassenden Plan zum langfristigen Aufbau eines Schienennetzes vorlegte, der von ihr durchgeführt werden sollte, wobei sich aber immer noch private Unternehmer an einzelnen Bauabschnitten beteiligten. Diese «Staatsbahnphase» endete Mitte der 1850er-Jahre, als die in die Höhe schnellenden Kosten den Staat zwangen, zur Erteilung von Konzessionen an Privatunternehmer zurückzukehren. Gegen Ende des neunzehnten Jahrhunderts übernahm der Staat dann wieder eine direktere Rolle beim Bau und Betrieb von Eisenbahnen. Diejenigen, die in der Art der Besitzverhältnisse den entscheidenden Faktor für die Entwicklung des österreichischen Eisenbahnwesens sehen, gehen davon aus, dass der Staat und die privaten Unternehmer fundamental divergierende Interessen hatten. Ihnen zufolge hätte ein freier Markt ganz anders verlaufenden Strecken Priorität eingeräumt, als der Staat es tat. Verfechter dieser These behaupten, dass es in der ersten Staatsbahnphase (1841–1854) das Militär war, das die Gestalt des Eisenbahnnetzes diktierte und damit den Interessen der Geschäftsleute und Industriellen geschadet habe. Das Militär habe Strecken anlegen lassen, die zu strategisch wichtigen, aber für die Wirtschaft nicht relevanten Orten führten; aus diesem Grund habe, anders als in Großbritannien und Frankreich, die Eisenbahn das Wirtschaftswachstum *nicht* gefördert. Die Eisenbahnen hätten eben militärischen Zwecken dienen müssen und nicht wirtschaftlichen, staatlichen und privaten Interessen. Einige Historiker sind sogar der Ansicht, die Tatsache, dass die Eisenbahnen im Besitz des Staates waren, habe die ökonomische Entwicklung verzögert und zu einer «wirtschaftlichen Zurückgebliebenheit» des «östlichen» Landes Österreich beigetragen, während der Eisenbahnbau in den «westlichen» Ländern – Frankreich, Belgien und den deutschen Staaten – die wirtschaftliche Entwicklung nachdrücklich begünstigt habe.[32]

Diese Argumentation passt gut zu einer Reihe anderer weit verbreiteter Ansichten, denen zufolge die generelle Rückständigkeit in Osteuropa auf ein zu exzessives Eingreifen des Staates zurückzuführen war. Dieses Gedankenmodell hat seine Ursprünge unverkennbar im Kalten Krieg: Ein im Osten herrschendes quasimilitärisches despotisches System spannte eine schwache einheimische Unternehmerklasse vor den Karren seiner imperialen Bestrebungen und verhinderte damit das Entstehen eines freien Marktes, wie er angeblich den Westen charakterisierte, wo die Bourgeoisie über den Eisenbahnbau bestimmt habe. Weder die Charakterisierung der Verhältnisse im Osten noch die der Verhältnisse im Westen ist zutreffend; doch solche Klischeevorstellungen, vor allem wenn sie mit übergreifenderen Argumenten im Zusammenhang stehen, sterben nicht so schnell aus. Erst in jüngster Zeit haben Historiker nachgewiesen, dass man keinen solchen Zusammenhang zwischen dem österreichischen Eisenbahnnetz und der ökonomischen Entwicklung des Landes herstellen kann.

Es stellte sich heraus, dass in den 1840er-Jahren die Prioritäten, die unabhängige Unternehmer aufgrund der Marktverhältnisse setzten, sich nicht wesentlich von denen des Staates unterschieden. In der Tat scheinen solche Prioritäten weit mehr zum Bau bestimmter Strecken angeregt zu haben als militärische Interessen. Es stimmt, dass Kaiser Ferdinand 1841 erklärte, alle Eisenbahngesellschaften könnten verstaatlicht werden, falls das im Kriegsfall nötig werden sollte. Ungeachtet dessen verfügte das Militär über keine genauen Vorstellungen davon, *wie* es die Eisenbahn für seine Zwecke einsetzen könnte. Militärstrategen waren besorgt, dass die Schienen zu leicht durch feindlichen Artilleriebeschuss zerstört werden könnten, als dass sie im Krieg von großem Nutzen wären. Sie schätzten das Potenzial der

Eisenbahnen generell gering ein, bis sich anlässlich der Krisen des Jahres 1846 in Galizien erwies, dass sie Soldaten und Vorräte schnell und billig befördern konnten. Auch nach dieser positiven Erfahrung jedoch und sogar nach dem erfolgreichen Einsatz des neuen Transportmittels durch Feldmarschall Radetzky (1766–1859) während der Revolutionen von 1848 initiierte das Militär nie von sich aus Eisenbahnbauprojekte, und es bestand auch nie darauf, dass bestimmte Strecken angelegt wurden. Vielmehr scheint das Militär vor allem solche Vorhaben unterstützt zu haben, an denen Geschäftsleute schon zuvor Interesse bekundet hatten.[33] Es verhielt sich allenfalls so, dass Industrielle oder Bankiers gelegentlich militärische Notwendigkeiten geltend machten, um den Bau der von ihnen gewünschten neuen Strecken zu rechtfertigen. 1839 beispielsweise, als Abgeordnete des galizischen Landtags beim Staat um die Finanzierung eines Bauvorhabens nachkamen, durch das Bochnia (Salzberg) mit der Provinzhauptstadt Lemberg verbunden werden sollte, machten sie geltend, dass eine solche Strecke auch – nicht näher spezifizierte – «strategische Vorteile» mit sich bringen würde.[34]

Ob die Eisenbahnen in Privatbesitz waren oder Eigentum des Staates, war also letztlich nicht von so großem Belang. Wichtig ist aber, wie darüber entschieden wurde, welche Strecken vorrangig ausgebaut werden sollten. Nach den ersten zehn Jahren privater Initiativen in verschiedenen Regionen der Monarchie wurde der Zentralstaat (nicht aber das Militär) federführend, was die Planung eines flächendeckenden Eisenbahnnetzes betraf. Private Unternehmer konnten dann die Realisierung übernehmen. 1838 reklamierte die Regierung in Wien von den Behörden der Kronländer sogar das Recht, Eisenbahnkonzessionen zu erteilen.[35] Das vom Staat festgelegte Schienennetz beeinflusste später im neunzehnten Jahrhundert maßgeblich kulturelle und wirtschaftliche Entwicklungen; es verurteilte einige Regionen dazu, in diesem Zusammenhang eine periphere Existenz zu führen, während es andere Orte zu florierenden regionalen Wirtschaftszentren machte.

In Brünn beispielsweise, das schon vor 1840 ein Zentrum der Textilmanufaktur gewesen war, erfuhr die örtliche Industrie durch den Anschluss an die Kaiser Ferdinands-Nordbahn weiteren Aufschwung. Der Zustrom von Textilarbeitern aus den ländlichen Regionen hielt an, wodurch die Zahl der Einwohner auf mehr als 47 000 im Jahr 1850 stieg. Verkehrswege und spezifische Verbindungen konnten sich entscheidend auf die wirtschaftliche und demografische Entwicklung eines Ortes auswirken.[36] Das war mit Sicherheit der Fall, als der Staat den – mit großen technischen Herausforderungen verbundenen – Bau einer Eisenbahnstrecke plante, die von Wien bis zum wichtigsten Seehafen des Reiches, Triest, führen sollte. 1849 verknüpfte diese sogenannte «Südbahn» Wien bereits mit Laibach (Ljubljana), der Hauptstadt von Krain. Nachdem man eine Reihe weiterer technischer Herausforderungen hatte meistern können, konnte 1857 auf der Strecke Wien – Triest der Betrieb aufgenommen werden.[37]

Populäre Visionen von einem starken Staat in Galizien und Dalmatien

Verbesserte Transport- und Kommunikationsmöglichkeiten verhalfen Industrie und Manufaktur in mehreren Teilen Österreichs zu einem Aufschwung, doch kaschierte dies nur die Tatsache, dass in vielen ländlichen Regionen des Reiches die Verhältnisse unverändert geblieben waren und dort weiter Elend und bittere Armut herrschten. Da sich mit dem Terminus «industrielle Revolution» gemeinhin die Vorstellung von einem tiefgreifenden Wandel verbindet, scheint es wichtig, darauf hinzuweisen, dass die Änderungen, die die im Entstehen begriffene Industrie in ihrer Frühzeit herbeiführte, weder konsistent waren noch unmittelbare Auswirkungen auf das Leben der meisten Menschen auf dem europäischen Kontinent hatten. Sogar innerhalb eines Landes konnte ein Bezirk einen raschen sozialen Wandel erfahren, während im Nachbarbezirk die traditionelle, jahrhundertealte Lebensweise erhalten blieb. Und jene Regionen, in denen die frühe industrielle Revolution ihren Schwerpunkt hatte, waren oft einem Auf und Ab ausgesetzt, was die Auftrags- und Beschäftigungslage betraf: In einem Jahr konnte ein großer Bedarf an Fabrikarbeitern bestehen, sechs Monate später musste man diese oft wieder entlassen. Ein weiterer irritierender und deutlich sichtbarer Effekt der Industrialisierung war, dass sie unfassbaren Reichtum für einige hervorbrachte, andere aber in tiefste Armut stürzte, und dies oft in ein und derselben Stadt.

Die Habsburger waren nicht unmittelbar für das Aufkommen der Industrie in Orten wie Brünn verantwortlich, ihrer Regierung war aber das Fehlschlagen der administrativen und sozialen Reformen in mehreren von Armut heimgesuchten ländlichen Gebieten anzulasten. In der ersten Hälfte des neunzehnten Jahrhunderts hielten sich die traditionelle feudale Gesellschaftsordnung und das mit ihr verbundene Elend in keiner der von ihnen beherrschten Region so zäh wie in Galizien, Österreichs Anteil an den Teilungen Polens. Maria Theresia und Joseph II. hatten gehofft, dort eine aufgeklärte Modellgesellschaft begründen zu können, doch die Bauern blieben an das Land gefesselt, mussten für ihre Herren weiter umfangreiche Frondienste leisten und überdies noch Abgaben in Form von Naturalien entrichten. Dieses System konnte vor allem deswegen weiterbestehen, weil die Grundherren den Bauern regelmäßig mit Gewalt drohten. Es lebte aber auch in Gestalt der vielen Demütigungen weiter, denen die Bauern täglich vonseiten der Gutsbesitzer und ihrer Verwalter ausgesetzt waren. Zudem profitierte diese Ordnung durch die stillschweigende, wenn auch unbeabsichtigte Hilfe durch den Zentralstaat, der oft die Armee ausschickte, um die in der ersten Hälfte des neunzehnten Jahrhunderts zunehmenden Bauernrevolten zu unterdrücken, während er gleichzeitig die Rückständigkeit der Provinz beklagte.

Der Staat hatte seit der ersten Polnischen Teilung im Jahr 1772 ehrgeizige Pläne zur Reform Galiziens entwickelt und das Kronland als eine Art Experimentierfeld für aufklärerische Maßnahmen behandelt. Doch hatte, wie viele Autoren seit jener Zeit erklärten, Österreich dort offensichtlich nur sehr wenig erreicht. Der galizische Adel hatte keine Verpflichtung zur Verbesserung der Existenzbedingungen der Bauern anerkannt, und nur wenige positive Anreize hätten wohl signifikante Änderungen im traditionellen feudalen System bewirken können. Maria Theresia und Joseph II. hatten zwar die Leibeigenschaft formell abgeschafft, was dem Reich einen gewissen Grad an Loyalität vonseiten der Bauern eingebracht hatte. Diese Reformmaßnahme hatte es den Grundbesitzern beispielsweise verboten, ihre Bauern eigenhändig auszupeitschen oder ihnen die Heirat zu verbieten. Gleichzeitig waren die Arbeitsleistungen, zu denen die Bauern gegenüber ihren Herren verpflichtet waren, reduziert worden: Sie mussten maximal drei Tage in

der Woche Frondienste leisten, während es vorher – auf einigen Guts-
höfen zumindest – fünf oder gar sechs gewesen waren. Darüber hinaus
hatte Joseph II. versucht, die umfassenden rechtlichen Befugnisse der
Grundherren einzuschränken, indem er den Bauern die Möglichkeit
gab, gegen diese zu klagen.[38] Trotzdem funktionierte das System weiterhin mehr oder weniger so wie seit Jahrhunderten: Es kam weiterhin
zu Auspeitschungen, die Arbeitsanforderungen überschritten das gesetzlich erlaubte Maß, und die Bauern hatten kaum die Möglichkeit,
juristisch gegen diese oder andere Ungerechtigkeiten vorzugehen. Der
Grund dafür lag darin, dass der Staat, obwohl er so viele die Verhältnisse auf den Gütern betreffende Gesetze erließ, wieder einmal nicht
über genügend Ressourcen verfügte, um deren Umsetzung zu gewährleisten. In Galizien besaß die Zentralregierung auch keine Verbündeten
vor Ort, auf die sie bei ihren reformerischen Bestrebungen hätte zurückgreifen können; das heißt, es gab keine im Entstehen begriffene
Mittelklasse und keine Bildungseliten, an welche die Staatsbeamten
sich hätten um Beistand wenden können oder deren Angehörige die
Beamtenschaft mit neuen Rekruten hätte versorgen können. Galizische
Juden, die als kleine Ladeninhaber, Geldverleiher oder Gutsverwalter so
etwas wie eine Mittelschicht bildeten, unterstanden der strengen Kontrolle adeliger Gutsbesitzer. Und diesen «starken Männern» der Region
war es ein Leichtes, die örtlichen Beamten, die eigentlich die Befolgung
der kaiserlichen Gesetze hätten erzwingen sollen, zu beeinflussen oder
zu bestechen.

Es überrascht nicht, dass enttäuschte Reformer und moralisierende
Kommentatoren aus Wien diese Situation mit dem Mythos von einer
extremen Rückständigkeit Galiziens erklärten und diese Rückständigkeit der Kultur der Galizier oder sogar der ihnen angeborenen Natur
zuschrieben.[39]

Einer der maßgeblichen Gründe für die so schwierige Durchsetzung
der Reformen gegen die Widerstände des galizischen Adels war hingegen auch die geringe Lese- und Schreibkenntnis der Bauern. Im
Gegensatz zu anderen Teilen des Reiches hatten Bemühungen des Staates, die Bildung zu verbessern, in den galizischen Dörfern kaum eine
Wirkung. Sogar in Ortschaften, die sich einer Gemeindeschule erfreu-
ten, besuchten die Kinder nur selten regelmäßig den Unterricht. Statis-

tiken für das Jahr 1842 zeigen, dass – offiziell zumindest – nur 15 Prozent aller schulpflichtigen galizischen Kinder den Unterricht besuchten, während es im Vergleich dazu in Böhmen 94 Prozent waren.[40] Im Bezirk Stanislau (Stanisławów) in Ostgalizien hatten 73 Prozent der Kinder nie eine Schule von innen gesehen. Von den 27 Prozent, die tatsächlich den Unterricht besuchten, tat nur ein Viertel das mit einiger Regelmäßigkeit. Oft war es der Organist der örtlichen Kirche oder der Priester (der selbst manchmal nur mit Mühe lesen und schreiben konnte), der die Rolle des Lehrers übernahm, um so den eigenen Verdienst ein wenig aufzubessern. Es überrascht daher nicht sonderlich, dass noch zu einem so späten Zeitpunkt wie 1865 nur 45 Prozent aller zum Militär eingezogenen Rekruten aus Galizien lesen und schreiben konnten. Einige Großgrundbesitzer sorgten tatsächlich dafür, dass diejenigen von den Bauernsöhnen, denen es gelungen war, ein wenig Bildung zu erwerben – und manchmal sogar die Lehrer der Gemeindeschulen –, von allen Ortsansässigen als erste zum Militär eingezogen wurden.

Ohne die Gesetzestexte lesen zu können, in denen ihre Verpflichtungen gegenüber den Grundherren aufgelistet waren, waren die Bauern kaum in der Lage, mit Erfolg gegen ihre Herren zu klagen. Der galizische Adel war aus diesem Grund daran interessiert, zu verhindern, an diesem Zustand etwas zu ändern. Als um 1840 der unierte Bischof von Przemyśl vorschlug, die Einrichtung einer größeren Zahl von öffentlichen Volksschulen in den Dörfern vom galizischen Landtag finanzieren zu lassen, lehnten die Abgeordneten dies nahezu einstimmig ab. Mit einem gewissen Sarkasmus gaben sie zu bedenken, eine größere Zahl von Schulen würde nur dazu führen, dass eine größere Zahl von Bauern Petitionen an die Behörden des Distrikts richtete.[41] Wie dieses Beispiel deutlich macht, waren die Behörden der Regionen oder Provinzen für die Finanzierung der Schulen zuständig, deren Einrichtung die Zentralregierung seit der Einführung der allgemeinen Schulpflicht durch Maria Theresia angeordnet hatte.

Anscheinend war den galizischen Bauern bewusst, dass ihre adeligen Herren nur wenig Sympathie für die kaiserliche Regierung in Wien empfanden. Das Wissen um diese Spannungen verlieh ihrer mythisch überhöhten Vorstellung vom Habsburger Kaiser, der sich väterlich um ihr Wohlergehen sorgte, weitere Nahrung. In den Kreisen der Bauern war man überzeugt, dass der Kaiser, wenn er gewusst hätte, was genau in Galizien vor sich ging, diesem Treiben Einhalt geboten hätte. Damit gaben sie keineswegs ihre Weltfremdheit oder Naivität zu erkennen, wie man aus heutiger Sicht meinen könnte. Im Gegenteil – dieses Bild des Kaisers diente den Bauern dazu, sie in ihrer Weigerung, Forderungen der Adligen nachzukommen, und in ihrer Entschlossenheit, juristisch gegen ihre Herren vorzugehen, zu bestärken. In diesem Sinn verlieh der Mythos des guten Herrschers, der durch die in den 1770er- und 1780er-Jahren erlassenen Reformen eine Bestätigung fand, den Bauern in ihrem fortwährenden brutalen Kampf gegen ihre Herren auch auf symbolischer Ebene eine Handlungsvollmacht. Die Bauern Galiziens rechtfertigten ihre wiederholten Aufstände im frühen neunzehnten Jahrhundert häufig damit, dass sie sich auf angebliche Erlasse des Kaisers beriefen. Viele glaubten in der Tat, dass die Habsburger bereits jegliche Verpflichtung zu Dienst- oder Arbeitsleistungen abgeschafft hätten, ihnen diese wichtigen Informationen jedoch von korrupten Beamten und mit diesen unter einer Decke steckenden Grundherren vorenthalten worden seien.

In John Paul Himkas Untersuchung des galizischen Dorflebens werden immer wieder Bauern erwähnt, die die kaiserliche Autorität anrufen, um ihre Herren herauszufordern oder bewaffnete Aufstände gegen diese zu legitimieren:

> Als im Januar 1784 Rutkowski, der Oberbeamte des Kreises Przemyśl, den Bauern das kaiserliche Patent vom 1. Oktober 1781 die Reform der Leibeigenschaft betreffend vorlas, sagten sie zu ihm, jener Teil des Patents sei tatsächlich von Kaiser verfasst worden, jener andere aber, in dem sie zur Fronarbeit und Arbeit an den Straßen verpflichtet wurden, sei von den Grundherren geschrieben worden. 1819 weigerten Bauern aus Komarno sich, ihrem Herren Viehfutter, Hühner und Kapaune zu liefern, solange sie keine Nachricht vom Kaiser erhalten hätten. «Wenn der Kaiser uns auf unsere Petition antwortet, dann werden wir tun und geben, was immer er uns heißt.»[42]

Die treue Ergebenheit der Bauern gegenüber der Habsburgerdynastie wird heute häufig evoziert, um ein simplifizierendes und nostalgisches

Bild von einem prohabsburgischen Bauernstand zu zeichnen, das jedoch nicht den Realitäten bäuerlicher Ansichten über die herrschenden Machtverhältnisse entspricht: Galizische Bauern misstrauten nämlich grundsätzlich *allen* Beamten, gleich, ob diese einen örtlichen Gutsbesitzer oder den Kaiser in Wien repräsentierten. Wie wir im folgenden Kapitel sehen werden, war vielen Bauern aber bewusst, dass ihre generelle Lage sich nach den Polnischen Teilungen, das heißt, nachdem sie unter österreichische Herrschaft gekommen waren, verbessert hatte. Daher beriefen sich die Bauern aus Eigeninteresse so oft wie möglich auf die höhere Autorität der Habsburgermonarchie als Ganze, um der Autorität, die ihre Herren vor Ort für sich in Anspruch nahmen, etwas entgegenzusetzen. Hinzu kam, dass österreichische Bezirksbeamte oder Bezirksgerichte gelegentlich Bauern geholfen hatten, Rechtsverfahren gegen ihre Herren zu gewinnen.

Seit den 1820er-Jahren verschlechterte sich in Galizien jedoch die wirtschaftliche Lage der Bauern. Adlige, die versuchten, ihre eigenen – aufgrund der durch den Krieg ausgelösten Inflation – geringer werdenden Einkommen aufzubessern, ersannen ausgeklügelte Vorwände, um die Anzahl der Stunden, die ihnen die Bauern je Arbeitstag schuldeten, zu erhöhen oder ihre eigenen Besitzungen auf Kosten von Land zu erweitern, das traditionellerweiseweise von Bauern gemeinschaftlich genutzt worden war. In letzterem Fall brachten die Grundherren einfach die an ihre Ländereien angrenzenden Flächen an sich, die Dorfgemeinden als Weidegründe für ihr Vieh benutzt oder auf denen sie Brennholz für den Winter gelagert hatten. Als Klagen über diese Praxis und Petitionen, sie zu unterlassen, ungehört verhallten, weigerten die Bauern sich vielerorts häufig, den Robot zu leisten oder ihre Naturalabgaben zu erbringen. Oder aber sie reagierten in ihrer Verzweiflung mit Gewalt. In solchen Fällen konnten die Grundherren darauf zählen, dass das kaiserliche Militär die Aufsässigen disziplinierte und die Ordnung wiederherstellte.

In Galizien erwies sich das österreichische Militär für den lokalen Adel allerdings als zweischneidige Waffe. Dieser Teil des zuvor unabhängigen Polen war nämlich erst kurz zuvor, 1772, in die Monarchie eingegliedert worden. Ein paar Jahrzehnte später, während der Kriege gegen Frankreich, hatte der dortige Adel die Ausrufung eines angeblich unabhängigen polnischen Staates durch Napoleon erlebt. Das Herzogtum Warschau im Norden Galiziens bestand von 1807 bis 1815. Zwar war nach dem Krieg durch den Wiener Kongress kein eigenständiger polnischer Staat geschaffen worden, doch hatten die Kongressteilnehmer bestätigt, dass der Anteil des Zaren an der Beute als sogenanntes «Kongresspolen» eine Quasi-Unabhängigkeit einschließlich sprachlicher und kultureller Autonomie genießen sollte. Während diese Zusicherungen im Laufe der Zeit wieder zurückgenommen wurden, kamen in den Kreisen der Demokraten und der höchsten Adelsfamilien des Landes die Hoffnungen auf die Wiedergeburt eines unabhängigen polnischen Staates nie zum Erliegen. Viele von ihnen sympathisierten mit oder beteiligten sich an Verschwörungen gegen die drei Teilungsmächte (Russland, Preußen, Österreich), vor allem als es 1831 und 1863 in Russland zu Aufständen kam. Die Präsenz von österreichischem Militär in Galizien konnte also ebenso gut gegen den rebellischen polnischen Adel genutzt werden wie gegen aufsässige einheimische Bauern.

Ein anderes Kronland, in dem die ambitionierten Pläne des die Zentralisierung vorantreibenden Staates wiederholt eher durch den Mangel an finanziellen Ressourcen als durch Opposition vonseiten des einheimischen Adels durchkreuzt wurden, war Dalmatien. Auf dem Wiener Kongress war dieser adriatische Küstenstreifen, der wirtschaftlich zum Teil weit hinter den Erblanden zurücklag, Österreich zugesprochen worden. Dalmatien erstreckte sich von Istrien und der Krain im Norden bis nach Montenegro im Süden, war aber vom Rest der Monarchie abgetrennt: Gebirgszüge trennten das entlang des Meeres gelegene Territorium vom angrenzenden Hinterland (von Kroatien, Ungarn und dem unter osmanischer Herrschaft stehenden Bosnien). Die dalmatinischen Küstenstädte lebten vom lokalen Handel oder vom Fischfang, während isoliert am Fuß der Gebirge gelegene bäuerliche Gemeinden sich abmühten, dem mageren Boden etwas Getreide oder andere Feldfrüchte abzuringen. Der größte Teil von Dalmatien – mit Ausnahme der Stadt Dubrovnik (Ragusa) – war bis 1797 unter venezianischer Herrschaft gewesen, von 1809 bis 1813 hatte Napoleon über das gesamte Territorium regiert, das zu dieser Zeit Teil der von ihm geschaffenen französischen Provinz «Illyrien» war.

1818 zählte die Bevölkerung von Dalmatien rund 296 800 Menschen, von denen die meisten eine slawische Sprache (später u. a. in Kroatisch und Serbisch unterschieden) sprachen. Eine kleine städtische Minderheit (weniger als 5 Prozent) bediente sich auch des Italienischen. Von der slawischsprachigen Bevölkerung gehörten etwa 20 Prozent einer orthodoxen Kirche an, während der Rest Katholiken waren. In den Küstenstädten Dubrovnik und Split (Spalato) lebten zudem insgesamt an die vierhundert Juden. Noch 1848 waren die Hafenstädte Dalmatiens – sowohl nach österreichischen als auch nach generellen europäischen Maßstäben – relativ klein. Split war die größte mit einer Einwohnerschaft von 10 687, Dubrovnik zählte 5462 Bürger und Zadar (Zara), die Hauptstadt der Provinz, 7280.

Anders als in Galizien oder in Ungarn gab es in Dalmatien keine Schicht von einflussreichen adeligen Großgrundbesitzern, die die Gesellschaft seit alters her dominierte. Außerdem waren unter Napoleon alle Adelstitel abgeschafft worden, und nachdem die Österreicher die Herrschaft übernommen hatten, wurde ebenfalls die Mehrzahl der dalmatischen Adelstitel nicht anerkannt. Den Adligen des Landes, die unter den Venezianern zumeist Verwaltungsämter innegehabt hatten, war unter den Österreichern der Zugang zu diesen einträglichen Posten verwehrt. Sie zeigten wenig Interesse, irgendeiner Erwerbstätigkeit nachzugehen, und wenn sie nicht über Pachteinnahmen aus ihren Besitzungen verfügten, lebten sie in relativer Armut. Die einheimische Oberschicht setzte sich aus wohlhabenden, in den Küstenstädten ansässigen Kaufleuten, wenigen staatlichen Verwaltungsbeamten und einer Handvoll Gutsbesitzer zusammen. Ebenfalls anders als in Ungarn und in Galizien besaß die Provinz Dalmatien auch keine eigene ständische Versammlung und keinen Landtag, das heißt, keine Organe, die der Oberschicht der gesamten Region dazu hätten dienen können, ihren Interessen Ausdruck zu verleihen. Dies sorgte dafür, dass der Adel weniger gesellschaftlichen Einfluss hatte als in anderen Kronländern.[43]

In der Theorie hätte es staatlichen Reformern eigentlich leichter fallen müssen, Dalmatien zu reformieren, als etwa in Galizien Veränderungen herbeizuführen. Doch die Provinz blieb arm und nur mangelhaft ins Reich integriert. Mehrmals kam es dort im neunzehnten Jahrhundert zu Hungersnöten, und sporadisch brachen Rebellionen aus. National gesinnte kroatische Historiker sollten später behaupten, dass die angebliche Kolonialpolitik der Österreicher die wirtschaftliche Entwicklung in der Provinz deutlich gehemmt habe. Jüngere Studien weisen aber darauf hin, dass das Gegenteil der Fall war. Tatsächlich investierte der Staat im Verhältnis weit mehr in die Entwicklung der Wirtschaft und Gesellschaft Dalmatiens als in die der übrigen Regionen der Monarchie. Trotz solcher konzertierter Bemühungen von staatlicher Seite blieb die Analphabetenrate konstant hoch und die Nachfrage nach Konsumgütern außer Lebensmitteln äußerst niedrig. Bei einer so geringen Nachfrage der Einheimischen bestand kaum ein Anreiz zur Entwicklung des lokalen Handels oder zu landwirtschaftlichen Innovationen. In der Tat waren es staatliche Gehälter, die die geringe Nachfrage aufrechterhielten, vor allem in Verwaltungszentren wie Zadar oder dem neu errichteten Marinestützpunkt Kotor (Cattaro). Die ländlichen Regionen wiesen nur eine geringe soziale Differenzierung auf, es gab sehr wenig Handwerker, die ihre Dienste anboten, keine fortschrittlichen landwirtschaftlichen Verfahren und kaum Möglichkeiten, Bildung zu erwerben. Und da die Vereinbarungen, die anlässlich der Einverleibung der Region in das Habsburgerreich getroffen worden waren, die Dalmatiner von der Wehrpflicht befreiten, war ihnen eine Laufbahn beim Militär – durch die man ein gewisses Bildungsniveau erwerben und sozial aufsteigen konnte – verschlossen.

Aufgrund all dieser Faktoren, vor allem aber wegen der geringen landwirtschaftlichen Produktivität und der mangelhaften Infrastruktur, musste der Staat wiederholt Lebensmittel nach Dalmatien liefern, um drohende Hungersnöte zu verhindern. Die Bemühungen Wiens, Dalmatien «über Wasser zu halten», waren höchst augenfällig, was wiederum bei den Einwohnern Erwartungen weckte, die der Staat kaum erfüllen konnte. Zumindest in der ersten Hälfte des neunzehnten Jahrhunderts setzten viele gebildete Dalmatiner ihre Hoffnungen für die Region in das durch den österreichischen Kaiserstaat verkörperte imperiale Konzept. Ihre Zugehörigkeit zu diesem Reich würde ihnen die Rettung bringen, und sie hielten es für ihre Pflicht, die spezifischen Bedürfnisse ihrer Region der Regierung in Wien zur Kenntnis zu bringen. Mehrere zeitgenössische Beobachter äußerten sich nach 1815 voller Begeisterung überzeugt davon, dass die mächtigen neuen Herrscher über Dalmatien das Potenzial besäßen, durch gezielte Eingriffe die Gesellschaft der Provinz zu verändern.

In seiner Schrift *Memoria Statistica sulla Dalmazia* drängte etwa der Ingenieur Frane (Francesco) Zavoreo aus Split 1821 die neuen Herrscher, die Infrastruktur der Region zu entwickeln, die landwirtschaftliche Produktivität durch Vergrößerung der Anbauflächen zu verbessern sowie der Bevölkerung zu mehr Bildung zu verhelfen. Zavoreo nahm explizit auf die Möglichkeiten Bezug, über die das Reich seiner Meinung nach verfügte: «Es braucht [...] nichts als effiziente Anreize, um es [das dalmatinische Volk] aus seiner Lethargie aufzurütteln, *und diese können von nirgends kommen als von der Regierung, die das nötige Wissen und die nötige Macht in sich vereint.*»[44] Auch andere Zeitgenossen hofften auf die Einführung eines effizienten Schulsystems, etwas, das die Franzosen während ihrer Besetzung des Landes versucht hatten, was ihnen aber nicht gelungen war. Der Gymnasiallehrer Pietro Bottura aus Split schrieb 1830, dass der Grad von Kultiviertheit, den eine Nation erreicht habe – womit er die «dalmatische Nation» meinte – sich nicht an ihrer literarischen Produktion ablesen lasse, sondern vielmehr daran, ob sie durch Ausbildung «die Perfektionierung *aller* Personenklassen in ihren jeweiligen Fertigkeiten und Berufen» herbeigeführt habe. Vor Ort tätige österreichische Beamte stimmten dem zu. 1847 schrieb der Kreishauptmann von Ragusa (Dubrovnik), dass nur die Einrichtung von mehr Volksschulen die Einheimischen mit dem nötigen moralischen Empfinden erfüllen könne.[45] Verglichen mit Galizien, wo starke lokale Interessen staatlichen Versuchen, die Gesellschaft zu verändern, entgegenstanden, schien Dalmatien wesentlich offener zu sein für vom Staat initiierte landwirtschaftliche und kommerzielle Projekte und Neuerungen auf den Gebieten von Bildung und Erziehung.

Trotz der in das Reich gesetzten Hoffnungen verdeutlicht das Beispiel Dalmatien eine Besonderheit des österreichischen Staates, die in Galizien aufgrund der dort weiter bestehenden politischen Konflikte nicht zu erkennen ist: Vor die Wahl gestellt, verwendete die österreichische Regierung ihre beschränkten Ressourcen eher dafür, in den neu erworbenen Provinzen die Zentralisierung der Verwaltung voranzutreiben, als dazu, das wirtschaftliche oder kulturelle Niveau anzuheben. Genauer: Wenn er in Betracht zog, in die Infrastruktur, das Erziehungswesen oder die lokale Wirtschaft zu investieren, versuchte der Staat zunächst reichsweite Institutionen aufzubauen, was die Zeit, die nötig war, um regionale Institutionen zu schaffen, um Jahrzehnte verlängerte. Aus diesem Grund verstanden viele Dalmatiner in den 1830er- und 1840er-Jahren nicht, warum sich ein so mächtiger Staat, der so viel erreichen konnte, als so enttäuschend langsam und sogar pflichtvergessen erwies, wenn es darum ging, die besonderen Bedürfnisse ihres Landes zu befriedigen.

Die Erziehungs- und Bildungspolitik macht die verquere Logik der Regierung deutlich, deren Drang, zentralisierte administrative Strukturen zu schaffen, die Verfolgung ihrer eigenen politischen, sozialen und wirtschaftlichen Ziele vereitelte. Trotz seines politischen und gesellschaftlichen Konservatismus verfolgte Franz I. weiterhin die reformerische Vision Maria Theresias aus dem achtzehnten Jahrhundert, jedem Kind, egal welcher gesellschaftlichen Schicht es entstammte, eine elementare Bildung zu ermöglichen. Unter Franz war in den meisten Territorien des Habsburgerstaates aus dieser Vision tatsächlich weitgehend Realität geworden.[46] Niemand in Wien und erst recht nicht in Zadar (Zara) zweifelte daran, dass eine Ausbildung an einer lokalen Volksschule maßgeblich dazu beitragen würde, die wirtschaftliche Produktivität der dalmatinischen Bevölkerung zu steigern.[47] Doch wenn es darum ging, konkrete Maßnahmen zu erarbeiten, verbrachten der Kaiser und seine Ratgeber ihre Zeit damit, Strukturen zu ersinnen, die für alle habsburgischen Herrschaftsgebiete «passen» sollten. Sie verwendeten viel weniger Zeit darauf, sich Gedanken über die besonderen Bedürfnisse Dalmatiens zu machen oder Überlegungen darüber anzustellen, wie man den Bildungsstand der dortigen Bevölkerung gezielt verbessern konnte. Aus der Wiener Perspektive war es viel wichtiger, in Dalmatien im Bildungswesen die gleichen administrativen Strukturen zu schaffen, wie sie schon in den österreichischen und böhmischen Landen existierten, als wirklich gute Schulen zu bauen oder gute Lehrer auszubilden.

Von 1815 bis 1848 hatten Reformen des Bildungswesens, der Wirtschaft und der religiösen Angelegenheiten hinter der administrativen

Zentralisierung zurückzustehen. Ein kaiserlicher Erlass von 1818, mit dem das Bildungswesen in Dalmatien geschaffen wurde, machte schon im Titel die Prioritäten deutlich: «Organisirung der Volksschule in diesem Lande und deren allmählige Einführung».[48] Erst nach Abschluss der sorgfältigen Organisation konnte die Einführung erfolgen. Praktische Maßnahmen konnten erst dann durchgeführt werden, wenn übergeordnete Strukturen geschaffen waren. Unterdessen mussten Schulen, Lehrer und Schüler weiter warten. Wenn Einzelpersonen um die Erlaubnis nachkamen, private Volksschulen zu eröffnen, bevor die Organisation des neuen Systems abgeschlossen war, erhielten sie regelmäßig eine Absage, selbst wenn ihre Anträge von Verwaltungsbeamten der Provinz befürwortet wurden.

Doch auch nachdem das umfassende System eingeführt worden war, wurden wichtige lokale Besonderheiten, durch die Dalmatien sich von den Erblanden und den böhmischen Ländern markant unterschied, kaum berücksichtigt. So waren die Gehälter der Lehrer anderswo in der Monarchie mit 200 Gulden jährlich sehr niedrig angesetzt, weil die Priester, die als Lehrer tätig waren, meist noch andere Einnahmequellen besaßen. In Dalmatien hatten sie aber nicht die Möglichkeit, sich etwas hinzuzuverdienen. Die dürftigen staatlichen Gehälter reichten bei weitem nicht aus, um die Grundbedürfnisse zu decken. 1827 beschwerte sich der Erzbischof von Zadar (Zara) in Wien, dass es überall in seiner Diözese den Lehrern an angemessenen Unterkünften und den Mitteln zum Lebensunterhalt mangele. Am Ende befinde sich der Lehrer

> in demüthigender Abhängigkeit von rohen und armen Pfarrkindern, die ihm nur mit Widerwillen und oft mit Zwang ihre Schuldigkeiten leisten, [wodurch er] sich in der moralischen und physischen Unmöglichkeit befand, sein Seelenhirtenamt mit Erfolg zu üben.[49]

Die Regierung stellte zu ihrer Bestürzung auch fest, dass es die Einführung der für die Erblande sowie Böhmen und Mähren geltenden Einstellungsbedingungen unmöglich machte, einheimische Lehrer zu beschäftigen. Die Provinzverwaltung musste in Wien darum ersuchen, die Anforderungen herabzuschrauben. Weitere Regeln, die man von anderen Regionen der Monarchie auf Dalmatien übertragen hatte, bürdeten die Kosten der Errichtung von Schulgebäuden zur Gänze den Gemeinden auf. Auch dies führte dazu, dass die Gründung von neuen Schulen in dieser Region – und nicht nur dort – nur schleppend voranging.

Trotz solcher ins Auge stechender Fehler des österreichischen Staates – aber gerade auch deswegen, weil er keine solche Laissez-faire-Haltung einnahm wie der britische Staat jener Zeit – intervenierte er dennoch in ausreichendem Maß, um seine Existenz spürbar zu machen und immer wieder Hoffnungen zu wecken, er könne mehr bewerkstelligen. Staatliche Maßnahmen stellten zudem sicher, dass die Dalmatiner, anders als etwa die Iren, in Zeiten von Lebensmittelknappheit nicht verhungerten. Dennoch war Dalmatien letztlich eine äußerst kostspielige Belastung für den Staat, der dort regelmäßig ein gewaltiges Defizit erwirtschaftete. Die Einnahmen aus der Provinz reichten nie auch nur annähernd dafür aus, die Kosten für deren Verwaltung zu decken.[50]

Überwachung und Zensur

Die beschränkten finanziellen Ressourcen machten es dem österreichischen Staat unmöglich, seinen kaum zu zügelnden Drang nach administrativer Zentralisierung wirklich zu befriedigen, und dieser Mangel wirkte sich vermutlich auch auf den Charakter und die Effizienz des Metternich'schen «Polizeistaats», wie viele ihn genannt haben, aus. Wie wir schon gesehen haben, fürchtete die Regierung während der Napoleonischen Kriege und danach eine Mobilisierung des Volkes wie zur Zeit der Französischen Revolution. Doch während strengere Zensurvorschriften und die Bespitzelung der Untertanen in Kriegszeiten noch mit Verständnis rechnen konnten, lösten sie in Friedenszeiten Widerstand aus. Da die Regierung jegliches politische Handeln des Volkes unterbinden wollte, schien ihr eine stärkere Überwachung in den Jahren nach dem Krieg erforderlich zu sein. Die Polizei wurde insbesondere damit beauftragt, das Kommen und Gehen von Ausländern durch Passkontrollen und die Überprüfung der von den Gasthäusern geführten Gästeverzeichnisse zu überwachen. Außerdem sollten die Beamten in Erfahrung bringen, mit wem die Besucher aus dem Ausland in Österreich zusammentrafen. Im Verein mit der Arbeit der Zensoren sollte verhindert werden, dass gefährliche ausländische Ideen in Österreich Fuß fassten.

Allerdings war es der mit zu geringen finanziellen Mittel ausgestatteten Polizei kaum möglich, ein so weitgespanntes Spionagenetz aufzubauen, wie es einige Historiker behaupten, insbesondere deswegen nicht, weil sie weiterhin all die anderen Aufgaben erfüllte, mit denen die Regierung sie beauftragt hatte. Polizeibeamte trugen für die Behörden Informationen über lokale Ereignisse zusammen, die sich auf die öffentliche Stimmung auswirkten. Oft bespitzelten sie auch Inhaber öffentlicher Ämter wie Lehrer und Priester. Wie jedoch David Lavens Untersuchung zur Polizei in Venetien während dieser Zeit zeigt, war die Regierung nicht wegen möglicher politischer Unzuverlässigkeit solcher Staatsdiener besorgt, sondern wegen ihrer potenziellen sittlichen Defizite. Nach dem napoleonischen Intermezzo in Norditalien beispielsweise scheute man in Wien nicht davor zurück, frühere politische Widersacher einzustellen, um sich ihrer Loyalität zu versichern und ihre Talente auszunutzen. «Andererseits», so Laven, «musste ein versoffener Professor, ein den Frauen nachstellender Priester oder ein homosexueller Polizeidirektor die gesamte Regierung in Verruf bringen. Ein solcher Skandal galt als gefährlicher als eine Verschwörung.»[51] Mit anderen Worten: Die Polizisten waren häufig damit beauftragt, die Effizienz und Respektabilität anderer Zweige der Bürokratie zu kontrollieren; nur selten mussten sie wegen der angeblichen Bedrohung des Staates durch einen Aufstand aktiv werden.

Wenn man sich näher damit befasst, wie die Polizeibeamten ihre Aufgabe, Informationen zu beschaffen, erfüllten, stößt man auf ein unerwartetes Phänomen, dem man allerdings im neunzehnten und zwanzigsten Jahrhundert wiederholt begegnet: Wenn sie nämlich über lokale soziale Verhältnisse berichteten, orientierten sie sich oft an der an dem betreffenden Ort herrschenden öffentlichen Meinung. In Polizeiberichten werden häufig Maßnahmen der Regierung kritisiert, und die Verfasser scheuen nicht davor zurück, Reformen vorzuschlagen, die ihrer Ansicht nach die Lage der ortsansässigen Bevölkerung am wirkungsvollsten verbessern könnten. Da diese Vorschläge aber aus einer einseitigen Perspektive, unter ausschließlicher Beachtung der unmittelbaren örtlichen Verhältnisse, gemacht wurden, berücksichtigten sie nur selten auch die Nachbarbezirke oder ganze Regionen und die Auswirkungen, die die Reformen dort haben könnten. Daher lieferte die Polizei der Regierung ironischerweise genau jene Informationen, die diese sich wohl eher von den lokalen Institutionen erwartet hätte.[52]

Hinsichtlich Überwachung und Zensur konnte die Wiener Regierung, ähnlich wie auf dem Bildungssektor und bei der Entwicklung von Infrastruktur, nur selten ihre Ziele erreichen. Man konnte es sich nicht leisten, die Polizei oder die Zensurbehörde mit ausreichend Personal zur Erfüllung des Auftrags auszustatten. Finanzielle Engpässe hatten etwa zur Folge, dass man den Männern, die Bücher, Flugschriften und Zeitungen einer Zensur unterziehen sollten, nur relativ niedrige Gehälter zahlen konnte. Viele der Zensoren besaßen keinen besonders hohen Bildungsgrad und waren oft nicht in der Lage, Texte, die sie auf gefährliche Aussagen hin überprüfen sollten, zu verstehen. Häufig entgingen ihnen die klug verhüllten Anspielungen, die man in vielen literarischen regierungskritischen Texten fand. Einige Zensoren sympathisierten möglichweise auch mit den angeblich subversiven Aussagen von Autoren. Mehrere Städte wurden bekannt dafür, dass man dort Texte zu religiösen, politischen, wirtschaftlichen oder kulturellen Themen problemloser publizieren konnte als in anderen. Michael Chvojka zufolge waren Autoren wie Verleger mit den individuellen Vorlieben und Abneigungen der Zensoren in den verschiedenen Städten oder Regionen wohlvertraut und wählten den Erscheinungsort entsprechend aus.[53]

Die Zensur mag zwar verhindert haben, dass einige Bücher und vor allem Zeitungen in öffentliche Bibliotheken oder Lesesäle gelangten und so für das allgemeine Lesepublikum problemlos zugänglich wurden, doch aus privaten Bibliotheken und den Privaträumen von Lesegesellschaften ließen sie sich nicht so leicht heraushalten. Da mehrere hochrangige Mitglieder der Regierung und der Verwaltung Wiens Juridisch-Politischem Leseverein angehörten, wurde die Büchersammlung dieser Vereinigung vermutlich gelegentlich einer nur sehr laxen Überprüfung unterzogen. Als Polizeibeamte dort eine Razzia durchführten, stellten sie fest, dass die Vereinigung mehr als sechzig auf dem Index stehende Bücher besaß, von denen viele anscheinend von den

Mitgliedern oder von hochstehenden ausländischen Besuchern nach Österreich hereingeschmuggelt worden waren. In Graz und Innsbruck unterzog die Polizei ähnliche Lesegesellschaften, die ebenfalls über adelige oder vermögende Mitglieder verfügten, vergleichbaren Überprüfungen und meldete 1846 beispielsweise, im Grazer Johanneum auf «Unregelmäßigkeiten» gestoßen zu sein; im selben Jahr konfiszierte sie mehrere Zeitschriften, die sie im Innsbrucker Lesekasino entdeckt hatte.[54]

Gleichzeitig erließen die Zensoren oftmals einander widersprechende Vorschriften oder trafen widersprüchliche Entscheidungen. 1843 erteilte die Polizei der erwähnten Wiener Lesegesellschaft die Erlaubnis zur Subskription der *Leipziger Zeitung* und des *Grenzboten*, beides politisch linksstehende Zeitungen aus Sachsen, die zuvor verboten gewesen waren. 1844 erhielt die Gesellschaft das Recht zum Bezug von *Le Constitutionnel* und *Le Siècle*, zwei gemäßigt liberalen französischen Zeitungen, die die Zensoren zuvor ebenfalls auf den Index gesetzt hatten.[55]

Dass die Zensur so uneinheitlich urteilte, hielt die städtische Bevölkerung natürlich nicht davon ab, sich über sie zu beschweren, und diskreditierte die Regierung in der Öffentlichkeit. Doch wenn wir die Kritik von Zeitgenossen und späteren Historikern an der ausgeprägt reaktionären Natur des Regimes lesen, sollten wir berücksichtigen, dass Metternich sich hinsichtlich seiner Ansichten zu Gesellschaft und Politik nicht wesentlich von anderen Konservativen in Europa unterschied.[56] Die Zeit nach 1815 war von den Sorgen der Konservativen überall in Europa über das gesellschaftliche Chaos gekennzeichnet, das die Französische Revolution zunächst auf französischem Boden und dann, durch Napoleon, überall auf dem Kontinent angerichtet hatte. Sie fürchteten, die Verbreitung revolutionärer Ideen wie der von der sozialen Gleichberechtigung könne die kostbare Stabilität zerstören, die man nur aufrechterhalten konnte, indem man an der traditionellen gesellschaftlichen Hierarchie festhielt. Das galt auch für die Außenpolitik. Metternichs Versuch, die vom Wiener Kongress getroffenen Regelungen in den nachfolgenden Jahrzehnten vor jedweden Änderungen zu bewahren, bedeutete für Österreich, bei jeder größeren europäischen Krise zwischen 1815 und 1848 eine Intervention zumindest in Betracht zu ziehen, seien es Aufstände im Osmanischen Reich oder Revolutionen in Frankreich. Ihm war weniger daran gelegen, Österreich vom Rest Europas zu isolieren, als vielmehr sowohl die österreichische als auch die gesamte europäische Gesellschaft mit Hilfe der konservativen Verbündeten zu überwachen; damit wollte er die Verbreitung jener Ideen verhindern, welche die soziale Stabilität bedrohten. Metternich konnte seine Absichten aber nur selten in wirkungsvolle politische Maßnahmen ummünzen. Und zur Überwachung der eigenen Bevölkerung konnte – wie William L. Langer schon vor langer Zeit dargelegt hat – König Louis-Philippe 1848 in Paris auf 3000 Angehörige der Stadtgarde sowie 84 000 Männer der nationalen Garde zurückgreifen, und Königin Victoria in London auf 3000 gut ausgebildete Polizisten, 50 000 Soldaten und mehr als 150 000 besondere Wachtmeister zählen. Die Habsburger hingegen verfügten im selben Jahr zu ihrem Schutz in Wien über nicht mehr als 1000 Polizisten, eine städtische Garde von 14 000 Mann (die aber mehrheitlich Mitglieder von Marschkapellen waren) und eine Truppe von 14 000 Soldaten.[57] Hinsichtlich der polizeilichen Präsenz kann man also kaum davon sprechen, dass die Bevölkerung Österreichs um die Mitte des neunzehnten Jahrhunderts wesentlich schärfer überwacht wurde als die in anderen europäischen Ländern.

Bürgerliche Initiativen, soziale Verpflichtung und Kulturleben

Wie sah die bürgerliche Gesellschaft, die Metternich und seine Amtskollegen so sehr fürchteten, aus? In herkömmlichen Darstellungen der österreichischen Gesellschaft der Zeit zwischen 1815 und 1848 – vor allem ihrer Mittelschicht – stößt man auf Ausdrücke wie «ruhig» oder «unpolitisch». Damit wird das Bild einer Gesellschaft entworfen, die einer vorgeblich diktatorischen Herrschaft wenig oder gar keinen Widerstand entgegensetzte. In der Kunstgeschichte wird diese Epoche als Biedermeier bezeichnet, ein Terminus, der eine redliche und respektable bürgerliche Gesellschaft heraufbeschwört, die in erster Linie introvertiert und kleingeistig war und deren soziales Engagement kaum über die vier Wände des eigenen Salons hinausging. Gemälde wie Interieurs der Epoche scheinen dies auf den ersten Blick zu belegen. In der Malerei dominierten idealisierte häusliche Szenen oder ländliche Idyllen. Zum Teil ist dieses Bild einer fundamental apolitischen Gesellschaft, die durch Angst vor der Polizei, vor Zensoren und Spitzeln im Zaum gehalten wurde, auf die spätere liberale Kritik an der Ära Metternich zurückzuführen, eine Kritik, mit der man die so offenkundig zur Schau gestellten freiheitlichen Werte der Revolution von 1848 feierte, die der Herrschaft Metternichs ein Ende setzten. Spätere Historiker stützten sich aber auch auf die Vorstellung von einer apolitischen Gesellschaft, um den überraschenden Mangel an politischem Aktivismus in den sich ausbildenden bürgerlichen Klassen Österreichs zu erklären. Immerhin waren es genau diese gesellschaftlichen Gruppen, die etwa in Frankreich an der Entfesselung und anschließenden Eindämmung der Revolution von 1830 an vorderster Front beteiligt waren, während sie sich in Großbritannien offen für eine Reform des Wahlsystems eingesetzt hatten.

Spiegelte dieses angebliche politische «Stillhalten» auch eine grundlegende wirtschaftliche Rückständigkeit der österreichischen Gesellschaft im Vergleich zu den ökonomisch wesentlich weiter entwickelten Gesellschaften in Westeuropa wider? Die Tatsache, dass die Juli-Revolutionäre 1830 in Frankreich ein reaktionäres Regime stürzten oder dass die Agitation für eine Reform des Parlaments 1832 in Großbritannien von Erfolg gekrönt war, soll das neue Durchsetzungsvermögen der wachsenden kapitalistischen Klassen dieser Länder belegen. Was aber Österreich betraf, schrieben viele Historiker den offenkundigen Mangel an liberalem politischem Aktivismus einer Schwäche oder dem gänzlichen Fehlen jener bürgerlich-kapitalistischen Klassen zu, die andernorts einen selbstbewussten Liberalismus vertreten hätten. Die angeblich unterentwickelte Ökonomie Österreichs, so behaupteten viele Fachwissenschaftler, habe das Entstehen einer selbstbewussten und durchsetzungsfähigen Mittelklasse verhindert.

Die großen Machtbefugnisse, die die Polizei den Behauptungen vieler Historiker zufolge gehabt haben soll, schienen mit zu erklären, warum angeblich eine echte bürgerliche Gesellschaft fehlte, die der Diktatur Widerstand hätte entgegensetzen können. Metternich, so hieß es, sei es gelungen, das Aufkommen sowohl einer Mittelklasse als auch einer Schicht von Fabrikarbeitern, die die Legitimität seiner Regierung hätten anfechten können, zu verhindern. Die Gesellschaft selbst lieferte die Bestätigung dieser Annahme, da sie eben keine starken Stimmen des Widerspruchs hervorbrachte, keine politischen Gegenvisionen zur bestehenden Diktatur entwickelte und letztlich nicht rebellierte. Dennoch evoziert die Vorstellung von einem apolitischen Biedermeierstil, um bei dem kunstgeschichtlichen Terminus zu bleiben, von bürgerlicher «Domestiziertheit» einer in sich geschlossenen Mittelklassenwelt, zugleich das genaue Gegenteil von politischer und sozialer Ruhe. Der künstlerische Stil verweist auch auf eine sich ausbildende Mittelklassengesellschaft, die sich selbst und ihre Werte in zunehmend aggressiver Weise nach eigenen Kriterien definierte und dies gleichsam abgetrennt von den traditionellen aristokratischen oder feudalen Hierarchien, die das gegenwärtige Regime verkörperte, tat.

Die Autoren, die uns eine differenziertere Analyse der österreichischen Zivilgesellschaft dieser Periode geliefert haben, erinnern daran, dass das Metternich'sche Regiment mit einer Revolution im gesamten Habsburgerreich zu Ende ging. Sie weisen auf die wirtschaftliche Dynamik hin, die die Landschaft Österreichs veränderte, tausende Männer und Frauen vom Land in die neuen Industrie- und Handelszentren ziehen ließ und zur Entstehung eines Geflechts von neuen Handelsrouten und Transportwegen führte. Bei der Untersuchung der bürgerlichen Gesellschaft richten diese Historiker ihr Augenmerk darauf, wie die Angehörigen der Mittelklasse eigene bürgerliche Vereinigungen gründeten, um damit die Gesellschaft vor Ort zu verändern und sich weiterzubilden. Sie weisen zudem darauf hin, dass die moralischen Anstöße zur eigenen Weiterbildung größtenteils aus Visionen erwuchsen, wie die Gesellschaft gerechter und gewinnbringender organisiert werden könnte. Sowohl Adlige als auch Angehörige der Mittelklasse hingen solchen Visionen an – oft aus Enttäuschung über das zwanghafte Bemühen des Staates, den Status quo um jeden Preis zu erhalten, sowie über seine Unfähigkeit, die Änderungen herbeizuführen, die von diesen Teilen der Gesellschaft angestrebt wurden. Schaut man sich die Situation an einzelnen Orten näher an, stößt man auf viele solche alternativen Zukunftsbilder und genau so auf Fälle von politischer Opposition.

1835 veröffentlichte Faustin Ens (1782–1858) aus Troppau (Opava), der ganz im Norden des Reiches gelegenen Hauptstadt von Österreichisch-Schlesien, eine vierbändige Darstellung der Geschichte, der natürlichen Umgebung und des gesellschaftlichen Lebens seiner Heimatstadt.[58] Sein Werk erinnerte an die Bemühungen, die vielen Regionen Österreichs kartografisch zu erfassen, zu beschreiben, zu kategorisieren und zu katalogisieren und schließlich auch bildlich darzustellen, die man im achtzehnten Jahrhundert unternommen hatte, als Joseph II. solche Informationen für seine zentralisierenden und reformerischen Bestrebungen hatte verwenden wollen. Im frühen neunzehnten Jahrhundert hatte ein Kompendium dieser Art jedoch eine neue Bedeutung und neue Funktionen erhalten.

In der Einleitung tat Ens seine Absicht kund, eine Geschichte Troppaus vorzulegen, die dem Leser helfen sollte, die gegenwärtige Situation der Stadt zu verstehen, die nicht nur Ergebnis der segensreichen Herrschaft der Habsburger, sondern auch der Leistungen ihrer Bürger sei. Für Ens waren das Reich und der örtliche kulturelle Aktivismus untrennbar miteinander verbunden. Er stellte den Wohlstand der Stadt als das Resultat einer kaiserlichen Herrschaft dar, die die Bürger zu eigenen Initiativen angeregt habe, was vor allem unter Maria Theresia und ihren beiden Söhnen der Fall gewesen sei. Unter Maria Theresia nahm «die schlesische Regierung in Troppau […] auf höhere Anweisung dem Aberglauben die Nahrung und öffnete der Wahrheit den Zugang». Joseph II. «nahm des Bürgers Rechte in Schutz und sorgte für Volkserziehung».[59] Infolgedessen hätten die Einwohner von Troppau die Möglichkeit besessen, «das allmählige Gestalten des geistigen, sittlichen und bürgerlichen Lebens in diesem Fürstenthume» zu betreiben, was Ens auch als «den Hauptfaden [s]einer Erzählungen» ansah.[60] Ihm zufolge verdankte die aufstrebende Troppauer Bourgeoisie diese Selbstwahrnehmung vor allem der besonderen Lage ihrer Stadt im Österreichischen Kaiserstaat. Der gemeinsame Rahmen des *Reiches* ermöglichte es gewöhnlichen Bürgern, die Lebensqualität auf *lokaler* Ebene zu verbessern.

Obwohl in seiner Darstellung Kaiser und Generäle eine wichtige Rolle spielten, spendete Ens sein enthusiastischstes Lob seinen Mitbürgern für ihre Leistungen und Errungenschaften, gleich, ob sie adeliger oder bürgerlicher Abkunft waren, Deutsch oder eine slawische Sprache sprachen. Was für ihn am meisten zählte, war ihr unermüdliches Engagement für die bürgerliche, sozial verantwortliche und sittliche Troppauer Stadtgemeinde. Dieses bürgerliche Engagement an sich war es – und nicht so sehr die einzelnen Leistungen oder das gesellschaftliche, familiäre, sprachliche oder ethnische Erbe –, das diese Menschen zu wahrhaftigen Angehörigen der Stadtgemeinde machte.[61]

Ens rühmte vor allem den Fleiß und den Bürgersinn, den die Einwohner der Stadt im zurückliegenden halben Jahrhundert von 1785 bis 1835 unter Beweis gestellt hätten. Wie viele andere Städte hatte Troppau während der Napoleonischen Kriege tatsächlich einen wirtschaftlichen Aufschwung erfahren. Durch die Kontinentalsperre war die Konkurrenz aus Großbritannien ausgeschaltet worden, die Textilfabrikanten von Troppau hatten daher ihr Geschäft ausbauen können. In dieser Zeit wachsenden Wohlstands hatte sich das Erscheinungsbild der Stadt erheblich gewandelt. Die alten Giebeldächer waren verschwunden, weil man die Häuser um ein zusätzliches Stockwerk erhöht hatte. Im Inneren waren die Häuser viel schöner und bequemer ausgestattet worden, «und selbst in der Bestellung der Küche schritt man vorwärts».[62] Für Ens spiegelten solche Entwicklungen vor allem die positiven Veränderungen in der ganzen Stadtgemeinde und der Gemeinschaft wider. Er hielt fest, dass die Stadtbürger während dieser Periode die Lebensqualität aller Einwohner verbessert hatten, zum Teil durch ein Programm zur Verschönerung des Ortes, zum Teil dadurch, dass man Institutionen zum Wohle der Bürger gegründet habe. So wurden etwa ein Theater und eine neue Polizeiwache gebaut. Es gab Straßenbeleuchtung, und vor den Stadtmauern war ein Park angelegt worden. Und, wie Ens schreibt, vergaß man «[b]ei diesem vermehrten und veredelten Lebensgenuß [...] nicht seiner ärmeren Mitbrüder». Die Troppauer gründeten nämlich zudem ein Armenspital, das bald als vorbildliche Einrichtung seiner Art galt. Wie Ens hinzufügte, war es ein großes Glück, dass diese Institutionen in der Zeit des Wohlstands geschaffen worden waren, denn nach dem Krieg hatten es einheimische Händler und Textilfabrikanten der Stadt viel schwerer, da sie sich erneut der englischen Konkurrenz ausgesetzt sahen.[63]

Das größte Lob sparte Ens sich für drei Privatpersonen auf, die 1814

Ansicht von Troppau (Opava) um 1820. Gemälde von Georg Fritsch

in Troppau ein Museum und eine Bibliothek eröffnet hatten. Als Initiative von privater Seite, die den Bildungsstand in der Gemeinde erhöhen sollte, verkörpere dieses Projekt die höchste aller bürgerlichen Tugenden. Es verdiene besonders deswegen gerühmt zu werden, weil es für junge Leute, die das örtliche Gymnasium besuchten, von Nutzen sei. Diese könnten dort Werke zu allen möglichen Themen konsultieren sowie die naturhistorische Sammlung des Museums studieren, von den ausgestopften Vögeln bis hin zu den Edelsteinen und Mineralien. So würden sie die Art von praktischen Kenntnissen erwerben, die man ihnen im Klassenzimmer nicht würde vermitteln können. Man könne «durch die sinnliche Anschauung der Naturgegenstände den Lehrling vor falscher Vorstellung wahren, das Studium der Natur erleichtern und Lust für dasselbe erwecken». Ein Besuch des Museums und der Bibliothek erwecke in den Einwohnern der Stadt außerdem den Wunsch, die Natur noch eingehender zu erkunden. Allen Besuchern dieser beiden Institutionen werde so eine neue Achtung vor den «so verständlich ausgesprochenen Grundsätze[n] der Ordnung, Liebe, Sparsamkeit, Harmonie, des Fleißes und des stillen Friedens» vermittelt.[64]

Hier werden auf den ersten Blick Tugenden auf eine Weise verherr-
licht, dass die Dominanz des Staates noch weiter verstärkt wird, da
Ruhe und Ordnung als die erste Bürgerpflicht ausgewiesen werden.
Tatsächlich aber enthält der Text einen wirkmächtigen gesellschaftlichen Gegenentwurf. Der Nutzen der von staatlicher Seite herbei-
geführten und überwachten Ordnung liegt für Ens vor allem darin
begründet, dass sie es den Bürgern ermöglichte, ihre individuellen Fähigkeiten zu entwickeln. Die so erzeugte Harmonie wurde demnach
nicht *von oben* erzwungen, sondern von den einzelnen Mitgliedern der
Gemeinde geschaffen, sozusagen *von unten* aufgebaut. Sparsamkeit,
eine der Tugenden, ermöglicht es dem Einzelnen, sich an Projekten
zu beteiligen, die dem allgemeinen Wohlergehen zugutekommen. Tatsächlich konnten mithilfe finanzieller Spenden von Kaufleuten und
durch Überlassung diverser Sammlungen (wozu ironischerweise auch
272 Bücher aus dem Besitz von Joseph Graf von Sedlnitzky gehörten,
dem Präsidenten der Obersten Polizei- und Zensurhofstelle des Reiches, einem der Honoratioren der Stadt) das Museum und die Bibliothek 1817 ihre Pforten öffnen. Die Lehrer des Gymnasiums konnten
Bücher aus dem Bestand der Bibliothek ausleihen, und das Museum
führte eigene Besuchszeiten für Schüler ein. Die örtliche Tageszeitung, das *Troppauer Tagblatt*, berichtete regelmäßig über das Museum
und seine Ausstellungen. 1818 ging es in die Obhut eines Museumsver-
eins über, und 1821 stiftete der Schlesische Landtag eine Summe, mit
der man das Gehalt eines festangestellten Kurators bezahlen konnte.[65]

In einer Zeit, in der die Regierung den Zugang zu weiterführender
und höherer Bildung de facto eingeschränkt hatte, setzten sich viele
Bürgerinitiativen überall im Reich für die Verbreitung von Wissen ein.
Sie förderten die Weiterbildung und bemühten sich, Interesse für regionale Geschichte zu wecken. Was in Troppau geschah, war nämlich
kein Einzelfall. Als dort das Museum und die Bibliothek gegründet
wurden, hatten Adlige mit Bürgersinn in Mähren, Böhmen und Galizien, Salzburg und in der Steiermark bereits viele ähnliche Einrichtungen ins Leben gerufen. Lokale Honoratioren, die sich als Amateure auf
verschiedenen naturwissenschaftlichen Gebieten betätigten, sich für
neue Technologien interessierten und denen es ein patriotisches Anliegen war, die Bildung ihrer Mitbürger zu fördern, gründeten naturwis-

senschaftliche Museen oder statteten wissenschaftliche Bibliotheken aus. Manche machten auch ihre privaten Kunstsammlungen der Öffentlichkeit zugänglich.[66] Für diese Sammler aus Kreisen des Adels zählte jetzt die pädagogische Funktion ihrer Kunstobjekte mehr als deren dynastisch-repräsentativer Charakter.[67] Sie gaben als Amateure wissenschaftliche Zeitschriften heraus, in denen über die neuesten Forschungsergebnisse zu Objekten in Museen und Sammlungen berichtet wurde. In Böhmen wurde für solche Publikationen oft die tschechische Sprache verwendet, was nach und nach zum Aufbau eines wissenschaftlichen Vokabulars beitrug.

Die Berichte über das Entstehen dieser Institutionen sagen viel über den Charakter der sich im Habsburgerreich ausbildenden bürgerlichen Gesellschaft, über ihre Werte und die Formen städtischer Soziabilität aus, die sich im Anschluss an die Napoleonischen Kriege entwickelten. Um 1815 sah sich die Regierung trotz ihres tiefen Misstrauens gegenüber öffentlichen Initiativen und ihrer geradezu paranoiden Angst vor einer politischen Mobilisierung des Volks aufgrund der leeren Staatskassen gezwungen, die Gründung einer Reihe unabhängiger bürgerlicher Vereinigungen zu dulden, die einige der ökonomischen, karitativen oder erzieherischen Aufgaben übernahmen, die zu erfüllen die Regierung sich nicht leisten konnte.[68] Das traf zum Beispiel auf die Ausrichtung jener Feierlichkeiten zu, mit denen im Juni 1814 überall im Reich die Rückkehr des Kaisers nach Wien begangen wurde. Diese Veranstaltungen hatten auch dazu gedient, Geld für ins Elend geratene Veteranen zu sammeln. In den 1830er-Jahren hatten Gruppen von prominenten Bürgern in großen und kleinen Städten immer mehr Organisationen gebildet, um ihre diversen Interessen zu fördern: den Ausbau beispielsweise von Handel und Manufaktur, die Verbesserung landwirtschaftlicher Anbaumethoden, die Ausweitung karitativen Wirkens, die Anhebung des Bildungsniveaus der Bevölkerung oder die Erforschung regionaler Geschichte. Durch solche Initiativen war es darüber hinaus möglich, öffentliche Versammlungs- oder Begegnungsstätten zu erhalten, das heißt Räumlichkeiten, in denen über öffentliche Fragen frei und offen und ganz legitim diskutiert werden konnte.

Diese höchst respektablen Vordenker gingen davon aus, dass sie frei von staatlicher Vormundschaft tätig sein konnten und lediglich den

Normen und Verhaltensmustern verpflichtet waren, die in dem sich entwickelnden Rechtsstaat für alle Bürger galten. Insbesondere maßen sie dem öffentlichen Austausch von Ideen unter Gleichgestellten und Gleichgesinnten einen hohen moralischen Wert zu, und sie waren davon überzeugt, dass eine größere Verbreitung von Bildung der Gemeinschaft, wie sie sie auf lokaler, regionaler oder nationaler Ebene begründen wollten, zuträglich sei.

So gingen etwa viele Gewerbeverbände aus lokalen Initiativen hervor, deren Ziel es war, Druck auf die Regierung auszuüben, damit sie bestimmte Geschäftsinteressen aktiver unterstützte. In ihnen schlossen sich Handwerker, Kaufleute, Fabrikanten und Industrielle zusammen, um eine umfassende Reform der bis dato restriktiven Bankenvorschriften, Kredit- und Zollgesetze sowie der Gewerbeordnung zu fordern. Aufgrund der Heterogenität ihrer Mitglieder konnten sich diese Gewerbeverbände nicht immer auf ein einheitliches Vorgehen einigen. Einig waren sie sich jedoch hinsichtlich der Forderung nach Mitsprache bei der Festlegung der Wirtschaftspolitik. Mit anderen Worten: Sie verlangten nach einer institutionalisierten Form politischer Mitbestimmung, um die Interessen von Gewerbetreibenden, Händlern und Industriellen zu vertreten.[69] Im Anschluss an eine 1845 vom Niederösterreichischen Gewerbeverein finanzierten Messe etwa verlieh ein enttäuschter Ökonom seiner Hoffnung Ausdruck, dieses Ereignis würde «endlich das Bewusstseyn der Gemeinnützigkeit gewerblicher Bestrebungen beleben» und den Staat dazu bringen, den Wert privater wirtschaftlicher Initiativen für seine eigenen Interessen zu erkennen.[70]

Gewerbe- und Industriellenverbände gaben Untersuchungen örtlicher oder regionaler Bedingungen in Auftrag, die ihnen Munition für die Debatten über geeignete Vorgehensweisen lieferten. Sie regten an, Gewerbe- und Industrieausstellungen zu veranstalten, nicht nur, um die für Wirtschaftsangelegenheiten verantwortlichen Regierungsmitglieder aufzurütteln, sondern auch, um ausländische Interessenten mit österreichischen Produkten und Technologien bekannt zu machen.[71] Der Steiermärkische Gewerbeverein etwa vermittelte Mitgliedern auch Kredite zu niedrigen Zinssätzen und verschaffte ihnen Zugang zu neuen Technologien.

Andere Vereinigungen brachten neue lokale und regionale Zeitungen heraus, in denen sich zum ersten Mal neben internationalen Nachrichten und Berichten vom Geschehen bei Hof auch Meldungen über örtliche Ereignisse fanden. Und die Angehörigen der Mittelklasse griffen immer häufiger zu diesen Zeitungen, lasen sie und diskutierten über die Meldungen – nicht nur in ihren eigenen Biedermeier-Salons und Arbeitszimmern, sondern immer häufiger auch in der Öffentlichkeit, in Clubs, Kaffeehäusern und Restaurants, in denen sich das gesellschaftliche Leben zunehmend abspielte. Jede dieser Einrichtungen – Museum, Bibliothek, Zeitung, Club, Kaffeehaus – hatte ihre Wurzeln im siebzehnten oder achtzehnten Jahrhundert, doch in der ersten Hälfte des neunzehnten Jahrhunderts begannen sie erstmals signifikant an Zahl zuzunehmen, nicht nur in den wenigen großen Städten wie Wien, Prag oder Mailand. Als kleine Städte größer wurden, wandelte sich auch in ihnen der Charakter des öffentlichen Lebens. Bereits gegen Ende des achtzehnten Jahrhunderts hatte der österreichische Freimaurer Johann Pezzl konstatiert, dass Kaffeehäuser nicht ausschließlich zum urbanen, das heißt großstädtischen Leben gehörten, sondern «wie jedermann weiß, heutzutage in jeder größeren Stadt für unentbehrlich gehalten werden».[72]

Der Charakter und die Art dieser fortschreitenden Teilnahme am öffentlichen Leben zeichnen sich durch einige entscheidende Merkmale aus. Vor allem waren diese Organisationen Ergebnisse von spezifisch urbanen Formen von Soziabilität, selbst wenn einige von ihnen in Dörfern oder kleineren Städten ins Leben gerufen wurden oder sich für Belange der ländlichen Bevölkerung einsetzten. So bemühte sich die k.k. Patriotisch-Ökonomische Gesellschaft im Königreich Böhmen – eigentlich eine urbane Gesellschaft, deren Versammlungen in Prag stattfanden – darum, den Bauern ein breiteres Wissen über landwirtschaftliche Technologien zu vermitteln.[73] In den vorwiegend ländlichen Adriaprovinzen Dalmatien und Istrien entstanden zwischen 1814 und 1848 mindestens sechzehn – oft «Casinos» genannte – Lesegesellschaften, allerdings mit einer Ausnahme nur in den Küstenstädten. In der in Inneristrien gelegenen Stadt Mitterburg (Pisino/Pazin) riefen die führenden Bürger der Stadt – deren Sprache Italienisch war – 1844 ein Casino di Società ins Leben.[74] Diese Casinos waren im Allgemeinen Begegnungs- und Versammlungsstätten für die gebildete Oberschicht oder die führenden Geschäftsleute einer Stadt, oft aber auch die einzigen Orte, an denen man in Dalmatien oder Istrien Zugang zu Büchern hatte.[75] Einem Zeitgenossen zufolge war das Zeitungsangebot mit dem in einem in dieser Hinsicht «gut bestückten» Wiener Kaffeehaus zu vergleichen.[76]

Organisationen von der Art, wie sie bisher erwähnt wurden, nahmen für gewöhnlich nur Angehörige der städtischen Elite in ihre Reihen auf, begüterte Bürger, die die Mitgliedsbeiträge bezahlen oder auch freiwillige Spenden entrichten konnten; das heißt aber auch, dass in ihnen kein ausgesprochen demokratischer Geist wehte. Der *Társalgási egylet* (Geselligkeitsverein) oder das Große Casino von Kaschau (Kassa/Košice), 1828 neben dem Stadttheater, der städtischen Vortragshalle und dem Kaffeehaus eröffnet, verlangte die enorme Summe von zwölf Gulden für die Mitgliedschaft. Der Klub wurde auf diese Weise zu einer sehr exklusiven Begegnungsstätte für die Oberschicht.[77] Einige dieser Vereinigungen gingen gar auf informelle Zirkel von befreundeten Adligen zurück und nahmen erst später auch Mitglieder der lokalen Mittelschicht auf. Ihre besonderen Vorzüge und ihr Nutzen beruhten jedoch auf einem neuen Konzept von Gemeinsamkeit. Das Casino in Pressburg (Poszony) beispielsweise bot Mitgliedern Speisen, Zigarren, eine Bibliothek, vor allem aber ein angemessenes Ambiente für zwanglose Unterhaltung.[78]

Wenn sie auch nicht demokratisch gewesen sein mögen, was ihre Atmosphäre oder die Aufnahmebedingungen betraf, so boten diese Organisationen doch eine Alternative zu den traditionellen Hierarchien, an deren Spitze der Adel, der Klerus oder eine lokale Oberschicht gestanden hatten. In den neuen Gesellschaften der Eliten kamen oft Adlige und Nicht-Adlige zusammen und verkehrten unter zunehmend egalitären Bedingungen miteinander, auch wenn die Angehörigen der bürgerlichen Mittelklasse weiterhin den Adligen eine gewisse Ehrerbietung entgegenbrachten.[79] Die Mitglieder dieser Vereinigungen und Debattierklubs kultivierten Formen der Geselligkeit, die auf bürgerlich-demokratischen Modellen von Mitbestimmung basierten. Sie wählten Vorstände und regelten die Mitbestimmung mithilfe von Satzungen, die für alle gleichermaßen verbindlich waren. Sicherlich hatte die gesellschaftliche Stellung der Mitglieder Einfluss darauf, wer in den Vorstand gewählt

wurde oder in einem bestimmten Klub das Wort führte. Doch die offiziellen Statuten spiegelten ein neues Gesellschaftsbild wider. In seiner Untersuchung zu Pest und Buda in den 1830er- und 1840er-Jahren stellt
Robert Nemes dar, wie derartige Vereinigungen den ungarischen Adel
zum ersten Mal «mit einer relativen Vielfalt von gesellschaftlichen
Gruppen in Kontakt kommen» ließen, und er zitiert einen österreichischen Journalisten, der über die Klubs von Pest lobend bemerkte, dass
«jeder ohne Unterschied des Standes, der Confession und der nationalen
Abkunft aufgenommen werden» kann.[80] Anna Millo weist darauf hin,
dass geschäftlicher Erfolg, nicht gesellschaftlicher Status oder die Sprache, darüber entschied, ob man in Triest, wo das *Casino Tedesco*, die Vereinigung der gesamten Kaufmannschaft, 1831 seine überarbeiteten
Statuten auf Italienisch veröffentlichte, in einen Klub aufgenommen
wurde.[81] Die Vermischung von Angehörigen der Ober- und der Mittelschicht in diesen Organisationen trug vor allem in Ungarn dazu bei, dass
eine neue, breitere Auffassung von einer gesellschaftlichen Elite entstand, die Geschäftsleute, Angehörige der gebildeten Schichten und Adlige umfasste. Allem Standesdünkel zum Trotz bildeten sich gemeinsame Ziele aus, zu deren Realisierung um die Mitte der 1840er-Jahre
bereits eine allgemeine politische Opposition gegen das herrschende System entstanden war.

Dieses Phänomen der sozialen Vermischung charakterisierte auch den
bekannten, 1841 gegründeten Juridisch-Politischen Leseverein und den
1838 aus der Taufe gehobenen Österreichischen Gewerbeverein, die beide
ihren Sitz in Wien hatten. 1847 zählte der Leseverein mehr als zweihundert zahlende Mitglieder, dies allesamt Männer, die in der Mehrheit der
Mittelklasse entstammten: Anwälte, Beamte, Professoren und Geschäftsleute – darunter auch einige Juden –, aber darüber hinaus etliche
angesehene Aristokraten. Studenten – auch solche, die aus relativ armen
Verhältnissen stammten – konnten gegen eine geringere Gebühr außer-
ordentliche Mitglieder werden. Der Steiermärkische Gewerbeverein mit
Sitz in Graz und Zweigstellen in Klagenfurt und Ljubljana (Laibach)
zählte 2391 Mitglieder aus unterschiedlichen gesellschaftlichen Schichten. Eine ähnliche Gewerbevereinigung, der «Verein zur Ermunterung
des Gewerbegeistes in Böhmen», war 1828 in Prag gegründet worden.[82]
In Ungarn setzte sich der sogenannte Schutzverein *(Védegylet)* für eine

eigenständige industrielle Entwicklung des Landes ein. Seine Mitglieder – nicht ausschließlich Adlige – versprachen beispielsweise, nur Waren aus einheimischer Produktion zu kaufen, das heißt solche, die in Ungarn hergestellt worden waren. Insgesamt 140 Ableger dieser Organisation wurden im Königreich Ungarn gegründet.[83] Dort gab es in den 1840er-Jahren auch zweihundert Debattierklubs, in denen ebenfalls Menschen mit ganz unterschiedlichem sozialen, religiösen und sprachlichen Hintergrund zusammenkamen, um Teil einer neuen, viel selbstbewussteren nationalen «ungarischen» Elite zu werden.

Da aufgrund der damaligen Auffassung von den verschiedenen Rollen der Geschlechter Frauen aus der Mittel- und Oberschicht in den häuslichen Bereich verbannt waren, blieb ihre Beteiligung an diesen neuen Formen öffentlicher Geselligkeit auf ein gelegentliches Erscheinen oder auf ein Mitwirken am Rande beschränkt, dies vor allem in Organisationen, die karitative Ziele verfolgten. In Wien wurde 1842 der «Wohltätigkeitsverein der israelitischen Frauen» ins Leben gerufen, zu jener Zeit die einzige Vereinigung in der Stadt, die ausschließlich weibliche Mitglieder hatte.[84] Bereits 1814 hatte sich die «Gesellschaft adeliger Frauen zur Beförderung des Guten und Nützlichen» über mehr als zweitausend weibliche Mitglieder freuen können, die einem der beiden Hauptzweige in Nieder- und in Oberösterreich oder einer der vielen lokalen Zweigstellen angehörten; zu dieser Gesellschaft zählten auch «fördernde Mitglieder aller Stände», womit vorrangig solche aus adeligen Kreisen und den bürgerlichen Mittelklassen gemeint waren.[85] Auf der anderen Seite waren Aktivistinnen wie die Lehrerin und ungarische Patriotin Klara Lövei, deren Leben von Robert Nemes dokumentiert wurde, enttäuscht, als sie 1843 bei ihrer Ankunft in Pressburg (Pozsony, wo der ungarische Landtag zusammenkam) feststellen musste, dass nur «wenige Frauen sich für die Angelegenheiten des Vaterlandes interessieren und viele nicht verstehen, was die aktuellen Fragen sind».[86]

Dass sie ihre Rollen im öffentlichen Leben erweitern konnten und sich zunehmend in Angelegenheiten des Zivillebens einschalteten, war in hohem Maße der Kreativität zu verdanken, mit der sowohl adelige Damen als auch solche aus der Mittelklasse ihr Auftreten in der Öffentlichkeit und ihr Engagement rechtfertigten. Das trat – trotz

Klara Löveis Frustration – besonders deutlich in den 1840er-Jahren zu Tage, in Ungarn mit der zunehmenden nationalen Agitation und in der gesamten Monarchie im Zusammenhang mit den Revolutionen von 1848/49.[87] Die ambivalente Einstellung gegenüber dem immer häufigeren Auftreten von Frauen in der bürgerlichen Öffentlichkeit, spiegelt sich in dem Entschluss des Besitzers eines Kaffeehauses am Stephansplatz im Wiener Ersten Bezirk wider, weiblichen Gästen einen eigenen Raum zur Verfügung zu stellen (in dem striktes Rauchverbot herrschte); dieser befand sich im oberen Stock, so dass die Frauen von der Straße aus nicht gesehen werden konnten. So wurde die Fiktion aufrechterhalten, dass Frauen in der Öffentlichkeit nicht präsent waren.[88]

Das führt zu der Frage nach den Werten, die in den Programmen und Strukturen dieser allerorten aufkeimenden Organisationen zu Tage traten. Diese Vereinigungen und Gesellschaften waren nicht demokratisch in dem Sinne, dass sie Angehörigen aller sozialen Klassen ein Forum boten. Doch die Wertvorstellungen, die sie verfochten, gründeten auf einer neuen Auffassung von Gemeinschaft, die neben älteren Vorstellungen existierten – oder auch im Widerstreit mit ihnen lagen –, die Herkunft und sozialem Rang große Bedeutung zuwiesen. Diese neuen bürgerlichen Werte proklamierten die – theoretische – Gleichheit aller männlichen Staatsbürger, leisteten aber gleichzeitig dem Entstehen anderer Hierarchien Vorschub. Personen, die diesen Vereinigungen beitraten, betrachteten ihr Engagement zunehmend als öffentliche Reflexion und Zurschaustellung der eigenen wirtschaftlichen, kulturellen oder sozialen Beiträge für die Gesellschaft. Damit einher ging die sich immer stärker ausbildende Annahme, dass der eigene Beitrag zum Allgemeinwohl gewissermaßen als Gradmesser des eigenen gesellschaftlichen Prestiges diente und dazu berechtigte, in öffentlichen Angelegenheiten mitzureden. Derartige Vereine boten denjenigen, die sich zu den «produktiven» – und daher bedeutsamsten – Klassen der Gesellschaft zählten, ein Forum, die eigene Meinung zu äußern und damit möglicherweise, zumindest indirekt, die staatliche Politik zu beeinflussen. Vor allem in Städten wie Triest oder Brody, die wirtschaftlich vollkommen vom Handel abhingen, war es die an ihrem kommerziellen Erfolg gemessene berufliche Fähigkeit einer Person, die ihr die Mitgliedschaft in den einflussreichsten Vereinigungen einbrachte – und damit auch das Recht, sich an den öffentlichen Debatten zu beteiligen.[89]

Sprachen der Nation, Nationalsprachen

In diesem Kontext sich verändernder Werte spielte ein neues Konzept von nationaler Identität eine immer wichtigere Rolle. In Pest etwa verknüpften Aktivisten intellektuellen, technischen und wissenschaftlichen Fortschritt mit dem Fortschritt der Nation. In Böhmen wollte man mit der Eröffnung eines «Nationalmuseums» das gesammelte Wissen, das sich mit den Exponaten verband, in den Dienst der Nation stellen. In den 1840er-Jahren brachte man nationale Eigenständigkeit vor allem – aber nicht mehr ausschließlich – mit historisch gewachsenen Einheiten wie Ungarn, Böhmen, Polen oder Österreichisch-Schlesien in Verbindung.[90] (Das gesamte Habsburgerreich war das Vaterland.) Diese Auffassung von nationaler Eigenständigkeit spiegelt den gesellschaftlichen Wandel wider, der die Angehörigen der verschiedenen Klassen – zumindest theoretisch – zusammenbrachte. Die «Nation» war nicht mehr einfach nur die privilegierte Elite, die an den Sitzungen des Landtags teilnahm, sondern «Nation» schloss nun idealiter die Angehörigen aller Klassen ein. Der Zweck einer Vereinigung wie der Prager k.k. Patriotisch-Ökonomischen Gesellschaft war, in Rita Kruegers Worten, «die Sozialisierung der ländlichen Bevölkerung und die Erschaffung von *Staatsbürgern*» aus den Angehörigen dieser Bevölkerungsgruppe. Dies war gleichbedeutend mit einer sozialen wie moralischen Verbesserung der Bevölkerung, denn «sowohl die Menschen als auch das Land mussten wiedergewonnen werden». In der Praxis bedeutete das, in ländlichen Gemeinden Bauernkalender zu verteilen, in denen nicht nur die Bedeutung der Dreifelderwirtschaft hervorgehoben, sondern den Bauern auch klargemacht wurde, wie wichtig es war, dass sie ihre Kinder zu nützlichen Mitgliedern der Gesellschaft heranzogen. Sowohl der Lebensstandard als auch der Bildungsstand und der moralische Charakter der Bauernschaft waren für das Wohl der gesamten Nation von Belang.[91]

In den 1830er- und 1840er-Jahren nahmen immer mehr Menschen an

Debatten über staatliche Maßnahmen teil. Dies war der Tatsache zu verdanken, dass die Zahl derer, die lesen konnten, rapide anstieg und sich gleichzeitig die Zahl der Zeitungen und Zeitschriften schwindelerregend schnell vermehrte. Zwar wurden diese Blätter von den Behörden einer strengen Zensur unterzogen, doch regten sie zu überregionalen Diskussionen über viele wirtschaftliche und soziale Themen an. Ungarns erste Zeitung war bereits 1705 erschienen (auf Latein), die erste deutschsprachige folgte im Jahr 1764, und 1780 wurde die erste ungarischsprachige herausgegeben. Eine Zeitung in slowakischer Sprache schloss sich 1783 an. Der Erscheinungsort aller dieser Publikationen war die im Westen gelegene Stadt Pressburg (das heutige Bratislava), die Hauptstadt Ungarns während und nach der Besetzung durch die Osmanen. In den 1840er-Jahren, als die Zahl der Leser anstieg und der Beruf des bezahlten Journalisten entstand, bildeten Zeitungen ein urbanes öffentliches Forum für die Verbreitung und den Austausch von Gedanken und Meinungen der Elite. Und da ungarische Zensoren generell für laxer gehalten wurden als ihre Amtskollegen in anderen Teilen der Monarchie, zogen Autoren aus ganz Österreich es vor, ihre Texte ungarischen Publikationsorganen anzubieten.

Das Spektrum der Zeitungen und Periodika schloss wissenschaftliche und akademische Zeitschriften, literarische Rezensionsorgane, Fachzeitschriften zu den verschiedensten Gebieten von Medizin bis Landwirtschaft, Almanache und Modemagazine ein. Einige erschienen wöchentlich oder monatlich, andere viermal in der Woche, und die meisten hatten ihren Sitz in der rasch expandierenden Stadt Pest. 1847 war Pest der Erscheinungsort von 103 der insgesamt 191 ungarischen Zeitungen, Periodika und Magazine; weitere achtzehn erschienen in Buda, auf dem gegenüberliegenden Ufer der Donau. Diese Zahlen vermitteln einen Eindruck von der regen städtischen Diskussionskultur, die in den 1840er-Jahren vor allem in diesen beiden Zentren herrschte. Weitere Periodika wurden in Städten in Siebenbürgen, im Banat und in Kroatien publiziert, und zwar außer auf Ungarisch noch in mehreren anderen Sprachen wie Kroatisch, Deutsch, Rumänisch und Serbisch.

Als 1841 die Zeitung *Pesti Hírlap* (Pester Nachrichten) von Lajos Kossuth (1802–1894) gegründet wurde, zählte sie anfangs nur sechzig Abonnenten, sechs Monate später erschien sie schon in einer Auflage von 4000 Exemplaren. 1845 waren es 5200 Exemplare, die rund 100 000 Leser erreichten (aus einer Gesamtzahl von etwa 136 000 Adligen; die Zahl der des Lesens und Schreibens kundigen Ungarn lag damals insgesamt bei schätzungsweise einer Million). Dieser rasche Erfolg von *Pesti Hirlap* ist auch deswegen bemerkenswert, weil sie zu einer Zeit in der Landessprache erschien, da die meisten Zeitungen und Zeitschriften in Ungarn auf Deutsch herausgegeben wurden.[92] Die neue Lese- und Diskussionskultur entwickelte sich – oft an ein und demselben Ort – in mehr als einer Sprache, zum Teil auch deswegen, weil die Mehrheit der in Städten wohnenden Ungarn im Alltag Deutsch sprach, viele von ihnen aber aus patriotischen Beweggründen Ungarisch lernten.[93] Robert Nemes weist darauf hin, dass viele der in Pest ansässigen Zeitungsleser vermutlich sowohl deutsche als auch ungarische Periodika abonniert hatten.

In anderen städtischen Zentren der Monarchie war die Situation ähnlich, sowohl was die quantitative Zunahme der Leser als auch was das Erscheinen von Zeitungen in mehreren Sprachen betraf. In den Erblanden und in Böhmen dominierten in den sich entwickelnden Städten deutschsprachige Blätter, in Böhmen konnte man allerdings auch zweisprachige – deutsche und tschechische – Periodika finden und Eins-zu-Eins-Übersetzungen deutscher Zeitschriften ins Tschechische. Die erste tschechischsprachige Zeitung war bereits 1719 erschienen, in den 1780er-Jahren waren viele weitere hinzugekommen. Von den 1790er-Jahren an bis in die 1820er-Jahre hinein waren auch zahlreiche deutsche Zeitschriften in tschechischer Übersetzung herausgegeben worden. 1824 hatte der Prager Verlag Gottlieb Haase Söhne von Regierungsseite die Konzession zur Veröffentlichung von tschechisch- und von deutschsprachigen Zeitungen bekommen. Die in diesem Verlag publizierten *Pražské noviny* (Prager Nachrichten) beschäftigten einige der bedeutendsten auf Tschechisch schreibenden Literaten der 1840er-Jahre wie beispielsweise den Lyriker Karel Havlíček. Wie wir im zweiten Kapitel gesehen haben, gingen einige der wichtigsten aufklärerischen Institutionen wie etwa das Vaterländische Museum in Böhmen (ab 1848 Böhmisches Museum, 1854 bis 1919 Museum des Königreichs Böhmen) dazu über, ihre wissenschaftlichen Veröffentlichungen auf Tschechisch zu publizieren.[94]

Ansicht des Hafens von Zara (Zadar) in Dalmatien um 1845.
Lithographie von Johann Högelmüller und Matthias Trentsensky

Die wenigen Zeitungen und Zeitschriften, die regelmäßig in Triest, Istrien oder Dalmatien erschienen, verwendeten für gewöhnlich die italienische Sprache, und ihr Erscheinungsort war entweder Venedig oder einer der größeren Orte an der Adria. Außer in Dubrovnik dominierte in diesen Städten Italienisch als Umgangssprache. Die erste Zeitung, die regelmäßig in Dalmatien publiziert wurde, war die von 1832 an auf Italienisch erscheinende *Gazetta di Zara*. Als um diese Zeit der Historiker Ivan Katalinice eine einbändige Kurzfassung seiner dreibändigen *Storia della Dalmazia* auf «Slawisch» veröffentlichen wollte, musste er das Projekt aufgeben, weil sich nicht genügend Subskribenten fanden. Ein Jahrzehnt später war jedoch in Dalmatien ein Markt für Publikationen in slawischer Sprache entstanden, und 1844 gesellte sich zur *Gazetta di Zara* die auf «Illyrisch» erscheinende Wochenzeitung *Zora Dalmatinska* hinzu, deren Redaktion ihren Sitz ebenfalls in Zadar (Zara) hatte.[95]

Dass immer mehr Periodika in lokalen Sprachen oder in einer der «Volkssprachen» veröffentlicht wurden, war zu einem großen Teil der

Tatsache zu verdanken, dass die Regierung sich verpflichtet fühlte, österreichischen Kindern eine Grundschulausbildung in der regionalen Sprache zukommen zu lassen. Anteil daran hatten aber auch die Männer, die versuchten, die Grammatik und den Wortschatz der verschiedenen Umgangssprachen in Regeln zu fassen. Ihr Erfolg und die Zahl ihrer Leser waren weitgehend vom Grad der Urbanisierung, dem Anteil an Lese- und Schreibkundigen oder der Existenz von Handels- oder Verwaltungszentren abhängig. Wie aber sah das soziale Profil der Leserschaft aus, die diese Lokalzeitungen und Zeitschriften erreichen wollten? Ein beträchtlicher Markt für Publikationen in einer Sprache wie dem Tschechischen fand sich bereits in Böhmen, der auf einer sozial stark heterogenen Leserschaft fußte, die Aristokraten und Akademiker, aber auch Geschäftsleute, Beamte, Handwerker und Ladenbesitzer umfasste. Veröffentlichungen auf Ungarisch fanden in Buda-Pest und in Pressburg eine wachsende Zahl von bürgerlichen Abonnenten, die sich selbstbewusst als Patrioten betrachteten und die den Bezug dieser Zeitungen als Bekenntnis zur ungarischen Nation verstanden (selbst wenn sie im alltäglichen Umgang die deutsche Sprache benutzten). Publikationen in den an Boden gewinnenden Sprachen oder Mundarten, die als «illyrisch», «alpenslawisch» oder «südslawisch» bezeichnet wurden, fanden hingegen nur begrenzt Anklang und Absatz, was auch darauf zurückzuführen war, dass die Gesellschaften, in denen diese Sprachen Gebrauch fanden, überwiegend ländlich geprägt waren. Dies erhöhte die Herausforderung, eine erfolgreiche Zeitung oder Zeitschrift in einer dieser Sprachen zu produzieren, da die Herausgeber sich nicht auf die Unterstützung durch eine gebildete städtische Stammleserschaft verlassen konnten. Auf der anderen Seite bewirkte die von den Volksschulen in einigen dieser Regionen geleistete Arbeit sowie die wachsende Zahl von dieser Sprachen kundigen Lehrern und Geistlichen, dass es in immer mehr Orten im ländlichen Raum ein potenzielles Lesepublikum gab. Natürlich mussten solche Periodika, um Erfolg zu haben, ganz gezielt Themen behandeln, die für eine ländliche Bevölkerung von Interesse waren.[96]

Ein gutes Beispiel für diese Herausforderungen, das zugleich die Verbindung zwischen der neuen Vereinskultur und der Zeitungslektüre deutlich macht, ist die erste «alpenslawische», «krainische» oder «slowenische» Zeitung. Die erste Nummer dieses in Ljubljana erscheinenden Blatts namens *Novice* wurde 1843 gedruckt; zunächst erreichte die Zeitung eine bescheidene Auflage von fünfhundert Exemplaren und wurde vorwiegend von Abonnenten in der Krain und der Untersteiermark bezogen. Ihr Entstehen verdankte sie den Bemühungen der Krainischen Landwirtschaftlichen Gesellschaft, einer Vereinigung, die bemüht war, die Bauern in der Krain mit neuen Anbaumethoden bekannt zu machen. Erzherzog Johann, der so umtriebige Bruder von Kaiser Franz, der sich auch für den Bau der Südbahn eingesetzt hatte, war Schirmherr der Gesellschaft. Bei der Hauptversammlung im Jahr 1838 kritisierte der Erzherzog die Mitglieder, die sich seiner Meinung nach stärker an die ländliche Bevölkerung wenden müssten. Es fehle unter ihnen «derjenige, für den die Gesellschaft gegründet ist, es fehlt der Bauer». Die Leiter der Organisation führten diesen Mangel auf den Umstand zurück, dass die meisten der in der Krain lebenden Bauern nicht die Geschäftssprache der Vereinigung, nämlich Deutsch, verstanden. Da der Staat es aus finanziellen Gründen lange vorgezogen hatte, den Bauern Schulunterricht in ihren eigenen Sprachen angedeihen zu lassen, anstatt für eine teurere zweisprachige Ausbildung (und zweisprachige Schulbücher) aufzukommen, bestand die einzige Lösung darin, sich in der sogenannten krainischen Sprache an die bäuerliche Bevölkerung zu wenden. Nur ein Jahr nach ihrer Gründung hatte *Novice* bereits eine Auflage von 1000 Exemplaren erreicht, und 1848 überschritt sie die Zahl von 1500. Da die Autoren ihre paternalistische Loyalität gegenüber dem Reich klar zu erkennen gaben und sich gleichzeitig mit praktischen Problemen des alltäglichen Lebens auf dem Land befassten, bekam *Novice* kaum Probleme mit der Zensur.[97]

Doch sprach diese Zeitung die Bauern wirklich an? Fand sie wirklich Anklang? Eine Untersuchung der Verkaufszahlen, die *Novice* 1847 erzielte, deutet darauf hin, dass die meisten Abonnenten zwar mit Sicherheit häufig Umgang mit Bauern hatten, aber selber keine waren. Beinahe die Hälfte von ihnen, nämlich 48,7 Prozent, waren Geistliche, weitere 9 Prozent Handwerker oder im Handel tätig, 8,7 Prozent Gutsbesitzer, 8 Prozent Lehrer, Schüler oder Studenten und 6 Prozent Beamte. Nur 5 Prozent der Abonnenten wurden als «Bauern» geführt.[98] Das bedeutet nicht, dass Bauern weitgehend aus der wachsenden Zahl von Lesern des Blattes ausgeschlossen blieben. Für den Historiker Joachim Hösler war *Novice* eine Zeitung für Leser, mit deren Berufen sich die Aufgabe verband, anderen Wissen zu vermitteln. Das waren vor allem die Geistlichen, die durch ihren eigenen sozialen Hintergrund und ihre Sprachkompetenz ihren bäuerlichen Schutzbefohlenen nahestanden und verhältnismäßig großen Respekt genossen. In der Krain waren es überwiegend Mitglieder des Klerus, die in der Zeit von 1815– 1848 die ersten «alpenslawischen» oder «Krainer» Grammatiken, Wörterbücher, Schulbücher und Gesangbücher zusammenstellten. Dies waren keine nationalistischen Projekte, denn die Protagonisten sahen sich nicht als Teil einer slowenischen Nation, vielmehr wollten sie die Bildung der in der Region ansässigen Menschen fördern. Dieselben Geistlichen gehörten auch ländlichen Schulbezirkskomitees an oder waren für die Regierung als Zensoren vor Ort tätig. Sie predigten den Leuten nicht nur das Wort Gottes, sondern entwarfen und vermittelten außerdem in Erfüllung ihrer anderen Funktionen Normen und gesellschaftliche Leitvorstellungen. Wir können davon ausgehen, dass die in *Novice* zum Ausdruck gebrachten Ideen bäuerliche Hörer erreichten, ohne dass diese Bauern zu dem von den Abonnenten der Zeitung gebildeten gesellschaftlichen Netzwerk oder zu deren «Lesergemeinde» gehörten.

Während die Herausgeber von *Novice* ihr Blatt zunächst als Zeitung «in krainischer Sprache» bezeichneten, gingen sie bald dazu über, die Sprache, in der es erschien, «Slowenisch» zu nennen. Damit definierten sie ihre potenzielle Leserschaft regionale Grenzen überschreitend neu. «Krainisch» wäre für Menschen in der benachbarten Steiermark, in Istrien, Görz oder Triest, die verwandte alpenslawische Dialekte sprachen, nicht sehr attraktiv gewesen. Mit der Bezeichnung «Slowenisch» bezog man sich auf eine überregionale Gemeinschaft, die durch eine gemeinsame Sprache definiert wurde und nicht durch administrative, institutionelle oder gar historische Grenzen.

Der Ausdruck «Slowenisch» besagte auch, dass alle diese verwandten Dialekte eine eigene Sprache konstituierten, ähnlich wie Mährisch, Schlesisch und Böhmisch von den Verfechtern des Tschechischen unter dem Begriff «Tschechisch» subsummiert und andere Dialekte von den Verfechtern des Deutschen als «Deutsch» zusammengefasst wurden.

Nationale Eigenständigkeit und Politik

In den 1840er-Jahren begannen oppositionelle politische Ansichten in den verschiedensten sozialen und bürgerlichen Einrichtungen in den Städten des ganzen Habsburgerreichs aufzukeimen, was zum einen auf das Aufkommen der vielen Vereinigungen und Gesellschaften zurückzuführen war, zum anderen auf die Expansion der Presse, mochte diese auch einer noch so strengen Zensur unterliegen. In Tagebüchern und anderen Aufzeichnungen von Zeitgenossen ist die Zunahme von politischen Diskussionen festgehalten. So schrieb etwa der Jurist Leopold von Hasner über die Stimmung, die in jener Zeit in Prag herrschte: «Ohne viel von Freiheit gehört zu haben, begann ein freier Geist in uns zu keimen.»[99] 1842 berichtete Eduard von Bauernfeld in einem der vielen Werke, die außerhalb Österreichs veröffentlicht wurden, mit Bezug auf seine Wiener Mitbürger, es gebe «kein bedeutendes Moment der Gegenwart [...], welches der Wiener Mittelstand nicht in sich aufnähme. [...] In Wien ist in den letzten zehn Jahren mehr gelesen worden als früher in einem Jahrhundert. Die Massen der Bücher und Schriften, besonders in politischer Literatur und Belletristik, welche die Residenz consumirt, ist ungeheuer.» Indem er einem verbreiteten Klischee widersprach, demzufolge die Wiener nur am Essen und an Unterhaltung interessiert seien, beteuerte Bauernfeld: «Ein Volk, das Gewerb-Vereine bildet und Eisenbahnen baut, hat nicht mehr Zeit, sich vorzugsweise mit gebackenen Hühnern, dem Leopoldstädter Theater und mit Strauß und Lanner zu beschäftigen.»[100]

Vorläufern politischer Parteien gelang es jedoch nicht in Wien, sondern in Pressburg und dem ungarischen Pest Mitte der 1840er-Jahre, größere Teile der Einwohnerschaft zu mobilisieren. Als Anfang 1848 die Revolution ausbrach, trug die Tatsache, dass bereits derartige Organisationen existierten, dazu bei, dass kohärentere und konkretere politische Programme aufgestellt werden konnten, die den Revolutionären im übrigen Österreich als Vorbild dienten.

In Ungarn bewegte sich die politische Entwicklung während der Zeit von 1815 bis 1848 in eine andere Richtung als in den übrigen Habsburger Territorien. Ungarn war das einzige Gebiet der Monarchie, in dem sich eine selbstbewusste, auf breiter Basis stehende politische Opposition ausbildete, deren Vertreter nicht nur in den größeren Städten zu finden waren, sondern auch in den sich selbst verwaltenden Komitaten. In anderen Teilen der Monarchie wurden zwar ebenfalls viele Klagen gegen die Zentralisierung und gegen herrische, überhebliche Beamte vorgebracht, nirgendwo anders jedoch wurden diese Klagen zu oppositionellen Programmen zusammengefasst und ausformuliert, weder in bürgerlichen Kreisen noch im Landtag.

Sowohl die Mitglieder der Hocharistokratie als auch die des niederen Adels hatten während der Napoleonischen Kriege mehrheitlich mit den Habsburgern kooperiert, weil sie sozialen Aufruhr fürchteten und Angst vor einer feindlichen Invasion hatten. Ökonomisch war es den einen wie den anderen gut ergangen, zum einen weil während des Krieges die Nachfrage nach Getreide gestiegen war, zum anderen weil aufgrund der Kontinentalsperre die englische Konkurrenz ausgeschaltet war. Doch in den Jahrzehnten nach 1815 wuchs auch in Ungarn der Widerstand gegen die zunehmend zentralisierte Wiener Herrschaft. Die relativ autonomen Komitate zahlten wiederholt nicht ihren Anteil an den Steuern und stellten auch nicht die vorgeschriebenen Rekruten. Diese Widerstände zwangen die Wiener Regierung dazu, Landtage einzuberufen, die sich mit den Beschwerden der Oppositionellen befassen – oder besser noch: diese zum Schweigen bringen – sollte. Unter großem Widerstreben berief der König von 1825 bis 1847 regelmäßig den Landtag ein. In diese sogenannten Reformlandtage wurden von den Angehörigen der ungarischen Oberschicht hohe Erwartungen gesetzt: Man hoffte, dass sie dem Land größere Autonomie von Wien einbringen könnten. In den 1840er-Jahren wurden sie zu einer höchst wirkungsvollen Bühne für politische Redner, die ein gebildetes Publikum in ihren Bann schlugen. Die auf sie gesetzten Hoffnungen wurden jedoch regelmäßig enttäuscht, einerseits weil sie unterschiedlichen Parteien dazu dienten, sich in Szene zu setzen, andererseits weil sie oft von der Wiener Regierung geschickt manipuliert wurden.

Die politische Situation jener Zeit war hochkomplex. Eine einfache Gegenüberstellung von ungarischem Patriotismus und Habsburger Zentralisierungsbestrebungen wird ihr nicht gerecht. Zum einen waren sowohl der niedere als auch der hohe Adel Ungarns auf den Schutz der Habsburger vor möglichen Erhebungen der Bauern oder einer Invasion aus dem Ausland angewiesen. Da sie sich dessen bewusst war, hebelte die Wiener Regierung des Öfteren die ungarische Opposition aus, indem sie Gesetze vorschlug, die den unterdrückten Bauern mehr Freiheiten und Rechte bringen sollten, genau wie Maria Theresia und Joseph II. es schon im achtzehnten Jahrhundert getan hatten. Der ungarische Adel nahm für sich in Anspruch, die «Nation» auszumachen, doch wenn man den Begriff «Nation» weiter auslegte wie die Revolutionäre in Frankreich oder wenn man wie der Böhmische Landtag im Jahr 1792 darunter sogar ein «Volk» verstand, dessen Interessen die Abgeordneten lediglich vertraten, dann müssten die ungarischen Adligen auf demokratischere Weise ihre Macht legitimieren. Wenn die Reformlandtage die Rechte der historischen ungarischen Nation verteidigten, dann waren die Rechte der Bauern oder der im Landtag nicht vertretenen Städte darin nicht eingeschlossen. So drohte die Regierung in Wien jedes Mal, wenn der oppositionelle ungarische Adel Autonomie forderte, mit sozialen Reformen.

Die ungarischen Oppositionellen setzten sich in den 1840er-Jahren neuen Gefahren aus, wenn sie versuchten, «die Nation» neu zu definieren, indem sie ihren «nationalen Patriotismus» gegen die, wie sie es nannten, «ausländische» Aggression, die von den Habsburgern ausging, ins Feld führten. Was in den 1780er-Jahren noch ein eng begrenztes Problem gewesen war – Fragen des Sprachgebrauchs in der Verwaltung und im Landtag –, zog jetzt weitere Probleme nach sich. Dass Joseph II. die Verwendung des Deutschen statt des veralteten Lateinischen angeordnet hatte, hatte eine starke politische Opposition auf den Plan gerufen, vor allem auf lokaler Ebene in den Komitaten. Die Frage der Verwaltungssprache gewann nun eine zusätzliche symbolische Bedeutung: Indem sie gegen Deutsch als Amtssprache kämpften, beharrten die ungarischen Adligen anlässlich der Reformlandtage der 1830er- und 1840er-Jahre auf den traditionellen Rechten der «Nation». Doch bedeutete die Verwendung des Ungarischen auch, dass die Bauern in eine nationale Gemeinschaft mit einzubeziehen waren, da der ungarischsprachige Bevölkerungsanteil des Landes sich im achtzehnten Jahrhundert vorwiegend aus Angehörigen dieses Standes zusammensetzte. Und: Wie würde sich diese sprachliche – wenn auch symbolische – Bestimmung ungarischer nationaler Eigenständigkeit auf die Mehrheit der Ungarn auswirken, die doch andere Sprachen verwendeten?

Man kann diese Frage auf zweierlei Weise beantworten. Erstens mit Blick auf die Rechte der Oberschicht: Solange Latein die offizielle Sprache des Königreichs war, hatten sich alle gleichermaßen im Nachteil befunden, denn Latein war niemandes Muttersprache gewesen. Als sich aber Ungarisch in den 1830er- und 1840er-Jahren immer mehr als offizielle Sprache des Landes durchsetzte, beharrten kroatische Adlige auf dem Recht, im Landtag weiter Latein zu verwenden; später folgten ihnen auch die nicht ungarischsprachigen Siebenbürger und Serben. Dadurch, dass man Ungarisch wählte, um die Nation zu definieren, öffneten sich also tiefe Gräben in der Oberschicht des Königreichs Ungarn. Wenn zudem zweitens die Wahl der ungarischen Sprache dazu dienen sollte, eine umfassendere nationale Gemeinschaft zu erschaffen, die sich hinter die Elite stellte, wenn es darum ging, nationale Rechte geltend zu machen, dann bedeutete das, dass die Nation nicht nur aus der Elite bestand, sondern auch aus allen übrigen Einwohnern des Landes, deren Sprache Ungarisch war. Das wiederum warf erneut die Frage auf, wer die Interessen derer vertrat, die nicht zur Elite gehörten – eine Frage, mit der sich der ungarische Adel nicht befassen wollte, der sich aber die Habsburger immer wieder annahmen, wenn es der Durchsetzung ihrer Interessen dienlich war. Wie in ihren übrigen Territorien unterstützten die Habsburger generell die Verwendung von Volkssprachen sowohl im Schulunterricht als auch im öffentlichen Leben. Dies wiederum bot eine attraktive Alternative zu dem immer hartnäckigeren Beharren des Landtags darauf, Latein und lokale Sprachen im administrativen Bereich durch das Ungarische zu ersetzen. Kurzfristig erweckte die Bekundung nationaler Unabhängigkeit durch eine derartige Sprachpolitik den Anschein, dass dadurch der Widerstand gegen die Wiener Regierung gestärkt wurde. Langfristig aber wurde damit den nicht Ungarisch sprechenden Bewohnern die Möglichkeit genommen, ihrerseits ein nationales Identitätsgefühl auszubilden, was das Land zu spalten drohte.

Während der Jahrzehnte nach den Napoleonischen Kriegen wurden die Auffassungen davon, wie das Reich gestaltet sein sollte, immer ausführlicher in immer weiteren Kreisen der Gesellschaft und immer weniger vom Staat selbst artikuliert. Nachdem die habsburgische Regierung ein halbes Jahrhundert lang radikale strukturelle Reformen auf den Weg gebracht hatte, um einen einheitlichen prosperierenden Staat zu schaffen, gab sie nun viele ihrer vormaligen Ambitionen auf und beraubte die Zentralisierung jeglichen reformerischen Inhalts. Nach 1815 beschränkte sich die «von oben» betriebene Staatsbildung oft auf die Wahrung des Erreichten und zielte nicht mehr auf die Verwirklichung eines Ideals. Eine demoralisierte Beamtenschaft sah sich ihrer eigentlichen *raison d'être* beraubt. Sie diente nur noch der Wahrung des Bestehenden, nicht mehr der Schaffung einer neuen Gesellschaft.

Visionen davon, wie und was das Habsburgerreich sein könnte, blieben jedoch in verschiedenen Teilen der Gesellschaft am Leben. In bäuerlichen Kreisen– vor allem in Galizien – verband sich mit dem Kaiserstaat immer noch die Hoffnung auf vollständige Emanzipation und ein Ende der Ausbeutung durch die Gutsbesitzer und deren Verwalter. Für die Angehörigen der entstehenden Mittelklasse stand der Staat häufig für die Möglichkeit sozialen Aufstiegs, und viele sahen in ihm ein Vaterland, das um das Wohl der gesamten Gesellschaft bemüht war und nicht nur um das des Adels. Auf der anderen Seite nutzten Adlige in den Kronländern, vor allem in Ungarn, den teilweisen Rückzug des Staates, um ihre traditionellen Machtansprüche erneut geltend zu machen, wobei sie sich gerne auf die nationalen Rechte beriefen, um ihr Vorgehen dem Volk gegenüber zu rechtfertigen. Gleichzeitig aber wandelte sich die österreichische Gesellschaft rapide und auf eine Weise, die eine Rückkehr zu traditionellen Strukturen und Lebensweisen mit jedem Tag unwahrscheinlicher werden ließ.

4
Wessen Reich? Die Revolutionen von 1848 und 1849

Verwundete lagen auf den Straßen nicht achtend auf den Schmerz, nur denkend an ihr Vaterland; – aber das Werk wurde vollbracht und [...] muß ihr heiliges Blut die Völker aller Reiche verbinden unter sich, wie mit dem Throne [...] lasset ihr Blut auch bei uns zum Bande der Bruderliebe werden.

Karl Hickel, Die Opfer des 13. März 1848
(ein Erinnerungsblatt)[1]

Im Frühjahr 1848, als in vielen Ländern Europas Revolutionen ausbrachen, setzten auch in Österreich politische Aktivisten ihr Leben und ihre Freiheit aufs Spiel, um ihre Visionen von einem erneuerten Reich wahr werden zu lassen. In revolutionären Vereinigungen, Stadträten und Landtagen wie auch in Zeitungsartikeln wurde über kühne neue Experimente in der Staats- und Sozialpolitik debattiert. Damit wurde die Basis für eine politische Auseinandersetzung gelegt, die die Gesellschaft des Reiches für das nächste halbe Jahrhundert nicht mehr loslassen sollte. In der Vergangenheit waren sich bei politischen Konflikten die Landtage einzelner Kronländer oder der regionale Adel sowie der kaiserliche Staat gegenübergestanden, während sich der Rest der

Bevölkerung mit der Rolle des Zuschauers zufriedengeben musste. 1848 aber drängten Bauern und Aktivisten aus der Mittelschicht auf die politische Bühne, verkündeten ihre Programme und arbeiteten neue politische Diskurse aus. In der Zwischenzeit beeilten sich diejenigen, die vorher die Szene beherrscht hatten, wieder mit ihnen gleichzuziehen und ihre eigene politische Rhetorik an die Anforderungen der neuen Zeit anzupassen.

Die Revolutionen, die 1848 das Habsburgerreich erschütterten – ja, von denen in diesem Jahr ganz Europa heimgesucht wurde –, bauten auf den Formen öffentlicher Organisation und Kommunikation auf, die wir in Kapitel 3 kennengelernt haben. Sie bildeten kein zusammenhängendes Geschehen, es waren viele separate, mehr oder weniger erfolgreiche Revolten. Eine ging etwa von adeligen Eliten aus, die ihre lokale Macht gegenüber der staatlichen Verwaltung auszuweiten versuchten, indem sie politische Autonomie im Reich forderten oder sogar auf vollständige Unabhängigkeit von Österreich hinarbeiteten. Eine andere Erhebung in den Städten zielte darauf, mit Hilfe einer Verfassung die kaiserliche Bürokratie der Kontrolle durch die Gesellschaft zu unterwerfen. Durch beide Revolten entstanden politische Spielräume, innerhalb derer die Revolutionäre mit dem Staat verhandeln und ihn effektiver beeinflussen konnten. Eine dritte und häufig gewalttätige Revolution schließlich fegte die letzten Spuren des alten Feudalsystems auf dem Land hinweg. Keine dieser Revolutionen hätte Erfolg haben können, wenn sie nicht die Vorstellungskraft und den Aktivismus einer breiten und für politische Fragen sensibilisierten Öffentlichkeit stimuliert hätten.

1848 lag jeder dieser drei Revolutionen die Frage nach der idealen Funktion des Reiches – oder sogar nach seinem Sinn und Zweck – zugrunde. Die meisten Revolutionäre lehnten weder den österreichischen Kaiserstaat an sich noch die Herrschaft der Habsburger ab (außer in Teilen der italienischen Halbinsel und in Ungarn). Im Gegenteil, sie kämpften um das Recht, Rahmenbedingungen und Ziele des existierenden Reiches neu zu bestimmen. Als der böhmische Historiker und tschechische Patriot František Palacký (1798–1876) erklärte, «existirte der österreichische Kaiserstaat nicht schon längst, man müßte im Interesse Europa's, im Interesse der Humanität selbst sich beeilen, ihn zu schaffen!», stand er mit dieser Meinung gewiss nicht alleine da.[2] 1848 taten diejenigen, die glaubten, dass sie von der Existenz des Reiches an sich profitierten, umgehend kund, wem es ihrer Meinung nach dienen sollte und auf welche Weise.

Aus diesem Grund stellten sich viele Revolutionäre als Hüter der wahren habsburgischen Reichsidee dar, so wie sie in die Tat umgesetzt werden sollte. Dabei betonten sie ihren Wunsch, zu einer legitimeren Form kaiserlicher Herrschaftsausübung *zurückzukehren,* die in der jüngeren Vergangenheit aufgegeben worden sei. Diese Männer und Frauen rechtfertigten ihre Auflehnung damit, dass der Verwaltungsstaat zu sehr die Achtung vor dem Gesetz und den rechtsstaatlichen Prinzipien verloren habe, die das Reich in früheren Jahrzehnten auszeichnete. Dieses nachdrückliche Bekenntnis zur Idee des Reiches an sich machte jedoch ihre verschiedenen konkreten Forderungen nicht weniger radikal, zerstörerisch oder abstoßend für die Habsburgerdynastie. Erneuerter Respekt vor dem Gesetz und Wiederbefolgung rechtsstaatlicher Prinzipien konnten ganz Verschiedenes bedeuten, von größerer administrativer Autonomie bis hin zu einer völligen Abschaffung des Zentralstaats. Umgekehrt konnte damit aber auch gemeint sein, die Macht des Zentralstaats zu nutzen, um politisch radikale Ziele wie etwa die vollständige Emanzipation der Bauern oder die Gewährung des Stimmrechts in den Landtagen für nichtadelige Staatsbürger durchzusetzen.

Ein beunruhigendes Vorspiel in Galizien

Am 22. Februar 1846 gaben polnische Aufständische in der Freien Stadt Krakau, die durch die Weichsel vom österreichischen Territorium getrennt war, kühn die Wiedererrichtung eines unabhängigen polnischen Staates bekannt. In der Hoffnung, weiteren Aufruhr auslösen zu können, setzten sie auf die andere Seite des Flusses über und trugen die Botschaft von der Befreiung der polnischen Nation in die österreichische Provinz Galizien. Dort verliefen die Ereignisse aber anders als geplant. Die Revolte endete mit einer verheerenden Niederlage, die jedoch nicht von der österreichischen Regierung herbeigeführt wurde. Der Aufstand scheiterte in spektakulärer Weise, weil Bauern aus den Dör-

fern Westgaliziens sich gegen die Rebellen erhoben und sie massakrier-
ten: Bei einer Reihe brutaler Zusammenstöße ließen 700 bis 1000 Menschen ihr Leben.[3] Bei diesen blutigen Kämpfen wurde wieder offenbar,
welche Wut sich bei den Bauern aufgestaut hatte; vor allem aber zeigten
sie, dass die kaiserliche Autorität für die Bauern in einer Zeit revolutionärer Umbrüche eine entscheidende symbolische Funktion besaß.

Bevor sie sich erhoben, hatten die Rebellen den Entschluss gefasst,
sich *nicht* der Unterstützung der galizischen Bauern zu versichern.
Denn sie wussten, dass jedes an die Bauern gerichtete Versprechen, die
feudalen Verhältnisse zu beenden, zu viele der privilegierten Personen
in ihren eigenen Reihen, vor allem aber die adeligen Großgrundbesitzer, abschrecken würde.[4] Die galizischen Bauern griffen die rebellierenden Grundherren dennoch an, oft unter Bekundung ihrer Loyalität
zu Kaiser Ferdinand. Damit erfüllten sie demonstrativ ihre Pflicht
gegenüber einem kaiserlichen Regime, von dem sie glaubten, dass es sich
eher für ihre Belange einsetzen würde als die polnischen Nationalisten.
Die Bauern, die 1846 ihre Herren abschlachteten, gaben mit größter
Deutlichkeit zu erkennen, dass sie selbst sich nicht als «Polen» sahen –
ein Wort, mit dem sie genau so wie mit der Erinnerung an den früheren polnischen Staat Negatives verbanden. Als nationalpolnische Rebellen die Bauern eines Dorfes in Ostgalizien davon überzeugen wollten,
dass ihre Situation sich dramatisch verbessern würde, wenn es gelänge,
die Österreicher zu vertreiben, antwortete einer von ihnen:

> So wird es nicht sein, gnädiger Herr. Ihr möchtet den allergnädigsten
> Herrn [den Kaiser] aus dem Land vertreiben, um das ganze Land zu ver-
> derben; denn als es die Konföderation [von Bar 1768] gab, durfte man, wie
> mein Großvater erzählt hat, Bauern erschlagen. Man konnte nirgends
> Anklage erheben … Wenn ihr den Kaiser aus dem Land vertreiben wür-
> det, dann will jeder König sein, und die Bauern würdet ihr erschlagen wie
> zur Zeit der Konföderation.[5]

Anstatt den Rebellen lediglich ihre Unterstützung zu verweigern, gingen die Bauern zum tätlichen Angriff auf diese, deren Familien und
Gutsverwalter über. Dann übergaben sie die Leichen und die Überle-
benden den habsburgischen Behörden. Sie vernichteten auch Akten
und Dokumente der Grundherren, Besitzurkunden und Ähnliches, weil

sie hofften, damit die juristische Grundlage für ihre Untertänigkeit aus der Welt zu schaffen. In einigen Fällen teilten sie sogar Ländereien der Adligen unter sich auf. Truppen der Habsburger mussten einschreiten, um der Gewalt ein Ende zu machen und so ironischerweise die nationalpolnischen Rebellen vor den wütenden patriotischen Bauern Österreichs zu schützen.

Die schrecklichen Ereignisse des Jahre 1846 in Galizien bieten uns trotz ihrer Extreme eine Möglichkeit, die Einstellung der Bauern zum Österreichischen Kaisertum – wenn auch nur in einer bestimmten Situation – einzuschätzen. Polnische Demokraten und der nationalgesinnte Adel stellten ihre Rebellion als den Versuch dar, das Land vom repressiven österreichischen Kaiserstaat zu befreien. Galizische Bauern jedoch unterwarfen sich lieber der Herrschaft eines Habsburgerkaisers, der zwischen ihnen und den die Peitsche schwingenden tyrannischen Gutsbesitzern stand, als in einem unabhängigen polnischen Staat zu leben. Es gab keine Gefühle nationaler Solidarität, die die galizische Gesellschaft dazu veranlasst hätten, sich ihrem Adel anzuschließen und ihm in den Kampf gegen den Habsburgerstaat zu folgen. Das blutige Ende dieser Revolte zeigt, dass der Anklang, den der polnische Nationalismus Mitte des neunzehnten Jahrhunderts fand, auf eine kleine soziale Gruppe beschränkt war, und in welchem Maße die Bauern die habsburgische Reichsidee für ihre eigenen Ziele nutzten.

Nach dem fehlgeschlagenen Aufstand unternahmen sowohl die polnischen Nationalisten als auch die Regierung Metternich erbitterte Propagandafeldzüge, um sich die Sympathien des restlichen Europa zu verschaffen.[6] Diesen Kampagnen war es in erster Linie zu verdanken, dass ein wichtiges Merkmal der Ereignisse – dass nämlich die Bauern von sich aus zur Verteidigung des Reiches aktiv geworden waren – der Öffentlichkeit verborgen blieb. Die polnischen Nationalisten behaupteten überzeugend, die Unterstützung der einfältigen Bauern sei mit habsburgischem Blutgeld erkauft worden; ansonsten hätten sich diese Bauern zweifellos hinter ihre nationalen Anführer gestellt. Und als Bewahrer von Europas Status quo konnte Metternich nur schlecht zugeben, dass Gewalt vonseiten der Bauern – wenn sie auch dem Reich gedient hatten – in irgendeiner Weise gerechtfertigt gewesen war.[7]

Unmittelbar nach dem sogenannten Krakauer Aufstand unternahmen weder die Wiener Regierung noch die polnischen Nationalisten in Galizien etwas Konkretes gegen die verzweifelte Lage der bäuerlichen Bevölkerung. Erst in späteren Jahrzehnten sollten polnische Nationalisten ihre Strategie weitgehend ändern und Bauern in ihre Sache miteinbeziehen. Die kaiserliche Regierung behauptete, nichts für die galizischen Bauern tun zu können, solange man nicht eine praktikable Lösung für alle Kronländer erarbeitet hätte, in denen die feudalen Strukturen in ländlichen Regionen ein Problem darstellten. Doch alle Gutsbesitzer für den Ausfall bäuerlicher Zwangsarbeit finanziell zu entschädigen, überstieg die finanziellen Möglichkeiten des Staates. Dennoch bewirkte die Krakauer Revolte eine wichtige politische Änderung: Sie lieferte Österreich den Vorwand, die Freie Stadt Krakau an Galizien anzuschließen.

Die Ereignisse des Jahres 1846 zeigen uns einige Muster, die in den Revolutionen, welche zwei Jahre später in fast ganz Europa ausbrechen sollten, wieder auftauchten. Zunächst einmal hatte nicht soziales Elend an sich, so gravierend es auch gewesen sein mag, zu der Revolte in Galizien geführt und auch nicht die europäischen Revolutionen von 1848/49 ausgelöst. Es waren vielmehr gesellschaftlich privilegierte Gruppen, die ein stärkeres Mitspracherecht bei politischen Entscheidungen verlangten – vor allem in ihren jeweiligen Kronländern – und die die Aufstände anzettelten, als sie eine günstige Gelegenheit dazu erkannten. 1846 hatte eine polnische nationale Elite versucht, die Macht zurückzugewinnen, indem sie einen unabhängigen polnischen Staat wiedererschuf. 1848 versuchten ungarische Eliten dasselbe zu erreichen, indem sie die Unabhängigkeit Ungarns vom Rest des Reiches verkündeten. Adelige Aktivisten in anderen Kronländern nutzten ebenfalls die Revolution von 1848, um ihr Mitspracherecht bei politischen Entscheidungen durchzusetzen oder, wie sie selbst es nannten, zurückzugewinnen. Ihr Groll richtete sich gegen ein Regime, das ihnen durch seine Zentralisierungsmaßnahmen ihre früheren Vorrechte genommen hatte. Zur gleichen Zeit forderten aber auch die Angehörigen der Unternehmerschicht und der Bildungselite in den Provinzstädten, an politischen Entscheidungen beteiligt zu werden. 1848 machten sie anfangs oft gemeinsam mit dem Adel Front gegen den Zentralstaat, kündigten allerdings wegen Meinungsverschiedenheiten, welche die staatsbürgerlichen Rechte, die politische Repräsentation und die lokale Herrschaftsausübung betrafen, diese Allianz bald wieder auf. Wie im Fall von Galizien im Jahr 1846 lösten Eliten, die ihre eigene Macht wiederherzustellen versuchten, eine Revolution aus, die aber völlig unerwartet anderen gesellschaftlichen Gruppen Macht einbrachte.

Wenn auch der Kampf um Privilegien ebenso sehr wie die soziale Frage der Revolte und Revolution von 1848 zugrunde lagen, so waren doch beide Faktoren überall im Kaiserreich eng verknüpft. Sobald die aufständischen privilegierten Gruppen im März 1848 die Regierung zu Fall gebracht hatten, führten die Auswirkungen sozialer Not – und ein starkes Empfinden der Ungerechtigkeit des Systems – nun dazu, dass häufig Bauern und Industriearbeiter die politische Bühne betraten, wodurch es zu einer Radikalisierung der ursprünglichen Aufstände kam. 1848 war es gerade die Unruhe unter den Bauern und Arbeitern, welche die Obrigkeit des Reiches dazu bewegte, den politischen Forderungen der Rebellen aus privilegierten Schichten nachzugeben und über diese zu versuchen, die Ordnung wiederherzustellen. Natürlich wurden die Tumulte in Arbeiter- und Bauernkreisen nicht oder nur selten durch die strittigen politischen Fragen ausgelöst, welche die Urheber der Rebellion beschäftigt hatten. Da ging es darum, dass Bauern der Zugang zu Land verweigert und ihnen der *Robot* abverlangt wurde, dass die Stadtbewohner unter Nahrungsmittelknappheit und inflationär hohen Preisen litten oder Fabrikarbeiter Angst vor der fortschreitenden Mechanisierung hatten und die Beschäftigung von Frauen ablehnten. All dies zusammen versetzte die Regierung – deren Streitkräfte größtenteils auf der italienischen Halbinsel gebunden waren – derart in Unruhe, dass sie den Revolutionären aus dem Adel und dem Bürgertum nun zugestand, neue Verfassungen zu entwerfen und neue Herrschaftsformen einzuführen.

Diese Entwicklung warf Licht auf die besondere Art des Verhältnisses der Aufständischen zur kaiserlichen Regierung. Die untersten Klassen mögen sich über ihre adeligen Herren oder Arbeitergeber aus der Industrie empört haben, aber von ihrem Herrscher hatten sie im Allgemeinen ein positives Bild. Viele Rebellen aus privilegierten Kreisen hielten es daher für ratsam, Treuebekundungen zum Kaiser in ihre politischen Erklärungen einzuschließen. Sie stellten ihre revolutionären Bestrebungen als Versuche dar, ein im Kern vernünftiges und faires System *wieder in das Gleichgewicht zu bringen,* das es aufgrund des unerwünschten Einflusses eines Sündenbocks verloren hatte. Als Sündenbock musste für gewöhnlich Metternich herhalten, manchmal gab man die Schuld auch einer reaktionären Verschwörergruppe, einer sogenannten «Hofkamarilla», die den arglosen, in diesem Fall sogar geistig eingeschränkten Kaiser umgab. So wird verständlich, warum ungarische Revolutionäre ihre eigenen Aktionen als «rechtmäßige Revolution» bezeichneten.[8]

Die Ereignisse in Galizien machen auch die Bedeutung neu entwickelter Technologien deutlich; diese wirkten sich 1848 mehrfach aus. Sowohl die polnischen Rebellen als auch die kaiserliche Regierung versuchten zum Beispiel 1846, die Zustimmung der Öffentlichkeit für ihre Sache durch Propaganda vor allem in den zunehmend wichtigen Printmedien zu gewinnen. Und 1846 hatten österreichische militärische Führer zu ihrer großen Überraschung erlebt, wie effizient man mit der Eisenbahn Soldaten und Geschütze von einem Ort an den anderen verlegen konnte.[9] Diese Hilfsmittel – die Massenmedien und die Eisenbahn – befanden sich zwar noch im Frühstadium ihrer Entwicklung, dennoch wussten 1848/49 viele der Akteure – vom ungarischen Revolutionär Lajos Kossuth bis zum Feldmarschall Radetzky –, deren großes Potenzial geschickt für ihre Ziele auszunutzen.

Viele Merkmale des Krakauer Aufstandes von 1846 tauchen bei den Revolutionen von 1848 wieder auf – auch die Rhetorik der nationalen Identität, die die fehlgeschlagene Revolte in Galizien begleitet hatte. Ungarische Revolutionäre führten ähnliche Argumente an, um die Abspaltung ihres Landes von Österreich zu legitimieren. In anderen Teilen der Monarchie jedoch war die Vorstellung von nationaler Eigenständigkeit weder klar umrissen noch so verbreitet wie in Ungarn. Obwohl in vielen politischen Proklamationen der Zeit vom Ideal «nationaler Identität» oder vom «Erwachen der Nationen» oder sogar von der «Vereinigung zu einer deutschen [oder italienischen] Nation» die Rede war, hatten diese Begriffe für die vielen Menschen, die sich darauf beriefen, höchst unterschiedliche Bedeutungen. Bestand die Nation beispielsweise nur aus den privilegierten Klassen, die in den Landtagen der Kronländer vertreten waren, wie das Wort traditionell verstanden wurde? Oder schloss die Nation Menschen aller Klassen ein, die durch eine gemeinsame Sprache und Kultur zu einer Art universeller Gemeinschaft verschmolzen waren? Diese Meinung vertraten jedenfalls die Aktivisten aus der Mittelklasse immer häufiger und eindringlicher. Die meisten nationalen Protagonisten traten 1848 für die zweite Ansicht ein, während Vertreter der älteren, für die Elite charakteristischen Lesart sich beeilten, diese durch eine Modifikation populärer zu machen: Der Adel spreche für ein größeres Volksganzes.

Diese wachsende Tendenz trug jedoch nicht dazu bei, strittige Fragen in Bezug auf nationale Identität oder Eigenständigkeit zu klären. Einigen sind wir schon begegnet. Gab es beispielsweise eine österreichische Nation? Oder bezeichnete eine Nation die Einwohner eines bestimmten historischen Territoriums, etwa Böhmens, der Steiermark oder des Königreichs Ungarn? Oder wurde nationale Identität durch ein gemeinsames sprachliches Erbe definiert, das die traditionellen Grenzen der Kronländer überschritt? Wenn ja, bedeutete dies, dass etwa Einwohner Böhmens, die Tschechisch sprachen, mit Tschechisch sprechenden Mährern und Schlesiern eine Nation bildeten? Oder stellten Böhmen und Mähren aufgrund ihrer jeweils eigenen Geschichte separate Nationen dar? Konnte eine einzelne Person mehr als einer Nation angehören? Oder schloss die Zugehörigkeit zu einer Nation die zu einer anderen aus? Waren die Beziehungen zwischen Nationen brüderlicher Natur, wie viele Patrioten in den ersten Wochen revolutionären Überschwangs meinten, oder führten nationale Ansprüche unausweichlich dazu, dass verschiedene Nationen miteinander um Zugang zu Ressourcen oder Besitz von Territorien konkurrierten? Und vor allem, in welchem Verhältnis sollten individuelle Nationen zu Österreich, dem Kaiserreich und Vaterland stehen?

Die Bauern hatten 1848 jedoch allen Grund, argwöhnisch zu bleiben oder nationale Programme einfach zu ignorieren. Diese zielten für gewöhnlich darauf, den politischen Einfluss privilegierter Staatsbürger zu vergrößern, während sie gleichzeitig dazu beitrugen, dass der Status quo, den die Bauern verändern wollten, erhalten blieb. Wie wir sehen werden, berücksichtigten nur wenige nationale Anführer ernsthaft die Forderungen der Bauern bei der Ausarbeitung ihrer Pro-

gramme; sie beließen es bei vagen Versprechungen, das Feudalsystem
abzuschaffen.

Aufruhr in den Städten

Im Januar 1848 kam es auf der italienischen Halbinsel zu mehreren
Revolten, zuerst auf Sizilien, dann im Norden. Die Regierung Metternich entsandte daraufhin Truppen, um die Territorien der Monarchie
in der Lombardei und in Venetien zu verteidigen, für den Fall, dass die
Unruhen auf sie übergreifen sollten. Dann aber, Ende Februar, ließ die
Nachricht, dass in Paris König Louis-Philippe gestürzt worden war, es
plötzlich möglich erscheinen, dass es auch in Österreich zu einer Revolution kommen könnte.

Tatsächlich war die Lunte schon bei einem zunehmend öffentlich
ausgetragenen Streit zwischen Metternich und dem ungarischen
Landtag gelegt worden, zu dem es Ende 1847 gekommen war. Unmit-
telbarer Anlass waren, nicht überraschend, Uneinigkeiten in Bezug
auf die Finanzen gewesen. Es war um die Frage gegangen, wie man
das ungarische Steuersystem reformieren und im Verhältnis zu dem
der übrigen Monarchie stabilisieren sollte. Tatsächlich waren sich fast
alle politischen Akteure, von Metternich bis zu dem vorsichtigen
Széchenyi, vom radikaleren Kossuth bis zum pragmatischen Deák,
einig, dass diese fundamentalen Probleme gelöst werden müssten.
Uneinig waren sie sich nicht so sehr hinsichtlich einzelner Lösungs-
möglichkeiten, sondern darüber, wer überhaupt das Recht haben
sollte, die Probleme zu lösen. Theoretisch wären die kleinen Mei-
nungsunterschiede hinsichtlich der vorgeschlagenen Maßnahmen zu
überbrücken gewesen, um das Feudalsystem zu reformieren, eine
Steuerreform auf den Weg zu bringen, durch die der Adel endlich zu
Zahlungen verpflichtet sein würde, die Kommunikationswege und
das Straßennetz zu verbessern, die wirtschaftliche Modernisierung
Ungarns zu beschleunigen und das ungarische Rechtssystem in größeren Einklang mit dem der übrigen Monarchie zu bringen.[10] Doch
man konnte sich nicht einigen, wem das entsprechende Recht zustand,
diese Probleme zu lösen: dem ungarischen Landtag oder der Zentralregierung in Wien.

In den 1840er-Jahren war die Debatte darüber in Ungarn in der urbanen politischen Öffentlichkeit, die gerade entstand, ausgetragen worden: das heißt, man hatte in Kaffeehäusern und Debattierklubs darüber geredet und in Zeitungen darüber geschrieben. Ungarische Aktivisten hatten die Konflikte zwischen dem König und dem Landtag (beziehungsweise zwischen der Regierung des Königs und den sich selbst verwaltenden Komitaten mit ihren 6000 Beamten) zunehmend als Auseinandersetzungen zwischen dem «ausländischen Wien» und dem «patriotischen Ungarn» dargestellt. Die sich patriotisch gerierenden Medien berichteten ständig maßlos übersteigert über jede Anrufung der ungarischen Geschichte durch einen Politiker, über die Verwendung der ungarischen Sprache oder sogar über die Neigung, sich einem allmählich entstehenden «ungarischen Nationalstil» entsprechend zu kleiden. Jedes Mal, wenn Wien ein Zugeständnis machte, wie 1847 mit der Entscheidung, bei Landtagssitzungen das übliche Latein durch das Ungarische zu ersetzen, wurden damit wegen des Symbolgehalts dieser Maßnahmen und angeblich damit verbundener Kränkungen der Nation nur neue Konflikte ausgelöst.

In den 1840er-Jahren ging die Regierung Metternich, um den Widerstand der Adligen gegen die Krone zu schwächen, auch dazu über, Ängste vor der Unzufriedenheit der Bauern und ihren möglichen Folgen zu schüren.[11] Auf Forderungen der Opposition im Landtag reagierte Metternich oft damit, die Emanzipation der ungarischen Bauern anzudrohen. Vorher hatte das normalerweise ausgereicht, um der konservativen und gemäßigteren Mehrheit im Landtag fürs Erste einen Kompromiss abzuringen. Doch nach der galizischen Rebellion des Jahres 1846 scheute sogar Metternich vor dem Szenario mordender und marodierender Bauern zurück. Statt die Emanzipation der Bauern anzudrohen versuchte er, der Opposition mit Gesetzen den Schneid abzukaufen, die die meisten ihrer Reformforderungen erfüllten.

Den Landtag einzuberufen bedeutete aber auch, Wahlen abzuhalten. Zwar besaß nur eine sehr geringe Zahl von Ungarn das Wahlrecht; die Wahlen von 1847 riefen jedoch weit mehr Interesse in den Kreisen der Öffentlichkeit hervor als jemals zuvor, es kam zu wahren Ausbrüchen von Patriotismus. Eifrige Diskussionen über Politik beherrschten das gesellschaftliche Leben in den Städten. In Pest wurde der Wahlkampf von der Bevölkerung deutlich intensiver als zuvor verfolgt, obwohl die Zahl der Wahlberechtigten – 14 000 von insgesamt 600 000 Einwohnern – äußerst gering blieb.[12] Anhänger der Opposition feierten mehrere Siege, darunter war die Wahl des radikalen Zeitungsherausgebers Lajos Kossuth sowie von Ferenc Deák und István Széchenyi, die beide eine gemäßigtere Position vertraten.[13] Die Zahl der abgegebenen Stimmen macht uns aber bewusst, dass die «politisierte» Öffentlichkeit klein war. Obwohl der Wahlkampf in Pest beispielsweise so große Beachtung gefunden hatte, erhielt Kossuth nur 2948 Stimmen, sein Gegenkandidat 1314. Die meisten der 14 000 Wahlberechtigten waren nicht zu den Wahlurnen gegangen.

Als der Landtag im November 1847 in Pressburg (Pozsony) eröffnet wurde, ließ sich kaum sagen, wessen Programm revolutionärer war, das der Regierung oder das der Opposition.[14] Für einen großen Teil der ungarischen Öffentlichkeit verkörperte die Opposition natürlich einen patriotischen, spezifisch ungarischen Standpunkt, der im Gegensatz zu den Vorstellungen eines «fremden» Kaiserreichs stand. Trotz begeisterter Zurufe für die Opposition vonseiten der Studenten, die sich bei den Sitzungen auf den Besuchergalerien drängten, gelang es den Vertretern der Regierung dennoch binnen Kurzem, das Programm der Opposition zurückzuweisen. Bald drohten die Gespräche ins Stocken zu geraten, wie es bei vergangenen Versammlungen des Landtags so häufig der Fall gewesen war.

Genau zu diesem Zeitpunkt trafen die schockierenden Nachrichten von der Revolution in Frankreich ein, was die Opposition mit neuer Energie erfüllte. Am 3. März hielt Kossuth bei einem inoffiziellen Treffen der Abgeordneten eine Rede, die zu einer Radikalisierung des Geschehens führte. Kossuth verlangte nach einem eigenen ungarischen Kabinett, das einem gewählten Parlament (dem Landtag) verantwortlich sein sollte, und forderte gleichzeitig die Besteuerung des Adels, eine Abschaffung der Fronarbeit, eine entsprechende Entschädigung der Großgrundbesitzer, die Übertragung des Stimmrechts an die Angehörigen der städtischen Mittelschicht und die besser gestellten Bauern, die Reorganisation des habsburgischen Militärs unter Berücksichtigung ungarischer Interessen sowie die Ausarbeitung einer Verfassung auch für die übrigen habsburgischen Länder.

Diese Rede schlug ein wie eine Bombe. Schon bald erschien sie in deutscher Übersetzung als Broschüre in Wien, wo sie im Auditorium Maximum der Universität und später auch auf den Straßen den Menschenmengen vorgelesen wurde. Die Wiener Öffentlichkeit wandte ihre Aufmerksamkeit verstärkt der für den 13. März anberaumten Versammlung des Niederösterreichischen Landtags zu.[15] Mitglieder von Lesegesellschaften und Berufsvereinigungen schwankten, ob sie selbst irgendwie politisch aktiv werden sollten, da sie Angst vor der Unberechenbarkeit der untersten Gesellschaftsschichten hatten. Am 4. März verlangte der elitäre Juridisch-Politische Leseverein eine Neugestaltung des gesamten Regierungs- und Verwaltungsapparats. Außerdem wurde gefordert, die Bürger zu bewaffnen, damit sie in der Stadt für Ordnung sorgen könnten; gleichzeitig sollte die Macht der offiziellen Ordnungshüter, sprich der Polizei, beschnitten werden. Die Zensur sollte abgeschafft und eine Reihe von Reformen auf dem Gebiet von Religion, Erziehung und Rechtswesen eingeleitet werden. Darüber hinaus sollte in Wien ein zentrales Parlament eingerichtet werden, das für die Gesetzgebung des gesamten Reiches zuständig war. Gleichzeitig aber warnte ein prominentes Mitglied der Vereinigung vor den Gefahren, die entständen, wenn unter den arbeitslosen Textil- und Fabrikarbeitern, die sich in Wiens Vorstädten zusammenballten, eine offene Rebellion geschürt würde.[16]

Am Vormittag des 13. März machten die Massen von Neugierigen, die in den engen Gassen um das Landhaus, wo die Landtagssitzung abgehalten werden sollte, zusammengekommen waren, deutlich, wie groß das Interesse der Öffentlichkeit war. Früh an diesem Montagmorgen, bevor die verängstigte Regierung daran gedacht hatte, die Stadttore zu schließen, hatten es Arbeiter geschafft, in die Innenstadt einzudringen, wo sie sich einer geplanten Demonstration von Studenten anschließen wollten.[17] Als die lärmende Studentenschar sich aus Richtung der nah gelegenen Universität dem Landhaus näherte, wurden sie von den Mengen, die die angrenzenden Straßen verstopften, mit Rufen wie «Da kommen sie!» begrüßt, und mehrere Personen, die von oben aus geöffneten Fenstern zusahen – es war für März ungewöhnlich warm –, ließen Blumensträuße, Bänder, kleine Kränze und in einigen Fällen auch Schmuckstücke auf sie hinabregnen.[18]

Während die Menschenmenge darauf wartete, dass die Abgeordneten aus dem Landhaus heraustraten, hielt ein junger jüdischer Arzt aus
Buda namens Adolf Fischhof (1816–1893) eine improvisierte Rede.[19]
Fischhof fasste die Wünsche der vielen Versammelten zusammen und
verlangte ein Ende der Zensur und Freiheit der Lehre an der Universität. Nachdem jemand auch noch Kossuths Rede vom 3. März vorgelesen hatte, wurde immer lauter die Entlassung Metternichs gefordert.
Eine rasch zusammengestellte Abordnung aus Studenten und Ärzten
überbrachte dem Landtag die Forderungen der Menge. Beunruhigt
über den Massenauflauf entsandten die Abgeordneten ihrerseits eine
Deputation mit einer Petition zur Hofburg, in der um Reformen nachgesucht wurde. Die Regierung hatte aber bereits Truppen angefordert
und auch endlich die Stadttore schließen lassen.

Es brach allgemeine Konfusion aus. Das Militär versuchte die Straßen rings um das Landhaus zu räumen. Dabei wurden fünf Menschen
erschossen und mehrere weitere verwundet. Zeitgenössische Illustra-
tionen fangen den Schrecken ein, von dem die biederen braven Bürger,
Frauen und Männer, ergriffen wurden, die sich plötzlich dem Gewehr-
feuer der Soldaten ausgesetzt sahen. Unter den ersten Opfern war Karl
Heinrich Spitzer, ein aus Mähren stammender jüdischer Student am
Polytechnikum. Er wurde später zum ersten Märtyrer der Revolution
erklärt.[20] In dem allgemeinen Chaos, das durch die Schießerei ausgelöst wurde, gingen Gruppen von Arbeitern auf Soldaten los, und Wiens
Bürgermeister flehte die Regierung an, die Angehörigen des Besitzbürgertums (auf die sie gerade das Feuer hatte eröffnen lassen) zu bewaffnen und sie statt des verhassten Militärs damit zu beauftragen,
Ruhe und Ordnung wiederherzustellen. Als die Situation eskalierte,
kapitulierte die Regierung auf ganzer Linie; sie zog das Militär ab und
erlaubte die Bewaffnung der Bürger.[21] Sie gestattete auch den Studenten, eine bewaffnete «Akademische Legion» aufzustellen, die unter
der Führung Fischhofs stand. Bis zum 15. März waren 30 000 Männer
entweder der Nationalgarde oder der Akademischen Legion beigetre-
ten und hatten Waffen ausgehändigt bekommen.[22] In der Zwischenzeit hatte mit einer Art von Palastrevolte eine kleine Schar verzweifel-
ter Erzherzöge – Onkel und Vettern Kaiser Ferdinands – Metternich
abgesetzt (der sofort verkleidet aus Wien floh). Dasselbe hatten sie mit

dem unbeliebten Präsidenten der Obersten Polizei- und Zensurhofstelle Graf Sedlnitzky und dem ungarischen Kanzler Graf György
Aponyi getan.

Jetzt, da der offene Aufstand Wien in Atem hielt, fiel es Kossuth und
seinen Verbündeten in Pressburg nicht schwer, den ungarischen Landtag davon zu überzeugen, den Forderungen nach einer Verfassung, die
er in seiner Rede vom 3. März gestellt hatte, zuzustimmen und sie in
Form einer Petition an den Kaiser weiterzuleiten.[23] Eine Delegation,
alle in Paradeuniform, machte sich an Bord eines Donaudampfers Richtung Wien auf, um diese Bittschrift zu überbringen. Gleichzeitig kam
es auch in Pest zu Demonstrationen zur Unterstützung von Kossuths
Forderungen, angeführt von Studenten und radikalen Schriftstellern
(die der Bewegung «Junges Ungarn» angehörten). Am 15. März rezi-
tierte der radikale Lyriker Sándor Petőfi öffentlich ein «Nationallied»,
das er im Pester Café Pilvax verfasst hatte. Der Refrain des Liedes versicherte kämpferisch:

> Wir schwören beim Gott der Ungarn,
> Wir schwören, nicht länger Gefangene zu sein.[24]

An jenem Nachmittag sprach Petőfi zu Tausenden von Demonstranten
vor dem Nationalmuseum von Pest; anschließend zog die Menge zum
Rathaus. Dort verlangten ihre Anführer die Bildung eines revolutionären «Ausschusses für die öffentliche Sicherheit» (womit sie, wie 1848
häufig, symbolisch einen Ausdruck der französischen Revolutionäre
von 1789 übernahmen), der Buda und Pest regieren sollte. Außerdem
sollte zur Aufrechterhaltung von Ruhe und Ordnung in den beiden
Städten eine Nationalgarde geschaffen werden. Später setzten rund
20 000 Menschen über die Donau über und zwangen die Statthalterei
des Vizekönigs in Buda (die örtlichen Repräsentation des Kaisers), die
Zensur aufzuheben, die Armee abrücken zu lassen und alle ungarischen politischen Gefangenen (es gab genau einen) freizulassen.[25]

Weitere Demonstrationen am 15. März zwangen die Berater Kaiser
Ferdinands dazu, eine Verfassung zu versprechen, was sofort zu wort-
reichen Dankesbekundungen und Ergebenheitsadressen an den Kaiser
führte. Am selben Tag traf sich eine Gruppe von fünfzig Bürgern, um
einen provisorischen Stadtrat einzusetzen, der sich der Angelegenhei-

Eine begeisterte Menge von Wiener Bürgern jubelt am 15. März 1848
Kaiser Ferdinand zu, nachdem dieser die Verabschiedung einer Verfassung
versprochen hat.

ten der Stadt annehmen sollte, bis die Einwohner Wiens einen solchen
Rat wählen würden. Die dafür auserwählten Männer – kleine Unternehmer, Fabrikbesitzer, Professoren und ein Repräsentant der jüdischen Gemeinde – vertraten solide konservative wirtschaftliche und
soziale Interessen.[26]
Ebenfalls am 15. März traf die ungarische Deputation, von der
Öffentlichkeit mit frenetischem Jubel empfangen, in Wien ein. Zeitgenössischen Berichten zufolge wurden ihre Mitglieder als Helden
der Revolution begrüßt. Begeisterte Anhänger Kossuths spannten die
Pferde vor seiner Kutsche aus und zogen das Gefährt selbst durch die
Straßen, wobei sie auf dem Weg zur Hofburg mehrfach anhielten, damit er zu den Menschen sprechen konnte. In den folgenden zwei Tagen
führte die Regierung hektische Verhandlungen mit der ungarischen
Deputation, um eine Einigung herbeizuführen. Am Ende gab sie jeder
einzelnen Forderung des Landtags nach, auch der nach der Bildung
eines eigenen ungarischen Kabinetts, dem Graf Lajos Batthyáni
(1807–1849) vorstehen sollte.[27] Für diese Ungarn war die Revolution

Lajos Kossuth hält am 24. September 1848 auf dem Marktplatz von Cegléd eine Rede. Lithographie von Franz Kollarz

gleichbedeutend mit der Etablierung (oder «Wiederherstellung») eines unabhängigen ungarischen Staates, der von seinem habsburgischen König regiert wurde, aber von den anderen Territorien der Habsburger getrennt war. In anderen Teilen der Monarchie – einschließlich Wiens – bedeutete die Revolution etwas anderes.

In den meisten größeren und kleineren Städten wurde die Nachricht von den Ereignissen mit öffentlichen Unterstützungsbekundungen für die Regierung aufgenommen, die sich soeben selbst reformiert hatte. Gelegentlich wurde auch lokales Verwaltungspersonal ausgetauscht. Nur in zwei Städten, Mailand und Venedig, lösten die Nachrichten Erhebungen gegen die Herrschaft der Habsburger aus.[28] Die meisten österreichischen Staatsbürger aus der Mittel- und Oberschicht feierten die Ankündigung einer Verfassung, weil ihnen das die Aussicht zu eröffnen schien, selbst mehr Mitsprache zu erlangen. Gleichzeitig stellten sie lokale Bürgerwehren oder Nationalgarden auf, welche die Revolutionäre im Zaum halten und andere gesellschaftliche Gruppen an einem Machtgewinn hindern sollten. Es ist auffallend, wie einhellig die Einwohner der österreichischen Hälfte des Reiches (und einiger Teile Ungarns wie etwa Kroatiens) auf die Nachrichten von der Märzrevolution in Wien reagierten: Bei ihren Forderungen nach einem Mitspracherecht in lokalen Institutionen und Einrichtungen des Staates bezogen sie sich nun explizit auf das kaiserliche Angebot, eine Verfassung zu gewähren, die die Vision von größerer politischer Mitbestimmung entstehen ließ. Die Aufstellung örtlicher Gardeeinheiten verlieh der Forderung der Bürger nach einem politischen Mitspracherecht auf lokaler Ebene Ausdruck, während die Tatsache, dass sie die Ankündigung einer Verfassung feierten, diese Forderung gleichsam auf die Ebene des gesamten Reiches projizierte.

In der oberösterreichischen Hauptstadt Linz, einer Industriestadt, in der Arbeiter einen erheblichen Teil der Einwohnerschaft stellten, organisierten die führenden Bürger am 15. März Demonstrationen; sie veranstalteten eine Feier im Provinztheater, und der Gewerbeverein gab Geld für einen Fackelzug. Viele Linzer Bürger aus der Mittelschicht und Studenten traten spontan einer neuen Nationalgarde bei, die in der Stadt für Sicherheit sorgen sollte. Ein Beobachter hielt voller Befriedigung fest, dass es in Linz zu keinen gewalttätigen Ausschreitungen vonseiten der Arbeiterschaft kam, wie die Wiener sie erlebt hatten; er hob bezeichnenderweise hervor, dass «die Geschäfte [...] ungehindert fort[gehen]».[29]

In der steirischen Hauptstadt Graz, wo es auch eine Universität gab, hatte die bevorstehende Landtagssitzung ähnlich wie in Wien den Anlass dafür geboten, Petitionen einzureichen und zu demonstrieren. Bei einer Aufführung von Schillers *Don Karlos* am 14. März brach an der Stelle des Stücks, wo der Marquis von Posa von König Philipp II. von Spanien «Gedankenfreiheit» für die Untertanen fordert, das bürgerliche Publikum in donnernden Applaus aus. Am Tag darauf überreichte eine Abordnung dem Steiermärkischen Landtag eine von sechshundert Bürgern unterzeichnete Petition, in der gefordert wurde, dass die Stadtregierung «von allen Bürgern aus der Mitte der gewerbe- und geschäftstreibenden Bürger gewählt» werde. Außerdem sollten besagte Bürger das Recht erhalten, Steuern festzusetzen, Personal im öffentlichen Dienst einzustellen und zu entlassen, die Bildungspolitik zu bestimmen, für Rede-, Meinungs- und Gewissensfreiheit zu sorgen, eine Bürgerwehr aufzustellen, die die Polizei ersetzen sollte, und die Zensur sowie die körperliche Züchtigung abzuschaffen. Außerdem sollte der «Einfluss der Jesuiten», die selbst schon ein halbes Jahrhundert zuvor aus der Stadt verbannt worden waren, im Bildungswesen beendet werden. Am 16. März ließ die Grazer Regierung fünfhundert Gewehre und dreihundert Säbel an jene verteilen, die «des allgemeinen Vertrauens würdig» erschienen.[30] In den folgenden Tagen konstatierten bürgerliche Beobachter voller Stolz, dass Adlige in der neuen Miliz engen Umgang mit einfachen Bürgern, Studenten und weniger ranghohen Beamten pflegten.[31]

Am 16. März gelangten die Nachrichten von dem Versprechen des Kaisers, eine Verfassung zu gewähren, und von Metternichs Flucht aus Graz mit der kürzlich in Betrieb genommenen Südbahn nach Cilli (Celje) in der Untersteiermark. «Kein selbst noch so lauer Patriot, der nicht in den Jubel eingestimmt hätte», berichtete eine örtliche Zeitung. Von Militärmusik und Salutschüssen aus Kanonen begleitet, versammelten sich Menschen «aus allen Ständen» am Bahnhof, der in den steirischen Farben weiß und grün geschmückt worden war. Vom Bahnhof aus zog die Menge zur Kirche des Orts und anschließend zum Sitz des Kreishauptmanns, wo sie Ferdinand I. hochleben ließ und die Kaiserhymne sang. Der Magistrat der Stadt ließ ein Banner aufhängen, auf dem zu lesen war: «Es lebe Ferdinand I., Preßfreiheit, Volksvertretung.»[32]

Weiter im Westen, in Klagenfurt, der Hauptstadt von Kärnten, trafen die Nachrichten auf dem Postweg ein. Die Zeitung der Stadt berichtete, die Klagenfurter hätten sie «mit allgemeiner Freude» aufgenommen. In den Straßen rings um den Hauptplatz drängten sich die Menschen, von denen viele eine weiße Kokarde angesteckt hatten. Sie feierten den Kaiser, zollten aber auch den Bürgern Wiens Beifall. Ähnlich wie in Linz berichtete die Zeitung voller Genugtuung, dass es trotz der Erregung, die die Nachrichten auslösten, zu keinen Ausschreitungen kam. Es gab keine Unruhestifter. Die Stadt wurde mehrere Nächte hintereinander hell erleuchtet. Kapellen marschierten, oft von großen Menschenscharen begleitet, durch die Straßen, und die Maria-Theresien-Statue des Orts wurde mit einer weißen Flagge geschmückt. Am 19. März gründeten einige Bürger eine provisorische Nationalgarde. Bei einer Galasoiree im

Theater brachte der Männergesangverein mehrere Lieder zu Gehör; unter anderem stand das beliebte «Lied der Deutschen» auf dem Programm (1848 wurden mehrere sogenannte deutsche Hymnen verfasst). Dass ein solches Lied bei einer öffentlichen Veranstaltung gesungen wurde, zeigt, dass man in Österreich sehr gut über die turbulenten Ereignisse in vielen anderen mitteleuropäischen Ländern Bescheid wusste. In dieser frühen Phase hielt man es für möglich, dass die Revolution mit der Erschaffung eines «freien» neuen deutschen Staates enden könnte, was auch immer das konkret bedeuten mochte.[33]

Ein Reisender aus Wien brachte die Nachrichten von der Revolution nach Laibach (Ljubljana), in die etwa fünfundsiebzig Kilometer südwestlich von Cilli gelegene Hauptstadt der Krain (die Strecke der Südbahn, die Cilli mit Wien verband, war noch im Bau). Innerhalb weniger Stunden hatten viele Einwohner die gleichen weißen Bänder angelegt, um ihre Unterstützung für die Einführung einer Staatsverfassung zu bekunden, die Kaiser Ferdinand versprochen hatte. Am Abend versammelten sich die wohlhabenderen Bürger zu einer Feier in dem in aller Eile festlich geschmückten Stadttheater, bei der man Vivat-Rufe auf den Kaiser ausbrachte. Draußen in den Straßen ließen sich, wie eine Lokalzeitung voller Bedauern berichtete, einige Studenten, Lehrlinge und Arbeiter «zu einigen tumultuarischen Exzessen» hinreißen, die bis tief in die Nacht hinein andauerten. Sie demolierten Mauthäuschen, warfen Fensterscheiben ein und schleuderten ein Porträt Metternichs in die Ljublanica. Der Bürgermeister von Laibach, der demselben Zeitungsbericht zufolge bei der Bevölkerung «unbeliebt» war, floh in den Vorort Oberlaibach (Vrhnika), fünfzehn Kilometer weiter im Westen, und sollte nie wieder zurückkehren.[34]

In die Hauptstadt Dalmatiens, das an der Adriaküste gelegene Zadar (Zara), gelangten am Abend des 20. März die Nachrichten auf dem Seeweg. Ein Beamter vor Ort, der nicht ahnen konnte, dass sein oberster Dienstherr, der Präsident der Obersten Polizei- und Zensurhofstelle Sedlnitzky, bereits entlassen worden war, meldete diesem nach Wien:

> Die Gassen waren die ganze Nacht, und zwar bis 5 Uhr früh, sehr belebt, Massen von Menschen trugen Flaschen, Krüge udgl. voll Wein mit, den sie auf der öffentlichen Gasse tranken, wobei auch mancher ihrer Bekannten, [denen] sie begegneten, mittrinken mussten. – Es gab daher, beson-

ders zu späteren Stunden der Nacht, viele betrunkene Menschen, unter denen einzelne hier und da gehört wurden, mitunter ... viva la Costituzione, ... viva la Guardia nazionale Dalmata, viva la libertà, ... viva io, viva tu, viva tutti ... wobey sie sich sehr häufig wechselseitig fragten was denn eigentlich die Constitution sey, und keiner einen richtigen Begriff von derselben zu geben im Stande war.[35]

Von Zadar aus wurden die Nachrichten per Dampfschiff weiter nach Süden getragen und verbreiteten sich nach und nach an der ganzen Küste, bis sie am 27. März in Kotor (Cattaro) an der Grenze zu Montenegro eintrafen.[36]

Die Beamten in den dalmatinischen Küstenorten ermunterten die Einwohner ebenfalls dazu, Einheiten der Nationalgarde aufzustellen. Zweifellos sahen sie diese als Hilfstruppen an, die ihnen bei der Aufrechterhaltung der Ordnung wichtigen Beistand leisten könnten. Sie gaben den Anstoß zur Wahl neuer Stadträte und später zu den Wahlen zum österreichischen Reichstag und einem neuen dalmatinischen Landtag. In allen diesen Orten beteuerten sowohl die führenden Bürger als auch die lokalen Beamten ihre Loyalität gegenüber einem durch die revolutionären Ereignisse erneuerten Habsburgerreich. Kurze Zeit später erfuhren die Dalmatiner aber auch von der Erhebung gegen die Herrschaft der Habsburger in Venetien, zu der es ab dem 23. März gekommen war. Die Tatsache, dass der gebürtige Dalmatiner Niccoló Tommaseo (1802–1874) an der Spitze der Aufständischen stand, löste bei der italienischsprachigen Stadtbevölkerung Dalmatiens großes Interesse für das Geschehen aus.[37] Sympathie für die Sache der Aufständischen bewog einige jüngere Männer in Dalmatien und Istrien dazu, sich freiwillig zum venezianischen Militär zu melden. Gleichzeitig waren dort jedoch die meisten Italienisch sprechenden Einwohner, wie auch Tommaseo selbst, der Meinung, dass ihre Heimatregionen Teil des Kaiserreichs bleiben sollten.

Die Ereignisse in Triest belegten, dass man dort ähnlich dachte und fühlte. Die Meldungen von der Revolution in Wien waren am 17. März eingetroffen. Die verblüffende Nachricht von der Revolte im nahegelegenen Venedig eine Woche später ermunterte einige Gruppierungen zu dem Versuch, eine ähnliche Erhebung in Triest auszulösen. Diese wurde jedoch im Keim erstickt, und zwar vor allem dank des Ein-

Der Aufstand in Venedig am 18. März 1848. Auf der Piazza San Marco reißen Aufständische Steine aus dem Straßenpflaster, um sie auf die im Hintergrund anrückenden Soldaten zu schleudern.

greifens italienischsprachiger Einwohner, die dem Haus Habsburg treu ergeben waren und eine Nationalgarde auf die Beine gestellt hatten.[38] Wie Dominique Reill nachgewiesen hat, glaubten die einflussreichen Bürger von Triest, dass der Wohlstand ihrer Stadt entscheidend von den Handelsbeziehungen zum Rest Österreichs abhing. Viele italienische Patrioten in Triest beharrten auch darauf, dass der Charakter ihrer Stadt prinzipiell multinational sei – wenn auch das italienische Element dominiere – und es in ihrem Interesse sei, im habsburgischen Reich zu bleiben. Indem er darauf verwies, dass die geografische Lage der Handelsstadt Triest «Menschen jeder Nation hierhergebracht» habe, warnte ein italienischer Journalist davor, sich einer Rebellion wie der in Venedig anzuschließen, denn dann wäre unser «Wohlstand dahin und wir würden erneut auf den Stand irgendeiner istrischen Kleinstadt herabsinken, während unsere neuen Prachtbauten [*palazzi*] menschenleer und verlassen stehen würden».[39]

Den Norden von Triest (Trst) in Südtirol, das einen großen italienischsprachigen Bevölkerungsanteil aufwies, erreichten die Neuigkeiten von der Revolution am 17. und 18. März per Post. Da zur selben Zeit der Jahrmarkt von Trento stattfand, zu dem die Bauern aus der Umgebung strömten, lösten die Nachrichten einen kurzen Protest der Besucher vom Land und einiger Einwohner der Stadt aus den ärmeren Schichten gegen die bestehende Verbrauchssteuer aus. Beamte, Ladenbesitzer, Handwerker und Schüler der Oberschule versammelten sich, um die geplante Einführung einer Verfassung für das Reich zu feiern und «la causa della legale libertà» zu verteidigen. Aus diesem Grund bildeten sie rasch eine Bürgergarde, die ihre neu gewonnenen Freiheiten vor den potenziellen Unruhen «di quell' proletariato» schützen sollte.[40]

Weiter im Norden, in Prag, kam es, wie in Wien, Graz und Pressburg (Bratislava), Anfang März zu mehreren lokal begrenzten politischen Initiativen, obwohl keine Einberufung des böhmischen Landtags anstand. Etliche Angehörige des böhmischen Hochadels hofften, für die traditionellen Länder der Böhmischen Krone (also einschließlich Mährens und Österreichisch-Schlesiens) in Anlehnung an die relativ große Autonomie Ungarns eine unabhängigere Stellung im Kaiserreich erringen zu können. Sie verlangten – nach dem Vorbild der bereits existierenden ungarischen Hofstelle – die Einrichtung einer eigenen Hofkanzlei in Wien, ausschließlich zuständig für böhmische Angelegenheiten; außerdem sollte ein Erzherzog aus dem Hause Habsburg als Vizekönig in Prag ernannt werden. Die von den Adligen im Landtag geforderten Änderungen riefen hier jedoch keine Opposition in der allgemeinen Öffentlichkeit wach, wie das in Ungarn der Fall gewesen war. Da es in Böhmen eine im Vergleich zu Ungarn viel breitere Mittelschicht aus Industriellen, Kaufleuten, Financiers und Gebildeten gab, war man dort weniger um die Wiederherstellung der sogenannten «uralten Rechte des böhmischen Landtags» bemüht. Was die Einwohner in Atem hielt, war neben dem offensichtlichen Unvermögen der Regierung, mit den Ausschreitungen von arbeitslosen Textilarbeitern fertig zu werden, auch die Bedrohung der sozialen Stabilität durch steigende Lebensmittelpreise.[41] Als eine Gruppe von Bürgern am 8. März zusammenkam, um eine Bittschrift an den Kaiser aufzusetzen, wurden die hinter den Kulissen stattfindenden Aktivitäten des Adels schnell in den Schatten gestellt. Die Gruppe verlangte die Gründung einer Bürgerwehr, die die Gesellschaft vor den Gefahren «proletarischen Aufruhrs» beschützen sollte. Außerdem sollte die tschechische Sprache vermehrt im Schulunterricht Verwendung finden, die Autonomie von Gemeinden vergrößert sowie Zensur und *Robot* abgeschafft werden.[42] Als die Nachricht, der Kaiser habe eine Verfassung und das Ende der Zensur in Aussicht gestellt, am 15. März in Prag eintraf, riefen auch dort Bürger und Studenten umgehend eine Nationalgarde sowie eine Akademische Legion ins Leben.

Die Petition vom 8. März war von Böhmen unterschrieben worden, die sowohl Tschechisch als auch Deutsch sprachen. Einige der Unterzeichner sahen sich als tschechische Böhmen, andere als Deutschböhmen. Die Forderung nach mehr Rechten für Böhmen oder dem Schutz der «böhmischen Nation» waren also nicht auf die eine oder andere Sprachgruppe beschränkt, auch wenn die meisten Aktivisten wohl der Gruppe der tschechischen Patrioten zuzurechnen waren. In Prag entstammten häufig die politisch aktivsten böhmischen Bürger der wachsenden tschechischsprachigen Intelligenz, das heißt, die Forderungen nach Bürgerrechten vonseiten der Mittelklasse gingen mit dem Entstehen einer selbstbewussten tschechisch-nationalen Gemeinschaft einher. Zwar führten die Ereignisse in Prag und in einigen anderen böhmischen Städten 1848 anfangs zu Konflikten zwischen «tschechischböhmischen» und «deutschböhmischen» Aktivisten, die große Mehrheit der Böhmen hingegen sah sich selbst nicht als Teil einer überregionalen, durch die Sprache definierten tschechischen *oder* deutschen Nation. Einige, die sich doch über ihre Sprache definierten, hinderte das nicht, sich bei Gelegenheit auch mit der jeweils anderen Volksgruppe zu identifizieren. Viele Aktivisten sprachen Anfang 1848 weiter von «böhmischem Patriotismus», womit sie von einer emotionalen Bindung an eine ganze Region ausgingen und nicht von der an eine bestimmte Sprechergemeinschaft.

Wie in vielen anderen Orten in Böhmen auch veranstalteten die Studenten Prags eindrucksvolle öffentliche Feiern, um jener zu gedenken, die bei den Wiener Aufständen im März gefallen waren. Obwohl es in Prag bis zu diesem Zeitpunkt keine Todesopfer gegeben hatte (dazu kam es erst beim Pfingstaufstand, als die Stadt von General Alfred zu Windisch-Graetz belagert wurde), ehrten die Prager dennoch die «für die Freiheit gefallenen Märtyrer» am 21. März mit einer Messe in der Teynkirche am Altstädter Ring. In seiner Rede hob Augustin Smetana hervor, die Toten seien «Brüder, die ihrer Liebe zur Freiheit und zum Vaterlande zum Opfer gefallen» seien.[43] In einer Flugschrift in tschechischer Sprache, die von Studenten der Prager Universität unterzeichnet war, wurden Einigkeit und Brüderlichkeit betont: «Ihr Blut hat die Völker Österreichs fester miteinander verbunden.»[44]

Als die Nachrichten von der Wiener Märzrevolution in der galizischen Hauptstadt Lemberg eintrafen, lösten sie konkurrierende Aktivitäten von polnischen Nationalisten einerseits und dem habsburgischen Gouverneur Franz Graf Stadion (1806–1853) andererseits aus. Die Ereignisse von 1846 vor Augen, versuchte jede Seite, die andere zu überflügeln, indem sie sich die Unterstützung der notleidenden Bauern verschaffte. Sowohl die national gesinnten als auch die habsburgischen Beamten hatten Angst vor den gefährlichen Auswirkungen, die eine Hungersnot wie im Vorjahr in der Region haben könnte. Eine Gruppe polnischer Demokraten setzte eine Petition an den Kaiser auf, in der sie verfassungsmäßig verbürgte Freiheiten und die Abschaffung der Fronarbeit verlangte. In weniger als einem Tag gelang es, mehr als 12 000 Unterschriften von Bürgern der Stadt zu erhalten, was vor allem der Werbung für ihre Aktion durch lokale nationale Zeitungen zu verdanken war. Zur gleichen Zeit drängte aber Franz Graf Stadion in Wien darauf, ihm als Erstem das Recht zuzugestehen, der Bauernschaft die Aufhebung der verbliebenen feudalen Beziehungen durch den Kaiser zu verkünden.

Das abzuschaffen, was noch vom feudalistischen System erhalten geblieben war, stellte sich als große Herausforderung sowohl für die Regierung als auch für die polnischen Patrioten heraus. Diese bestanden zum Beispiel darauf, für den Verzicht auf Fronarbeit durch die Auflösung der «Allmenden» entschädigt zu werden, der von den Bauern gemeinschaftlich zum Weiden ihres Viehs, zum Sammeln von Holz oder zur Beschaffung von Nahrung benutzten Wiesen, Felder und Wälder. Adlige machten Besitzansprüche auf diese Flächen geltend, um deren Nutzung durch die Bauern zu beenden. Viele von ihnen befürchteten, dass es den Bauern nach der Abschaffung der Fronarbeit an der Motivation fehlen würde, weiterhin für ihre Herren zu arbeiten, selbst wenn sie dafür bezahlt würden. Wenn man ihnen den Zugang zu diesen «Gemeindeflächen» verweigerte, wären sie eher darauf angewiesen, sich für ihren Lebensunterhalt zum Bestellen von Feldern und Äckern zu verdingen, und die Grundherren könnten auf billige Arbeitskräfte zurückgreifen.[45] Auch die habsburgischen Beamten machten sich Gedanken darüber, wie man die Grundherren am besten entschädigen könnte; sie hielten es für opportun, erst einen entsprechenden Plan für die gesamte Monarchie auszuarbeiten, bevor die Abschaffung des Robot in Galizien öffentlich verkündet wurde.

Am 13. April, nach einem Monat intensiver Verhandlungen, kamen nationalpolnische Mitglieder des neugegründeten Zentralen Nationalrats *(Centralna Rada Narodowa)* überein, dass überall in Galizien adelige Großgrundbesitzer am Ostersonntag, dem 23. April, zur gleichen Stunde und in aller Öffentlichkeit ihren Verzicht auf die Leistung von Fronarbeit bekanntgeben sollten. Ganz unerwartet verkündete Gouverneur Franz von Stadion aber schon am Tag zuvor, dass die Bauern von allen alten Verpflichtungen gegenüber ihren Grundherren befreit seien, womit er die Publicity für diesen Akt einheimste. Das offizielle Dekret, mit dem die feudalen Verhältnisse in der ganzen Monarchie aufgehoben wurden, sollte erst am 15. Mai veröffentlicht werden, doch wurde dies als so bedeutend für das kaiserliche Prestige angesehen, dass man Stadion die Genehmigung zur vorgezogenen Bekanntgabe der Neuerungen für die Provinz Galizien erteilte. Zur Bestürzung der polnischen Patrioten nahmen die galizischen Bauern die Abschaffung der Fronarbeit daher als ein Geschenk des Habsburgerkaisers und nicht als eines der polnischen Nation wahr.[46]

In Galizien war die Bevölkerung in Bezug auf die Abschaffung des Feudalsystems besonders sensibilisiert, was mit den blutigen Ereignissen von 1846 zu tun hatte. Anderswo in der Monarchie waren viele bäuerliche Gemeinschaften einfach davon ausgegangen, dass ihre diversen Verpflichtungen nach dem März 1848 erloschen waren. Viele hörten damit auf, Abgaben in Form von Naturalien oder Geld an die Grundherren zu entrichten, andere hörten auch auf, Arbeitsleistungen zu erbringen, und wieder andere verhielten sich so, als ob der Grund und Boden, auf dem sie lebten, ihnen gehörte.[47] Im Sommer 1848 hatten die Bauern auch im Westen das hinweggefegt, was noch von landwirtschaftlichen Feudalstrukturen übriggeblieben war. Josip Vošnjak erzählt in seinen Lebenserinnerungen, wie er aus dem Internat, das er in Graz besuchte, für die Sommerferien in sein krainisches Dorf zurückkehrte und zu seiner Überraschung erfuhr, dass die Bauern dort im März gegen den Verwalter des Schlosses tätlich geworden waren und ihre Befreiung von allen Verpflichtungen gegenüber dem Feudalherrn verkündet hatten.[48] Das war beileibe kein Einzelfall. Am Abend des 21. März hatten zum Beispiel 300 bis 500 Menschen das Schloss in Burg Sonnegg (Zonek), einige Kilometer südlich von Laibach, gestürmt. Die Bauern plünderten das Gebäude und verbrannten das Urbarium, im dem ihre Verpflichtungen gegenüber Joseph Graf Auersperg niedergelegt waren.

Für viele Bauern war die Revolution gleichbedeutend mit dem definitiven Ende jeglicher Verpflichtungen gegenüber dem Grundbesitzer, und vielen bot sie auch die Gelegenheit, alte Rechnungen zu begleichen. In der Krain und der Untersteiermark kam es zu solchen Gewalttätigkeiten vonseiten der ländlichen Bevölkerung, dass Gutsbesitzer und deren Verwalter um militärischen Schutz nachsuchten.[49] In vielen Teilen Ungarns verhielten sich die Bauern ähnlich. Im April 1848 lösten Gerüchte von der bevorstehenden Emanzipation Unruhen in Kreisen der ungarischen Bauern aus, die glaubten, der König habe sie bereits von ihren Verpflichtungen befreit, die Adligen, die Beamten, die Priester oder auch die Juden würden ihnen diese Neuigkeit jedoch vorenthalten. Im Juni sah sich das neue ungarische Kabinett gezwungen, den Notstand auszurufen, die Rädelsführer der Bauern zu verhaften und sogar Trupps von Vigilanten durchs Land schweifen zu lassen, die Aufstände von Bauern sofort im Keim ersticken sollten.[50]

Aus den Aktionen der Österreicher im Frühjahr 1848 wird ersichtlich, dass sie fast überall im Kaiserreich mit der Revolution sowohl die Möglichkeit verbanden, die Politik zu beeinflussen, als auch die, seit langem avisierte Ziele auf lokaler Ebene zu verwirklichen; das heißt, sie verknüpften die Realisierung ihre partikulären Interessen mit der Umgestaltung übergeordneter und abstrakterer Formen kaiserlicher Herrschaft. Örtliche Aktivisten unternahmen zunächst einmal die notwendigen Schritte, um die Kontrolle über die lokalen politischen Entwicklungen zu erlangen. Sie organisierten Gardeeinheiten und begannen dann erst ihren Blick auf die zukünftige Verfassung zu richten, um über sie ihre Stellung im Kaiserreich zu beeinflussen, ja die Gestalt und Struktur dieses Staates mitzubestimmen. Ähnlich wie die Siegesfeiern 1814 ließen die Feiern der gelungenen Revolution im Frühjahr 1848 ein derart großes Engagement der Bevölkerung für das Kaiserreich entstehen, dass dessen Fortbestand gesicherter wurde: Es war nicht mehr nur ein anonymer Verwaltungsapparat, sondern wurde das, was es schon immer hätte sein sollen: das Reich *seiner Bewohner*.

Revolutionäre öffentliche Kultur, Rituale und Transparenz

Nach dem Ende der Zensur entstanden überall in bemerkenswert kurzer Zeit neue Zeitungen (von denen einige genauso schnell wieder eingingen). Es schien, als fühlten immer mehr Bürger den Drang, ihre Meinungen und Ansichten öffentlich kundzutun, ob in den Zeitungen, bei Versammlungen von Vereinen, bei Demonstrationen auf den Straßen oder anlässlich von Theateraufführungen. Die Diskussionen in Kaffee- und Wirtshäusern wurden offener – hier waren auch oft die neuen Zeitungen zu haben –, und in verschiedenen Städten stellten Männer und Frauen ihr Engagement für die Ziele der Revolution zur Schau, indem sie sich auf neue Weise kleideten, neue Formen der Anrede einführten und sich in einigen Fällen sogar neue Namen zulegten. Viele Gemeinschaften entwickelten Rituale, um der jüngst vergangenen revolutionären Ereignisse zu gedenken und sie auf diese Weise zu deuten und zu kontrollieren.

Vor allem bestätigten die Einwohner der Städte sich selbst und anderen, dass sie neuerdings die örtlichen öffentlichen Angelegenheiten mitbestimmten, indem sie frisch gegründeten Einheiten der Bürgerwehr beitraten, die durch die Straßen patrouillierten, um die Bewohner vor Unruhen und Instabilität zu schützen. Bisher waren solche Bürgerwehren kleine Vereinigungen gewesen, die vor allem bei zeremoniellen Anlässen in Erscheinung getreten waren; die Mitgliedschaft war fast ausschließlich den wohlhabendsten Angehörigen des Besitzbürgertums vorbehalten gewesen. 1848 hingegen verkörperten sie das aktive Staatsbürgersein – oder die Selbstbestimmung – der selbständigen, eigenver-

Nach der Revolution 1848 werden auf den Straßen Wiens die ersten unzensierten Zeitungen verkauft. Aquarell von Johann Nepomuk Höfel

antwortlichen Männer, die die jeweilige politische Gemeinde bildeten. Wen dies aber in der Praxis einschloss, wurde von Ort zu Ort anders beantwortet. In den Bürgerwehren nahm der Stolz der örtlichen Mittelklasse konkrete Gestalt an, einer Gruppe, die nach eigener Ansicht soziale Privilegien entbehrt hatte und nun Mitspracherechte geltend machte. Diese symbolische Bedeutung der Bürgerwehren spiegelt sich in der Tatsache wider, dass selbst Gemeinden, die von sozialen Unruhen verschont blieben, solche Einheiten aufstellten. Die Bewaffnung «der Bürger», so verkündete eine am 17. März in Troppau (Opava) veröffentlichte Flugschrift, verlieh «dem Volk» die Macht, seine Rechte selbst zu verteidigen.

> Die Ehre der Bürgerwehr beruht auf der Ehre des Bürgers. Fortan ist der Bürger keine Null mehr. Er ist wehrhaft, wie seine Vorfahren durch Jahrhunderte es waren, er fühlt seine wiedergewonnene Ehre, seine Kraft. [...] Nur für eine *reine* Sache erhebt sich der Arm des Volkes; zum Schutz des *Rechtes*, des *Gesetzes*.[51]

Wie im *Allgemeinen Bürgerlichen Gesetzbuch* (ABGB) wurde in solchen Erklärungen nicht zwischen «Bürgern» und dem «Volk» unterschieden, auch wenn in der Praxis lokale Aktivisten die Mitgliedschaft
in den Garden und das Recht zur aktiven politischen Mitbestimmung
vom Besitzstand eines Einwohners und seiner sozialen Stellung abhängig machten. Zeitgenossen setzten die Aufstellung von Garden
gerne mit einer veritablen «Bewaffnung des Volkes» gleich, die es diesem
ermögliche, seine allgemeinen Interessen zu schützen. Das alte Regime
habe «das Volk» als unreif angesehen, als außerstande, sich an öffentlichen Angelegenheiten zu beteiligen, während die neuen Gardeeinheiten die Fähigkeit des Volkes bestätigten, sich selbst zu regieren. Bei
jeder Gelegenheit taten die Bürgerwehren ihre Absicht kund, die
«neugewonnenen Freiheiten zu schützen» und gleichzeitig «Ruhe,
Sicherheit und Ordnung durchzusetzen» – gegen welchen Feind allerdings, blieb unklar, es sei denn, man zog die Möglichkeit einer Konterrevolution in Betracht.[52]

Wie auch anderswo in Europa bezog sich 1848 in der Praxis der
Ausdruck «das Volk» aber nur auf einen bestimmten Teil der Bevölkerung, einen, der (von sich aus) bereit und gerüstet war, sich an öffentlichen Angelegenheiten zu beteiligen. Obwohl in Flugschriften und
Reden die Garden als «Arm des Volkes» gepriesen wurden, rekrutierte sich die Bürgerwehr oder die Akademische Legion ausschließlich aus Männern bestimmter Klassen, die lediglich geltend machten,
die Interessen des gesamten Volkes zu vertreten. Wie es in der schon
zitierten Troppauer Flugschrift hieß, waren es die «Verstandeskraft,
Bildung, Ehrenhaftigkeit und Biederkeit» eines Mannes, die ihn dafür
qualifizierten, in die Garde aufgenommen zu werden – aber nur wenn
sie mit Besitz einhergingen.[53] Die meisten Revolutionäre waren überzeugt, dass nur die Besitzer von Häusern oder Ähnlichem so viel Interesse am allgemeinen Wohlergehen einer Gemeinde hätten, dass man
sie damit betrauen konnte, im Namen aller Entscheidungen zu fällen.
Das erklärt, warum die neuen Verantwortlichen, als man überall in
aller Eile Nationalgarden schuf, zu verhindern bemüht waren, dass
besitzlose Bürger Waffen erhielten. Ihrer Meinung nach konnte man
nicht darauf vertrauen, dass Arbeiter oder Lehrlinge das Allgemeinwohl im Sinn hätten. Überließe man sie sich selbst, würden ungebil-

dete oder besitzlose Arbeiter der Gemeinde die kurzsichtigen, eigen-
süchtigen, engstirnigen Ziele ihrer Schicht verfolgen, anstatt selbstlos
das Wohlergehen aller anzustreben.

In einigen Städten kamen im Zusammenhang mit der Mitgliedschaft in Bürgerwehren andere Fragen in Bezug auf die Inklusion in
die neue revolutionäre Gemeinschaft auf. Sollten Juden – vor allem
solche mit Haus- oder Grundbesitz – als zum «Volk» gehörig angesehen werden? Oder liefen ihre Interessen denen der gesamten Gemeinde zuwider? Weit im Osten, im galizischen Brody (damals als die
«jüdischste» Stadt Österreichs bekannt) bestand die Bürgerwehr in der
Tat aus Juden.[54] In Wien dienten viele Juden in der Nationalgarde, und
die Akademische Legion wurde mit Adolf Fischhof von einem Juden
geführt. Dort hatte man auch mit einer von einem Priester und einem
Rabbiner geleiteten Trauerfeier des mährischen Juden Karl Heinrich
Spitzer als des ersten Märtyrers der Revolution gedacht.[55] In Prag
jedoch, wo es zuletzt 1845 zu gewalttätigen antisemitischen Ausschreitungen gekommen war, hielten die Juden es für notwendig, ihre
eigenen Gardeeinheiten aufzustellen. Die Ausschreitungen erklären
vielleicht auch, warum Prags Juden das Andenken an Spitzer in einer
Gedächtnisfeier am 23. März so aggressiv für sich reklamierten. Bei
einem Gottesdienst in der Altneu-Synagoge waren auch viele Christen, Studenten und Mitglieder örtlicher Vereinigungen zugegen. In
der Mitte der Synagoge stand ein großer, von Kerzen umgebener
Katafalk, an dessen Stirnseite ein böhmischer Löwe prangte. Darunter
war die Aufschrift zu lesen: «Gott schenke ihm ewigwährende Glückseligkeit», während auf jeder Seite jüdische Studenten mit gezogenen
Degen Wache standen, was dem Ganzen einen männlich-militärischen
Anstrich verlieh. Die jüdische Gemeinde von Prag hoffte, dass die Revolution ihr die Emanzipation bringen werde, und Rabbiner Saul Isaak
Kämpf erinnerte die Versammelten wiederholt daran, dass Freiheit
nichts bedeute, wenn nicht alle Mitglieder der Gesellschaft gleichberechtigt seien:

> Sind wir doch Bürger einer Stadt, Kinder eines Landes, Unterthanen eines
> Königs? Sind wir doch Alle gleichbeseelt von der Liebe zum theuern
> Vaterlande [...] Ob wir von Germanen oder von Slawen abstammen – ob
> von Semiten oder Japhetiten [Europäern] – gleichviel, sind wir doch nun

Böhmen allesamt! Fürwahr! Ein sinniges Vorbild für die Bewohner dieses Landes, daß auch sie – wie verschieden auch an Abstammung und Sprache im Einzelnen – doch im Ganzen und Großen eine lückenlose Einheit darstellen sollen. Diese für das Wohl des Vaterlandes unerlässliche Einheit kann aber nur dann eine Wahrheit werden, wenn die Sonne der Freiheit, die diesem nun aufgegangen ist, allen seinen Kindern ohne Unterschied leuchtet und belebende Wärme spendet.[56]

In Pest hatten Juden im März 1848 versucht, örtlichen Bürgerwehren beizutreten, was ihnen jedoch von ihren christlichen Mitbürgern verwehrt worden war. Im Zusammenhang mit antisemitischen Ausschreitungen, zu denen es kurze Zeit später nicht nur in Pest, sondern auch in Pressburg kam, hatte die Regierung sogar angeordnet, den Juden die Waffen wegzunehmen, womit sie, wie zeitgenössische Kritiker anmerkten, die Opfer und nicht die Täter bestrafte.[57] Der radikale Dichter Sándor Petőfi reagierte, indem er in Pest eine rein jüdische Kompanie der Nationalgarde aufstellte, doch war das eine Ausnahme in Ungarn. Die «Aprilgesetze», die neue Verfassung Ungarns, enthielten eben keine vollständige Emanzipation der Juden. In einigen mährischen Städten dienten Juden gemeinsam mit Christen in Bürgerwehren, manchmal bekleideten sie sogar höhere Ränge. «Wir Juden», schrieb ein Feldwebel aus Boskowitz (Boskovice), «leben hier friedlich und harmonisch mit unseren christlichen Mitbrüdern, von diesen [...] in den ehrenvollen Reihen der hiesigen Nationalgarde freundlichst aufgenommen».[58] In mährischen Städten, in denen es in jüngerer Vergangenheit zu Spannungen zwischen beiden Gruppen gekommen war, mussten Juden oft eigene Gardeeinheiten gründen.[59] Im Juli 1848 ersuchte eine Abordnung einer jüdischen Gardeeinheit aus Ungarisch Brod (Uherský Brod) die Wiener Regierung um Hilfe:

Da uns die christliche Intoleranz in ihren Reihen nicht duldete, so bildeten wir mit Genehmigung des Oberkommandanten eine eigene Kompagnie und schafften uns Gewehre und Uniformen auf unsere Kosten an. Doch seit einigen Tagen wurde die Stimmung gegen uns gereizter; man beschimpfte mehrere Mitglieder unserer Gemeinde ob dem Tragen nationaler Abzeichen; vergebens flehten wir die Behörden an, es wurde uns kein Schutz.[60]

Mit dem Beitritt in Einheiten der Bürgerwehr erschufen lokale Aktivisten ausgeklügelte Gemeinschaftsrituale, um deren symbolische Bedeutung in einer gewandelten Welt noch weiter hervorzuheben. Damit drückten diese Vereinigungen auch ihren Stolz auf eine aktivere Form der Beteiligung am bürgerlichen Leben aus. Eine solche Beteiligung war aber nicht nur den Bürgerwehrmännern selbst vorbehalten. Frauen aus der Mittelschicht eroberten sich innerhalb mancher Einheiten dadurch eine wichtige Position, dass sie Fahnen entwarfen und nähten, Aktionen zur Beschaffung von Geld (zum Ankauf von Waffen oder Uniformen) ins Leben riefen und dabei halfen, Feiern anlässlich von Fahnenübergaben oder Fahnenweihen zu organisieren. Bei solchen Zeremonien wirkten Frauen vielleicht zum ersten Mal in einer öffentlichen Rolle, und mit Sicherheit wurde dadurch die Unterscheidung verfestigt, die man in Bezug auf die Funktionen der Geschlechter machte: Den patriotisch gesinnten Frauen einer Gemeinschaft wurde die Rolle der sogenannten «Fahnenmütter» von Bürgerwehren zugewiesen. Mit dem Eid, den die Mitglieder der Einheiten ablegten, versprachen sie nicht nur, die Freiheit, das Vaterland und die Nation zu verteidigen, sondern auch die Ehre ihrer Frauen zu beschützen. Somit trugen sie dazu bei, eine neue Vorstellung von «bürgerlicher Männlichkeit» entstehen zu lassen, die sich in diesem «Beschützen» von Frauen äußerte. Die von den Frauen geschaffenen Fahnen waren auch sichtbare Zeichen dafür, dass die Männer sich verpflichtet hatten, die Ehre der (implizit) der Mittelschicht angehörenden Frauen zu schützen. Gleichzeitig erhielten die Frauen dadurch, dass sie diese Fahnen mit ihrer Hände Arbeit schufen, die Möglichkeit zur aktiven Mitwirkung an bürgerlichen Ritualen. Wie eine «patriotische Frau aus Wien» in einem Leserbrief an den *Volksfreund* schrieb: «Fahnen aus unseren Händen mögen voran wehen, wenn es gilt, die Freiheit künftig zu behaupten.»[61]

Gefühlsbetonte und vor Pathos triefende Lieder, Gedichte und Oden, von Angehörigen der Nationalgarde und der Akademischen Legion 1848 verfasst, belegen ebenfalls, welche zentrale Rolle man den «Fahnenmüttern» zuwies: Sie standen für alles, was tugendhaft war, aber auch für alles, was männlichen Schutzes bedurfte.[62] Gelegentlich wurde in Liedern und auf Bildern Frauen auch eine aktivere

Rolle bei der Revolution zugestanden.[63] Ein tschechisches Lied, «Des Helden Liebste», mit dem Untertitel «Eine Szene aus dem Kampf um die Freiheit in Berlin, vom 18. März 1848», handelte nicht nur von Ereignissen außerhalb Österreichs, sondern, was es noch interessanter macht, von einer heldenhaften Frau, die sich selbst ins Kampfgetümmel warf, nachdem ihr Liebster auf den Barrikaden sein Leben ausgehaucht hatte. Das Lied endete mit ihrem Tod und einem Aufruf an die böhmischen (tschechischen) Frauen, sich den patriotischen Männern in der nationalen Bewegung anzuschließen und, wenn nötig, ihr Leben im Kampf um Freiheit und Gerechtigkeit für das Vaterland zu opfern. An dieser Stelle sollte man darauf hinweisen, dass zwar nach traditionellen Klischeevorstellungen Frauen nur aus der Sicherheit der häuslichen vier Wände heraus zur gemeinsamen Sache beitragen sollten, dass in der Tat aber zwanzig Frauen bei den Unruhen im März ums Leben kamen und mehr als vierzig bei dem blutigen Wiener Aufstand im Oktober 1848 starben.[64]

In den ersten Monaten der Revolution stellten Männer und Frauen zudem ihre Begeisterung unter Beweis, indem sie sich in besonderer Weise kleideten. In Ungarn, wo die neue Regierung die rot-weiß-grüne Trikolore zur offiziellen Nationalflagge erhoben hatte, nahmen die Einwohner von Pest und Pressburg (Pozsony) diese Farben in ihre Alltagskleidung auf, um ihren Patriotismus zu bekunden.[65] Mitglieder einer Pester Organisation, die sich «Radikale Ungarische Frauen» nannte, betonten die Bedeutung solcher symbolischer Gesten und forderten, dass ihre Schwestern immer «Ungarisch sprechen, einheimische Waren kaufen, Nationaltracht anlegen und Nationaltänze» wie den Csárdás tanzen sollten. Zur Erinnerung: die Sprache der meisten in den Städten lebenden Ungarn war Deutsch. Dies schwächte aber 1848 ihre patriotischen oder nationalistischen Gefühle für Ungarn in keiner Weise. Nicht wenige deutschsprachige Ungarn fühlten sich jedoch dazu veranlasst, Ungarisch zu lernen. Personen mit deutsch oder slawisch klingenden Namen in Buda und Pest legten sich oft ungarisch klingende Namen zu, um zu bekunden, dass ihre Loyalität dem neuen Ungarn galt. Viele von denen, die ihre Namen änderten, waren patriotisch gesinnte Juden. Einer der Begründer der jüdischen Bürgerwehr in Pest verlieh allen seinen Rekruten ungarisch klingende Namen.[66]

Farben und Stil der Kleidung waren auch anderswo in der Monarchie aussagekräftige äußere Zeichen für revolutionäres Engagement, wie die Menschenmengen gezeigt hatten, die, nachdem die Revolution in Gang gekommen war, mit weißen Kokarden oder Bändern ihre Unterstützung demonstriert hatten. In den Wochen vor der Märzrevolution hatten Frauen in Wien bei Bällen (es war schließlich Faschingszeit) enthusiastisch deutlich gemacht, dass sie für eine konstitutionelle Monarchie eintraten, «indem sie ihre Schleier [zerrissen] und [...] die Herren mit weißen Schärpen, Schleifen und Kokarden schmückten».[67]

Wie ihre Schwestern in Pest veränderten Frauen aus der Mittelschicht und aus der Aristokratie häufig irgendetwas an ihrer Kleidung, um deutlich zu machen, wem ihre politischen Sympathien galten. «Für das Heil des geliebten Vaterlandes und für das Wohl aller Klassen, besonders der Arbeit-Bedürftigen», hieß es in einer Flugschrift, die an die Frauen Wiens gerichtet war, «geloben wir von jetzt an keine Stoffe ausländischer Fabrikanten mehr zu kaufen».[68] Vor allem französische Hüte gelte es zu meiden, da diese nicht nur aus dem Ausland kämen, sondern auch zu sehr den Eindruck aristokratischer Oberflächlichkeit oder Seichtheit erweckten. Stattdessen, so lautete ein Vorschlag im Leserbrief einer Frau an die Zeitung *Constitution*, sollten vaterländisch denkende und fühlende Frauen praktische Strohhüte aufsetzen, die mit Bändern in den deutschen Nationalfarben (schwarz-rot-gold) geschmückt waren.[69] Tatsächlich waren gegen Ende März kaum noch weiße Bänder an der Kleidung der Leute zu sehen, diese waren oft durch solche in den Farben einer bestimmten Region oder auch Nation ersetzt worden. In Österreich beheimatete großdeutsch gesinnte Patrioten, die von der Aussicht eines neuen vereinten Deutschland begeistert waren, trugen Schwarz-Rot-Gold an ihrer Kleidung, tschechische oder slowenische nationale Aktivisten dagegen Rot-Weiß-Blau. Die Farbkombination rot, schwarz und gold ging auf den Widerstand gegen Napoleon in den deutschen Staaten im frühen neunzehnten Jahrhundert zurück. Jetzt tauchte sie überall im revolutionären Mitteleuropa wieder auf: Sie stand für Freiheit und das Eintreten für ein vereintes Deutschland. Die revolutionäre Wiener Zeitung *Schwarz-Roth-Gold* erklärte die aktuelle Symbolik der Farben so: Die Revolution habe Österreich «aus der [schwarzen] Nacht der erfahrenen Zersplitterung und Vereinzelung der Kräfte und Interessen, durch das freudige Bewusstsein der nationalen Einheit, zu dem Licht der geistigen Einigung aller Völker und Stämme, die Mitteleuropa umschließt», geführt.[70]

Die Betonung des persönlichen revolutionären Engagements durch Kleidung, Namen oder dadurch, wie man sich anreden ließ, deutet daraufhin, dass man sich an Schriften anlehnte, die auf dem romantisch-verklärten Bild beruhten, das die Revolutionäre aus der Mittelklasse von der ersten Französischen Revolution und vor allem von deren Phase der sogenannten Schreckensherrschaft (Terreur) hatten. Diese Revolution hatte ihrerseits viele Bräuche und Praktiken aus der griechischen und römischen Antike entlehnt. Angesichts der Tatsache, wie patriotisch ganz Österreich kaum ein halbes Jahrhundert zuvor gegen die Franzosen und ihre Revolution mobil gemacht hatte, kommt es einem ironisch vor, dass viele österreichische 1848er sich selbst oder ihre Zeitgenossen zu modernen Wiedergängern von Robespierre, St. Just oder Danton stilisierten.[71] Radikale in Wien und Pest beschworen auch das französische Vorbild herauf, indem sie ihre Stadtregierungen zu «Ausschüssen für öffentliche Sicherheit» umgestalteten (die allerdings den französischen Vorbildern aus dem achtzehnten Jahrhundert in keinster Weise ähnelten).

All dies schlug sich am deutlichsten in den Praktiken nieder, die sich in den neuen politischen Vereinen entwickelten, welche im Frühjahr 1848 in den Städten aus dem Boden schossen. Diese Vereine stellten ein wichtiges Umfeld für die Entwicklung und öffentliche Verbreitung von Ideen in Bezug auf Farben, Kleidung, Anredeformen und vor allem von aktuellen politischen Fragen dar. Wie die Bürgerwehren boten solche Vereine Gleichgesinnten die Möglichkeit, zusammenzukommen (und stellten ihnen auch die Örtlichkeiten dafür zur Verfügung), um politische Programme auszuarbeiten, zu diskutieren und diese auch in die Tat umzusetzen. Das war vor allem in Wien so, wo von März bis Oktober demokratische Vereine sich darum bemühten, die Revolution in eine radikalere Richtung zu lenken, während konservativere Vereine bestrebt waren, die revolutionären Impulse einzudämmen.

Diese Vereine vertraten ihre Leitideen in Reden, Petitionen und gedruckten Abhandlungen. Versammlungen boten den Mitgliedern eine Möglichkeit, sich in parlamentarischen Verfahrensweisen zu üben; auf diese Weise lernten sie rational organisierte, auf Regeln basierende Formen der Interaktion kennen, die sich lebhaft von der – zumindest als solcher wahrgenommenen – Willkürlichkeit unterschieden, mit der das alte Regime Entscheidungen gefällt und ausgeführt hatte. Wie in Pest, wo die Vereinigung der Radikalen Ungarischen Frauen entstand, wurde auch in der Hauptstadt Wien – nach Unruhen, die im August 1848 aufgrund von Lohnkürzungen für Arbeiterinnen ausgebrochen waren – unter dem Vorsitz der Baronin Karoline von Perin ein Erster Wiener Demokratischer Frauenverein gegründet. In einem anonymen Pamphlet wurden besorgte «edle deutsche Damen» aufgefordert, eine deutsche Kokarde an der linken Brustseite anzustecken und an einer Gründungssitzung im Wiener *Volksgarten* teilzunehmen. «Wir wollen nicht als Amazonen auftreten», hieß es in der erwähnten Schrift, «sondern unserem Berufe folgen und dort helfen, wo es Wunden gibt: Nicht Richterinnen, aber Vermittlerinnen seien wir.» Was auch immer die Absichten dieser Frauen gewesen sein mögen, in den Wiener Zeitungen wurden sie doch als moderne Amazonen karikiert, und männliche Zwischenrufer machten sich ein Vergnügen daraus, ihr erstes Treffen zu stören. Dennoch entwickelte sich der Klub rasch zu einem Ort, an dem Frauen aus der Oberschicht und aus der Arbeiterklasse zusammenkamen, um darüber zu debattieren, wie man den ärmsten Einwohnerinnen der Stadt aus ihrem Elend heraushelfen könnte. Wenig überraschend stritten die Mitglieder häufig über soziale Fragen. Im September 1848 diskutierten sie darüber, ob Wohnungsinhaber gezwungen werden sollten, mit der Mietforderung an Handwerker, denen die Wirtschaftskrise zusetzte, zu warten. Als Perin, wie viele Männer mit einer gemäßigten politischen Einstellung auch, meinte, dass eine solche Verordnung gleichbedeutend mit einem Übergriff auf den Besitz des Wohnungsvermieters sei, warf eine junge Arbeiterin ihr vor: «Ihr alle zieht euch die Schlafhauben über den Kopf und legt euch zur Ruhe, wenn der Arme hungert!»[72]

Auch in verschiedenen anderen Städten der Monarchie gründeten Aktivisten 1848 politische Vereine, von denen einige spezifisch nationale Ziele verfolgten. Die Regierung förderte die Gründung von Organisationen, die ihr bei der Realisierung lokaler Vorhaben und Ziele beistehen konnten. In Galizien etwa wurden frühe ukrainische («ruthenische») Patrioten, die hinter den Kulissen von Gouverneur Franz Stadion unterstützt worden waren, ermutigt, in Lemberg einen Ruthenischen Hauptrat *(Holovna Rus'ka Rada)* ins Leben zu rufen, der unter der Führung des griechisch-katholischen Bischofs von Przemyśl stand. Das bedeutet nicht, dass ruthenische Patrioten 1848 nicht auch auf eigene Faust tätig wurden, vor allem in Reaktion auf die Ansprüche, die polnische Nationalisten auf Galizien erhoben. Aber es unterstreicht vielmehr, in welchem Maß Wien die Kontrolle über das Geschehen in Galizien zu behalten versuchte, indem es, wo immer und wann immer das möglich war, den Einfluss des polnischen national gesinnten Adels und der polnischen Intelligenz schwächte.

Der Ruthenische Hauptrat gab eine an eine «ruthenische Nation» gerichtete Proklamation heraus, in der bessere Ausbildungsmöglichkeiten für die Bauern und eine Gleichstellung der ruthenischen Sprache mit der polnischen verlangt wurden. Am 10. Mai forderte der Rat die Ruthenen Galiziens auf, Bezirksräte zu gründen, denen Dorfälteste, Einwohner der Städte, Bauern mit einer gewissen Bildung und Priester angehören sollten. In den meisten Fällen war es der griechisch-katholische Priester eines Ortes, der die Initiative ergriff, einen solchen Bezirksrat auf die Beine stellte und später auch dessen Vorsitz übernahm. Die Zahl der Mitglieder schwankte erheblich, und auch hinsichtlich der sozialen Zusammensetzung gab es beträchtliche Unterschiede.[73] Da vor allem Bauern in ihnen vertreten waren, wurde in ihren Programmen Loyalität gegenüber der Habsburgerdynastie zum Ausdruck gebracht, gleichzeitig wurden alle «revolutionären Ziele» der polnischen Nationalisten zurückgewiesen. Die Bauern sahen in diesen lokalen Gremien sehr bald Schiedsorgane, die ihnen in ihrem Streit mit adeligen Herren um Allmenden oder feudale Verpflichtungen beistehen konnten, und überschwemmten sie mit Bitten um Hilfe. Das zwang die Räte dazu, die Interessen der Bauern nachdrücklicher zu vertreten und ab 1848 Forderungen nach nationaler Eigenständigkeit zunehmend mit solchen nach Erleichterungen und Verbesserungen für die ukrainischen Bauern in Einklang zu bringen.

Einfach weil sie wesentlich mehr Menschen erreichten, übten Zeitungen 1848 einen wesentlich größeren Einfluss auf die öffentliche Meinung aus als die diversen Gesellschaften und Vereine. Während des Revolutionsjahres wurden Hunderte von neuen Periodika gegründet, die sich die Änderungen der Zensurgesetze und -praktiken zunutze machten. Zu dieser geradezu explosionsartigen Vermehrung kam es vor allem in den Großstädten und in den einwohnerstärkeren Provinzstädten. Die meisten Blätter erlebten nur wenige Ausgaben, bevor sie wieder eingingen, da ein erbitterter Wettbewerb um die Gunst der Leser entbrannte.[74] Bei einigen Zeitungen handelte es sich um wenig mehr als billige Heftchen oder Faltblätter. Ein Zeitgenosse schätzte, dass 1848 allein in Wien zweihundert neue Zeitungen herauskamen, von denen vierunddreißig nur in einer einzigen Nummer erschienen.[75] Die Zeitungskultur wandelte sich ebenfalls in signifikanter Weise. Nach der plötzlichen Abschaffung der Zensur wurden viele Blätter, die vorher vor allem im Abonnement vertrieben worden waren, zunehmend auch auf den Straßen verkauft. Die Herausgeber ließen sie in weit höherer Auflage drucken, als für die Belieferung der Abonnenten nötig gewesen wäre, weil sie davon ausgingen, viele Exemplare in Kaffeehäusern, Gastwirtschaften oder auf den Straßen absetzen zu können.

Um den Absatz zu erhöhen, erhielten die Zeitungen oft Namen, die Engagement für die Revolution vermitteln sollten. So tauchte häufig ein Begriff im Titel auf, der besonderen Widerhall bei der Bevölkerung fand, Termini wie «Constitution», «Reform», «Volk», «Freiheit» oder «Fortschritt» traten zu bereits existierenden Namen hinzu. Diese Zeitungen berichteten weit ausführlicher über das politische Geschehen als früher, oft wurden Debatten abgedruckt, die in parlamentarischen Gremien oder Stadträten über dringliche aktuelle Themen stattgefunden hatten, einige brachten auch Karikaturen. Die Blätter scheuten darüber hinaus nicht davor zurück, Gerüchte und Klatsch zu verbreiten oder sogar schamlose Verunglimpfungen ortsbekannter Persönlichkeiten abzudrucken. Daher dauerte es auch nicht lange, bis die revolutionären Regierungen Ungarns und Österreichs Pressegesetze entwarfen, um auf den Inhalt der neuen Zeitungen einwirken zu können. Wie die schockierten Gefolgsleute von Joseph II. Jahre zuvor, nahmen die Liberalen das Ende der Zensur mit äußerst gemischten Gefühlen zur

Kenntnis. Einer angemessenen Form der Berichterstattung über öffentliche Themen standen ihrer Meinung nach oft unangemessene persönliche Angriffe auf bestimmte Individuen gegenüber. Eine gewisse Zurückhaltung oder Selbstbeschränkung sei aber unerlässlich. In einer in Schlesien erschienenen Flugschrift hieß es:

> Am Volk liegt es, dies kostbare Geschenk gut zu gebrauchen. Denn die freie Presse hat es nur mit dem öffentlichen Leben das heisst der Staats- und Gemeindeverwaltung zu thun; das Familienleben, der Privatkarakter bleiben von ihr unangetastet; den Verläumder, den Ehrenbeleidiger trifft mit Recht die Strafe des Gesetzes.[76]

In Böhmen registrierte die Regierung im Jahr 1848 offiziell einhundert Zeitungen und Zeitschriften, von denen einundvierzig auf Tschechisch erschienen und der Rest auf Deutsch. In Mähren waren es achtundzwanzig Publikationen, neun davon in tschechischer Sprache.[77] Triest stellte eine Ausnahme zum allgemeinen Trend dar: Dort kam es 1848 nicht zur Gründung neuer Zeitungen, vielleicht deshalb, weil die Einwohner bereits Zugang zu vielen etablierten und angesehenen unabhängigen Gazetten hatten, darunter auch zahlreichen ausländischen. In Galizien, wo der allgemeine Bildungsstand weit niedriger als in Wien, Böhmen oder Triest war, hatten vor Ausbruch der Revolution drei namhafte Zeitungen existiert. Nach dem März 1848 wurden jedoch weitere siebenunddreißig polnischsprachige Zeitungen und zumindest eine ukrainischsprachige gegründet. Von diesen erschienen zwanzig in Krakau und zwölf in der galizischen Hauptstadt Lemberg.[78]

Angehörige der Oberschicht von Krakau schufen außerdem eine polnischsprachige Presse, die auf eine bäuerliche Leserschaft zielte. In Anbetracht der blutigen Ereignisse von 1846 lag es nahe, dass diese Zeitungen nationale Solidarität predigten. Während die in den Städten erscheinenden polnischsprachigen Gazetten in ihren Titelköpfen das Motto der Französischen Revolution «Liberté, Egalité, Fraternité» aufnahmen, machten sich die an die Bauern gerichteten Blätter unbedenklichere Leitsprüche zu Eigen, etwa «Achtsamkeit» (vor sich einmischenden Beamten wie im Jahr 1846), «Einheit» oder «Eintracht». In solchen Zeitungen nutzte man alte Legenden, Geschichten und Gedichte, um den Bauernstand, der in einem ausgeprägt didaktischen Ton angesprochen wurde, eine national-patriotische Bildung zu vermitteln. Sie bekundeten ihre Loyalität gegenüber dem Kaiser, der von Beamten, die Übles im Schilde führten, umgeben sei, und traten für die Religion ein, da diese gesellschaftliche Einheit stifte.[79]

In den größeren Städten gewannen Zeitungen seit 1848 immer mehr an Bedeutung, nicht nur dadurch, dass sie aktuelle Nachrichten verbreiteten, sondern auch dadurch, dass sie eine öffentliche Meinung zu den wichtigsten Themen des Tages überhaupt erst entstehen ließen. Als die Einigkeit, die anfänglich unter den Revolutionären bestanden hatte, wich und divergierende Ansichten darüber, wie man das Kaiserreich organisieren sollte, an ihre Stelle traten, wurden die unterschiedlichen politischen Visionen vor allem in Zeitungen und bei Debatten in Vereinen entwickelt und erörtert. Allgemein schälten sich dabei drei unterschiedliche, wenn auch sich teilweise überschneidende politische Positionen heraus: die regierungsfreundliche, die liberale und die selbsternannt demokratische oder radikale. In Wien zum Beispiel versuchten die demokratischen Zeitungen genauso wie die demokratischen Vereine im Sommer und Herbst 1848 die Revolution weiter nach links zu steuern. Sie forderten das allgemeine Männerwahlrecht für alle gewählten Körperschaften und Gremien, die Leistung von Sozialfürsorge durch öffentliche Stellen sowie die staatliche Regulierung von Lebensmittelpreisen und die Überwachung von Mieten. Im Sommer 1848 wurden die meisten Forderungen der Wiener Demokraten erfüllt (erweitertes Wahlrecht, Sozialfürsorge durch öffentliche Arbeiten, Mietbegrenzungen). Als Reaktion darauf stellten sich liberale Zeitungen, die zu Beginn ihrer Existenz mit den Forderungen der Arbeiter und Demokraten sympathisiert hatten, zunehmend auf die Seite der Regierung. Sie zeigten sich zunehmend besorgt, dass durch die Revolution Eigentumsrechte und die öffentliche Ordnung bedroht seien. Die Wiener Tageszeitung *Constitution* beispielsweise sah es als ihre vornehmste Aufgabe an, «dem nicht wissenschaftlich gebildeten Publikum über seine Interessen [...] einen festen Leitfaden zu bieten».[80]

In den ungarischen Städten Pest, Pressburg (Pozsony) und Kolozsvár (Cluj) in Siebenbürgen wurden ebenfalls mehrere neue Zeitungen gegründet, die höchst unterschiedliche politische Ansichten – liberale, radikale oder auch die der Arbeiterklasse – vertraten.[81] Eines der radikalsten

Blätter, das sich schon von seinem Namen her ausdrücklich an die Arbeiterklasse richtete, war *Munkások Ujsága* (Arbeiterzeitung). Die Zahl ihrer Abonnenten lag bei sechshundert, doch erschien die Zeitung regelmäßig in einer Auflage von dreitausend Exemplaren, von denen die meisten
auf Märkten an Leute verkauft wurden, die vom Land in die Stadt kamen.[82] In Ungarn bedienten sich kroatische (für gewöhnlich katholische),
serbische (zumeist orthodoxe) oder rumänische (orthodoxe oder der
unitarischen Kirche angehörende) Patrioten mehrerer auf Slawisch er-
scheinender Zeitungen, um eine allmählich wachsende Schar gegen den
ungarischen Nationalismus zu mobilisieren, der offensichtlich immer
entschiedener allen Bürgern die ungarische Sprache aufzwingen wollte.

Die Journalisten, die 1848 über die aktuellen Ereignisse berichteten,
gehörten oft denselben Kreisen an wie die, von denen in den Nachrichten die Rede war. Das traf vor allem auf ein Kronland wie Galizien zu,
wo es nur eine kleine gebildete Öffentlichkeit gab und Journalisten und
politische Aktivisten zumeist sogar identisch waren. Die westlichen
Regionen der Monarchie (einschließlich Ungarns) konnten sich eigen-
ständigerer literarischer oder akademischer Persönlichkeiten rühmen,
die als Journalisten Karriere gemacht hatten, wie etwa Kossuth in den
1840er-Jahren in Ungarn. Ein typischer Fall war der des jungen böhmischen Schriftstellers Karel Havlíček, von dem im Kapitel 3 die Rede
war. Havlíček hatte es einer Empfehlung des Historikers František Palacký zu verdanken, dass er 1846 zum Herausgeber der *Pražské noviny*
(Prager Nachrichten) ernannt worden war; schnell hatte er das Niveau
dieser Zeitung angehoben und ihr ein neues Profil gegeben, auch die
Zahl der Abonnenten war gestiegen. Während der Revolution, im April
1848, übernahm Havlíček die Leitung der neuen Zeitung *Národní Noviny* (Nationale Nachrichten), wodurch er und seine Kollegen die Möglichkeit erhielten, ihren liberal-revolutionären Ideen offen in einem
Stil zu vermitteln, der ein gebildetes Publikum überzeugen konnte.[83]

«Wir sind freie Bürger einer constitutionellen Monarchie»

Den eindringlichsten Beleg für den revolutionären Charakter der
Ereignisse im Jahr 1848 lieferten gesetzgebende Versammlungen, bei
denen zum ersten Mal vom Volk gewählte Abgeordnete zusammen-

trafen, um über die zukünftige Gestalt des Staates zu entscheiden.[84] Bereits im März hatten die Landtage zu ihren Sitzungen in aller Hast nichtadelige Einwohner der jeweiligen Städte und auch Bauern hinzugezogen, um mit größerem Recht beanspruchen zu können, für alle Menschen in ihrem Kronland zu sprechen. Im oberösterreichischen Linz forderte der Stadtrat «unterrichtet von dem lebhaften Wunsche der hiesigen Bürgerschaft […] sich schon der ihr zugesicherten verstärkten Vertretung erfreuen zu können […] und in Anerkennung […] der wesentlichen Verdienste, die sie sich durch ihre Sorge für Aufrechterhaltung der Ruhe und Ordnung in diesen bewegten Tagen» erworben hatte, die städtische Bürgerschaft auf, zehn verantwortungsbewusste Abgeordnete aus ihren Reihen dazu zu bestimmen, an der Landtagssitzung teilzunehmen.[85] Der steirische Landtag beschloss derweil, in Zukunft die ländlichen Städte und Gemeinden jeweils ein Drittel der Abgeordneten wählen zu lassen.[86] In allen diesen Fällen erkannten die Landtage die Existenz neuer gesellschaftlicher Kategorien (städtisches Bürgertum, Bauernschaft) an, die zusätzlich zu den seit jeher im Landtag vertretenen (adelige Großgrundbesitzer, Klerus) in dieser Körperschaft repräsentiert sein sollten. In die traditionellen Praktiken der Wahl und öffentlichen Beratung wurden also die Angehörigen weiterer sozialer Gruppen einbezogen.

Der ungarische Landtag hatte bereits Verfassungsgesetze vorgelegt; den ganzen März hindurch und auch noch Anfang April, als die kaiserliche Regierung von der Revolution in Wien zu sehr in Atem gehalten worden war, um Einfluss auf das Geschehen in Ungarn zu nehmen, hatte man fieberhaft daran gearbeitet. Mit den sogenannten «Aprilgesetzen» war Ungarn zu einer unabhängigen konstitutionellen Monarchie geworden, über die ein habsburgischer König im Verein mit einem ungarischen Kabinett regierte, das einer ungarischen Volksvertretung (dem alten Landtag unter einem neuen Namen) verantwortlich war. Diese Gesetze ließen jedoch entscheidende Fragen offen, wie etwa die nach dem Verhältnis Ungarns zum Österreichischen Kaisertum, insbesondere was das gemeinsame Reichsheer und die gemeinsame Staatsschuld anging. Auch im Sommer 1848, als die Dynastie die Ungewissheit in Bezug auf das zukünftige Verhältnis Ungarns zu Kroatien und Siebenbürgen – beides Regionen, die früher schon in einer autonomen Beziehung zum Rest Ungarns gestanden hatten – als politisches Druckmittel einsetzte, trat diesbezüglich keine Klarheit ein.

Durch die ungarischen Aprilgesetze erhielten zum ersten Mal alle männlichen Staatsbürger, die über zwanzig Jahre alt und auf ungarischem Territorium geboren worden waren, das Recht, an den Wahlen zum Parlament teilzunehmen. Allerdings mussten sie über einen gewissen Besitz verfügen. Besitzlose Adlige, von denen es viele gab, erhielten das Wahlrecht aufgrund ihrer Titel, während Bürgern aus unterschiedlichen Gruppen mit einem gewissen Bildungsgrad (Selbständige, Lehrer, Geistliche) das Wahlrecht zugestanden wurde, auch wenn sie nur wenig Besitz hatten. Voraussetzung für die Gewährung des Wahlrechts war aber immer, dass man einer anerkannten Konfession angehörte, was Juden von der Möglichkeit zu wählen ausschloss. Durch dieses Gesetz erhielten ungefähr 25 Prozent der männlichen Erwachsenen, was 6 Prozent der Gesamtbevölkerung entsprach, das Wahlrecht.[87] Damit entsprach die konstitutionelle Praxis in Ungarn derjenigen in einigen anderen europäischen Ländern: Durch die Aprilgesetze bekam ein höherer Prozentsatz der Bevölkerung die Möglichkeit, die Politik mitzubestimmen, als der Parliamentary Reform Act es 1832 in Großbritannien, das 1830 in Frankreich oder das 1831 in Belgien verabschiedete Wahlrecht es getan hatten; das revolutionäre Frankreich und Österreich verliehen 1848 einem weit höheren Prozentsatz ihrer Staatsbürger das Wahlrecht.

Am Tag nach Ostern gab der Kaiser in Wien eine vorläufige Verfassung für den Rest der Monarchie bekannt. Ministerpräsident Pillersdorf hatte sie entworfen, nachdem er die belgische Verfassung und die einiger süddeutscher Staaten studiert hatte, die er auch in den Kreisen hoher Beamter und Erzherzöge hatte zirkulieren lassen. Diese Verfassung bestätigte die Untrennbarkeit der österreichischen Länder («Sämmtliche zum österreichischen Kaiserstaate gehörige Länder bilden eine untrennbare constitutionelle Monarchie»), gestand aber bereits in Paragraf 2 Ungarn und Lombardo-Venetien einen Sonderstatus zu, indem die beiden Länder nicht in die Aufzählung einbezogen wurden. Vorgesehen waren ein zentrales Parlament, der Reichstag, mit einem Vetorecht des Kaisers (die Entscheidungen sollten der «Sanction» des Monarchen bedürfen) sowie regionale Parlamente, sogenannte Provinzialstände, die die «Provinzial-Interessen wahrnehmen» sollten. Zu den Bürgerrechten sollte auch die «Unverletzlichkeit von Nationalität und Sprache» gehören. Viele andere Themen wie die Emanzipation der österreichischen Juden wurden aber nicht angesprochen. Man ging davon aus, dass das neue Parlament, sobald es gewählt worden war, diese Verfassungsurkunde noch abändern würde – eine Aufgabe, der sich später viele regionale Gruppierungen mit ganzer Kraft hingaben.[88]

Die Situation wurde dadurch noch komplizierter, dass schon einige Zeit zuvor in jenem Frühjahr Einwohner von Ober- und Niederösterreich, der Steiermark, der Krain, aus Kärnten, Tirol, aus dem sogenannten «Küstenland», aus Triest, Böhmen, Mähren und Schlesien – alles Regionen, die offiziell Teil des Deutschen Bundes waren – Abgeordnete für eine andere gesetzgebende Körperschaft, die sogenannte konstituierende Frankfurter Nationalversammlung, gewählt hatten. Dieses Parlament, welches eine «Provisorische Zentralgewalt» eingesetzt hatte, deren nominelles Oberhaupt Erzherzog Johann als «Reichsverweser» war, hatte den Auftrag, die Gestalt und Struktur eines zukünftigen vereinten Deutschland zu bestimmen. Das ganze folgende Jahr hindurch mühte sich das Paulskirchenparlament, zu einer Entscheidung darüber zu kommen, wie dieses neue Deutschland aussehen sollte und ob das österreichische Reich und die Kronländer, die bislang dem Deutschen Bund angehört hatten, darin eingeschlossen werden sollten, was man als sogenannte «großdeutsche Lösung» bezeichnete.[89]

Im Juli wählte eine relativ große Zahl dazu berechtigter männlicher Österreicher aus allen Schichten den Wiener Reichstag, der die zukünftigen politischen Strukturen des Kaiserstaates bestimmen und Rechte und Pflichten der Staatsbürger festlegen sollte. Die Wahlordnung sah vor, dass alle «selbständigen Männer» über vierundzwanzig, die österreichische Staatsbürger und für mindestens sechs Monate an einem bestimmten Ort ansässig gewesen waren, sich an der Wahl zum Reichstag beteiligen durften. Damit waren mehr als 50 Prozent der Österreicher, die älter als vierundzwanzig waren, oder ungefähr 10 bis 15 Prozent der Gesamtbevölkerung wahlberechtigt. Um die Auswirkungen der angeblich mangelhaften politischen Bildung der Bevölkerung so gering wie möglich zu halten, ersann die Regierung ein indirektes, «zweistufiges» Wahlsystem. Die Wähler sollten erst in ihrem Wahlkreis Wahlmänner bestimmen, die dann wiederum darüber abstimmen sollten, wer diesen Kreis im Parlament vertreten würde.[90]

Die Erteilung des Wahlrechts wurde davon abhängig gemacht, ob jemand einen «selbständigen» Status besaß und seit mindestens sechs Monaten einen festen Wohnsitz hatte. Damit wollte man verhindern, dass Tagelöhner und Wanderarbeiter einen zu starken Einfluss auf das Ergebnis ausübten: Aus dieser Gruppe konnte kaum jemand nachweisen, sechs Monate an ein und demselben Ort ansässig gewesen zu sein. Die Anforderungen entsprachen ungefähr denen, die für die Aufnahme in die neuen Bürgerwehren galten; dafür musste man ja auch belegen, dass man in dem jeweiligen Ort über Besitz verfügte. Durch diese Bedingungen tat sich zum ersten Mal ein Unterschied zwischen einer aktiven und einer passiven Form staatsbürgerlicher Existenz auf. Was aber noch wichtiger war: Die Regierung klärte ebenso wenig wie die lokalen Behörden jemals in zufriedenstellender Weise, was genau unter «selbständig» zu verstehen war. Ohne Frage waren damit alle, die auf öffentliche Wohlfahrtsleistungen angewiesen waren, von einer Beteiligung an den Wahlen ausgeschlossen. Was aber war mit Hausangestellten, die für ihre Unterbringung und Ernährung von ihren Arbeitgebern abhängig waren? In welchem Maß jemand selbständig sein (oder vermeintlich sein) musste, damit er Anspruch auf das Wahlrecht hatte, blieb umstritten, und zwar sowohl zur Zeit der Revolution als auch später, wie wir noch im Zusammenhang mit Kommunalwahlen und Wahlen in den Kronländern sehen werden.

Diese Wahlordnung hatte nicht zur Folge, dass die Österreicher im Juni 1848 in großen Scharen zu den Urnen strömten, um ihren ersten Reichstag zu wählen. Sowohl in den Städten als auch auf dem Land lag die Beteiligung bei deutlich weniger als 50 Prozent.[91] In größeren Orten und Städten stellten Wahlkomitees und örtliche Vereine Kandidaten, von denen sie glaubten, dass sie ihre generellen programmatischen Positionen vertreten würden, auf und warben für sie. In den Großstädten fanden Demokraten Wähler bei den Handwerkern und in der Arbeiterschicht, denen ebenfalls daran gelegen war, dass Mieten und Lebensmittelpreise kontrolliert wurden – Themen, die für alle, die nicht in Städten lebten, ohne Relevanz waren. Gemäßigte taten ihr

Bestes, um den Bemühungen der Radikaldemokraten um die Gunst der Wähler etwas entgegenzusetzen. In Graz beispielsweise drängte ein liberaler Verein die Bürger, ihre Stimmen keinen Kandidaten aus den Reihen der Arbeiter zu geben, da es diesen an der notwendigen Welterfahrung mangele; außerdem besäßen diese nicht den Weitblick und auch nicht die Überzeugung, die unerlässlich seien, um in der Politik zu bestehen. Die liberale Zeitung von Graz riet, stattdessen für Männer zu stimmen, die den Pfad «entschiedenen und besonnenen Fortschritts» beschritten.[92] In Brody entschied sich eine Mehrheit von siebenundsiebzig jüdischen und eine Minderheit von sieben christlichen Wahlmännern einstimmig dafür, Rabbiner Isaak Noah Mannheimer aus Wien als Vertreter ihrer Stadt in den Reichstag zu entsenden, ein Ergebnis, das auf die Bindung der jüdischen Wähler Brodys sowohl an das Kaiserreich (statt an Galizien) als auch an das «Deutsche» im weitesten Sinne (statt an die nationalpolnische Sache) hindeutet. Gleichzeitig gaben die Wahlmänner eine Erklärung heraus, mit der sie – vielleicht um die christlichen polnischsprachigen Wähler zu besänftigen – ihre Wahl eines Wiener Juden rechtfertigten. Ihr Komitee habe versucht, «einer verkannten und geknechteten Glaubensgenossenschaft ihre heiligsten Rechte zu vindizieren sowie der lange unterdrückten polnischen Nationalität, der unsere Sympathien gehören, ihre Geltung zu verschaffen».[93]

Einig waren sich städtische Demokraten, gemäßigte Liberale und sogar viele Minister und Beamte darüber, dass Bauern wenig von Politik verstanden und es ihnen nur darum zu tun war, das, was sich noch vom Feudalsystem erhalten hatte, endgültig zu beseitigen. Eine steirische Zeitung nahm die Weltsicht der bäuerlichen Wähler bissig aufs Korn: «Ein Gott, ein Kaiser, ein Glaube, kein Robot, kein Zehend, kein Hendel, keine Eier, kein Käse [als Abgaben in Naturalien], keine Lasten, – im übrigen kann es hübsch beim Alten bleiben.»[94] Für gewöhnlich nominierten Ausschüsse, die aus städtischen Honoratioren bestanden, Kandidaten für ländliche Bezirke in der näheren Umgebung. Die Bauern waren willens, gebildete Männer aus der Stadt zu wählen, wenn diese die beiden Themen, die ihnen selbst am meisten am Herzen lagen, zu den ihren machten: feudale Verpflichtungen aufzuheben und die Treue zum Kaiser zu bewahren.

Von den neugewählten Parlamentsabgeordneten aus ganz Österreich (eine sozial heterogenere Gruppe, als sie durch spätere Parlamentswahlen zustande kam) entstammte in der Tat ein Viertel der
ländlichen Bourgeoisie von nichtadeligen Grundbesitzern oder reichen
Bauern. Ein Viertel stellten Selbständige aus der städtischen Mittelklasse, ein Viertel staatliche Beamte oder private Bedienstete mit Universitätsausbildung. 5,75 Prozent der Abgeordneten standen im Dienst
der Kirche, 6 Prozent waren Kaufleute oder Fabrikbesitzer. Nur 12 Prozent der Deputierten waren Träger von Adelstiteln, zumeist von weniger hohen.[95]

Galizien wählte den bei weitem größten Block von Abgeordneten
aus der Bauernschaft (um die 40 Prozent). Es war ausgeschlossen, dass
galizische Bauern für die sozial Bessergestellten in ihrem Land stimmten, ob es adelige Grundbesitzer, Gutsverwalter oder öffentliche Bedienstete waren. Anders als die Bauern im Westen, die seit mehreren
Generationen von direkteren Formen der Abhängigkeit befreit waren
und sich dazu bewegen ließen, Honoratioren aus den Städten ihrer
Region zu wählen, brachten die Bauern Galiziens einen großen Teil des
neunzehnten Jahrhunderts hindurch ihren Hass auf die lokalen Eliten
mit vernichtender Vehemenz zum Ausdruck. Wenn sie sich überhaupt
bereitfanden, an den Wahlen teilzunehmen – häufig weigerten sie sich,
weil sie glaubten, dass diese irgendwie mit Machenschaften des Adels
zusammenhingen –, dann stimmten sie für Standesgenossen. Von den
hundert Wahlbezirken Galiziens schickten (je nach Schätzung) fünfunddreißig bis vierzig Bauern als Abgeordnete nach Wien ins Parlament. Von den übrigen Abgeordneten gehörten aber fünfzig der polnischen Oberschicht oder Aristokratie an. Auch dadurch stellte Galizien
eine Ausnahme dar, denn in allen anderen Kronländern wurden nur
sehr wenige Adlige gewählt.[96]

Die Tatsache, dass 1848 in mehreren galizischen Bezirken Bauern zu
Abgeordneten bestimmt wurden, während in etlichen anderen bäuerliche Wahlberechtigte ganz bewusst nicht zu den Urnen gingen, belegt,
wie wild entschlossen diese Gruppe war, ihren politischen Willen
durchzusetzen, und dies vor allem in Bezirken, die 1846 stark von den
Gewalttätigkeiten betroffen gewesen waren. Sofort vermuteten polnische Nationalisten aber den Einfluss von Staatsbeamten auf das

Wahlverhalten der Bauern, um die Wahl von weiteren nationalpolnischen Kandidaten zu verhindern. Das war jedoch eine unhaltbare Behauptung, nicht zuletzt deswegen, weil Staatsbeamte ihrerseits die Folgen fürchteten, die sich aus der Wahl von des Lesens und Schreibens unkundigen Bauern ergeben könnten.[97] In der Tat waren beinahe 50 Prozent der Bauern, die Galizien und die Bukowina im Parlament vertraten, Analphabeten. Überdies verstanden nur diejenigen, die für eine gewisse Zeit beim Militär gedient hatten, so viel Deutsch, dass sie in der Lage waren, die Debatten im Reichstag zu verfolgen. Polenfreunde versuchten den Einfluss von bäuerlichen Delegierten auf die Gesetzgebung zu beschränken, wo immer es ging. Wenn ein galizischer Bauer im Reichstag eine Übersetzung forderte (wobei er für gewöhnlich die Ausbeutung und Unterdrückung durch den polnischen Adel für sein Unwissen verantwortlich machte), dann stimmte ein polnischer Abgeordneter sofort dagegen. Erst im Oktober 1848 sorgte der Reichstag dafür, dass offizielle Übersetzungen der Tagesprotokolle zur Verfügung standen. Ganz bestimmt aber folgten Bauernabgeordnete aus Galizien nicht sklavisch den Anordnungen der adeligen Konservativen, wie viele andere Delegierte von der Linken (und polnische Demokraten) ihnen später vorwarfen.[98]

Im Sommer 1848 war der Reichstag überwiegend damit beschäftigt, über geeignete Initiativen zur Abschaffung feudaler Strukturen und darüber, wie man die Grundbesitzer entschädigen könnte, zu debattieren. Der Abgeordnete Hans Kudlich, ein junger Bauernsohn aus Schlesien, stellte den Antrag, die noch bestehenden feudalen Abhängigkeitsverhältnisse entschädigungslos abzuschaffen. Zwar entschied das Parlament am Ende mit 174 zu 144 Stimmen, die Grundbesitzer doch für die ihnen entgehenden kostenlosen Arbeitsleistungen der Bauern zu entschädigen, aber am 9. September stimmte es für die sogenannte «Robotauflösung». Das war zweifellos sein wichtigster Beschluss, der auch durch die spätere Konterrevolution nicht wieder rückgängig gemacht werden konnte.[99]

Das Parlament setzte auch einen Verfassungsausschuss ein, der seinerseits zwei wichtige Unterausschüsse ernannte: Der eine sollte ein Grundgesetz für die Staatsbürger, der andere die zukünftige Verfassung des Reiches entwerfen.[100] Welche Auffassung hatten die Mitglie-

der des ersten Unterausschusses von den Bürgerrechten? Bestand starke
Uneinigkeit unter ihnen? Im August legte der tschechische Abgeordnete František Rieger (1818–1903) einen entschieden demokratischen
Textentwurf vor, der sich im Wesentlichen an den Verfassungen orientierte, die die französischen Revolutionäre 1789 und 1791 verabschiedet
hatten. Rieger fand starke Unterstützung bei den deutschliberalen Mitgliedern des Komitees, und der Text, der per Akklamation angenommen wurde, wurde am 4. Januar 1849 dem gesamten Parlament vorgelegt.[101] In der Präambel dieses Entwurfs fand das neue Konzept
Bestätigung, dass alle «Souveränität» vom Volke ausgehe – eine Auffassung, die von der kaiserlichen Regierung umgehend angefochten
wurde, so dass das Komitee gezwungen war, diese Aussage zurückzunehmen.[102] Das war jedoch die einzige Erklärung im gesamten Entwurf, gegen die die Regierung anging, und die Änderung – der Satz
wurde gestrichen – wurde vom Parlament nicht kampflos hingenom-
men. Im Rest des Textes wurde dem einzelnen Bürger eine beeindruckende Vielfalt von Rechten eingeräumt (von denen viele mit der josephinischen Staatstradition im Einklang standen).

Der Grundrechtskatalog garantierte allen Bürgern Gleichheit vor
dem Gesetz und erklärte alle sozialen Privilegien traditioneller Art
ausdrücklich für erloschen. In Zukunft würde der Staat keine Adelstitel
mehr verleihen und noch nicht einmal die bestehenden anerkennen,
alle Ämter würden ausschließlich aufgrund der Fähigkeit der Bewerber
besetzt werden.[103] Weiterhin wurden dem Einzelnen Glaubens-, Rede-,
Versammlungs-, Vereinsfreiheit sowie Freizügigkeit gewährt. Seine
Privatsphäre würde unverletzlich sein. Der Staat würde keiner Kirche
Privilegien gewähren, der sich nicht auch alle anderen Kirchen erfreu-
ten, und kirchliche Trauungen konnten nur vollzogen werden, wenn
vorher eine standesamtliche Eheschließung vorausgegangen war.[104]
Außerdem wurden die Einrichtung einer unabhängigen Judikative sowie die Abschaffung der Todesstrafe versprochen. Außer in Kriegszeiten sollte das Militär den Zivilgesetzen und zivilen gerichtlichen Verfahren unterworfen sein. Schließlich wurde noch die Einrichtung eines
öffentlichen, vom Staat finanzierten Erziehungssystems versprochen.
Paragraf 19 befasste sich mit der Vielsprachigkeit der österreichischen
Staatsbürger; dort hieß es:

Alle Volksstämme des Reiches sind gleichberechtigt. Jeder Volksstamm hat ein unverletzliches Recht auf Wahrung und Pflege seiner Nationalität überhaupt und seiner Sprache insbesondere. Die Gleichberechtigung aller landesüblichen Sprachen in Schule, Amt und öffentlichem Leben wird vom Staate gewährleistet.

Politisch Gemäßigte und Demokraten (ganz zu schweigen von Slawen und den deutschen Patrioten) hatten dieselbe Vision, die die habsburgische Vorstellung von der Gleichheit aller Bürger vor dem Gesetz bestätigte, die schon im *Allgemeinen Bürgerlichen Gesetzbuch* von 1811 postuliert worden war. Dieser Teil des Verfassungsentwurfs griff die Idee Josephs II. von einem vernünftig aufgebauten Staat auf, der über Bürger regierte, die alle die gleichen Rechte genossen. Bildung war auch ein Thema gewesen, das Maria Theresia und ihren Söhnen besonders am Herzen gelegen hatte, wenn es ihnen auch nicht gelungen war, allen Bürgern diese Möglichkeit wirklich zu eröffnen. Und auch der Vorschlag, dass der Schulunterricht in den «landesüblichen» Sprachen und nicht in einer offiziellen Amtssprache abgehalten werden sollte, verweist auf die Reformbestrebungen der josephinischen Ära zurück. Doch indem den Kirchen zugesichert wurde, dass der Staat keine Kontrolle über sie ausüben würde, wich der Verfassungsentwurf erheblich von dem ab, was der frühere Monarch angestrebt hatte, dem ja gerade an einer solchen staatlichen Kontrolle der Kirchen gelegen war.[105] Was die Freiheit der Lehre und Forschung in den verschiedenen Bildungseinrichtungen betraf, ging der Entwurf weit über das hinaus, was die josephinische Reform erbracht hatte.

Die Sorgen der politisch Moderaten und der Josephinisten in der Regierung – die aufgrund ihre Erfahrungen mit den aufsässigen Wiener Radikalen im Sommer und Herbst davor gebrannte Kinder waren – schlugen sich in dem Dokument dort nieder, wo es darum ging, wie das Vereinsrecht und die Freiheit von Zensur in Kraft treten sollten. Denn es hieß zwar, dass das Recht auf freie Meinungsäußerung durch keine Form von Zensur eingeschränkt werden sollte, dies aber unter dem ausdrücklichen Vorbehalt, dass ein Missbrauch bestraft würde. Ein zukünftiges Pressegesetz sollte genau festlegen, wodurch der Tatbestand des Missbrauchs erfüllt sein würde. Und obgleich der Entwurf Österreichern das Recht einräumte, «sich friedlich und ohne Waffen zu versammeln», wurde dies sofort durch den Zusatz eingeschränkt, dass öffentliche Versammlungen der vorherigen amtlichen Genehmigung bedürften und diese verweigert werden könnte, falls die öffentliche Sicherheit gefährdet schiene. Die Bürger sollten auch Vereine gründen können, doch dies ebenfalls unter der Voraussetzung, dass nach Einschätzung der Polizei dadurch keine Gefahr für den Staat entstand.

In den ersten Monaten der Revolution hatten viele Österreicher auch ein größeres Mitspracherecht in den Gemeinde- und Stadträten sowie Landtagen gefordert, Körperschaften, die häufig über die lokale ökonomische Entwicklung, Stadtplanung und öffentliche Fürsorge entschieden. Als die neuformierten Gemeinderäte und Landtage wieder zusammentraten, berieten sie ebenfalls darüber, wie man die Rechte der Bürger – auf lokaler Ebene – definieren sollte. Sie taten das aber auf weit weniger abstrakte Weise als der Reichstag, und zwar entschieden nach ganz pragmatischen Kriterien. Indem sie die Bedingungen für die Erteilung des Wahlrechts neu festlegten, nutzten gemäßigte Revolutionäre diese Foren, um ihre radikaleren Widersacher von einer aktiven Beteiligung auszuschließen. Obwohl sie, wenn sie sich in abstractu auf alle Bürger bezogen, voller Enthusiasmus einer allgemeinen Emanzipation das Wort redeten, legten die Revolutionäre, wenn es um die Gewährung des Wahlrechts ging, die Latte recht hoch. In Wien beispielsweise gestand 1848 der Gemeinderat ursprünglich allen Steuern zahlenden Bürgern das Wahlrecht zu. Im Anschluss an Unruhen, zu denen es im September gekommen war, und an den revolutionären Oktoberaufstand besann sich der Rat aber eines anderen und machte die Gewährung des Wahlrechts davon abhängig, ob der Betreffende Steuern in Höhe von mindestens fünf Gulden pro Jahr entrichtete. Auf diese Weise wurden hunderte weniger Vermögende von der Beteiligung an den Wahlen ausgeschlossen.[106]

Magistrate und Landtage führten auch die Einteilung der Wähler in zwei oder drei Klassen («Kurien») ein. Jede von ihnen wählte gleich viele Abgeordnete. Die kleine Zahl von Begüterten stellten eine Klasse, die große Menge derer, die weniger Steuern zahlten und nur aufgrund ihrer Bildung in den Genuss des Wahlrechts kamen (häufig Lehrer oder Beamte), bildeten die zweite oder dritte Kurie. Oberflächlich gesehen hatte dieses System große Ähnlichkeit mit dem alten, bei dem der Stand oder soziale Status der Wähler entscheidend dafür gewesen waren, in welchem Maß sie Einfluss nehmen konnten, und der Adel, die Grundbesitzer sowie der Klerus die Landtagsabgeordneten bestimmt hatten. Doch tatsächlich wurden die neuen Unterteilungen nach ökonomischen (Steuerpflicht) oder kulturellen (Bildung) Gesichtspunkten vorgenommen und waren das Ergebnis wachsender Angst in den Reihen der Liberalen vor dem gefährlichen Potenzial, das den niedrigsten Schichten innewohnte. Das ganze Frühjahr 1850 hindurch wurde bei lokalen Debatten über das Wahlrecht auf frühere Diskussionen darüber zurückgegriffen, in welchem Maß ihr Grad an «Selbständigkeit» entscheiden sollte, ob eine bestimmte Person das Wahlrecht erhielt oder nicht. Politisch Gemäßigte hielten weiter an ihrer Meinung fest, dass persönliche Unabhängigkeit ausschlaggebend dafür war, ob jemand das Allgemeinwohl im Auge haben konnte. Abhängigkeit gehe im Unterschied dazu mit Armut, Angewiesensein auf öffentliche Wohlfahrt und sogar mit Kriminalität einher und könne, so glaubte man, dazu führen, dass jemand sektiererische Bewegungen (wie den Sozialismus), die eine ganz kurzsichtige Politik verfolgten, unterstütze. Abgeordnete des Landtags von Oberösterreich erklärten mit Nachdruck, dass «jene von der Theilnahme an der Vertretung ausgeschlossen sein sollen, welche von Tageslohn leben, Beiträge aus Armeninstitutionen genießen [...] kurzum nicht selbständig sind».[107]

Die Demokraten und Radikalen in den Städten machten Front gegen diese Forderungen, wo immer es ihnen möglich war, und ließen sie nicht unangefochten durchgehen. Eine demokratische Zeitung in Tirol spottete über die anscheinende Besessenheit der Liberalen vom Prinzip der Selbständigkeit; das diene nur dem zynischen Zweck, die Beteiligung an Wahlen zu begrenzen. Wie könnten ranghöhere Beamte als unabhängig angesehen werden, wenn sie ihre Stellen doch eindeutig der Regierung verdankten? Und warum, fragte die *Innsbrucker Zeitung* weiter, sollte man angeblich abhängigen besitzlosen Arbeitern – oder sogar Frauen – das Wahlrecht vorenthalten, «wenn das Staatsbeamtenthum trotz seiner unbedingten Unterordnung unter seine Vorgesetzte bis zum Ministerium hinauf ... doch für unabhängig genug gehalten [wird] um in der Gemeinderepräsentanz aufgenommen werden zu können» oder an den Wahlen zu diesen Gremien teilzunehmen?[108] In der Tat, warum? Die *Innsbrucker Zeitung* war nicht die einzige, die darauf hinwies, dass Frauen nicht wahlberechtigt waren. Wie wir gesehen haben, war durch das Bürgerliche Gesetzbuch nicht zwischen den staatsbürgerlichen Rechten von Männern und Frauen unterschieden worden, obwohl es den Geschlechtern unterschiedliche Rollen in der Familie zugewiesen hatte. Und auch der Verfassungsentwurf hatte das nicht getan (abgesehen davon, dass die Teilnahme an den Parlamentswahlen als männliches Vorrecht definiert wurde). Jetzt, da auf der niedrigeren Ebene von Dorf, Kleinstadt oder Provinz über das Wahlrecht diskutiert wurde, nahm man offen auf die Frage Bezug, warum die Zugehörigkeit zum weiblichen Geschlecht ein diskriminierender Faktor sein sollte. Wenn die Gewährung des Wahlrechts nur von Besitz, Einkommen oder Bildung abhängig sein sollte, warum sollte Frauen, die alle Bedingungen erfüllten, nicht das Recht auf Mitbestimmung in ihren Gemeinden übertragen werden? In der Steiermark, wo der Landtag 1848 denen, die Steuern entrichteten, weitreichende Befugnisse auf kommunaler Ebene übertrug, meinte ein Abgeordneter:

> Weil wir das letzte Mal beschlossen haben, dass einer, damit er Gemeindemitglied ist, Grund- und Hausbesitz, oder ein Gewerb durch Besitz, oder Fähigkeit haben muss, so glaube ich, dass die Frauen, welche auch oft in dermaligen Besitze sind, auch wahlberechtigt sein sollen, nämlich durch einen Deputierten. [...] Denn nur der steuerbare Gegenstand macht es, dass man Mitglied ist, ich glaube daher, es wäre die Emanzipierung der Frauen in die Stylisierung des Paragraphes einzusetzen.[109]

1848 und 1849 kam man in mehreren Kronländern zu keiner Einigung in der Frage, ob Frauen das Recht erhalten sollten, an lokalen Wahlen teilzunehmen. Als in den 1860er-Jahren repräsentative Institutionen wiederbelebt wurden und einige Frauen tatsächlich ihre Stimmen abgeben konnten (wenn auch über einen männlichen Stellvertreter), musste man eine definitive Antwort auf die Frage finden.

Völkerfrühling?

1848 wurde in vielen politischen Reden das Erwachen, die Erneuerung oder die Apotheose dessen heraufbeschworen, was die Revolutionäre die «Nation» nannten. Zeitgenossen und spätere Aktivisten – unter ihnen viele Historiker – feierten das Revolutionsjahr, weil es ihrer Meinung nach nationale Massenbewegungen ins Leben gerufen habe. Für sie war 1848 der Augenblick in der Geschichte, in dem viele Nationen, die seit Jahrhunderten unter imperialer Herrschaft dahingedämmert hatten, erwachten, um den ihnen zustehenden Platz auf der politischen Bühne Europas einzufordern. Viele politische Bewegungen in Österreich rechtfertigten ihre Programme damit, dass sie für sogenannte «nationale Rechte» eintreten wollten. Was meinten sie aber mit dem Begriff «Nation»? Und gab es 1848 wirklich solche Nationen?

Die Behauptung, die Nation sei die Quelle politischer Legitimität, das heißt, dass politisches Handeln durch sie ihre Berechtigung und Rechtmäßigkeit gewinne, war keineswegs neu. Das traf vor allem auf Galizien und Ungarn zu, wo seit Jahrzehnten adelige Oppositionelle geltend gemacht hatten, für eine in ihren Rechten verletzte polnische oder ungarische Nation gegen die zentralisierenden Bestrebungen des österreichischen Staates zu kämpfen. 1848 jedoch nahm das Wort «Nation» im öffentlichen Diskurs eine radikal andere Bedeutung an: Der Begriff bezog sich nicht mehr auf eine soziopolitische Einheit, die für die Rechte einer regierenden Elite eintrat, sondern auf eine von einer Vielzahl von Menschen gebildete Entität, die durch kulturelle Merkmale im Sinne Herders definiert war. Das heißt, unter Nation verstand man nicht mehr den im Landtag vertretenen Adel, sondern vielmehr die Gesamtheit der Menschen, die durch eine gemeinsame Sprache und gemeinsame kulturelle Traditionen und manchmal, so wurde jedenfalls behauptet, durch in ihren Adern strömendes gemeinsames Blut miteinander verbunden waren.[110]

Ungarn, wo der Kampf für die Rechte der Nation gegen die Übergriffe der Dynastie eine lange Tradition hatte, bietet ein besonders interessantes Beispiel für diesen Bedeutungswandel. Die Aprilgesetze, in denen darauf beharrt wurde, die ungarische nationale Identität über die ethnische Zugehörigkeit, das ungarische «Volkstum», zu definieren und die Verwendung der ungarischen Sprache auszuweiten, gaben den Eliten Kroatiens und Siebenbürgens, deren Sprache eine andere war (ganz zu schweigen von den anderen Bevölkerungsschichten in diesen Regionen), berechtigten Anlass dafür, den ungarischen Verfassungsgesetzen zu misstrauen. Als Rumänisch, Serbisch, Deutsch und Slowakisch sprechende Minderheiten 1848 zunehmend unter den ungewohnten Druck gerieten, sich an die ungarische Nation zu assimilieren, riskierten sie, so sie sich widersetzten, politisch noch weiter marginalisiert zu werden. Vor 1848 war es möglich gewesen, sich einen unabhängigen ungarischen Staat vorzustellen, der politische und religiöse Eliten beherbergte, die sich in unterschiedlichen Sprachen ausdrückten, sich aber in einem politischen Sinn als Ungarn ansahen. Das Gewicht, das Nationalisten der Sprache beimaßen, machte es aber jenen, deren Sprache eine andere war, schwer, sich als treue Ungarn zu betrachten. Zudem war damit ausgeschlossen, dass sie als Delegierte im Landtag saßen, da es in den Statuten jetzt hieß: «Wählbar sind solche Personen, die die gesetzliche Bedingung erfüllen, wonach ausschließlich Ungarisch die Sprache der Gesetzgebung ist.»[111]

Dass sich dieses Problem auftat, war nahezu unvermeidlich, da die Ungarn in den 1840er-Jahren ihren patriotischen Widerstand gegen das «fremde Wien» gerne in kulturelle Forderungen gekleidet hatten, wie die, im Landtag die ungarische Sprache statt des Lateinischen zu verwenden. Indem sie die Verwendung des Ungarischen zu einem patriotischen Symbol erhoben, erklärten die nationalistischen Aktivisten jedoch mehr oder weniger unbeabsichtigt ausschließlich kulturelle oder sprachliche Merkmale als relevant für die Bestimmung der nationalen Eigenständigkeit und Identität.

Solange Latein die Amtssprache war, die man im Landtag und den administrativen Gremien der Komitate verwendete, hatten alle Ungarn mit dem gleichen Handicap zu kämpfen, da kein einziger von ihnen Latein als Muttersprache hatte.

Jetzt waren nicht nur die Eliten in Regionen, die – wie Kroatien und Siebenbürgen – in der Vergangenheit eine gewisse administrative Autonomie genossen hatten, benachteiligt, sondern auch Slowakisch, Serbisch oder Deutsch sprechende Gemeinschaften in Ungarn selbst. Die Verwendung dieser Sprachen war nicht an administrative Merkmale gekoppelt wie im Fall von Kroatien oder Siebenbürgen, die sich traditionellerweise, was ihre Beziehung zu Ungarn betraf, einiger Rechte erfreut hatten. Dennoch warf die Entscheidung des Landtags, die ungarische Staatsbürgerschaft mit der formellen Verwendung der ungarischen Sprache in Zusammenhang zu bringen, plötzlich eine ganz neue Frage auf: Wodurch wurde man eigentlich zu einem ungarischen Staatsbürger, vor allem da die Mehrheit der Einwohner nicht Ungarisch sprach? Die Einwohner von Pest oder Pressburg (Pozsony), die nicht Ungarisch sprachen, mögen ihre Begeisterung für die Revolution bekundet haben, indem sie ungarische Zeitungen bezogen oder sich ungarische Namen zulegten, aber wie stand es mit den Ungarn, die nicht in einem dieser städtischen Zentren zuhause waren, in denen der Patriotismus mit Macht aufwallte?

Ironischerweise verliehen bald gebildete Ungarn, die andere Sprachen sprachen (Kroatisch, Rumänisch, Serbisch, Slowakisch, im Allgemeinen aber nicht Deutsch), ihren eigenen kulturellen oder politischen Forderungen auf vergleichbare Art Ausdruck. 1848 verlangten beispielsweise rumänische und serbische Nationalisten in Siebenbürgen, dem Banat und der Batschka sprachliche und administrative Autonomie für die in Ungarn lebenden Staatsbürger, deren Muttersprache Rumänisch oder Serbisch war. Die ungarischen Nationalisten, die gerade ihre Unabhängigkeit von Wien erreicht hatten, sperrten sich aber dagegen, dieses Zugeständnis zu machen. Sehr schnell löste sich die ursprüngliche Brüderlichkeit (Assoziation von 1784) von Völkern auf, und es entstanden ganz neue Feindschaften, als die Serben sich im Süden gegen die Regierung in Pest erhoben.

Die Frage der nationalen Identität wurde aber nur selten unter dem Aspekt der Sprache definiert. Sprachzugehörigkeit war nur ein Element in einem komplexen Netzwerk aus potenziellen Bindungen und Verpflichtungen. Sogar die vorwiegend in Städten beheimateten nationalen Protagonisten von 1848, die sich das kulturell-spachliche Bestimmungsmodell zu eigen machten, assoziierten häufig ganz Unterschiedliches mit dem Begriff Nation. Wenn jemand von seiner «Nationalität» sprach, konnte alles Mögliche mitschwingen, er konnte sich auf den Ort oder die Region seiner Herkunft beziehen oder aber auf eine in vielen Ländern verstreut lebende Gruppe von Menschen, die alle eine ähnliche Sprache verwendeten. Das heißt auch, dass Engagement für die eigene Nation für die vielen Mitteleuropäer 1848 nicht immer dasselbe bedeutete. Doch gleichgültig, was sie unter dem Wort Nation in einem bestimmten Kontext verstanden: Menschen, die es benutzten, besaßen fast immer ein nahezu uneingeschränktes Vertrauen in deren legitimierende Kraft. Von den geschwächten Dynastien und deren Beratern abgesehen, akzeptierte, wie es schien, jedermann, dass die Nation das Objekt war, dem vor allen anderen die Treue eines Menschen zu gelten hatte, und dass ihr die entscheidende Rolle bei der Reorganisierung staatlicher Strukturen zukam.

Großenteils waren es die zentralisierenden Bestrebungen des Kaiserreichs gewesen, die die Auffassung hervorgebracht hatten, dass nationale Eigenständigkeit und Identität auf der Verwendung einer gemeinsamen Sprache beruhten. Dadurch dass der Zentralstaat administrativ immer tiefer in immer mehr Lebensbereiche eingegriffen hatte, kam Fragen danach, wer auf regionaler Ebene Entscheidungen fällen, welche Sprache verwendet werden sollte und wie man diesbezüglich für Gerechtigkeit sorgen könnte, in den meisten politischen Programmen von 1848 eine zentrale Stellung zu. Immer häufiger traten Aktivisten für die Interessen ihrer Region ein. Sie verlangten von Beamten und Lehrern, eine bestimmte Sprache zu verwenden, vor allem in Anbetracht der fortschreitenden Kodifizierung von Volkssprachen wie dem Slowenischen oder Slowakischen und des wachsenden Anteils derer, die des Lesens und Schreibens kundig waren. Sollten diejenigen, die Slowenisch, Slowakisch oder eine andere Minderheitensprache benutzten, nicht das Recht haben, dem Staat ihre Anliegen und Bedürfnisse in ihrer jeweils eigenen Sprache mitzuteilen und sich in ihr auch auf die ihnen per Gesetz zustehenden Rechte zu berufen? Es waren nicht nur Priester, Lehrer, Geschäftsleute oder auch Journalisten eines bestimmten Ortes oder einer bestimmten Region, die von der offiziellen Politik verlangten, die örtliche Sprachpraxis stärker zu berücksichtigen. Auch Beamte klagten darüber, dass ihr häufiges Unvermögen, sich mit ihrer «Kundschaft» in deren Sprache zu verständigen, die Effizienz der Verwaltung beeinträchtigte. Schon aus praktischen Gründen, meinten sie, müsse der Staat mit den Menschen in deren eigener Sprache kommunizieren. Ein nach Dalmatien versetzter Beamter erteilte frustriert den Rat: «Man sollte einmal von der Idee abkommen, ganzen Dörfern oder Districten, wo ... kein Mensch ein Wort von Italienisch verstehet, italienische Dorfschulen aufdrängen zu wollen.»[112]

In der Krain, in Kärnten, Istrien oder der Steiermark hatten Aktivisten und ihre Zeitungen schon seit einiger Zeit die Existenz einer slowenischen Nation geltend gemacht, die durch die gemeinsame Sprache vereint wurde. 1848 hatte der Kaplan des Klagenfurter Doms, Matija Majar-Ziljski (Matthias Mayer), der in den 1840er-Jahren gelegentlich Artikel für die slowenischsprachige *Novice* verfasst hatte, einen typischen Petitionsentwurf in den Kreisen seiner «slowenisch-patriotischen» – wie er sie nannte – Kollegen herumgehen lassen. In diesem Text wurde die Verwendung der slowenischen Sprache explizit mit der Entwicklung einer slowenischen nationalen Identität verknüpft. Von den acht Forderungen, die Majar-Ziljskis Vorschlag nach zu stellen waren, betrafen nicht weniger als fünf die Amtssprache, die in Regionen, in denen von der Bevölkerung Slowenisch gesprochen wurde, gebräuchlich sein sollte. Eine dieser Forderungen lautete, dass «nur Männer, die unser Volk, unsere Nationalität und unsere Sprache aufrichtig lieben, [als Beamte] eingesetzt werden sollen», eine andere, dass die slowenische Sprache dieselben Rechte «in slowenischen Gebieten haben solle wie das Deutsche in den deutschen».[113]

In Böhmen führten tschechische Patrioten das aktuelle Sprachproblem auf die böhmische Geschichte zurück. Schon lange vor 1848 hatten böhmische Patrioten, die einen autonomen Status des Kronlands innerhalb Österreichs anstrebten, angefangen, einen mittelalterlichen böhmischen Staat mit einer speziell durch die Sprache definierten tschechischen Nation in Verbindung zu bringen. Die florierende tschechische Sprachkultur des Mittelalters und der Renaissancezeit habe, so behaupteten sie, aufgrund der gegenreformatorischen Maßnahmen Österreichs nach 1620 und der Versuche, dem Land Böhmen Deutsch als einzige Amtssprache aufzuzwingen, allmählich einen Niedergang erlitten. Noch komplexer als diese Argumentation waren die diffusen Behauptungen, die slawische Aktivisten in Dalmatien, Kroatien und gelegentlich auch in der Krain in Bezug auf eine sogenannte «illyrische» Nation aufstellten. Was die territoriale Ausdehnung und Gestalt von «Illyrien» anging, herrschten aber bei den unterschiedlichen Aktivistengruppen in Zagreb oder Zadar (Zara) ganz verschiedene Auffassungen; auch hatte man divergierende Vorstellungen von der «illyrischen» Sprache, ja sogar hinsichtlich der Schreibweise des Namens war man sich uneins. Doch es ging um viel, denn je größer die offizielle Anerkennung war, die einer Sprache zuteil wurde, desto mehr waren die Aktivisten dazu berechtigt, Forderungen nach größerer Einflussnahme auf lokale und regionale Bildungseinrichtungen sowie Institutionen der Justiz, der Verwaltung und der Politik zu stellen.

1848 löste die Vorstellung, dass eine Kultur- oder Sprachgemeinschaft eine autonome Existenz für sich verlangen könnte, auf regionaler oder lokaler Ebene eine Reihe von unvorhergesehenen Dilemmata aus. Was 1848 von Nationalisten als bedeutend angesehen wurde, hing oft von spezifischen örtlichen Bedingungen ab. Es konnte sein, dass die Einwohner von ländlichen Gebieten sich weigerten, der angeblich auch in ihrem Namen agierenden nationalen Bewegung beizutreten, deren Vertreter in den Städten zuhause waren. Oder kulturelle nationale Wortführer konnten davor zurückscheuen, sich Forderungen nach politischer Eigenständigkeit anzuschließen, weil sie glaubten, dass eine administrative Autonomie sich negativ auf die Wirtschaft oder die traditionelle Kultur ihrer Region auswirken könnte. Das war der Fall, als Aktivisten in der kroatischen Hauptstadt Zagreb versuchten, das österreichische Dalmatien an einen größeren kroatischen (oder illyrischen) Staat anzuschließen, weil, wie sie mit Verweis auf die gemeinsame Sprache, das gemeinsame Brauchtum und die gemeinsame religiöse Praxis behaupteten, die Einwohner der beiden Regionen ein einziges Volk bildeten. Kroatische Protagonisten hofften überdies, dass dieser erweiterte kroatische Staat innerhalb Ungarns, an das Kroatien seit langer Zeit angeschlossen war, Autonomie oder sogar vollständige Unabhängigkeit erlangen könnte. Ein Polizeibericht aus Zadar gab aber zu erkennen, wie sehr es örtlichen slawischen Repräsentanten widerstrebte, einen solchen Schritt zu vollziehen: «Seit ein paar Tagen spricht man allgemein, dass Dalmatien mit Ungarn oder Croatien vereinigt werden soll, und man äussert sich laut, dass wenn dies geschähe, diese Provinz und insbesondere Zara sehr viel dabei verlieren würde.» Nicht nur die Italienisch sprechenden Einwohner der dalmatinischen Städte wiesen die Forderungen der Kroaten zurück. Slawische Aktivisten in

Zadar fürchteten, dass bei einem Anschluss an ein größeres kroatisches Staatsgebilde ihre eigene Stadt an Bedeutung einbüßen würde, da sie nicht mehr den Rang einnähme, den sie gegenwärtig als Hauptstadt eines Kronlands besaß. Zadar würde nicht mehr Verwaltungssitz sein, und die Vorstellung, dass «die Zahl der Beamten in dieser Provinzial-Hauptstadt – (welche die Hauptresource derselben sind) sehr bedeutend werde vermindert werden, [hat] auf die Stimmung [...] der Bevölkerung Zara's eine [...] weniger als günstiger Wirkung hervorgebracht».[114]

Eine vergleichbare Situation ergab sich weiter im Norden für slowenische Patrioten, die in der Krain, in Kärnten, Istrien und der Steiermark tätig waren, wie auch für diejenigen aus diesen Regionen, die in Wien studierten. In den ersten Wochen nach der Revolution erlebten diese Studenten, dass dem Kaiser aus verschiedenen Kronländern Petitionen überbracht wurden, in denen mehr Gleichberechtigung einer bestimmten Sprache oder mehr administrative Autonomie gefordert wurde. Doch wo, fragten sich diese Studenten, blieben ihre eigenen Slowenisch sprechenden Landsleute?[115] In einem Brief an die Zeitung *Novice* drängten sie ihre «Brüder», eine Abordnung des slowenischen Volkes an den Kaiser zu entsenden. «In den Adern der Krainer, Steirer, Kärntner und Küstenländer fliesse das gleiche Blut», hieß es und weiter:

Wir sind alle Brüder und bitten den mildtätigen Kaiser [...] Ferdinand, uns, ach schon zu lang getrennte, unter einem Herrscher zusammenzufassen. In unserer Zeit wünscht alles sich zu vereinen, was von einer Nation ist, und es wird sich vereinen. Grausam ist es, jene gewaltsam zu trennen, die nach Blut, Herzen, und Sprache verbunden sind.[116]

Diese slowenischen Protagonisten wünschten die Schaffung eines brandneuen Kronlands, das alle Slowenisch-Sprecher in seinen Grenzen vereinte. Ein solches Zugeständnis hätte natürlich bedeutet, existierende Kronländer aufzulösen und andere sprachliche Gruppen in diese neue Ordnung einzuschließen. Genau aus diesem Grund lehnten andere slowenische Patrioten diesen Vorschlag vehement ab: Bei seiner Realisierung würden die traditionellen Kronländer, an die sie äußerst starke emotionale Bindungen besaßen, zerschlagen werden.

In einer der ersten Petitionen, die von Prag aus an den Kaiser ergangen waren, war politische Autonomie für eine neue administrative

Schöpfung gefordert worden, die Böhmen, Mähren und Schlesien – allesamt historische Länder der Böhmischen Krone – vereinen sollte.[117] Diese drei Kronländer waren auch die Regionen des Reiches, in denen Tschechisch gesprochen wurde. Das Ergebnis der vorgeschlagenen Vereinigung würde demnach eine Nation – im politischen Sinn – sein, die Tschechisch und Deutsch sprechende Bürger umfasste, in der Tschechisch Sprechende aber eine klare Mehrheit bildeten. Diese Verknüpfung von Argumenten, die auf einer historischen Realität (die Grenzen der alten böhmischen Kronländer) und auf einer aktuellen Situation (Tschechischsprachige waren in der Mehrheit) beruhten, untermauerte Forderungen tschechischer Nationalisten sowohl nach Rechten der tschechischsprachigen Bürger in Bezug auf die Verwendung ihrer Sprache als auch nach territorialer Autonomie für ein aus den früheren böhmischen Kronländern Böhmen, Mähren und Schlesien bestehendes Gebilde. Tschechische Nationalisten in Mähren reagierten aber voller Argwohn auf das, was sie als Versuch ihrer böhmischen Nachbarn ansahen, Mähren seinen Status als unabhängiges Kronland zu nehmen. Eine Delegation, die der mährische Landtag im April 1848 nach Wien entsandte, brachte traditionelle Argumente vor, um gegen eine Zusammenlegung Mährens mit Böhmen zu protestieren: «Mähren ist ein von Böhmen unabhängiges Land, das nur zu der Gesamtvereinigung der Österreichischen Monarchie gehört.» Die Abgesandten führten aus, Mähren sei eine eigene Nation mit historischen Rechten, wenn auch eng mit Böhmen verbunden. («Zwischen beiden Ländern hat immer ein enger Bund bestanden, geknüpft durch die gleiche Sprache und einen gemeinsamen Souverän.») Am Ende verliehen sie der Hoffnung Ausdruck, dass «unter dem Schutz dieser [versprochenen] Verfassung die nationalen Eigentümlichkeiten und die Individualität des ganzen Volkes von Mähren» bewahrt bleiben würden. Wie so häufig im Jahr 1848 begegnen sich auch hier in ein und demselben Programm zwei völlig verschiedene Konzepte von «Nation»: Die eine ist das historische Mähren, die andere wird von der Gemeinschaft der Tschechisch Sprechenden gebildet.[118]

Wie stellten sich die unterschiedlichen nationalen Aktivisten die Neuorganisierung des Reiches vor, damit die zukünftige Entwicklung ihrer jeweiligen Nationen so effizient wie möglich gewährleistet war? In den ersten Wochen, nachdem das alte Regime von der Bühne abgetreten war, bejubelten die meisten nationalen Aktivisten das, was ihnen eine große Verbrüderung der mitteleuropäischen Nationen zu sein schien, die jetzt darangehen würden, ein neues Europa zu schmieden. Bei einer Veranstaltung Prager Patrioten zum Gedenken an die Märzrevolution in Wien etwa wurde das gemeinschaftliche Handeln verschiedener Nationen hervorgehoben: «Slawen fielen in Wien zusammen mit Deutschen für eine gemeinsame größere Sache», hieß es in einer tschechischsprachigen Flugschrift. «Lasst uns ihrem Beispiel folgen, lasst ihr Blut auch zwischen uns ein Band von brüderlicher Liebe knüpfen.»[119] In den ersten Wochen nach der Märzrevolution, als Abordnungen aus dem gesamten Kaiserreich dem Herrscher ihre Forderungen nach politischer Autonomie und mehr Rechten für die von ihnen vertretenen Sprachgruppen vorlegten, schienen die Forderungen einer Nationalität zunächst nicht mit denen einer anderen in Widerstreit zu geraten.[120] Viele Patrioten, die in Wien ansässig waren (häufig Studenten), oder solche, die mit einer Abordnung in die Hauptstadt kamen, sahen diese Wochen als ein neues Goldenes Zeitalter der brüderlichen Einigkeit aller Nationen an: «Belehrt eure Kinder, dass sie keine Ungarn, Deutsche, Slaven, Italiener, sondern Bürger des constitutionellen österreichischen Staates seien», riet eine Wiener Zeitschrift. In demselben Artikel wurde aber auch angeregt, dass die gemeinsame österreichische Nationalität alle Nationalitätsunterschiede aufheben solle: «An dem Tag [...] waren wir ein Volk und haben einig gehandelt ... Darum nur EINE Nationalität und keine Nationalitätsabsonderung.»[121] Das war aber genau der Punkt, an dem sich die Geister schieden, weshalb das Goldene Zeitalter der Brüderlichkeit bald zu Ende ging.

Von den ersten Tagen der Revolution an konkurrierte der so feierlich proklamierten Einheit der Völker zum Trotz eine Vielzahl von Projekten zur Nationen- und Staatenbildung miteinander. Einige ganz wenige nationale Programme verlangten sogar die vollständige Loslösung vom Reich, um ihre Nation Wirklichkeit werden zu lassen. In der Lombardei wandten sich mehrere nationale Aktivisten dem König Karl Albert des benachbarten Piemont zu, weil sie hofften, dass dieser die verschiedenen Territorien auf der Halbinsel zu einer Italienischen Konföderation vereinen könnte und würde. Die ungarischen Aprilgesetze spalteten zur gleichen Zeit im Grunde das Reich, indem ein separater ungarischer Staat begründet wurde, der mit dem Rest der Monarchie nur den Herrscher aus dem Hause Habsburg gemeinsam hatte. Andere, vor allem viele slawische Patrioten, zielten eher darauf ab, eine Umverteilung der staatlichen Ressourcen zu ihren Gunsten zu erreichen, statt aus dem Reich auszuscheren. Diejenigen Österreicher, die für die sogenannte «großdeutsche Lösung» eintraten, lassen sich noch weniger einer Kategorie zuordnen (Ausscheiden aus dem Reich oder nicht), da sie ein vereintes Deutschland anstrebten, das die habsburgischen Territorien einschließen sollte, die ehemals zum Heiligen Römischen Reich gehört hatten. Wenn sie erfolgreich gewesen wären, hätten alle diese nationalen Projekte zur Staatsbildung – sowohl diejenigen, die auf einer Loslösung vom Reich, als auch die anderen, die auf dessen Restrukturierung basierten – leicht die Einheit der Monarchie zerstören können, auf deren Existenz die meisten nationalen Aktivisten 1848 trotz allem beharrten.

Diese offenkundigen Widersprüche – die Loyalitätsbekundung zum Kaiserreich einerseits und die Bildung neuer Nationen andererseits – beruhen zum Teil darauf, dass sowohl das habsburgische Reich als auch die Dynastie im Allgemeinen populär blieben. Die meisten Aktivisten hätten keinen Widerspruch darin gesehen, ihre Nation im politischen Rahmen eines Reiches aufzubauen. Behauptungen, in Völkern, die durch gemeinsame Kultur, Geschichte und Sprache vereint waren, lebe ein kollektiver Wille zur Bildung individueller Staaten, blieben selten. Wichtig ist auch, sich daran zu erinnern, dass 1848 nationale Protagonisten – mit Ausnahme der ungarischen –, die eines der ambitionierten überregionalen Einigungsprojekte unterstützten, im Allgemeinen davon ausgingen, dass zukünftige Nationalstaaten die Form lockerer Föderationen haben würden, deren Mitgliedsregionen eine relative sprachliche und administrative Autonomie eingeräumt würde. Nur das erklärt, warum die Erschaffung eines vereinten Deutschland oder Italien anfangs in Österreich von vielen bejaht wurde.

Auf der anderen Seite rief schon allein der Anklang, den die Pläne der Frankfurter Nationalversammlung, ein vereintes Deutschland zu schaffen, beim Volk fanden, negative Reaktionen bei Nationalisten hervor, die sich für das Habsburgerreich eine ganz andere Zukunft vorstellten. In Petitionen und Zeitungsartikeln lehnten viele slawische Aktivisten, deren Territorium Teil des Heiligen Römischen Reiches gewesen war, eine Mitgliedschaft im künftigen Deutschen Reich unverblümt ab und drängten ihre Landsleute, die Wahlen zur konstituierenden Nationalversammlung im Mai 1848 in Frankfurt zu boykottieren. Warum sollten Böhmen, Krainer oder Istrier Untertanen irgendeines neuen Deutschland werden, wo sie doch schon treue Untertanen des österreichischen Kaisers waren? Die Aufmerksamkeit, die die Vorgänge in Frankfurt fanden, regte einige slawische Patrioten dazu an, noch weiter zu gehen und ein alternatives Konzept für die Stellung Österreichs in Europa auszuarbeiten: das des Austro-Slawismus. Als Anfang April 1848 das Vorparlament zur Vorbereitung der Wahlen für die Frankfurter Nationalversammlung den berühmten böhmischen Historiker František Palacký zur Teilnahme einlud (Böhmen war ein wichtiger Teil des Heiligen Römischen Reiches gewesen), lehnte dieser mit der Begründung ab, einer tschechisch-slawischen Nation anzugehören, die, wie er meinte, von der deutschen getrennt sei.

> Die tschechische Nation, die sich der deutschen als ihr gleichberechtigt angeschlossen hat und seit mehr als tausend Jahren in engste Verbindung mit ihr getreten ist, hat bis zum heutigen Tag ihre eigene Nationalität bewahrt. Und wenn sie auch noch so viele deutsche Dinge übernommen und spirituell erfahren hat, hat sie deswegen nicht aufgehört, eine slawische Nation zu sein.[122]

Palacký steckte eine Position ab, der sich viele Böhmen ebenso wenig anschließen konnten wie der Vorstellung, einem deutschen Nationalstaat beizutreten. Er führte aus, dass das, was nach allgemeiner Auffassung eine «böhmische Nation» war, sich in Wirklichkeit aus zwei Nationen zusammensetzte, die sich durch die Verwendung verschiedener Sprachen, der tschechischen und der deutschen, voneinander abhöben. Die Tschechen bildeten die Mehrheit, die Deutschen die Minderheit. Die Differenzen zwischen Tschechen und Deutschen, deren Ursprünge weit in der Vergangenheit lägen, seien derart gravierend, dass sie alle Behauptungen, es gebe so etwas wie eine zweisprachige, aber geeinte böhmische Nation in den Bereich der Phantasie verwiesen. Palacký begnügte sich aber nicht damit, auf der Existenz zweier nicht miteinander zu vereinender Nationen, einer tschechischen und einer deutschen, in Mitteleuropa zu beharren. Er plädierte dafür, dass Österreich eine slawische Identität annahm und eine stärker slawisch-orientierte Politik verfolgte. Seiner Überzeugung nach war Österreich von entscheidender Bedeutung für den Fortbestand all der kleineren Nationen, «von denen keine mächtig genug ist, um sich erfolgreich gegen den überlegenen Nachbarn im Osten» oder ein vereintes Deutschland im Westen zu Wehr zu setzen. Das könnten sie nur, «wenn sie alle durch ein enges und festes Band zu einer Einheit zusammengeschlossen wären».[123]

Palacký verband einen im böhmischen Landtag verkörperten traditionellen Patriotismus, welcher die Autonomie für Böhmen innerhalb eines föderalen österreichischen Staates gefordert hatte, mit einem neuen ethnischen, das heißt tschechischen Nationalismus, der Gleichberechtigung – oder sogar Hegemonie – der tschechischen Sprache in der Verwaltung Böhmens forderte. Sollten die slawischen «Nationen» Österreichs vergleichbare Forderungen stellen, würde der Staat ihrem gemeinsamen Programm Beachtung schenken müssen. Um seine Vision von einem austro-slawischen Imperium weiterzuentwickeln und zu verbreiten, organisierten Palacký und mehrere andere slawische Patrioten den sogenannten «Ersten Slawenkongress», der im Juni 1848 in Prag stattfand.[124] Dieser Kongress musste wegen des Prager Pfingstaufstandes und der damit verbundenen Belagerung der Stadt durch General Windisch-Graetz vorzeitig beendet werden, stellte aber dennoch eine Art Antwort auf die Nationalversammlung in Frankfurt dar und war daher von nicht unbeträchtlicher symbolischer Bedeutung. Viele der Teilnehmer slawischer Nationalität (vor allem die aus Polen) teilten die Vision Palackýs von einem austro-slawischen Reich nicht, doch konnten dieser und seine Verbündeten überzeugende Vorschläge zur Restrukturierung des Reiches vorlegen, welche die These infrage stellten, Österreichs natürliche Rolle bestehe darin, ein vereintes Deutschland anzuführen.

Etliche deutsche Patrioten sahen jedoch in solchen Programmen wie dem Palackýs eine Bedrohung ihrer eigenen Rechte in Regionen, in denen wie in Böhmen mehrere Sprachen gebräuchlich waren. Wenn eine Seite größere Anerkennung erhielt und mehr Rechte eingeräumt bekam, dann würde die andere Seite zwangsläufig etwas von ihrem Einfluss und ihrer Macht einbüßen. Aber das war es nicht allein: Die deutschen Akti-

František Palacký (1798–1876), bekannter Historiker der Länder der böhmischen Krone und Führer der tschechischen nationalistischen Bewegung, um die Mitte des neunzehnten Jahrhunderts. In seinem berühmten «Brief nach Frankfurt» aus dem Jahr 1848 betonte er den seiner Meinung nach slawischen Charakter des österreichischen Kaiserreichs. Porträtaufnahme um 1870

visten interpretierten auch den Widerstand der Slawen gegen eine Hegemonie der Deutschen als eine politisch reaktionäre Zurückweisung der Ziele, welche die Revolutionäre verfolgten, ja als Teil einer konterrevolutionären Politik. In ihren Augen stand ihre Nation für liberale Tugenden und Werte, für Menschlichkeit, Fortschritt, Bildung und wirtschaftlichen Fortschritt. Diejenigen, die diese Tugenden und Werte zurückwiesen, wiesen die Gewinne zurück, die die Revolution den Menschen eingebracht hatte.[125] Die deutschen Nationalisten, die die Slawen in Bausch und Bogen als mehrheitlich ungebildete und zur Ausbildung einer höheren Kultur unfähige Menschen abtaten, waren verblüfft darüber, dass diese das «Deutschtum», das heißt alles, was ihrer Meinung nach das Deutsche auszeichnete, ablehnten. Wie konnte es sein, dass gebildete Slawen nicht nur kein Deutsch lernen wollten (was viele schon getan hatten, oft um des gesellschaftlichen oder beruflichen Aufstiegs willen), sondern

auch keine Deutschen *werden* wollten? Wie war es möglich, dass sie
einer höchst kultivierten nationalen Gemeinschaft mit erstklassigen
Universitäten, die auf den Gebieten Literatur und Wissenschaft Welt-
ruhm genoss, nicht beitreten wollten? Dass jemand wie Palacký, der sein
vielbändiges Werk zur Geschichte Böhmens auf Deutsch verfasst hatte,
eine solch ablehnende Haltung gegenüber ihrer Kultur einzunehmen
schien, war für viele deutsche Wortführer ein Rätsel.

Hier wird auch die relative Offenheit solcher nationalen Protagonisten für das sichtbar, was wir «nationale Bekehrung» nennen könnten.
Deutsche Patrioten in Österreich, die ihre Volksgruppe für kulturell
überlegen hielten, ließen die Tür offen, damit andere aufstrebende Völker dem ihren beitreten könnten. Als eine in Wien ansässige Gruppe
deutscher Aktivisten Anfang April den «Verein der Deutschen aus
Böhmen, Mähren und Schlesien zur Aufrechterhaltung ihrer Nationalität» gründete, öffneten sie diesen für «jeden deutschgesinnten Österreicher», also nicht nur für Deutsche.[126] Das war ein anderes Konzept
von Nation, dessen Stimmigkeit allerdings ebenfalls von bestimmten
Auffassungen über den Sprachgebrauch abhing.

Aus diesen Gründen verunglimpften die radikaleren Wiener Demokraten die Abgeordneten tschechischer Nationalität im Reichstag
als Krypto-Reaktionäre: Ihre Ablehnung der deutschen Hegemonie
komme einem Verrat an liberalen Idealen gleich. Tatsächlich aber deckten sich die politischen Ansichten von deutschen und tschechischen
Protagonisten weit mehr, als die Mitglieder der einen wie der anderen
Gruppe zugeben mochten. Wie Peter Bugge nachgewiesen hat, beherrschten in Böhmen um die Mitte des neunzehnten Jahrhunderts
Angehörige der einen wie der anderen Couleur im Allgemeinen beide
Sprachen; sie ähnelten sich, was ihren sozialen Hintergrund und ihren
Bildungsstand betraf, und hingen ähnlichen reformerischen Visionen
an. Wie wir noch sehen werden, erhielten diese uneingestandenen Ge-
meinsamkeiten entscheidende Bedeutung, als es an der Zeit war, eine
Verfassung für Österreich auszuarbeiten. Man sollte aber dennoch
einmal untersuchen, wie diese im Habsburgerstaat vermehrt an die
Öffentlichkeit tretenden großdeutschen Patrioten ihre Begeisterung
für ein liberales vereintes Deutschland mit ihrer Loyalität gegenüber
einem liberalen Habsburgerreich in Einklang brachten.

Für die meisten österreichischen Abgeordneten in der Frankfurter Nationalversammlung waren keine rein ethnischen Kriterien maßgeblich dafür, wer als deutscher Staatsbürger gelten und entsprechende Rechte genießen würde, da sie ihre eigene nationale Zugehörigkeit aufgrund kultureller Kriterien definierten. Deutsche Bürger würden die sein, die in den Grenzen des neuen Staates lebten. In den Debatten über den ersten Verfassungsentwurf, den der mit seiner Ausarbeitung beauftragte Ausschuss in Frankfurt vorlegte, stimmten die Deputierten dafür, die Formulierung «Jeder Deutsche hat das deutsche Reichsbürgerrecht» durch «Jeder Staatsangehörige ist im Besitz der allgemeinen deutschen Staatsbürgerschaft» zu ersetzen. Das, so glaubten sie, würde allen, deren Sprache nicht Deutsch war, signalisieren, dass sie davon ausgehen könnten, in einem zukünftigen vereinten Deutschland als gleichberechtigte Mitbürger behandelt zu werden.[127] Der von den meisten Delegierten geteilte liberale Standpunkt bedeutete, dass sie für gleiche kulturelle Rechte auch für alle jene Bürger eintraten, die irgendeine andere Sprache als Deutsch sprachen. Es behagte ihnen allerdings nicht sehr, sich diese Bürger nicht als Einzelpersonen, sondern als Sondergruppen vorzustellen. Sogar die glühenden Befürworter eines unter der Führung Preußens stehenden neuen Deutschland glaubten, dass dieser neue Staat eine Föderation sein müsse.[128] Die Frage war aber, inwieweit dieser Föderalismus kulturelle oder sprachliche Unterschiede würde ausgleichen können.

Im Lauf des Jahres 1848 begann der Reiz eines vereinten Deutschland für viele Österreicher nachzulassen, die ihre eigene kulturelle Identität oder ihre traditionellen Bindungen an die österreichischen Territorien außerhalb des Deutschen Bundes nicht aufgeben wollten: Das schien ihnen ein zu hoher Preis dafür zu sein, Bürger eines vereinten Deutschland zu werden. Wenn ein solches Deutschland nur die österreichischen Länder einschloss, die zum Deutschen Bund gehörten (im Grunde alle außer Ungarn, Galizien und Dalmatien), in welcher Beziehung würde dann Österreich zu diesen übrigen Ländern stehen? Auf der anderen Seite schreckten viele der in Frankfurt vertretenen deutschen Abgeordneten davor zurück, das gesamte Österreichische Kaiserreich in ein neuvereintes Deutschland aufzunehmen (die sogenannte «Siebzigmillionenlösung»), weil angeblich der Einschluss der vielen nichtdeutschen Sprachgruppen zu einer Verwässerung des typisch «Germanischen» an der Kultur des neuen Staates führen würde. Die ursprüngliche Begeisterung vieler großdeutscher Patrioten in Österreich für ein vereintes Deutschland erfuhr auch einen Dämpfer, weil man nachteilige Folgen für die Wirtschaft voraussah. Österreichische Produzenten fürchteten, dass sie auf dem freien Markt nicht gegen ihre deutschen Konkurrenten bestehen könnten. In einer Petition des Prager Handwerkervereins hieß es:

> Die Erfahrung von England und Frankreich hat uns gelehrt, dass die sogenannte Gewerbefreiheit, die unbeschränkte Anwendung der Maschinen, die Übermacht des angehäuften Kapitals diesen Mittelstand erdrücken und das mit Recht gefürchtete Proletariat gebären.[129]

Vor allem aber sahen die Österreicher, die einen Anschluss an Deutschland befürwortet hatten, ein, dass ihre Begeisterung für Deutschland nur ihre Position im eigenen Land schwächte. Eine politische liberale Struktur für ein zukünftiges Österreich zu schaffen, war dringlicher, als sich an einem zunehmend fragwürdiger werdenden Projekt zur Erschaffung eines vereinten Deutschland zu beteiligen. Und diese Aufgabe wurde noch dringender, als im Herbst 1848 nach der Niederschlagung des Oktoberaufstandes in Wien konservative dynastische Kräfte wieder die Oberhand zu gewinnen begannen. Nachdem der Kaiser nach Olmütz (Olomouc) geflohen und der Reichstag ins ebenfalls mährische Kremsier (Kroměříž) verlegt worden war, erkannten pro-deutsche Parlamentarier, dass sie enger mit anderen Nationalitäten zusammenarbeiten mussten, um das zu retten, was von der liberalen Revolution noch zu retten war.

Der Verfassungsausschuss des Reichstags in Kremsier kämpfte jetzt mit der großen Aufgabe, eine kohärente administrative und politische Struktur für Österreich zu entwerfen, die sowohl vom Reichstag als auch von der Dynastie akzeptiert werden würde. Wie ließen sich die miteinander im Widerstreit liegenden Forderungen vonseiten der ethnischen nationalen Vertreter, der patriotischen Verteidiger der verschiedenen Kronländer, der liberalen Bürgerrechtskämpfer und der eine Zentralisierung anstrebenden Staatsbeamten (manchmal machte sich eine Einzelperson auch mehrere dieser Standpunkte zu eigen) miteinander vereinbaren? Die böhmischen Deputierten Palacký und sein Schwiegersohn, der Rechtsanwalt Rieger, schlugen eine ausgeprägt föderalistische Struktur für das Reich vor, durch die die einzelnen Kronländer beträchtliche Autonomie, ja beinahe den Status von Kleinststaaten erhalten würden. Sie traten dafür ein, vor allem die (gegenüber früher eingeschränkten) Machtbefugnisse der zukünftigen Zentralregierung durch die Verfassung zu spezifizieren und alles Weitere den Landtagen zu überlassen. Wenn sich die Machtverhältnisse zugunsten der einzelnen Landtage verschöben, würden zum Beispiel die tschechischen Wortführer in der Lage sein, die Regelung des Lebens in Böhmen und Mähren weitestgehend selbst in die Hand zu nehmen. Polnische Aktivisten waren für eine solche Lösung, weil sie dadurch weit mehr Einfluss auf die Politik in Galizien nehmen konnten. Die meisten für eine Vereinigung mit Deutschland eintretenden Abgeordneten befürworteten aber eine zentralistischere Struktur: Sie wollten zunächst die Befugnisse der Landtage spezifiziert und aufgelistet sehen. Alles, was dann nicht abgedeckt sei, sollte in den Kompetenzbereich der Zentralregierung fallen.[130] Zum Teil wollten sie dem Zentralstaat größere Macht einräumen, weil in vielen Kronländern diejenigen, deren normale Umgangssprache Deutsch war, einer sprachlichen Minderheit angehörten. Sie fürchteten aber auch, dass die Verwirklichung einer progressiven Reform im gesamten Reichsgebiet behindert werden würde, wenn man den Landtagen durch die Einführung einer föderalistischen Struktur mehr Macht übertrug: Einige Kronländer würden dann liberale Reformen durchführen, andere hingegen nicht.[131]

Ende Januar legte Palacký einen überarbeiteten Entwurf vor, der die Gliederung des Reiches in acht autonome Einheiten vorsah. Diese Unterteilung war einzig und allein aufgrund sprachlicher Kriterien vorgenommen worden, also aufgrund der in einem Gebiet vorwiegend gebräuchlichen Sprachen. Diese waren Deutsch, Tschechisch (einschließlich des Slowakischen), Polnisch, Slowenisch, Italienisch, Serbokroatisch, Ungarisch und Rumänisch. Palacký trennte also beispielweise die Gebiete Böhmens, in denen vorwiegend Deutsch gesprochen wurde, von denen, in denen eine mehrheitlich tschechischsprachige Bevölkerung beheimatet war. Dieser Entwurf, der sich eher an einer für das zwanzigste Jahrhundert typischen Auffassung von nationaler Eigenständigkeit orientierte, war in der Welt von 1848 noch weniger akzeptabel, als der erste es gewesen war: Sowohl die Befürworter des Zentralismus als auch die konservativen Föderalisten lehnten ihn ab, woraufhin Palacký aus dem mit der Ausarbeitung der Verfassung beauftragten Ausschuss austrat.[132] Die Mehrheit der Mitglieder dieses Ausschusses stimmte dafür, dass statt seines Entwurfs der eher den Vorstellungen der Zentralisten entsprechende Vorschlag des Schlesiers Cajetan Mayer die Grundlage für weitere Verhandlungen bilden sollte. Bei all seiner zentralistischen Grundausrichtung gab Mayers Entwurf auch eine Kompromissbereitschaft in Richtung Föderalisten zu erkennen. Unklar ließ er, welche Rolle Ungarn in einem neu strukturierten Reich spielen würde. Am wichtigsten an diesen Entwicklungen war aber wohl, dass die Vertreter der verschiedenen Positionen sich weiterhin entschlossen zeigten, gemeinsam eine Verfassung zu schmieden, die alle akzeptieren könnten.

Volkstümlicher Nationalismus?

Wenn man politische Reden oder Reformprogramme der Zeit liest, gewinnt man den Eindruck, dass nationale Überzeugungen und Ansichten die Stimmung der Öffentlichkeit überall in Mitteleuropa prägten. Journalisten, Politiker, Mitglieder von Regierungen und andere Personen des öffentlichen Lebens äußerten sich so, als ob die Hauptloyalität und das Hauptengagement eines österreichischen Bürgers seiner «Nation» oder seinem Volk zu gelten habe. Tatsächlich jedoch waren solche Überzeugungen und ein solches Denken nur in einem relativ kleinen Kreis verbreitet, der aus in Städten beheimateten und in der Regel gebildeten Bürgern bestand. Angehörige dieser Gruppe debattierten 1848 und 1849 tatsächlich in jedem Teil der Monarchie über nationale Identität und nationale Eigenständigkeit und verwendeten zudem eine nationale Terminologie, um ihre Forderungen wie auch ihre Leistungen zum Ausdruck zu bringen. Man sollte aber an die ernüchternden Worte des krainischen Gymnasiasten Josip Vošnjak denken, der über ein ganz anderes Österreich sprach, als er konstatierte: «Das Jahr 1848 war in nationaler Hinsicht ohne jeden Einfluss auf die Masse des Volkes, nämlich auf die bäuerliche Bevölkerung.»[133]

Ihren eigenen Behauptungen widersprechend mussten nationale Protagonisten in der Krain und überall sonst in Europa in der Praxis zunächst einmal versuchen, nationale Gemeinschaften zu *schaffen*. Sie ließen sich mit bewegenden Worten über ihr jeweiliges Volk aus, doch es ist zweifelhaft, ob sich 1848 viele Menschen einer bestimmten Volksgemeinschaft verbunden fühlten, vor allem einer, die durch ethnische Zugehörigkeit oder die verwendete Sprache definiert wurde. Für eine solchermaßen aufgefasste Nation politisch einzutreten blieb ein grundlegend urbanes Phänomen und beschränkte sich weitgehend auf gebildete Aktivisten und auf traditionelle Eliten. Wenn der Soziologe Rogers Brubaker mit seiner Behauptung recht hat, dass aufgrund ethnischer oder sprachlicher Kriterien definierte Völker «nicht *in der Welt* existieren», sondern vielmehr «Sichtweisen *auf die Welt*» verkörpern, dann kann man wohl mit Fug und Recht sagen, dass 1848 relativ wenige Menschen eine solche Perspektive einnahmen und wenn überhaupt, dann nur in ganz bestimmten Situationen.[134] Es blieb den Wortführern einzelner Nationalitäten überlassen, die Nationen, deren Interessen sie zu vertreten behaupteten, erst einmal zu schaffen. Natürlich fassten sie selbst ihre Tätigkeit nicht so auf. Sie betrachteten sich als Vertreter bereits existierender Nationen und sahen ihre Aufgabe darin, die Millionen Mitglieder dieser Nationen wachzurütteln, damit sie sich mit vollem Einsatz für ihr jeweiliges Volk engagierten. Doch fanden ihre Reden überraschend geringen Widerhall bei den Einwohnern des Kaiserreichs.

Nationale Ideen fanden nur selten Anklang bei der ländlichen Bevölkerung und nur bei wenigen Bewohnern von kleinen Städten, und auch in einigen Großstädten fühlten sich nicht viele von ihnen angesprochen. Die Bauern engagierten sich für die Abschaffung der noch existierenden feudalen Verpflichtungen und konzentrierten sich darauf, in den Besitz eigenen Landes zu gelangen und ihre Ansprüche darauf zu untermauern. 1848 versuchten Aktivisten, Gefühle nationaler Identität zu «erwecken» (wie sie es nannten), indem sie Bauern bei Massenversammlungen einen nationalistischen Geist einimpften. «In unseren Tagen», schrieb der slowakische Journalist und Dichter L'udovit Štúr (1815–1856), «nach Jahrzehnten des Dahindämmerns sind die slawischen Stämme zu spirituellem Leben erwacht, als ob eine Trompete oder ein Erzengel sie gerufen hätte. Und auch die Slowaken wurden erweckt und begannen sich selbst als Nation zu empfinden.»[135] Es mögen rauschhafte Zeiten für nationale Patrioten gewesen sein, doch darf man nicht übersehen, dass sie in der Mehrheit der Fälle in ihrer Rolle als «Erwecker» versagten. Tatsächlich schlug ihnen vonseiten der Bauern häufig unverhohlene Feindseligkeit entgegen. Um nur ein Beispiel aus der Krain anzuführen: 500 bis 700 Bauern, die an einer Versammlung unter freiem Himmel teilnahmen, die slowenische Propagandisten in Pöltschach (Poljčane) organisiert hatten, wurden unruhig, als die der Mittelschicht entstammenden Redner anfingen, sich über die angebliche Unterdrückung des slowenischen Volkes auszulassen, statt sich der Frage zuzuwenden, wem in Zukunft der von den Bauern bearbeitete Grund und Boden gehören sollte. Als ein Redner seine Zuhörer aufforderte, friedlich abzuwarten, bis Gesetze erlassen worden seien, die die Verteilung des Landes regeln würden, wurde er von der Menge niedergebrüllt und als Feind der Bauern beschimpft.

In einer Rede vor der national-slowenischen Vereinigung von Ljubljana (Laibach) im Mai 1848 wiederholte Heinrich Martinak, der Vorsitzende dieser Vereinigung, Klagen, die er von Kollegen in der Steiermark und der Krain gehört hatte und die besagten, dass der bäuerlichen Bevölkerung Nationalität vollkommen gleichgültig sei, sie vielmehr nur von materiellen Interessen angetrieben werde. Joachim Hösler kommt zu dem Schluss: «Die Intellektuellen und Kleriker […] wollten nicht wahrhaben, dass ihre nationalpolitischen Lösungen den Bauern wirklich keine Antwort auf deren soziale Fragen und Probleme gaben.»[136] Man sollte auch das Urteil vieler städtischer Nationalisten zurückweisen, nach dem Bauern in dieser Hinsicht einfach hoffnungslos ignorant waren. Wie das galizische Beispiel zeigt, lehnten viele Bauern das Konzept nationaler Eigenständigkeit aus sehr gutem Grund ab. Andere konnten den Zusammenhang zwischen ihren eigenen Interessen und denen der nationalen Gemeinschaft, den die nationalistischen Redner ihnen vor Augen führen wollten, nicht erkennen.

Gleichzeitig kann aber kein Zweifel daran bestehen, dass ein solches Heraufbeschwören nationaler Identität die Herzen in Wallung bringen und Menschen dazu bewegen konnte, große Opfer für die nationale Sache zu bringen. Auch wenn den meisten Einwohnern des Habsburgerreichs die abstrakte Vorstellung von Nation fremd war und wenig bedeutete, tat das der Tatsache keinen Abbruch, dass die Nationalisten sich im politischen Diskurs immer mehr Gehör verschafften. Im unabhängigen ungarischen Staat bildete sich in den Städten sehr schnell eine national geprägte Kultur aus, deren Anhänger das neue Regime in seinem Kampf um die Unabhängigkeit von Österreich leidenschaftlich unterstützten. Der militärische Angriff Österreichs auf Ungarn im Herbst 1848 und dann erneut im Jahr darauf ließ den Patriotismus – und infolgedessen die nationale Begeisterung – vieler in den Städten ansässiger Ungarn noch stärker werden, und mehr als einer von ihnen erklärte sich bereit, alles, sogar sein Leben, für die Nation zu opfern.

Wieder im Sattel

Im Sommer 1848 begannen die zwischen liberalen Revolutionären und dem kaiserlichen Hof bestehenden Machtverhältnisse sich bereits zu verlagern, unmerklich für die Zeitgenossen, aber im Rückblick gesehen doch schon in signifikanter Weise. Gegen Ende des Jahres befand sich der Hof schließlich in einer Position, die es ihm gestattete, den Revolutionären einige ihrer Errungenschaften wieder abzunehmen. Schon im Juni hatte Feldmarschall Alfred Fürst zu Windisch-Graetz die Prager Innenstadt unter Artilleriebeschuss nehmen lassen und damit eine von Studenten ausgehende mit Gewalt verbundene Erhebung beendet. Anfang August hatte Feldmarschall Johann Joseph Graf Radetzky von Radetz König Karl Albert von Sardinien-Piemont bei Custozza vernichtend geschlagen und Mailand von den Aufständischen zurückerobert. Beide Siege wurden von den Revolutionären in Wien begeistert gefeiert – vor allem von den pro-deutschen unter ihnen –, die in ihnen Triumphe des Vaterlands über Ausländer sahen. Um den Sieg bei Custozza zu feiern, komponierte Johann Strauß seinen «Radetzkymarsch» und brachte ihn im August in Wien einer jubelnden Menge zum ersten Mal zu Gehör.[137] Im September führte Ban (Vizekönig) Joseph Graf Jelačić von Kroatien ein kaiserliches Heer gegen das ungarische Brudervolk. Im Oktober belagerte derselbe Windisch-Graetz, der schon im Juni den Aufstand in Prag niedergeschlagen hatte, Wien, das bereits vom Hof und den meisten politisch Gemäßigten verlassen worden war und von Aufständischen beherrscht wurde. Ein letztes Zeichen dafür, dass die Dynastie sich wieder konsolidierte, war die Ablösung des immer schwächer werdenden Kaisers Ferdinand (der bezichtigt wurde, den Revolutionären persönlich zu viele Zugeständnisse gemacht zu haben) durch seinen dynamischeren Neffen Franz (1830–1916), der als Franz Joseph I. den Thron bestieg. Mit dem Charisma ausgestattet, das sich mit seinem Titel verband, aber relativ frei von der Verpflichtung, alle die Versprechen, die sein Onkel Ferdinand gemacht hatte, zu erfüllen, ging Franz Joseph entschieden gegen einige Aspekte der revolutionären Ordnung vor, die er geerbt hatte. Als im März 1849 der endgültige Sieg über die italienischen Unabhängigkeitskämpfer in Sicht war, glaubte der junge Kaiser, in einer genügend starken Position zu sein, um den gewählten Reichstag, den die Regierung nach Kremsier (Kroměříž) in Mähren verlegt hatte, durch seinen Ministerpräsidenten Felix Fürst zu Schwarzenberg (1800–1852) auflösen zu lassen und Österreich eine von ihm selbst erarbeitete Verfassung zu oktroyieren. 1847 hätten viele Österreicher diese Verfassung vermutlich voller Begeisterung begrüßt, 1849 hingegen nahmen etliche sie voller Argwohn auf.

Im April 1849 provozierte die *divide et impera*-Strategie, welche die Habsburgerdynastie in Bezug auf Ungarn verfolgte und die sich vor allem auch darin äußerte, dass man den Kroaten Ban Jelačić zum Oberbefehlshaber der dortigen kaiserlichen Truppen ernannt hatte, die ungarischen Revolutionäre dazu, die vollständige Unabhängigkeit ihres Landes von Österreich zu erklären. In dem Krieg, den das habsburgische Militär daraufhin gegen die Rebellen führte, nutzte man die Tatsache aus, dass diese sich den regionalen Eliten in Kroatien, Siebenbürgen und dem Banat entfremdet hatten. Unter bestimmten Umständen hätten diese Eliten vielleicht mit dem neuen konstitutionellen Regime in Ungarn sympathisiert, doch waren sie durch dessen Nationalisierungsbestrebungen vor den Kopf gestoßen worden. Nach mehreren Monaten, in denen die Streitkräfte des unabhängigen Ungarn wiederholte Male die kaiserlichen Truppen überlisteten, gelang es den Österreichern mit Hilfe eines großen russischen Kontingents im August 1849, die Aufständischen zu besiegen. Damit war auch das definitive Ende des revolutionären Geschehens besiegelt, das im März des

Vorjahrs in Gang gekommen war: Die zahlreichen Belagerungen, Rebellionen und vor allem die blutigen Kriege auf der italienischen Halbinsel und in Ungarn hatten mehr als 100 000 Österreicher das Leben gekostet.[138]

Welchen Weg der junge neue Kaiser und sein Reich jetzt gehen würden, war den Zeitgenossen alles andere als klar. Ungewiss blieb auch, ob die Österreicher sich damit abfinden würden, dass ihnen einiges von dem, was sie mit der Revolution errungen hatten, wieder genommen worden war. 1849 fürchteten die meisten aber nicht, dass die Siege der kaiserlichen Streitkräfte eine Abkehr vom Konstitutionalismus zur Folge haben würden. Vielmehr war damit zu rechnen, dass der Kaiser dem Reich eine Art konservative Verfassung eigener Machart aufzwingen würde, die jene ersetzen sollte, die von gewählten parlamentarischen Vertretern Österreichs und Ungarns entworfen worden war. Es gab viele Anzeichen dafür, dass es dazu kommen würde. Auch wenn mit den ungarischen Rebellen hart verfahren wurde und man viele von ihnen hinrichtete oder ins Gefängnis warf, auch wenn in Ungarn und anderen Teilen Österreichs das Kriegsgesetz herrschte und wieder strenge Zensur ausgeübt wurde, ließ die Regierung doch im Herbst 1850 Wahlen zu den neu eingerichteten Stadt- und Gemeinderäten abhalten.

Obwohl viele Revolutionäre am Ende nichts als Verzweiflung empfanden, weil sie im Gefängnis landeten oder in die Verbannung geschickt wurden, veränderten die Aufstände, die das Regime Metternich im März 1848 zu Fall gebracht hatten, die Versuche, ein konstitutionelles Kaisertum zu schaffen, und die spätere Rebellion in Ungarn die österreichische Gesellschaft doch auf Dauer. Die Revolution beseitigte ein für alle Mal das, was noch vom alten System adeliger Grundherrschaft erhalten geblieben war, und bestätigte einen Wandel der politischen Werte, der in einer zunehmend gebildeter werdenden Öffentlichkeit auf überregionaler Ebene bereits in Gang gekommen war. Während viele hochrangige Militärs oder der Adel nicht davon abließen, reaktionäre Sozialprogramme als unbedingt notwendige Antwort auf die Revolution zu fordern, konnte man der Gesellschaft nicht das vorenthalten, was man nach 1848 für ihr Recht auf politische Mitbestimmung hielt. Das Kaisertum sollte für sein

Überleben auf ein bestimmtes Maß an Legitimation durch das Volk angewiesen sein. Das Regime, das aus den Trümmern und Ruinen, die die Revolution von 1848 hinterlassen hatte, auferstand, mag viele Dinge verkörpert haben, die sogar gemäßigte Revolutionäre verabscheuten, doch akzeptierte es stillschweigend den Wandel der Werte, den die Aufständischen des Jahres 1848 durchgesetzt hatten. Wie in Frankreich und in Preußen blieb auch in Österreich die Frage bestehen: Wie weit, unter welchen einschränkenden Bedingungen und in welchen eng begrenzten Kontexten durfte man die Entwicklung von Einrichtungen zur politischen Mitbestimmung voranschreiten lassen?

Mehr als jemals zuvor verlangte das Reich der Habsburger ein Engagement der Gesellschaft: Es sollte als ein Reich der Gesamtgesellschaft aufgefasst werden.

5
Ein liberales Imperium entsteht

Am Silvestertag des Jahres 1851 erließ der junge Kaiser Franz Joseph I. eine Erklärung an seine Völker, in der es hieß:

> So fühlen Wir Uns nach sorgfältiger Erwägung aller Gründe durch Unsere Regentenpflicht gedrungen, die erwähnte Verfassungs-Urkunde vom 4. März 1849 hiermit außer Kraft und gesetzliche Wirksamkeit zu erklären.
>
> Die Gleichheit aller Staatsangehörigen vor dem Gesetze, sowie die Unzulässigkeit und die durch besondere Gesetze gegen billige Entschädigung der früher Berechtigten erfolgte Abstellung jedes bäuerlichen Unterthänigkeits- und Hörigkeits-Verbandes und der damit verbundenen Leistungen werden ausdrücklich bestätigt.[1]

Mit diesen Worten setzte der Kaiser die Verfassung, die er erst im März 1849 gewährt hatte, wieder außer Kraft. Er verpflichtete sich aber ausdrücklich dazu, die Emanzipation der Bauern, die wohl populärste politische Errungenschaft, die sich für seine Untertanen mit dieser Verfassung verband, bestehen zu lassen. Außerdem sollten die Österreicher dadurch beruhigt werden, dass die Verpflichtung der Dynastie, die Gleichheit aller vor dem Gesetz zu garantieren, explizit bestätigt wurde, eine Verpflichtung, deren Ursprünge in einer Zeit lange vor 1849 lagen. In zwei das sogenannte Silvesterpatent begleitenden Erlassen erklärte der Kaiser jedoch die Liste der Bürgerrechte, die er mit der von ihm oktroyierten Verfassung gewährt hatte, für ungültig, während er gleichzeitig versprach, den rechtlichen Status der anerkannten religiösen Konfessionen unangetastet zu lassen, und neue judizielle und administrative Strukturen für das Reich ankündigte. Vor allem aber hob Franz Joseph in dieser Botschaft an seine Völker die organische Einheit seines Reiches hervor; und er tat dies entschiedener als irgendein Herrscher aus dem Hause Habsburg vor ihm, indem er erklärte: «Die unter den alten oder neuen Titeln mit dem österreichischen Kaiserstaate vereinigten Länder bilden die untrennbaren Bestandtheile der österreichisch-kaiserlichen Erb-Monarchie.»[2]

Nach der Bekanntgabe dieser Erlasse nahm Österreichs neuer Herrscher ein ambitioniertes und in vieler Hinsicht vorausschauendes Programm wirtschaftlicher, sozialer und kultureller Reformen in Angriff, das die von der Revolution verursachte Instabilität durch die Festigung des Reiches im Inneren und die Stärkung seiner Position in Mitteleuropa überwinden sollte. Das Programm der 1850-er Jahre baute auf einigen wirtschaftlichen, gesellschaftlichen und rechtlichen Errungenschaften der Revolutionäre auf – allerdings in politisch-absolutistischer Manier – und erinnerte damit an die radikalsten Zentralisierungsmaßnahmen von Joseph II. Mit diesem unverhohlenen bürokratischen Absolutismus gab die Dynastie endgültig ihre alte politische Funktion auf, zwischen den adeligen Oberschichten der einzelnen Kronländer mit ihren unterschiedlichen Bedürfnissen zu vermitteln. Stattdessen setzte der Kaiser die Bürokratie und das Militär ein, um von Wien aus dem gesamten Reich dieses Programm aufzuzwingen. Der Preis, den man für eine auf diese Weise realisierte Reform zahlte, war die Einrichtung eines Polizeistaats.[3]

Die Schöpfer des liberalen Imperiums, das in diesen Jahren geformt wurde, vereinten dynamischen Wandel mit autoritärer Kontrolle. Für spätere Historiker war vor allem diese Kontrolle – das strenge Verbot von politischer Betätigung jeder Art, insbesondere in Ungarn, sowie die Wiedereinführung der Zensur – prägend für die Zeit. Für einige kam das alles sogar einer Rückkehr zum Illiberalismus der Metternich-Ära gleich. Es mag daher widersinnig erscheinen, diesen Polizeistaat als ein liberales Reich zu bezeichnen. Tatsächlich hatte aber ein in den

1850er-Jahren durchgeführtes Modernisierungsprogramm – ebenso wie in anderen europäischen Staaten von Frankreich bis Preußen – vieles von dem zum Ergebnis, was liberale Reformer 1848 für die Habsburgermonarchie angestrebt hatten. Das neue Regime realisierte endgültig die Einführung kapitalistischer Produktionsverhältnisse auf dem Land, indem es das, was vom feudalen System noch erhalten war, beseitigte. Es schaffte die Sonderrechte ab, mit denen Zünfte die Beteiligung am lokalen Gewerbe reguliert hatten, es bestätigte die Freiheit der Berufswahl und die Freizügigkeit sowie das Recht auf Landbesitz, und es garantierte allen Bürgern Gleichberechtigung unter einem vereinheitlichten Rechtssystem. Die Regierung setzte umfassende Reformen in Gang, um die Bildung – vor allem an den Universitäten – zu verbessern, und bemühte sich überdies, die Handelspolitik auf die Bedürfnisse österreichischer Unternehmer und Geschäftsleute abzustimmen, während es gleichzeitig große Summen in den Ausbau des Eisenbahnnetzes investierte. In dem neuen Konkordat, das es mit Rom aushandelte, wich es allerdings vom liberalen Kanon ab: Der Einfluss und die Rechte der katholischen Kirche wurden mit diesem Vertrag erweitert, die Rechte, die 1848 religiösen Minderheiten zugestanden worden waren, hingegen geschmälert. Das traf vor allem auf Österreichs Juden zu.

Dieser Realität gewordene Wunschtraum von Bürokraten ging nach kaum einem Jahrzehnt zu Ende. 1859 hatte das riskante Glücksspiel, auf das die Regierung sich eingelassen hatte, binnen kurzer Zeit eine ganze Reihe von Katastrophen ausgelöst. Militärische Niederlagen und der Zusammenbruch der Staatsfinanzen ließen den Versuch, durch radikale Zentralisierung einen Wandel herbeizuführen, scheitern: Das Experiment wurde abgebrochen. Überdies erwiesen sich die autoritären Maßnahmen als wirkungslos gegen den Widerstand der Ungarn (vor allem was die Entrichtung von Steuern betraf), während die Reformen auf den Gebieten von Rechtsprechung, Wirtschaft und Erziehung herzlich wenig Anerkennung bei denen fanden, die eigentlich in erster Linie davon profitieren sollten: mittelständische Unternehmer und Gebildete aus der Mittelschicht. Zumindest war dank der Abschaffung des Feudalismus die Opposition vonseiten der Bauern (außer in Galizien) weitgehend zum Erliegen gekommen.[4] Doch Wiens Hoffnung, einem wirtschaftlich erstarkten Österreich könne eine einflussreichere Rolle in Europa zukommen, wurde zunichte gemacht: zuerst durch eine kostenaufwändige Mobilisierung während des Krimkrieges (1853–1855), die Österreich keine Freunde brachte und zu einer Entfremdung des früheren Verbündeten Russland führte, und später durch einen desaströsen Krieg gegen Sardinien-Piemont und Frankreich, der mit dem Verlust des reichen Kronlandes Lombardei endete. Zum ersten Mal seit Menschengedenken nahm auch die Reputation der Dynastie Schaden, und zwar aufgrund der Entscheidung des Kaisers, persönlich den Oberbefehl über die Truppen in Norditalien zu übernehmen: Er tat dies gerade rechtzeitig, um für die entscheidende Niederlage bei Solferino verantwortlich gemacht werden zu können.[5] Als der Vorgänger von Franz Joseph, sein geistig zurückgebliebener Onkel Ferdinand, in Prag, wohin er sich zurückgezogen hatte, von dieser Niederlage erfuhr, soll er gesagt haben: «Das hätte sogar ich fertigbringen können.»[6]

Um 1860 stand das Kaisertum unmittelbar vor seinem völligen Bankrott. Die beeindruckenden Zugewinne auf den Gebieten Kultur und Infrastruktur konnten – zumindest auf kurze Sicht – nicht die verheerend hohen Ausgaben zur Finanzierung der abenteuerlichen Außenpolitik aufwiegen. Die Kapitalmärkte weigerten sich, weitere Darlehen zu gewähren, solange die Staatsausgaben nicht einer verantwortungsbewussten Aufsicht unterstellt wären. Anselm Salomon Rothschild, Gründer des Creditanstalt-Bankvereins, soll das dem Kaiser angeblich mit den Worten klargemacht haben: «Keine Verfassung, kein Geld.»[7]

1867 zwangen eine erneute größere militärische Niederlage und weitere Finanzkrisen Franz Joseph zu dem Versuch, die Monarchie zu stabilisieren, indem er mit Ungarn über dessen Unabhängigkeit verhandelte: Aus Österreich wurde auf diese Weise Österreich-Ungarn. Im selben Jahr gab er auch seine Zustimmung zu liberalen Verfassungsgesetzen für die übrigen Länder seines Reiches. Danach jedoch bestand seine liberalistische Herrschaft unter leicht veränderten Bedingungen fort. Der Absolutismus der 1850er-Jahre hatte mehrere wichtige Fundamente für das konstitutionelle System gelegt, das ihn im darauffolgenden Jahrzehnt ablöste. Das liberale Denken der 1850er-Jahre, das innovative Veränderungen auf den Gebieten von Wirtschaft, Erziehung und Naturwissenschaften hervorgebracht hatte,

dominierte bis lange nach 1867 in beiden Hälften der neuen Doppelmonarchie weiterhin die Politik. Diese liberale Politik förderte die
rasche Expansion der Wirtschaft (die sogenannte *Gründerzeit* von 1867
bis 1873) und ließ neue öffentlich finanzierte Ausbildungssysteme sowie ein unabhängiges Gerichtswesen entstehen. Dazu kamen noch die
Einführung kommunaler Selbstbestimmung, eine schnell voranschrei-
tende Weiterentwicklung der Kommunikations- und Transportinfra-
struktur sowie die Ausarbeitung ambitionierter Pläne zur Entwicklung
von großen und kleinen Städten, Dörfern und Häfen sowohl in Österreich als auch in Ungarn. Die Beamten in Cisleithanien wie auch in
Transleithanien hatten weiterhin die wichtige Funktion inne, zwischen
Staat und Gesellschaft zu vermitteln, dies allerdings in etwas anderer
Form als zuvor. Sogar der Wiener Börsenkrach von 1873 und das sich
daran anschließende Jahrzehnt wirtschaftlicher Rezession konnten
diese Entwicklungen nicht verlangsamen, auch wenn die politische
Glaubwürdigkeit der tonangebenden liberalen Parteien in der österreichischen Hälfte des Imperiums durch diese Ereignisse Schaden nahm.
Überdies führten ähnlich wie in Frankreich, Großbritannien oder dem
neuen deutschen Staat latente Ängste vor sozialer Unruhe dazu, dass
die liberalen Parlamentarier in Österreich-Ungarn für einige höchst
illiberale Maßnahmen auf sozialem Gebiet wie auch dem der polizeilichen Überwachung eintraten, mit denen im Grunde einige rücksichts-
lose bürokratische Praktiken der 1850er-Jahre fortgesetzt wurden.

In den 1860er-Jahren begannen die Liberalen sich im Rückblick auf
die vergangenen Jahrzehnte zu den Siegern in einem epischen manichäischen Kampf gegen die Kräfte der Unwissenheit und der Reaktion
zu stilisieren. Diese Kräfte wurden für sie zum einen durch den Adel
verkörpert, zum anderen durch den ungezügelten Bürokratismus des
vorherigen Jahrzehnts. In der Überzeugung, endlich sei «ihre» Zeit
gekommen, und erfüllt von einer Selbstgefälligkeit, die schon an Arro-
ganz grenzte, stellten die Liberalen «ihre» Errungenschaften – eine allgemeine säkulare Erziehung, den wirtschaftlichen Aufschwung und
den Fortschritt der Wissenschaften – als Schlüssel für die zukünftige
Größe Österreich-Ungarns dar. Später sollten sie ihr Ruhmesblatt noch
vergrößern und sich selbst auch als diejenigen sehen, die im Namen
Österreich-Ungarns und des Liberalismus eine zivilisatorische Mission

in den süd- und südosteuropäischen Ländern erfüllten. Die vorherr-
schende Auffassung der Liberalen vom Reich, wie sie in ihren Medien
zum Ausdruck kam und von ihren Abgeordneten im Reichsrat und den
Landtagen sowie ihren Vertretern in kommunalen Gremien und in
Schulen propagiert wurde, basierte auf einem grundsätzlich liberalen
Weltbild. Sowohl die gescheiterten Verfassungsexperimente von 1848/
49 als auch die bürokratischen Entwicklungen in den 1850er-Jahren
prägten dieses Bild: Man setzte entschieden auf Wirtschaftswachstum,
die Macht der Besitzenden und eine liberale Bürgergesellschaft, auch
wenn dadurch die Teilnahme aller Staatsbürger am öffentlichen Leben
eingeschränkt wurde.

Die Fundamente für ein liberales Reich werden gelegt

Jener höfische Kreis, der 1848 den jungen Franz Joseph als neuen Kaiser
eingesetzt hatte, hatte in erster Linie im Sinn gehabt, sowohl die Macht
der Dynastie im Reich wieder zu festigen als auch deren Vormachtstellung in Mitteleuropa zu verteidigen. Da sie erkannten, wie wichtig die
wirtschaftliche und technische Weiterentwicklung für die Realisierung
dieser Ziele waren, bemühten sich Franz Joseph und seine Berater, die
nützlichsten Aspekte des Liberalismus mit einem politisch autoritären
Überbau zu vereinbaren. Ein bemerkenswerter Unterschied zwischen
dem absolutistischen Regime der 1850er-Jahre und dem System Metternich im Jahrzehnt davor lag in der Art und Weise begründet, in der die
neue Regierung sich der Dienste der Hocharistokratie und des übrigen
Adels entledigte. Der neue Ministerpräsident Felix Fürst zu Schwarzenberg (selbst Angehöriger der Aristokratie) behauptete: «Ich kenne in unserer Klasse nicht ein Dutzend Männer von hinlänglicher politischer
Einsicht, mit den erforderlichen Kenntnissen ausgestattet, um ihnen
einen wichtigen Anteil an der Gewalt anzuvertrauen ohne fürchten zu
müssen, daß sie ihnen bald verloren gehe.» Wie in einer Antwort darauf
beklagte sich der mährische Graf Richard Belcredi bitterlich, dass neuerdings alles «ohne Rückversicherung in die Hände von Bürokraten gelegt
werde», und er meinte in Bezug auf die neue Ordnung, «dass die trotz
der Revolution von unten intakt gebliebenen konservativen Institutionen nun durch die Revolution von oben weiter zerstört würden».[8]

Diese neue Ordnung wurde von einer Elite anderer Art getragen, von einer, die ihre Inspiration aus dem Zeitalter der «aktivistischen» Beamtenschaft Josephs II. bezog. Viele der neuen Handlungs- und Entscheidungsträger hatten persönlich an den Revolutionen von 1848 und 1849 – in ihrer Frühphase – teilgenommen, aber bald begonnen, der sozialrevolutionären urbanen Masse zu misstrauen. Sie glaubten jetzt, eine reformierte Bürokratie könne Staat und Gesellschaft modernisieren, nachdem eine vom Volk mitgetragene Politik dies nicht erreicht hatte. Sie kamen zu dem Schluss, dass eine wohlorganisierte Beteiligung der Bürger strikt auf jenes Forum beschränkt bleiben sollte, das in ihren Augen von geringster politischer Bedeutung war: die Stadt- und Gemeinderäte. Derselbe Mann, der für den Entwurf der oktroyierten Verfassung vom März 1849 verantwortlich gewesen war, Innenminister Franz von Stadion (1806–1853), erarbeitete das Konzept für diese Gemeinderäte und ihre beratende Funktion gegenüber der Regierung.

Der Mann, nach dem diese sogenannte neoabsolutistische Periode benannt wurde, war Alexander von Bach (1813–1893), der Franz von Stadion 1849 im Amt nachfolgte. Der Jurist hatte 1848 dem revolutionären Ausschuss für öffentliche Sicherheit in Wien angehört und später als Justizminister gewirkt.[9] Als Innenminister entwickelte Bach ambitionierte Pläne zur Schaffung einer zentralisierten, rationalen, effizienten, aber auch vergleichsweise humanen Verwaltung. Vor 1848 hatten die meisten Beobachter im Beamtentum eher die Ursache als die Lösung für Österreichs Probleme gesehen und es entsprechend ins Visier genommen. Vor allem da sie bei all ihrem Pflichtgefühl keinen Kontakt zu der Gesellschaft herstellen konnten, der sie eigentlich dienen sollten, hatten die demoralisierten Beamten alle Zielgerichtetheit verloren. Bach wollte nun eine Beamtenschaft schaffen, die mit den Problemen fertigwerden würde, mit denen die sich rasch entwickelnde Industriegesellschaft konfrontiert wurde, Probleme, die sich grundlegend von denen unterschieden, mit denen die patriarchalische Gesellschaft des achtzehnten Jahrhunderts zu kämpfen gehabt hatte. Er wollte, dass der Staat nutzbringend und so schnell und wirkungsvoll wie möglich in jedem Winkel des Reiches eingreifen konnte. Er modernisierte die Verwaltung auf allen hierarchischen Stufen, wobei er auf lokaler Ebene – der Gemeinde – ansetzte und sich dann immer weiter nach oben bewegte, über den Bezirk, das Kronland, bis hin zu den einzelnen Ministerien.[10] Die Statthalter der Kronländer wurden unmittelbar der Krone unterstellt und damit deren direkte Diener; sie waren nicht mehr halb unabhängige Repräsentanten ihrer Regionen, die deren Interessen, wie sie von den Landtagen artikuliert worden waren, in Wien vertraten.[11]

Besondere Beachtung schenkte Bach der Integration Ungarns in das administrative Gesamtsystem des Reichs. Er nannte das Land gerne «das ehemalige Königreich Ungarn» und verlieh seiner Zuversicht Ausdruck, dass, wenn dieses Experiment fünfundzwanzig Jahre hätte, um Wurzeln zu schlagen, man «für immer gewonnenes Spiel» haben würde.[12] Um diesen extremen Integrationsprozess zu erleichtern, schaffte die Regierung die traditionelle administrative Einheit Ungarns, das Komitat, ab und ersetzte es durch den in Österreich üblichen Bezirk, wobei die Grenzen dieser neuen Untereinheiten neu bestimmt wurden. Durch diese Maßnahme wurden die Bezirke Ungarns nicht nur von ihrer Flächengröße und der Bevölkerungszahl her denen im restlichen Österreich vergleichbar. Vielmehr war es der Regierung nun auch möglich, die lokalen Eliten, die die Komitate traditionellerweise verwaltet hatten, durch Beamte zu ersetzen, die von Wien aus ernannt wurden. Diese Deutsch sprechenden Verwaltungsbeamten waren für gewöhnlich von Hause aus tschechisch-, deutsch- oder slowenischsprachige Österreicher. Die ungarischen Nationalisten bezeichneten sie bald abschätzig als «Bachhusaren», ein Ausdruck, bei dem nicht nur mitschwang, dass viele Ungarn ihr strenges Regiment mit militärischen Strafaktionen assoziierten, sondern der sich auch auf die seltsamen Uniformen bezog, die von ihrem Aussehen her dem ähneln sollten, was man für typisch «ungarische Tracht» hielt.[13] Bach verlangte übrigens nicht nur bei der Kleidung äußere und innere Konformität von seinen Beamten, sondern die Vorschriften besagten zudem, dass alle sich das Kinn rasieren mussten, da Vollbärte mit einer revolutionären Gesinnung assoziiert wurden.[14]

Die spezifische Aufgabe dieser Bachhusaren bestand darin, Ungarn strukturell mit dem Rest des Reiches in Einklang zu bringen. Sie hatten die Anweisung, bei ihrer Tätigkeit die deutsche Sprache zu ver-

*Alexander von Bach (1813–1893),
Justiz- und später Innenminister.
Der ehemalige Revolutionär
machte eine Wandlung zum Architekten des autoritären Regimes
durch, das Kaiser Franz Joseph
1851 begründete.*

wenden, womit Josephs Unterfangen, für das gesamte Imperium eine einzige Amtssprache einzuführen, wiederbelebt wurde.[15] Wie und in welchen Situationen die Beamten den Anweisungen zufolge Deutsch sprechen sollten, belegt, dass diese Sprachpolitik eher ein Produkt systematischer Bemühungen um Zentralisierung war, als dass sie ehrgeizigen Plänen entwuchs, lokale Bevölkerungen zu germanisieren. Deutsch war im gesamten Reich die Sprache der «inneren Verwaltung», das heißt die Sprache, die Beamte benutzten, um mit Berufskollegen in anderen Kronländern und in Wien zu kommunizieren. Für das, was als «äußere Verwaltung» bekannt war, griff der Staat aber weiterhin auf Landes- oder Volkssprachen zurück.

Diese kamen zum Einsatz, wenn die Beamten mit Bittstellern oder Klägern oder überhaupt dem allgemeinen Publikum zu tun hatten. In Ungarn handelte es sich neben dem Ungarischen selbst noch um mehrere andere Sprachen: Rumänisch, Serbisch, Slowakisch oder Deutsch. In Anbetracht der Art und Weise, in der viele Achtundvierziger die Frage der offiziellen Amtssprache zu einem politisch brisanten Streitpunkt gemacht hatten, konnte man jetzt darin, dass Deutsch in der Verwaltung und im Militär eine solch herausragende Rolle zugewiesen wurde, leicht eine Bevorzugung einer ganzen, wenn auch nur imaginierten *Nation* statt lediglich gewisser gebildeter Personen, die Deutsch sprachen, sehen. So rief die Einführung des Deutschen als Amtssprache Klagen über angebliche Germanisierungsbestrebungen der Reichsregierung hervor, und dies nicht nur in Ungarn. Die Tatsache, dass man viele habsburgische Beamte, die nach Galizien versetzt wurden, dort als «Deutsche» verhöhnte, obwohl sie häufig von Haus aus Tschechisch sprachen, zeigt, auf welche Weise Nationalisten nach 1848 die tatsächliche individuelle Sprachzugehörigkeit einer Person bewusst ignorierten, um auf die angeblich national einseitige Politik der Regierung aufmerksam zu machen.[16] Das spiegelt auch wider, in welch hohem Grad um die Mitte des Jahrhunderts Behauptungen der Nationalisten im Zusammenhang mit der Reichspolitik zu sehen waren.

Gleichzeitig mit seinen Bemühungen, ein autoritäreres und zentralistisches Regime zu etablieren, unternahm Bach alles, um seine Beamten beim Volk beliebter zumachen. Er hoffte, dass sie das Vertrauen der Öffentlichkeit gewinnen würden, wenn sie sich wirksam um die Anliegen und Bedürfnisse der lokalen Bevölkerung kümmerten. Lorenz von Stein, der gerade einen Lehrstuhl für Politische Ökonomie an der Wiener Universität erhalten hatte, unterschied in Bezug auf die administrative Praxis aufeinanderfolgende historische Phasen, und diese Praxis habe mit dem System Bach ihren Höhepunkt erreicht. Die ersten beiden Typen der Verwaltung gehörten der geschichtlichen Vergangenheit an: Auf eine feudal/korporatistische Phase sei eine gefolgt, die von Überwachung und Streben nach Sicherheit geprägt gewesen sei. Jetzt sei Österreich aber in eine Phase eingetreten, in der die Bürokratie die «Entwicklung der Selbsttätigkeit des Volkes» fördere. Darunter verstand von Stein die Steigerung ihres Gewerbefleißes, ihrer Produktionskapazitäten und damit auch die ihres besteuerbaren Einkommens.[17] Den Anweisungen des Statthalters eines Kronlands zufolge sollten die Behörden der Distrikte «die Bedürfnisse der Bewohner» im Auge behalten und sich um «die Wohlfahrt aller Schichten der Bevölkerung» kümmern.[18] Man hoffte, dass eine mit größeren Machtbefugnissen ausgestattete effiziente Bürokratie, in der arbeitsame, intelligente, bartlose Beamte tätig waren, die dem Staat treu ergeben waren, die aber auch ein Ohr für die Bedürfnisse der Bevölkerung hatten, die sozial und kulturell so heterogene österreichische Gesellschaft einen könnte. Die Regierung unternahm noch andere Schritte, um größeres Vertrauen bei der Öffentlichkeit zu erlangen: Man richtete neue Bezirksgerichte ein, womit die Judikative für alle deutlich sichtbar unabhängiger von örtlichen «starken Männern» wurde. Die Gerichte sollten nicht mehr den Eindruck erwecken, dem lokalen Adel dienlich zu sein, sondern die Öffentlichkeit sollte darauf vertrauen können, vor ihnen Gerechtigkeit zu finden.

Die Regierung war nicht taub oder blind gegenüber den Realitäten der kulturellen und sozialen Diversität, jedenfalls was alle Territorien außer Ungarn betraf. Besonders augenfällig wurde dies durch das Denken und Wirken des böhmischen Grafen Leo von Thun-Hohenstein (1811–1888), der damit beauftragt wurde, das Erziehungssystem und die Universitätsausbildung neu zu strukturieren. Als frommer Katholik und erbitterter Kritiker der Naturrechtstheorie der Aufklärung, die den Josephinisten so lieb und teuer gewesen war, und alles andere als ein politisch Liberaler glaubte Thun dennoch, dass größere Freiheit des Denkens und der Forschung nötig sei, um das Niveau der akademischen Lehre und Ausbildung in Österreich zu steigern. Seiner Auffassung nach sollten die Universitäten des Landes Forschungseinrichtungen zur Vermehrung des Wissens sein und nicht nur Stätten, an denen man für bestimmte Berufe ausgebildet wurde. Der Graf arbeitete eng mit Liberalen wie dem Professor für Rechtswissenschaft und späteren Minister Joseph Unger (1828–1913) zusammen, um die Ausbildung von Beamten zu verbessern, die seiner Ansicht nach auch Kenntnisse in Fächern wie Geschichte oder Römisches Recht besitzen mussten.[19] Wie in Kapitel 2 dargestellt, waren Denker des achtzehnten Jahrhunderts wie Joseph von Sonnenfels für das Ideal abstrakter, utilitaristischer patriotischer Gefühle eingetreten. In seinem *Ueber die Liebe des Vaterlandes* von 1771 hatte Sonnenfels davon abgesehen, Patriotismus auf gemeinsamen kulturellen Elementen aufbauen zu wollen, da in Österreichs Kronländern so unterschiedliche Völker mit unterschiedlichen Sprachen und Traditionen beheimatet waren. Als Anhänger der Naturrechtslehre war Sonnenfels der Ansicht, der derzeitige Staat und seine

Gesetze müssten die Zuneigung der rational denkenden Menschen erwecken, da sie erkannt hätten, dass er ihren Interessen in bestmöglicher Weise diente. Thun jedoch hielt das für einen zu abstrakten Ansatz, um die Defizite vor allem in Erziehung und Bildung zu beseitigen. Viele nationale Protagonisten müssen ihm beigepflichtet haben. Thun war ein Aristokrat, der letztlich einem föderalistischen System den Vorzug gab, das den Traditionen der Kronländer größere Beachtung schenkte. Seine kritische Einstellung (vor allem auch gegenüber der Naturrechtslehre) konnte von nationalistischer Seite leicht in eine Forderung nach größerer Sensibilität der Verwaltung gegenüber regionalen Unterschieden (bestimmten Bräuchen und sprachlichen Gepflogenheiten) oder sogar nationaler Eigenständigkeit übertragen werden.[20] Andere Minister waren sich im hohen Maß der Gefahren bewusst, die sprachliche Vielfalt in sich barg; sie glaubten, dass die Politisierung der Sprachenfrage zu einer unnötigen Radikalisierung der Revolutionen von 1848 und 1849 geführt hatte. Das Kabinett hoffte eine allgemeine Entpolitisierung des nationalen Empfindens erreichen zu können, indem man den einzelnen Sprachen gleiches Recht einräumte, sofern dies nicht dem Bedürfnis nach einer einzigen Amtssprache zuwiderlief. So ließ man in den Volksschulen weiter die Verwendung der unterschiedlichen Volks- und Landessprachen zu, während man an den weiterführenden Schulen des ganzen Reiches einen Unterricht in der deutschen Sprache verpflichtend machte. In der Theorie konnten die Angehörigen aller Sprachgruppen die Entwicklung ihrer eigenen (Sprach-)Kultur weiterverfolgen, solange die Politik davon nicht berührt wurde. In der Praxis war dies aber schwierig. Sogar an zweisprachigen weiterführenden Schulen wurden Sprachen unterschiedlich behandelt, da Deutsch in den letzten Schuljahren oft die einzige Unterrichtssprache war.[21]

Während Thun sich darum bemühte, das Bildungsniveau so anzuheben, dass Österreich in dieser Beziehung mit anderen europäischen Ländern, vor allem mit Preußen, konkurrieren konnte, versuchte er gleichzeitig die gesellschaftliche Stabilität zu erhalten, indem er die öffentliche Moral verbesserte und dem Katholizismus zu mehr Achtung verhalf. Das mag einem heute widersprüchlich erscheinen, da akademische Freiheit und größere institutionelle Macht des Katholizismus nicht ohne Weiteres miteinander vereinbar zu sein scheinen. Und tatsächlich wandelte, wie Gary Cohen gezeigt hat, Thun damit auf einem sehr schmalen Grat; er «versuchte, einen tragfähigen Kompromiss zwischen Freiheit der Forschung und Respekt für konservative politische und religiöse Prinzipien» zu finden.[22] Für Thun musste die Aufgabe der Universitäten in der Kultivierung einer möglichst umfassenden Gelehrsamkeit liegen, die zudem von aufrichtiger Religiosität beseelt sein sollte.[23] Seine Ausbildungsreformen hatten letztlich eine tiefgehende Neugestaltung der Strukturen und Lehrpläne von weiterführenden Schulen und Universitäten und eine größere Freiheit von Lehre und Forschung zum Ergebnis. Ohne dass er es beabsichtigt hätte, förderte er mit seinen Maßnahmen natürlich auch die rasche Verbreitung liberalen Denkens und liberaler Werte in den Lehranstalten. Gleichzeitig handelte die Regierung aber auch ein Konkordat mit dem Vatikan aus. Dieses Konkordat lief der josephinischen Tradition, die ja die Kirchen weitestgehend der Aufsicht des Staates unterstellte, zuwider, insofern es der katholischen Kirche wieder die Kontrolle über die Einsetzung von Klerikern in ihre Ämter, über Eheschließungen und die Erziehung übertrug.

Anders als ihre Vorgängerin in den 1840er-Jahren ergriff die neue Regierung eine Reihe von Maßnahmen zur Förderung von Landwirtschaft, Warenproduktion und Handel sowie zum Ausbau der Infrastruktur. Die Bauern konnten endlich zu Besitzern des Landes werden, über das sie früher nur unter feudalen Bedingungen verfügen konnten, und sie wurden von ihren alten Verpflichtungen gegenüber diesen Herren befreit. Die Regierung übernahm es, die Zahlung von Entschädigungen an die ehemaligen Grundherren zu organisieren. Diese erfolgte nach einer komplexen Formel, die auf einer Schätzung der finanziellen Verluste beruhte, die den Grundherren auf einen Zeitraum von zwanzig Jahren hochgerechnet entstanden. Außerhalb Ungarns setzte der Staat den Wert dieser ausgefallenen Arbeitsleistungen vonseiten der Bauern auf ein Drittel des Wertes von freier Arbeit an und berechnete den Wert von Abgaben in Form von Naturalien entsprechend dem Wert, der diesen Produkten in örtlichen Steuertabellen beigemessen wurde. Der Gesamtwert wurde dann um ein Drittel verringert mit der Begründung, dass die Grundherren nicht mehr die Kosten tragen müssten, die ihnen früher in Wahrnehmung ihrer richterlichen und administrativen Verpflichtungen entstanden seien. Diese Aufgaben hatte ja inzwischen der Staat übernommen. Insgesamt beliefen sich die Entschädigungszahlungen – außerhalb Ungarns – auf 290 Millionen Gulden. In Ungarn betrug die Summe, die als Entschädigung gezahlt wurde, ein Drittel des Wertes des von den Bauern übernommenen Landes; insgesamt wurden 304 Millionen Gulden ausgezahlt. In Ungarn, Galizien und der Bukowina wurde die gesamte Entschädigung aus der Staatskasse gezahlt, während sich im restlichen Österreich die Bauern und die Regierungen der Kronländer an den Kosten beteiligen mussten. Das bedeutete, dass in den ländlichen Regionen viel mehr Kredite aufgenommen wurden als vorher. Allein in Böhmen mussten Bauern sich mit 56 Millionen Gulden an der Gesamtsumme beteiligen, während sie in den Territorien, die die heutige Republik Österreich ausmachen, 41,5 Millionen beizusteuern hatten. Um die von ihnen aufgenommenen Darlehen zurückzahlen zu können, mussten die Bauern auch immer mehr für den Verkauf produzieren. In allen Fällen zahlte die Regierung den Grundherren die ihnen zustehende Entschädigung in Form von verzinslichen Obligationen mit einer Laufzeit von vierzig Jahren aus.[24]

In Galizien war die bäuerliche Bevölkerung durch das Feudalsystem besonders eingeengt gewesen, und die Emanzipation trug nur wenig dazu bei, das Verhältnis zwischen Bauern und Herren zu bessern. Mit der Emanzipation kam es auch zu Streitigkeiten über den Zugang der Bauern zu traditionell gemeinschaftlich genutzten Flächen. Dass der Landbevölkerung diese Allmende nicht mehr zur Verfügung stehen sollte, hatte bereits in den Jahrzehnten vor 1848 in ganz Europa zu lokal begrenzten Erhebungen geführt. Doch jetzt machten immer mehr Grundherren ihre uneingeschränkten und alleinigen Besitzansprüche auf Ländereien geltend, die die Bauern seit langem gemeinschaftlich als Viehweiden benutzt oder auf denen sie Holz und andere Dinge gesammelt hatten, die ihnen halfen, die Wintermonate zu überstehen. Nachdem sie des *Robot* verlustig gegangen waren, reklamierten die Grundherren diese Allmenden jetzt für sich, um die Bauern auf diese Weise dazu zu zwingen, wieder für sie zu arbeiten – jetzt allerdings gegen Lohn. Den Bewohnern der Dörfer wollten sie nur noch einen kleinen Teil dieser früheren Allmenden für ihre Zwecke überlassen. Die galizischen Bauern fürchteten ihrerseits die Entstehung eines neuen Abhängigkeitsverhältnisses, wenn sie wieder für ihre Herren arbeiteten.

Ein 1853 erlassenes Gesetz erlaubte es den Grundherren, Allmendeflächen von den Dorfgemeinschaften oder von einzelnen Bauern zu kaufen. Der Ankauf konnte durch eine Geldzahlung erfolgen, in der Regel jedoch erstatteten die Grundherren den Dorfgemeinden einen kleinen Teil der Felder, Wiesen oder Wälder zurück, die sie in Besitz nahmen. 1855 setzte die Regierung eine Kommission ein, die in bestimmten Konfliktfällen Entscheidungen herbeiführen sollte. Sie konnte ihre Arbeit in Galizien erst 1895 zu einem endgültigen Abschluss bringen! Gewöhnlich sprach die Kommission der Dorfgemeinde zumindest einen kleinen Teil des Landes – in der Regel waren es 8 Prozent – zu, um den der Streit ging; das sollte sie dafür entschädigen, dass sie das traditionelle Recht zu dessen Nutzung eingebüßt hatten.[25] Die meisten Galizier weigerten sich aber, sich mit dem Verlust von Weiden und Wäldern abzufinden, die sie als ihr Eigentum ansahen, und viele hörten nicht auf, diese verbotenerweise zu nutzen. Das wiederum führte unweigerlich dazu, dass auf Veranlassung der Herren die Polizei oder das Militär einschritt. All dies scheint aber der Popularität der Dynastie – bei den Bauern in Galizien zumindest – keinen Abbruch getan zu haben.[26] Diese griffen wiederholt zu der altbewährten Strategie, eine Abordnung zum Kaiser in Wien zu schicken. Dass der Konflikt zwischen ihnen und ihren ehemaligen Lehnsherren nicht zum Erliegen kam, gibt zu erkennen, wie wenig Emanzipation und Gleichheit vor dem Gesetz dazu beitrugen, den Argwohn der Bauern einzudämmen, dass die Herren ihre feudalen Privilegien zurückerobern könnten.[27] Wir werden noch sehen, dass dieser Verdacht den politischen Aktivismus der Bauern und den frühen ukrainischen Nationalismus vor 1867 entscheidend mitprägte.

Ganz anders als in Galizien beschleunigte die Reform in Böhmen die Entwicklung hin zu kapitalistischen Produktionsbedingungen in der Landwirtschaft und brachte den besser gestellten Bauern beträchtlichen Nutzen. Da ihnen aufgrund der Robotaufhebung mehr Zeit dazu blieb, war es ihnen möglich, größere Flächen für sich selbst zu bearbeiten und zu bestellen, und dank eines steilen Anstiegs der Getreidepreise zwischen 1850 und 1870 konnten die meisten von ihnen ihren

Anteil an den Entschädigungszahlungen innerhalb eines Jahrzehnts begleichen. Da die kommunalen Wahlgesetze die Besitzer von größeren landwirtschaftlichen Flächen bevorzugten, konnten solche Bauern sich auch die Kontrolle über die Verwaltung von Gemeindeeigentum – etwa Allmenden – verschaffen. Häufig nutzten sie das aus, um solches Eigentum zu privatisieren: für gewöhnlich, indem sie es an sich selbst verkauften. Ärmere böhmische Bauern gaben oft die Landwirtschaft auf, um sich als Fabrikarbeiter zu verdingen, weil sie die von ihnen geforderten Zahlungen nicht leisten oder mit den Wohlhabenderen ihrer Schicht nicht konkurrieren konnten. Die Aufhebung patriarchalischer Beziehungen hatte auch zur Folge, dass traditionelle informelle Wohlfahrtsleistungen – vom Stellen des Saatgetreides bis hin zu materieller Unterstützung in mageren Jahren – jetzt der Vergangenheit angehörten. Adelige Großgrundbesitzer in Böhmen wiederum hatten sowohl ihre Sonderstellung als auch ihre Hoheitsgewalt über viele Gemeinden in ihrer jeweiligen Gegend verloren. Doch anders als in Galizien war die Basis für einen ökonomischen Erfolg unter dem neuen System bereits gelegt worden.[28] Ein Fachmann für diese geschichtliche Periode schreibt: Der böhmische Adel «hat in der Zeit nach der Revolution sehr geschickt die bürgerlichen Ziele der maximalen Besitz- und Gewinnvermehrung mit dem Bestreben nach Restaurierung seiner früheren politischen Stellung zu verbinden gewusst».[29]

Andere Wirtschaftsstrategien, die von dem talentierten, allerdings auch launenhaften Finanzminister Karl Ludwig (seit 1849 Freiherr) von Bruck (1798–1860) ersonnen wurden, zielten darauf ab, die Märkte im Reich durch eine einheitliche Freihandelszone besser miteinander zu verflechten und den Handel mit den Nachbarländern durch Senkung der Zölle zu steigern. Eine Zollmauer hatte Ungarn lange vom übrigen Reich getrennt, obwohl schon Maria Theresia und Joseph II. den Wunsch gehabt hatten, eine das gesamte Reich umfassende Freihandelszone zu schaffen. Sie und ihre Nachfolger hatten diese Barriere bestehen lassen, als Ausgleich dafür, dass der ungarische Adel von direkter Besteuerung befreit blieb. Da der vom Adel beherrschte ungarische Landtag keinen Einfluss auf die Zollpolitik nehmen konnte, war Wien durch diese Barriere in den Besitz dringend benötigter Einnahmen gekommen. Nach Niederschlagung der ungarischen Revolution hob die österreichische Regierung aber einfach die Steuerbefreiung des dortigen Adels auf und erlegte ihm die Zahlung von Einkommensteuern auf. 1851 wurde auch die Zollgrenze zwischen Österreich und Ungarn abgeschafft und anschließend der Handel mit dem Ausland durch Senkung oder Abschaffung diverser Zölle liberalisiert. 1853 schloss man dann ein Handelsabkommen mit den Staaten des Deutschen Zollvereins. Diese Schritte geben zu erkennen, dass von Bruck bereit war, die österreichische Industrie der Konkurrenz durch andere europäische Länder auszusetzen, ein Risiko, das seine weniger radikalen Vorgänger – und auch viele Industrielle des Landes – nicht eingehen wollten.[30] Diese Maßnahmen kamen jedoch Ministerpräsident Schwarzenbergs politischen Ambitionen entgegen, Österreich zur führenden Macht innerhalb des 1851 restituierten Deutschen Bundes werden zu lassen, indem man Preußen seine wirtschaftliche Vorrangstellung streitig machte.

Die Maßnahmen, die sich am stärksten auf die wirtschaftliche Entwicklung auswirken sollten, waren aber zum einen die schnelle Erweiterung des Eisenbahnnetzes und zum anderen die Gründung von Institutionen, mit deren Hilfe sich solche Großprojekte finanzieren ließen. Bis 1854 befanden sich die Eisenbahnen zu 70 Prozent im Besitz des Staates und wurden von diesem betrieben.[31] Man hatte die große Bedeutung der Eisenbahn sowohl für die Wirtschaft als auch für militärische Zwecke erkannt. Radetzky war einer von denen, die nie müde wurden, für den Bau neuer Strecken einzutreten, nachdem er sich 1848 und 1849 bei seinen Feldzügen in Norditalien persönlich von der Effizienz dieses Transportmittels hatte überzeugen können. Allerdings hatten, wie schon früher angemerkt, rein militärische Erwägungen in den 1840er-Jahren nur geringen Einfluss auf den Eisenbahnbau gehabt. In den ersten Jahren der neuen Regierung ließ das Handelsministerium Pläne für ein zukünftiges Schienennetz ausarbeiten und schlug eine schwindelerregend hohe Summe zu deren Realisierung vor. Haushaltslücken oder andere Projekte, die dringlicher waren – wie etwa die Instandsetzung schon bestehender Bahnhöfe und Bahntrassen –, zwangen die Regierung mehrfach dazu, die Bauvorhaben zu verschieben. 1853, während des Krimkrieges, als die Regierung des neutralen Österreich eine kostenintensive Mobilisierung vornahm, klagte Franz Joseph I. höchstpersönlich, dass das Eisenbahnsystem die vom Militär gesetzten Erwartungen enttäusche. Die finanzielle Krise und die vermeintliche Inadäquatheit des existierenden Schienennetzes führten dazu, dass man sich – widerstrebend – dazu entschied, das ganze System zu privatisieren.

Nachdem ein Gesetz verabschiedet worden war, das die Erteilung entsprechender Konzessionen regelte, begann der Staat 1854 damit, bestimmte Linien an private Gesellschaften zu verkaufen. Gleichzeitig wurden deren Aktionären attraktive und garantierte Ertragsraten für Investitionen in neue Strecken angeboten. Aktionäre der neuen «k.k. priv. Österreichischen Staatseisenbahn-Gesellschaft» erhielten eine jährliche Mindestrendite von 5,2 Prozent auf ihre Einlagen und großzügige Unterstützung aus öffentlichen Mitteln für den Bau einer Strecke, die Österreich mit Ostungarn verbinden sollte.[32] Angesichts solch vorteilhafter Bedingungen kann es nicht überraschen, dass bis 1859 der Staat beinahe seine gesamten Anteile an den Eisenbahnen veräußern konnte. Viele der Gesellschaften, die existierende Eisenbahnlinien kauften, machten sich in den 1850er- und 1860er-Jahren auch die günstigen Bedingungen zunutze, um Konzessionen für die Einrichtung und den Betrieb neuer Linien zu erwerben.

In den 1860er-Jahren wurde die Strecke der Südbahn, die Wien mit Triest verband, in nördlicher Richtung bis nach Tirol hinein und ostwärts bis nach Ungarn erweitert. 1854 baute eine neue Gesellschaft mit deutschem und österreichischem Kapital die «Kaiserin Elisabeth Westbahn», deren Route von Wien über Linz, Salzburg und Passau bis nach München führte. Allein während der 1850er-Jahre nahm die Gesamtlänge des Schienennetzes im Reich um rund 3000 Kilometer zu.

Das Geld für diese Erweiterung hätte nicht aufgebracht werden können, wenn nicht gleichzeitig das Bankensystem Österreichs auf einen neuen Stand gebracht worden wäre. Seit der Gründung einer österreichischen Nationalbank im Jahr 1816 hatte der Staat die Ressourcen der Bank mehr oder weniger für von ihm selbst aufgenommene Darlehen monopolisiert; außer ihm hatte die Bank nur einigen wenigen wohlhabenden Privatkunden Kredite gewähren können. Österreichische Kreditnehmer konnten in dieser Zeit auf die Dienste einiger internationaler Bankiersfamilien (Rothschild, Sina, Arnstein-Eskeles) zurückgreifen, doch in den 1850er-Jahren widmeten sich aufeinanderfolgende

Der Bau des Eisenbahnviadukts bei Franzdorf (Borovnica) rund 20 Kilometer südwestlich von Laibach (Ljubljana). Fotografie von 1855 aus einem 1857 veröffentlichten Album von Johann Bosch zur Erinnerung an die Fertigstellung der Südbahn, die Laibach und Triest miteinander verband.

Finanzminister dem Problem der Kapitalknappheit und schufen neue Banken, so dass weit mehr Geld für die Vergabe von Krediten an Privatkunden zur Verfügung stand. Man glaubte, diese neuen Geldinstitute könnten die führende Rolle bei der Finanzierung von Infrastruktur-Projekten wie dem Ausbau des Eisenbahnnetzes übernehmen (wie es in Frankreich die Crédit Mobiliers tat).[33] 1855 ließ die Regierung die Gründung der unabhängigen Österreichischen Creditanstalt für Handel und Gewerbe durch ein Konsortium, dem mehrere reiche Aristokraten und Anselm Salomon Rothschild angehörten, zu. Das Kapital dieser Aktiengesellschaft belief sich auf 100 Millionen Gulden und überstieg damit die Summe der Vermögenswerte der Nationalbank um ein Drittel, was es der Creditanstalt ermöglichte, große Entwicklungsprojekte zu finanzieren. Die Gründung der Creditanstalt bedeutete dem Durchschnittsösterreicher vermutlich wenig, doch innerhalb von zwanzig Jahren übte sie enormen Einfluss auf das Leben aller Staatsbürger aus, und dies eben vor allem aufgrund der Rolle, die sie bei der raschen Entwicklung des Eisenbahnsystems spielte, durch das früher isoliert irgendwo in der Provinz liegende Wirtschaftsunternehmen untereinander und mit den großen Zentren verbunden wurden. Indem die Eisenbahn es ermöglichte, zum Beispiel verderbliche Güter über größere Entfernungen zu transportieren, trug sie dazu bei, neue Geschäftsmöglichkeiten zu schaffen, an die man früher nicht einmal hätte denken können. Gleichzeitig ließ die Zunahme von Großprojekten, zu denen Banken den Anstoß gegeben hatten, weitere Aktiengesellschaften entstehen, an denen sich immer mehr kleine Investoren beteiligten, vor allem, wie wir noch sehen werden, während jener geschäftigen Jahre von 1867 bis 1873, die später als *Gründerzeit* bezeichnet wurden.

Im März 1850 richtete von Bruck, der mittlerweile zum Handelsminister ernannt worden war, regionale Handels- und Gewerbekammern ein, die die öffentliche Diskussion über wichtige Fragen zur lokalen Wirtschaft erleichtern sollten.[34] Die insgesamt sechsundfünfzig Kammern (unter denen je eine für die Hauptstadt jedes Kronlandes war) ließen dem Handelsministerium regelmäßig Berichte über die lokalen Wirtschaftsbedingungen und das regionale Transportwesen, Beurteilungen wirtschaftspolitischer Maßnahmen und Vorschläge bezüglich künftiger Schritte zukommen. Überdies schlichteten die Kammern Streitigkeiten zwischen Unternehmen oder zwischen Arbeitgebern und Arbeitnehmern. Ihre durch Wahl bestimmten Mitglieder mussten österreichische Staatsbürger und über dreißig Jahre alt sein sowie seit mindestens fünf Jahren einen Betrieb besitzen oder leiten. Außerdem mussten sie in dem Bezirk, für den die jeweilige Kammer zuständig war, ihren Wohnort haben. Die Mitglieder blieben für drei (später vier) Geschäftsperioden im Amt und erhielten für ihre Bemühungen keine Bezahlung. Jeder selbständige Besitzer eines Betriebs oder Handelsunternehmens wie auch jeder geschäftliche Leiter war wahlberechtigt.[35] Nachdem 1850 die erwähnten einmaligen Wahlen zu Stadt- und Gemeinderäten abgehalten worden waren, bildeten diese Handels- und Gewerbekammern während der 1850er-Jahre die einzigen staatlichen Institutionen, die regelmäßig Wahlen abhielten. Als der Konstitutionalismus 1861 eine Wiedergeburt erlebte, erhielten die Kammern auch das Recht, ihre eigenen Abgeordneten für die Landtage der Kronländer, den Reichsrat sowie für einige Stadträte zu wählen. Von Gremien mit beratender Funktion entwickelten sie sich damit zu offiziellen Interessenvereinigungen, deren Berechtigung, für die Geschäftswelt ihres Bezirks zu sprechen, außer Zweifel stand, so dass sie auch ein Mitbestimmungsrecht erhielten, als ein liberaleres parlamentarisches System 1861 das bürokratisch-absolutistische ablöste.

Die Dynastie wird gut verkauft

Während Fachleute aus der Regierung sich damit befassten, neue Systeme zu schaffen, bemühte sich die Dynastie darum, neue Wege zu finden, wie sie ihre Beliebtheit bei ihren Völkern, die sich kurze Zeit zuvor so aufsässig gezeigt hatten, steigern konnte. 1849 hatten nur die ungarischen und die norditalienischen Revolutionäre sich tatsächlich gegen die Habsburger als Herrscher aufgelehnt. Viele Österreicher – vor allem die, die dem bäuerlichen Stand angehörten – hatten der Dynastie die Treue gehalten oder versucht, sie in ihre eigene Vision vom Reich einzubeziehen. Bereits 1850 ordnete der Kaiser eine Reihe von Reformen an und tauschte einige führende Beamte aus, um den Hof mit neuem Leben zu erfüllen. In den zehn folgenden Jahren wurden publikumswirksame Zeremonien vom kaiserlichen Hof gezielt wiederbelebt – oder auch neu erfunden –, um die öffentliche Meinung positiv zugunsten des Herrscherhauses zu beeinflussen. Franz Joseph unternahm zu diesem Zweck auch deutlich ausgedehntere Reisen durch sein Reich, als es seine Vorgänger seit Joseph II. getan hatten. Allein in den 1850er-Jahren unternahm er solche Reisen nach Galizien, in die Bukowina, nach Böhmen, Mähren, in die Lombardei, nach Venedig, Triest, Tirol und zweimal nach Ungarn.[36]

Während er in der Anfangszeit seiner Herrschaft von den Eliten in Galizien und Ungarn, die ja erst kürzlich gegen das Haus Habsburg rebelliert hatten, nicht gerade herzlich willkommen geheißen wurde, berichteten Bezirksbeamte, dass er 1851 bei seiner Reise durch Galizien von der Bauernschaft begeistert begrüßt wurde. Da die Eisenbahnverbindung mit Galizien damals noch nicht bestand, waren der Kaiser und

*Kaiserin Elisabeth von Österreich beim Reiten, einer ihrer liebsten
Beschäftigungen. Stich aus dem Jahr 1882 von Thomas Lewis Atkinson
nach einem Gemälde von John Charlton*

sein Gefolge gemächlich mit der Kutsche von West nach Ost durch das
ganze Kronland gefahren, wodurch die Bauern, die längs der Strecke
beheimatet waren, die Gelegenheit erhielten, ihren Herrscher ganz aus
der Nähe zu sehen. In jedem Dorf und jeder Stadt wurde der Tross von
Menschenmengen willkommen geheißen, die oft die Kutsche des
Kaisers umringten, um ihm Petitionen zu überreichen. Bachs Spione
berichteten nach Wien, dass «die Besuche des Kaisers zur größten Genugtuung des Volkes geführt» hätten, während Distriktbeamte in
Galizien meldeten, «der Herrscher sei besonders freudig von der ländlichen Bevölkerung empfangen worden».[37]

Dem Historiker Daniel Unowsky zufolge machte die Galizienreise deutlich, wie sorgfältig der Hof seine Aktivitäten plante, um auf die einander widersprechenden sozialen, religiösen und nationalen Forderungen einzugehen, die der lokale Adel, der Klerus sowie die Klasse der gebildeten Mittelschicht stellten. In Galizien stand vor allem die Inspektion militärischer Einrichtungen auf dem Programm des Kaisers. Wenn sich die Gelegenheit ergab, besuchte er aber auch Stätten, die für die polnische Nationalmythologie von Bedeutung waren, etwa die Gräber der polnischen Könige im Schloss Wawel in Krakau. In der galizischen Hauptstadt Lemberg legte er jedoch zudem den Grundstein für ein ruthenisches – das heißt ukrainisches – Nationalinstitut, eine Geste, die die örtlichen ukrainischen Patrioten in Entzücken versetzte, weil mit ihr die Hegemonieansprüche ihrer polnischen Widersacher angefochten wurden. Diese ukrainischen nationalen Wortführer (die für gewöhnlich der unierten oder der griechisch-katholischen Kirche angehörten) hatten sich die Bezeichnung «Tiroler des Ostens» erworben, weil sie – ganz im Unterschied zu den polnischen in Galizien – der Dynastie 1848 so unerschütterlich die Treue bewahrt hatten. Die Ukrainer durften dem Kaiser sogar eine Petition überreichen, in der sie ihn baten, Galizien zu teilen und ein eigenes ruthenisches Kronland zu schaffen.[38]

Die Reise durch Galizien offenbarte weitere mögliche Widersprüche, die durch Franz Josephs Umgestaltung der monarchischen Symbolik aufkamen. Vor allem durch das Konkordat mit Rom war die traditionelle symbolische Rolle des Hauses Habsburg als Verteidiger des katholischen Glaubens wieder ins Bewusstsein der Öffentlichkeit gerückt worden. Der Kaiser belebte auch mehrere katholische, öffentlich zelebrierte Rituale wieder. Die jährliche Fronleichnamsprozession mit ihm wurde ein Großereignis. Am Gründonnerstag wusch der Herrscher zwölf Bettlern vor aller Augen die Füße. Diese Rituale erhoben ihn in den Augen der Katholiken zu einem vorbildlichen Gläubigen, zu einem Muster an Frömmigkeit. Gleichzeitig jedoch erforderte es die Einheit des Reiches, dass er von allen, auch den nichtkatholischen Untertanen, als Herrscher, als «jedermanns Souverän», angesehen wurde und damit als Verteidiger aller anerkannten Konfessionen. Seit 1851, dem Jahr seiner Galizienreise, und danach immer häufiger stattete der Kaiser nicht nur römisch-katholischen, sondern auch jüdischen, griechisch-katholischen und orthodoxen Gebets- und Andachtsstätten Besuche ab. Im zwanzigsten Jahrhundert wurde er zudem zu einem *fidei defensor* für die Muslime in Bosnien-Herzegowina, was angesichts seiner Familiengeschichte seltsam anmutet. Angehörige anderer Konfessionen als der römisch-katholischen nahmen ihn im wachsenden Maß als Verteidiger ihres Glaubens in Anspruch und versuchten ganz offen mit allen möglichen Mitteln, ihn als Schutzherrn zu gewinnen. Anlässlich seiner Reise durch Galizien ließ etwa die jüdische Gemeinde von Krakau ihm zu Ehren einen Triumphbogen mit der Inschrift «Dem Kaiser von den Dankbaren Israeliten» errichten. Rabbiner, die inmitten der Menschenmenge an den Straßenrändern standen, hielten Thorarollen in die Höhe, als der Kaiser vorüberzog, und in Städten und Dörfern überall in Galizien jubelten die jüdischen Einwohner laut dem Herrscher zu, von dem sie hofften, dass er ihnen die vollständige Emanzipation bringen werde. Obwohl Franz Joseph die rechtliche Gleichstellung noch um nahezu zwanzig Jahre hinausschob (und die Errungenschaften von 1848 wieder zunichtemachte), wurde seine Beliebtheit bei den jüdischen Gemeinden legendär. So sahen jüdische, orthodoxe, griechisch-katholische und sogar protestantische Untertanen in dem Mann, der die Macht der katholischen Kirche in Österreich wiederbelebt hatte, einen Schutzpatron ihres eigenen Glaubens. Damit wurde der Dynastie gewissermaßen von unten bestätigt, dass es richtig war, sich für religiöse Minderheiten einzusetzen.[39]

1853 tat Franz Joseph auch etwas für den ein wenig beschädigten Ruf der Dynastie, indem er seine junge Cousine Elisabeth von Bayern (1837–1898) heiratete. Diese Eheschließung schuf viele Gelegenheiten, das Herrscherhaus zu feiern und Legenden zu bilden, die sich um die sechzehnjährige Kaiserin, die später unter ihrem liebevollen Kosenamen «Sisi» bekannt wurde, rankten. Obwohl Elisabeths Verhältnis zum Wiener Hof bis zu ihrem Tod gestört blieb, diente sie diesem als wirksames Mittel, um die Dynastie und das Reich populärer zu machen. Anders als ihr Gatte, an dessen Händen für viele Ungarn das Blut nationaler Märtyrer klebte, genoss Elisabeth sehr bald in vielen Teilen Ungarns ungeheure Beliebtheit; dies beruhte vor allem auf ihren de-

Die kaiserliche Familie im Jahr 1860. Hoffotograf Ludwig Angerer ist wohl der einzige, der die Kaiserin (vordere Reihe, links) zusammen mit ihren Kindern und ihrem Gatten im Bild festhielt. Normalerweise suchten Elisabeth und Franz Joseph sein Atelier getrennt auf. Auf diesem Foto sind auch die Eltern und die Brüder des Kaisers zu sehen.

monstrativen Bemühungen, die Landessprache zu erlernen, und auf der Hartnäckigkeit, mit der sie sich ungarische Aristokratinnen als Hofdamen auswählte. Außerdem wurde kolportiert, sie habe sich 1867 persönlich beim Kaiser für die nationale Sache der Ungarn eingesetzt. Für den Rest ihres Lebens ging von ihr für die Ungarn ein starkes Faszinosum aus, und die Patrioten des Landes projizierten vieles in sie hinein; 1894 kursierten sogar Gerüchte, sie habe heimlich einen Kranz auf dem Grab des kurz zuvor verstorbenen Lajos Kossuth niedergelegt.[40]

Im Mai 1857 kam Elisabeth zum ersten Mal an der Seite ihres Gatten nach Ungarn. Als sie in Buda von Bord des Dampfschiffes ging, sorgte sie sofort für eine Sensation, denn sie hatte für ihre Kleidung die ungarischen Nationalfarben – damals rot, weiß und grün – gewählt. Mehrfach fiel Beobachtern während der königlichen Visite auf, dass die junge Herrscherin mit der Farbe ihrer Kleidung ihre Verbundenheit mit Ungarn zum Ausdruck brachte.[41] Auf dieser Reise starb Sophie Friederike, die zweijährige Tochter des Herrscherpaares, unerwartet an Masern. Es entspricht der Wiederbelebung katholischer Rituale in den 1850er-Jahren, dass sich die Eltern auf eine Wallfahrt zur Basilika von Mariazell in der Steiermark begaben. Dreißigtausend Ungarn bekundeten ihre Anteilnahme – oder ihre Wertschätzung Elisabeths –, indem sie ebenfalls nach Mariazell pilgerten. Offenkundig konnte der kaiserliche Besuch die Abneigung des ungarischen Volks gegen Franz Joseph zumindest ein wenig mildern.[42]

Der Hof wirkte auf das Bild, das der Kaiser und seine Familie in der Öffentlichkeit machten, ein, indem er die Berichterstattung über die Dynastie in den Zeitungen des gesamten Reiches kontrollierte. Die Zeitungen wiederum veröffentlichten voller Eifer alle, auch die scheinbar belanglosesten Details aus dem Leben der Herrscherfamilie, damit ihre Leser daran teilhaben konnten. Als die strenge Zensur in den 1860er-Jahren aufgehoben wurde, änderte sich die Art der Berichterstattung kaum: Der Hof kontrollierte weiterhin sorgfältig, was für ein Bild von der Familie in der Öffentlichkeit entstand. Gelegentlich retuschierte man sogar offizielle Fotografien, damit der Eindruck von einer häuslichen Idylle entstand. Das Herrscherpaar und seine Kinder standen weiterhin im Mittelpunkt des Interesses ihrer Untertanen, so dass den Zeitungen, den katholischen und nationalen ebenso wie den liberalen oder sozialistischen keine andere Wahl blieb, als ausführlich über sie zu berichten und auf diese Weise, wenn auch indirekt, zur Förderung ihrer Popularität beizutragen.[43]

Visionen von einem liberalen Kaisertum

1857 veröffentlichte der Zeitungsredakteur Ernst von Schwarzer (1808–1860), ein liberaler Ex-Achtundvierziger, einen Lobgesang auf Österreichs absolutistisches Regime, eine Abhandlung mit dem Titel *Geld und Gut in Neuösterreich*. Darin ließ er sich aber nicht über die Tugenden der kaiserlichen Familie aus, er zählte vielmehr die Fortschritte auf, zu denen es auf dem ökonomischen, sozialen und kulturellen Sektor unter dem neoabsolutistischen System gekommen war.[44] Seine auf statistischen Daten aufbauende Studie von Land, Leuten und Produktionsziffern verherrlichte die geografischen, kulturellen und wirtschaftlichen Errungenschaften Österreichs, wobei er diese Fortschritte im Kontext der Entwicklung anderer europäischer Länder um die Mitte des neunzehnten Jahrhunderts sah. Geradezu stürmisch feierte Schwarzer die Vorzüge der liberalen kulturellen Ideologie wie auch die imperialistischen Ziele, die deren Anhänger in Österreich verfolgten. Er vertrat die Ansicht, die Österreicher unterschieden sich durch ihre «seltene Vielseitigkeit der Sinnesart, der Sitten und Bedürfnisse» von allen anderen Europäern, und hob die Vorteile hervor, die ein weitgehend zentralisierter Staat den Völkern des Reiches in nur sieben kurzen Jahren gebracht habe.[45] Diese Völker seien zwar gesetzlich gleichgestellt, befänden sich aber kulturell nicht ganz auf gleichem Niveau: Unter einer einheitlichen Regierung würden aber «die östlichen Völker noch weit größere Fortschritte machen … wie zum Beispiel Ungarn mittels der Eisenbahnen». Schwarzer behauptete weiter: «In allen Theilen der Monarchie gibt es schon Großhändler, Spediteure, Fabrikanten und große Gewerbsmänner, die Speculation dringt in die entferntesten Winkel, bemächtigt sich der verborgensten Bodenschätze und schafft sie auf den Weltmarkt.»[46]

Der Ex-Achtundvierziger, den ein österreichischer Historiker in jüngerer Zeit Österreichs «Chefideologen des liberalen Wirtschaftskapitalismus» genannt hat, zog aus der progressiven wirtschaftlichen Entwicklung, von der Österreich in den 1850er-Jahren gesegnet gewesen sei, eine Reihe von Lehren.[47] Es sei dem Reformprogramm der «einheitlichen Regierung» zu verdanken, dass alle Bürger materiell und spirituell profitiert hätten. Die Revolution von 1848 habe es nicht geschafft, den Österreichern Fortschritt und Glück zu bringen. Überraschenderweise habe man das aber mit anderen Mitteln erreichen können. «Das wirklich Erreichbare von dem, was einst Malcontenten und utopistische Träumer auf dem Wege politischen und socialen Umsturzes zu erreichen gedachten, wird jetzt auf legalem und natürlichem Wege mit Beihilfe der Regierungen selbst durch die volkswirthschaftliche Reform erzielt.»[48] Durch den Aktivismus des Staates, so behauptete Schwarzer,

seien letztlich weit mehr von den reformerischen Zielen der Achtundvierziger verwirklicht worden, als diese selbst mit ihrem politischen
Aktivismus hätten erreichen können.

Schwarzer stellte aber nicht nur die ökonomischen Leistungen des
Staates heraus, sondern lenkte die Blicke auch auf dessen zivilisatorische Mission. Etwas, das die schmerzliche Erfahrung der Revolution
vielen Ideologen des Reiches offenbart hatte – zum einen durch den
Aktivismus der Nationalitäten im Jahr 1848, zum anderen durch die
Komplexität der Bemühungen zur Beendigung des Feudalismus in
den verschiedenen Regionen –, war die außergewöhnliche Unterschiedlichkeit der Völker des Reiches. Für Schriftsteller wie Schwarzer beschränkte sich diese Vielfalt nicht nur auf die Sprachen, die die
Österreicher verwendeten, sondern sie betraf auch die sozialen und
ökonomischen Verhältnisse, die für die Völker jeweils charakteris-
tisch waren. Für Schwarzer äußerte sich diese Vielfalt in unterschiedlichen Graden von Modernität, die wiederum unterschiedlichen Zivilisationsstufen entsprachen. Eine solche Theorie hatte schon seit
langem die ideologische Basis für die Politik des Reiches in Galizien
geliefert und diente Mitte des neunzehnten Jahrhunderts maßgeblich
mit dazu, die Erneuerung des josephinischen Programms der radikalen Zentralisierung der Bürokratie zu rechtfertigen. Schwarzer
meinte, dank der Verbreitung kapitalistischer Wirtschaftsverhält-
nisse gingen die «orientalischen Zustände Ungarns […] ihrem Ende
immer mehr entgegen».

Auf der einen Seite gründeten Autoren wie Schwarzer ihre Rechtfertigung des Staates zunehmend auf der Anders- oder Eigenartigkeit,
die sie jeder Bevölkerungsgruppe des Reiches zuschrieben. Für viele
Beobachter aus dem europäischen Ausland waren es diese sprachlichen
und kulturellen Unterschiede, die Österreich zu einem «Reich» und
nicht zu einem Nationalstaat machten. «Österreichs eigene und Nach-
barvölker gehören, wie in keinem anderen Staate Europas allen Culturstufen und den vier Hauptstämmen der europäischen Bevölkerung an,
dem romanischen, dem germanischen, dem finnischen und dem sla-
vischen.»[49] Natürlich machten Reisende der Zeit in den ländlichen Gebieten von Frankreich, Italien, Spanien oder Britannien ähnliche Beobachtungen, was das zivilisatorische Niveau und den Sprachgebrauch

der vermeintlich primitiven Menschen anging, auf die sie in abgelegenen Gegenden stießen. Wie wir Eugen Webers klassischer Untersuchung entnehmen können, sprach in Frankreich um 1863 mindestens ein Viertel der Bevölkerung kein Französisch, und noch viel mehr besaßen nur geringe Kenntnisse von dieser Sprache.[50] Bleibt aber die Tatsache bestehen, dass man im neunzehnten Jahrhundert Österreich aufgrund der großen Vielfalt der im Land gebräuchlichen Sprachen als einen europäischen Sonderfall betrachtete.

Auf der anderen Seite machte es diese Betonung der ethnischen und kulturellen Vielfältigkeit einem Autor wie Schwarzer schwer, die organische Einheit des Reiches, seine innere Geschlossenheit geltend zu machen, wenn es um andere Charakteristika des Landes ging wie Geografie, Handelswege und Klima. Als noch problematischer erwies sich die neue Art und Weise, wie man die Beseitigung von Unterschieden, die man seit den 1780er-Jahren angestrebt hatte, jetzt herbeizuführen versuchte. In den Tagen von Joseph II. hatte die große Herausforderung bei der Staatsbildung darin bestanden, die unterschiedlichen Rechtsanschauungen und institutionellen Praktiken, die in Regionen, die einst unabhängig voneinander und von der Habsburgerdynastie existiert hatten, in Einklang miteinander zu bringen. Jetzt aber wurde das Reich zunehmend als ein Verbund von unterschiedlichen Völkerschaften angesehen, die angeblich auch unterschiedlichen Zivilisationsstufen angehörten (ethnische Ungarn, Tschechen, Kroaten), und nicht mehr als Reich, das aus unterschiedlichen Staaten und deren Institutionen (Ungarn, Böhmen, Kroatien) bestand. In der Tat verfochten viele Nationalisten nun die Ansicht, dass charakteristische institutionelle Unterschiede auf ethnische oder sprachliche Unterschiede zwischen den Völkern zurückgingen (siehe hierzu Kapitel 6).

Mitte des neunzehnten Jahrhunderts muss Schwarzer mit dem Thema unterschiedlicher «Culturstufen» auch zwangsläufig zu Vergleichen zwischen Österreich und anderen europäischen Reichen eingeladen haben, wie sie damals häufig angestellt wurden. In einem Vortrag vor der Kaiserlichen Akademie der Wissenschaften aus Anlass ihres fünfjährigen Bestehens im Jahr 1853 lobte der Orientalist Joseph von Hammer-Purgstall das österreichische Rechtssystem und dessen Vorzüge gegenüber den – seinen Worten zufolge – «unterdrückerischen» Systemen des Russischen und des Britischen Reiches. Diese beiden Reiche seien durch gewaltsame Eroberungen geschaffen worden. Österreich sei im Gegensatz dazu durch eine Reihe freundschaftlicher Abkommen und dynastischer Heiraten entstanden. Doch Hammer-Purgstall ging es vor allem um das Rechtssystem, das sich durch diesen Prozess der Staatsbildung ergeben hatte. Sein besonderes Interesse galt der Art und Weise, in der Österreich die Sprachenvielfalt der Untertanen bestehen ließ, aber trotzdem alle als gleichberechtigte Bürger behandelte. In Nord- und Südasien hätten die imperialistischen russischen und britischen Kolonialherren die Einheimischen gezwungen, ihre Sprache aufzugeben und stattdessen die ihrer neuen Herren zu verwenden. Die Vielsprachigkeit, die hingegen Österreich auszeichne, sei bereits Beleg dafür, dass man dort für die Einheit und die Gleichheit aller Bürger eintrete und vermeiden wolle, dass eine Bevölkerungsgruppe zur Subordination unter eine andere gezwungen werde oder sich eine Hierarchie ausbilde. Diese Politik schien Hammer-Purgstall auch deshalb sinnvoll, weil er fest davon überzeugt war, dass die Globalisierung (oder Europäisierung) in kurzer Zeit eine Vielsprachigkeit aller Europäer erforderlich machen würde. Wenn es dazu käme, würde Österreich allen anderen Ländern weit voraus sein. [51]

Als er diesen Vergleich zwischen Österreich, dem Russischen und dem Britischen Reich zog sowie den Multilingualismus Österreichs pries, stellte Hammer-Purgstall nie die bevorzugte Stellung infrage, die dem Deutschen als der von der Beamtenschaft und dem Militär verwendeten Sprache zukam. Für ihn nahm das Deutsche einzig und allein aus Gründen der Zweckdienlichkeit diese Stellung ein und nicht etwa aufgrund einer politischen Maßnahme, mit der ein Volk gegenüber den anderen privilegiert werden sollte. Überdies glaubte er, dass Beamte zwar immer die deutsche Sprache würden beherrschen müssen, dass sie aber auch dazu verpflichtet sein würden, die Sprachen der Regionen zu lernen, in denen sie Dienst taten. Und während Deutsch die Sprache der militärischen Befehlshaber bliebe, würden alle Offiziere gezwungen sein, daneben die Regionalsprachen ihrer Rekruten zu lernen, um ihre Aufgaben effizient erfüllen zu können und befördert zu werden. Indem er das Ideal von Vielsprachigkeit mit einer sich ausbildenden Form von Identität verband, beteuerte Hammer-Purgstall: «Je mehr du Sprachen des österreichischen Kaiserthums verstehst, desto mehr wirst du ein ganzer Österreicher.»

Österreicher, so Hammer-Purgstall weiter, mochten sich zwar hinsichtlich ihrer Sprache unterscheiden, sie waren aber durch ihre Liebe «zum gesamten Vaterlande» vereint. Die von ihm heraufbeschworene Vaterlandsliebe erinnerte an den rationalen Patriotismus, den Joseph von Sonnenfels in den 1780er-Jahren entworfen hatte. Diese Liebe wurzele in der gemeinsamen Staatsbürgerschaft. «In Österreich», behauptete Hammer-Purgstall, «sind jedem Volke als dem Inbegriffe österreichischer Reichsbürger, gleiche Rechte [...] zugesichert.» Mit einem letzten Seitenhieb auf das Britische Empire fügte er hinzu: «In Österreich findet vor dem Gesetze kein Unterschied zwischen dem Brahmanen und Paria statt.» Für ihn kam das besondere Wesen Österreichs in nichts besser zum Ausdruck als in der gleichberechtigten Verwendung verschiedener Sprachen durch seine Völker. Diese Gleichberechtigung verweise auf eine Einheit der Völker, die in der grundlegenden Gleichheit der Bürger wurzele.[52]

Ein weiterer wichtiger Denker jener Epoche war Karl von Czörnig (1804–1889), Beamter, Statistiker, früher Ethnograf und ehemaliger Achtundvierziger. Zu Beginn seiner Karriere war Czörnig für den Ausbau der Donauschifffahrt und die Erweiterung des Eisenbahnnetzes eingetreten. 1848 und 1849 hatte er als Abgeordneter der Frankfurter Nationalversammlung angehört. Während der 1850er-Jahre hatte er verschiedene Ämter innegehabt, unter anderem hatte er für das Handelsministerium die Statistische Verwaltungskommission geleitet und in dieser Eigenschaft zwei große Erhebungen durchführen lassen, die das Bild der Öffentlichkeit vom neuen, vereinten österreichischen Imperium stark beeinflussten. Aus der einen resultierte die dreibändige *Ethnographie der österreichischen Monarchie*, die zwischen 1855 und 1857 erschien. Darin wurden die Bevölkerungsgruppen (mit ihren Sprachen und Religionen) erfasst, die in den verschiedenen Kronländern beheimatet waren. *Österreichs Neugestaltung* von 1858 lieferte statistische Daten zum Wandel, den Österreich seit 1848 erfahren hatte, und ähnelte der Abhandlung Schwarzers. In beiden Werken Czörnigs kamen neue Visionen vom Reich und neue Auffassungen von dessen *raison d'être* zum Ausdruck, und beide widmeten sich auch dem Thema der Vielsprachigkeit.

Zu Beginn von *Österreichs Neugestaltung* wird auf ein Paradox verwiesen: Europas älteste Dynastie, die der Habsburger, herrsche über einen Staat, der eigentlich zu dessen jüngsten gehöre. Jahrhundertelang hätten die Habsburger verschiedene Territorien mit ganz unterschiedlichen Gesetzen und Traditionen und unterschiedlichen Bevölkerungen in ihren Besitz gebracht. Mit der Pragmatischen Sanktion habe Karl VI. im frühen achtzehnten Jahrhundert diese Territorien für untrennbar erklärt. Czörnig zufolge hatte dieser Erlass aber keinen vereinten Staat entstehen lassen. Dieser sei erst 1804 mit der Gründung des Kaisertums Österreich offiziell geschaffen worden. Ein wirklich vereintes Österreich habe sich aber erst in den 1850er-Jahren entwickelt, da weder der sogenannte Kremsierer Verfassungsentwurf noch die oktroyierte Verfassung von 1849 Ungarn miteinbezogen hätte.

Als Ethnograf legte Czörnig eine differenziertere Darstellung der unterschiedlichen Eigenschaften und Fähigkeiten der Nationalitäten Österreichs und der Vorteile, die ihnen aus ihrer Zugehörigkeit zum Reich erwuchsen, vor, als Schwarzer dies getan hatte. Für Czörnig war der Osten nicht von Natur aus rückständig und auf eine Zivilisierung durch den Westen angewiesen, wie Schwarzer gemeint hatte. Czörnig machte vielmehr darauf aufmerksam, wie politische Verhältnisse in einer östlichen Region es einer Gruppe (den Polen) gestattet hatten, eine andere (die Ruthenen) daran zu hindern, sich voll und ganz zu entwickeln. Diese Situation habe das Eingreifen von Institutionen des Reiches erfordert, um die Gleichheit aller Einwohner dieser Region vor dem Gesetz zu gewährleisten.

Es überrascht nicht, dass für Czörnig der besondere Charakter des Reiches gerade in seiner gesellschaftlichen, kulturellen und landschaftlichen Vielfalt bestand. Österreich sei, was diese Vielfalt betraf – vom Klima bis zur Landwirtschaft, von der Industrie bis zu den Landessprachen –, außergewöhnlich. Czörnigs wichtigster Beitrag zur Beschreibung des Imperiums bestand in seiner ausführlichen ethnografischen Darstellung mit farbigen Karten, auf denen die Sprach- und Volksgruppen geografisch verortet wurden. Anstatt die historischen Grenzen der Kronländer (Böhmen, Dalmatien, Ungarn, Galizien usw.) zu verzeichnen, führten diese Karten die einzelnen Sprachgebiete vor Augen und informierten auch darüber, welche Religionen wo im Reich praktiziert wurden. Czörnigs Forschungen erbrachten, dass jedes Kronland sprachlich und kulturell heterogen war, was auf Prozesse der Migration und der Wiederbesiedelung in der historischen Vergangenheit zurückzuführen war. Seiner Ansicht nach konnte keine Sprachgruppe einen berechtigten Anspruch auf ein Kronland als ihre «Heimat» erheben. Seine Karten veranschaulichten, dass eine territoriale «Sonderung» der Einwohner Österreichs aufgrund sprachlicher Kriterien nicht durchführbar war. Damit trug er dazu bei, dass sich jener in nationaler Hinsicht neutrale Ansatz ausbildete, der für die frühe österreichische Ethnografie – im Vergleich zu der in Westeuropa und vor allem in Deutschland, wo sie unter eher nationalen Vorzeichen betrieben wurde – typisch war.[53]

Czörnig stellte fest, dass die Hauptsprachgruppen sich überall im Reich «durch Zahl und innere Kraft, sowie durch die Abstufungen der Civilisation» in einem ausgeglichenen Verhältnis zueinander befänden. Und was am wichtigsten war: In Bezug auf das Reich selbst erklärte er – ähnlich wie Hammer-Purgstall –, dass die vielen Völker Österreichs «in ihrer Vereinigung, nicht in ihrer Unterordnung, die Grundfesten bilden, auf denen das Staatsgebäude ruht».[54] Wie wir noch sehen werden, sollten jedoch in den 1880er-Jahren Nationalisten, die eine ganz andere Position als Czörnig vertraten, solche Karten, aus denen die Existenz und geografische Verteilung der vielen Sprachgruppen hervorgingen, heranziehen, um für die Schaffung eigenständiger, von jeweils einer Volks- oder Sprachgruppe besiedelter Territorien innerhalb des Imperiums einzutreten.

Reich und Volk in den 1850er-Jahren

Die Reaktionen der Bevölkerung auf die neue Regierung waren wesentlich komplexer als die Reflexionen liberaler Denker wir Czörnig, Schwarzer oder Hammer-Purgstall, und sie nahmen auch viel konkretere Formen an. Für die Bauern in Galizien beispielsweise traten erbitterte Auseinandersetzungen um die Nutzungsrechte an Allmenden an die Stelle ihrer traditionellen Kämpfe mit dem lokalen Adel wegen des *Robot*. Die Bauern wandten sich weiterhin an kaiserliche Beamte, die bei diesen Auseinandersetzungen als Schiedsmänner wirkten; die Bauern taten dies aber nicht unkritisch, das heißt, sie vertrauten sich ihnen – und damit der obersten Autorität, dem Kaiser – nicht einfach an, sondern bemühten sich mit Hilfe von Petitionen, manchmal aber auch mit gewalttätigen Aktionen, das gewünschte Ergebnis herbeizuführen. Österreicher, die mit der Warenproduktion oder dem Warenhandel befasst waren, ob in kleinerem oder größerem Stil, hießen das allmähliche Wiedereinkehren stabiler Verhältnisse nach 1849 und das Ende der durch die Revolution ausgelösten Inflation willkommen. Weniger als ein Jahr, nachdem das Militär in Prag und Wien Aufstände niedergeschlagen hatte, waren viele Besitzer von Betrieben und Geschäften wohl einer Meinung mit dem Prager Textilkaufmann Heinrich (später: Jindřich) Fügner, der sich folgendermaßen lobend über die neue Regierung äußerte: «Jeder, der irgendein praktisches Geschäft treibt, stellt sich zufrieden.»[55] Bach und Bruck hofften beide, die Gefahren für ihre Zentralisierungsvorhaben, die vom politischen Nationalismus und vom sozialen Radikalismus ausgingen, ausmerzen zu können, indem sie allen Völkern Österreichs einen wirtschaftlichen Aufschwung verhießen. Bach meldete Kaiser Franz Joseph im Dezember 1851 voller Zuversicht, «die Masse der Bevölkerung» habe wenig Interesse an politischen Angelegenheiten und sei «mehr mit der Verbesserung ihrer materiellen Zustände beschäftigt».[56] 1850 berichtete eine Zeitung aus Wien:

> Der materielle Vorteil wird die Bevölkerung der verschiedenen Kronländer fester aneinander knüpfen [...] Die Nationalität ist ein beachtenswerter, aber kein dominierender Faktor des Volkswohles [...]. Im schlimmsten Falle wird es in Böhmen [...] soweit kommen wie in Galizien, wo die nationale Partei nicht von der Regierung, sondern vom Volke selbst in Schach gehalten wird. Das Volk will Ruhe, um materiell zu erstarken.[57]

Leopold von Sacher-Masoch (1797–1874), der während des Aufstands von 1846 das Amt des Polizeichefs von Lemberg ausgeübt hatte und inzwischen in Prag stationiert war, merkte 1852 ganz ähnlich an: «Der charakteristische Typus unserer Tage liegt in dieser Sehnsucht nach

Ruhe.»[58] Ein Jahr zuvor hatte ein Beamter aus Pilsen dem Statthalter von Böhmen Karl Freiherr Mecséry von Tsoor etwas berichtet, was auch viele seiner Kollegen sicher gerne gemeldet hätten, dass man sich nämlich

> bis jetzt, wenigstens dem Anscheine nach, über den möglichen Verlust wesentlicher konstitutioneller Volksrechte wenig zu kümmern scheint. Insbesondere rechnen die besitzenden Klassen sowohl im Interesse der moralischen Kräftigung der staatlichen Zustände als auch ihres individuellen Besitzstandes auf den günstigen Erfolg der diesfalls bevorstehenden Rehabilitierung der kaiserlichen Machtvollkommenheit.[59]

Viele ehemalige Revolutionäre, die nicht in die Verbannung geschickt oder ins Gefängnis gesteckt worden waren, konzentrierten sich in den 1850er-Jahren darauf, Geld zu machen. Sie legten ihre politischen Überzeugungen auf Eis, während sie sich in expandierenden Sektoren der Wirtschaft – wie dem der Eisenbahn – betätigten.[60] Wie der Prager Juraprofessor Leopold von Hasner, der schrieb, er habe in jener Zeit «der Welt wenig und [s]einen lehramtlichen und wissenschaftlichen Aufgaben fast ausschließlich» angehört, behaupteten sie, jedem öffentlichen Aktivismus abgeschworen zu haben.[61] Aktivisten aus der Mittelklasse erkannten mit Sicherheit, dass die Maßnahmen der Regierung zum Ausbau der Infrastruktur ihren Gemeinden großes Wachstumspotenzial boten. Mit Bezug auf die Entwicklungen in den Bereichen Kommunikation, Transport und Handel verwendeten sie oft Termini wie «Fortschritt» und «Modernität», die auch liberale Denker wie Schwarzer oder Czörnig in ihren Lobeshymnen auf das Reich benutzten. Einige nahmen auch von der Regierung selbst verwendete Schlagwörter wie die von der Einheit des Reiches und der Hegemonie Österreichs in Mitteleuropa auf, wenn sie bei der Regierung beispielsweise erreichen wollten, dass ihre Region durch eine neue Eisenbahnstrecke mit dem Rest des Landes verbunden wurde. Der stellvertretende Bürgermeister von Innsbruck führte die potenziellen Vorteile auf, die eine solche Verbindung zwischen der Hauptstadt Tirols und München bringen könnte, und sagte: «Österreich will die Einheit und Kraft der Monarchie fest begründen, und auch dazu ist die Eisenbahn durch Tirol zur materiellen Befestigung dieser Einheit von höchster Wichtigkeit.»[62] In der örtlichen liberalen Zeitung wurde die Eisenbahn explizit als Mittel, «die Vereinigung Großdeutschlands sowohl commerciell wie politisch zu erstreben», bezeichnet.[63]

Natürlich fanden sich nicht alle ehemaligen Revolutionäre – noch nicht einmal die gemäßigten unter ihnen – einfach stillschweigend mit dem politischen Wandel ab. Der Prager Geschäftsmann Richard Dotzauer, selbst ein gemäßigter Liberaler, erinnerte sich an diese Zeit später folgendermaßen: «[...] die Aufhebung der Verfassung erschütterte mich tief; ich wurde förmlich krank und begriff nicht, wie die meisten Menschen über ein so wichtiges Ereignis so ruhig hinweggehen konnten.»[64] Andere, die wegen ihrer Beteiligung an der Revolution die Verbannung ertragen mussten oder denen es verboten war, den von ihnen erwählten Beruf auszuüben, erfüllte es mit Bitterkeit, wie sie behandelt wurden, was ihrer Leidenschaft für ein konstitutionelles Österreich aber keinen Abbruch tat. Einige wie etwa der mährische Jurastudent Carl Giskra, der in Wien die Universität besucht hatte und in der Frankfurter Nationalversammlung auf der Linken saß, schlugen sich mithilfe von Schreibarbeiten durch; die Aufträge dazu verschafften ihm ehemalige Kommilitonen.[65] Viele, die wie Hasner nach 1848 nicht mit negativen Konsequenzen zu kämpfen hatten und ihren politischen Aktivismus um ihrer Karriere willen leichten Herzens aufgegeben zu haben scheinen, engagierten sich bald für den liberalen Konstitutionalismus, als man das 1861 wieder gefahrlos tun konnte.

Ende der 1850er-Jahre teilten nur wenige Liberale aus der Mittelklasse jenen ungebremsten Enthusiasmus für das Regime, den Männer wie Schwarzer oder Czörnig zum Ausdruck brachten. Sie mögen der Selbstrechtfertigung der Regierenden in einigen Punkten zugestimmt haben, oft profitierten sie auch materiell von der wirtschaftlichen Entwicklung, und aus ihren Familien stammte ein großer Teil der Beamten, mit denen die Bürokratie neu belebt wurde. Doch als das Jahrzehnt weiter voranschritt, nahmen sie Anstoß an der Aufhebung ihrer politischen Rechte und der oft strengen Zensur der Medien. Ja, je mehr wirtschaftlichen Erfolg sie hatten, desto überzeugter wurden sie, dass dieser Erfolg sie dazu berechtigte, die öffentliche Politik mitzubestimmen. Viele stimmten möglicherweise dem ehemaligen Revolutionär Adolf Fischhof zu, der meinte, dass das Regime durch ein stehendes Heer von

Soldaten, ein kniendes Heer von Anbetern und ein kriechendes Heer von Informanten aufrechterhalten werde.[66]

Ehemalige Liberale mögen auch die Gründung von Handelskammern, die Aufhebung der Zünfte und die Investitionen in die Infrastruktur willkommen geheißen haben, doch um 1860 zollten sie dem Staat für diese Reformen nur wenig Anerkennung.. Konservative unterschiedlicher Couleur hatten ihre eigenen Gründe, dem absolutistischen Regime Widerstand entgegenzusetzen, und dies trotz dessen sozial-konservativer Politik und Schritten wie dem Abschluss des Konkordats mit Rom. Adlige in den Provinzen und Angehörige der Oberschicht nahmen an dem unnachgiebigen Zentralismus Anstoß, der sie daran hinderte, ihren gewohnten Einfluss auf die lokale Politik oder auch auf die gesellschaftlichen Beziehungen auszuüben. In Ungarn blieb die Opposition gegen das absolutistische Regime in weiten Kreisen verbreitet; sie wurzelte zum einen darin, dass dem Land weiterhin die Eigenstaatlichkeit verweigert wurde, zum anderen in der brutalen Vergeltung, die an den sogenannten ungarischen «Rebellen» geübt worden war. Die radikale Umstrukturierung Ungarns durch die Regierung und ihre strikt zentralistische Verwaltung des Landes hatten die unbeabsichtigte Wirkung, sogar die konservativen Aristokraten Ungarns mit Mitgliedern des Landadels und der bürgerlichen Oberschicht sowie Liberalen in den Städten zu vereinen und gemeinsam für das liberal-nationale Programm eintreten zu lassen, das in den Aprilgesetzen von 1848 Niederschlag gefunden hatte.

Dass man mit der Regierung unzufrieden war, wurde mancherorts schon deutlich, als 1850 die ersten Wahlen zu Dorf- und Stadträten abgehalten wurden, also schon einige Zeit bevor die Regierung die Verfassung, die sie Österreich im März 1849 aufgezwungen hatte, außer Kraft setzte. Jene oktroyierte Verfassung hatte – wie auch der Kremsierer Verfassungsentwurf – eine Beteiligung an der Politik auf Gemeindeebene als entscheidende Grundlage für jede verantwortungsbewusste politische Mitbestimmung sowie für fruchtbare Initiativen vonseiten der Staatsbürger angesehen.[67] In vielen Gemeinden gingen diese ersten Wahlen aber schlecht für die Regierung und ihre Beamten aus. Während der 1848er Revolution hatten viele Bezirke Staatsangestellte als Vertreter ihrer Interessen in den Reichstag, die Landtage und die Stadträte gewählt. Bei den Kommunalwahlen von 1850 jedoch konnten sich Wähler aus den besitzenden Klassen überhaupt nicht mit der Vorstellung abfinden, dass Staatsbeamte den Willen der Öffentlichkeit repräsentieren sollten. Im relativ konservativen Innsbruck äußerte sich eine liberale Zeitung 1850 erfreut darüber, dass trotz der Wahlbestimmungen, durch die Beamte beträchtlich begünstigt waren, keine einzige der drei Kurien der Stadt einen Staatsangestellten gewählt hatte – und das bei einer Wahl, bei der die Beteiligung in allen drei Kurien sehr hoch gewesen war, das heißt zwischen 75 und 100 Prozent betragen hatte.[68]

Wahlergebnisse wie dieses kündigten schon einen signifikanten Wandel in der liberalen Politik an, der in den 1860er- und 1870er-Jahren noch deutlicher werden sollte, als Handwerker, Produzenten und andere Angehörige der Mittelklasse ihr politisches Schicksal nicht länger in die Hände der Beamten mit ihrer juristischen Ausbildung legten, sondern lieber in die einer anderen Berufsgruppe, die ebenfalls über juristische Fachkenntnisse verfügte: die Advokaten. Thomas Götz meint: «Wie kein anderer verkörperte der Advokat den Prototyp des Bildungsbürgers, und Sachverstand wie Redegewandtheit dieses Berufsstandes galten offenbar auch als Potential, das für die nunmehr gesetzlich aufgewertete Gemeinde und ihre gewachsenen Aufgaben genutzt werden konnte.»[69] Obwohl die Beamten und die Advokaten vieles miteinander gemeinsam hatten, vor allem auch eine vergleichbare Ausbildung, übten sie Berufe aus, durch die sie in einem ganz anderen Verhältnis zur Öffentlichkeit standen. In Innsbruck etwa erzielten die Advokaten mit den erwähnten Kommunalwahlen von 1850 einen Durchbruch; diese Berufsgruppe diente jetzt der Mittelklasse anstelle der ebenfalls juristisch ausgebildeten Beamtenschaft als offizielle politische Stimme in der Öffentlichkeit. Als der Konstitutionalismus in den 1860er-Jahren wieder auflebte, waren Advokaten in allen durch Wahl bestimmten Gremien, von den Gemeinderäten bis hin zum Reichstag, tonangebend.

Häufig unterlief die Regierung auch ihr eigenes politisches Programm. Indem sie gewählte Stadträte weiter in Diensten hielt, Neuwahlen die 1850er-Jahre hindurch immer wieder hinausschob und die Handels- und Gewerbekammern einführte, die sie in wirtschaftlichen Dingen berieten, sorgte sie dafür, dass die Frage von Wahlen und politischer Mitbestimmung in der Öffentlichkeit präsent blieb. Bürger aus der Mittelschicht, vor allem solche, die über einen gewissen Grad an Bildung verfügten, entdeckten ihrerseits immer mehr Möglichkeiten, ihre Unzufriedenheit über den politischen Absolutismus zum Ausdruck zu bringen. Im Lauf der Fünfzigerjahre nahm die Zahl von Vereinen, die mit religiösen Gruppierungen in Verbindung standen oder karitativen Zwecken dienten, immer weiter zu. In Industriellenorganisationen, Schützen-, Gesangs- oder Turnvereinen kamen die Bürger zusammen, um auch über die Politik der Regierung zu diskutieren – und ihr Missfallen über sie zu bekunden.

Überdies machten viele Österreicher 1859 ihrer Unzufriedenheit über das autoritäre politische System Luft, indem sie an Feiern teilnahmen, die mancherorts zum hundertsten Geburtstag Friedrich Schillers veranstaltet wurden. In Prag brachte dieser Jahrestag Vertreter tschechischer und deutscher nationaler Politik zusammen; die einen wie die anderen betonten die Bedeutung einer freien öffentlichen Sphäre, indem sie einem Dichter huldigten, dessen Werk wie das keines zweiten für Freiheit und Emanzipation stand. Der Schriftsteller Fritz Mauthner schrieb über das Schillerfest in Prag: «wenn man es nicht sonst wüßte, dass diese Feier zumeist aus einer politischen, aus einer freiheitlichen Stimmung und Sehnsucht hervorging, man hätte es sicher aus der Beteiligung der Tschechen erraten können.» In Budapest schlugen im Oktober die Feierlichkeiten zum hundertsten Geburtstag des Schriftstellers Ferenc Kacinzcy (1759–1831), der unermüdlich für die Verwendung und Reform der ungarischen Sprache eingetreten war, in vergleichbare Bekundungen eines ungarischen Nationalismus um.[70] Nach dem Ende dieser Feiern blieben die Männer und Frauen, die den Organisationskomitees angehört hatten, oft aktiv; sie gründeten neue Vereinigungen, vor allem Turnvereine und Studentenverbindungen. Mit dem Schillerjahr entstanden auch engere Beziehungen zwischen Aktivistengruppen in verschiedenen Regionen Österreichs, da Eisenbahnverbindungen und verbesserte Kommunikationsmöglichkeiten es leichter machten, an einer immer überregionaler werdenden Festkultur teilzunehmen.[71]

Ambitionen des Reichs in Europa

Es waren jedoch seine ehrgeizigen Initiativen auf dem Gebiet der Außenpolitik, die das absolutistische Regime schließlich zu Fall brachten. Franz Josephs ursprüngliches Bemühen um soziale und wirtschaftliche Reformen war seinem Verlangen entsprungen, Preußen seine ökonomische Vormachtstellung im Deutschen Bund streitig zu machen. Die beeindruckende Entwicklung der einheimischen Wirtschaft hatte aber nicht zur Folge, dass Österreichs internationaler Status sich entsprechend erhöhte. Schlecht überlegte außenpolitische Entscheidungen machten jedes politische Kapital, das dem Regime aus der wirtschaftlichen Entwicklung erwuchs, zunichte; das gab den Verfechtern des Konstitutionalismus ein neues Druckmittel in die Hand.

Die finanziellen Konsequenzen der Außenpolitik hatten ihren Ursprung weitgehend in dem großen Geldbedarf der Regierung zur Zeit der Erhebungen von 1848; damals hatte man die Entscheidung gefällt, Papiergeld auszugeben, was zu einer Abwertung der Währung auf internationaler Ebene geführt hatte. Von 1850 bis 1867 hatte jeder neue Finanzminister sich um finanzielle Stabilität bemüht, während er gleichzeitig gewaltige Summen für den Ausbau der Infrastruktur und des Militärs bestimmt hatte.[72] Jeder Finanzminister hatte jedoch auch versucht, die rasche Entwicklung der Wirtschaft zu fördern, um das Steueraufkommen zu steigern. Dass diese beiden Ziele nebeneinander verfolgt wurden, erklärt zum Beispiel die Entscheidung, die Eisenbahnen zu privatisieren, aber gleichzeitig durch die Gewährung übertrieben günstiger Konzessionen zu ihrer Expansion anzuregen. Alle Bemühungen, finanzielle Stabilität zu erreichen, wurden jedoch mehrfach, 1853, 1859, 1862 und 1866, durch eine umfassende Mobilmachung der Streitkräfte zunichte gemacht.

Seit der Zeit der Kriege Maria Theresias gegen Friedrich den Großen hatte Österreich mit Preußen im Streit gelegen und nach 1815 immer erbitterter um die Führungsposition im Deutschen Bund gewetteifert. In den 1820er- und 1830er-Jahren hatte Preußen seinen politischen Einfluss in Mitteleuropa ausgebaut, unter anderem auch durch die Gründung des Deutschen Zollvereins, dem Österreich nicht angehörte, der aber schließlich fast alle der kleinen und mittelgroßen deutschen

Staaten umfasste. 1848 waren viele österreichische Fabrikanten vor der
«großdeutschen Lösung» zurückgeschreckt, weil das Land in diesem
Fall der Deutschen Zollunion hätte beitreten müssen und ihre Erzeugnisse einer gefährlichen Konkurrenz ausgesetzt gewesen wären.
Die jüngere Geschichte hatte jedoch gelehrt, dass Österreich, wenn es
Preußen in Zukunft Paroli bieten wollte, einen ähnlichen Grad an
wirtschaftlicher Stärke erreichen müsste.

Der kostenintensiven Förderung ökonomischen Wachstums durch
Franz Joseph lag also der Wettbewerb mit Preußen um die Vorherrschaft zugrunde. Es gab aber noch andere außenpolitische Probleme,
die den Haushalt belasteten. Im Süden und im Osten machte es sich
dasselbe Russische Reich, das Österreich 1849 gerettet hatte, indem es
die rebellierenden Ungarn niederkämpfte, jetzt zunutze, dass das
Osmanische Reich im Niedergang begriffen war, und unterstützte –
oder entfachte – Erhebungen gegen die Türken auf dem Balkan, um
sich dort selbst Territorien anzueignen. Das neutrale Österreich versuchte durch eine umfassende Mobilmachung während des Krimkrieges 1853 Russland unmissverständlich klarzumachen, dass es sich vom
Balkan fernhalten sollte. Doch diese Mobilmachung verärgerte nur den
Zaren, der eine Geste der Undankbarkeit oder sogar des Verrats darin
sah. Im Westen Europas versuchte derweil das Königreich Sardinien-
Piemont – wie schon 1848 – mit dem heimlichen Beistand Frankreichs,
seine Kontrolle über die italienische Halbinsel auszuweiten. Um dies zu
verhindern, führte Österreich 1859 einen erfolglosen Krieg gegen das
Königreich Sardinien-Piemont und seinen Verbündeten. 1862 stellte
das Kaiserreich sich dann auf die Seite Preußens. Um dem Nachbar-
staat dabei zu helfen, die Herzogtümer Schleswig und Holstein für den
Deutschen Bund gegen Annexionsversuche der Dänen zu verteidigen,
wurden Truppen mobilisiert und gegen Dänemark in den Kampf geschickt. Auf diese Weise wollte man aber auch sicherstellen, dass Preußen die Meriten für den Sieg über Dänemark nicht für sich alleine ein-
streichen würde. 1866 schließlich führten die beiden noch vier Jahre
zuvor verbündeten Staaten einen Krieg gegeneinander, der schon nach
kurzer Zeit mit einem Sieg Preußens endete und alle Hoffnungen
Österreichs, den Deutschen Bund unter seiner Vorherrschaft zu reformieren, zunichte machte. Jede dieser Mobilmachungen stürzte Öster-

reich erneut in eine finanzielle Krise; die Währung wurde geschwächt und die Staatsschulden wuchsen. 1859 wurden die Leistungen der Regierung im eigenen Land von einer Finanzkrise gewaltigen Ausmaßes völlig überschattet.

«Keine Verfassung, kein Geld»

Nach dem 1859 geschlossenen Frieden von Villafranca, der Österreich dazu zwang, die reiche norditalienische Provinz Lombardei an Frankreich und Sardinien-Piemont abzutreten, begriff Kaiser Franz Joseph, dass er, um nach dieser Niederlage seine Legitimität neu zu beweisen und das Ansehen des Staates wiederherzustellen, sich damit würde abfinden müssen, einen Teil seiner Macht abzutreten und eine Mitbeteiligung an der Herrschaft zuzulassen. Er glaubte aber zunächst noch, eine oberflächliche Reform würde ausreichen, um der Regierung wieder zu Popularität zu verhelfen. 1860 schrieb er an seine Mutter: «Wir werden zwar etwas parlamentarisches Leben bekommen, allein die Gewalt bleibt in meinen Händen.»[73] Das zeigt, wie wenig der Kaiser und seine Berater begriffen hatten, welche Verhältnisse im Reich herrschten und wie die Stimmung der Bevölkerung war. Was als kontrollierte Augenwischerei geplant war, schlug rasch in ein wildes Gerangel zwischen Konservativen und Liberalen, Aristokraten und freiberuflichen Bürgerlichen, Angehörigen des Kleinadels und Unternehmern um, die alle die Gelegenheit beim Schopf ergreifen wollten, ihre eigene Vision vom idealen Reich zu realisieren und ein solches auf den Trümmern des gescheiterten Systems der zentralisierten Bürokratie aufzubauen.

Der unbeliebte Baumeister des absolutistischen Regimes, Alexander von Bach, trat zurück, und Franz Joseph distanzierte sich öffentlich von seinem absolutistischen Programm. Doch mit wem sollte der Kaiser sich die Herrschaft teilen? Er war dringend auf die politische Unterstützung von zwei sehr unterschiedlichen gesellschaftlichen Gruppen angewiesen, die beide in den 1850er-Jahren unter ihrem Mangel an politischem Einfluss gelitten hatten. Das waren die Gruppe der Aristokraten in den einzelnen Kronländern und diejenige der immer mächtiger werdenden Mitglieder der kapitalistischen Mittelschicht (zu denen auch die Wiener Bankiers gehörten). Das Aufkommen von «etwas parlamentarische[m] Leben», von dem Franz Joseph gesprochen hatte, ließ einen heftigen Wettstreit zwischen diesen sozialen Gruppen (zu denen später noch andere hinzukamen) entbrennen, von denen jede versuchte, ihre eigene Vorstellung davon durchzusetzen, wie das neue System, das den Absolutismus der 1850er ablöste, aussehen sollte. Diese Konflikte sollten acht Jahre lang andauern und erst vollständig beigelegt werden, nachdem Österreich aus einem weiteren Krieg, der viel Geld kostete, als Verlierer hervorgegangen war. Doch auch danach blieb das Kaiserreich politisch und kulturell gespalten, und daran änderte sich bis in die 1880er-Jahre hinein nichts, als alle Parteien zumindest die Parameter des neuen konstitutionellen Systems stillschweigend akzeptierten.

1860 forderten die Aristokraten in den verschiedenen Kronländern ein föderalistisches System, das der Zentralisierung der Verwaltung ein Ende setzen und ihnen wieder die volle Kontrolle über die regionale Politik und regionalen Maßnahmen verleihen sollte. Vor allem verlangten sie, dass die gesetzgebende Gewalt erneut bei den Landtagen liegen sollte (ihnen, wie sie es formulierten, «zurückerstattet» werden sollte). Sie waren überzeugt davon, dass sie die Landtage dominieren würden. Sie lehnten die Idee eines zentralen Parlaments für ganz Österreich nicht grundsätzlich ab, wollten aber, dass dessen Kompetenz streng beschränkt bliebe. Es sollte nur für einige wenige Dinge zuständig sein, etwa den Staatshaushalt. Die Unternehmer und die Gebildeten aus der Mittelschicht bestanden hingegen auf der Schaffung eines mit großen Machtbefugnissen ausgestatteten zentralen, also für das ganze Reich zuständigen Parlaments, dessen Mitglieder gewählt wurden. Im Gegensatz zu den Aristokraten waren viele Liberale aus der Mittelklasse nicht unglücklich mit einem weitgehend zentralisierten Staat, sie wollten diesen aber ihren eigenen Vorstellungen entsprechend organisieren. Sie schlossen sich also bis zu einem gewissen Grad den Ansichten Josephs II. an und verfochten die Meinung, eine starke zentrale Macht sei der beste Garant dafür, dass auch verbliebene Privilegien feudaler oder religiöser Art der Herrschaft des Rechts unterworfen würden. Gleichzeitig forderten sie aber auch eine Verfassung, die Gewährung von Bürgerrechten, eine Zurücknahme des Konkordats mit

Rom, die Abspaltung der Judikative von der Administration und die Unterstellung der Verwaltung unter die Aufsicht eines gewählten Parlaments.

Als dann aber der Zeitpunkt gekommen war, die neuen Institutionen, das heißt die Landtage und einen «Reichsrat», zu wählen, wollten sowohl die adeligen Föderalisten als auch die bürgerlichen Liberalen um jeden Preis vermeiden, dass sich solche Exzesse vonseiten des Volks wie 1848 wiederholten. Sie kamen überein, dass nur die verantwortungsbewussten besitzenden Klassen – mit anderen Worten sie selbst – wahlberechtigt sein sollten. Uneinig waren sie aber darüber, wie groß der Einfluss der landbesitzenden Adligen im Verhältnis zu dem der städtischen Kapitalisten bei den Wahlen sein sollte.

1860 stellte der Kaiser sich erst auf die Seite des für eine föderalistische Lösung eintretenden Adels: Er ernannte den galizischen Grafen Agenor Gołuchowski zum Vorsitzenden eines Ministerrats und erließ das «nicht widerrufbare» Oktoberdiplom (auch: Oktoberpatent). Mit diesem Verfassungsgesetz wurde die Wiedereinführung der Landtage versprochen; diese sollten Abgeordnete wählen, die das jeweilige Kronland in einem Reichsrat vertraten, dessen einzige Aufgabe darin bestand, den jährlichen Staatshaushalt zu überprüfen.[74] Damit wurde beträchtliche Macht von der zentralisierten Verwaltung abgezogen und den Landtagen übertragen, in denen die regionalen Adligen – wie diese selbst voller Zuversicht glaubten – die Entscheidungsgewalt innehaben würden. Trotz dieser weitgehenden Zugeständnisse an die Föderalisten konnte das Oktoberdiplom die Mehrzahl der ungarischen Politiker jedoch nicht befriedigen, da mit ihm ihr Land nur als einer der vielen Bestandteile des gesamten Reiches behandelt wurde. Außerdem wurden dadurch die Aprilgesetze von 1848 nicht anerkannt. Das Oktoberpatent enttäuschte auch viele Liberale außerhalb Ungarns, die es als Rückschritt gegenüber dem parlamentarischen System ansahen, das sie selbst 1848 geschaffen und für kurze Zeit am Leben erhalten hatten. Liberalnationale außerhalb Ungarns – nur die tschechischen verfügten in Gestalt der «Jungtschechen» bereits über eine selbständige organisierte Gruppe – sahen sich durch das Patent vor ein Dilemma gestellt: Auf der einen Seite kam es dadurch, dass es eine föderalistische Struktur befürwortete, ihren Forderungen nach größerer Autonomie für

Böhmen weit entgegen, auf der anderen Seite trug es, was die Gewährung von Bürgerrechten und eine Reform der Rechtsprechung anging, wenig zur gesellschaftlichen Liberalisierung bei.

Die liberalen Medien von Ungarn und Österreich entfachten eine so heftige Kritik an Franz Josephs Plan, dass dieser – der immer noch die Unterstützung der sich widerspenstig zeigenden Kreditmärkte gewinnen wollte – sich bald gezwungen sah, das «nicht widerrufbare» Patent abzuwandeln. Im Dezember 1860 ließ er die aristokratischen Föderalisten fallen und ernannte einen zentralistischen Beamten und ehemaligen Achtundvierziger zum Regierungschef: Anton Ritter von Schmerling. Mit der Hilfe einer kleinen Schar von Beamtenkollegen entwarf dieser 1861 die Februarverfassung (das sogenannte Februarpatent), die die Einrichtung eines Reichsrats vorsah, der nicht nur den jährlichen Haushalt gutheißen, sondern auch an der Legislative beteiligt sein sollte. Dieser Reichsrat sollte auch die Innenpolitik in stärkerem Maße mitbestimmen können als die Landtage der Kronländer, auch wenn die Parlamentarier von den einzelnen Landtagen entsandt und nicht direkt von den Wählern bestimmt werden sollten.[75]

Das neue Wahlsystem wies die Wahlberechtigten einer von vier Gruppen oder «Kurien» zu: derjenigen der Großgrundbesitzer, der Mitglieder der Handels- und Gewerbekammern, der zu direkter Steuerabgabe verpflichteten männlichen Bürger der städtischen oder der Groß- und Mittelbauern der ländlichen Wahlkreise. Der Mindestbetrag an Steuern, den jemand jährlich zu entrichten hatte, um in eine der letzten beiden Gruppen aufgenommen zu werden, war allerdings recht hoch angesetzt.[76] Als Geste an die Ungarn sah Schmerling die Unterteilung des Reichsrates in zwei Untergremien vor: den sogenannten engeren Reichsrat, der die Gesetze für alle Kronländer mit Ausnahme Ungarns verabschieden würde, und den weiteren Reichsrat, der für die Angelegenheiten des Gesamtreiches zuständig sein sollte und dem auch ungarische Abgeordnete angehörten sollten.[77]

1848 hatte das Parlament aus einer einzigen Abgeordnetenkammer bestanden, die nach eigenen Regeln verfahren war und über ein breites Spektrum an Fragen entschieden hatte. Die Parlamentarier hatten juristische Immunität genossen, und Regierungen waren zu Fall gekommen, wenn sie nicht mehr von der Mehrheit von ihnen unterstützt worden waren. Das Februarpatent sah hingegen eine zweite Kammer, das Herrenhaus, vor, das «mäßigend» auf die Beschlüsse der anderen Kammer, des Abgeordnetenhauses, einwirken konnte. Die Mitglieder des Herrenhauses waren entweder Fürsten aus dem Hause Habsburg oder herausragende Persönlichkeiten des öffentlichen Lebens und wurden vom Kaiser ernannt. Um verabschiedet zu werden, musste ein Gesetz beide Kammern passieren und auch vom Kaiser selbst gebilligt werden. Die Abgeordneten des Reichsrates und der wieder zum Leben erweckten Landtage genossen keine Immunität mehr, konnten also juristisch verfolgt werden. Zudem hatten sie keinen formellen Einfluss auf die Zusammensetzung des Ministerrats. Die Verfassung verpflichtete Beamte auch nicht dazu, neue Gesetze tatsächlich zur Anwendung zu bringen. Unter diesen Voraussetzungen schien es fraglich, ob die Abgeordneten wirklich in der Lage sein würden, ihre Wünsche gegen den Willen der Regierung durchzusetzen.

Im Anschluss an die ersten Wahlen, die seit über einem Jahrzehnt abgehalten worden waren, traten im Frühjahr 1861 die wieder begründeten Landtage zusammen, und mit Ausnahme des ungarischen und des kroatischen wählte jeder von ihnen die Abgeordneten für den Wiener Reichsrat. Als die Delegierten in einem hastig errichteten Bau am Schottenring im April 1861 zum ersten Mal zusammenkamen, entspann sich sofort ein Tauziehen mit der Regierung, das im Grunde erst in den 1870er-Jahren zu Ende ging. Die Delegierten und ihre Verbündeten in der Presse ignorierten störrisch die Schranken, die der Kaiser und Schmerling den neuen Institutionen gesetzt hatten. Sie bezeichneten diese hartnäckig als «konstitutionelle» Einrichtungen im Sinn von 1848 und nicht als «konsultative», was sie in den Augen von Franz Joseph waren. Das Kabinett musste beharrliche und manchmal peinliche Forderungen über sich ergehen lassen, die die Delegierten in Form von kritischen Anfragen und unerwünschten Gesetzesvorschlägen vorbrachten. Dem Kabinett blieb nichts übrig, als in die Defensive zu gehen und zu versuchen, die Auswirkungen der radikaleren Forderungen des Parlaments so weit wie möglich einzudämmen.[78] Es zeigte sich, wie naiv der Kaiser gewesen war, als er gemeint hatte, die Macht würde auch in dieser neuen und nicht berechenbaren politischen Welt weiter in seinen Händen liegen.

Sowohl Liberale als auch Konservative (was 1861 gleichbedeutend war mit Befürwortern eines zentralistischen und Befürwortern eines föderalistischen Systems) waren entschlossen, ein wahrhaft konstitutionelles, wenn auch nicht demokratisches Zeitalter einzuleiten. Sie attackierten das, was sie von ihrer jeweiligen Warte aus als konstitutionelle Defizite des existierenden Systems ansahen. Mithilfe von neuen Gesetzen versuchten sie dem Parlament die Machtbefugnisse zu verschaffen, an denen es ihm im Vergleich zu seinem Vorläufer im Jahr 1848 mangelte, und zwar vor allem, was die Verantwortlichkeit der Minister der Volksvertretung gegenüber betraf. Ihre Haupttaktik bestand aber darin, so zu handeln und aufzutreten, als besäßen sie schon die Rechte, die zu erlangen sie sich bemühten. So bezeichneten sich bei den frühesten Sitzungen – über die die Presse eifrig berichtete – mehrere Abgeordnete als «Volksvertreter», obwohl weder im Oktoberdiplom noch in Februarpatent an irgendeiner Stelle vom «Volk» die Rede war und auch der Ausdruck «Vertreter» nirgendwo vorkam.

Bei den frühen Sitzungen dominierten Anwälte die Debatte; mit legalistischen und fachlichen Argumenten versuchten sie ihre Ansprüche auf mehr Macht zu rechtfertigen. In der zweiten Sitzung schlug der Anwalt Eduard Mühlfeld, der für Niederösterreich im Reichsrat saß, vor, die Abgeordnetenkammer solle sich von den ihr von der Regierung auferlegten Vorschriften befreien und ihre Tagesordnung selbst festlegen.[79] Der Anwalt Carl Giskra, der Mähren vertrat, regte an, eine formelle Antwort des Parlaments auf die Ansprache, mit der der Kaiser die Sitzung eröffnet hatte, aufzusetzen.[80] In dieser Antwort konnten die Abgeordneten ihren eigenen Themenkatalog formulieren und so auch die öffentliche Meinung darüber, welches die derzeit aktuellsten Fragen und Probleme waren, beeinflussen. Viele Delegierte nutzten die Diskussion darüber, wie man auf die Ansprache des Herrschers reagieren sollte, aus, um überdies offenzulegen, welche Differenzen unter ihnen selbst bestanden.[81] So kam es zu einem heftigen Zusammenstoß von Föderalisten und Zentralisten über die Frage, welche Kompetenzen der Reichsrat im Unterschied zu den Landtagen innehatte; dies lieferte die Grundlage für Allianzen zwischen Vertretern einer der beiden Parteien über die regionalen Grenzen hinweg.

Nachdem sie in der Antwort auf die Rede des Kaisers ihre eigenen

Absichten und Ziele definiert hatten, gingen die Abgeordneten zu einem Frontalangriff auf das neue System über.[82] Am 15. Mai 1861 brachte Giskra den Entwurf eines Gesetzes vor, mit dem das Kabinett dem Parlament gegenüber dafür verantwortlich gemacht werden sollte, dass neue Gesetze auch ausgeführt wurden. Jeder zuständige Minister sollte ein solches Gesetz gegenzeichnen, nachdem es beide Kammern passiert hatte und vom Kaiser gebilligt worden war. Das Parlament sollte juristisch gegen jeden Minister vorgehen können, der nicht dafür sorgte, dass neue rechtliche Bestimmungen in die Tat umgesetzt wurden. Damit sollte die Unabhängigkeit, mit der die Bürokratie als Instrument der Krone traditionellerweise operiert hatte, beschnitten werden. Die Liberalen versuchten also das Reich neu zu strukturieren, indem sie den großen bürokratischen Apparat der Legislative gegenüber verantwortlich machten.[83]

In der Begründung seines Gesetzesvorschlages erklärte Giskra, dass das Volk selbst dem Parlament seine Legitimität verleihe, es seien die Einwohner Österreichs und nicht die Abgeordneten, die diese Innovation wünschten. «Die öffentliche Meinung [hat] die Mängel und Fehler der [Verfassung] theils herausgefühlt, theils klar erkannt und die Abhilfe solcher Fehler und Mängel als Nothwendigkeit bezeichnet.»[84] Giskra versuchte auch den Widerspruch aufzuheben, der in einer konstitutionellen Monarchie zwischen der von ihrer Natur her uneingeschränkten Herrschaft eines Souveräns und der gleichzeitigen verfassungsmäßigen Ordnung bestand. Verfassungstheoretiker in ganz Europa hätten sich mit diesem Paradox konfrontiert gesehen, nicht nur die Österreicher. «Wissenschaft und Praxis haben schon lange den Grundsatz festgestellt: ‹Der König kann nicht Unrecht thun›.» Für Giskra war das aber «eine Rechtsfiktion, die eine Nothwendigkeit ist, um die Majestät der Krone und ihres erhabenen Trägers über alle Angriffe zu stellen». Er meinte: Diese erste Einrichtung sei «durch eine zweite Einrichtung von der Wissenschaft und Praxis ergänzt worden, und das ist die Verantwortlichkeit der obersten Diener der Krone».[85] Diese verlange von den Ministern, die Einhaltung der vom Parlament verabschiedeten Gesetze zu gewährleisten. Die ministerielle Verantwortlichkeit bringe die absoluten Vorrechte der Krone mit dem Recht des Volkes, Gesetze zu verabschieden, in Einklang.

Ein verprellter Franz Joseph mag die Forderungen Giskras in ihrer Radikalität als anmaßend empfunden und abgelehnt haben, doch in der nicht mehr einer Zensur unterworfenen Presse wurden sie voller Gusto aufgenommen, und ein großer Teil der Leserschaft war mit ihnen einverstanden. Nach zwölf Jahren absolutistischer Herrschaft verfolgten die Zeitungsleser parlamentarische Reden und Debatten mit gesteigertem Interesse. Viele der führenden Abgeordneten pflegten enge Beziehungen zu Zeitungsberichterstattern und -redakteuren, weil sie mit deren Hilfe Einfluss auf die öffentliche Meinung nehmen zu können hofften. Heinrich Pollak, Journalist bei der *Morgenpost*, erinnerte sich daran, dass die Delegierten gerne im Ausschankbereich des Parlamentsgebäudes mit den Zeitungsleuten zusammenkamen und ihnen zu ihrer Vorabinformation Abschriften von Reden zusteckten, die sie erst noch halten mussten. Der Mährer Giskra und der böhmische Juraprofessor Eduard Herbst waren mit Pollak besonders eng vertraut, während der Böhme Ignaz von Plener vertrauten Umgang mit August Zang, einem Redakteur der Wiener *Presse*, pflegte.[86]

In seinen Memoiren wetterte Schmerling gegen solches Gemauschel und gab diesem die Schuld daran, dass er sein Programm nicht realisieren konnte und sein Verhältnis zum Kaiser getrübt wurde. Er glaubte, dass sich hinter den Freundschaften mit Zeitungsleuten nichts anderes als ein Verlangen der Abgeordneten nach einer positiven Berichterstattung über sich selbst verbarg. Diese verbreitete Charakterschwäche verführe Abgeordnete immer wieder dazu, nicht für die Öffentlichkeit bestimmte Informationen an die Presse durchsickern zu lassen. So sei es dazu gekommen, «dass über dasjenige, was abends im Ausschuss verhandelt worden war, am nächsten Morgen in allen Zeitungen zu lesen war». «Wenn der Ausschuss seine Sitzung beendet hatte», berichtete Schmerling, lauerten «die Berichterstatter der Journale schon am Tore [...] und ihnen [wurden] von verschiedenen Mitgliedern des Ausschusses beschriebene Zettel in die Hand gegeben.» Natürlich war Schmerling nicht darüber erhaben, selbst ebenfalls auf Zeitungsleute zurückzugreifen, um der Position der Regierung in der Presse Rückhalt zu verschaffen. Das hielt ihn aber nicht davon ab, seinen Gegnern aufgrund ihres vertraulichen Umgangs mit den Journalisten einen unziemlichen Mangel an Diskretion vorzuwerfen. Je öffentlicher die Prozesse der politischen Entscheidungsfindung im Lauf der Zeit wurden, desto mehr verringerte sich der direkte Einfluss des Kaisers auf die Vorgänge, da die Ansichten der Abgeordneten von den mit ihnen verbündeten Reportern in den Medien propagiert und auf diese Weise normativ wurden.[87]

Als Schmerling immer mehr die Kontrolle über das von ihm selbst geschaffene Frankensteinsche Monster verlor, ging auch sein gutes Verhältnis zum Kaiser in die Brüche.[88] Das war jedoch weniger auf die Bedrohung durch den liberalen Konstitutionalismus zurückzuführen als vielmehr darauf, dass es Schmerling nicht gelang, die Ungarn und Kroaten dazu zu bewegen, ebenfalls Abgeordnete ins Wiener Parlament zu entsenden.[89] Ihre Repräsentanten weigerten sich, an irgendeiner Institution des Reiches mitzuwirken, bevor nicht die Aprilgesetze von 1848 wieder in Kraft gesetzt worden waren. Das Ergebnis dieser Weigerung bestand darin, dass Franz Joseph den ungarischen Landtag auflöste und erneut das Kriegsrecht über Ungarn verhängte. Gleichzeitig nahm auch der Widerstand vonseiten der Föderalisten gegen das neue System zu; er flammte vor allem unter tschechischen Nationalisten in Böhmen, polnischen Nationalisten in Galizien und katholischen Konservativen in Tirol immer stärker auf. Vom Standpunkt des österreichischen Zentralstaates aus gesehen, hatte Schmerling mit dem von ihm geschaffenen konstitutionellen System an allen Fronten genau das Gegenteil von dem erreicht, was er hatte erreichen wollen.

Nationalismus im Stil der 1860er-Jahre

Mit der Wiederbelebung des konstitutionellen Systems im Jahr 1861 entwickelte sich in einigen Kronländern und folglich auch in der Abgeordnetenkammer des Wiener Parlaments ein dynamisches politisches Leben, dessen Träger vor allem national eingestellte Verfechter des Föderalismus waren. In den Jahren 1861 bis 1880 wurden nationale Bewegungen in erster Linie – wenn auch nicht ausschließlich – «von oben» gegründet und gesteuert und wuchsen nicht aus dem Volk heraus, wie die Darstellung des politischen Lebens auf kommunaler Ebene in Kapitel 7 bestätigt. Es überrascht nicht, dass sich im nationalen Bewusstsein der 1860er-Jahre eine Rückkehr zu den Ideen von 1848 bemerkbar machte und diese Ideen – aber auch die Erfahrungen von damals – in die neuen Programme der nationalen Wortführer eingingen. Vorstellungen wie die von einem austro-slawischen Reich, von der Wiederherstellung eines unabhängigen polnischen Staates oder einem lockeren föderalistischen Verband von einzelnen Kronländern lagen den meisten nationalen Forderungen zugrunde. Die nationalen Programme – wenn nicht gar die Ideologien – waren weiterhin Ergebnisse der spezifischen politischen Verhältnisse in einem Kronland und weniger durch die Gegebenheiten im Gesamtreich beeinflusst. Mit anderen Worten: Wenn deutschsprachige Staatsbürger sich in den 1870er-Jahren als einer bestimmten Nation zugehörig auffassten, dann identifizierten sie sich eher mit einem einzelnen Kronland und dessen Interessen als mit einer reichsweiten nationalen Gemeinschaft oder den Interessen des gesamten Habsburgerreiches. Man kann daher kaum von reichsweit existierenden tschechisch-, deutsch-, italienisch- oder slowenisch-nationalen Bewegungen sprechen. Im Gegenteil: In Böhmen stieß man auf einen ganz anderen tschechischen Nationalismus als in Mähren, der slowenische Nationalismus in der Krain unterschied sich von dem, auf den man in der Steiermark traf, der italienische Nationalismus in Tirol hatte nur wenig mit dem in Istrien, in Triest oder in Dalmatien gemein.

Viele nationalpolitische Programme dieser Zeit bezogen sich auf ältere Entwürfe eines föderalistisch strukturierten Reiches, dessen einzelne Untereinheiten von historischen Kronländern wie Ungarn, Galizien oder Böhmen gebildet wurden. Die polnisch-galizische Vorstellung von nationaler Eigenständigkeit wurde oft vom konservativen Landadel bestimmt, der gegen eine Beteiligung der Bauern oder der vermehrt ihre Rechte geltend machenden ruthenischen Patrioten an der Politik war und weiter die Wiederherstellung eines unabhängigen Polen verfolgte. Solange es aber die alte polnisch-litauische Föderation noch nicht wieder gab, strebten polnische Nationalisten nach einem autonomen föderalen Status innerhalb des österreichischen Staates. Und während es den Bauern gelang, mehrere aus ihren Reihen als Abgeordnete in den ersten galizischen Landtag, den *Sejm*, zu entsenden, wurden danach bis 1889 keine Bauern mehr zu Abgeordneten gewählt. Konservative polnische Nationalisten scheuten vor keinem Mittel zurück, um zu verhindern, dass die Bauern im Landtag repräsentiert waren.[90]

Auch böhmisch-tschechische Nationalisten versuchten in Wien Unabhängigkeit für ihr Kronland zu erlangen. 1861 handelten zunächst Palacký und Rieger eine politische Allianz mit dem föderalistisch eingestellten böhmischen Adel, der unter der Führung von Fürst Heinrich Clam-Martinic stand, aus. Ihr gemeinsames Programm zielte auf eine «Wiederherstellung» der historischen Staatsrechte Böhmens: Die Vorrangstellung des dortigen Landtags sollte anerkannt und das Wiener Parlament zu einer Art Kollektivlandtag zurückgestuft werden, in dem einzelne Kronländer über Angelegenheiten berieten, die für alle von Interesse und Bedeutung waren. Die Allianz mit dem für Föderalismus eintretenden Adel zwang Palacký und Rieger, ihren politischen Liberalismus – und den ihrer Anhänger – zu mäßigen und statt mit dem natürlichen Recht der tschechischen Nation auf Selbstbestimmung zu argumentieren, wie sie es 1848 getan hatten, die Tradition Böhmens als unabhängiges historisch verbürgtes Kronland ins Feld zu führen. Im Lauf der Zeit taten sich aber erhebliche Meinungsverschiedenheiten zwischen den bürgerlichen Aktivisten und ihren adeligen Verbündeten auf, da tschechisch-nationalistische Liberale in sozialen und wirtschaftlichen Fragen oft Positionen vertraten, die denen ihrer liberalen Gegner, die den Zentralismus befürworteten, nahekamen. 1863 entschieden böhmische tschechische Nationalisten sich, dem Beispiel der Ungarn zu folgen und das Wiener Parlament zu boykottieren. 1864 schlossen sich die mährisch-tschechischen Nationalisten ihnen an, distanzierten sich aber von der Behauptung, Mähren bilde zusammen mit Böhmen ein gemeinsames Königreich.[91]

Ausgleich

1865 änderte Franz Joseph seine Taktik. Er hatte das Gefühl, man könne außerhalb des bestehenden Systems noch zu einer vernünftigen Einigung mit Ungarn kommen, und ersetzte den Zentralisten Schmerling durch einen konservativen Föderalisten, den mährischen Grafen Richard Belcredi. Belcredi löste den Reichsrat auf und veranlasste Neuwahlen, in der Hoffnung, dass die Föderalisten in den Landtagen wieder eine Mehrheit erreichen würden und dann eine föderalistische Reform des gesamten Systems gebilligt werden würde. Gleichzeitig

Ferenc Deák (1803–1876) in seinen späten Jahren. Gemeinsam mit Julius Graf Andrássy war Deák maßgeblich an der Aushandlung des «Ausgleichs» mit Österreich beteiligt. Portätaufnahme von Friedrich Ehrlich, um 1867

verhandelte Franz Joseph außerhalb des konstitutionellen Rahmenwerks mit den politischen Führern der Ungarn.

Wieder einmal war es aber eine Niederlage im Krieg – diesmal 1866 gegen Preußen –, die Franz Joseph zwang, noch viel weitergehende Konzessionen zu machen, als er vorgehabt hatte, und zwar sowohl gegenüber den ungarischen Nationalisten als auch anschließend gegenüber den österreichischen zentralistischen Liberalen. Die Niederlage gegen Preußen setzte allen Hoffnungen auf eine Reform Deutschlands auf föderalistischer Basis unter der Schirmherrschaft Österreichs ein Ende. Stattdessen wurde Österreich formell aus dem Deutschen Bund ausgeschlossen und gezwungen, Venetien an Frankreich abzutreten (das die Provinz an Italien zurückgab). Franz Joseph konnte zumindest dankbar dafür sein, dass die ungarische Gesellschaft ihm während des Krieges treu geblieben war und nicht die Gelegenheit zu dem Versuch wahrgenommen hatte, vollständige Unabhängigkeit zu erlangen. Im Frühjahr 1867 handelte der Kaiser eine Einigung mit gemäßigt libe-

Julius Graf Andrássy (1823–1890) fordert die ungarischen Magnaten und Honoratioren, die sich anlässlich der Krönung von Franz Joseph und Elisabeth zum König und zur Königin von Ungarn am 8. Juni 1867 in der Budapester Matthiaskirche versammelt haben, zur Huldigung des Herrscherpaares auf. Lithographie nach einem Gemälde von Eduard Engerth von 1871

ralen ungarischen Aktivisten unter der Führung von Ferenc Deák aus. Das Abkommen sah vor, dass nahezu alle Aprilgesetze von 1848 wieder in Kraft treten sollten.

Mit diesem Abkommen erhielt Ungarn, was seine inneren Angelegenheiten betraf, vollständige Unabhängigkeit vom Rest des Kaiserreichs zugesprochen. Delegationen, die aus Abgeordneten des ungarischen und des österreichischen Parlaments bestanden, sollten regelmäßig über die Aufteilung der Staatsschulden, über Zölle und andere Fragen, die sowohl Ungarn als auch Österreich betrafen, verhandeln. Franz Joseph stimmte einer Zeremonie zu, mit der er und seine Gattin Elisabeth offiziell zum ungarischen Königspaar gekrönt wurden. Diese fand am 8. Juni in der Matthiaskirche in Buda statt. Franz Joseph bekam die Stephanskrone aufs Haupt gesetzt, die die «alte ungarische Nation verkörperte». Vor der Kirche legte er, auf dem Rücken eines Pferdes sitzend und mit blankem Schwert in der Hand, wie es vor ihm Maria Theresia (in Preßburg) und sein Onkel Ferdinand getan hatten, einen Eid ab, wobei er sich in alle vier Himmelsrichtungen wandte.

In Österreich berief der Kaiser erneut das Parlament ein, in dem jetzt die zentralistischen Liberalen die Mehrheit hatten. Als Zeichen der Aussöhnung mit den Liberalen ernannte er – allerdings widerstrebend – den äußerst populären mährischen Anwalt und ehemaligen Achtundvierziger Carl Giskra, der es verstand, sich selbst in Szene zu setzen, zum Präsidenten des Abgeordnetenhauses. Dafür, dass sie den sogenannten «Ausgleich» mit Ungarn endlich verabschiedeten, gestattete der Kaiser den liberalen Abgeordneten, bei dieser ersten Sitzung eine Reihe von grundlegenden Gesetzen auszuarbeiten, die die Basis für eine Verfassung liefern sollten. Was die Bürgerrechte betraf, orientierte man sich weitgehend an dem Kremsierer Verfassungsentwurf von 1849. Viele Zentralisten fanden sich widerstrebend mit dem Österreichisch-Ungarischen Ausgleich ab, den sie vorher abgelehnt hatten. Etliche konnten sich nicht damit arrangieren, dass das vereinte Reich durch dieses Abkommen geteilt wurde, und einige erhoben vergeblich Protest dagegen, dass dieser Kompromiss ihnen aufgezwungen worden sei.

Mit der Billigung der neuen Verfassungsgesetze durch den Kaiser am 21. Dezember 1867 traten drei neue Binnengliederungen des Gesamtstaats offiziell, wenn auch nicht de facto, an die Stelle des österreichischen Kaisertums von 1804: Österreich-Ungarn, das in diplomatischen, militärischen und finanziellen Kontexten existierte, nicht aber in anderen; das Königreich Ungarn; der österreichische Landesteil, der der offiziellen Nomenklatur zufolge «die im Reichsrat vertretenen Königreiche und Länder» hieß, im Folgenden aber einfachheitshalber nur «Österreich» oder auch Cisleithanien genannt wird.[92] Von jetzt an hatten Ungarn und Österreich lediglich einen gemeinsamen Herrscher aus dem Hause Habsburg, der König von Ungarn und Kaiser von Österreich war, ein gemeinsames Militär, eine gemeinsame Außenpolitik und

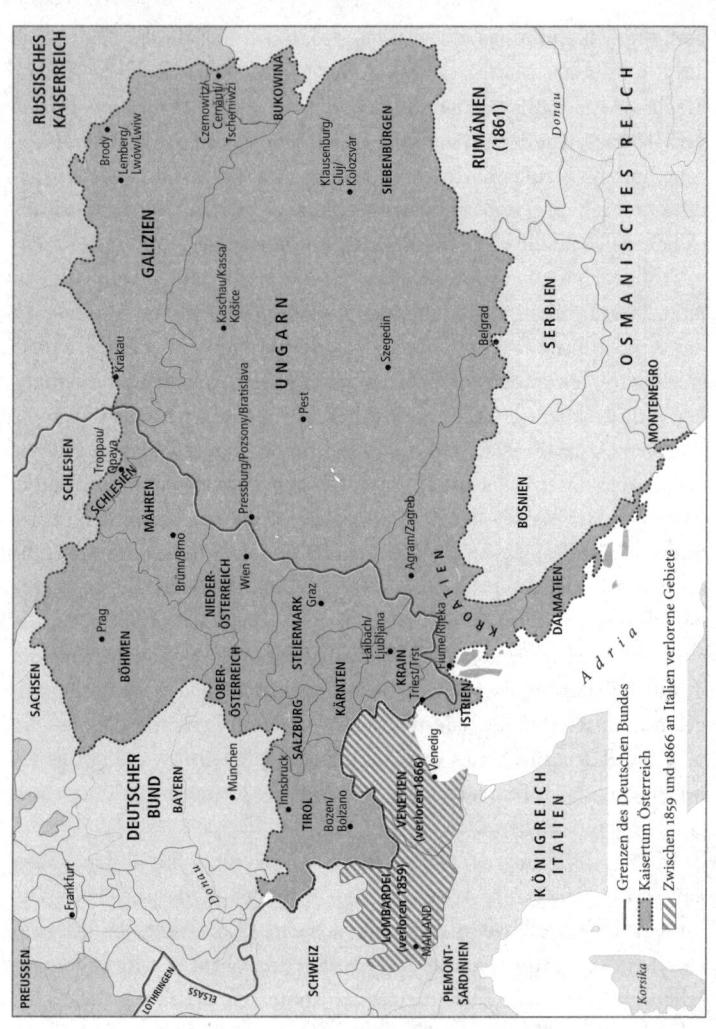

Das Kaisertum Österreich 1859–1867

eine beschränkte Anzahl von gemeinsamen finanziellen Regelungen. Sowohl Ungarn als auch Österreich wurden zu konstitutionellen Monarchien, wobei die beiden Verfassungen sich jedoch stark voneinander unterschieden; das galt auch für das Verwaltungs- und Rechtssystem und sogar für die Bedingungen, die man erfüllen musste, um in den Besitz der Staatsbürgerschaft zu gelangen.[93] Delegationen beider Parlamente trafen jährlich zusammen, um Haushalte zu verabschieden, die gemeinsame Angelegenheiten betrafen, und alle zehn Jahre verhandelten sie die den finanziellen Bereich betreffenden Punkte des Abkommens, durch das Österreich-Ungarn entstanden war, neu. Kein Staat konnte ohne Zustimmung des anderen irgendwelche Änderungen an dem Abkommen vornehmen.

Indem er diesem neuen System zustimmte, hatte Franz Joseph sich das Recht vorbehalten, über alle militärischen Angelegenheiten beider Staaten und über die – gemeinsame – Außenpolitik zu bestimmen. Doch konnte er auch in diesen beiden entscheidenden Bereichen nicht schalten und walten, wie es ihm gefiel. Haushaltskürzungen setzten ihm nach 1867 mehrfach Schranken und verpflichteten ihn dazu, einen allgemeinen Konsens hinsichtlich der meisten das Militär und die Außenpolitik betreffenden Fragen herbeizuführen. Da er den Charakter eines eingefleischten – nach Meinung einiger auch übertrieben pedantischen – Bürokraten besaß, kannte der Kaiser sich nach einiger Zeit in den komplizierten Bestimmungen der Verfassung besser aus als die meisten seiner Minister. Da er sich genau an diese Bestimmungen hielt – und auch von anderen verlangte, dies formell zu tun –, trug er im Lauf der Zeit dazu bei, dass sich die konstitutionelle Praxis festigte. Es lag eine ausgesprochene Ironie darin, dass der Mann, der seine Herrschaft mit der Auflösung des Kremsierer Parlaments begonnen hatte, die Aprilgesetze außer Kraft gesetzt und ungarische Rebellen erbarmungslos hatte hinrichten lassen, jetzt zum zuverlässigsten Verfassungsschützer wurde.

In Österreich sah man allgemein im Ungarischen Ausgleich den temporären Sieg eines deutsch- sowie eines ungarischorientierten staatlichen Zentralismus über den Föderalismus. Für viele föderalistische Vertreter anderer Nationalitäten war das Abkommen verantwortlich dafür, dass die Vorherrschaft von Ungarn beziehungsweise

Deutschen über die anderen «Völker» in den beiden Reichshälften verfestigt wurde. Luka Svetec – der später als erster Abgeordneter vor dem Krainer Landtag eine Rede auf Slowenisch halten sollte – warnte seine Kollegen bei der Debatte darüber, dass das Abkommen die Nationalitätenfrage nicht lösen, sondern im Gegenteil Österreich in zwei Lager spalten werde, «in das Lager der ohne Verdienst Herrschenden und in das Lager der ohne Verschulden Dienenden».[94] In der Tat scheint die Annahme des Ausgleichs durch das Parlament andere Gruppierungen dazu ermutigt zu haben, föderalistische Konzessionen für ihre eigenen Kronländer zu fordern. Die einflussreichsten von ihnen, böhmische und galizische Föderalisten, sprachen sich heftig gegen eine Doppelmonarchie aus, die Budapest und Wien – auf Kosten von Prag, Lemberg, Agram, Laibach oder sogar Innsbruck – höchste Macht verlieh. Gleichzeitig sahen viele von ihnen in dem Abkommen aber auch ein nachahmenswertes Beispiel. Sie hegten die Hoffnung – nicht zu Unrecht, wie sich herausstellen sollte –, dass es ihnen gelingen würde, in naher Zukunft ein ähnliches Abkommen mit der Dynastie zu schließen. Obwohl galizische, polnische und böhmisch-tschechische Aktivisten für ihre Kronländer nie den offiziellen Status erwarben, den das unabhängige Ungarn in der Doppelmonarchie innehatte, konnten sie einen hohen Grad von Autonomie erreichen, vor allem was die lokale Amtssprache und die Kontrolle über die Bildungs- und Sozialpolitik betraf.

Unabhängiges Ungarn

Eine der ersten Aufgaben des neuen ungarischen Kabinetts bestand darin, einen ähnlichen Ausgleich – kroatisch *Nagodba* – mit Kroatien (das jetzt auch einen großen Teil der ehemaligen «Militärgrenze» umfassen sollte) herbeizuführen. Die neue ungarische Regierung unter der Führung von Ministerpräsident Andrássy handelte dieses Abkommen mit einer weitgehend pro-ungarisch eingestellten Fraktion des kroatischen Landtags aus. Die nationalistischer eingestellten Gruppierungen in Kroatien hatten die Wahlen zum *Sabor* boykottiert. Mit diesem Abkommen wurde Kroatiens historischer Status als unabhängiges, mit Ungarn verbündetes Königtum anerkannt. Es erhielt beschränkte kulturelle und administrative Autonomie sowie das Recht zugestanden, eigene Vertreter in den neuen ungarischen «Reichstag» zu entsenden, die in Angelegenheiten mitentscheiden sollten, die auch für Kroatien von Interesse waren. Von jenem Zeitpunkt an stellte Kroatien vierzig der insgesamt 442 Abgeordneten des Budapester Parlaments; sie durften bei den Debatten Kroatisch verwenden. Ein kroatischer Minister ohne Geschäftsbereich sollte im Kabinett die Interessen Kroatiens wahrnehmen. Andrássy empfahl dem König, wer zum *Ban*, zum kroatischen Vizekönig, ernannt werden sollte, wobei der *Ban* theoretisch dem *Sabor* verantwortlich war, allgemein aber als jemand galt, der den Interessen Ungarns diente. Kroatien wurde zugestanden, 45 Prozent der dort eingenommenen Steuern für rein inländische Zwecke verwenden zu dürfen.[95]

Die einzelnen Bestimmungen der *Nagodba* waren kennzeichnend für die Einstellung der politischen Klasse Ungarns zum Ausgleich von 1867 im Allgemeinen. Das mit Österreich geschlossene Abkommen erkannte vor allem das an, was jene Klasse als die historische Unabhängigkeit Ungarns ansah. Das Land hatte sich rechtlich immer von den anderen unter der Herrschaft der Habsburger stehenden Kronländern unterschieden. Mit der *Nagodba* wurde einfach das historische konstitutionelle Verhältnis zwischen dem kroatischen und dem ungarischen Staat kodifiziert. In beiden Fällen aber verdrängten die politischen Forderungen, die sich aus dem modernen Verlangen nach nationaler Einheit und Eigenständigkeit ergaben, bald die traditionellen Argumente für nationale Souveränität und Eigenstaatlichkeit oder bewirkten ihre Umformulierung. Die Verfassung betreffende Fragen wurden zunehmend mit kulturellen Anliegen verquickt, die in wachsendem Maß ethnisch begründet wurden, damit sie mehr Überzeugungskraft erhielten.

Das Abkommen von 1867 hatte zwei Staaten geschaffen, in denen keine Sprachgruppe in der Mehrheit war und keine ethnische Gemeinschaft für sich in Anspruch nehmen konnte, in der Mehrheit zu sein. Es überrascht nicht, dass die beiden Staaten sofort verschiedene Wege beschritten, was den Umgang mit Fragen der Vielsprachigkeit und der nationalen Identifikation betraf. Verfassungsrechtliche Regelungen bestätigten in den folgenden dreißig Jahren immer wieder den multilingualen Status des österreichischen Staates. In Ungarn hingegen verbanden Nationalisten den traditionellen – dem Staat geltenden – Patriotismus mit einem sich immer stärker ausbildenden ethnischen Nationalismus in dem Bemühen, ein spezifisch ungarisches Volk zu schaffen; sie versuchten, Staatsbürger, die keine ethnischen Ungarn waren, von ihrem Empfinden her an solche zu assimilieren, die es waren, und eine gemeinsame Identität, das Gefühl, *einem* Volk anzugehören, zu schaffen. Auf diese beiden unterschiedlichen Entwicklungen wird in Kapitel 6 ausführlich eingegangen werden, fürs Erste ist es aber wichtig zu begreifen, wie die Bestimmungen des Ausgleiches von 1867 die strukturellen Parameter für diese beiden gegensätzlichen Entwicklungsverläufe vorgaben.

Das Abkommen von 1867 ließ in Ungarn auf Dauer eine politische Situation entstehen, in der vor allem konstitutionelle Fragen in Bezug auf das Verhältnis des Landes zu Österreich und nicht so sehr Fragen, die soziale, wirtschaftliche oder politische Maßnahmen betrafen, die programmatischen Grundlagen für die politischen Parteien Ungarns, ihr Verhältnis zueinander und zu ihrem König bildeten. Bis zum Ende des Ersten Weltkrieges war die Kernfrage, die die ungarische Politik mit Leben erfüllte, welche Position man zu dem Abkommen von 1867 beziehen sollte. Es gab politische Parteien, die dessen grundlegende Bestimmungen akzeptierten (und daher vom König als regierungsfähig angesehen wurden). Andere traten für eine Rückkehr zu den Aprilgesetzen ein, welche die Verbindung zu Österreich darauf beschränken würde, dass der Habsburgerherrscher in Personalunion das Oberhaupt beider Länder war. Die Parteien, die Letzteres anstrebten, also das sogenannte 1848er-Programm verfolgten – und damit den König verprellten –, wollten für Ungarn eine eigene Armee (mit Ungarisch als Kommandosprache) und eine unabhängige Außenpolitik erreichen. Damit sollten die Treffen von parlamentarischen Delegationen überflüssig werden und auch die wirtschaftliche Fragen betreffenden Bestimmungen des Abkommens nicht alle zehn Jahre neu bestätigt werden müssen. Unterstützung wurde denen, die das 1848er-Programm verfolgten, vor allem aus den Reihen von Lokalpolitikern aus den einzelnen Komitaten zuteil, während staatliche Angestellte und Beamte dazu neigten, die Regierungsparteien zu unterstützen.

An dieser Stelle muss etwas über die Leidenschaft der Parteien Ungarns für konstitutionelle Fragen gesagt werden. Zunächst einmal: Der einschneidende ökonomische, soziale und demografische Wandel, den Ungarn in den Jahrzehnten nach 1867 erlebte, mag gravierende soziale Probleme verursacht haben, es waren aber nicht diese Probleme, die die Parteien des Landes ideologisch spalteten oder unterschiedliche politische Programme verfolgen ließen. Die formellen Unterschiede zwischen den Parteien beruhten immer auf unterschiedlichen Einstellungen zu national(istisch)en Fragen und betrafen nie soziale Probleme. Aus diesem Grund stuften alle Parteien des Landes sich als «liberal» ein, entweder in der Tradition von 1848 oder in der von 1867. Es konnte keine Parteien geben, die – in formeller Hinsicht – konservativ waren, weil Konservatismus mit dem Habsburger Absolutismus assoziiert wurde.[96] Zweitens: Die anhaltende Bedeutung konstitutioneller Fragen bewirkte, dass das Thema der nationalen Identität weiterhin im Zentrum der ungarischen Politik stand. Das wiederum schränkte dauerhaft die Möglichkeiten der Regierung in Bezug auf den Umgang mit ungarischen – oft patriotisch gesinnten – Bürgern ein, deren Sprache nicht Ungarisch, sondern Rumänisch, Serbisch, Slowakisch. Ruthenisch, Deutsch oder Jiddisch war. Es ließ Maßnahmen zur sprachlichen Ungarisierung entstehen, die aufeinander folgende Regierungen mit wechselnder Intensität verfolgten. Die anhaltenden Meinungsverschiedenheiten über das Abkommen von 1867 zwangen mehrere Kabinette, ihren Kritikern den Wind dadurch aus den Segeln zu nehmen, dass sie einer zunehmend unter ethnischen Gesichtspunkten vorgenommenen Definition von Ungarischsein den Vorzug gaben. Das wiederum führte dazu, dass sich breite Bevölkerungsschichten dem Staat entfremdeten. Obwohl der chauvinistische Nationalismus in den 1860er-Jahren stark ausgeprägt war, war diese Politik aber angesichts des liberalen Charakters der 1868 verabschiedeten Gesetze zu Sprache und Staatsangehörigkeit sicherlich nicht unvermeidbar und auch nicht unbedingt vorhersehbar gewesen.

Das Nationalitätengesetz war zum großen Teil das Werk von Baron Jószef Eötvös (1813–1871), dem Minister für Religion und Erziehung, einem bekannten fortschrittlichen Politiker, der diese Ämter bereits 1848 innegehabt hatte. Mit diesem Gesetz wurde den Staatsbürgern, deren Sprache nicht Ungarisch war, als Individuen eine Reihe von

Sprachrechten zugestanden, es schloss aber nicht die Gewährung von kollektiven Rechten für ethnische Gruppen ein.[97] Die einzelnen Bestimmungen waren jedoch vage und mussten in den folgenden Jahrzehnten in verschiedenen Bereichen der Verwaltung und des Rechtswesens präzisiert werden. Doch seit den 1870er-Jahren rückte man in Gesetzgebung und Gesetzesauslegung immer mehr von Eötvös' liberalem Konstrukt ab, das nationalen Minderheiten im öffentlichen und politischen Leben auf allen Ebenen Rechte gewährte. So räumte Paragraf 20 des von ihm entworfenen Gesetzes den Kommunen das Recht ein, selbst über ihre Amtssprache zu entscheiden. Paragraf 22 legte fest, dass die Gemeinden mit den übergeordneten Behörden des Landkreises entweder in der in ihnen gebräuchlichen Sprache oder auf Ungarisch kommunizieren sollten. In der Praxis jedoch verlangten diese staatlichen Stellen, die auch über die Budgets der Gemeinden entschieden, dass man ausschließlich auf Ungarisch mit ihnen kommunizierte und alle Dokumente in einer ungarischen Fassung vorlegte. Viele Kommunen gaben diesen Forderungen nach, damit ihre Verwaltungsangestellten nicht doppelte Arbeit zu leisten hatten.[98] Eine Folge war, dass auch nichtungarische Gemeinden dazu neigten, Ungarisch sprechende Kanzleikräfte und Sachbearbeiter einzustellen. Der Staat wiederum erwartete von diesen Angestellten niederen Ranges immer stärker, als örtliche «Repräsentanten der ungarischen Staatsidee» tätig zu sein. So fanden sich in vielen galizischen Dörfern Gemeindevorstände häufig in der merkwürdigen Situation wieder, Dokumente unterzeichnen zu müssen, die sie selbst nicht verstanden – das gab es aber auch in vielen rumänischen Dörfern. Bereits 1872 – und auf die zukünftige Entwicklung vorausdeutend – wiesen Bezirksgerichte in Siebenbürgen, die erst kurz zuvor begonnen hatten, auf Rumänisch verfasste Petitionen zu akzeptieren, diese wieder zurück.[99]

Drittens und letztens: Die Bedeutung konstitutioneller Fragen und das Hineingleiten in eine ethnisch-chauvinistische Politik hatten zur Folge, dass anders als die Regierungen in Österreich diejenigen in Ungarn tunlichst vermieden, eine Reform des Wahlrechts – sowohl für Institutionen auf kommunaler als auch auf Bezirksebene sowie für das ungarische Parlament – vorzunehmen. Ein allgemeines Stimmrecht für männliche Staatsbürger der Art, wie es 1907 in Österreich anlässlich der Parlamentswahlen eingeführt wurde, hätte zum einen eine zahlenmäßige Zunahme der von sprachlichen Minoritäten gewählten Abgeordneten bedeutet und zum anderen eine entsprechende nicht zu tolerierende Abnahme des Einflusses der ungarischen Oberschicht. Dass die adeligen Landbesitzer 1861 64 Prozent der Parlamentsabgeordneten stellten, mag typisch für die Mitte des neunzehnten Jahrhunderts gewesen sein, als in ganz Europa in den Parlamenten ähnliche Verhältnisse herrschten. Doch dass diese soziale Gruppe 1914 immer noch 41 Prozent der Delegierten stellte, machte das ungarische Parlament zu einem krassen Sonderfall in Europa, und es unterschied sich in dieser Hinsicht radikal von seinem österreichischen Pendant.[100] Die Unbeugsamkeit, mit der aufeinanderfolgende ungarische Kabinette eine Reform des Wahlrechts ablehnten – in den 1880er-Jahren wurde dieses sogar noch stärker eingeschränkt –, rief schon in den 1880er- und 1890er-Jahren sowohl in ländlichen Regionen als auch in den Städten Proteste hervor und trug überdies zum Aufkommen von Antisemitismus in der Bevölkerung bei.[101] Sie gab auch dem König ein Druckmittel in die Hand, mit dem er störrischen ungarischen Kabinetten bei Konflikten über konstitutionelle Fragen drohen konnte, wie er es 1906 bei Debatten über die Kommandosprache beim Militär tat.

Dieses Kapitel wurde mit der Proklamation einer kaiserlichen Diktatur durch einen selbstbewussten Herrscher im Jahr 1851 eröffnet und endet mit den lebhaften Aktivitäten politischer Parteien, die zwei Jahrzehnte später kennzeichnend für die Herrschaftsverhältnisse in beiden Hälften der mittlerweile entstandenen Doppelmonarchie waren. In sehr kurzer Zeit war es den verschiedenen Vertretern einer liberalen Politik gelungen, ihre Vision von einem liberalen Reich gegen die absolutistische Politik ihres Herrschers aus dem Hause Habsburg durchzusetzen, der selbst eine Reihe liberaler Grundsätze in sein Programm aufgenommen hatte. Der Ort, an dem die politischen Entscheidungen getroffen wurden, verlagerte sich in dieser Zeit, doch ihr Inhalt änderte sich kaum. Die radikalen Erklärungen der verschiedenen Liberalen, die wortreich die moralische Überlegenheit ihrer Werte gegenüber denen des Systems, das in den 1850er-Jahren geherrscht hatte, geltend machten, mündeten in politische Maßnahmen, die sich nicht allzu sehr von denen ihrer Vorgänger unterschieden, deren System sie mit solcher

Inbrunst ablehnten. Indem sie auf die vermeintliche Überlegenheit ihrer Werte vertrauten, nahmen die Liberalen politische Argumente und Diskurse vorweg, die für das nächste halbe Jahrhundert prägend für die österreichische und ungarische Politik sein sollten. Die österreichisch-ungarische Gesellschaft erlebte seit der Jahrhundertmitte eine zunehmende Industrialisierung, das Anwachsen der Städte, die Zunahme von Bildung, bürokratischer Spezialisierung, Binnenmigration und politischer Mitbestimmung. Hierin war sie typisch für die Zeit und ähnelte stark den Gesellschaften anderer europäischer Länder im neunzehnten Jahrhundert. Die Argumente, die die Politiker der Doppelmonarchie vorbrachten, und ihre besonderen kulturellen Werte scheinen aber einzigartig gewesen zu sein, und dies auch noch zu einer Zeit, als man sich in Österreich-Ungarn mit einer Aufgabe konfrontiert sah, die auch alle anderen Staaten Europas zu bewältigen hatten, nämlich die zunehmende soziale Mobilität und die wachsenden sozialen Konflikte in den Griff zu bekommen.

6

Kulturkämpfe und
Kämpfe um die Kultur

Erkennet Euch selbst, dünkt uns das passende Motto für das
Werk [...]; je mehr die Völker der Monarchie über ihre eigene
Bestimmung, über ihre wahren Interessen, über die Ausdehnung
und Grenzen ihrer Fähigkeiten in's Klare kommen, in desto
höherem Grade werden sie sich auch zur Verständigung über
Alles geneigt fühlen.

Neues Wiener Tagblatt, 27. März 1884

In diesem Kapitel soll gezeigt werden, wie sich österreichisch-ungarische Aktivisten jeglicher Couleur auf die Autorität dessen beriefen,
was sie «Kultur» nannten. Mit der Berufung auf die Kultur riefen sie
politische und soziale Bewegungen ins Leben; Kultur diente dazu, sich
stärker von Gegnern abzuheben oder konkurrierende gesellschaftliche
Visionen zu diskreditieren. Von 1867 bis zum Zusammenbruch des Imperiums begründeten Verfechter aller denkbaren politischen Positionen ihre Forderungen, Vorschläge und Programme in wachsendem
Maß mit Behauptungen über die Kultur von ganzen Bevölkerungsgruppen. Von säkularen Liberalen bis hin zu ultramontanen Priestern,
von sektiererischen Nationalisten bis hin zu imperialistischen Propa-

gandisten formulierten sie ihre Visionen mithilfe einer manichäischen Scheidung in Gut und Böse und interessierten sich für die einzelnen Kulturen, die angeblich durch nicht zu überbrückende Unterschiede voneinander getrennt waren.

Dass sich Politiker und Aktivisten immer häufiger auf kulturelle Phänomene bezogen, sie zur Veranschaulichung ihrer Theorien nutzten, aus der Kultur Begriffe und Argumente gewannen, wird an den neuen Formen von politischem Nationalismus deutlich, die in Österreich-Ungarn aufkamen. Nationalisten stützten ihre immer populistischer gehaltenen Definitionen von nationaler Eigenständigkeit auf die Sprache einer Volksgruppe. Aus der Tatsache, dass die Bürger der Doppelmonarchie viele verschiedene Sprachen verwendeten, um miteinander und mit dem Staat zu kommunizieren, ließ sich die Behauptung ableiten, dass sich die österreichisch-ungarische Gesellschaft aus mehreren voneinander abgegrenzten Kulturen oder Völkern zusammensetzte.[1] Diese Behauptung hatte wiederum eine andere zur Folge, dass nämlich kulturelle oder nationale Unterschiede wesentlich und unüberbrückbar seien. Auf solchen Überzeugungen gründeten die politischen Erklärungen einiger Gruppierungen, die Aufgabe des kaiserlichen Staates bestehe genau darin, die Unterdrückung eines Volks durch ein anderes, wie sie in der Vergangenheit geschehen sei, wiedergutzumachen und zu verhindern, dass sich Ähnliches erneut ereignete.

Es waren aber keineswegs ausschließlich Nationalisten, die politische Ansprüche damit rechtfertigten, dass sie auf die kulturellen Differenzen zwischen den Volksgruppen hinwiesen. Nach 1867 operierten auch religiöse Aktivisten in Österreich und Ungarn mit ähnlichen Argumenten: Sie machten ebenfalls geltend, dass Angehörige einer bestimmten Konfession immer wieder denen einer anderen zum Opfer gefallen seien. Auch der Staat und die Dynastie rechtfertigten die Existenz von Österreich-Ungarn, indem sie die segensreiche Einheit priesen, die dieser Staat den angeblich so unterschiedlichen Völkern, kulturellen Gemeinschaften oder Nationen bescherte, die in ihm existierten. In diesem Kapitel soll unter anderem nachgewiesen werden, dass das Wirken von Verfechtern nationaler Unabhängigkeit und von Ideologen des Reiches im späten neunzehnten Jahrhundert auf vergleichbaren Annahmen beruhte und zu ähnlichen Ergebnissen führte. Der kaiserliche Staat begünstigte diese Hinwendung zur Kultur im politischen Diskurs, indem er seine eigene Existenz immer mehr mit seiner Fähigkeit legitimierte, die Entwicklung der ihn konstituierenden Nationen zu fördern. Deren selbsternannte Vertreter wiederum kämpften darum, für ihre jeweilige nationale Gemeinschaft die bestmögliche Position im Reich zu erobern.

Der Begriff «Nation» in den österreichisch-ungarischen Kulturkämpfen

In vielen Darstellungen der Geschichte Österreich-Ungarns nach 1867 liegt das Hauptaugenmerk auf dem sogenannten «Nationalitätenkonflikt». Dieser Konflikt manifestierte sich in Blockaden von parlamentarischen Entscheidungen ebenso wie in Straßenkämpfen, in Wirtschaftsboykotts wie in politischen Attentaten. Für einige zeitgenössische Beobachter wie den ungarischen Soziologen Oszkár Jászi (1875–1957), der 1929 das maßgebliche Werk *Der Zerfall der Habsburgermonarchie* veröffentlichte, wie auch für spätere Historiker, deren Arbeiten auf den Erkenntnissen Jászis aufbauten, waren diese anhaltenden Auseinandersetzungen Beleg für das zunehmende Unvermögen der Doppelmonarchie, über eine multinationale Gesellschaft zu herrschen. In einem Zeitalter der Massenpolitik, meinten sie, habe die Koexistenz verschiedener Sprachgruppen oder Nationen innerhalb eines einzigen Reiches unvermeidlich zu sozialen Konflikten führen müssen, die das entstehen ließen, was Jászi als starken zentrifugalen politischen Effekt bezeichnete. Viele Historiker, die sich ihm anschließen, sehen eine Verbindung zwischen dem Vorhandensein tiefgehender kultureller Unterschiede in der Gesellschaft und dem Aufflammen politischer Konflikte.[2]

Mein eigener Ansatz interpretiert diese Auseinandersetzungen als primär politisch begründet und sieht in ihnen weniger die natürliche Folge des multilingualen Charakters der Gesellschaft. Anstelle des Ausdrucks «Nationalitätenkonflikt» – der eine Auseinandersetzung zwischen ganzen Bevölkerungsgruppen impliziert – soll daher im Folgenden der Terminus «nationalistische Konflikte» verwendet werden, um den spezifisch politischen Charakter und Kontext dieser Auseinandersetzungen hervorzuheben. Das ermöglicht es auch, ein scheinbares

Paradox zu erklären, dass nämlich in der zweiten Hälfte des neunzehnten Jahrhunderts in Österreich-Ungarn der Nationalismus bei vielen öffentlichen Angelegenheiten eine entscheidende Rolle spielte, bei anderen dagegen völlig bedeutungslos war. Der Nationalismus beherrschte ohne Zweifel den Diskurs über alle Dinge des öffentlichen Lebens in den Massenmedien, prägte weitgehend die Organisation des bürgerlichen Lebens (außer im religiösen Bereich) und war bestimmend für die politische Aktivitäten, wenn Wahlen bevorstanden. Doch Aussagen von einzelnen Personen zu vielen anderen Situationen des täglichen Lebens und Äußerungen von enttäuschten Patrioten weisen darauf hin, dass die Menschen das Werben der Nationalisten häufig einfach ignorierten.

Wir sollten auch berücksichtigen, dass viele europäische Gesellschaften des neunzehnten Jahrhunderts von sozialen Konflikten heimgesucht wurden und dass Vielsprachigkeit auch für viele andere Staaten typisch war. Österreich-Ungarn stellte in der einen wie der anderen Hinsicht keinen wirklichen Ausnahmefall dar. Für sich genommen war das sporadische Aufflammen extremer sozialer Konflikte kein Indiz dafür, dass Österreich-Ungarn unter mehr strukturellen Problemen litt als andere Staaten. Fast jede europäische Gesellschaft wurde in einer Zeit, da politische Aktivisten versuchten, die Beteiligung von immer mehr Menschen am öffentlichen Leben zu ihrem Vorteil auszunutzen, von politischen und gesellschaftlichen Auseinandersetzungen heimgesucht, die oft als Konflikte zwischen verschiedenen Kulturen deklariert wurden. Ein Vergleich mit anderen Gesellschaften zeigt auch, dass sich die für Österreich-Ungarn typische kulturelle Tünche in ihrer Heterogenität nur graduell von der anderer Länder unterschied. Welche andere Gesellschaft, von der walisischen, irischen, katalanischen, ostpreußischen bis hin zur sizilianischen, war denn sprachlich oder kulturell wirklich homogen? Wurde nicht auch in Frankreich, Großbritannien, Deutschland, Italien und Spanien um die sprachliche und kulturelle Verschmelzung unterschiedlicher Bevölkerungsgruppen zu einer nationalen Gesellschaft gerungen?[3] Als 1861 der Piemonteser Massimo d'Azeglio (1798–1866) den vielzitierten Ausspruch tat: «Wir haben Italien geschaffen. Jetzt müssen wir darangehen, Italiener zu schaffen», erkannte er damit an, dass man erst noch gravierende kulturelle Differenzen überwinden musste, damit der neue Nationalstaat sich wirklich mit Fug und Recht als solcher bezeichnen konnte. Die Herausforderungen, mit denen sich die Architekten des österreichisch-ungarischen Staates konfrontiert sahen, waren in mancherlei Hinsicht denen ähnlich, denen sich ihre Kollegen in den anderen europäischen Staaten stellen mussten, doch versuchte man sie in Österreich-Ungarn auf eine ganz eigene Art zu bewältigen.

Was Österreich-Ungarn und vor allem den österreichischen Teil der Doppelmonarchie so einzigartig machte, waren nicht so sehr die ethnische Vielfalt und Heterogenität der Bevölkerung, sondern die Verwaltungsstrukturen, die man entwickelte, um Probleme zu lösen, die sich aus der sprachlichen und religiösen Unterschiedlichkeit der Bürger ergaben. Der besondere Charakter von Gesetz und administrativer Praxis im Reich bewirkte im Verein mit den traditionellen Autonomieforderungen der Kronländer, dass die Bürger, wenn sie sich für ihre Rechte engagierten, dies über Institutionen taten, die für sprachliche Gleichberechtigung eintraten. Im späten neunzehnten Jahrhundert kam man in Österreich und in Ungarn nicht darum herum, sich öffentlich mit diesem Problem zu befassen. Der nationalistische Aktivismus wurde das Hauptmittel, mit dem ganze Bevölkerungsgruppen – die oft auch Sozialisten aus der Arbeiterschicht einschlossen – zur Teilnahme am öffentlichen Leben und vor allem am politischen Geschehen mobilisiert werden konnten. Der nationalistische Konflikt war keine unvermeidbare Folge des multilingualen Charakters der österreichischen und der ungarischen Gesellschaft, sondern ein Produkt von Institutionen. Die Geschichte des habsburgischen Österreich zeigt uns auch, dass ethnische Konflikte, die oft Gesellschaften zu spalten scheinen, häufig durch politische Lösungen beigelegt oder zumindest beeinflusst werden.[4]

Von dieser Behauptung ausgehend kehre ich in meiner Darstellung der österreichisch-ungarischen Geschichte das übliche Argument um: Ich sehe in den politischen Konflikten nicht das unvermeidliche Ergebnis von ethnischen Differenzen in der Gesellschaft, sondern untersuche stattdessen, wie politische Konflikte das Empfinden nationaler Unterschiede gesteigert haben können. Dabei sehe ich die Erfahrung von Menschen, zur Teilnahme an örtlichen und regionalen politischen Bewegungen mobilisiert worden zu sein, als eine Art Voraussetzung (nicht als Folge!) dafür an, dass sie ihre Welt als sich aus unterschiedlichen Nationen oder Völkern zusammensetzend wahrnahmen. Meiner Ansicht nach werden postulierte kulturelle Unterschiede nicht notwendigerweise von einer bestimmten lokalen Gesellschaft als solche erfahren, sie erhalten aber Bedeutung, wenn auf ihnen politische Programme aufgebaut werden. Einwohner eines Dorfes sehen sich nicht zwangsläufig als Angehörige unterschiedlicher Kulturen an, nur weil sie unterschiedliche Sprachen sprechen. Ein politisches Programm aber, das juristische, soziale oder institutionelle Rechte für die Sprecher einer dieser Sprachen fordert, veranlasst die Menschen eines Ortes dazu, sich selbst und andere primär als Vertreter einer bestimmten Sprachgruppe zu betrachten. Mein Ansatz wertet nicht die soziale Erfahrung ab, mit anderen eine Sprache oder Konfession zu teilen. Er stellt auch nicht die emotionale Kraft einer nationalen oder religiösen Empfindung, wie sie sich in bestimmten Situationen einstellen kann, infrage. Was er aber infrage stellt, ist die oft allzu leicht von der Hand gehende Verknüpfung von dem, was wir «gemeinsame Züge» nennen können, mit spezifischen Formen politischer Identifikation.

Im Folgenden soll die nationalistische Politik in Österreich-Ungarn von drei eng miteinander verbundenen Ausgangspunkten aus untersucht werden. *Erstens:* Die immer häufiger und intensiver werdenden nationalistischen Auseinandersetzungen nach 1867 waren primär ein politisches Phänomen, dem man aber den Anschein gab, ein kulturelles zu sein, das heißt, politische Forderungen wurden zu kulturellen Forderungen umformuliert. Extreme Auseinandersetzungen über ethnisch-kulturelle Fragen wurden im Allgemeinen in den Bereich der Politik überführt, das heißt, in politischen Institutionen über politische Fragen ausgetragen. Die Protagonisten bei fast allen diesen Auseinandersetzungen waren gewählte Amtspersonen, politische Aktivisten und politische Journalisten, die große nationale Gruppen zu vertreten behaupteten. Wenn Nationalisten in Österreich-Ungarn die Arbeit des Parlaments blockierten, ein örtliches Schulgebäude verwüsteten oder wegen der Benennung eines Dorfplatzes einen Aufruhr entfachten, dann handelte es sich um organisierte politische Reaktionen auf bestimmte umstrittene Vorgänge.

Diese Hinwendung zu kulturellen Argumenten war darauf zurückzuführen, dass die Politik nach 1867 immer stärker vom Volk mitgetragen und von ihrem Charakter her immer demokratischer wurde. In der österreichischen Hälfte der Doppelmonarchie kam es nach 1867 in jedem Jahrzehnt zu einer Ausweitung des Wahlrechts, eine Entwicklung, die 1907 in der Einführung des allgemeinen und gleichen Wahlrechts für Männer kulminierte. Die Wahlrechtsreform stellte wiederholt existierende politische Bewegungen vor die Notwendigkeit, neue Klassen von Wählern dazu zu bewegen, sich ihnen anzuschließen, wenn sie nicht in Bedeutungslosigkeit versinken wollten. Schon früh nahmen nationalistische Aktivisten Zuflucht zu im weiteren Sinne kulturellen Argumenten, um Wähler aus verschiedenen gesellschaftlichen Klassen zu vereinen und für ihre Programme zu gewinnen. Sie glaubten, dass diese Menschen sich eher mit allgemeineren kulturellen Anliegen – wie der Verwendung einer bestimmten Sprache in bestimmten Kontexten – identifizieren würden als mit enger gefassten klassenspezifischen Programmen, etwa zur Beschaffung von Arbeit. Aktivisten «bürgerten» ihre jeweiligen politischen Programme «ein», indem sie ihre Forderungen in einer zugänglicheren Sprache zum Ausdruck brachten, die sich an ethnischen Belangen orientierte. Damit erhob man kulturelle Gemeinsamkeiten zur Basis der Identifikation mit einer Gruppe. Und man rief gleichzeitig die oberste staatliche Instanz an, für Gerechtigkeit zu sorgen und Ausgleich für vergangene und gegenwärtige Benachteiligung zu schaffen.

Zweitens: Auch wenn wir nicht davon ausgehen, dass die österreichisch-ungarische Gesellschaft aus kulturell unvereinbaren und miteinander verfeindeten Völkern bestand, müssen wir immer noch erklären, wie der *Glaube* an die Existenz verschiedener Völker so tiefe Wurzeln schlagen und sich derart verbreiten konnte, dass er bei unterschiedlichen Gelegenheiten ganz verschiedene Bevölkerungsgruppen mobilisieren konnte. Wir sollten dafür genauer untersuchen, was nationalistische Aktivisten konkret unternahmen, um bei Bevölkerungsgruppen vor Ort ein Gefühl nationaler Zusammengehörigkeit entstehen zu lassen. Womit verliehen sie ihren Argumenten Überzeugungskraft? In welchen Kontexten fielen ihre Argumente am ehesten auf fruchtbaren Boden? Welche Situationen ließen Gefühle von nationaler Zugehörigkeit in Österreich-Ungarn entstehen?[5]

Die Erschaffung von «Nationen» war, wie die von politischen Parteien, harte Arbeit. Oft wurde sie mit falschen Methoden in Angriff genommen, oder sie endete mit Fehlschlägen. Es konnte sein, dass ein Staatsbürger nach einem besonders intensiv geführten Wahlkampf einem lokalen nationalen Kandidaten seine Stimme gab; das machte ihn aber nicht unbedingt über die Wahl hinaus zum engagierten Mitglied einer nationalen Gemeinschaft, wenn die allgemeine Erregung abgeflaut war. Anderswo beteiligte sich eine Bürgerin möglicherweise am Boykott eines Dorfladens, zu dem örtliche Nationalisten aufgerufen hatten. Gleichzeitig war es denkbar, dass sie ein Hausmädchen beschäftigte, das eine andere Sprache als die ihre sprach, oder ihre Kinder regelmäßig mit denen anderer Familien verkehren ließ, damit sie ihre Kenntnisse in der anderen als der ortsüblichen Sprache verbesserten – Verhaltensweisen, die von Nationalisten abgelehnt wurden. Es war kaum berechenbar, in welchem Maß sich die Menschen im Alltag mit Forderungen der Nationalisten identifizierten. Nationalistisches Empfinden hing oft von einer konkreten Situation ab oder wurde von einem bestimmten Ereignis ausgelöst.

Drittens: Man muss sich eingehend mit der Rolle befassen, die das Reich für das Entstehen nationalistischen Gedankenguts spielte. Staatliche Institutionen, Gesetze und administrative Praktiken prägten die erfolgreicheren Formen von Nationalismus entscheidend mit. Bestimmte nationalistische Bewegungen entwickelten sich in Reaktion auf idiosynkratische institutionelle, rechtliche und konstitutionelle Strukturen der österreichisch-ungarischen Monarchie und operierten auch innerhalb dieser eigentümlichen Strukturen. Deren Charakter ermöglichte das Geltendmachen von Ansprüchen auf nationale Eigenständigkeit auf Kosten anderer. Die genauen Auffassungen von nationaler Eigenständigkeit, die sich in den 1880er- und 1890er-Jahren entwickelten, verdankten sehr viel den Spielräumen, die das Reich für sie geschaffen hatte. Wenn wir untersuchen, wie bestehende Gesetze, staatliche Strukturen und politische Institutionen die Ansichten und Überzeugungen bezüglich Nationen oder Kulturen prägten, dann können wir vielleicht besser das Widerspiel der Kräfte verstehen, das wiederholt nationalistische Auseinandersetzungen ausbrechen ließ.[6]

Gleichzeitig können wir uns die Ideologen des Imperiums – Ethnografen, Wissenschaftler, Künstler, Forscher und Propagandisten des Herrscherhauses – in einem Dialog mit den zeitgenössischen nationalistischen Aktivisten vorstellen, anstatt sie als einer völlig anderen Welt zugehörig anzusehen. Die Männer und Frauen, die die Existenz des Reiches zu rechtfertigen versuchten, indem sie ihm eine klarere Aufgabe zuwiesen, schenkten den kulturellen Ideologien, die von den Nationalisten entwickelt wurden, große Beachtung. Sie hoben ebenfalls die bestehende kulturelle Vielfalt ins Bewusstsein der Bürger, indem sie deren unterschiedliche Ausprägungen zum Objekt ihrer Untersuchungen machten. Sie versuchten deutlicher aufzuzeigen, auf welch vielfältige Weise die Einheit des Reiches die soziale und ökonomische Funktionsfähigkeit dieser einzelnen Kulturen verbesserte, vor allem in ärmeren Regionen und dort, wo vorwiegend Landwirtschaft betrieben wurde.

Die Überzeugung von den konkreten Vorteilen, die sich aus der Zugehörigkeit zum Reich ergaben, verstärkte auch, nach außen projiziert, das Gefühl, dass Österreich-Ungarn vor allem auf dem Balkan und in Bosnien-Herzegowina, der einzigen Kolonie, die es von 1878 bis 1908 besaß, eine Mission erfüllte. Wenn das Reich sich darauf verstand, auf heimischem Territorium verschiedene Kulturen zu hegen und pflegen und sie zu fördern, dann war es auch in der Lage, den zahlreichen Kulturen auf dem Balkan Stabilität zu verschaffen, ihnen zur Weiterentwicklung und schließlich zu Wohlstand zu verhelfen. Nation und Reich, in der Vorstellung des frühen zwanzigsten Jahrhunderts gegensätzliche Pole, waren immer wieder von grundlegender existenzieller Bedeutung füreinander.

Frühe Kulturkämpfe und liberale Akteure

Den ersten Kulturkämpfen, die die Öffentlichkeit in Österreich und in Ungarn nach 1867 in Atem hielten, lag kein Nationalismus zugrunde, sondern sie wurden durch die neue Verfassung ausgelöst. Was würde das Inkrafttreten einer liberalen Verfassung für die traditionellen herrschenden Klassen bedeuten? Wie würden die Liberalen ihre neugewonnene Macht ausüben? Im Januar 1868, nur eine Woche nach Ernennung des neuen Kabinetts, das die volkstümliche deutschsprachige Presse «Bürgerministerium» nannte, veröffentlichte das Satiremagazin *Kikiriki* eine aufschlussreiche Karikatur, die darauf anspielte, dass ein Bart 1848 als Zeichen für revolutionäre Gesinnung gegolten hatte, und Bach und der Kaiser daher in 1850er-Jahren ihren Beamten verboten hatten, Bärte zu tragen. Die Zeichnung zeigte den neuen Innenminister, den bärtigen Carl Giskra, der ein Zimmer voller erstaunter und bartloser «Bureaukraten» betrat. Und diesen wurden die Worte in den Mund gelegt: «Da ist er! Ein Minister mit einem Vollbart, meine Herren – Österreich ist verloren!»[7] Wie die Karikatur implizierte, sah die neue liberale regierende Klasse sich mit reichlich Widerstand konfrontiert, nicht nur vonseiten der traditionellen gesellschaftlichen Elite, des Adels und der Kirchenfürsten, sondern auch vonseiten einer misstrauischen Beamtenschaft. Die Kluft war nicht nur politischer Art. Die ranghöchsten Beamten fürchteten, eine radikal andersgeartete Kultur politischer Werte und Praktiken – wie sie sich im Revoluzzerbart des Ministers ebenso wie in der neuen Verfassung manifestierte – könne ihre eigene erst vor Kurzem erlangte Autorität bedrohen.

Mit ihren Handlungen – und vor allem mit ihren Reden – trugen die ersten nach Inkrafttreten der neuen Verfassung ernannten Minister und ihre Verbündeten von der Presse dazu bei, diese Ängste weiter zu schüren: Sie erklärten mehrfach denen den Krieg, die sich möglicherweise verschwören könnten, um Österreich in einem dunklen Zeitalter des Unwissens und des Absolutismus gefangen zu halten. Das von ihnen entworfene manichäische Drama, in dem rationales modernes Denken mit schematischem Festhalten an alten Denkmustern im Kampf lag, wurde aber durch die widersprüchlichen Rollenvorstellungen vom Staatsbeamtentum noch komplizierter – auch das zeigt die *Kikeriki-*

Nro. 2. (VIII. Jahrgang.) ❧ Humoristisches Volksblatt. ❧ 9. Jänner 1868.

Vorschlag zu Bällen für diesen Fasching.

Cisleithanischer Parlamentsministeriums-Ball, bei welchem, um die so nothwendige Thätigkeit dieses Ministeriums aufzudecken, keine Ruhe- oder Raststunde stattfinden darf.

Grenzer-Pflicht-Ball. In der Ruhestunde werden Spucktröpferln verabreicht, um dem «Pflicht» entsprechenden Nachdruck geben zu können.

Volkslöserund-Ball. Tanzordnungen in der Form von Sammelbüchsen für den Peterspfennig.

Knutin-Droßwitzer Ball. In der Ruhestunde wird ein Bürger aufgelegt, der dazu bestimmt ist, sich den Kopf spalten zu lassen. Das Mitwirken von Schwägerinnen ist erwünscht.

Sagonia-Ball, verbunden mit einer großartigen Preisverleihung, bestehend aus Faustritten und anderen Inderern Beruhigungsmitteln.

Fürst Feudalowitz an den Grafen Knutikoff.

Cher cousin! Lamentable Skandal — auf Hospel! Lauter Bürgerpack im Rath der Krone. Unerhört! Nicht begreifen! Müssen im Ministerrath jetzt immer aufwarten lassen, damit Wort Geruch verduftet. Weiß nicht, wie Fürst Auersperg, der doch Kavalier, und Graf Taaffe sich mit Herberstein und bürgerlichem Pöbel ohne Ahnen einlassen können! Incroyable! Schade, daß Wintersteinz nicht auch Minister! Hätte noch gefehlt einer aus dem Hause Zigel — mein kolossal gewesen! Da, da! Tröste mich, daß Wirthschaft nicht von langer Dauer sein wird. Keine Bureaukratenntniß — kein höherer Geist — können höchstens Exzenten schreiben oder Studenten durchfallen lassen. Gehe nach Rom, bis Skandal zu Ende, Fürst Abfalwitz geht mit — hoffen dort ganze Partei zu finden, die noch Bewußtsein hat. Adieu! Ihr Feudalowitz.

Rußland hault wieder Sturm,
Doch flucht nichts, mein Kind,
Er vergeht, wie er gekommen,
Der Sturm ist eitel Wind!

Gegründete Hoffnung.

A. Na, jetzt werden sich unsere Geldverhältnisse doch endlich machen und die Steuern niederer werden?

B. Ja warum denn?

A. Na! haben's denn nicht gelesen, daß wir jetzt ein reich's Kriegs- und ein reich's Finanzministerium haben?

Karnevals-Zeitung des «Kikeriki».

Für den heuer wie alljährlich stattfindenden Bürger-Ball in den k. k. Redoutensälen gedenkt Kapellmeister Ziehrer die «Wiener Zeitung» in Musik zu setzen, mit einem Anhange: «Demenit-Potpourri». Wenigstens wird diese Komposition nicht verlorener werden, wie der «musikalische Kikeriki».

Teivelli hat schon Etwasausgerichtet; — nämlich einen Grub des Kardinals (an den H. Vater.)

Salon-Gespräch über das neue Ministerium.

Graf Aristokratski (in einer Chaiselongue, alle Viere von sich streckend, eine Upmann Flor rauchend, zu seinem Kammerdiener). Jean, was gibt's Neues in den Zeitungen?

Jean. Das neue Ministerium ist bereits ernannt.

Graf Aristokratski. Go? — Dieseln!

Jean. Minister des Innern: Dr. Giskra.

Graf. Was? Bürgerlicher! Nicht einmal «von»! Keine Ahnen!

Jean (weiterlesend). Sohn eines Schneidermeisters aus Mährisch-Trübau!»

Graf (entsetzt). Ah! ah! Schnell Parfum! Jockyklubb!

Jean. Justizminister: Dr. Herbst.»

Graf. Schon wieder Lotter! Gräßlich!

Jean. Finanzminister: Dr. Brestel. — Minister ohne Portefeuille: Dr. Berger. — Kultusminister: Dr. Hasner.»

Graf. Lauter Unsinn! Aufsperra! Entsiegeln! kein einziger Name aus dem Gothaer Almanach! Wer ist Minister-Präsident, doch nicht auch Bürgerlicher?

Jean. Minister-Präsident: Se. Durchlaucht Fürst Carlos Auersperg.»

Graf (aufschnaufend). Gott sei Dank!

Jean (weiterlesend): «Fürst Auersperg hielt an die versammelten Minister folgende Ansprache: Ich werde die Fahne der Verfassung und des konstitutionellen Fortschrittes hochhalten.»

Graf (zusammfenkend). Fahne! Verfassung! Konstitutioneller Fortschritt! So spricht der Fürst! Ich falle in Ohnmacht! Mich trifft der Schlag! — Tafferfall—perdu! Rothe Republik im Anzug! Eau de Cologne!

Dr. Giskra und die Bureaukraten.

Die Bureaukraten. Da ist er! Ein Minister mit einem Vollbart, meine Herren — Oesterreich ist verloren!

❦ Hierzu eine Beilage: „Kikeriki-Anzeiger." ❦

Karikatur aus der Satirezeitschrift «Kikeriki» vom 9. Januar 1868: Der bärtige Carl Giskra trifft mit bartlosen Beamten zusammen.

Karikatur. Auf der einen Seite handelte es sich um einen Berufsstand, dessen Mitglieder, selbst die ranghöchsten, zunehmend aus der gleichen Schicht gebildeter Männer ausgewählt worden waren, aus der auch die liberalen Aktivisten hervorgingen. Beamte hatten für viele Liberale schon seit langem den historischen Sieg meritokratischer Prinzipien über die Adelsvorrechte symbolisiert, zu dem es unter Joseph II. gekommen war. Die meisten Führer der Liberalen waren auch selbst einmal Diener des Staates gewesen, waren in der Verwaltung beschäftigt gewesen oder hatten als Professoren an der Universität unterrichtet. Und doch hatte die Beamtenschaft in den 1850er-Jahren einem absolutistischen Regime treue Dienste geleistet. Würde es ihr jetzt möglich sein, ihre Loyalität vom Kaiser auf das Parlament, von der Dynastie auf die Verfassung zu übertragen? Genau das forderten die Liberalen in den 1860er- und 1870er-Jahren. Würden die Beamten sich zu einer Kultur des Lichtes bekennen, die hinsichtlich der Gesetzgebung auf der Seite des Volks zu stehen behauptete?

Es gab keine einfache Antwort auf diese Frage, weil die Reaktion vieler ranghöherer Beamter von Signalen abhing, die vom Kaiser selbst ausgingen, und in der ersten Zeit nach 1867 waren diese höchst uneindeutig. Franz Joseph betrachtete die Reformen jenes Jahres als seine letzten Konzessionen an den Liberalismus und sah mit ihnen nicht ein leuchtendes Zeitalter allgemeiner Erneuerung anbrechen. Fast jedes einzelne neue Gesetz, das von den Liberalen verabschiedet wurde, stieß anfänglich beim Kaiser auf Missbilligung. Hinzu kamen seine ihm eigenen kulturellen Vorurteile. Während er die Adligen, die in Ungarn in dem liberalen Kabinett in der Mehrheit und tonangebend waren, als gesellschaftlich akzeptabel empfand, waren seine neuen Minister in Österreich seiner Ansicht nach viel zu selbstbewusst, zu legalistisch, zu streitsüchtig und viel zu bourgeois. Sie kleideten sich wie die Advokaten, die sie auch waren, trugen keine militärischen Uniformen, sondern schwarze Anzüge. Mehr als einer von ihnen stellte einen Vollbart nach Art der Revolutionäre zur Schau, während Franz Joseph einen Backenbart mit glattrasiertem Kinn bevorzugte.[8]

Was aber für die Rolle, die die Bürokratie in einem neuen konstitutionellen Zeitalter spielte, noch wichtiger war: Die Liberalen gerierten sich, als besäßen sie bei der Bevölkerung einen so großen Rückhalt, dass sie nicht darauf angewiesen waren, zu einem gewissen Grad an Konsens mit ihren politischen Gegnern zu kommen – von denen viele nützliche Verbündete hätten abgeben können. Diese Art von Kurzsichtigkeit war ihrer Politik abträglich und verursachte gelegentlich auch soziale Instabilität. Die Statthalter einiger Kronländer zögerten, die umstritteneren Bestimmungen der neuen liberalen Gesetze, die beispielsweise die öffentliche Erziehung oder die Stellung der Kirche betrafen, in die Tat umzusetzen, weil sie die Gegenreaktion der Bevölkerung auf deren Durchsetzung fürchteten. Einige brachten die neuen Gesetze nur teilweise zur Anwendung oder schoben ihr Inkrafttreten hinaus. Gerade die Neuartigkeit des konstitutionellen Systems gewährte ihnen einen gewissen Spielraum, den sie ausnutzten, um seine Auswirkung auf die Gesellschaft abzumildern oder abzuschwächen.

Entschlossen, um jeden Preis dem Fortschritt und der Aufgeklärtheit zum Sieg zu verhelfen, drohten die liberalen Minister den Untergebenen, die zögerten, die neuen Gesetze anzuwenden, harte Strafmaßnahmen an. Giskra etwa wies alle Beamten an, einem etwaigen Widerstand des Klerus gegen die religiösen Reformen von 1868 und 1869 «mit äußerster Strenge» zu begegnen. Er warnte sie eindringlich davor, sich auch nur den kleinsten Verfassungsbruch zuschulden kommen zu lassen. Der Justizminister und frühere Juraprofessor Eduard Herbst entwarf Gesetze, die es ihm ermöglichten, Beamte seines Ministeriums abzustrafen, wenn sie sich nicht getreulich an alle Vorschriften hielten.

Eine höchst wort- und stimmgewaltige überregionale Presse stachelte die Minister weiter an und schuf einen Kult um diese Männer herum. Indem sie das neue Kabinett immer wieder als «Bürgerministerium» bezeichnete, hielt die liberale Presse das Bewusstsein für den jüngst errungenen Sieg der Liberalen und die damit verbundenen Folgeerscheinungen auf sozialem und kulturellem Gebiet wach. Die Tatsache, dass vom Volk gewählte einfache Bürger – in schwarzen Anzügen, nicht in Uniformen – plötzlich Positionen innehatten, die zuvor Aristokraten, Generälen und Spitzenbeamten vorbehalten gewesen waren, zeigte, dass die Österreicher Zeugen von etwas weit Größerem als einem bloßen politischen Machtwechsel wurden.[9] In Zeitungen wurde der kometenhafte Aufstieg der «Bürgerminister» oft eher als ein neues kulturelles und weniger als politisches Phänomen dargestellt. Sie wurden als aufrechte Bürger gefeiert, deren Vermögen, in die höchsten Ränge der Regierung aufzusteigen, die neue politische Stärke des Bürgertums verdeutlichte, einer Klasse, deren Mitglieder, wie die Presse behauptete, um das Allgemeinwohl bemüht war und nicht die Interessen einiger weniger sozial Begünstigter wahrnahm. Besonders überschwänglich begrüßt wurde von den Zeitungen die Ernennung des Ex-Achtundvierzigers Carl Giskra zum Innenminister (der immerhin auch über die Polizeikräfte gebot). Er sei zu jeder Zeit «die Verkörperung des [...] österreichischen Liberalismus» gewesen. Wenig Zweifel daran lassend, wo die Trennlinie zwischen den beiden Kulturen verlief, äußerte eine Zeitung die Meinung, dass die Berufung in ein so hohes Amt sich nicht auf Giskras schlichte Art oder seine Aufrichtigkeit auswirken werde: «Er besitzt des Vertrauen des Volks.»[10] Genauso gut hätte man schreiben können: «Er ist das Volk.»

Begierig darauf, das Kommando zu übernehmen und ihre Visionen von und für Österreich nach zwanzig Jahren in der politischen Wüste zu verwirklichen, machten sich die liberalen Minister und ihre Verbündeten eine kämpferische, kompromisslose Verhaltensweise zu eigen, als sie darangingen, sich mit vielfältigen komplexen Problemen zu befassen. Sie glaubten, die Geschichte endlich auf ihrer Seite zu haben. Die Unwissenheit musste in Österreich immer noch besiegt werden, und ihr uneingeschränkter Glaube an diese historische Mission führte dazu, dass sie politische Konflikte zu Kämpfen zwischen Kulturen umdeuteten und erklärten, mit ihren vorwärts gerichteten Maßnahmen dunklen Kräften der Reaktion Paroli zu bieten, die vorhatten, Österreich ins Mittelalter zurückfallen zu lassen.

Ihre parlamentarischen Gegner – Föderalisten, die um größere Machtbefugnisse für die Landtage der Kronländer bemüht waren, oder Konservative aus den Reihen des Klerus, die sich gegen die Verminderung des gesellschaftlichen Einflusses der Kirche wandten – setzten liberalen Reformen erbitterten Widerstand entgegen. Neu war in dieser konstitutionellen Ära aber die Rolle, die örtliche politische Organisationen spielten: Sie fachten die schon lodernden politischen Auseinandersetzungen weiter an. Neue Gesetze, die die Bildung politischer Vereine zuließen, führten dazu, dass das politische Drama, das sich auf höchster Ebene vollzog, überall im Reich im Kleinen nachgespielt wurde. Bürgermeister, Stadträte, Weltverbesserer, Philanthropen, besorgte Bürger und Opportunisten gründeten politische und wohltätige Vereine sowie Geselligkeitsvereine in großen und kleinen Städten und Dörfern in ganz Österreich. Sie sahen sich selbst als Vollstrecker einer Revolution, die die Gesellschaft vor Ort ihren hochfliegenden liberalen Visionen entsprechend verwandeln würde. Sie vermieden es, in ihren Programmen einen explizit politischen Ton anzuschlagen, indem sie sich mit allgemein gehaltenen Termini auf die Kultur der Bevölkerung im weitesten Sinn bezogen, beispielsweise die «Förderung des geistigen und materiellen Fortschritts» zu ihrem Ziel erklärten.[11] Unter Kultur verstanden sie vor allem jene besondere Form sozialen Kapitals – insbesondere den Bildungsgrad –, die Angehörige der Mittelschicht dazu berechtigte, auf lokaler Ebene Machtansprüche zu erheben.

Diese Vereine wollten vor allem zur Bildung und Erziehung der Staatsbürger beitragen, damit sie alle ihre Bürgerpflichten zum Wohl der Gesamtgemeinschaft erfüllen konnten und nicht einfach um kurzsichtiger partikularer Interessen willen. Die sicherste Grundlage jeder konstitutionellen Regierung und die wichtigste Aufgabe für den Liberalismus, schrieb der Herausgeber des *St. Pöltener Wochenblatts*, sei eine gesunde praktische Ausbildung für das Volk.[12] Um dieses Ziel zu erreichen, richtete man oft auch in Dörfern Lesesäle ein, zu denen eine kleine Leihbibliothek mit lehrreichen Büchern für Jung und Alt gehörte. Ein liberaler Politiker aus Mähren meinte sogar, die erzwungene Untätigkeit der Bauern in den langen Wintermonaten biete ihnen doch die perfekte Gelegenheit, sich durch Lesen zu bilden.[13] Die Grundlage für die Verwirklichung liberaler Ziele war, dass man die Mitbürger mithilfe von Lokalzeitungen, Abhandlungen und Bauernkalendern über ihre Rechte und Pflichten unter den neuen konstitutionellen Gesetzen aufklärte.

Diese positive Überzeugung, dass man das Leben der Staatsbürger durch die Verbreitung und Förderung von Wissen verbessern könne, hatte zur Folge, dass man ein ausgesprochen negatives Bild von allen hatte, die gegen ein entsprechendes Programm waren. Gewöhnlich führte man ihren Widerstand darauf zurück, dass sie sich weigerten, die Vorteile der Aufklärung zu erkennen. Diese Unglückseligen ließen sich von den rückwärtsgewandten Kräften der Reaktion niederdrücken. Ihre fehlgeleitete Opposition gegen das neue Schulsystem beispielsweise trug dazu bei, dass Österreichs Kinder sich weiterhin im Zustand der Unwissenheit befanden. In den 1870er-Jahren projizierten Liberale vor allem in den westlichen und nördlichen Landesteilen diese Vorstellung von einer feindlichen Kultur auf die katholische Amtskirche und brachen etwas vom Zaun, das sie als «Kulturkampf» bezeichneten, womit sie den Ausdruck für die gleichzeitig von Bismarck in Deutschland geführte Kampagne gegen die katholische Kirche übernahmen.[14] Die Liberalen kultivierten aber noch andere Feindbilder: Sie sahen auch fehlgeleitete Verbündete des Adels in Beamtenschaft oder Militär als ihre Gegner an.

Der Kampf der Liberalen gegen die Säulen der traditionellen Gesellschaft – Kirche, Adel, absolutistische Bürokratie, Militär – erschöpfte sich nicht im Bau von Schulen, der Ausbildung von Lehrern, Gründung von Vereinen oder Herausgabe von Schriften und Zeitungen. Von ungefähr 1860 bis 1890 setzten die deutschsprachigen Liberalen in Österreich eine Reihe von kulturellen Symbolen kreativ für ihre Zwecke ein: Sie errichteten Denkmäler für Maria Theresia und Joseph II. an öffentlichen Stätten, benannten Straßen und Plätze nach von ihnen verehrten historischen Persönlichkeiten und ließen sogar – wie in Kapitel 7 dargestellt werden wird – neue öffentliche Gebäude in einem Stil errichten, der liberale Werte zum Ausdruck bringen sollte. In anderen Städten taten Nationalisten das ebenfalls.[15] Indem man öffentliche Räume mit Statuen der großen und weniger großen Helden des modernen Liberalismus und Nationalismus schmückte oder sie nach ihnen benannte, versuchte man also, einer dieser beiden Ideologien weitere Geltung zu verschaffen.[16]

Auch technische Innovationen, die das Erscheinungsbild der Städte damals gerade entscheidend veränderten, dienten als Symbole. 1861 veranstaltete der liberale Stadtrat von Bozen in Tirol ein «Lichtschießen» für die örtlichen Schützen, um sowohl das neue Gesetz bezüglich der Tolerierung des Protestantismus als auch die Einführung von Gasbeleuchtung in der Stadt zu feiern. Die Liberalen des Orts verknüpften also eine Veranstaltung, die den heroischen Kampf der Tiroler Schützen gegen ausländische Invasoren während der Zeit der Napoleonischen Kriege und der jüngeren Auseinandersetzungen mit Italien heraufbeschwor und auf diese Weise ein starkes Gefühl der Identifikation mit der Region entstehen ließ, mit der Feier eines fortschrittlichen Beleuchtungssystems, um bei der Bevölkerung Unterstützung für ihr Programm zu erlangen. In Texten zu diesem Anlass wurde immer wieder eine Lichtsymbolik bemüht, um das liberale Ideal der «Erleuchtung» der Bevölkerung durch Erziehung herauszustellen. Bei einem Festzug durch die Stadt waren Wissenschaft und Wissen in Form von symbolisierenden Figuren zu sehen, die einen großen goldenen Kandelaber umringten. Der liberale Bürgermeister der Stadt stellte sicher, dass den Zuschauern der Symbolgehalt nicht entging: «Das Licht auf unseren Straßen, das von jetzt an beinahe Nacht in Tag verwandeln wird [...] lässt [...] an die Befreiung des Bewusstseins von jeder Art von unwürdiger Einschränkung denken.»[17]

Die liberalen Regierungen von Österreich und Ungarn setzten Worte und Rituale, Kleidungsstile, Kunstwerke und Baustile ein und veränderten das Erscheinungsbild der Städte, um ihren Visionen von Modernität Gestalt zu geben, sie in etwas Konkretes zu übertragen, dem die Bürger im alltäglichen Leben begegneten. Das war ein wesentlicher Teil der politischen Umerziehung – oder Emanzipation – von Männern und Frauen, denen man paradoxerweise beibringen musste, ihre neuen Freiheiten zu akzeptieren, und die man darauf vorbereiten musste, dass sie irgendwann das Wahlrecht erhalten würden.

Kreuzzüge

Im Herbst 1870 machte sich, wie bei Laurence Cole zu lesen ist, ein Schulinspektor auf, um eine Schule in dem Südtiroler Dorf St. Peter im Ahrntal einer Überprüfung zu unterziehen; er war von der Regierung damit beauftragt, zu kontrollieren, ob man auf lokaler Ebene den neuen liberalen Unterrichtsgesetzen nachkam. Als er in dem Ort eintraf, musste er aber feststellen, dass der Eingang zu dem Schulgebäude von einer verärgerten Menschenmenge versperrt war, die bei seinem Anblick rief, diesen «lutherischen Teufel» werde man nicht hereinlassen. Was war der Grund dieser spontanen Rebellion? Warum versuchte man, zu verhindern, dass der Geist der Aufklärung Einzug in diese Schule hielt? Und warum wurde ein katholischer Inspektor als «lutheranischer Teufel» gebrandmarkt?[18]

In den Wochen davor hatte der Fürstbischof aus dem nahegelegenen Brixen (Bressanone) den lokalen Geistlichen verboten, mit den das neue System vertretenden Schulinspektoren zu kooperieren, und Priester dazu ermuntert, von der Kanzel herab gegen die liberalen Schulgesetze zu wettern. Das nahmen die Eltern von Schulkindern in dieser Region, in der man vorwiegend von der Landwirtschaft lebte, die daher aus praktischen Gründen gegen das neue Gesetz waren – durch die achtjährige Schulpflicht ging ihnen die wertvolle Mitarbeit der Kinder bei den Ernten verloren –, als Freibrief, ihrem Unwillen Luft zu machen. Sie nahmen dabei zu sprachlichen Formulierungen und Symbolen Zuflucht, die eine immer militanter werdende katholische Kirche ihnen lieferte. Die Bezugnahme auf Luther ging zum Teil auf die standhafte Weigerung der politischen und kirchlichen Führer in Tirol zurück, die Legalisierung protestantischer Gemeinden durch die Regierung zu akzeptieren, und darauf, dass die katholischen Priester in ihren Predigten aus strategischen Gründen eine Verbindung zwischen Liberalismus und Protestantismus herstellten.

Das Bürgerministerium hatte mehrere Initiativen unternommen, um den Einfluss der Amtskirche auf Familienleben und Volksschulausbildung zu verringern. 1868 hatten drei sogenannte Maigesetze die öffentliche Rolle der katholischen Kirche in Österreich entscheidend beschnitten. Den einzelnen Pfarren wurde die Ehegerichtsbarkeit entzogen, sie konnten nicht mehr über die Beisetzungspraktiken entscheiden, und es oblag ihnen auch nicht mehr, die Kirchenbücher zu führen; all das wurde zivilen Behörden übertragen. Außerdem stand fortan allen Österreichern, gleich welchen Glaubens, die Möglichkeit offen, standesamtlich zu heiraten. Die drei Gesetze bestätigten auch die Gleichberechtigung aller offiziell anerkannten Konfessionen – einschließlich der jüdischen – und unterstellten das Schul- und Erziehungssystem der Aufsicht der Landtage.[19] Diese Gesetze provozierten erbitterten Widerstand vonseiten des Klerus, mit diesem sympathisierender Politiker und oft auch gewöhnlicher Bürger wie jenen, die sich in St. Peter im Ahrntal zusammengerottet hatten, um den Schulinspektor zum Teufel zu jagen. Viele Liberale waren hingegen der Meinung, die Gesetze gingen nicht weit genug, und beharrten – am Ende erfolglos – darauf, dass eine standesamtliche Eheschließung verpflichtend werden müsse.

Ein Jahr später wurde mit einem Schulgesetz ein neues System zur Finanzierung öffentlicher Schulen eingeführt; fortan waren die Regierungen der Kronländer und die Kommunen gemeinsam für den Bau von neuen Schulen, dort wo sie fehlten, verantwortlich und mussten auch für die Gehälter der Lehrer aufkommen. Das Gesetz verpflichtete alle Knaben und Mädchen dazu, für einen Zeitraum von mindestens acht Jahren am Schulunterricht teilzunehmen. Es gab Richtlinien für die Lehrpläne vor, legte fest, dass per Wahl bestimmte Schulvorstände auf lokaler Ebene auf die Einhaltung der neuen Bestimmungen achten sollten, und sah die Erschaffung von Lehrerausbildungsstätten in den einzelnen Kronländern vor sowie die Einführung von Zulassungsprozeduren. Die Kinder konnten auch statt öffentlicher Schulen solche besuchen, die von einer Glaubensgemeinschaft unterhalten wurden. Doch auch diese mussten Vorschriften einhalten, zum Beispiel gewährleisten, dass die Schüler die erforderlichen acht Jahre lang unterrichtet wurden und dass ein gewisser Prozentsatz der Unterrichtsstunden säkularen Fächern gewidmet war.

In liberalen Zeitungen wurden diese Gesetze als Endsieg einer aufgeklärten Gesellschaft über die finsteren Mächte der Reaktion bejubelt, die die Leute «tief in Aberglauben, Unwissen, geistiger Trägheit […] und im Elend versunken» gehalten hatten.[20] Um die Annahme der Gesetze im Parlament zu feiern, schmückten die liberalen Wiener ihre Häuser und Läden mit Lichtern – ein Anblick, der Franz Joseph erspart blieb, da er sich auf einer Reise nach Budapest befand.[21] Eine Zeitung erklärte, die Gesetze ließen auf eine strahlende Zukunft hoffen, da in der Geschichte Gesellschaften immer «begannen, sich mit erstaunlicher Geschwindigkeit voran zu entwickeln, sobald sie sich von kirchlicher Vormundschaft befreit hatten».[22] Dem stimmte jedoch nicht jeder zu. Die Gesetze riefen die Missbilligung der föderalistischen, klerikalen und konservativen Gegner des Bürgerministeriums im Reichstag, in den Landtagen und in den oberen Rängen der Bürokratie hervor.

Föderalisten und Konservative forderten, dass den Landtagen das Recht eingeräumt werden sollte, die Zeit des Schulbesuchs zu verringern, und zwar unter Berücksichtigung des regionalen Bedarfs an zusätzlichen landwirtschaftlichen Helfern während der Erntezeit. Nachdem sie in den 1860er-Jahren erfolgreich um den Status einer autonomen Provinz für Galizien gekämpft hatten, gelang es polnischen Konservativen 1873, die Zeit des obligatorischen Schulbesuchs von acht auf sechs Jahre herabzusetzen.[23] Am hartnäckigsten widersetzten sich aber Vertreter der katholischen Amtskirche und örtliche Gemeindepfarrer in den westlichen Kronländern (Tirol, Oberösterreich, Salzburg) der Anwendung der neuen Gesetze. In Tirol verhinderte der vom Klerus dominierte Landtag bis 1892, dass die achtjährige Schulpflicht wirklich überall eingeführt wurde.[24]

Diese Auseinandersetzungen darum, wer über Ausbildung und Erziehung – oder über die Werte an sich – wachen sollte, fielen zeitlich mit zwei entscheidenden Veränderungen in der weltweiten katholischen Kirche zusammen, die dazu beitrugen, dass aus dem, was sonst trockene Debatten geblieben wären, unter Beteiligung weiter Kreise der Bevölkerung ausgefochtene «Kulturkämpfe» wurden. Die erste dieser Veränderungen war ein Wiederaufleben katholischer Frömmigkeit und eine Wiederbelebung von Praktiken, die sich seit den 1840er-Jahren angebahnt hatte. In vielen Gegenden Europas, einschließlich Österreichs, nahm die Zahl von Männern und Frauen, die sich in örtlichen katholischen Vereinigungen engagierten, an Pilgerfahrten teilnahmen (was durch die Schaffung von Eisenbahnverbindungen und sinkende Fahrpreise erleichtert wurde) oder sich an neuen Formen der volkstümlichen Verehrung der Jungfrau Maria, bestimmter Heiliger oder in Tirol auch des Heiligsten Herzens Jesu beteiligten, dramatisch zu.[25]

Österreichs Liberale waren keineswegs die Einzigen, die in immer aggressiverer Manier öffentliche Räume nutzen, um ihre Ideologie «unters Volk zu bringen», mit Symbolen operierten oder volkstümliche Veranstaltungen wie Wettschießen nutzten, um ihre Verwurzelung in der lokalen Kultur zu untermauern. Bald nachdem die Liberalen von Bozen ihr Programm mit dem Widerstand des Tiroler Volks gegen Napoleon in Verbindung gebracht hatten, indem sie ein «Schützenfest des Lichts» organisierten, antworteten katholische Aktivisten der Stadt auf vergleichbare und auch vergleichbar wirkungsvolle Weise. 1870 fand in Bozen eine vom Fürstbischof des nahegelegenen Brixen organisierte Feier des Katholisch-Konservativen Volksvereins von Bozen und Umgebung statt, bei der der Kleriker demonstrativ das symbolische Band Tirols mit dem Heiligsten Herzen Jesu – die Herz-Jesu-Feiern hatten ebenfalls einen starken Bezug zu den Napoleonischen Kriegen – erneuerte, um dem Katholizismus die Unterstützung des Volkes in seinem Kampf gegen den gottlosen Liberalismus zu verschaffen.[26]

In den 1850er- und 1860er-Jahren rief die katholische Kirche eine Reihe eigener Projekte zur Errichtung öffentlicher Gebäude ins Leben, in der expliziten Absicht, katholischen Werten beim Volk stärkere Geltung zu verschaffen. Man brachte die Mittel für den Bau eindrucksvoller Kirchen im neugotischen Stil auf, und zwar vor allem in neuen, häufig von der Arbeiterschaft bewohnten Vierteln der expandierenden Städte. 1855 beschloss der Bischof von Linz, Franz Joseph Rudigier (1811–1884), dem neuen Dogma von der Unbefleckten Empfängnis ein Denkmal in Gestalt einer riesigen Kathedrale zu setzen. So, wie er das Gebäude plante, waren zu dessen Fertigstellung siebzig Jahre nötig. Mit den neuen Kirchen, von denen immer mehr in den Vororten der größeren Provinzstädte oder kleineren Landstädte aufragten, wollte man die Bedeutung der Kirche als Institution für eine im Wandel begriffene Gesellschaft sichtbar machen. Diese Bauten waren im neugotischen Stil gehaltene Verkörperungen dessen, was man ein katholisches Revival nennen könnte. Bald sollte diese katholische Neubelebung in mehreren österreichischen Kronländern katholische politische Parteien entstehen lassen, die großen Rückhalt beim Volk fanden.

Die zweite wichtige Entwicklung in der katholischen Kirche war das Aufkommen einer kämpferischen Doktrin, die als «Ultramontanismus» bezeichnet wurde: Das war eine aggressiv-konservative Lehre, die die Bedeutung einer strengen Hierarchie hervorhob und den Primat des Papstes, seine Vorrangstellung in der Kirche und in Bezug auf säkulare Institutionen, bekräftigte. Das Wesen des Ultramontanismus ging aus dem *Syllabus errorum* hervor, einer 1864 von Papst Pius IX. veröffentlichten Zusammenstellung von achtzig «Irrtümern», das heißt von Thesen, Ansichten oder Forderungen, die als «falsch» zu verurteilen seien. Darunter waren auch die Forderungen nach religiöser Freiheit und nach der Trennung von Kirche und Staat.[27] In Österreich machten sich vor allem Angehörige einer aktivistischen Generation von Geistlichen, die aus bescheidenen sozialen Verhältnissen stammten, die ultramontane Lehre zu eigen; sie waren in den 1840er- und 1850er-Jahren in den Seminaren tonangebend und unter den ersten Nicht-Adligen, denen wichtige Bistümer anvertraut wurden.[28]

Als Liberale überall in Europa die traditionellen Beziehungen zwischen Kirche und Staat neu bestimmten, um den Einfluss des Katholizismus zu verringern, sagten ultramontane Priester und Bischöfe dieser Entwicklung den Kampf an. In ihren Hirtenbriefen und vor allem auch den neuen katholischen Zeitungen schlugen sie einen immer radikaleren und kämpferischeren Ton an. Anders als die Kirchenführer alter Schule wie der Wiener Kardinal Joseph Rauscher (1797–1875), der es vorzog, hinter den Kulissen tätig zu werden, versuchten die jüngeren Aktivisten ganz offen, die öffentliche Meinung gegen die liberale Regierung aufzubringen. Sie sahen in den Kirchengesetzen eine Kampfansage an die Religion und waren – wie ihre liberalen Opponenten – nicht willens, sich mit Geringerem zufriedenzugeben als der totalen Vernichtung des Feindes. Für die gegenwärtig regierende Klasse wolle man Erniedrigung, umfassende Erniedrigung, hieß es in der Kriegserklärung, die die katholische und föderalistische Zeitung *Vaterland* 1868 an den Liberalismus richtete.[29] Diese ultramontanen Radikalen begriffen, wie entscheidende Elemente des modernen Lebens – von Zeitungen und bebilderten Broschüren bis hin zu Verbrauchermärkten und Eisenbahnen – ihren Zielen dienen konnten. Tatsächlich setzten sie sie häufig viel wirkungsvoller ein als ihre liberalen Gegner.

Im September 1868 veröffentlichte Franz Joseph Rudigier, der Bischof von Linz, der die riesige Kathedrale für die Stadt geplant hatte, einen Hirtenbrief, in dem er die Maigesetze vehement als Lügen anprangerte. Die Regierung von Oberösterreich ließ den Hirtenbrief rasch konfiszieren, klagte den Bischof an und brachte ihn vor Gericht. Er wurde für schuldig befunden und zu vierzehn Tagen Haft verurteilt. In einem Brief an seinen Sohn Franz legte Finanzminister Ignaz von Plener dar, dass diese Vorgänge «unvermeidbar» gewesen seien, da das

Kabinett eine Grenze habe ziehen müssen, um zu zeigen, dass auch die Kirchenoberen dem Staat untergeordnet seien. Im Juli 1869 begnadigte der Kaiser jedoch den bischöflichen Gesetzesbrecher, was, nach Plener, zeigte, «wie wenig Seine Majestät mit diesen neuen Gesetzen einverstanden sei und wie wenig Sympathie er für die gegenwärtige Regierung empfinde».[30]

Papst Pius IX. verurteilte die neuen österreichischen Gesetze als «zerstörerisch, verabscheuenswürdig, verwerflich, absolut null und nichtig». Außerdem werde mit ihnen das 1855 geschlossene Konkordat gebrochen.[31] In dieser kritischen Situation kamen die Teilnehmer an einem Konzil, das vom Dezember 1869 bis zum Juli 1870 im Vatikan abgehalten wurde, zu einer Entscheidung, die den Kulturkampf noch heftiger aufflammen ließ. Keineswegs einstimmig verabschiedeten sie ein Dokument, mit dem das Wort des Papstes für unfehlbar erklärt wurde, wenn er «ex cathedra» zu Fragen des katholischen Glaubens Stellung nehme.[32] Indem er geltend machte, dass mit dieser Unfehlbarkeitserklärung das rechtliche Verhältnis zwischen den beiden Parteien, die das Konkordat geschlossen hatten, sich geändert habe, widerrief der liberale Minister für Religion und Erziehung das Konkordat.[33]

Die Unfehlbarkeitserklärung war keineswegs so einhellig verabschiedet worden, wie Kulturkämpfer aus beiden Lagern behaupteten. Die meisten österreichischen Bischöfe (darunter auch ihr nominelles Oberhaupt, der Wiener Kardinal Rauscher) waren bei einer ersten Abstimmung dagegen gewesen, und die österreichisch-ungarischen Bischöfe akzeptierten das neue Dogma als Letzte von ganz Europa. Tatsächlich beugte sich der Kroate Joseph Strossmayer (1815–1905) als letzter Bischof auf der ganzen Welt dem Beschluss des Konzils. Nachdem das Dogma formell akzeptiert worden war, meinten viele österreichische Bischöfe auch, dass es behutsam und besonnen angewandt werden sollte, um keine öffentlichen Kontroversen zu provozieren. Bei öffentlichen Debatten hielten sich aber ultramontane Bischöfe wie Rudigier keineswegs zurück. Sie kamen so oft wie möglich auf dieses Thema zu sprechen, um religiöse Gefühle zu evozieren, und auf diese Weise Stimmung gegen den Liberalismus zu machen.

In einer Schrift zur päpstlichen Unfehlbarkeit behauptete Rudigier aggressiv, dass staatliche Gesetze, die den Gesetzen Gottes zuwiderliefen, nicht bindend für die Katholiken Österreichs seien. «Ihr seid nicht nur unschuldig, wenn ihr diesen Gesetzen nicht Folge leistet», schrieb er, «sondern ihr würdet gegen das höchste Gesetz verstoßen, wenn ihr es tätet.»[34] Mit diesen Worten lieferte er den Liberalen wiederum Munition für ihre Invektiven gegen diese besondere Art von «klerikalem Katholizismus», der sich zersetzend auf das öffentliche Leben auswirke. Wenn Katholiken sich die Freiheit herausnähmen, bestimmte Gesetze zu ignorieren, wie könnten sie dann als Bürger verlässlich sein? Und, fragten die Liberalen, die zumeist selbst praktizierende Katholiken waren, was waren das für Bürger – ja für Menschen –, die zuließen, dass ihre politischen Ansichten von diesem ausländischen Papst in Rom geprägt wurden? Gewiss waren sie keine Menschen, die aufgrund ihrer geistigen Unabhängigkeit und ihres rationalen Urteilsvermögens in der Lage waren, für sich selbst Entscheidungen zu treffen. Der klerikale Katholizismus biete willensschwachen Trotteln und leichtgläubigen Frauen einen Halt; er sei nichts für unabhängige, beherzte Bürger einer modernen Zeit. Das Überleben Österreichs verlange die Unterdrückung dieser Kultur des Katholizismus, die die Grundlagen des Staates gefährde, indem sie die Fähigkeiten seiner Bürger beeinträchtige und sie von Rom abhängig mache.

Obwohl das Bürgerministerium mit solch flammenden Worten gegen den klerikalen Katholizismus Front machte, waren seine Maßnahmen auf diesem Gebiet nicht mit dem Kulturkampf vergleichbar, den Bismarck und seine liberalen Verbündeten in Preußen und dem neuerdings vereinten Deutschland entfesselten. Anders als in Deutschland, wo ein aggressiver Protestantismus für Nationalisten konstitutiv für das «Deutschsein» war, war für die kulturelle Identität des österreichischen Staates traditionell der Katholizismus bestimmend. Überdies waren die liberalen Politiker, Aktivisten und Wähler in der österreichischen Hälfte der Doppelmonarchie in der Mehrheit praktizierende Katholiken.[35]

Kleriker wie Rudigier machten es liberalen Propagandisten einfach, «unwissende Kräfte» oder «Kräfte der Finsternis» zu beschuldigen, ihr aufklärerisches Programm zu unterminieren. In Wirklichkeit waren es aber mehrere unterschiedliche Faktoren, die sich dem Erfolg der liberalen Politik in den Weg stellten. Auf lokaler Ebene verhinderte orga-

nisierter Widerstand, dass liberale Gesetze wirklich Fuß fassten. Ein
Vorfall wie der in St. Peter, bei dem eine Menschenmenge den Schulinspektor daran gehindert hatte, seines Amtes zu walten, und ihn als
«lutheranischen Teufel» verunglimpft hatte, war in dem Jahrzehnt
nach 1867 nicht ungewöhnlich. Im Dezember 1871 – als Wahlen zu mehreren Landtagen abgehalten wurden – erschoss ein gestörter junger
Mann den liberalen (und protestantischen) Bürgermeister der steirischen Stadt Stainz (die ungefähr 1500 Einwohner zählte). Angeblich
hatte der Attentäter den Priester des Ortes beim Wort genommen, der
nämlich zu ihm gesagt haben soll, es müsse ein Ende gemacht werden
mit den Liberalen.[36] Die *Neue Freie Presse*, Sprachrohr der Wiener Liberalen, stürzte sich auf dieses Ereignis und legte in einem langen Leit-
artikel dar, dass solche entsetzlichen Vorfälle die Norm sein würden,
solange die Elite des Reiches einer Institution finanzielle Unterstützung
und politische Sympathie zukommen lasse, die ihre Dankbarkeit be-
kunde, indem sie die Regierung mit Krieg überziehe.

Abgesehen davon, dass sie der liberalen Propaganda Futter lieferten,
zeigten solche Vorfälle, in welchem Maß Gegner der neuen Kirchen-
und Schulgesetze aus den Reihen des einfachen Volks diese Gesetze als
Eingriffe in ihre Kultur auffassten. Für sie stellten diese Gesetze oft
einen Versuch von aufdringlichen Außenseitern dar, örtliche Sitten
und Bräuche auszulöschen, und genau das machten sie auch in ihren
Appellen, gegen diese Gesetze vorzugehen, deutlich. Katholiken entfachten, wenn Wahlen anstanden, immer wieder Diskussionen über die
Schulgesetze oder die Rolle, die der Kirche in der Gesellschaft gebühre,
um Opposition gegen den Liberalismus zu schüren. Das mag zwar die
Wahlbeteiligung nicht sonderlich erhöht haben, die in ländlichen Bezirken in den 1870er-Jahren oft bei weniger als 50 Prozent lag, doch
teilten Aktivisten aus beiden Lagern in Broschüren, die eine Auflage
von immerhin fünf- bis zehntausend Exemplaren erreichten, deutlich
schärfere Hiebe aus.

Während der 1860er- und 1870er-Jahre kam es auch zur Gründung
von Zeitungen und Vereinen sowohl von Liberalen als auch Antilibe-
ralen. Von 1865 an konnten sich die Einwohner Oberösterreichs in der
liberalen *Tagespost* über die neuesten Nachrichten und Aktivitäten
ihres Landtags informieren. Im Januar 1869 gründeten katholische

Konservative des Kronlands ihre eigene Tageszeitung, das *Linzer Volksblatt*, dessen Herausgeber auch Chorleiter des städtischen St. Florian-Stifts war. Das *Volksblatt* berichtete über politische Ereignisse in der Region aus katholischer Sicht. Während die *Tagespost* die Politik der Regierung befürwortete, da sie Oberösterreich Fortschritt und Wohlstand bringen könnte, wurden im *Volksblatt* die gleichen Maßnahmen als dem Volke fremd und oktroyiert bezeichnet: Nach den nächsten Wahlen würde Schluss mit ihnen sein, genau wie mit dem Liberalismus im Allgemeinen.[37] Wie in einem großen Teil Europas in dieser ersten Zeit, in der Zeitungen ein großes Lesepublikum fanden, war auch in Oberösterreich daran, welches Blatt jemand las, genau zu erkennen, welche gesellschaftlichen Ansichten er vertrat. Katholisch-Konservative des Kronlands riefen auch eine volkstümliche politische Vereinigung ins Leben, das Katholisch-Patriotische Casino in Linz, das den Bemühungen des dortigen Liberal-Politischen Vereins eigene Aktivitäten entgegensetzen sollte. Das Casino gründete Zweigstellen für ländliche Grundbesitzer und zählte bald weit mehr Mitglieder als der liberale Konkurrenzverein. Es betrieb auch Wahlpolitik und setzte damit dem Monopol ein Ende, das die liberale Oberschicht in Linz seit der Wiedergeburt des konstitutionellen Lebens innegehabt hatte.[38] Beide geistigen Welten, Liberalismus und Katholizismus, konstituierten «zwei imaginierte Gemeinwesen, mit zunehmend homogenisierten ideologischen Strukturen, gesonderten Sphären in Bezug auf Ausbildung, Vereinsleben und Druckmedien – zwei Quasi-Nationen, die Seite an Seite, aber getrennt voneinander existierten».[39]

Grenzen des Liberalismus

Ein weiterer Kulturkampf, der während dieser Zeit ausbrach, ließ die neue liberale Führungsschicht mit jenen Organisationen in Konflikt geraten, zu denen sich Angehörige der Arbeiterklasse verstärkt zusammenschlossen. Dieser Konflikt legt offen, wie eingeschränkt, ja geradezu eng die Weltsicht der Liberalen in der 1870er-Jahren war, wenn sie auch mit einer weitschweifigen Redeweise das Gegenteil behaupteten. Auf welche Weise sollten oder konnten Österreicher aus der Arbeiterklasse zur Gestaltung des Staates beitragen? Wie konnten sie sich am Auf- und Ausbau der neuen konstitutionellen Ordnung beteiligen? Als frühe Arbeiterorganisationen diese Fragen vorbrachten, legte das Bürgerministerium deren Beantwortung auf Eis, indem sie diese Organisationen für mehr als ein Jahrzehnt in die Wildnis der Illegalität verbannte. In den Kreisen der Liberalen herrschte große Uneinigkeit in Bezug auf politischen Aktivismus vonseiten der Arbeiterschaft. In den 1860er-Jahren hatten einige von ihnen, die einen gewissen Einfluss besaßen, begonnen, sich für die gerade aufkeimenden Arbeiterbewegungen zu interessieren, und die Gründung von Selbsthilfevereinigungen oder Bildungsvereinen unterstützt. Als diese Bewegungen aber über die politischen Grenzen hinweg aktiv wurden, die ihre Mentoren sich vorgestellt hatten, entzogen diese rasch ihre Unterstützung.

1868 wurde bei Massenkundgebungen der Arbeiter in Wien die Forderung nach dem allgemeinen Wahlrecht für männliche Staatsbürger und nach der gesetzlichen Zulassung von Gewerkschaften laut. Das Kabinett ging gegen die Demonstranten vor; dabei hatte es die volle Unterstützung des Kaisers. Die Polizei überwachte regelmäßig Zusammenkünfte legaler Arbeitervereine und löste sie bisweilen auf. Das Kabinett beschloss auch Notmaßnahmen, um die befürchtete Bedrohung der öffentlichen Ordnung durch militante Arbeiter in den Griff bekommen zu können. Demonstrationen wurden verboten, Zeitungen der Arbeiter zensiert und mehrere ihrer Organisationen zerschlagen.

Einige Liberale warnten davor, die Macht des Staates zu benutzen, um Arbeiterorganisationen schachmatt zu setzen. Eine liberale Wiener Zeitung warnte ihre Leser, dass die Verfolgung der Sozialdemokratie durch die Regierung schon morgen in die Verfolgung der Demokratie umschlagen könne, und übermorgen werde dann der Liberalismus an der Reihe sein.[40] Dennoch ging die liberale Regierung ohne zu zögern und mit wilder Entschlossenheit gegen die Arbeiterschaft vor. Kein anderer als Innenminister Giskra führte den Angriff an, vielleicht um dem Kaiser den Argwohn zu nehmen, den dieser bezüglich seiner politischen Zuverlässigkeit immer noch hegte. Als eine Arbeiterdelegation bei ihm erschien, um das allgemeine Wahlrecht für männliche Staatsbürger zu fordern, sagte der Sohn eines Gerbers und Revolutionär von

1848 zu seinen – ehemaligen – Standesgenossen: «Glauben Sie nicht, daß wir in Oesterreich eine Pöbelherrschaft einführen werden [...] Deshalb, daß Sie als Menschen geboren werden, erhalten Sie noch kein Recht, ein Wahlrecht geltend zu machen, Sie müssen dasselbe erwerben, indem man annimmt, daß Sie ein Interesse daran finden; dies Interesse wird durch *die direkte Steuer* bestimmt.»[41]

Diese Einstellung – die Ansicht, dass die Arbeiter sich ihr Recht zur Beteiligung an der Politik verdienen müssten, der Staat aber abgesehen von der Finanzierung der öffentlichen Erziehung keine Maßnahmen ergreifen sollte, um ihre soziale Mobilität zu fördern – war teilweise schlicht auf Angst der Liberalen zurückzuführen. Diese mussten schließlich alles zur Konsolidierung der neuen Ordnung, zu ihrer Absicherung gegen starke, feindliche reaktionäre Kräfte unternehmen, bevor sie auch nur in Betracht ziehen konnten, diese Ordnung so zu erweitern, dass sie auch die Arbeiterklasse einschloss. Viele meinten, dass ein allgemeines Wahlrecht nur die von Adligen angeführten reaktionären Parteien begünstigen würde, die die Massen der Ungebildeten leicht mit lügenhaften Behauptungen dazu bewegen könnten, sie zu unterstützen. Vor dieser Möglichkeit warnte auch die *Neue Freie Presse* nach dem Treffen der Arbeiterdelegation mit Giskra.[42]

Die meisten Liberalen verschanzten sich hinter dem Argument, die von ihnen selbst auf den Weg gebrachten Gesetze zur Grundschulbildung eröffneten den Arbeitern den sichersten Weg zu politischer Reife und dem Recht, am öffentlichen Leben teilzunehmen. «In einem Land, wo der Arbeiterstand notdürftig lesen, kaum addieren und noch weniger schreiben kann», meinte am 23. Februar 1869 *Der österreichische Ökonomist*, «ist die Arbeiterfrage gefährlicher als in solchen, die sich eines intelligenten vierten Standes erfreuen.» Indem sie hervorhoben, wie wichtig Bildung war, versuchten die Liberalen auch die Arbeiter davon abzuhalten, das Recht auf sofortige Teilnahme am politischen Geschehen zu fordern. Wie könnten die Arbeiter politisch aktiv werden, wollte *Der österreichische Ökononomist* in dem erwähnten Artikel wissen, wenn sie erst einmal lernen müssten, wie man in der Öffentlichkeit spricht.[43] Für eine politische Beteiligung war aber nicht einfach nur das Beherrschen bestimmter Fähigkeiten nötig, sondern vom Arbeiter wurde eine vollkommene Akkulturation an die Hauptwerte der liberalen Gesellschaft verlangt. Das kam etwa in der folgenden Mahnung zum Ausdruck:

> Was der kirchliche Katechismus mit seinem Gebote der Frömmigkeit und Entsagung für die beherrschten Klassen zu erreichen sich unfähig erweisen mußte: das Glück und Wohlsein der gesamten Menschheit, das wird der bürgerliche Katechismus mit dem Gebote der Arbeit und dem entsprechenden Lohn für die Arbeit [...] zu begründen imstande sein. In dieser menschheitsbefreienden, sittlichenden Macht der neuen Disziplin, nenne man dieselbe nun Volkswirtschaftslehre oder Sozialwissenschaft, liegt ihre größte Bedeutung, die vorläufig allerdings mehr dunkel geahnt als klar erkannt wird.[44]

Arbeiter mussten Bildung erwerben, um wirtschaftlich denken, mit Geld umgehen und den Wert von Vorausplanung erkennen zu können. Das liberale Bildungsprogramm würde ein Volk von nüchtern denkenden und sorgfältig planenden Menschen entstehen lassen, die den Wert der Arbeit und den Wert des Geldes kannten – irgendwann einmal.

Negative Einstellungen liberaler Politiker in Österreich wie auch in Ungarn zur Frage des Wahlrechts für Frauen verstärken diesen Eindruck von überraschend engstirnigen sozialen Ansichten und einem nur ganz schwach ausgeprägten Gefühl für die eigene politische Verwundbarkeit. Gebildete und über Besitz verfügende Frauen hätten mit Sicherheit wertvolle Verbündete für die Männer abgeben können, und die Zahl solcher Frauen stieg während dieser Zeit überall in der Monarchie rasch. Bis zum Ende des Jahrhunderts scheint es aber niemandem in den Sinn gekommen sein, Frauen aus der Mittelklasse durch Gewährung des Wahlrechts am politischen Leben zu beteiligen. Mit Sicherheit war es kein Hauptziel der bürgerlichen Frauenbewegungen, die zwischen 1860 und 1890 in mehreren Regionen der Monarchie entstanden, in Niederösterreich und Böhmen ebenso wie in Ungarn und Galizien, in den Besitz dieses Rechts zu gelangen.[45] Diese Bewegungen, wozu auch der von der Lehrerin Auguste Fickert angeführte, 1893 in Wien gegründete Allgemeine Österreichische Frauenverein gehörte, richteten ihr Augenmerk vor allem auf Fragen wie Arbeitsplätze, Bildung, Professionalisierung, Absicherung durch Rente und Reform der Eheschließungsgesetze.[46] Erst nach der Jahrhundertwende begann man, ernsthaft über das Frauenwahlrecht zu debattieren, als neue große Volksparteien, von den österreichischen und ungarischen Sozialdemokraten bis hin zur tschechischen National-Sozialen Partei von 1897 *(Česka strana národně sociálnú)*, und sogar einige Aktivisten aus der christlich-sozialen Bewegung in der Gewährung dieses Rechts eine Möglichkeit sahen, ihre Wählerschaften zu vergrößern.

Im Lauf der 1880er-Jahre schlossen einige von Liberalen dominierte Landtage sogar einige der Gesetzeslücken, die es – ohne dass das beabsichtigt gewesen wäre – seit 1848 einigen privilegierten Frauen gestattet hatten, in ihrer Eigenschaft als Besitzerinnen von Betrieben oder von Ländereien, wenn auch mithilfe männlicher Stellvertreter, an Kommunal- oder Landtagswahlen teilzunehmen.[47] 1889 konnte man hören, dass ehrbare Frauen zu ihrem eigenen Schutz von Wahllokalen ferngehalten werden sollten, wo sie dem «Beeinflussungsterrorismus» der mit immer härteren Bandagen ausgefochtenen Wahlen ausgesetzt wären. Der niederösterreichische Abgeordnete Joseph Kopp – in anderen Fragen einer der progressivsten Liberalen des Landes – bezeichnete die Idee, Frauen das Wahlrecht einzuräumen, als völlig abstrus.[48] Die Landtage der Krain und Kärntens schafften das eingeschränkte Frauenwahlrecht 1884 ganz ab; in der Steiermark folgte man 1904 diesem Beispiel, in Istrien 1908.[49]

Im gleichen Jahrzehnt, in dem Abgeordnete wie Kopp die wenigen Möglichkeiten, zu wählen, die eine kleine Schar privilegierter Frauen bis dahin besessen hatte, ganz gezielt abschafften, spannten viele Nationalisten aber ihre Frauen und Töchter nur allzu gerne für ihre Zwecke ein. Da nationalistische Organisationen im Kaisertum Österreich vom Gesetz her als unpolitische Vereine eingestuft wurden, war es Frauen in den 1880er-Jahren erlaubt, ihren immer größeren Netzwerken beizutreten, in ihnen aktiv zu werden und sogar eigene Unterorganisationen zu gründen. Die Aktivitäten dieser Frauen hatten sogar einen ausgeprägt politischen Charakter, wie ein Blick in die Texte der vielen Reden, die sie in diesen Vereinen hielten, belegt. Höchst wichtige Rollen spielten sie auch, indem sie Festivitäten und Feiern organisierten, bei Basaren alles Mögliche verkauften und den Erlös ihren Organisationen zugutekommen ließen oder Bekannte und Nachbarn zur Teilnahme an verschiedenen Projekten mobilisierten. Alle diese verschiedenen Formen des Eintretens für die nationalistische Sache konnten aber als «kulturelle Aktivitäten» ausgegeben werden, wie sie sich für Angehörige des weiblichen Geschlechts geziemten.[50]

Vom Föderalismus zum Kulturalismus

Das umstrittene Bürgerministerium kam im Sommer 1870 zu Fall. Dazu trug die Kampfmüdigkeit der Minister bei sowie die Tatsache, dass sie ihre Gegner derart vor den Kopf gestoßen hatten, dass diese schließlich das Parlament boykottierten. Aus der Zeit seiner kurzen und von Krämpfen geschüttelten Regierung blieben Österreich mehrere wichtige kulturelle und politische Vermächtnisse, die andere politische Akteure, vor allem Nationalisten und Ideologen des Imperiums, später zu ihren Zwecken vervollkommnen würden. Die Kulturkämpfe der 1870er-Jahren führten nicht zwangsläufig zu einer Unterhöhlung der grundlegenden Legitimität des Reiches und der Habsburgerdynastie. Während liberale und katholische Aktivisten in ihren Debatten radikal unterschiedliche Standpunkte vertraten und völlig unvereinbare Wertvorstellungen zu erkennen gaben, wetteiferten die einen wie die anderen in ihren jeweiligen Darstellungen geradezu darum, dem Reich eine wichtige Stellung einzuräumen. Die Katholiken beschworen die traditionelle enge Beziehung zwischen der Dynastie und der Kirche herauf, um die überkommene katholische Auffassung vom Reich nachdrücklich zu bestätigen. Die Liberalen wiederum verwiesen auf die Verfassung und das erfolgreiche neue parlamentarische System zum Beweis dafür, dass das Reich zu einem Mittel geworden war, ihre aufgeklärtere und säkularere Sicht zu verbreiten.

Wir wollen uns jetzt den Aktivisten zuwenden, die sich die Überführung politischer Programme in Kulturkämpfe am wirkungsvollsten zunutze machten: den Nationalisten. Was in erster Linie eine Nation konstituierte, wer ihr angehörte und wer für sie sprechen konnte, waren Fragen, auf die es in den 1860er-Jahren keine klare Antwort gab. Für einige – vor allem für den Adel – bleib die «Nation» weiterhin eine historische territoriale Einheit innerhalb des Imperiums, die durch die Existenz einer privilegierten Elite definiert war, die periodisch mit dem König über die Aufteilung und Ausübung der lokalen Macht verhandelte. Wie aber die Jahre vor und nach der Revolution von 1848 gezeigt hatten, konnte man unter einer Nation auch eine Gruppe von Menschen verstehen, die kulturelle Merkmale miteinander gemein hatten, von denen eine gemeinsame Sprache das wichtigste war. Der Sprachgebrauch war auch etwas, dem traditionell das Interesse des kaiserlichen Staates gegolten hatte, der bei Gelegenheit damit zu kämpfen gehabt hatte, dass die Erforderlichkeit einer einheitlichen Amtssprache, um die Zentralisierung vorantreiben zu können, und die Notwendigkeit, mit lokalen Bevölkerungsgruppen in ihren eigenen Sprachen zu kommunizieren und ihnen in diesen Sprachen Bildung zu vermitteln, im Widerstreit miteinander lagen. Das «Staatsgrundgesetz über die allgemeinen Rechte der Staatsbürger» aus dem Jahr 1867 hatte Folgendes gewährleistet:

> Alle Volksstämme des Staates sind gleichberechtigt, und jeder Volksstamm hat ein unverletzliches Recht auf Wahrung und Pflege seiner Nationalität und Sprache. [...] In den Ländern, in welchen mehrere Volksstämme wohnen, sollen die öffentlichen Unterrichtsanstalten derart eingerichtet sein, daß ohne Anwendung eines Zwanges zur Erlernung einer zweiten Landessprache jeder dieser Volksstämme die erforderlichen Mittel zur Ausbildung in seiner Sprache erhält.[51]

Diese allgemeinen Versprechungen – die vollkommen im Einklang mit der traditionell von den Habsburgern befolgten Praxis standen – gaben ungewollt Anlass zu einer Vielfalt neuer politischer Betätigungsmöglichkeiten, die im Kern alle auf die Existenz unterschiedlicher Sprachen zurückgingen. Von einer Gleichberechtigung aller im Reich gebräuchlichen Sprachen konnte in der Praxis bei weitem noch nicht die Rede sein, und die entsprechenden Bestimmungen in dem Staatsgrundgesetz von 1867 dienten eher dazu, die Prinzipien festzulegen, an denen sich eine spätere Gesetzgebung orientieren konnte. Vieles blieb unklar. Was machte eine Sprache im Unterschied zu einem Dialekt aus? Wie viele Mitglieder musste eine lokale Sprachminderheit umfassen, um in einem bestimmten Kronland volle Sprachrechte beanspruchen zu können? Und der Begriff «öffentliche Unterrichtsanstalten» konnte ganz unterschiedlich ausgelegt werden, man konnte Grundschulen damit meinen, aber auch Realschulen, Gymnasien oder sogar Universitäten.

Die Absicht des Staates, den *Gebrauch* einer jeden im Reich verwen-

deten Sprache rechtlich zu sanktionieren, bedeutete, dass die sprachliche Praxis zu einem immer wichtigeren Faktor des öffentlichen
Lebens wurde, da politische Aktivisten versuchten, über sie potenzielle
neue – wahlberechtigte – Mitglieder ihrer nationalen Gemeinschaften
auszumachen. Nationalisten mussten die Sprecher einer bestimmten
Sprache davon überzeugen, dass sie einem bestimmten überregionalen
Volksstamm angehörten, aber auch den Staat davon, dass dieser Volksstamm einen gleichberechtigten Akteur im Reich darstellte. Im Text
des Staatsgrundgesetzes war von allen Volksstämmen die Rede, doch
wurden diese Stämme nicht genannt, und es wurde auch keinem eine
bestimmte Nationalität zugeschrieben. Das Gesetz gestattete es nationalen Gemeinschaften nicht, zu Akteuren im Rechtssystem zu werden.
Klagen bezüglich sprachlicher Ungleichbehandlung mussten von Einzelpersonen oder Personengruppen vorgebracht werden, ganze Volksgruppen konnten das nicht tun. Das ließ eine anhaltende Spannung
entstehen: Das liberale Gesetz wollte den individuellen Sprechern einer
Sprache zu ihrem Recht verhelfen, die nationalistischen Aktivisten
versuchten daraufhin ganze Sprachgemeinschaften in den Rang gesetzlich anerkannter Akteure zu erheben. Wie Gerald Stourzh und
diejenigen, die auf seinem bahnbrechenden Werk aufbauten, gezeigt
haben, entwickelten die österreichischen Gerichte und Behörden im
Lauf der Jahre die Tendenz, die in dem Staatsgrundgesetz enthaltenen
Versprechungen sprachlicher Gleichberechtigung weniger eng aus-
zulegen.[52] Es waren oft staatliche Institutionen, die die Anliegen der
Nationalisten förderten, indem sie nationalistischen Parteien signifikante Siege verschafften und schließlich ganze Volksgruppen zu gesetzlich anerkannten Akteuren erhoben.

Um ihre Ziele zu erreichen, gingen Nationalisten davon aus, dass der
Sprachgebrauch eines Menschen festlegte, zu einer bestimmten Volksgemeinschaft zu gehören. Damit verlagerten sie den Fokus: Im Blickpunkt lagen jetzt nicht mehr die Rechte einzelner Sprecher, sondern die
der Gruppen (Nationen), zu denen sie aufgrund der von ihnen verwendeten Sprache gehörten. Das Recht des Einzelnen, in einer bestimmten
Sprache unterrichtet zu werden, sollte als das Recht einer (seiner)
Volksgruppe verstanden werden, in ihrer Sprache unterrichtet zu werden. Die Einzelpersonen, die angeblich eine Volksgemeinschaft konsti-

tuierten, waren aber nicht immer einheitlicher Auffassung darüber, was vorteilhaft für sie war. Ein Grund dafür, dass die Nationalisten sich auf die Rechte von Gruppen konzentrierten, war der, dass Einzelpersonen hinsichtlich ihrer Entscheidungen unberechenbar waren. Vor allem vertrauten Nationalisten nicht darauf, dass Menschen, die in Regionen mit mehr als einer Umgangssprache lebten, die richtige Entscheidung über Umgangssprache und Unterrichtssprache treffen würden. Während die Nationalisten erreichen wollten, dass die Kinder einsprachige Schulen besuchten und im Unterricht nicht mit einer zweiten oder gar dritten Sprache in Berührung kamen, hielten deren Eltern oft das Gegenteil für wünschenswert: eine mehrsprachige Erziehung, die die soziale Mobilität fördern würde. Daher riefen die Nationalisten immer öfter nach dem Gesetz, um die Menschen auf diese Weise zu zwingen, die richtige Wahl zu treffen.[53]

Dieser Drang der Nationalisten zu kontrollieren, dass die Menschen die richtige Wahl trafen, war auf die Art und Weise zurückzuführen, wie sich die politische Praxis nach 1867 veränderte, sowie auf die immer größeren Herausforderungen, die die sich entwickelnde Massenpolitik für die Politiker mit sich brachte. Die politischen Verhältnisse in Österreich wandelten sich zwischen der Zeit des Liberalismus, als die man die 1860er- und 1870er-Jahre ansehen kann, und der Jahrhundertwende radikal. Das Land erlebte nach 1867 vier Reichstagswahlreformen, nämlich in den Jahren 1873, 1882, 1888 und 1897.[54] 1907 wurde das Kurienwahlrecht abgeschafft und das allgemeine Männerwahlrecht eingeführt. In der Politik ging es nicht mehr darum, «ein offenes Ohr beim Kaiser zu finden», wie es traditionell gewesen war, sondern darum, so viele Wähler wie möglich für sich zu mobilisieren. Letzteres war vor allem deswegen von entscheidender Bedeutung, weil es nach dem Ausgleich von 1867 höchst unwahrscheinlich war, dass die ältere Strategie, größere Autonomie für einzelne Kronländer herbeizuführen und das föderalistische System zu stärken, eine nennenswerte politische Zukunft hatte. Das folgende Beispiel verdeutlicht das.

Ein kurzlebiges föderalistisches Kabinett unter Graf Karl von Hohenwart (1824–1899) löste 1871 das Bürgerministerium ab. Zu den denkwürdigen Leistungen dieses Kabinetts zählt die Ausarbeitung eines Abkommens mit tschechischen Nationalisten und ihren föderalistischen Alliierten, den böhmischen Großgrundbesitzern; mit dieser Vereinbarung sollte deren Boykott des Landtags und des Reichsrats beendet und die politische Situation in Böhmen wieder normalisiert werden. Die einzelnen Artikel dieses Abkommens, die einfach als die «Fundamentalartikel» bekannt wurden, sahen vor, dass der böhmische Landtag sowohl den Ausgleich von 1867 als auch die grundlegende Zuständigkeit des Reichsrats für eine begrenzte Zahl von politischen Ressorts (Verteidigung, Handel, Außenpolitik) anerkennen würde. Zum Ausgleich dafür würde Böhmen weitgehende Autonomie bezüglich seiner innenpolitischen Maßnahmen erhalten, Tschechisch und Deutsch sollten gleichberechtigte Amtssprachen sein, und Böhmen sollte zu administrativen Zwecken in tschechisch- und deutschsprachige Bezirke unterteilt werden. Sobald die Landtage von Böhmen, Mähren und Schlesien diesen Fundmentalartikeln zugestimmt haben würden, sollte Franz Joseph zum König von Böhmen gewählt und die Doppelmonarchie in eine – einen weiteren «Staat» umfassende – Föderation umgewandelt werden.

Das Abkommen wurde am Ende nicht geschlossen. Der mährische Landtag erklärte sich nur unter bestimmten Bedingungen zu dessen Unterzeichnung bereit, der schlesische Landtag lehnte es in Bausch und Bogen ab. Was aber entscheidender war: Die dualistische Struktur, die das Reich seit Kurzem hatte, machte die Umsetzung dessen, was in den Fundamentalartikeln vorgesehen war, unmöglich. Dem Ausgleich von 1867 zufolge besaß die ungarische Regierung das Recht, ein Veto gegen eine weitere strukturelle Reform des Reiches einzulegen. Nachdem sie das erreicht hatten, was sie als Unabhängigkeit ansahen, waren die Führer der Ungarn nicht willens, anderen Ländern des Reiches einen ähnlichen Status zukommen zu lassen: Es würde keine weiteren «Staaten» im Reich geben, also auch kein Österreich-Ungarn-Böhmen-Galizien.

Während 1871 der Versuch tschechischer Nationalisten, Autonomie für Böhmen zu erlangen, fehlschlug, gelang es den etablierten polnischen Konservativen – die in ihrer Herrschaft über Galizien noch durch keine wirkungsvolle Opposition vonseiten anderer Nationalisten oder Angehöriger anderer gesellschaftlicher Klassen eingeschränkt wurden – einen für sie vorteilhaften informellen Kompromiss auszuhandeln. Sie strebten nach einem autonomen Status für Galizien – womit sie ein unabhängiges Polen wiederauferstehen lassen wollten –, der dem Status entsprach, den Ungarn seit 1867 genoss. Erneut gilt es darauf hinzuweisen, dass die polnischen Angehörigen der Oberschicht, die mit Wien verhandelten, unter Nation nicht eine ethnische Gemeinschaft verstanden. Mit ihrer Vorstellung von einer autonomen galizischen Nation war vor allem die verknüpft, dass die Klassen, die traditionell die Macht innegehabt hatten, diese wiedergewinnen sollten. Enttäuschte polnische Abgeordnete im galizischen Landtag klagten 1867, durch den neuen Dualismus werde ihrem Land «nicht so viel legislative und administrative Autonomie gewährt, wie es aufgrund seiner historisch-politischen Vergangenheit, seiner besonderen nationalen Eigenheit, dem Grad und der Verbreitung seiner Kultur verdient».[55]

Zwar ließ sich keine formelle konstitutionelle Einigung für Galizien erreichen, doch gestattete die Wiener Regierung es dem Landtag, die Verwaltung des Kronlands vollständig zu «polonisieren» und auch den Unterricht an den höheren Schulen wieder auf Polnisch abhalten zu lassen.[56] Wien richtete auch das Amt eines «galizischen Ministers» ein, der anschließend in allen Kabinetten die Interessen des Kronlands wahrnahm. Infolgedessen unterstützten polnische Politiker von den 1870er-Jahren an generell jede Regierung, die in Wien an der Macht war, was damit belohnt wurde, dass man ihnen in Galizien freie Hand ließ. Dieses stillschweigende Abkommen geriet erst um die Jahrhundertwende unter Druck, als bäuerliche Populisten und eine starke ukrainische nationalistische Bewegung die Herrschaft der dem Establishment angehörenden Politiker in Galizien infrage stellten. Die ukrainischen Nationalisten machten sich staatliche Strukturen zur Förderung ihrer eigenen Sache zunutze und wandten sich an Institutionen des Reichs um Hilfe: Sie verlangten, dass der Zentralstaat jene Bestimmungen zum Sprachgebrauch in den Bildungseinrichtungen und in der Verwaltung durchsetzen sollte, die polnische Nationalisten aufgrund der ihnen gewährten Autonomie drei Jahrzehnte lang hatten ignorieren können.

Die Reaktionen von Liberalen und Zentralisten auf die vorgeschlagenen Fundamentalartikel für Böhmen zeigen, wie die politischen

Verhältnisse in den 1870er- und 1880er-Jahren Auffassungen von nationaler Eigenständigkeit hervorbrachten, die mehr auf ethnischen und kulturellen Eigenheiten beruhten. Die Zentralisten – im Allgemeinen Deutsch sprechende Liberale – vertraten die Meinung, dass größere Autonomie für jedes Kronland die universelle Anwendung der Staatsgrundgesetze verhindern würde. Sie erhoben auch Einspruch dagegen, der tschechischen und der deutschen Sprache in der Verwaltung den gleichen Status einzuräumen, da ihrer Ansicht nach das Tschechische nur eine lokal gebräuchliche Sprache war, Deutsch hingegen eine überregionale und sogar internationale. Implizit und explizit erklärten die zentralistischen Liberalen (die meisten von ihnen scheuten 1871 davor zurück, sich als deutsche Nationalisten zu bezeichnen, weil sie sich damit auf eine Ebene mit ihren tschechisch-nationalistischen Widersachern gestellt hätten) ihre nationale Kultur für wertvoller als die der Tschechen. Doch obwohl sie von der Überlegenheit ihrer Kultur durchdrungen waren, vertraten sie nicht die Ansicht, dass Tschechen – womit eigentlich Sprecher des Tschechischen gemeint waren – nicht in der Lage seien, Deutsche zu *werden*, oder dass sie auf irgendeine grundlegende Weise *anders* als Deutsche seien. Was diese zentralistischen Liberalen als so problematisch empfanden – ja, was sie so verbitterte –, war die Tatsache, dass zwar die führenden tschechischen Nationalisten fließend Deutsch sprachen (viele von ihnen hatten eine deutsche Universitätsausbildung genossen und einige sogar Werke auf Deutsch publiziert), aber dennoch darauf bestanden, den kulturellen Wert ihrer Sprache gleich hoch einzuschätzen wie den des Deutschen – sich also weigerten, Deutsche zu werden, obwohl sie das Potenzial dazu besaßen.

Während und nach der kurzen Auseinandersetzung über die Fundamentalartikel trat in Böhmen ein deutscher Nationalismus neuer Art in Erscheinung, einer, der sowohl auf sein besser organisiertes und erfahreneres tschechisches Äquivalent reagierte als auch von ihm lernte. Dabei kam ein Verständnis von Deutschsein zum Tragen, das sich auch aus der Existenz des mächtigen vereinten Deutschen Reiches unmittelbar jenseits der nördlichen und westlichen Grenze speiste. Die Vereinigung der deutschen Staaten löste in deutschsprachigen Kreisen Österreich-Ungarns gemischte Gefühle aus. Viele feierten den Sieg Preußens und seiner Verbündeten über die Franzosen und sahen in Deutschland ein beflügelndes Beispiel für die deutschsprachigen Untertanen der Habsburgermonarchie. Sie verspürten kein Verlangen, diesem neuen Deutschen Reich anzugehören, sahen in ihm aber einen natürlichen Verbündeten, und seine Erschaffung half vielen, die bitteren Gefühle zu überwinden, die sie wegen der Niederlage ihres Landes im Jahr 1866 noch immer hegten.

In den 1860er-Jahren hatten die Deutsch sprechenden Männer und Frauen in Österreich, die ihr nationales Selbstgefühl ethnisch begründeten, sich selbst als Liberale oder Zentralisten, aber nicht unbedingt als deutsche Nationalisten bezeichnet. Damals hatten sie gemeint, dass sie gerade als Deutsche *nicht* auf die Art nationalistisch eingestellt sein konnten, wie Tschechen, Ungarn, Italiener oder Polen es waren. Deutsche waren, behaupteten sie, erhaben darüber, selbstsüchtige, kleinliche Interessen zu verfolgen, wie die anderen Nationalisten aus den anderen Bevölkerungsgruppen es taten. Angeblich gehörten sie dem gebildetsten aller Völker Österreichs an, sie zahlten mehr Steuern als die anderen und glaubten, wie gesehen, die am höchsten entwickelten kulturellen Traditionen zu besitzen. Ihr Identitätsgefühl war untrennbar mit dem Empfinden verbunden, das Elite-«Staatsvolk» Österreichs darzustellen. Für das Privileg, zu diesem Volk zu gehören, mussten sie jedoch zahlen. Es zwang sie angeblich dazu, für die Interessen des Staates gegen die Interessen einer einzelnen Region oder eines einzelnen Volks innerhalb des Reiches einschließlich ihres eigenen einzutreten. Und, wie schon ausgeführt, konnten viele dieser Zentralisten nicht verstehen, warum diejenigen, die andere Sprachen verwendeten, nicht dem Staatsvolk beitreten wollten, indem sie Deutsch lernten und sprachen und zu Deutschen *wurden*. Sprecher anderer Sprachen, die Deutsch lernten, würden, so nahmen sie an, die staatliche Politik aus einer weniger engen Perspektive sehen und ihr sektiererisches Verfolgen nationalistischer Interessen aufgeben.

In Böhmen mobilisierten jedoch die Bestrebungen der tschechischen Nationalisten, ihre Sprache auf eine Stufe mit dem Deutschen zu stellen, Tausende von Böhmen in den 1860er-Jahren, gegen die Regierung zu demonstrieren. Dieser Erfolg der tschechischen Nationalisten brachte die deutschsprachigen zentralistischen Politiker des Kronlands in eine schwierige Lage; es zwang sie, ihr «Staatsvolk-Denken» zugunsten eines ethnisch begründeten deutschen Nationalismus aufzugeben. Wie der böhmische Landtagsabgeordnete Karl Pickert, nicht ohne eine gewisse gegen den Staat gerichtete Verbitterung, erklärte:

> Wir [Deutsche] *waren immer die Staatsretter und Staatserhalter* [...] [vertraten] *immer den österreichischen Standpunkt* und [haben] *die eigenen nationalen Interessen ganz und gar in den Hintergrund* [gestellt] [...] *Wir mußten endlich gewahr werden, daß wir mit ungleichen Waffen kämpfen, Gegnern gegenüber,* die ausschließlich [...] ihre nationalen Interessen dem Staate gegenüber geltend machen, während wir durchaus nicht von nationalen Interessen sprechen, sondern immer nur für den Staatsgedanken eintreten.[57]

Der Vorschlag, vom deutschen Volk in Österreich nicht mehr als vom privilegierten Staatsvolk zu denken, sondern auf eine radikal andere Weise als von einer ethnischen Gruppe neben vielen andern, die für ihre «nationalen» Interessen eintreten musste, wurde in den 1870er-Jahren noch kontrovers aufgenommen. Viele sich als Deutsche empfindende liberale Aktivisten zögerten, sich eine unverhohlen sektiererische nationalistische Einstellung zu eigen zu machen, die sie möglicherweise auf eine Stufe mit ihren «unwürdigen» Gegnern stellen würde. In einem Brief an seinen Sohn Ernst aus dem Jahr 1871 wies Ignaz von Plener, der als Finanzminister dem Bürgerministerium angehört hatte, die nationalistische Einstellung Pickerts kategorisch zurück. Das Umschwenken zum Nationalismus sei vollkommen unnötig (die deutsche Nationalität in Österreich sei trotz des Kabinetts Hohenwart keineswegs bedroht), er habe vielmehr die Sorge, das Verfolgen eines ethnischen Nationalismus werde bei Hof enorme Verstimmung hervorrufen und eine Menge Stoff zur Verunglimpfung der liberalen Partei liefern.[58]

Der liberale Plener sorgte sich, dass seine Partei beim Kaiser ihre Glaubwürdigkeit verlieren würde, wenn sie einem nationalistischen Sektierertum von der Art huldigte, wie viele ihrer radikaleren Gegner es taten. Der nationalistische Pickert forderte zu einer anderen Auffassung von Macht auf, als er die Liberalen davor warnte, die Unterstützung ihrer Wähler für gegeben, für selbstverständlich zu nehmen. Für ihn und seine Verbündeten werde für politische Macht in Zukunft die

Zahl der Menschen ausschlaggebend sein, die hinter einer Partei standen, nicht die Einstellung des Kaisers dieser Partei gegenüber. Doch wer genau waren diese Menschen? Und welche genau waren ihre Probleme? Zwischen den 1870er- und 1880er-Jahren änderten sich die Antworten, die auf diese Fragen gegeben werden konnten, rasch.

Ideologie, Populismus und nationale Selbständigkeit

Während in den 1870er-Jahren österreichische und ungarische Politiker ihre ideologischen Konflikte als Auseinandersetzungen zwischen Kulturen führten, fühlten sich viele Politiker in den 1880er-Jahren zunehmend gedrängt, ihre nationalen kulturellen Zugehörigkeiten über ihre liberalen, konservativen, demokratischen oder sozialistischen, katholischen oder säkularen, föderalistischen oder zentralistischen Überzeugungen zu stellen. Sie argumentierten daher immer öfter mit kulturellen Werten und weniger mit ideologischen Imperativen. Im Rückblick scheint es so, als habe dieser Wandel sich mit atemberaubender Geschwindigkeit vollzogen.

In der Krain, wo überwiegend Slowenisch gesprochen wurde, war der Reichstagsabgeordnete Dragotin Dežman, ein Schriftsteller und der Kurator des Museums des Kronlands, schon seit langem für die Förderung der slowenischen Sprache und für die Sache der Nationalisten eingetreten. Politisch gesehen hatte er sich aber in den 1860er-Jahren auf die Seite der deutschen Liberalen gestellt. Er glaubte fest an liberale kulturelle Werte und das, was er die «brüderliche Einheit» von Slowenen und Deutschen nannte. 1873 war er bei weitem nicht der Einzige mit einer solchen Einstellung. Ein Abgeordneter aus Ljubljana (Laibach) bestätigte: «In ihrer überwältigenden Mehrheit ist die Bevölkerung der Krain verfassungstreu.» Das war auch ein Ausdruck, den die deutschen liberalen Parteien und ihre Presseorgane mit Bezug auf sich selbst verwendeten. Im selben Jahr eröffnete Richard Forreger, ein deutscher liberaler Abgeordneter, der die Stadt Cilli (Celje) in der Steiermark vertrat, eine Rede mit der Erklärung: «Ich habe die Ehre, in einem Land gewählt worden zu sein, dessen Bevölkerung auch aus Slowenen besteht.»[59] Zwanzig Jahre später musste Forreger jedoch um seine politische Existenz gegen Populisten kämpfen, die sein Engagement für die deutsch-nationale Sache infrage stellten. Ähnlich verhielt es sich mit einigen slowenischen liberalen Nationalisten, die in den 1870er-Jahren in den Reichsrat gewählt worden waren; ihre liberalen Überzeugungen hielten diese «Jungslowenen», wie sie sich selbst nannten, davon ab, dem konservativen Hohenwart-Klub beizutreten, der traditionellen Heimstätte katholisch-konservativer slowenisch-nationalistischer Abgeordneter. Als Liberale fanden diese slowenischen Patrioten sich plötzlich isoliert in einer politischen Wüste wieder. Es gab für eine liberale Gruppierung keine Möglichkeit mehr, sich zu definieren, ohne nationalistisch auf die eigene Kultur Bezug zu nehmen. Es gab auch keine Möglichkeit zu politischen Kompromissen mehr. Die Politik wurde durch diese nationalistische Komponente in einer Weise radikalisiert, dass es für als Deutsche oder als Slowenen geltende Abgeordnete nicht mehr möglich war, Toleranz gegenüber der jeweils anderen Bevölkerungsgruppe – die jetzt als der eigenen feindlich gesinnt galt – zu zeigen.

Politische Neueinsteiger machten in den 1880er-Jahren den etablierten Politikern zu schaffen, weil sie sich radikaler gerierten und einen nationalistischeren Standpunkt vertraten. In Böhmen überflügelte die ausgeprägt nationalliberale Partei der Jungtschechen die der Alttschechen bei den Reichsrats- und Landtagswahlen von 1891, wurde aber ein Jahrzehnt später selbst von Agrariern und der radikalen Tschechischen National-Sozialen Partei in Bedrängnis gebracht. In Galizien begannen der Bauernschaft angehörende Gefolgsleute des charismatischen Priesters und Zeitungsherausgebers Stanisław Stojałowski die traditionelle Hegemonie des konservativen Polenklubs im Landtag und im Reichsrat in den 1890er-Jahren ernsthaft zu bedrohen.[60] Im gleichen Jahrzehnt stellten in Galizien und in der Bukowina radikale jüdische Nationalisten und Zionisten die Autorität konservativer Wortführer der jüdischen Bevölkerungsgruppe in den beiden Regionen, die seit jeher den mächtigen Polenklub unterstützt hatten, infrage.[61] Überall gab die Aufnahme neuer Klassen von Stimmberechtigten in die Wählerverzeichnisse für die Reichsratswahlen den Populisten die Möglichkeit, die Inhaber politischer Ämter als selbstnützig, möglicherweise korrupt und mit Sicherheit nicht engagiert genug für die Interessen ihrer Volksgemeinschaft eintretend zu diffamieren.

Oft beruhte der Erfolg populistischer nationalistischer Kampagnen auch auf der Bereitschaft derer, die sie führten, sich einen in weiten Kreisen verbreiteten Antisemitismus zunutze zu machen. Viele der neuen Wähler in Österreich sahen in der Emanzipation der Juden und ihrer Integration eine Bedrohung für Gesellschaft und Kultur, der man durch Gesetze entgegenzuwirken hatte, die die Zuwanderung von Juden oder ihre Beteiligung an der Wirtschaft einschränkten. Für einige wenige – wie den radikalen alldeutschen Nationalisten und gebürtigen Wiener Georg von Schönerer und seine Anhänger – stellten Juden auch eine rassische Bedrohung dar. Doch in erster Linie gab die angebliche Vorherrschaft von Juden in bestimmten Gewerben dem Antisemitismus Nahrung, was Populisten von Niederösterreich bis Galizien für ihre Zwecke ausnutzten. Anderen wie den immer zahlreicher werdenden Anhängern der sozial-katholischen Bewegung in den Alpenregionen schienen die Juden die allgemeinen Gefahren des liberalen Säkularismus und der ungezügelten kapitalistischen Entwicklung, die die traditionellen Handwerksberufe ebenso wie die traditionellen kulturellen Werte bedrohten, zu verkörpern.

In Ungarn, wo der Liberalismus fester verwurzelt war als in Österreich und wo es weniger Wahlberechtigte gab, dienten antisemitische Invektiven dazu, Nicht-Wahlberechtigte auf lokaler Ebene gegen die Macht der etablierten nationalen Elite mobil zu machen. 1895 zum Beispiel verabschiedeten die liberalen Mehrheiten in den beiden Kammern des Parlaments Gesetze, die die Gleichberechtigung der verschiedenen Religionen verbürgten, das Judentum zu einer anerkannten Religion erhoben und die standesamtliche Eheschließung verpflichtend machten.[62] Als Reaktion darauf veranlassten einheimische Katholiken viele nicht-wahlberechtigte Glaubensbrüder dazu, lokalen Organisationen beizutreten, die sich zum Ziel gesetzt hatten, solchen liberalen Gesetzen Widerstand entgegenzusetzen oder ihre Aufhebung zu erreichen. 1893 brachte in Komárom (Komorn), einer 15 000 Einwohner zählenden Stadt an der Donau, ein Priester namens János Molnár 1300 Leute dazu, eine Petition zu unterzeichnen, mit der das Parlament aufgefordert wurde, keine standesamtliche Eheschließung zuzulassen. Bei einer Kundgebung von Katholiken in Komárom wurden Juden als typische Repräsentanten einer gottlosen modernen Zeit angeprangert, in der das feudalistische System durch den Zinswucher abgelöst worden sei.[63]

Die liberalen Medien taten die Unterzeichner der erwähnten Petition verächtlich als ignorante einfache Bürger ab, doch die große Zahl solcher Gesuche zeigt, in welch hohem Grad die Nicht-Wahlberechtigten politisch aktiv wurden. Die liberalen Medien bezichtigten sogar katholische Aktivisten, sie würden die ohnehin von ethnischen Minderheiten bedrohte nationale Einheit Ungarns unterminieren. Liberale Politiker vertraten die Ansicht, religiöse Gleichberechtigung würde durch Assimilation «frisches Blut» für das ungarische Volk hervorbringen. Doch wie Robert Nemes nachgewiesen hat, räumten zwar die Kulturkämpfe der 1890er-Jahre die letzten Hindernisse für eine ungarisch-jüdische Symbiose aus dem Weg, führten aber auch zu einem Wiederaufflammen des Antisemitismus in der Politik und im alltäglichen Leben.[64]

Gleichzeitig spiegelte die Tatsache, dass antisemitische Hetzer den Juden und ihrer eben erst erfolgten Emanzipation die Schuld an so vielen unterschiedlichen sozialen Probleme gaben, den völligen Mangel an Übereinstimmung darüber wider, was genau eigentlich das «jüdische Problem» ausmachte, das angeblich die österreichische beziehungsweise ungarische Gesellschaft bedrohte. Die neuen Ideen eines Georg von Schönerer leuchteten sowohl denen, die mit Antisemitismus Politik betrieben, als auch denjenigen, die Ressentiments herkömmlicherer Art gegenüber Juden hatten, in jedem Fall wenig ein.[65]

Schulhausaktivisten

Es bleibt jedoch die allgemeinere Frage bestehen: Wie konnte der politische Nationalismus in lokalen Gesellschaften so tiefe Wurzeln schlagen? Wie konnte es dazu kommen, dass der Nationalismus so viele Menschen politisierte und ihnen den Weg zu einer Teilnahme am politischen Leben eröffnete? Welche Mechanismen waren da am Werk? Nationalisten sowohl in Österreich als auch in Ungarn – das heißt in sehr unterschiedlichen Umfeldern – glaubten, dass Schulen die besten Orte waren, um tätig zu werden. Sie schienen ihnen unbegrenzte Möglichkeiten zu bieten, neue Generationen so zu indoktrinieren, dass diese sich auf Dauer mit einer bestimmten nationalen Gemeinschaft identifizierten. Schulen boten auch einer lokalen Bevölkerung Chancen zur Förderung ihrer gesamten Gemeinde ebenso wie dazu, als Einzelpersonen sozial aufzusteigen. Das waren allerdings zwei Anliegen, die nicht immer ohne weiteres miteinander in Einklang zu bringen waren.

Was das erstgenannte Ziel der Nationalisten betraf – die nächste Generation für ihre Sache zu gewinnen –, fällt in der Tat auf, dass sie sich mit ihren Aktivitäten – abgesehen von Wahlkämpfen – auf die Bereiche Erziehung und Bildung konzentrierten. In Österreich bildeten nach dem Vorbild des 1880 in Wien gegründeten Deutschen Schulvereins zwischen 1880 und 1890 tschechische, deutsche, italienische und slowenische Nationalisten ähnliche Schulvereine mit Tausenden von Zweigstellen in der ganzen Monarchie. Ursprünglicher Zweck dieser Verbände war es, Geld für die Einrichtung und den Betrieb privater Schulen für Sprachminoritäten aufzubringen; das betraf Gemeinden, in denen die Zahl der Kinder mit einer Minderheitensprache zu gering war, um für sie eine öffentliche Schule in ihrer Muttersprache einzurichten.[66] Während sie sich auf der einen Seite darum bemühten, dem sogenannten «Verlust der Kinder» für die jeweilige Nationalität entgegenzuwirken, versuchten diese Vereinigungen aber auch, über diese Schulfrage so viele Ortsansässige wie möglich für ihre jeweilige Volksgemeinschaft zu gewinnen. Als diese Gruppen größer wurden, schlossen sich ihnen andere nationalistische Organisationen an, die versuchten, die wirtschaftliche Grundlage von Minoritäten in Regionen mit mehreren Sprachen zu festigen und zu verbessern und ihnen eine berufliche Ausbildung und falls nötig auch Wohlfahrtsleistungen zukommen zu lassen. Doch blieben die Schulen immer im Zentrum ihrer Aktivitäten.

In Ungarn gingen die Nationalisten die Schulfrage ganz anders an als in Österreich, was zum Teil daran lag, dass Ungarn ein Nationalstaat war, zum Teil aber auch an den sehr unterschiedlichen Strukturen und Zielen der beiden Schulsysteme. Das ungarische Schulgesetz von 1868 legte eine Schulpflicht von sechs Jahren fest, während in Österreich – ursprünglich zumindest – acht Jahre verlangt wurden.[67] Im Unterschied zu Österreich wurde mit dem Gesetz von 1868 in Ungarn kein neues staatliches Schulsystem eingeführt, sondern man baute stattdessen auf dem existierenden System aus konfessionellen Schulen und Lehrerausbildungsstätten auf (die Kosten wurden allerdings von den Kommunen getragen). Die Einrichtung von staatlichen Schulen war nur dort vorgesehen, wo es keine von einer Kirche getragene gab.

Anders als in Österreich, wo die Verfassung gewährleistete, dass die Schüler in ihrer eigenen Sprache unterrichtet wurden und nicht dazu gezwungen werden konnten, die zweite Sprache der betreffenden Provinz zu lernen, verfolgte man in der anderen Hälfte der Doppelmonarchie in sprachlicher Hinsicht eine Politik der Ungarisierung, und diese Politik wurde vor allem an den Schulen in die Praxis umgesetzt. Die Schulen standen sowohl bei ungarischen Nationalisten als auch bei denen, die die Minderheiten (deutschen, rumänischen, ruthenischen, serbischen, slowakischen) vertraten, im Brennpunkt des Interesses und der Sorge. Aus allen diesen Gründen entwickelte sich die Kulturpolitik, soweit sie das Schulsystem betraf – ja die ganze Vorstellung von nationaler Eigenständigkeit – in Ungarn ganz anders als in Österreich.

Während in Österreich Nationalisten kulturelle Definitionen von nationaler Eigenständigkeit vorlegten, die die Unterschiede zwischen den Völkern und das In-Sich-Geschlossensein einer Volksgemeinschaft betonten, suchten ungarische Nationalisten nach Möglichkeiten, die Assimilation an das ungarische Volk leichter und realisierbarer zu machen. Das Beherrschen der ungarischen Sprache galt als Zeichen dafür, dass man sich der ungarischen Nation verpflichtet fühlte – de jure war jemand durch die Staatsangehörigkeit Ungar, de facto aber durch seine sprachliche Kompetenz. Die Schulpolitik zielte darauf, Minderheiten zu ungarisieren, indem ihnen die Nationalsprache beigebracht wurde, nicht unbedingt dadurch, dass man in ihren kulturellen Hintergrund eingriff. Dank dieser spezifischen Konzeptualisierung von «Ungarischsein» war Ungarn auch, wie Joachim von Puttkamer berichtet, der erste europäische Staat, der das Fach Staatsbürgerkunde einführte. Gelegentlich führte das zu unklaren oder verworrenen Auffassungen von nationaler Identität. In einer rumänischen Fassung des ungarischen Staatsbürgerkundelehrbuchs von 1894 heißt es: «Der Staat, in dem wir leben, heißt Ungarn, doch das Volk, zu dem wir gehören, wird das rumänische genannt.» In einer überarbeiteten Fassung, die nur fünf Jahre später erschien, wurde jedoch jede Unterscheidung zwischen Staat und Volk vermieden; es hieß jetzt: «Der Staat, in dem wir leben, heißt Ungarn. Ungarn ist also unser Vaterland, das wir von ganzem Herzen lieben.»[68]

Diese politische Linie ließ eine gewisse ambivalente Einstellung vonseiten der Regierung gegenüber Lehranstalten, an denen in anderen Sprachen unterrichtet wurde, entstehen. Gelegentlich schränkte die Regierung die reine Existenz solcher Schulen drakonisch ein; 1874 schaffte sie den Unterricht auf Slowakisch ab, indem sie die in den 1860er-Jahren gegründeten weiterführenden Schulen, an denen in dieser Sprache gelehrt wurde, schloss. Um das Maß vollzumachen, schloss sie im Jahr darauf auch die Matica Slovenská, das slowakische nationale Kulturinstitut, das 1863 in Turčiansky Svätý Martin (Turócszentmárton, Turz-Sankt Martin) eröffnet worden war. 1879 machte sie Ungarisch zum Pflichtfach an allen Grundschulen des Landes. «Die Schüler werden in der Lage sein, sich mündliche und schriftliche Kenntnisse der Sprache anzueignen, bis sie von der Schule abgehen», erklärte der Minister für Bildung und Religion. Dreiundzwanzig Jahre später formulierte ein anderer Minister deutlicher, welche Ziele die Regierung mit diesem Gesetz verfolgte:

> Das einzige und höchste Ziel, das sich mit der Lehre der ungarischen Sprache an Grundschulen verbindet, ist es, dass Kinder, deren Muttersprache nicht Ungarisch ist, diese Sprache bis zu einem solchen Grad erwerben, dass sie in der Lage sind, ihren Gedanken in ihr deutlichen Ausdruck zu verleihen, in Übereinstimmung mit ihren Lebensumständen.[69]

Der Ungarischunterricht sollte in den Stunden erfolgen, die früher der «Muttersprache» und dem «Lesen und Schreiben» gewidmet gewesen waren, so dass fast keine Zeit für die Beschäftigung mit der eigenen Sprache blieb, sofern diese nicht Ungarisch war. Hinzu kam, dass auch der Mathematikunterricht auf Ungarisch erfolgen sollte, und das galt ab 1902 auch für Fächer wie Erdkunde, Geschichte und Bürgerkunde. Schon 1882 hatte die Regierung die Beherrschung des Ungarischen zur Grundvoraussetzung für die Zulassung als Lehrer erklärt. Diejenigen, die die nötigen Prüfungen absolviert hatten, aber die Sprache nicht beherrschten, erhielten vier Jahre zugestanden, um sie zu erlernen. 1907, als die radikaleren nationalistischen Oppositionsparteien an die Macht gelangten, kamen sie den Forderungen ihrer Wähler nach, indem sie die sogenannte Lex Apponyi verabschiedeten, ein Gesetz, das verlangte, dass in den ersten vier Jahren der gesamte Schulunterricht ausschließlich auf Ungarisch erfolgte.[70] Dieses Gesetz hatte katastrophale Folgen für die Verwendung von Minderheitensprachen an den Schulen, die ohnehin schon auf ein Minimum reduziert worden war.

Doch auch die Lex Apponyi stellte in erster Linie eine Konzession an die Forderungen der nationalistischen Politiker dar und war keine wirkungsvolle bildungspolitische Maßnahme. Ein Erziehungsexperte aus den Reihen der Sozialisten merkte an:

> Wenn die Kräfte, die im Leben aktiv sind, mit denen in Konflikt geraten, die in der Schule aktiv sind, dann wird die Einwirkung der Schule minimal sein. [...] Solange die Familie und die gesellschaftlichen, religiösen und kommunalen Institutionen Rumänisch verwenden, wird die Unterrichtung des Ungarischen auf der Grundschule keine besseren Ergebnisse erbringen, als sie es heute tut.[71]

Oskár Jászi hielt das Gesetz ebenfalls für vollkommen ineffizient innerhalb einer bäuerlichen Gesellschaft; er meinte:

> Selbst wenn in jedem Dorf [...] die Grundschule eine vorbildliche kulturelle Institution wäre – und es sich nicht nur um ein überfülltes Klassenzimmer handelte, in dem ein oder zwei unterbezahlte, überarbeitete und schlecht ausgebildete Lehrer am Werk sind –, würden durch den zwangsweise erfolgenden Unterricht auf Ungarisch den Kindern nur ein paar Sätze auf Ungarisch beigebracht werden, die das Leben sie schnell wieder vergessen lassen würde.[72]

Die Regierung verfügte einfach nicht über das Geld, das nötig gewesen wäre, um über die Schulen wirksame Ungarisierungsprogramme durchzuführen, und wie sowohl radikale Nationalisten als auch Kritiker von der Linken geltend machten, reichten vier Jahre Grundschulunterricht kaum aus, um Schülern eine wirkliche Kompetenz im Ungarischen zu vermitteln, sogar solchen nicht, die von Hause aus Kenntnisse in der Sprache mitbrachten.

Im späten neunzehnten Jahrhundert übten oft Verbände von ungarischen Lehrern, die in den multilingualen Regionen des Nordostens unterrichteten, Druck auf die Regierung aus, das Erziehungssystem gesetzlich strikter zu regeln. 1883 wurde eine Oberungarische Magyarische Bildungsgesellschaft gegründet, die die Ungarisierung der Schulausbildung in der Region fördern sollte; eine ähnliche für Siebenbürgen zuständige Organisation wurde 1885 ins Leben gerufen.[73]

Ganz gegensätzliche Kräfte steuerten also in Österreich und in Ungarn den nationalistischen Aktivismus in Bezug auf die Schulen und das Bildungssystem. In Österreich veranlassten die Mobilisierung der Massen und eine größere Demokratisierung des politischen Systems Politiker und Organisatoren, radikalere Positionen zu beziehen, um Gegner in ihren nationalen Gemeinschaften zu überflügeln. Je größer die Zahl der Wahlberechtigten wurde, desto mehr Politiker wandten sich dem Nationalismus zu, um aus der Vielfalt die Einheit ihrer jeweiligen Gesellschaft zu schmieden. In Österreich verließ sich die Politik auf die Fähigkeit der Aktivisten, Schulen für Minoritäten zu gründen und zu erhalten, um Kinder zu «retten» (zukünftige Wähler), die ansonsten ihrer nationalen Gemeinschaft «verloren gehen» könnten. Die Regierung wahrte eine neutrale Haltung, sie übernahm die Finanzierung solcher Schulen für Minderheiten nur dann, wenn die erforderliche Zahl von Schülern zusammenkam. In Ungarn hingegen reagierten die wechselnden Regierungen auf den Nationalismus der zahlenmäßig immer noch stark beschränkten Wählerschaft, indem sie Maßnahmen verfolgten, die zeigen sollten, wie sehr sie um weitergehende Ungarisierung bemüht waren. In Österreich mussten die nationalistischen Organisationen selbst Tausende von Menschen mobilisieren und Millionen von Kronen beschaffen, um ihre ehrgeizigen Ziele zu verwirklichen: die Einrichtung und den Bau von Schulen für Minderheiten. Sie arbeiteten eine schier endlose Reihe von Strategien aus, um neue Mitglieder zu gewinnen und mehr Geld zusammenzubekommen. Sie verkauften auf Basaren Waren des täglichen Bedarfs, organisierten informelle Boykotts, veröffentlichten Reiseführer, um Angehörigen ihrer Nationalität Touristen zuzuführen, sie publizierten Zeitschriften, gaben Studien in Auftrag und – wie weiter unten dargestellt – sie nutzten die alle zehn Jahre durchgeführte Volkszählung für ihre Zwecke. Auch in Ungarn setzten sich nationalistische Vereinigungen für die Ungarisierung ein, dabei verfolgten sie eigene Ziele, versuchten aber auch, die Regierung zu beeinflussen.

Nationalistische Vereinigungen profilierten sich auch in den ländlichen und ärmeren Regionen der Doppelmonarchie wie Galizien, der Bukowina und dem zu Transleithanien gehörenden Siebenbürgen. In diesen Regionen unterschieden sich die Ziele der Aktivisten aber von denen ihrer Gesinnungsgenossen weiter im Westen. In Galizien und Siebenbürgen betonten nationalistische Organisationen die Notwendigkeit, der nationalen Gemeinschaft zu größerer Bildung zu verhelfen – und damit dem Einzelnen zu größerer sozialer Mobilität. Ihre Maßnahmen gründeten also weniger auf der Furcht, dass der Gemeinschaft Mitglieder abhandenkommen könnten, beziehungsweise auf dem Bestreben, neue Mitglieder für sie zu gewinnen. Alphabetisierungsvereine bemühten sich, den Bauern klarzumachen, dass eine solide Bildung ihnen und ihren Kindern die Möglichkeit zu sozialem Aufstieg und größerem Wohlstand bieten könnte. Bereits 1861 gründete eine Vereinigung von rumänischsprachigen Priestern (griechisch-katholischen und orthodoxen), Lehrern, Notaren und Anwälten die Transsylvanische Gesellschaft für Rumänische Literatur und die Kultur des Rumänischen Volks, auch ASTRA *(Asociațiunea transilvană)* genannt. ASTRA bemühte sich darum, die Belesenheit von rumänischsprachigen Bauern zu fördern, indem sie kleine Leihbibliotheken gründete, in den ländlichen Ortschaften lehrreiche Vorträge veranstaltete und Rumänischlehrern Unterstützung zuteil werden ließ. Aufgrund der dünnen gesellschaftlichen Schicht gebildeter rumänischsprachiger Aktivisten, der höchst beschränkten finanziellen Ressourcen des Vereins und vor allem der engen Grenzen, die ihm die dominierende ungarischsprachige Presse und Gesellschaft, die ASTRA-Mitglieder oft als Verräter ansahen, auferlegten, wuchs und gedieh ASTRA bis zu den 1890er-Jahren nicht nennenswert.[74]

In seiner höchst nuancierten Darstellung des lokalen Lebens in den ungarischen Grenzgebieten zeigt Robert Nemes anhand der Aktivitäten von ASTRA auf, dass das, was die Nationalisten in der Metropole propagierten, nur selten den vor Ort herrschenden Bedingungen ent-

sprach. Als das Zentralkomitee von ASTRA 1898 seine Jahresversammlung in dem transsilvanischen Kreis Bihor (Bihar megye) abhielt, lobte die regionale ungarische Presse die Arbeit des Vereins. In
einer Zeitung wurden dessen Mitglieder als «nüchtern denkende, Rumänische sprechende, aber dennoch ungarische Bürger» charakterisiert, und dann wurde dargelegt, wie durch die Aktivitäten von ASTRA
«unserem ungarischen Heimatland zu Fortschritt verholfen» werde.
Dasselbe Treffen wurde hingegen in einer Budapester Zeitung als «rumänische Demonstration» angeprangert, an der sich Menschen beteiligten, die «die ungarische Fahne regelmäßig in den Dreck trampeln».[75]
Viele Ungarn aus den gebildeten Schichten lehnten diese Art von re-
flexartiger Reaktion vonseiten ungarischer Nationalisten auf die Aktivitäten von Minoritäten ab. 1907 nahm beispielsweise der radikale
Dichter Endre Ady (1877–1919) die Uraufführung des Theaterstücks
eines rumänischen Autors in ungarischer Übersetzung wahr, um dafür
zu plädieren, dass man den kulturellen Bestrebungen der rumänischen
Minderheit mehr Respekt zollen sollte.[76]

Im Jahr 1880 kam im österreichischen Kronland Galizien auf 2089
Einwohner eine einzige Schule; im Rest Österreichs gab es schon fast
doppelt so viele Schulen. In Böhmen beispielsweise kam eine auf 1136,
in Tirol gar eine auf 565 Einwohner. In Galizien besuchten auch nur
49,1 Prozent der Kinder im Schulalter regelmäßig den Unterricht, wohingegen es im Rest Österreichs 95 Prozent waren. In den östlichen
Gebieten Galiziens, wo vor allem Ukrainisch sprechende ruthenische
Bauern griechisch-katholischer Konfession zu Hause waren, sah es,
was den Schulbesuch betraf, noch schlimmer aus. Die Verwaltung des
Kronlandes lag in den Händen polnischer Konservativer, und diese hatten kein Interesse daran, diesen Bevölkerungskreisen zu mehr Bildung
zu verhelfen. Wenn sie sich doch um die Erziehung dieser Menschen
kümmerten, dann mit dem Ziel, sie zu polonisieren. Obwohl die Ukrainisch sprechenden Eltern von Kindern im schulpflichtigen Alter in
Ostgalizien – wie auch anderswo in Österreich, ja in ganz Europa – zu
bestimmten Zeiten gerne auf die Arbeitskraft ihrer Söhne und Töchter
zurückgreifen wollten, waren sie in Ostgalizien nicht prinzipiell gegen
eine Schulausbildung eingestellt. Schließlich hatte der jahrhunderte-
lange Streit mit örtlichen Grundherren über die Verwendung von All-

menden einige von ihnen gelehrt, wie wertvoll es war, über eine gewisse Bildung zu verfügen und Urkunden und andere Dokumente lesen zu können.

Ein anderes Problem, dem sich ruthenische Nationalisten gegenübersahen, bestand darin, dass die Bauernkinder, wenn sie ihre sechs Pflichtjahre Schulunterricht absolviert hatten, oft wieder das vergaßen, was sie gelernt hatten. Es kam daher nicht nur darauf an, die Zahl der Schulen, an denen auf Ruthenisch oder Ukrainisch unterrichtet wurde, zu vermehren, sondern auch dafür zu sorgen, dass die Jungen und Mädchen sich auch lange nachdem sie solche Schulen verlassen hatten, weiterhin im Lesen und Schreiben und anderen Fertigkeiten, die sie erworben hatten, übten. 1867 gründeten Aktivisten eine ruthenische nationalistische Lesegesellschaft, Prosvita, mit genau dem Ziel, nämlich junge Leute dazu zu motivieren, auch nach dem Ende ihrer Schulzeit weiter Zeitungen und Bücher zu lesen. Die Zahl der Mitglieder wuchs in den 1870er-Jahren nur langsam, in den 1880er- und 1890er-Jahren dann schneller. Um 1914 gab es mehr als 3000 Gesellschaften dieser Art.[77]

Die Veröffentlichungen von Prosvita enthielten oft Berichte ländlicher Aktivisten über ihre Begegnungen mit Skeptikern, vor allem älteren Bauern, die ihre Bemühungen überflüssig fanden und mit Bemerkungen abtaten wie: «Unsere Väter haben nicht gelesen und den Zeitungen kein Gehör geschenkt, aber trotzdem gelebt», oder: «Lesen wirft kein Brot ab», oder auch: «Bin ich denn ein Herr, dass ich eine Zeitung lesen sollte?» Als Reaktion darauf malten die Vertreter von Prosvita gerne das optimistische Bild von einem stetigen Fortschritt. Mitte der 1880er-Jahre behaupteten sie: «Heute fangen immer mehr Menschen in unserem Land an, Zeitungen und Bücher zu lesen. Es wird nicht mehr lange dauern, dann werden sie jeden auslachen, der nicht liest.» Viele Aktivisten begründeten die Notwendigkeit ihrer Arbeit auch damit, dass man in einer Zeit des raschen Wandels lebe:

> Schande über euch, ihr Herren, die ihr so unwissend seid! Ihr ruft das Beispiel eurer Väter und Großväter an, sagt, dass sie irgendwie lebten, auch wenn sie keine Zeitungen lasen. Nun, in jenen Tagen gab es nicht einmal Schulen, es gab keine Telegrafen und keine Eisenbahnen [...] Doch

heute ist alles anders, denn die Welt bleibt nicht auf der Stelle stehen, sondern bewegt sich vorwärts, und jeder, der nicht mit ihr voranschreitet, wird am Wegesrand liegen bleiben.

Diese Aktivisten bezogen sich in ihrem Appell an die einheimische Landbevölkerung explizit auf die Verhältnisse, unter denen Bauern in andern Teilen des Reiches lebten, und auf deren Bestrebungen, Bildung zu erwerben. «Warum sind tschechische und deutsche Bauern so viel besser dran?», fragten sie und gaben selbst die Antwort: «Weil sie alle lesen und schreiben können und aufgeklärt sind; jeder von ihnen bezieht entweder alleine oder mit jemandem zusammen eine Zeitung; und man findet kaum noch ein Haus, in dem es keine Zeitung oder keine Bücher gibt.»[78]

Reich, Nation und die Volkszählung

In den 1880er-Jahren erhielten die Nationalisten dadurch, dass die verschiedenen staatlichen Institutionen Österreichs und Ungarns dem Sprachgebrauch so große Aufmerksamkeit widmeten, auch statistisches Material an die Hand, das es ihnen ermöglichte, sich dem Konzept von nationaler Identität von dieser Seite aus zu nähern.[79] Von den 1880er-Jahren an ließen beide Staaten bei der alle zehn Jahre durchgeführten Volkszählung auch Fragen zum Sprachgebrauch ihrer Bürger stellen.

In Ungarn wurde der Zensus auf diese Weise zu einem Mittel, mit dem man das Fortschreiten der Ungarisierung messen konnte. Da ungarischsprachige Bürger weniger als 50 Prozent der Bevölkerung ausmachten (der Erhebung von 1880 zufolge waren es 46,6 Prozent), stellte es sicherlich ein ambitioniertes Ziel dar, die ungarische Nationalität über den Sprachgebrauch zu definieren. Tatsächlich wurde es bei dem ersten Zensus, den man nach 1867 durchführte, vermieden, Fragen nach der verwendeten Sprache zu stellen, aus «klugem politischen Kalkül heraus», wie es hieß.[80] 1880 sollten die Befragten aber auf dem ihnen vorgelegten Formular auch angeben, welches ihre «Muttersprache» war. Damit war nicht notwendigerweise die Sprache der Mutter des Befragten gemeint oder, wie Ágoston Berecz deutlich gemacht hat, seine erste Sprache. 1900 und 1910 präzisierte das Statistische Amt die

Frage, indem es nicht mehr den Ausdruck Muttersprache verwendete, sondern sich erkundigte, welches die Sprache war, die «der Antwortgeber als die seine erachtet und die er am fließendsten und freiesten spricht». Nach der Erhebung von 1910 behaupteten die politischen Entscheidungsträger, dass die der Ungarisierung dienenden Bildungsmaßnahmen Erfolg zeigten, da jetzt 55 Prozent der Bürger Ungarisch als ihre Muttersprache bezeichneten. Es lässt sich aber nicht sagen, bis zu welchem Grad dieser Wandel auf andere Faktoren zurückzuführen war, etwa auf die unterschiedlich hohen Geburtenraten bei verschiedenen Bevölkerungsgruppen oder auch auf Binnenmigration und Emigration. Dennoch lässt sich die Tatsache, dass die Politiker Erziehung und Bildung als den entscheidenden Faktor ansahen, daran ablesen, dass anders als in Österreich bei der Erhebung auch danach gefragt wurde, welche anderen Sprachen der Antwortgeber beherrschte. Anhand der Antworten ließ sich ebenfalls dokumentieren, dass Ungarisch in Relation zu den anderen Sprachen im Vormarsch war.[81]

In Österreich verlangte die Verteilung der öffentlichen Mittel zunehmend, dass der Staat genaue Kenntnis darüber besaß, welche Sprache wo verwendet wurde. Da die statistischen Daten es aber Nationalisten gestatteten, das angebliche Wachsen oder Schrumpfen ihrer – imaginierten – nationalen Gemeinschaften in den einzelnen Regionen zu messen und gewissermaßen kartografisch zu verzeichnen, prägten sie die Art und Weise, in der Nationalisten nationale Identität definierten und in der sie sie mit bestimmten Territorien in Zusammenhang brachten. In Österreich lieferte die Erhebung auch Nationalisten unanfechtbare statistische Daten, mit denen sie ihre Forderungen nach Schulen untermauern konnten, an denen in der Sprache der jeweiligen Minderheit unterrichtet wurde. Das war vor allem der Fall, nachdem Österreichs Oberster Verwaltungsgerichtshof 1884 entschieden hatte, dass Gemeinden für einen Unterricht in einer bestimmten Sprache Sorge tragen mussten, wenn mindestens vierzig Kinder im Schulalter, die diese Sprache verwendeten, zwei oder weniger Wegstunden vom örtlichen Schulhaus entfernt lebten.[82]

Für nationale Protagonisten war jedoch etwas fragwürdig an den Bemühungen des österreichischen Staates, festzustellen, welche Sprachen seine verschiedenen Bevölkerungsgruppen benutzten. Trotz ihrer

Forderungen wies der Staat die Bürger nämlich nicht an, auf dem Fragebogen Angaben zu ihrer «Muttersprache» oder ihrer «Nationalität» zu machen. Stattdessen wurde eigens für die Zwecke der Erhebung der Ausdruck «Sprache des täglichen Gebrauchs» erfunden. Damit wurde die Vorstellung, dass der Sprachgebrauch über die Identität entscheide, in den Hintergrund gedrängt und die Funktion der Sprache als Kommunikationsmittel betont. Die von vielen nationalen Aktivisten wortreich erhobenen Behauptungen, dass ihre Völker die Grundbausteine des Staates waren, wurden damit bis zu einem gewissen Grad zum Schweigen gebracht. Der Staat überließ auch die Entscheidung darüber, welche Sprache angegeben werden sollte, dem Einzelnen – oder vielmehr dem männlichen Haushaltsvorstand. Ein Ehemann konnte daher für sich eine bestimmte Sprache, für seine Frau aber eine andere angeben – was auch oft geschah –, und die Leute konnten von einem Zensus zum nächsten ihre Meinung darüber ändern, welches eigentlich ihre Sprache des täglichen Gebrauchs war.[83]

Es war den nationalen Wortführern nicht ohne weiteres möglich, die Menschen dazu zu bewegen, auf den Fragebögen die ihrer Meinung nach richtige Angabe zu ihrem Sprachgebrauch zu machen. Das lag oft daran, dass die konkreten örtlichen Bedingungen nicht denen entsprachen, von denen die Aktivisten ausgegangen waren. Für einige Menschen widersprach es eklatant ihrer alltäglichen Praxis, nur eine einzige Sprache anzugeben. Sie gebrauchten täglich in unterschiedlichen Situationen unterschiedliche Sprachen, in der Familie etwa eine andere als bei Geschäften. Einigen war daran gelegen, dass ihre Kinder mehr als eine Sprache beherrschten, weil sich damit ihre Chancen auf sozialen Aufstieg erhöhten; einige zogen auf der Suche nach Arbeit von Ort zu Ort und sahen sich oft gezwungen, eine neue Sprache zu erlernen, um in ihrer neuen Heimat zu überleben. In seinen Lebenserinnerungen schilderte der österreichische Fabrikarbeiter Wenzel Holek, der sowohl Tschechisch als auch Deutsch sprach und auf der Suche nach Arbeit viel herumkam, wie er 1904 in Sachsen vor den Toren einer Glasfabrik eintraf: «Müde, naß und durstig stieg ich vom Rade herunter, forschte und horchte: polnisch, russisch, tschechisch und deutsch klang es durcheinander.»[84] Das war für Fabrikarbeiter in ganz Europa keine ungewöhnliche Erfahrung. Aus Holeks Aufzeichnungen – er benutzt auch den Begriff «Nationalitäten» – geht sogar hervor, dass solche Multilingualität die Regel war, und zwar nicht nur am Arbeitsplatz, sondern auch im privaten Bereich, sprich in den Wohnquartieren: «Das internationale Verhältnis in der Fabrik brachte es mit sich, daß in einer Wohnung sich nicht selten drei Nationalitäten zusammenfanden.» Holeks Schwester stand einem Haushalt vor, in dem sowohl Tschechisch als auch Deutsch gesprochen wurde.[85]

Die nationalen Programmatiker in Österreich bemühten sich aber nach Kräften, ein anderes Bild von der Welt zu zeichnen; es war eine Welt, die von Völkern besiedelt war, die sich in einem gewissen Sinn «gegenseitig ausschlossen». Die authentische Identität derer, die diesen Völkern angehörten, und ihre kulturelle Eigenständigkeit spiegelten sich in ihrem Sprachgebrauch wider. Aktivisten kämpften angestrengt dafür, den zehnjährlichen Zensus in eine öffentliche Zurschaustellung nationaler Bindungen zu verwandeln. In kleinen und großen Städten überall im Reich griffen nationalistische Agitatoren zu jedem Trick, der ihnen zur Verfügung stand und drangen in jeden noch so entlegenen Winkel vor, um die Menschen dazu zu motivieren, die in ihrem Sinn «korrekte» Sprache des alltäglichen Gebrauchs anzugeben. Sie hielten öffentliche Kundgebungen ab, verteilten Faksimiles der Fragebögen und veröffentlichten Pamphlete, um die maximale Unterstützung der lokalen Bevölkerung zu erreichen. Ihr Aktivismus übertrug sich auch auf Gemeinderegierungen, die immer häufiger versuchten, die Erhebung so zu verändern, dass sie ihren eigenen nationalistischen Interessen entgegenkam.[86] Nachdem die Ergebnisse veröffentlicht worden waren, wurden sie von nationalen Organisationen aufmerksam studiert. Wo hatte die Zahl der «Ihren» im Lauf des vergangenen Jahrzehnts zugenommen? Wo hatte sie abgenommen? Wo könnten sie ihre Ressourcen am wirkungsvollsten einsetzen, um mehr Menschen für sich zu gewinnen? Die Antworten auf diese Fragen prägten die nationalpolitischen Strategien, vor allem in Grenzgebieten, wo mehrere Sprachen gebräuchlich waren.[87]

Die Ergebnisse gaben aber auch Anlass zu noch mehr soziologischen Fragen. Wie etwa sollte man erklären, dass in einer bestimmten Region eine Sprache geläufiger oder weniger geläufig geworden war? Gaben Wanderarbeiter wie Wenzel Holek ihre ursprüngliche Sprache irgendwann auf, wenn sie in einem Gebiet lebten, in dem diese nicht gebräuchlich war? Wenn das so war, mit welchen politischen oder sozialen Strategien könnte man dann verhindern, dass es zu diesem Abrücken von der vertrauten Sprache kam? Wie stand es umgekehrt mit Menschen in multilingualen Regionen, die bis zu einem gewissen Grad fähig waren, in mehr als einer Sprache miteinander zu kommunizieren? Konnte man sie dazu bewegen, sich zu einer Nation zu bekennen? Mit welchen Strategien könnte man solche Menschen daran hindern, irgendwann die Seiten zu wechseln?

Nationalisten in Österreich fanden ihre eigenen Antworten auf diese Fragen, doch legten sie dabei eine Vorstellung von menschlichem Verhalten zugrunde, die einigermaßen fragwürdig erscheint und die man nicht ohne weiteres übernehmen sollte. Wenn man den Nationalismus jener Zeit untersucht, sollte man nicht, wie die Nationalisten selbst es taten, davon ausgehen, dass die Menschen mit einer gewissen Beständigkeit der einen oder anderen nationalen Gruppe angehörten. Es ist aufschlussreicher, wenn man die verschiedenen Situationen oder Ereignisse untersucht, die die Menschen dazu veranlassten, sich mit der einen oder anderen Gruppe zu identifizieren. Aber auch solche Identifikationen hielten nicht immer lange an. Während erbittert ausgefochtener Wahlkämpfe oder dann, wenn eine Volkszählung durchgeführt wurde, ließen sich die Menschen vielleicht dazu stimulieren, eine bestimmte nationalistische Position zu unterstützen. Doch zu anderen Zeiten spielte das nationale Bekenntnis in ihrem Leben unter Umständen keine große Rolle. Aus diesem Grund sollte man auch die verschiedenen konkreten Praktiken in den Blick nehmen, mit denen Bindungen an eine Volksgruppe oder ein Engagement für sie zum Ausdruck gebracht wurden, das heißt, man sollte nicht davon ausgehen, dass die Identifikation mit einer bestimmten «Nation» ein für alle Mal festlag.

«Aufwühlende Zeiten in Österreich»

Für Historiker ergibt sich eine Schwierigkeit dadurch, dass es den nationalen Propagandisten, wenn es um spezifische Probleme ging, gelegentlich gelang, große Mengen von Menschen zu mobilisieren, denn

*Graf Kasimir Felix von Badeni,
ehemaliger Statthalter von Galizien
und von 1895 bis 1897 Ministerpräsident des österreichischen Teils
der Doppelmonarchie. Seine
«Sprachenverordnung» stieß bei der
Bevölkerung und innerhalb des Parlaments auf heftigen Widerstand,
der zu seiner Abdankung führte.
Porträtfoto um 1890*

das ermöglichte es ihnen, zu behaupten, dass sie in der Tat für existierende Nationen sprachen.[88] Das wiederum kann leicht dazu führen,
dass man sich als Historiker auf Zahlen oder quantitative Kriterien
konzentriert und den situativen oder kontextuellen Elementen zu wenig Beachtung schenkt, die sich darauf auswirkten, mit welcher Volksgruppe jemand sich identifizierte. Als am 5. April 1897 Ministerpräsident Graf Kasimir von Badeni (1846–1909) eine Sprachenverordnung
für Böhmen erließ, mit der das Tschechische dem Deutschen als «inner-
amtliche» Dienstsprache der Beamten gleichgestellt wurde, machten
deutsche Nationalisten geltend, dass diese Verordnung sich negativ auf
das Leben der deutschsprachigen Bürger überall im Reich, nicht nur in
Böhmen, auswirken würde. Das löste eine gravierende politische Krise
aus: In mehreren Städten, unter anderem in Prag, Graz, Salzburg und
Wien, wurde mehr als ein Jahr lang öffentlich gegen das Gesetz
demonstriert, und es kam sogar zu gewalttätigen Ausschreitungen.
Deutschsprachige Stadtregierungen in Böhmen, Mähren, Schlesien und

den Alpenregionen erhoben heftigen Widerspruch gegen das Gesetz. Von der Presse weiter angestachelt, versuchten politische Parteien, die deutschsprachige Regionen repräsentierten, sich gegenseitig in dem Bemühen zu überflügeln, ihren Wählern ihr unerschütterliches Eintreten für «das Deutsche» unter Beweis zu stellen. Sogar im Reichsrat kam es zu Tumulten. Badeni vertagte am 2. Juni alle Sitzungen bis auf weiteres, doch auch das brachte den Widerstand nicht zum Verstummen.[89]

Die Medien wetteiferten darum, so eindringlich und so theatralisch wie möglich darzustellen, was eigentlich bei dieser Auseinandersetzung auf dem Spiel stand. Einen Höhe- oder Tiefpunkt erreichte diese Kampagne mit einem Artikel, der in der *Deutschen Volkszeitung für den Neutitscheiner Kreis* erschien. Unter der Überschrift «Das erste Opfer der Sprachenverordnung» wurde am 12. Mai berichtet, dass der dreiundzwanzigjährige Karl Buchmann sich in der Wohnung seiner Eltern mit einem Jagdgewehr erschossen hatte. Der Zeitung zufolge hatte der junge Mann sich um eine Anstellung als Beamter bemüht, da er aber nur Deutsch und kein Tschechisch sprach, hatte er gefürchtet, aufgrund des neuen Gesetzes nie in den öffentlichen Dienst aufgenommen zu werden.[90] Auf höchster politischer Ebene spielten sich ebenfalls Dramen ab: Als die neue Sitzungsperiode des Parlaments im September eröffnet wurde, beleidigte der radikale Deutschnationale Karl Hermann Wolff (1862–1941) Badeni, und die beiden trugen sogar ein Duell aus.[91]

Die Regierung stand unter Druck vonseiten des Kaisers, die alle zehn Jahre fällige Zustimmung zum Ausgleich mit Ungarn vor Jahresende zu beschließen. Die Abgeordneten, die gegen Badenis Sprachenverordnung waren, versuchten mit allen taktischen Mitteln jegliche Entwicklung auf dem Gebiet der Legislative zu verhindern. Die Regierung nahm zu höchst fragwürdigen Mitteln Zuflucht: Sie verabschiedete die sogenannte Lex Falkenhayn, um eine andere, strengere parlamentarische Geschäftsordnung einzuführen und die Arbeitsfähigkeit des Reichsrats auf diese Weise wiederherzustellen. Dieses Gesetz erlaubte es, Gewalt einzusetzen, um die wirksamsten Störmaßnahmen der Opposition zu unterbinden. Doch rief die Lex Falkenhayn nur weiteren Protest hervor, der sich auch in gewalttätigen Unruhen auf den Straßen der österreichischen Städte niederschlug. Bei der Parlamentssitzung im September gelang es nicht, die Erneuerung des Ausgleichs mit Ungarn zu verabschieden. Badeni trat zurück, und sein Nachfolger regierte unter Berufung auf Paragraf 14 der Dezemberverfassung von 1867 per Dekret.

Die Badeni-Krise ist ein kritischer Punkt in der österreichischen Parlamentsgeschichte, aber kein Zeichen für das Scheitern der staatlichen Institutionen. Vielmehr zeigt sie, in wie hohem Maße mittlerweile weite Kreise der Bevölkerung zur Teilnahme an politischen Prozessen mobilisiert waren. Die Menschen, die öffentlich protestierten und auch mit gewaltsamen Mitteln Front gegen die Sprachenverordnung machten, taten dies, um ihre eigenen Interessen wahrzunehmen. Sie demonstrierten auch in Städten und Gemeinden, in denen die Institutionen und Behörden von dem neuen Sprachengesetz völlig unberührt geblieben wären. Sie waren keine Revolutionäre wie die, die 1848 versucht hatten, das alte Regime zu Fall zu bringen, sondern sie partizipierten am parlamentarischen Prozess, weil sie überzeugt waren, dass die Maßnahmen Badenis – oder die Gegenmaßnahmen seiner Widersacher – den Kollaps des gesamten Systems herbeizuführen drohten. Von nun an konnten Politiker im Ernstfall auf die Unterstützung der Masse zählen. In Graz oder Salzburg wurde gegen ein Gesetz für Böhmen protestiert, doch gleichzeitig relativierte in Böhmen selbst die Entwicklung des Geschehens die Bedeutung Wiens sowohl für tschechische als auch für deutsche Nationalisten, so dass für sie das Kronland selbst zu einer Art Reichszentrum wurde.[92]

War die von der Sprachenverordnung ausgelöste parlamentarische Krise, waren die Verzögerungstaktik, die Obstruktion, das ganze Geschrei ein Zeichen für das grundlegende Scheitern der parlamentarischen Regierungsform in Österreich? Einige Historiker haben darauf verwiesen, dass es nach einer derartigen Krise hinter den Kulissen, vor den Augen der Öffentlichkeit verborgen, meist zu reger Verhandlungstätigkeit kam. Wie Lothar Höbelt meinte, waren Nationalisten, die man in der Öffentlichkeit nie im Gespräch miteinander zu sehen bekam, doch darum bemüht, ein System aufrechtzuerhalten, das ihnen Macht und Einfluss verlieh.[93] Die Sprachenverordnung Badenis konnte – so unentbehrlich sie auch für das reibungslose Funktionieren des öffentlichen Dienstes in Böhmen gewesen sein mag – einfach nicht für rechtsgültig erklärt werden. Sie wurde als heimtückischer Angriff auf die Rechte einer Bevölkerungsgruppe interpretiert. Was die Verordnung beinhaltete, hätte allenfalls zwischen den Parteien, die davon betroffen waren, ausgehandelt, nicht aber über ihre Köpfe hinweg per Gesetz verfügt werden können.

Das war eine Erkenntnis, die sich aus den turbulenten Ereignissen der Jahre 1897 und 1898 ergab. Sowohl der Kaiser als auch seine Berater aus den höchsten Rängen der Beamtenschaft erfuhren unmittelbar, was für einen hohen Grad an Instabilität politische Bewegungen – in diesem Fall nationalistische – im öffentlichen Leben erzeugen konnten. Infolgedessen waren sie in Zukunft darum bemüht, Lösungen auszuhandeln, um dem politischen Nationalismus seine Zündkraft zu nehmen, ihn gewissermaßen zu entschärfen. Im Jahrzehnt darauf unterstützten sie regionale politische Akteure bei ihrem Bemühen, Kompromisslösungen herbeizuführen, von denen sie hofften, dass sie Probleme, die von Nationalisten hochgespielt werden und so an Brisanz gewinnen könnten, aus der Welt schaffen würden. 1905 wurden die ersten drei Kompromisse dieser Art in Mähren geschlossen. Der erste – der sogenannte «Mährische Ausgleich» – teilte die Mandate für den Landtag auf; eine gewisse Zahl von Sitzen war für die tschechischen, eine gewisse Zahl für die deutschen Abgeordneten bestimmt, und der Rest für die Repräsentanten der Großgrundbesitzer. Diese drei Gruppen wählten also jeweils ihre eigenen Abgeordneten. Auch in Bezug auf das Schulwesen und auf die Gesetzgebung, soweit sie die Bereiche von Wirtschaft und Kultur betraf, wurde eine Trennung zwischen Tschechen und Deutschen vorgenommen.[94] Ähnliche Prinzipien lagen dem «Bukowiner Ausgleich» von 1910 und dem «Galizischen Ausgleich» von 1914 zugrunde, bei denen aber jeweils noch die spezifischen lokalen Bedingungen Berücksichtigung fanden.[95]

Die Badeni-Krise machte auch den Kaiser geneigter, denen Gehör zu schenken, die überzeugt waren, durch die Einführung eines allgemeinen Männerwahlrechts könnte man die Macht der Nationalisten schwächen und dagegen überregionale Parteien wie die Christlich Sozialen oder die Sozialdemokraten stärken. Beide Parteien konzentrierten sich auf soziale und wirtschaftliche Probleme, die Österreich in seiner Gesamtheit betrafen.

Die Reaktion auf den Sprachenerlass Badenis ist ein klassisches Beispiel für situationsbedingten oder ereignisgesteuerten Nationalismus. Ein paar Monate lang wurden Tausende von Menschen dazu getrieben, aktiv eine nationalistische Position zu vertreten und ihr auf den Straßen Ausdruck zu verleihen. Dieses Aufwallen von Nationalismus wurde aber durch ganz spezifische Umstände ausgelöst. Innerhalb weniger Jahre nahm das Interesse an den Zielen und Aktivitäten der Nationalisten tatsächlich ab – wie die schrumpfenden Mitgliederzahlen ihrer Organisationen belegen. Ein Problem, das sich den Nationalisten stellte, für das sie aber nie eine wirkliche Lösung fanden, war, wie man die Bürger in einem Zustand beständiger Erregung über Themen wie das der nationalen Identität halten konnte.

Die erzielten Kompromisse gaben Aktivisten neue rechtliche und administrative Mittel an die Hand, die Menschen dazu zu zwingen, national zu werden, obwohl sie gleichzeitig dem Nationalismus seine akute Relevanz für das alltägliche Leben zu nehmen drohten. In Mähren etwa mussten die Einwohner sich als zur tschechischen oder zur deutschen Gruppe gehörig registrieren lassen. Ihnen stand nicht die Möglichkeit offen, sich als «österreichisch», «katholisch» oder «habsburgertreu» eintragen zu lassen (wie es einige von ihnen dennoch versuchten), sie konnten auch nicht von einer Gruppe in die andere überwechseln. In Mähren hatte die Aufteilung der Bevölkerung in eine tschechische und eine deutsche Gruppe eine entsprechende Aufteilung – beziehungsweise Verdopplung – der meisten Dienstleistungen und Funktionen des Staates zur Folge. Mährische Nationalisten fügten auch noch ein Gesetz hinzu, mit dem sie die Menschen davon abhalten wollten, ihre Kinder in eine Schule mit der «falschen» Unterrichtssprache zu schicken, – was ihnen nicht immer gelang.[96] Wenn die Leute sich hier einem Zwang ausgesetzt fühlten, zogen sie häufig vor Gericht. In den wenigen Kronländern, in denen solche Ausgleiche ausgehandelt worden waren, sahen sich die Gerichte jedoch zunehmend verpflichtet, den Forderungen der Nationalisten Vorrang vor den Wünschen der Einzelnen zu geben. Das von der liberalen Verfassung zugesicherte Recht des Einzelnen, über seine Sprache bestimmen zu können, trat allmählich in den Hintergrund gegenüber dem Recht der nationalen Gemeinschaft, über ihre einzelnen Mitglieder bestimmen zu dürfen. In diesem Wandel fanden seit langem bestehende kulturelle Überzeugungen ihren Höhepunkt, denen zufolge erstens jeder Einzelne eine elementare und authentische nationale Identität besaß und zweitens die kulturelle Kluft zwischen nationalen Gemeinschaften unüberbrückbar war.[97]

Unitas in diversitate

Während in der Öffentlichkeit vermehrt über kulturelle Verschiedenheit und deren politische Implikationen diskutiert wurde, bemühte sich die Dynastie darum, sich erneut zu legitimieren, indem sie die Vorteile pries, die die durch das Reich hergestellte Einheit dessen vielen Völkern schenkte. Auf Strategien zurückgreifend, denen wir schon in Karl Czörnigs dreibändigem Werk *Ethnographie der österreichischen Monarchie* begegnet sind, feierte die Dynastie die Vielfalt der Völker Österreichs, aus der dem Staat eine Stärke erwachse, von der alle seine Bürger profitierten. In volkstümlichen Publikationen zu Geografie und naturwissenschaftlichen Themen, in anthropologischen Ausstellungen und mithilfe von Volkskunst und öffentlichen Bauten brachte die kaiserliche Regierung eine Sicht des Reiches zum Ausdruck, die bei den kulturell so unterschiedlichen Völkern das Gefühl von Einheit verstärken sollte.

Als Österreich 1866 seine traditionelle Vormachtstellung in Deutschland verlor, strebte das liberale Reich nach einer anderen, erneuerten Mission in Europa. In den 1870er-Jahren schien die Erforschung der kulturellen Vielfalt die Grundlage für eine neue zivilisatorische Mission der Habsburger vor allem in Ost- und Südosteuropa einschließlich des Balkans zu bieten. In seiner frühesten Form war diese Mission vor allem auf die Kronländer Galizien und Bukowina gerichtet. Zwei Ereignisse von großer symbolischer Bedeutung waren die Austragung der Weltausstellung in Wien im Jahr 1873 und die Gründung einer Universität in Czernowitz im Jahr 1875; beides waren sichtbare Manifestationen der neuen zivilisatorischen Aufgabe, die Österreich-Ungarn übernommen hatte, und auch der Überzeugung, dass in der Vielfalt Einheit begründet liege.

Am 1. Mai 1873 eröffnete Franz Joseph die einzige der großen Weltausstellungen des neunzehnten Jahrhunderts, die in Wien abgehalten

Der Eingang zur sogenannten «Rotunde», dem Kuppelbau, der den Mittelpunkt der Wiener Weltausstellung von 1873 bildete. Fotografie von Josef Löwy, Mitglied der Wiener Photographen-Association

wurde, und zwar im Prater, der zu diesem Anlass erweitert und umgestaltet worden war. Die Anlage umfasste jetzt nahezu 242 Hektar und war damit fünfmal größer als das Gelände der Pariser Ausstellung von 1867. Die Hauptattraktionen waren in einem stählernen Rundbau untergebracht, der fast 80 Meter hoch aufragte und einen Durchmesser von 107 Metern besaß. Die schiere Größe dieser Rotunde machte sie zu einem Wunderwerk der modernen Technik – und bei den Wienern zu einem Objekt skeptischer Spekulationen: Viele sagten vorher, dass ein derart schweres Gebäude in sich zusammenstürzen oder zumindest in den Boden einsinken müsse. Im Inneren der Rotunde stellten fünfundzwanzig Länder die neuesten wissenschaftlichen und kulturellen Errungenschaften aus. In 194 Pavillons, die zusätzlich zu diesem Hauptbau auf dem Gelände errichtet worden waren, viele von privaten Gesellschaften, wurden weitere Exponate präsentiert.

Auf der Eröffnungsgala, bei der königliche Hoheiten, die zu Besuch in Wien weilten, und Würdenträger der Stadt anwesend waren, hielt der Bruder des Monarchen, Erzherzog Karl Ludwig, eine Rede. Er versicherte, die Weltausstellung werde dem Vaterland «die Anerkennung hervorragender Theilnahme an der Förderung des Wohles der Menschheit durch Unterricht und Arbeit sicher[n]».[98] Er hob in seiner Ansprache bestimmte Werte hervor – Wohlstand durch Arbeit und Bildung –, durch die sich nach Auffassung der Liberalen ihr Wertesystem von dem ihrer aristokratischen, klerikalen oder nationalistischen Rivalen unterschied.

Mit der Ausstellung wurde aber auch die besondere Rolle, die Österreich ausfüllen wollte, stärker herausgestrichen, als es die Hinweise des Erzherzogs auf kulturelle und naturwissenschaftliche Leistungen vermuten lassen. Die technischen Wunderwerke, die man zu sehen bekam, wurden ausdrücklich als kulturelle Errungenschaften der teilnehmenden Staaten verstanden. Indem man diese Errungenschaften nebeneinander ausstellte, wurden die Besucher zu Vergleichen zwischen den Nationen eingeladen. Wie würde Österreich im Verhältnis zu seinen Mitstreitern hinsichtlich technologischen Fortschritts abschneiden? Die Organisatoren der Ausstellung versuchten auch, Österreich-Ungarn als eine Brücke zwischen Ost und West darzustellen. Dieser Botschaft diente vor allem der Aufbau der Aussstellung: Im Zentrum, direkt unter der Kuppel der Rotunde, waren – getrennt voneinander – Erzeugnisse aus Österreich und Ungarn sowie aus Deutschland ausgestellt. Produkte aus Russland, dem Osmanischen Reich, Persien, China und Japan konnte man im Ostflügel des Gebäudes in Augenschein nehmen, solche aus Großbritannien, Frankreich, Italien, den Vereinigten Staaten und Brasilien im Westflügel. Diese Anordnung schien zu bestätigen, worüber sich Journalisten und Politiker zunehmend einig schienen: dass Österreichs neue Rolle nach 1866 darin bestand, zwischen Ost und West zu vermitteln. Nachdem seine Bestrebungen, seine Zukunft in dem reformierten Deutschen Bund unter österreichischer Schirmherrschaft zu suchen, gescheitert waren, wandte sich das Reich in seinem Bemühen um Legitimation nach Osten und schlüpfte wieder in seine traditionelle Rolle als Bollwerk des christlichen Westens gegen das Osmanische Reich. So stellte es sich selbst auch als «Zivilisator» des

Ostens dar. Natürlich zeigten die Textilien aus China, Japan und Persien, die die Besucher aus dem Westen betrachten konnten, dass die Zivilisation des Orients einen hohen Stand erreicht hatte. Die Nachfrage der Verbraucher nach diesen Stoffen und anderen Artikeln bestätigte das. Trotzdem brachte man im Westen generell die verschiedenen Punkte auf der Landkarte mit unterschiedlichen zivilisatorischen Niveaus in Verbindung. Die Anordnung der Exponate suggerierte, dass ein kulturell höherstehender Westen und Norden nützliches Wissen und kulturelle Errungenschaften in den unterentwickelten Osten und Süden exportieren könnten. Die Presse befand die westlichen Ausstellungsobjekte als technisch fortschrittlicher und somit kulturell wertvoller.[99]

Österreichisch-ungarischen Ausstellungsbesuchern – vor allem denen aus den großen Städten – wäre es wohl schwer gefallen, dieses allgemeine Modell nicht auf das eigene Reich zu übertragen. Zwei Jahrzehnte zuvor hatten Ethnografen wie Czörnig die Ansicht geäußert, dass signifikante Unterschiede im Bildungs- und Kulturniveau zu einem Großteil auf unterschiedliche soziale Verhältnisse im Reich und nicht auf angeborene rassische oder ethnische Eigenschaften zurückzuführen seien. Wie Matthew Rampley gezeigt hat, konnten Besucher eines «Internationalen Dorfes» aus unterschiedlichen Typen von mittel- und osteuropäischen Bauernhäusern hier einen unmittelbaren Eindruck von der Bedeutung kultureller Unterschiede gewinnen. Die Erklärungen dazu im Katalog nahmen die Ansichten Czörnigs auf, indem sie Unterschiede in der bäuerlichen Kultur auf die in der jeweiligen Region herrschenden wirtschaftlichen Bedingungen und die Art und Weise, wie die Bauern sich ihnen angepasst hatten, zurückführten. Doch vielen Besuchern der Ausstellung legten sich jetzt andere Erklärungen nahe – vor allem, wenn sie die anscheinend kulturell höherstehenden westlichen, «deutschen» Bauernhäuser mit den östlichen, moldawischen oder galizischen verglichen, die von vielen Journalisten als primitiv, unhygienisch, geradezu mittelalterlich beschrieben wurden. Einige Reporter, die für galizische oder rumänische Zeitungen berichteten, nahmen Anstoß an der Darstellung der bäuerlichen Kultur ihrer Heimat: Die ausgewählten Exponate würden ein schlechtes Licht auf Galizien und seine Einwohner wer-

Präsentation von landwirtschaftlichen Produkten aus Galizien auf der Weltausstellung von 1873. Foto der Wiener Photographen-Association

fen und sie als kulturell rückständig im Vergleich zum Westen erscheinen lassen.

Die komplexen Deutungsmöglichkeiten, zu denen die Exponate der Weltausstellung Anlass gaben, unterhöhlten und untermauerten gleichzeitig eine Reihe von Ansichten in Bezug auf die hierarchischen Unterschiede zwischen den einzelnen Gesellschaften. Wenn westliche Staaten den Einwohnern östlicher Länder, die lernwillig waren, die Segnungen der Zivilisation bringen konnten, dann unterschieden sich die Menschen des Ostens (wie Czörnig behauptet hatte) nicht grundlegend von denen des Westens. Liberale deutsche oder ungarische Nationalisten, die sich selbst als dem Staatsvolk angehörig betrachteten, vertraten ebenfalls die Ansicht, jedermann könne Deutscher oder Ungar – mit anderen Worten: zivilisiert – werden, indem er ihre Sprache erlerne und an ihrer Hochkultur partizipiere. Und doch rief allein das

Thematisieren kultureller Unterschiede im Rahmen der Weltausstellung auch den gegenteiligen Eindruck hervor, dass nämlich der Osten darauf angewiesen sei, zivilisiert zu werden, die Völker dort aber grundlegend «anders» seien als die des Westens und letztlich auch nie so werden könnten wie diese.

Der Ausstellung war kein internationaler Erfolg beschieden; das betraf allerdings mehr die kommerzielle Seite als die Präsentation des Reiches und seiner Völker. Rund eine Woche nach der Eröffnung stürzte Österreich-Ungarn – und mit ihm der größer Teil Europas – in eine Rezession. Auslöser war einer der schlimmsten Börsenkräche des neunzehnten Jahrhunderts. Im Juli brach in der Stadt die Cholera aus, raffte 3000 Menschen dahin und hielt viele auswärtige Besucher fern. Als die Ausstellung die Tore schloss, waren statt der erwarteten 20 Millionen Menschen nur 7 Millionen gekommen.[100] Diesen Besuchern war der Eindruck vermittelt worden, dass der tiefere Sinn und die Aufgabe des Reiches darin bestünden, den rückständigen Völkern des Ostens die Zivilisation westlichen Stils zu bringen, sowohl im Land selbst, in Galizien oder der Bukowina, als auch jenseits der Reichsgrenzen, auf dem Balkan, vor allem in den osmanischen Provinzen Bosnien und Herzegowina, die Österreich-Ungarn nur fünf Jahre später besetzen würde.

Zivilisation in «Halb-Asien» und die Krise des Liberalismus

Die meisten österreichischen und ungarischen Liberalen glaubten in den 1870er-Jahren noch, dass sich die verschiedenen Völker mithilfe von Bildung sowie dadurch, dass man sie am kulturellen und technischen Fortschritt teilhaben ließ, auf den eigenen zivilisatorischen Stand bringen ließen. Wenn auch ihre Gesetze, Institutionen und administrativen Praktiken sich unterschieden – während die österreichische Politik sich dem Ziel verschrieben hatte, die Gleichberechtigung aller Völker und Sprachen zu erreichen, strebte die ungarische Politik nach einer Ungarisierung aller nichtungarischen Bürger – war in den Gesetzes- und Verwaltungscodizes keiner der beiden Staaten in irgendeiner Weise eine Ungleichheit der Völker verankert.

In Österreich führte die liberale Überzeugung, dass der Mensch sich durch Erziehung «perfektionieren» lasse – die oft von einem unreflektierten und herablassenden Glauben an die Überlegenheit der deutschen Kultur begleitet war – 1875 zur Gründung einer neuen Universität, der ersten seit fünfzig Jahren. Und der Standort dieser nach Kaiser Franz Joseph benannten Universität war ausgerechnet Czernowitz (Cernauţi, Tscherniwzi), eine Stadt von gerade mal 25 000 Einwohnern und Hauptstadt der Bukowina, statistischen Erhebungen zufolge, das ärmste Kronland mit den am wenigsten gebildeten Einwohnern. Czernowitz war auch die am weitesten östlich gelegene Hauptstadt eines Kronlands. Vergeblich hatten tschechische Nationalisten für die Gründung einer tschechischen Universität in Prag oder Olmütz (Olomouc) agitiert und italienische Nationalisten die Erweiterung der Hochschule in Triest um eine italienische juristische Fakultät verlangt. Es nutzte auch nichts, dass sowohl tschechische als auch italienische Nationalisten ihre Forderungen mit dem Verweis auf den hohen Grad an Bildung und Zivilisiertheit begründeten, den «ihre» Völker angeblich erreicht hatten. Stattdessen kamen die liberale Regierung und der Kaiser überein, eine deutschsprachige Universität im östlichsten aller Kronländer zu gründen, dessen Bevölkerung weitgehend des Lesens und Schreibens unkundig war und sich auf Ruthenisch, Rumänisch, Jiddisch, Deutsch und Polnisch verständigte und zumeist mehrere von diesen Sprachen beherrschte.[101]

Die neue Universität verdankte ihr Entstehen zum größten Teil der unermüdlichen Lobbyarbeit des Bukowiners Constantin Tomaszcuk (Tomasciuc), eines adeligen Großgrundbesitzers und liberalen Reichstagsabgeordneten. Er argumentierte damit, dass von einer neuen Universität im Osten eine starke Integrationskraft für das gesamte Reich ausgehen werde:

> Österreichs Einheit ruht auf dem gemeinsamen Bildungsgang all derer, die in ihrer Bildung über das Niveau der Volksmassen hervorragen. Dieser gemeinsame Bildungsgang, die Verwandtschaft des Ideengutes, hat nach und nach die politische Nationalität des Österreichertums begründet und großgezogen.

Tomaszcuk rechtfertigte die Einführung des Deutschen als Unterrichtssprache an der neuen Universität mit dem Argument, im Reich könne nur deutsche Gelehrsamkeit Universalität für sich in Anspruch nehmen. Und «nur weil deutsche Bildung eine universelle Bedeutung

Das Hauptgebäude der Universität Czernowitz auf einer zeitgenössischen Ansichtskarte

hat, streben auch die nichtdeutschen Söhne der Bukowina eine deutsche Universität an». An die Adresse der Nationalisten, die die Wahl des Deutschen kritisieren könnten, richtete er die Worte: «Wehe der Nation, die sich fürchten muß vor dem Einfluß fremder Kultur. Diese hat sich selbst das Todesurteil gesprochen.»[102] An der Universität Czernowitz wurden jedoch auch Lehrstühle für Rumänische und für Ukrainische Sprache und Literatur eingerichtet – die ersten in ganz Österreich.

Die Eröffnung der Franz-Joseph-Universität im Oktober 1875 fiel zeitlich mit Feiern zum hundertsten Jahrestag der Annexion der Bukowina durch Österreich zusammen sowie mit dem silbernen Thronjubiläum des Kaisers. In einem Aufsatz mit dem Titel «Ein Culturfest» schilderte der liberale Journalist und Essayist Karl Emil Franzos (1848–1904) in glühenden Tönen die Einweihungszeremonie der Universität ganz explizit als ein Fest der Einheit. Die miteinander im Widerstreit liegenden Elemente der Bukowina hätten einander nicht in Frieden finden können, wenn ein besonderer Faktor nicht unaufhörlich am Werk gewesen wäre: das Deutschtum. Es habe die anderen Nationalitäten nicht unterdrückt, sondern ihnen im Gegenteil einen versöhnlichen Beziehungspunkt geliefert.[103]

Franzos war zu jener Zeit gerade dabei, mit seinen von der Kritik gerühmten Geschichten und Skizzen zum jüdischen Leben in Osteuropa Bekanntheit zu erlangen. Er war der Sohn eines jüdischen Arztes, der in Deutschland studiert hatte, wuchs in Galizien und der Bukowina auf und legte 1867 am deutschsprachigen Gymnasium von Czernowitz die Matura ab. Nach dem Jurastudium in Wien und in Graz, wo er der deutschnationalen Verbindung Teutonia beitrat, schrieb er für die *Neue Freie Presse* und den *Pester Lloyd*. 1876 legte er eine erste Sammlung von Erzählungen vor, die im östlichen Teil des Reiches spielten; der vielsagende Sammeltitel dieser kleinen Prosatexte lautete: *Aus Halb-Asien*. Für Franzos war dieses Halb-Asien ein kulturelles Ödland, das sich «jenseit der schlesischen Grenze und jenseit der Karpathen» hinzieht, ein Gebiet, «wo sich europäische Bildung und asiatische Barbarei, europäisches Vorwärtsstreben und asiatische Indolenz, europäische Humanität und so wilder, so grausamer Zwist der Nationen und Glaubensgenossenschaften» begegnen.[104] Franzos' Glaube an die deutsche Kultur als einem zivilisierenden und einigenden Agens kommt am deutlichsten in der Erzählung *Schiller in Barnow* zum Ausdruck, in der Schillers *Ode an die Freude* in einer kleinen galizischen Stadt einen Polen, einen Ruthenen und einen Juden zu einem freundschaftlichen Bund zusammenschmiedet, der auf ihrer gemeinsamen Menschlichkeit beruht.

In einem seiner essayistischen Texte, *Von Wien nach Czernowitz*, schilderte Franzos seine Reise nach Czernowitz zur Eröffnung der dortigen Universität. Er berichtete in allen Einzelheiten über die anstrengende Eisenbahnfahrt durch die scheinbar endlosen öden und trostlosen Ebenen Galiziens. Die Stimmung schlug sofort um. als der Zug die Grenze zur Bukowina überquert hatte. In seiner Schilderung verband Franzos seine Beschreibung der Landschaft mit Beobachtungen, die auf den Charakter der Einwohner schließen ließen. Dass die Zivilisation hier eine höhere Stufe erreicht habe, werde dem aufmerksamen Auge sofort deutlich:

Die Haide bleibt hinter uns, den Vorbergen der Karpathen braust der Zug entgegen und über den schäumenden Pruth in das gesegnete Gelände der Bukowina. Der Boden ist besser angebaut und die Hütten sind freundlicher und reiner. Nach einer Stunde hält der Zug im Bahnhofe von Czernowitz. Prächtig liegt die Stadt auf ragender Höhe.

Franzos schildert die Ankunft in der östlichsten Hauptstadt eines Kronlands als ein leicht verwirrendes Erlebnis. Was die Sinne wahrnehmen und was man empfindet, scheint der geografischen Realität zu widersprechen: «Wer [in Czernowitz] einfährt, dem ist seltsam zu Muthe: er ist plötzlich wieder im Westen, wo Bildung, Gesittung und weißes Tischzeug zu finden.» Wie lässt sich dieses Rätsel erklären?

> [...] will er wissen, wer dies Wunder vollbracht, so lausche er auf die Sprache der Bewohner: sie ist die deutsche [...] Der deutsche Geist, dieser gütigste und mächtigste Zauberer unter der Sonne, er – und er allein! – hat dieses blühende Stücklein Europa hingestellt, mitten in die halb-asiatische Culturwüste. Ihm sei Preis und Dank[105]

Dass Franzos diese Reise per Eisenbahn absolvieren konnte, war vor allem den Bemühungen der Lemberg-Czernowitz-Jassy-Eisenbahngesellschaft zu verdanken. Diese Gesellschaft hatte 1864 von der liberalen Regierung eine lukrative Konzession für den Bau einer Bahnverbindung zwischen den Hauptstädten Galiziens und der Bukowina erhalten. Nachdem diese Linie 1866 fertiggestellt worden war, war es möglich, die ganze Strecke von Wien bis Czernowitz per Bahn zurückzulegen.

1871 jedoch, nur wenige Jahre vor Franzos' begeistertem Bericht, stürzte die Eisenbahnbrücke über den «schäumenden Pruth» ein. Als man dieses Unglück untersuchte und gleichzeitig diversen anderen Vorwürfen nachging, die gegen die Lemberg-Czernowitz-Jassy-Eisenbahngesellschaft erhoben worden waren, stellte sich heraus, dass beim Bau der Strecke schlimm gepfuscht worden war. Die Bahn wurde staatlicher Zwangsverwaltung unterstellt, solange man die Vergehen, die ihrem Vorstandsvorsitzenden, Baron Viktor von Ofenheim, zur Last gelegt wurden, untersuchte. Der Staatsanwalt warf ihm vor, bereits seit der Gründung der Gesellschaft riesige Summen auf eigene Konten umgeleitet und die Aktionäre betrogen zu haben. Im Januar 1875 wurde Ofenheim der Korruption angeklagt; er wurde auch bezichtigt, einen

Die Halle des Hauptbahnhofs von Lemberg (Lwów/Lwiw). Das von dem Architekten Władysław Sadłowski im Jugendstil entworfene Gebäude ersetzte 1904 den ursprünglichen, kleineren und im neugotischen Stil ausgeführten Bau von 1861/62.

Vorstand aus reinen Strohmännern zusammengestellt zu haben, die keinerlei Kontrolle ausgeübt, sondern allen Entscheidungen des Barons blind zugestimmt hätten. Für ihre Dienste – beziehungsweise ihre Ko-operation – sollte jeder dieser Direktoren jährlich mehr als 100 000 Gulden erhalten haben.

Der Prozess löste einen Skandal aus. Er enthüllte, dass Bestechlich-keit in den Kreisen der liberalen regierenden Klasse grassierte. Das Verfahren erreichte seinen Höhe- oder Tiefpunkt, als der Staatsanwalt den ehemaligen Innenminister Carl Giskra in den Zeugenstand treten ließ. Wie sich herausstellte, hatte Giskra mit seinem guten Namen dem Vorstand der Gesellschaft zusätzliches Ansehen und Glaubwürdigkeit verliehen und seine 100 000 Gulden eingestrichen, dann aber zum Schaden der Aktionäre seine Aufsichtspflicht nicht wahrgenommen. Der Ex-Minister und Held der Revolution von 1848 beteuerte seine Un-schuld; als er aber einem Kreuzverhör unterzogen wurde, wurde er

Eisenbahnbrücke über den Pruth bei Jaremcze (Yaremche). Vorzeichnung
für eine Illustration des Galizien gewidmeten Bands des «Kronprinzen-
werks» (veröffentlicht 1898) von Karl Jeczmieniowski aus dem Jahr 1893

nervös und platzte schließlich mit Bezug auf die 100 000 Gulden Ver-
gütung, die er erhalten hatte, heraus, in Österreich sei es üblich, Grati-
fikationen entgegenzunehmen.[106]

Die Geschworenen befanden Ofenheim für nicht schuldig; das hatte
der Baron vor allem der Tatsache zu verdanken, dass es ihm gelungen
war, es so aussehen zu lassen, als ob es sich bei dem Verfahren gegen
ihn um einen persönlichen Rachefeldzug des Handelsministers handelte. Dennoch: das Vertrauen der Öffentlichkeit hatte Schaden genommen, vor allem da der Prozess kurz nach dem Börsenkrach von
1873 über die Bühne ging. Der Zusammenbruch der Börse hatte zahllose kleine Investoren in den Ruin getrieben, die durch die gewaltigen
Gewinne, die man in den frühen 1870er-Jahren auf dem weitgehend
unregulierten Aktienmarkt hatte machen können, dazu verführt worden waren, ihre gesamten Ersparnisse oder Renten in alle möglichen
riskanten Unternehmungen zu investieren. Einige von diesen hatten

sogar nur auf dem Papier existiert. Das liberale Kabinett konnte nur wenig für die Opfer des Börsenkrachs tun, von denen viele dem Liberalismus die Schuld an ihrem Unglück gaben. Die von dem Börsenkrach eingeleitete Rezession und der Prozess gegen Ofenheim, der viel Beachtung fand, schadeten der Reputation der Liberalen und des Liberalismus.[107]

In sehr kurzer Zeit hatte die Öffentlichkeit am Nutzen und an den Vorteilen einer liberalen Kultur im Kern zu zweifeln begonnen. Die unappetitliche causa Ofenheim stellte aber auch infrage, ob die Ausbreitung der liberalen Kultur der Region, die dem bisherigen Dafürhalten nach am meisten davon profitieren würde, nämlich dem Osten des Reiches, wirklich nur Positives bringen würde. Es schien, dass der Westen dem Osten noch etwas anderes beschert habe als nur eine höhere Zivilisation. Die Liberalen hatten den Osten auch zu einem Hort der Korruption, des schnöden Betrugs und – was am schlimmsten war – des glatten Versagens werden lassen. Das war ein Faktum, das Franzos und andere Beobachter später mit unverblümter Kritik an der Ausbildung, die an der Universität von Czernowitz geboten wurde, bestätigten. Der Liberalismus hatte sich als eine weitere sektiererische politische Ideologie entpuppt, die nur einem Teil der österreichisch-ungarischen Gesellschaft zugute kam, und zwar auf Kosten des anderen Teils. Der Liberalismus konnte die Massen nicht mehr begeistern, indem er auf seine zivilisatorischen Leistungen hinwies. Den Mantel der Zivilisation, den er sich umgehängt hatte und in den er den Osten hatte mit einhüllen wollen, reklamierten jetzt andere für sich. Die Zivilisierung des Ostens und des Südens wurde zu einer noch gewichtigeren und das ganze Volk betreffenden Komponente einer Staatsangelegenheit: Nationalisten, religiöse Aktivisten, Liberale aus der Oberschicht und die Dynastie – sie alle machten geltend, dass dies die ihnen zustehende Aufgabe sei.

Das Kronprinzenwerk

Zwischen 1885 und 1907 bezuschusste die österreichisch-ungarische Regierung die Veröffentlichung einer vierundzwanzigbändigen Enzyklopädie (die ungarische Ausgabe umfasste einundzwanzig Bände). Ihr offizieller Titel lautete *Die österreichisch-ungarische Monarchie in Wort und Bild,* sie wurde aber unter der volkstümlichen Bezeichnung *Kronprinzenwerk* bekannt, da Kronprinz Rudolf 1883 die Anregung zu ihrem Entstehen gegeben und auch vor seinem Tod 1889 eine Einleitung verfasst hatte. Der Staat verpflichtete 432 Fachleute, die Artikel über die Flora und Fauna, die geologische Beschaffenheit und die ethnografische Zusammensetzung eines jedes einzelnen Kronlands verfassen sollten. Es gab eine deutsche und eine ungarische Redaktion. Die Enzyklopädie stellte einen Versuch dar, die geografische und kulturelle Vielfältigkeit der Kronländer wissenschaftlich zu dokumentieren, richtete sich aber an ein allgemeines breites Publikum, das das Werk per Subskription beziehen konnte. Die Vielfalt wurde aber auch vor allem in den Beiträgen über Anthropologie und Wirtschaft zur Rechtfertigung für die zivilisatorischen Anstrengungen des Habsburgerreichs herangezogen. In ihnen knüpften die Autoren implizit oder explizit an die Botschaften an, die man schon ein Jahrzehnt zuvor mit den Exponaten auf der Weltausstellung hatte vermitteln wollen. Aus den Artikeln ging hervor, dass die Völker des Reiches sich fraglos kulturell voneinander unterschieden, und dies nicht nur vordergründig, etwa in der landestypischen Tracht oder der Art, sich zu schmücken. Die von zeitgenössischen Künstlern angefertigten Holzstiche und die von Anthropologen verfassten Kommentare dazu suggerieren häufig, dass die Unterschiede rassischer Art seien, vor allem was die Roma und einige Völker des Balkans und des Orients betrifft.[108] Dem Leser stellt sich die Frage, ob es dem Reich gelingen könnte, durch Bemühungen um Zivilisierung, wirtschaftliche Entwicklung oder Bildung diese Völker irgendwann auf den gleichen Stand zu bringen, sie irgendwie «gleichwertig» zu machen, wie Czörnig es in seiner Ethnographie vorhergesagt hatte, oder ob ihre Unterschiede unüberbrückbar waren und ihre Angehörigen nicht über gleichgroße Fähigkeiten verfügten.

Das *Kronprinzenwerk* gab auch zu erkennen, in welchem Maße Wissenschaftler unterschiedlicher Disziplinen darum bemüht waren, nachzuweisen, dass die über eine so große Fläche verstreuten und so unterschiedlich gearteten Territorien unter Habsburgischer Herrschaft durch gemeinsame Merkmale und Phänomene verbunden wurden, auch wenn die jeweiligen regionalen Bedingungen prägend waren. Wie die Wissenschaftshistorikerin Deborah Coen nachgewiesen hat, verdankten ganze wissenschaftliche Disziplinen ihre Existenz dieser imperialen Art und Weise, sich mit Phänomenen wie Klima oder Witterungsverlauf und territorialer Beschaffenheit zu befassen.[109]

«Verwaltung ist unsere einzige Politik»

In einem Interview, das er 1895 einer britischen Tageszeitung gab, erklärte der österreichisch-ungarische Finanzminister Benjámin von Kállay, der auch als Gouverneur von Bosnien-Herzegowina fungierte, die Mission, die er dort im Namen des Reiches durchführe, bestehe darin, die alten Traditionen des Landes zu bewahren, aber in einer durch moderne Ideen mit Leben erfüllten und geläuterten Form.[110] Er meinte weiter: «Österreich ist ein großes Reich des Okzidents, dem es obliegt, die Zivilisation zu den Völkern des Orients zu tragen.»[111]

Gegen Ende der 1870er-Jahre wurde Österreich-Ungarn zu einer Kolonialmacht. Ermöglicht wurde das durch eine Rebellion im benachbarten Osmanischen Reich, die es der Habsburgermonarchie gestattete, einen kleinen Teil von dessen Territorium an sich zu bringen. In den folgenden dreißig Jahren sollte die Besetzung von Bosnien-Herzegowina Beamten, Ideologen, Kartenzeichnern, Technikern jeder Art, Lehrern und Priestern eine einmalige Gelegenheit geben, die neue zivilisatorische Mission Österreich-Ungarns in Europa zu erfüllen. Gleichzeitig ließen die Erfahrungen, die man mit der Besetzung Bosnien-Herzegowinas machte, einen Konsens bezüglich der liberalen Auffassungen von zivilisatorischen Aufgaben und Möglichkeiten des Reiches entstehen, lange, nachdem die liberale Bewegung selbst im politischen Dunkel versunken war. Viele Menschen sahen in der Besetzung Bosnien-Herzegowinas aber auch eine Gelegenheit, ihre eigenen oder im Fall der kroatischen, serbischen und südslawischen Aktivisten die Ambitionen ihrer nationalen Bewegungen zu verwirklichen.

Als Truppen der Habsburgermonarchie 1878 in das benachbarte Osmanische Reich einmarschierten, um lokale Erhebungen in Bosnien und Herzegowina niederzuschlagen und einem Eingreifen Russlands zuvorzukommen, blieben sie am Ende dort. Der Vertrag, der anschließend beim Berliner Kongress geschlossen wurde, bestätigte das Recht Österreich-Ungarns, die beiden osmanischen Provinzen besetzt zu halten. Für die nächsten dreißig Jahre oblag es dem Finanzminister der Doppelmonarchie, die kolonisierten Völker Bosniens und der Herzegowina zu regieren.

Nachdem er in einer Proklamation an das bosnische Volk erklärt hatte, dass unter seinem mächtigen Zepter viele Menschen zusammenlebten und alle ungehindert ihren Glauben ausübten, gab Franz Joseph bekannt, dass alle Söhne des Landes bald nach dem Gesetz gleiche Rechte genießen würden.[112] Damit richtete er eine Botschaft an sie, die jener vergleichbar war, welche Joseph II. mehr als ein Jahrhundert zuvor an die Einwohner Galiziens und der Bukowina gerichtet hatte. Wie damals versuchte man auch mit dem neuen Kolonialisierungsprojekt, die einheimische Gesellschaft, also in diesem Fall die bosnische, zu stabilisieren und zu verändern, indem man sie in den Genuss innovativer Errungenschaften kommen ließ, aber gleichzeitig traditionelle Strukturen so weit bestehen ließ, dass keine Unruhe und kein Widerstand aufkamen. Von Beginn an wurde die koloniale Unternehmung in Bosnien und der Herzegowina in gleichem Maß von Liberalen, katholischen Aktivisten und slawisch-nationalen Politikern mitgetragen, die alle glaubten, dass daraus sowohl Bosnien als auch dem Reich Vorteile erwachsen würden, allerdings aus verschiedenen Gründen und auf unterschiedliche Weise. Einem katholischen Politiker zufolge hatte die Invasion «die Sache der Menschlichkeit und Zivilisation vorangebracht», indem sie einen «produktiven Frieden» hervorgebracht hatte. Ein anderer katholischer Aktivist veröffentlichte eine Abhandlung mit dem Titel «Wie könnte die europäische Cultur nach Bosnien verpflanzt werden?» Ein slawisch-nationalistischer Abgeordneter aus Dalmatien bekräftigte, dass die Besetzung nur dadurch gerechtfertigt werden könne, dass man mit ihr eine zivilisatorische Mission erfüllte.[113]

Alle Vorzüge der Zivilisation, von der rechtlichen Gleichstellung bis hin zu einer fundierten Ausbildung, werde man diesen Schutzbefohlenen des Reiches angedeihen lassen, natürlich in einem vernünftigen Tempo und ohne dass dadurch zu hohe Kosten entstünden. Österreichs bereits erwiesene Fähigkeit, alle religiösen und sprachlichen

Gruppen unparteiisch zu behandeln, werde gleichzeitig beweisen, dass das liberale multinationale Ideal der Monarchie dem ethnischen Nationalismus als Garant für Fortschritt überlegen war.[114] Die effiziente Durchführung einer zivilisatorischen Mission in Europas Osten, das heißt auf wirtschaftlichem, sozialem, rechtlichem und allgemein kulturellem Gebiet, entsprach der neuen Auffassung von der Aufgabe des Reiches, die jetzt auch den Export seiner Leistungen in die Gebiete jenseits der Grenzen einschloss. Die Habsburger hatten traditionell universelle Ansprüche erhoben, im Fokus ihrer Bemühungen hatte aber immer Mitteleuropa gestanden. In den 1870er-Jahren wurde es zu einem Hauptanliegen, europäische Wertvorstellungen im Osten zu verbreiten. Bosnien-Herzegowina mag zwar von Österreich-Ungarn ausgesehen im Süden gelegen haben, im Denken der Menschen, auf der mentalen Landkarte sozusagen, lag es weit im Osten.

Eine Heerschar von Verwaltungsbeamten, die eine liberale koloniale Botschaft verbreiteten, den neuen Untertanen gesellschaftliche Modernisierung und kulturelle Gleichberechtigung in Aussicht stellten, folgte den österreichisch-ungarischen Truppenverbänden über die Save ins osmanische Bosnien. Dort machten sie sich sofort daran, die Bedürfnisse der Gesellschaft von einer liberalen Warte aus zu eruieren. Eine große Herausforderung bestand für sie darin, die sprachliche und religiöse Vielfalt in den Griff zu bekommen. 40 Prozent der Bosnier gehörten der orthodoxen Kirche an, 35 Prozent waren Muslime, 25 Prozent römisch-katholisch. Alle diese Gruppen sprachen Varietäten derselben Sprache. Sozial bildete die ländliche oder bäuerliche Bevölkerung bei weitem die Mehrheit, und ein großer Teil der landwirtschaftlich nutzbaren Fläche befand sich in der Hand von muslimischen Grundbesitzern. Die habsburgischen Beamten versuchten, Bosnien zu einer Modellkolonie zu machen, die durch Fortschritte beim Ausbau der Infrastruktur, des Erziehungswesens und der Wirtschaft bewies, dass die zivilisatorische Mission der Habsburger erfolgreich im Gange war. Gleichzeitig hoffte die «Kolonialregierung», ein Aufkommen des politischen Nationalismus verhindern zu können, der der österreichisch-ungarischen Gesellschaft im späten neunzehnten Jahrhundert immer mehr zu schaffen machte.

Die Schwierigkeit lag im Widerspiel von Reichsideal und Diversität begründet, zu dem es vor allem in einem kolonialen Territorium wie

Bosnien unvermeidlich kommen musste. Die Erziehung, die man den Bosniern angedeihen ließ, sorgte für eine zunehmende Politisierung kultureller Unterschiede, wenn sie auch zugleich das Gefühl vermittelte, in die übergeordnete staatliche Struktur einbezogen zu sein. Die Lehrer und Erzieher, die nach Bosnien-Herzegowina geschickt wurden, beherrschten in der Regel die Sprache der Einheimischen, was meist bedeutete, dass sie kroatischer und serbischer Nationalität waren. Oder sie waren Staatsbeamte, die versuchten, den bosnischen Muslimen zu einer national neutralen bosnischen Identität zu verhelfen.[115]

Wenn auch nationalistische Argumente in Bezug auf kulturelle Unterschiede um 1900 die Aktivitäten von öffentlichen Institutionen bestimmten und die Politik dominierten, blieb ihr Einfluss doch auf besondere Kontexte und Situationen beschränkt. Sogar ihrer eigenen Einschätzung nach war der Kampf der Nationalisten für die Schaffung von «Nationen» allenfalls teilweise erfolgreich. Und mit vielen Aktionen, die zu einer nationalen Identifikation anregen sollten, stärkten Nationalisten gleichzeitig das Gefühl der Zugehörigkeit zum Reich und die Loyalität diesem gegenüber.

Zu Beginn des zwanzigsten Jahrhunderts waren nationalistische Ideologien und solche, die die Notwendigkeit des Reiches rechtfertigten und seinen Wert betonten, für ihre jeweilige innere Stimmigkeit immer mehr aufeinander angewiesen. «Nationale Unabhängigkeit» und «Zugehörigkeit zum Reich» stellten keineswegs binäre oder entgegengesetzte Konzepte und politische Projekte dar (wie man allgemein annimmt), sondern beides bedingte und erläuterte sich gegenseitig. Die Verfechter des einen wie des anderen Ideals verwendeten eine ähnliche Sprache und brachten ähnliche Ideen vor. Propagandisten des Reiches griffen in ihren Publikationen oder bei Ausstellungen zunehmend auf nationale Konzepte zurück, was auch zu erkennen gibt, dass der nationalistische Diskurs mittlerweile ein ungemein breites Spektrum an Ideen, Programmen und Visionen umfasste, von denen viele auch Projekten des Reiches zugrunde lagen. Staatliche Verwaltungsbeamte, die Museen für volkstümliche Kultur und volkstümliches Brauchtum gründeten, gaben Anstoß zu archäologischen und anthropologischen Projekten, und ihre Bemühungen ähnelten stark den Bemühungen früherer Generationen von Nationalisten um die «Folklore» einzelner Bevölkerungsgruppen. Sie wollten aber damit keineswegs nationalistischem Sektierertum Vorschub leisten, sondern den lokalen Nationalismus mit einem Zugehörigkeitsgefühl zum Reich verknüpfen.

Infolgedessen lässt sich kaum sagen, ob der nationalistische politische Konflikt tatsächlich die Struktur des Reiches aufweichte oder möglicherweise im Gegenteil festigte. Mit Sicherheit veränderte er das Reich. Um 1900 sah der Staat den Nationalismus als eine potenzielle Bedrohung an, aber nicht als eine für die Existenz des Staates an sich, wenn auch viele zeitgenössische Beobachter einer solchen Sorge Ausdruck verliehen. Die Nationalisten zwangen den Staat, sich mit ihnen hinsichtlich der politischen Strukturen des Reiches und der durchzuführenden Reformen zu einigen.

7

Unser tägliches Reich,
1880–1914

… die Monarchie, nicht so sehr unser Vaterland wie unser Reich,
etwas Größeres, Weiteres, Erhabeneres als nur ein Vaterland.

Joseph Roth: Die Kapuzinergruft, 1938[1]

Von den 1880er-Jahren bis 1914 befassten sich die Bürger Österreich-
Ungarns auf eine innigere und intensivere Weise als jemals zuvor in
ihrem Alltagsleben mit dem Reich, in dem sie beheimatet waren. Unter
und durch Übernahme von Praktiken der unterschiedlichsten Art, vom
Schulbesuch bis zur Stimmabgabe bei lokalen Wahlen, von der Beteiligung an militärischen Ritualen bis zur Teilnahme an den jährlichen
Feierlichkeiten zum Geburtstag des Kaisers, wurden muslimische Bauern
im ländlichen Bosnien, tschechischsprachige Geschäftsleute in Böhmen
und ungarische Intellektuelle in Budapest zu immer engagierteren Bürgern eines Reiches, das mehr als jemals zuvor ihre unterschiedlichen Bedürfnisse erfüllte. Sie verharrten nicht mehr in der Rolle von distanzierten Zuschauern und Beobachtern, sondern nahmen Anteil am politischen
Geschehen. Wenn tatsächlich die Zeit der Reichsdämmerung gekommen
war, dann schien das den meisten Staatsbürgern nicht bewusst zu sein.

Im letzten Jahrzehnt vor dem Krieg tauchte das Reich aus den politischen Krisen auf, die die nationalistischen Konflikte in der Zeit um die Jahrhundertwende ausgelöst hatten – der Badeni-Krise in Österreich und der politischen Pattsituation, die sich einige Jahre später in Ungarn ergeben hatte. Diese Krisen riefen in einigen Kreisen der Oberschicht den Wunsch hervor, flexiblere Modelle der Mitbeteiligung an der Macht zu entwickeln. Die Ausarbeitung entsprechender Kompromisse fand aber hinter geschlossenen Türen, verborgen vor den Augen der Öffentlichkeit statt.

Eine neue Art Staat für eine neue Art Gesellschaft

Um 1880 befand die Welt sich im Wandel. Überall in Europa wurden die Kommunikations- und Transportnetzwerke mit immer größerer Geschwindigkeit ausgebaut, eine größere Menge an Waren erreichte eine größere Zahl von Konsumenten als jemals zuvor, und die Menschen begaben sich auf Reisen weit jenseits ihres früheren Horizonts, sowohl physisch als auch geistig. In immer größer werdenden Scharen verließen sie Gehöfte oder Werkstätten in einem Winkel des Reiches, um in Städte in anderen Gebieten zu ziehen oder sogar in ganz andere Regionen der Welt.[2] Eine Folge davon war, dass zwischen 1890 und 1910 die Zahl der Einwohner von Wien, Budapest, Prag, Lemberg, Czernowitz, Agram (Zagreb), Innsbruck, Fiume, Klausenburg (Kolozsvár, Cluj) und Pola um mehr als 60 Prozent zunahm. Triest, Debrezin (Debrecen), Temeswar (Timişoara) und die Industriegebiete in Nordböhmen und Schlesien lagen mit einer Zuwachsrate von 50 Prozent dicht dahinter; es waren vor allem Zuwanderer aus der näheren ländlichen Umgebung, aber auch solche aus anderen Teilen des Reiches, die in diesen Zentren der Produktion, des Handels und der Verwaltung Arbeit suchten.[3] Um 1900 hatten an die 40 Prozent aller österreichisch-ungarischen Staatsbürger ihre ursprünglichen Heimatorte oder -regionen verlassen und sich anderswo niedergelassen.[4]

Revolutionen im Eisenbahnwesen sowie einer Verbilligung des Reisens mit der Bahn war es zu verdanken, dass Millionen ganz selbstverständlich von diesem Transportmittel Gebrauch machten. In Ungarn kam es 1889 durch die Verstaatlichung der Eisenbahngesellschaften zu einer deutlichen Senkung der Fahrpreise, und die Zahl der Bahnreisenden stieg von nahezu null innerhalb weniger Jahre auf erstaunliche sieben Millionen jährlich.[5] Schon lange vor der Jahrhundertwende konnten Galizier in ihrer Hauptstadt Lemberg in einen Zug steigen und nur vierzehn Stunden später in Wien wieder aussteigen. Um die mehr als 750 Kilometer lange Strecke zurückzulegen, braucht man heute etliche Stunden mehr. Viele Menschen fuhren auch weit über die Grenzen des Reiches hinaus, bis nach Hamburg, wo sie an Bord von Schiffen mit Ziel Nord- oder Südamerika gingen. Während der Zeit von 1876 bis 1910 wanderten beinahe vier Millionen Menschen beiderlei Geschlechts nach Übersee aus, vor allem nach Kanada, in die Vereinigten Staaten und nach Lateinamerika. Hunderttausende dieser Emigranten kehrten binnen weniger Jahre nach Österreich-Ungarn zurück, manchmal mit in der Fremde verdientem Kapital oder dort erworbenen neuen Fähigkeiten. Immer aber brachten sie Erfahrungen aus der großen weiten Welt mit zurück.[6]

Die Revolutionen im Transport- und Kommunikationswesen, die solche Mobilität ermöglichten, wirkten sich auch auf das Leben derer aus, die daheim blieben. Um 1900 hatten die Einwohner der meisten kleinen Städte und sogar der entlegenen Dörfer Zugang zu lokalen und regionalen Zeitungen und manchmal auch zu Telefonen. 1910 gab es 22 386 Volksschulen im österreichischen Teil der Doppelmonarchie und 16 455 in Ungarn. Immer mehr Menschen – vor allem aus den Kreisen der Landjugend – erlangten, indem sie sich auch über die Volksschule hinaus um den Erwerb von Wissen bemühten, einen gewissen Grad an sozialem Aufstieg.[7] Das bedeutete nicht unbedingt, dass sie Gymnasien, Berufsschulen oder Universitäten besuchten: Sie schrieben sich häufig für Vorbereitungskurse ein, die in kurzer Zeit Grundkenntnisse vermittelten, etwa in Schreibmaschineschreiben, Stenografie oder Registraturverfahren, durch die die Teilnehmer am Ende für eine ganze Reihe von Bürotätigkeiten qualifiziert waren.

Nach 1900 begannen die Einwohner der vorwiegend ländlichen Regionen, also Galiziens, der Bukowina, Dalmatiens, Kroatiens, Siebenbürgens und Bosnien-Herzegowinas, unter denen der Anteil von Analphabeten sich lange hartnäckig zu sinken geweigert hatte, in Bezug auf Bildung langsam, aber deutlich den Anschluss an die Einwohner von Böhmen, Österreich und Ungarn zu finden.[8] Um 1910 lag der durchschnittliche Anteil der über elfjährigen Einwohner von ganz Cisleithanien, die lesen und schreiben konnten, bei 83,5 Prozent (in Frankreich waren es 85 Prozent). In Galizien und der Bukowina waren es durchschnittlich 58 Prozent, in Dalmatien und Istrien 67 Prozent, im Rest Österreichs knapp 90 Prozent. Die statistischen Daten für Ungarn beziehen sich auf die über Sechsjährigen, die Ziffern sind entsprechend etwas niedriger. In Ungarn meldeten die Angehörigen der deutschen und der ungarischen Sprachgruppe die höchsten Anteile an Lese- und Schreibkundigen (um die 70 Prozent), während es bei denen der rumänischen und ruthenischen (ab 1900 zunehmend als ukrainisch bezeichneten) Gruppe lediglich um die 30 Prozent waren.

Der zunehmenden Alphabetisierung, aber auch der Tatsache, dass nahezu alle männlichen Staatsbürger zum Wehrdienst eingezogen wurden, war es zu verdanken, dass viele Menschen sich mithilfe der rasch an Zahl zunehmenden Druckmedien über wissenschaftliche, politische und wirtschaftliche Themen sowie über aktuelle Ereignisse informieren konnten. Immer mehr Menschen sahen auch ihre eigene Zukunft – oder die ihrer Heimatstädte – in einem größeren Zusammenhang, also verknüpft mit der Zukunft ganzer Landesteile oder auch des gesamten Reiches. Zum ersten Mal verfolgten die Einwohner im ländlichen Dalmatien, Vorarlberg oder Banat mit, was für politische Entscheidungen im fernen Budapest, Wien, Prag oder Zagreb getroffen wurden. Und viele Bürger versuchten Einfluss auf die Entscheidungen zu nehmen, die die Zukunft ihrer Heimatstädte mit prägen würden.

Als sich die Bedürfnisse und Wünsche der Bürger wandelten, änderten sich auch die Funktionen des Staates und seine Bedeutung. Er wurde für immer mehr Bereiche zuständig, von der Schulausbildung und der Landesverteidigung bis zur Sozialfürsorge und zum Postdienst. Und seine «Klienten» betrachteten sich als berechtigt zum Empfang mancher dieser Leistungen. Innerhalb von zwanzig Jahren hatten die Regierungen von Österreich und Ungarn – wenn auch sehr unterschiedliche – Systeme der in beiden Teilen der Monarchie obligatorischen Volksschulausbildung geschaffen. In Österreich war auch eine Versicherung der Arbeiter und Angestellten in den Bereichen

Handel und Industrie gegen Unfall (1887) und Krankheit (1889) obligatorisch geworden, und man hatte entsprechende Systeme eingeführt. Wenn man noch die vom Staat finanzierte gewaltige Erweiterung des Eisenbahnnetzes, des Telegrafensystems und des Postdienstes hinzunimmt (1848 hatte es in Österreich zehn Telegrafenstationen gegeben, 1913 waren es 7282), dann wird einem klar, dass der Staat im Leben der Menschen eine viele größere Rolle spielte als zuvor und dementsprechend in ihrem Bewusstsein wesentlich präsenter war.[9]

Der Ausbau der Infrastruktur und das Recht der Bürger auf bestimmte Leistungen zwangen die Regierungen von Österreich und Ungarn, die Beamtenschaft zu vergrößern und dann noch mehr Beamte einzustellen, die die Effizienz der bereits Hinzugekommenen überprüften. Kompetenz, das heißt das Erreichen der gewünschten Ergebnisse, wurde entscheidend für die politische Legitimität des Staates; das galt für Rathäuser in kleinen Städten ebenso wie für die Ministerien in Wien oder Budapest. Reichs- und Landtage wie Rathäuser begannen jetzt Unterlagen und Aufzeichnungen in einem bislang unbekannten Ausmaß zu archivieren, während sie gleichzeitig einen kaum überschaubaren Wust gesetzlicher Vorschriften erließen, die alles Mögliche betrafen, von der Sicherheit am Arbeitsplatz bis zur öffentlichen Gesundheit, vom Transportwesen bis zu den Bedingungen für eine Auswanderung.[10] Die Bürokratie brachte noch mehr Bürokratie hervor, als die Ansprüche der Bevölkerung an den Staat wuchsen und dieser daher immer stärker auf ihr alltägliches Leben Einfluss nahm.

Anders als in früheren Zeiten, in denen der Staat immer mehr Verantwortung für das Leben seiner Bürger übernommen beziehungsweise deren Eigenverantwortlichkeit reduziert hatte, wie in den 1780er-Jahren unter Joseph II. oder unter der neo-absolutistischen Regierung in den 1850er-Jahren, wurde diese Entwicklung im späten neunzehnten Jahrhundert von Initiativen in Gang gesetzt, die von den Rändern des Reiches ausgingen. Von lokalen Beamten und Verwaltungsfachleuten, die diese immer öfter konsultierten, wurden Programme entwickelt – etwa zur Verbesserung der öffentlichen Hygiene, zur Gründung von Krankenhäusern, Einrichtung von Parks und öffentlichen Schwimmbädern –, die die Aufgaben der Verwaltung in den Dörfern und Städten der Kron-

länder erweiterten und eine personelle Aufstockung nötig machten. Sowohl die Zahl der vom Staat eingesetzten als auch die der «autonom» auf
lokaler Ebene eingestellten Beamten wuchs, damit die Kommunen ihren
immer zahlreicher werdenden Verpflichtungen gegenüber einer ebenfalls an Zahl zunehmenden Klientel nachkommen konnten.[11] Sie beschäftigten immer mehr Leute – vom späten neunzehnten Jahrhundert
an waren auch Frauen darunter –, die über einen ganz unterschiedlichen
sozialen Hintergrund verfügten und eine immer größer werdende Vielfalt an Aufgaben wahrnahmen. Sie waren Telegrafenbeamte, Lebensmit-
telkontrolleure, Postzusteller, Schullehrer, Fahrkartenverkäufer. Mit der
Eröffnung von Postsparkassen in vielen Orten Österreichs und Ungarns
konnten auch Kunden, die nur über bescheidene Mittel verfügten, Geld-
geschäfte diverser Art tätigen, was ihnen sonst nicht möglich gewesen
wäre. Postangestellte und Volksschullehrer symbolisierten bald für die
allgemeine Öffentlichkeit den Staat, da sie diesen in Interaktionen des
täglichen Lebens repräsentierten, sogar in den entlegensten ländlichen
Gebieten. Eine Historikerin schrieb mit Bezug auf die ungarische Post,
es sei «jene staatliche Institution, die zweifellos die größte Nähe zu den
Menschen herstellen konnte».[12]

In diesen beruflichen Sparten – Post- und Telegrafendienst sowie
Schulunterricht – kam es im späten neunzehnten Jahrhundert auch zur
vermehrten Einstellung von alleinstehenden Frauen. In Ungarn wurden
1870 erstmals Frauen in diesen Bereichen beschäftigt.[13] 1911 standen
mehr als fünfzehntausend Frauen im Dienst des österreichischen Staates, von denen die meisten mit dem Post-, Telegrafen- und Telefon-
wesen zu tun hatten, während 1913 an die 19 000 Österreicherinnen im
Besitz von Zeugnissen waren, die sie qualifizierten, an Volksschulen
Unterricht zu erteilen.[14]

Dass der Staat so viele Aufgaben übernahm und erfüllte, verursachte
hohe Kosten. Um 1900 rief der Ausbau der Infrastruktur auf lokaler
Ebene eine schwere finanzielle Krise in Cisleithanien hervor.[15] Wer sollte
die neuen Dienstleistungen und die Gehälter der vielen staatlichen Angestellten bezahlen? Kommunalpolitiker wie auch solche der Kronländer
mussten sich mit gravierenden, in der Verfassung verankerten Beschnei-
dungen ihrer Möglichkeit, unabhängig vom Staat Steuern zu erheben,
abfinden. Als mehrere Regierungen von Kronländern und Stadtregie-

rungen sich ernstlich verschuldeten, begannen Kommissionen der Zentralregierung sich mit dem Problem zu befassen, während Wirtschafts- und Verwaltungsfachleute eine Reihe von kreativen Reformvorschlägen ausarbeiteten, um langfristige Lösungen zu finden. Experten, Philanthropen und viele Politiker warnten, dass Österreich einer ernsten Krise entgegensteuere. Die Regierung setzte Kommissionen ein, die das Problem untersuchen und Programme vorschlagen sollten, mit denen sich staatliche Institutionen so umstrukturieren ließen, dass sie effizienter arbeiteten.

Die Ausweitung der Funktionen der Regierung motivierte auch Bürger dazu, sich auf der Grundlage gemeinsamer beruflicher Interessen zusammenzuschließen und nach einer effizienten Vertretung ihrer Vereinigung in öffentlichen Institutionen wie Stadträten, Schulausschüssen oder Handelskammern zu streben. Das ließ wiederum alle möglichen kleineren Gruppen entstehen, die spezifischere Interessen vertraten: von Vereinigungen der Zuckerrübenbauern oder Telegrafenbeamten bis hin zu solchen der ländlichen Versicherungsvertreter und der Staatsbeamten selbst. Alle versuchten bei lokalen Regierungen und der zentralen Regierung in Wien besondere Konzessionen für sich zu erreichen. Fabrikarbeiter, die an den meisten Wahlen nicht teilnehmen konnten, traten immer noch in großen Scharen der 1889 gegründeten Sozialdemokratischen Partei bei und forderten Regierungen auf allen Ebenen beharrlich heraus. Ihre weitgespannten Netzwerke aus Vereinen, die sich allem Möglichen verschrieben hatten, vom Sport bis zur Bildung oder geselligen Aktivitäten wie dem Chorgesang, außerdem ihre vielgelesenen parteieigenen Zeitungen und ihre äußerst disziplinierten öffentlichen Kundgebungen ließen sie zu einflussreichen Akteuren auf der politischen Bühne werden. Sie trugen entscheidend dazu bei, dass männliche Angehörige der Arbeiterklasse 1907 in Österreich das Recht erhielten, sich an den Parlamentswahlen zu beteiligen.

Regierungen und Parteien wurde es immer wichtiger, dass sich in der Öffentlichkeit eine Meinung zu einem bestimmten Thema ausbildete, die man dann so manipulieren konnte, dass man größere Unterstützung für das eigene Programm erhielt. Infolgedessen verloren in der Politik persönliche Verhandlungen, fachkundiges Umgehen mit Problemen und

Wahlkampfrede in Ungarn. Gemälde von Sándor Bihari

besondere Beziehungen immer mehr an Bedeutung gegenüber dem Beherrschen und dem Einsatz von Ritualen der Massenmobilisierung. Wie
die Nationalisten, über die in Kapitel 6 berichtet wurde, machten sich
Politiker nach 1880 zunehmend die Massenmedien zunutze, um individuelle Interessen als die Interessen von Gruppen, sozialen, religiösen,
regionalen, professionellen oder nationalen, auszugeben. Um eine Charakterisierung der Verhältnisse in Deutschland während der gleichen
Zeit durch die Historikerin Margaret Anderson zu übernehmen: Österreicher und Ungarn erlebten ihre «Lehrjahre der Demokratie», auch
wenn ihre politischen Institutionen von ihrem Charakter her noch nicht
vollständig demokratisch waren.[16]

Die gleichen Kräfte, die die Expansion des Staates in Gang setzten,
indem sie für die fortschreitende Alphabetisierung, größere Pressefreiheit, die zunehmende Mobilität der Bevölkerung sowie verbesserte
Gütertransportwege im Reich sorgten, führten auch dazu, dass die For-

derungen der Bevölkerung nach mehr Demokratisierung der Gesellschaft mit immer größerem Nachdruck gestellt wurden. Politiker, die
mit der traditionellen Vorstellung aufgewachsen waren, dass einer sozialen Elite die führende Rolle zukomme, empfanden den Wandel in
Richtung Demokratisierung, der sich seit den 1880er-Jahren abzeichnete, als verwirrend und abstoßend. Einige konnten und wollten sich
nicht an den neuen politischen Stil gewöhnen: Sie empfanden es als
unfein und opportunistisch, sich an die Massen zu wenden. Andere
entwickelten neue populistische Strategien. Carl Schorske hat dafür
den bekannten Ausdruck «Politik der neuen Tonart» geprägt.[17] Wie
Karl Lueger (1844–1910), der ungemein populäre christlich-soziale
Bürgermeister Wiens (von 1897 bis zu seinem Tod), hatten diese Männer ihre politische Laufbahn als Liberale begonnen. Da es ihnen nicht
behagt hatte, im liberalen System auf Dauer die Rolle von passiven
Hinterbänklern einzunehmen, hatten sie mithilfe einer populistischen
Massenpolitik früher nicht-wahlberechtigte gesellschaftliche Gruppen
(Handwerker, kleine Ladenbesitzer, Bauern) gegen die liberalen oli-
garchischen Amtsinhaber mobilisiert. Viele hatten sich den latenten
Antisemitismus oder den radikalen Nationalismus (oder beides) als
eine Art Kitt zunutze gemacht, um disparate Interessengruppen wie
die Angehörigen traditioneller Handwerkerberufe und Büroangestellte
der unteren Ränge, die in den expandierenden Industriebetrieben beschäftigt waren, miteinander zu vereinen.[18]

Diesen Politikern gelang es, in weiten Kreisen der Bevölkerung ein
neues Bild, und zwar ein negatives, vom Liberalismus entstehen zu
lassen. Sie stellten ihn als die Ideologie einer mächtigen wirtschaftlichen, politischen und kulturellen Elite dar und unterminierten so
die traditionellen Ansprüche der Liberalen, eine Kraft zu sein, die
für Reform und Fortschritt eintrat. Ihre Strategie bedeutete auch eine
Abstempelung der Juden des Reiches als dankbare Klienten der liberalen Herrscherkaste, die ihnen ja letztlich die Emanzipation geschenkt hatte. Gleichzeitig aber verbanden die Exponenten dieses
neuen Populismus ihre Kritik am liberalen Establishment mit dem
Beharren darauf, dass die alte Eigentumsordnung beibehalten wurde,
um der wachsenden Bedrohung durch die Sozialdemokratie in Österreich wie auch in Ungarn entgegenzutreten. Zumeist spalteten diese

Politiker die nationalistischen Bewegungen in traditionelle Liberale und neue Populisten, wie im Fall der sogenannten «Jungtschechen», die ihre ehemaligen «alttschechischen» Partner bei den Parlamentswahlen von 1891 in Böhmen überflügelten. Wenige Jahre später siegte die populistische Katholische Slowenische Volkspartei über die elitäreren urbanen slowenischen Liberalen in der Krain und der Südsteiermark, indem sie sich die Stimmen der Bauern sicherte. Um 1900 jedoch gerieten die Jungtschechen ihrerseits ideologisch wie organisatorisch ins Hintertreffen gegenüber der Tschechischen National-Sozialen Partei, den Agrariern und Sozialdemokraten, die noch radikalere populistische Strategien einsetzten.[19] In Galizien wiederum sah sich in den 1890er-Jahren eine etablierte konservative Elite – die auf alles Volkstümliche hinabsah, auch auf einen Nationalismus auf eher ethnischer Basis – zunehmend von der Bauernbewegung unter Führung des Priesters Stanisław Stojałowski (1845–1911) herausgefordert.

Dieser Wandel beschränkte sich nicht ausschließlich auf die Welt der Politik, obwohl er in ihr am deutlichsten spürbar wurde. In winzigen Weilern auf dem Land ebenso wie in den weitläufigen neuentstandenen Wohnvierteln der Metropolen änderten sich die Rhythmen des täglichen Lebens rapide, und andere Überzeugungen und Ansichten traten an die Stelle der alten.[20] 1908 ging der Bezirksoberkommissär von Rann (Brežice), einem ländlichen Bezirk in der südöstlichen Ecke der Steiermark, in einem Rundschreiben auf öffentliche Angelegenheiten und Probleme ein, die nur ein Jahrzehnt zuvor unbekannt gewesen waren. So vertrat er die Ansicht, dass die Schulen die geeigneten Stätten seien, um etwas gegen die Unterernährung von Kindern zu unternehmen: Kinder, die einen weiten Schulweg hätten, bräuchten eine gute Mittagsmahlzeit, damit ihre körperliche und geistige Entwicklung keinen Schaden nehme. Auch könne man in den Schulen zur Verbesserung ihrer Zahnhygiene beitragen. Dann wurden noch sowohl Erwachsene als auch Kinder vor der Unsitte gewarnt, mit Steinen auf Automobile zu werfen, die neuerdings immer öfter auf den Landstraßen zu sehen waren. Die Wagenlenker könnten die Kontrolle über ihre Fahrzeuge verlieren und in die am Straßenrand Stehenden rasen. Schließlich wurde noch vor Schwindlern gewarnt, die für die Auswanderung nach

Kanada, Argentinien, Chile und in die Vereinigten Staaten warben. Und am Ende erließ der Amtsleiter Anweisungen, wie man an den Schulen das bevorstehende sechzigste Thronjubiläum von Kaiser Franz Joseph zu feiern hatte.[21]

Initiativen zur Bewältigung oder auch zur Förderung des Wandels gingen weit öfter von lokalen Aktivisten als von den Bezirksverwaltungen aus. In Galizien und Siebenbürgen erlebte man in den 1880er- und 1890er-Jahren das langsame Aufkommen von bäuerlichen Selbsthilfeorganisationen, die oft auf einer religiösen Grundlage standen, und es sich zum Ziel setzten, das Lesen zu fördern, landwirtschaftliche Techniken und Produktionsbedingungen zu verbessern und so zur ökonomischen Unabhängigkeit der Bauern beizutragen. In Galizien war das oft gleichbedeutend mit der Gründung von kooperativ geführten Läden, die vor allem Geschäften in jüdischem Besitz und Wanderhändlern Konkurrenz machen sollten.[22] Solche Selbsthilfe sollte nicht nur die soziale Mobilität begünstigen und zu größerem Wohlstand beitragen, sondern auch zu einem effizienteren Umgang mit staatlichen Institutionen befähigen.

Inmitten eines atemberaubenden sozialen und technischen Wandels verfestigte sich der Glaube an die Vorteile eines gemeinsamen Reiches in entscheidender Weise und koordinierte die heterogenen Wünsche, Bedürfnisse und Praktiken der Millionen von österreichisch-ungarischen Bürgern. Sogar auf lokaler Ebene blieb das Reich die Institution, auf die viele Aktivisten ihre unterschiedlichen Visionen von der Zukunft projizierten, vor allem diejenigen, die nationalistische Konflikte entschärfen wollten, indem sie neue Modelle, das Reich zu organisieren, ersannen. Sowohl das Reich als auch die Dynastie begannen für eine beruhigende Konstanz in Zeiten verwirrenden Wandels zu stehen; Franz Joseph genoss eine solche Popularität wie nie zuvor. Seine brutale Niederschlagung der Revolutionen von 1848, die Dekade des Absolutismus, das Hinauszögern der Emanzipation der Juden, die Niederlagen in den Kriegen, seine ambivalente Einstellung zu Reformen – all das war vergessen. Der wie ein gutmütiger Großvater wirkende Herrscher wachte jetzt über die progressive Veränderung der Gesellschaft und dämmte den sozialen Radikalismus der Politiker ein, wenn nötig. Er machte immer mehr den Eindruck eines Märtyrers, der während seiner langen Herrschaft von vielen persönlichen Tragödien ereilt worden war.[23] Ein traditionelles reziprokes Verhältnis von Pflichterfüllung durch die Dynastie und Treue des Volkes, wie es dem Reichsgedanken selbst zugrunde lag, war auch für die Einstellung der Untertanen gegenüber den neuartigen Funktionen kennzeichnend, die der Staat geschaffen oder übernommen hatte. Die althergebrachte Symbolsprache der Monarchie verlieh in vielen Fällen moderneren Formen der Staatsführung wie auch der Erfüllung neuerer staatlicher Aufgaben einen beruhigend vertrauten Anschein.

Autonomie der Stadtregierungen

Die revolutionäre Erweiterung der Aufgaben und Funktionen des Staates hatte ihren Ursprung häufig in Dörfern oder Kleinstädten und nicht in einer der beiden Hauptstädte des Reiches. 1875 ergab eine Untersuchung in Galizien, dass die liberalen kommunalen Autonomiegesetze innerhalb weniger Jahre zu einer Revolution in den lokalen politischen Verhältnisse geführt hatten. Jetzt stammte fast jeder Bürgermeister (99,2 Prozent) und fast jedes Dorf- oder Gemeinderatsmitglied (99,65 Prozent) in dem ländlichen Gebiet aus den Reihen der bäuerlichen Bevölkerung. Doch 1875 konnten an die 80 Prozent dieser bäuerlichen Bürgermeister weder lesen noch schreiben.[24] Es überrascht daher nicht, dass in der Kommunalverwaltung Galiziens in den 1870er-Jahren beträchtliches Durcheinander Einzug hielt und sich neue Formen der Korruption ausbreiteten, als die Bauern, von der unmittelbaren Aufsicht durch die verhassten Großgrundbesitzer befreit, begannen, sich selbst zu regieren. Gleichzeitig aber erteilten die autonomen Kommunen galizischen Bauern – ja allen österreichischen Bürgern von Vorarlberg bis zur Bukowina – wichtige Lektionen in politischem Handeln und politischen Verfahrensweisen. In Galizien wurden die Bauern gezwungen, sich an die allgemein geltenden Prozeduren der Verwaltung zu halten, an die schriftlich niedergelegten Gesetze und an die Praktiken politischer Mobilisierung. In den 1880er-Jahren verhalfen diese Erfahrungen den Bauern schließlich dazu, dass sie im Landtag politisch vertreten waren, was ihre ehemaligen Herren noch in den 1870er-Jahren erfolgreich verhindert hatten.

Die liberale Kommunalgesetzgebung von 1862 (die von den Verfassungsgesetzen von 1867 bestätigt und anschließend von den Landtagen der einzelnen Kronländer eingeführt worden war) verlieh lokalen Liegenschaftsbesitzern das Recht, die Entwicklung ihrer Gemeinden über gewählte Ratsgremien mitzubestimmen. 1910, nahezu fünfzig Jahre nachdem die Kommunalgesetze verabschiedet worden waren, meinte der österreichische Jurist Josef Redlich zu Recht, dass sich die «Gemeinde zum wichtigsten Element freier politischer Aktivität der Bevölkerung entwickelt hatte, das kaum seinesgleichen besitzt».[25] Loyalität gegenüber dieser reichsweit existierenden Institution und ihre Nutzung schufen dauerhafte Bande zwischen Völkern in ganz Ost- und Mitteleuropa, Bande, die Unterschiede religiöser, sprachlicher und regionaler Art aufhoben und sogar in den vielen lokalen Institutionen der Nachfolgerstaaten noch lange nach dem Ersten Weltkrieg weiterbestanden.

Das Gesetz schenkte den Kommunen in der österreichischen Hälfte des Reiches in zwei wichtigen Bereichen Autonomie: Die großen Landgüter in Galizien und der Bukowina, die sich noch in adeligem Besitz befanden, wurden von den benachbarten Dörfern getrennt, und man ließ nun alle Gemeinden selbst über die Verwendung und Verwaltung ihrer Budgets, ihre Gemeindeentwicklung und die Schulpolitik entscheiden. In Galizien war erstere Maßnahme kein reiner Segen, da sie bedeutete, dass die adeligen Großgrundbesitzer auch keine Steuern an die Gemeinden entrichteten, von denen viele sich infolgedessen gravierend verschuldeten.[26] Im Zuge einer generelleren Trennung von Justiz und Administration richtete die liberale Regierung auch im österreichischen Teil der Monarchie, wo die Rechtsprechung früher in den Händen der Patrimonialherren gelegen hatte, Bezirksgerichte ein. Bürger konnten bei diesen Gerichten Klage gegen andere Bürger oder auch gegen den Staat erheben. Das Gesetz trennte auch die neuen kommunalen Regierungen, die lokalen Wählern gegenüber verantwortlich waren, von den staatlichen Behörden, die der Regierung in Wien gegenüber verantwortlich waren und bisher auch die Entwicklungen auf Gemeindeebene kontrolliert hatten. Dieses zweigleisige administrative System beinhaltete die Ernennung eines Bezirkshauptmanns durch die Reichsregierung, der (von ferne) die Arbeit der gewählten

Kommunalregierung beaufsichtigte. Diese Bezirkshauptmänner konnten den autonomen Gemeinden auch Regierungsaufgaben übertragen, etwa die Durchführung der alle zehn Jahre abgehaltenen Volkszählung. Die Gemeinden wiederum stellten eigene Mitarbeiter ein, um ihre wachsenden Aufgaben erfüllen zu können. Das Gesetz unterschied nicht klar zwischen Funktionen des Staates und solchen der autonomen Gemeinden, wodurch es gelegentlich zu einem Zusammenwirken von durch den Staat und von der Gemeinde eingesetzten Beamten kam, die beiden Seiten nicht behagte. Insgesamt gesehen regelten die Gemeinden aber ihre Angelegenheiten weitestgehend in eigener Regie und entschieden selbst über ihre Zukunft.

Zu den Stimmberechtigten eines Ortes, die die Gemeinderäte wählten, zählten männliche Steuerzahler, die je nach Höhe der von ihnen entrichteten Abgaben einer von zwei oder drei Kurien zugeordnet wurden. Jede Kurie wählte in der Regel eine identische Zahl von Gemeinderäten, das heißt also, dass die Kurie derer, die die meisten Steuern zahlten, genauso viele Vertreter in das Gremium schicken konnte wie die größere Gruppe der, die weniger Steuern zahlten. Wie viele Steuern jemand mindestens zahlen oder über wie viel Grundbesitz er mindestens verfügen musste, um das Wahlrecht zu erhalten, richtete sich nach den Gesamtsteuereinnahmen einer Gemeinde. Das hatte zur Folge, dass diese Schwelle in Wien und den Hauptstädten der anderen Kronländer weit höher war als in armen Ortschaften Galiziens oder Istriens. Insgesamt privilegierte dieses System nicht nur die wohlhabenderen Mitglieder einer Gemeinde, sondern schränkte auch das Recht, an lokalen Wahlen teilzunehmen, stark ein. In Österreich verliehen diese Gesetze in den 1860er- und 1870er-Jahren im Schnitt 18 bis 20 Prozent einer lokalen Bevölkerung das Wahlrecht. 1914, sieben Jahre nachdem männliche Staatsbürger, die mindestens dreiundzwanzig Jahre alt waren, das Recht zur Teilnahme an Parlamentswahlen erhalten hatten, konnten nur 10 bis 25 Prozent der Bevölkerung an Kommunalwahlen teilnehmen und sogar noch weniger an den Landtagswahlen.[27] Das heißt also, dass wie in Deutschland, aber anders als in Großbritannien, prozentual gesehen weit mehr Bürger über die Zusammensetzung des Reichsrats entscheiden konnten als über die der Gemeindeausschüsse.

Während in Österreich ein zentralisiertes System zunehmend Macht an die Kommunen und Landtage abtrat, war in Ungarn der gegenteilige Prozess im Gang. In diesem Teil der Monarchie hatten die Regierungen der einzelnen Komitate, in denen traditionellerweise der lokale Landadel dominiert hatte, im administrativen Bereich die meiste Entscheidungsgewalt innegehabt. Vom achtzehnten Jahrhundert an waren diese Regierungen es gewesen, die den Widerstand gegen die Forderungen der Habsburger genährt hatten, vor allem in jenen langen Zeiträumen, in denen die Landtage nicht einberufen worden waren. Als sich in Folge des Ausgleichs von 1867 eine nationale Regierung mit Sitz in Budapest konstituierte, bildete sich zum ersten Mal auch Einverständnis mit oder zumindest Akzeptanz von Strukturen des Reiches aus. Eine dezentralisierte Verwaltung, die für jeweils ein bestimmtes Komitat verantwortlich war, schien den Männern, die an der Spitze der neuen Landesregierung standen, wenig sinnvoll zu sein.

Nach 1867 bemühte sich der ungarische Staat, von Budapest aus größere Kontrolle über die Regierungen der Komitate und Kommunen auszuüben. Viele Budapester Politiker – sie repräsentierten die nationale Elite, die den Ausgleich unterstützt hatte –, waren besorgt, dass die Regierungen der Komitate, wenn man sie nicht beaufsichtigte, zu Brutstätten der Opposition werden könnten, dass dort entweder radikale ungarische Nationalisten, die den Ausgleich ablehnten, oder Vertreter ethnischer Minoritäten (Slowaken, Rumänen, Serben, Deutsche), die im Reichstag stärker vertreten sein wollten und von der Landesregierung größere Unterstützung für ihre kulturellen Programme forderten, ans Ruder kommen könnten. Durch neue Gesetze beschnitt die Landesregierung 1870 und 1886 die Macht der Regierungen der Komitate, während sie sich aber weiterhin darauf verließ, dass sie bestimmte administrative Aufgaben erfüllten. Nach 1870 wurden die höchsten Verwaltungsbeamten der Komitate und der begrenzten Anzahl von Städten, die das Recht zur Selbstverwaltung besaßen, – die *föispán* – von der Regierung in Budapest eingesetzt.[28] Die *föispán* hatten gemeinsam mit einem Bürgermeister (*alispán*), der vom Stadtrat gewählt wurde, den Vorsitz in diesem Gremium inne. Der Aufgabenbereich der Städte, der den Ausbau der Infrastruktur, die Steuererhebung und die öffentliche Gesundheitsfürsorge umfasste, ähnelte dem der autonomen Gemeinden in Österreich, doch war ihre Möglichkeit, selbständige Initiativen zu ergreifen, eingeschränkt.[29]

In den 1860er- und 1870er-Jahren dominierten Angehörige lokaler Eliten, die von den Stimmberechtigten der ersten und der zweiten Kurie gewählt worden waren, die Politik in Österreich, und zwar vor allem in den größeren Städten. Sie monopolisierten die Politik für sich, ihre Interessen bestimmten in den Stadträten die politischen Ziele und Prozeduren. Nur gelegentlich konnte man dank größerer Pressefreiheit, der Legalisierung politischer Vereine sowie populistischer Parlamentsabgeordneter erreichen, dass bestimmte Initiativen von den Massen mitgetragen wurden.[30] So gelang es tschechischen Nationalisten – einige Zeit vor dem gescheiterten Versuch im Jahr 1871, die Fundamentalartikel für rechtskräftig zu erklären –, an die 40 000 Böhmen zu einer Demonstration unter freiem Himmel zusammenzutrommeln, bei der die Autonomie für das Kronland und Gleichberechtigung der tschechischen Sprache mit der deutschen gefordert wurden. Doch blieben solche Massenbekundungen eines volkstümlichen Aktivismus im größten Teil der Monarchie in den 1860er- und 1870er-Jahren eine Ausnahme.[31]

Die Tendenz, eine beschränkte Zahl von Männern über die lokale Politik entscheiden zu lassen, war in Ungarn noch ausgeprägter, wo die Gesetze zur Teilnahme an Kommunalwahlen wesentlich restriktiver waren als in Österreich. Die entsprechenden Statuten von 1870 schränkten die Zahl der Wähler auch auf andere Weise ein. Die Wahlberechtigten wählten zunächst einmal nur die Hälfte der Mitglieder des Stadtrats; zu ihnen gehörten Männer mit höherer Bildung und entsprechenden Abschlüssen. Bei der Entscheidung darüber, ob man ihnen das Wahlrecht zugestand, wurde die Summe der von ihnen entrichteten Steuern doppelt angerechnet. Die andere Hälfte des Ratsgremiums bestand aus sogenannten *Virilisten*; dies waren die wohlhabendsten Männer der Stadt, die die meisten Steuern zahlten und denen aus diesem Grund ein Platz im Stadtrat zustand. Sie neigten dazu, die in Budapest regierenden Parteien zu unterstützen. In Kassa (Kaschau, Košice) im Nordosten des Landes bestimmte in der ganzen Zeit von 1867 bis 1914 eine Wählerschaft, deren Zahl auf 1200 bis –

Die Wiener Ringstraße kurz vor ihrer Vollendung 1890. Blick vom Natur-historischen Museum aus auf das Parlamentsgebäude (links), das Rathaus (Mitte) und die Universität (rechts). Am rechten Bildrand das Burgtheater

im Höchstfall – 1800 männliche Bürger beschränkt war, die Politik einer Stadt, deren Einwohnerschaft von 22 000 im Jahr 1870 auf 45 000 im Jahr 1910 anstieg.[32] Das konnte man kaum Massendemo-kratie nennen.

Trotz solcher Einschränkungen des Wahlrechts veränderten die Rechte, die den Kommunen in vieler Hinsicht Autonomie einräumten, auf lokaler Ebene die politische Landschaft in weiten Teilen Österreichs und Ungarns. Große und kleine Gemeinden gaben Anstoß zu Projek-ten, die ihre Infrastruktur sanieren, Unternehmer anlocken, die lokale Geschäftswelt und den Handel fördern und die Umsetzung der neuen Schulgesetze ermöglichen sollten. Viele Stadt- und Gemeinderäte nutz-ten die Autonomiegesetze, um radikale Reformprogramme zu ver-folgen, auch städtebauliche, wobei sie sich an der prächtigen neuen Ringstraße in Wien orientierten.

Vielerorts wurden mit großem Eifer mittelalterliche Ringmauern

Brünn, Stadttheater

1128 Reich's Postkartenverlag, Brünn

14./11 1905

*Postkarte (um 1905) mit einer Ansicht des vom Architekturbüro Fellner &
Helmer entworfenen und 1882 eröffneten Stadttheaters von Brünn (Brno)*

niedergerissen, die das Wachstum der Städte gehemmt hatten; Stadt-
gräben, in deren Wasser es von Krankheitskeimen wimmelte, wurden
trockengelegt und zugeschüttet, auf den neugewonnenen Flächen entstanden öffentliche Parks mit Blumenbeeten und von Bäumen gesäum-
ten Spazierwegen, und in einigen größeren Städten nutzte man den
freigewordenen Raum für breite Boulevards. Die Gemeinden ließen
auch dem neusten Stand der Technik entsprechende Abwassersysteme
anlegen, achteten darauf, dass die Versorgung mit Trinkwasser gesichert
war, und ließen Straßen pflastern. Sie errichteten prachtvolle öffentliche Gebäude im historistischen Stil, die zeigen sollten, dass ihre
Gemeinde florierte und zu welchen besonderen Leistungen die Bürger
fähig waren. Ironischerweise erzielten sie oft den gegenteiligen Effekt:
Überall in Österreich-Ungarn nahmen die Zentren der Städte ein ganz
ähnliches, beinahe schon uniformes Aussehen an, was sogar heute
noch auffällt. Von Graz bis Prag, von Zagreb bis Budapest, von Klausenburg bis Czernowitz wählte man im Allgemeinen einen neobarocken Stil für öffentliche Gebäude – die meist auch noch im soge-

*Postkarte mit einer Ansicht des vom Architekturbüro Fellner & Helmer
entworfenen Kroatischen Nationaltheaters in Zagreb, das 1895 anlässlich
des Besuchs von Kaiser Franz Joseph in der Stadt eingeweiht wurde.*

nannten «Kaisergelb» angestrichen wurden. Das galt vor allem für die
neuen Theater- und Operngebäude, nach denen, wie Phillip Ther mitteilt, «lokale Eliten in jeder Stadt mit mehr als 50 000 Einwohnern verlangten». Das Architekturbüro Fellner & Helmer plante und baute im
gesamten Reich an die fünfzig Theater und Konzertsäle – aber auch
Paläste, Hotels und große Wohngebäude, in einem einheitlichen Stil –,
so dass die Funktion dieser Gebäude für jeden Besucher von außerhalb
auf beruhigende Weise sofort erkennbar war.[33]

Die stilistische Ähnlichkeit der urbanen Architektur wird auch in
zahlreichen literarischen Werken thematisiert, in denen ganz allgemein eine große Sehnsucht nach dem Habsburgerreich und insbesondere nach der Art und Weise, in der sich ein bestimmter «imperialer
Look und Way of Life» in jeder Region der Monarchie etablierten,
zum Ausdruck kommt. Wenn jede größere Stadt mit einem pompösen
Theater oder einem prachtvollen Rathaus prunkte, dann machten
kleinere Orte und sogar Dörfer wenigstens mit einem eleganten Kaffeehaus Eindruck oder mit einer Tabaktraffik, deren Türen «mit

Ebenfalls ein Werk von Fellner & Helmer: das 1899 eröffnete Stadttheater von Graz.

schwarz-gelben Diagonalstreifen bemalt waren», und wenn möglich auch mit einem Bahnhofgebäude, das einen Anstrich in Kaisergelb verpasst bekommen hatte und mit dem schwarzen Doppeladler geschmückt war.[34] «Viel später erst», schrieb Joseph Roth 1938, als er sich den identischen visuellen Eindruck, dem man überall im Reich in gleicher Weise ausgesetzt war, und die Wirkung, die davon ausging, in Erinnerung rief, «sollte ich einsehen, dass sogar Landschaften, Äcker, Nationen, Rassen, Hütten und Kaffeehäuser verschiedenster Art und verschiedenster Abkunft dem durchaus natürlichen Gesetz eines starken Geistes unterliegen müssen, der imstande ist, das Entlegenste nahe zu bringen, das Fremde verwandt werden zu lassen und das scheinbar Auseinanderstrebende zu einigen. Ich spreche vom missverstandenen und auch missbrauchten Geist der alten Monarchie, der da bewirkte, dass ich in Zlotograd ebenso zu Hause war wie in Sipolje, wie in Wien.»[35]

Die prachtvollen neuen Boulevards mit ihren nicht weniger prachtvollen öffentlichen Gebäuden, die den historischen Stadtkernen zusätzlichen Glanz verliehen, standen in scharfem Gegensatz zu den expandierenden Vororten vieler größerer Städte, In ihnen hausten die Angehörigen der Arbeiterklasse in überfüllten und häufig ungesunden Mietskasernen, die oft von der immer stärker werdenden Bourgeoisie finanziert worden waren. In Wien, Prag, Graz und Brünn wuchsen um die wohlhabenderen Innenbereiche herum schäbige Industrievororte, die ebenfalls im ganzen Reich einen Einheitsstil aufwiesen. Von 1859 bis 1917 wurden in Wien 460 000 neue Wohnungen gebaut – doch konnte man mit diesen Maßnahmen nicht mit dem Wachstum der Einwohnerschaft Schritt halten, die sich zwischen 1870 und 1900 verdoppelte und um 1910 bei zwei Millionen angekommen war. In Prag wuchs die Einwohnerzahl der Vorstädte zwischen 1890 und 1910 um 200 000 Menschen. Das Ringstraßen-Modell erfüllte sozial, politisch und kulturell eine symbolische Funktion, abgesehen davon, dass es zum Entstehen eines einheitlichen Erscheinungsbilds beitrug. Wolfgang Maderthaner und Lutz Musner zufolge dienten die Ringstraße und der Gürtel um die inneren Stadtbezirke von Wien den Bürgern nicht nur dazu, ihre Wertvorstellungen sichtbar zu machen und ihre Leistungen zur Schau zu stellen, sondern sie waren auch physische und soziale Barrieren, die Menschen unterschiedlicher Klassen voneinander schieden, indem sie eine Trennlinie zwischen dem Stadtzentrum mit seinen luxuriösen Wohnhäusern und den potenziell gefährlichen Arbeitervierteln zogen.[36] Der funktionelle Gitterplan, nach dem die neuen Straßen angelegt wurden, und die Wohnblocks im neobarocken Stil, die in den Arbeitervierteln um die Fabriken herum in die Höhe gezogen wurden, erleichterten auch den Ordnungskräften die Arbeit. Wie im von Baron Haussmann neugestalteten Paris – wo allerdings die neuen Boulevards mitten durch das Zentrum liefen – konnten Arbeiter in den Vororten außerhalb der Ringstraßen nicht so leicht und schnell die Straßen mit Barrikaden blockieren, wie es 1848 in den engen und verwinkelten Gassen der Altstadt von Wien – und von anderen Städten – möglich gewesen war.

Die Erweiterung der kommunalen Infrastrukturen und Dienstleistungen vollzog sich in zwei deutlich voneinander getrennten Phasen. In der ersten, die sich von 1862 bis ungefähr 1880 erstreckte, versuchten begüterte und angesehene Geschäftsleute, die in den meisten Stadträten tonangebend waren, die Entwicklung ihrer Heimatorte voranzutreiben, ohne – ihrer Ansicht nach überflüssige – Schulden zu machen. Ein typischer Stadtförderer dieser Art war Anton Strohschneider, der Bürgermeister der nordböhmischen Industriestadt Aussig (Ústí nad Labem), die 1880 36 364 Einwohner zählte. Strohschneider verkündete: «Solange ich Bürgermeister bin, werden keine Schulden gemacht!» Wie viele seiner Amtskollegen in anderen Städten weigerte er sich eisern, andere Vorhaben zu finanzieren als solche, die er und seine Gefolgsleute als absolut unentbehrlich für das Wohlergehen der Bürger seiner Stadt ansahen. Dazu gehörte die Pflasterung der Straßen im historischen Ortskern, in dem die wohlhabendsten Einwohner in der Regel wohnten oder ihre Geschäfte betrieben, der Bau eines Schulgebäudes, wie es von der Regierung vorgeschrieben war, oder die Beseitigung der gravierendsten sanitären Missstände.[37] In der zirka 30 Kilometer südwestlich von Prag gelegenen Industriestadt Beraun (Beroun), die 1880 um die 6000 Einwohner zählte, bezeichnete der Stadtrat «die Erhaltung und Stabilisierung des Gemeindevermögens» als sein vorrangiges Ziel.[38] Das Gremium weigerte sich, abgesehen von der Instandsetzung einiger Straßen und der Beleuchtung einiger anderer irgendwelche größeren Maßnahmen städtebaulicher Art durchzuführen. In Ungarisch Hradisch (Uherské Hradiště), einer Stadt in Südmähren mit 3600 Einwohnern im Jahr 1880, betrachtete der Stadtrat es als seine Hauptaufgabe, die örtliche Brauerei zu verwalten, Äcker und Wälder im Gemeindebesitz zu verpachten und Gebäude in der Stadt an die Regierung zu vermieten – alles, um Profit zu machen. Abgesehen davon, dass er in den 1870er-Jahren Gebäude für die Volksschule und eine weiterführende Schule errichten ließ, unternahm der Rat kaum etwas zum Ausbau der Infrastruktur.[39]

Wenn örtliche bürgerliche Eliten in den Städten Österreichs wie auch Ungarns in den 1860er- und 1870er-Jahren einen solchen Ausbau in Angriff nahmen, dann teilten sie sich oft die Kosten mit Philanthropen und wohltätigen Vereinen: Sie sahen in solchen Allianzen den geeignetsten Weg, die Lebensverhältnisse ihrer Bürger zu verbessern. Im Anschluss an eine Choleraepidemie, die in den Jahren 1831 und 1832 Mährisch-Schönberg (Šumperk), eine Industriestadt im Nordwesten des Kronlands mit 8500 Einwohnern im Jahr 1880, heimgesucht hatte, und auf die Empfehlung eines ortsansässigen Arztes hin ließ man den alten Stadtgraben zuschütten und legte das erste Kanalsystem an; die Kosten dafür wurden von einem Geschäftsmann des Ortes übernommen. Zwanzig Jahre später kaufte der Bürgermeister, ebenfalls ein Geschäftsmann, das, was noch vom Stadtgraben erhalten war, um eine Promenade anlegen zu lassen. 1857 stiftete ein weiterer Geschäftsmann der Stadt ein Spital. 1871 profitierte Mährisch-Schönberg immens von seinem Anschluss an ein Eisenbahnnetzwerk, das von einer Aktiengesellschaft finanziert worden war, zu der sich achtzig der wohlhabendsten Fabrikbesitzer, Kaufleute und Großgrundbesitzer der Region zusammengeschlossen hatten. Derweil hatte ein von Mitgliedern des Stadtrats gegründeter Verschönerungsverein Geld für die Anlage eines Parks, eines Friedhofs und eines Schwimmbads zusammengebracht und außerdem noch ein Schillerdenkmal aufstellen lassen.[40] Liberale Eliten, denen die von ihnen selbst geschaffenen Gesetze die Kontrolle über ihre Gemeinden eingebracht hatten, gestalteten diese ihren eigenen Auffassungen von ihrer öffentlichen Verantwortung und vom Allgemeinwohl entsprechend um. Diese Phase der von oben angeordneten Entwicklung endete abrupt in den späten 1870er-Jahren, als immer mehr Menschen Mitbestimmung in den lokalen Gremien forderten.

Wachablösung

Die Anziehungskraft und der Einfluss liberaler Visionen, Ideen und Praktiken, die die Politik um die Mitte des neunzehnten Jahrhunderts beherrscht hatten, begann in den 1880er-Jahren zu verblassen, nicht zuletzt, weil in der Gesellschaft zunehmend die Massen bestimmend wurden. An den Wünschen und Bedürfnissen der Massen orientierte städtebauliche Maßnahmen, Kommunikationsnetze, Versorgungssysteme und Verwaltungsstrukturen stellten eine Herausforderung für den Liberalismus dar, der sich auf höchst individualistische und lockere Weise sozialen Problemen und der politischen Machtausübung widmete. Eine Reform des Wahlrechts für die Reichsratswahlen in den 1880er- und 1890er-Jahren ermöglichte einer größeren Zahl von Menschen die direkte Teilnahme am öffentlichen Leben. Die Wahlen waren jetzt bedeutende gesellschaftliche und kulturelle Ereignisse, an denen alle Mitglieder einer Gemeinde – auch die Nicht-Wahlberechtigten – mittels gemeinschaftlicher öffentlicher Rituale, von Aufmärschen bis hin zu Ausschreitungen, teilhatten.

Das Aufkommen der Massengesellschaft ließ eine Vielzahl sozialer Probleme entstehen, die den Liberalismus habsburgischer Machart offenbar völlig unvorbereitet trafen und für die er keine Lösungen parat hatte. Männer und Frauen aus der unteren Mittelschicht und aus der Arbeiterklasse, die ihre Erziehung in dem liberalen Schulsystem erhalten hatten, hatten ihre Lektionen nur zu gut gelernt. Sie wollten zu aktiven Bürgern werden und ihren Beitrag zum Geschick des Reiches leisten. War nicht die Regierung auch die ihre? War sie nicht auch für sie da? Sollte sie nicht auf ihre wirtschaftlichen, sozialen und kulturellen Bedürfnisse eingehen? Stand ihnen keine Mitbestimmung bei Entscheidungen darüber zu, welchen politischen Kurs der Staat steuern sollte? Die ersten Vorzeichen eines solchen Erdbebens ließen sich schon 1873 erkennen, als der wirtschaftliche Zusammenbruch eine lange während Rezession auslöste, gegen deren soziale Auswirkungen (Arbeitslosigkeit, Bankrotts) der Liberalismus anscheinend nichts unternehmen konnte. Die Rezession unterminierte auch die fiktive Einheit der bürgerlichen Politik, mit der die liberale Eliten ihre strenge Kontrolle über viele Stadträte in Österreich gerechtfertigt hatten. Die Liberalen stellten die lokale Politik als einen Kampf dar, in dem eine vereinte Klasse von Produzenten – das örtliche Bürgertum – Eindringlingen von außen, wie staatlichen Beamten, Repräsentanten der Regierungen der Kronländer oder neu zugezogenen sozialistischen Arbeitern, Widerstand leisteten. Diese fiktive Geschlossenheit konnte Risse innerhalb der örtlichen Mittelklasse nicht verdecken, die sich hinsichtlich der Frage auftaten, welche wirtschaftliche Entwicklung man anstreben sollte oder in welchem Umfang die weniger Begüterten von der Stadt unterstützt werden sollten.[41] Diejenigen, die die Führungspositionen innehatten, gossen, wenn Wahlen anstanden, Öl ins Feuer, indem sie ganz offen Pachtverträge für Land in Gemeindebesitz vergaben, um sich Stimmen zu kaufen.

Als Handwerker, kleine Kaufleute und Verwaltungs- und Büroangestellte aus örtlichen Fabriken die Macht der Bankiers, Fabrikanten und bedeutenderen Geschäftsleute infrage stellten, entpuppte sich die Fiktion bürgerlicher Geschlossenheit als solche. Nach 1873 begannen die kleineren Produzenten von Waren und Gewerbetreibenden ihre eigenen Vereine zu bilden, um ihre politischen Interessen gegen die örtliche Oberschicht aus Großkaufleuten und Fabrikanten durchzusetzen.[42] In der nordböhmischen Industriestadt Aussig beispielsweise bildeten die Handwerker ihren eigenen Berufsverein und traten bei Wahlen gegen die Liberalen an, die im Rathaus die Macht innehatten. Sie hielten öffentliche Versammlungen ab (wovor die Liberalen sich scheuten) und brachten die örtliche Presse dazu, ihre Klagen und Beschwerden publik zu machen.

Die Herausforderer der Liberalen hatten Gerechtigkeit für die Einwohner ihres Ortes auf ihre Fahnen geschrieben und gerierten sich als Lokalpatrioten. Die Richtigen sollten am Ende von der Entwicklung der Stadt profitieren. Wer repräsentierte denn wirklich die Einwohner der Stadt? Geschickt nutzten sie den verbreiteten Antisemitismus oder kulturelle Phänomene wie konfessionelle Unterschiede und unterschiedliche nationale Zugehörigkeitsgefühle, um ihren fest eingesessenen Gegnern vorwerfen zu können, auf Geheiß obskurer Kräfte zu handeln, die ihnen «von außen» Befehle zukommen ließen. Als Reaktion darauf griff die örtliche Oberschicht zu allen möglichen Tricks, um ihre Vorrangstellung zu verteidigen. Insbesondere ließen sie allen, die ihnen nützlich werden könnten, Vergünstigungen zukommen oder protegierten sie. In Österreich und in Ungarn schufen die Bürgermeister vieler Orte politische Apparate, die weitgehend auf persönlichen Beziehungen und auf der Gewährung von Protektion aufbauten, um ihre eigene Wiederwahl oder die Wahl ihrer Verbündeten sicherzustellen. Vor einer Wahl verpachteten die amtierenden Stadträte von Beraun (Beroun) plötzlich gemeindeeigenes Land an potenzielle Unterstützer, ließen Bürgersteige in Vierteln anlegen, deren Bewohner sie für sich einnehmen wollten, und erteilten Konzessionen zum Verkauf von Holz, das im Gemeindeforst geschlagen worden war. All das brachte ihnen vonseiten ihrer Gegner Vorwürfe ein, die Wähler bestechen zu wollen. 1887 gaben die Amtsinhaber sogar zwei verschiedene Daten für die Abhaltung der Wahlen an – ein Trick, der ihnen eine offizielle Überprüfung vonseiten der Regierung des Kronlands einbrachte und dazu führte, dass die Wahlen am Ende für ungültig erklärt wurden.[43]

Als es weniger begüterten Bürgern gelang, in der dritten Kurie und manchmal sogar in der zweiten Mehrheiten für ihre Kandidaten zu erzielen, begann die Macht in den Gemeinden in andere Hände überzugehen. In Beraun warf eine oppositionelle Gruppe, die größtenteils aus Handwerkern bestand, den bisherigen starken Männern vor, sich zu wenig für die wirtschaftlichen Interessen der Wähler einzusetzen. Die Handwerker klagten darüber, dass der Rat wiederholt Bauaufträge an Konkurrenzbetriebe in benachbarten Städten statt an ostansässige vergeben habe. Schon 1878 begann ihre Kampagne Früchte zu tragen: Sie verbuchten erste Siege bei Wahlen. Ihr Erfolg beruhte zu einem großen Teil auf der Mobilisierung von Vereinen, vom Turnverein (*Sokol*) bis zum Gesangsverein (*Slavos*) oder dem Verein der Kriegsveteranen. Ein weiterer wichtiger Faktor war die Gründung von Lokalzeitungen und deren zunehmende Verbreitung; auch diese Blätter unterstützten oft die Herausforderer der traditionellen Machthaber.[44] In all diesen Fällen offenkundiger Konflikte vertiefte die Erweiterung der bürgerlichen Gesellschaft tatsächlich die Bindung an das Reich. Durch sie wurden neue Klassen politisch aktiv; sie nahmen am politischen Geschehen teil und verbanden ihre lokalen Anliegen mit Strukturen des Reiches.

Als Reaktion auf die Veränderung der Wählerschaft erweiterten die Gemeinden ihren Zuständigkeits- und Aufgabenbereich beträchtlich. Sie riefen kleine Kreditbanken ins Leben, bei denen Bauern und Ladenbesitzer Darlehen aufnehmen konnten, und sie bauten mehr Schulen, Gerichtsgebäude, Spitäler, Obdachlosenheime, Schlachthäuser, Ziegeleien und Kasernen. Sie beleuchteten ihre Straßen – erst mit Gas, später mit elektrischem Strom –, viele größere Städte ließen auch Straßenbahngleise verlegen, so dass die Arbeiter aus ihren Vorstädten leichter und bequemer in die Stadtzentren gelangen konnten.[45] Wie sogar diese bei weitem nicht vollständige Aufzählung zu erkennen gibt, änderte die Funktion der Kommunen sich binnen kurzer Zeit grundlegend. Während ihre Aufgabe in den 1860er-Jahren in einer eingeschränkten Verwaltung von Gemeindeeigentum bestanden hatte, umfasste sie in den 1880er-Jahren eine große Reihe von Dienstleistungen für die Stimmbürger.

Als immer mehr Menschen danach drängten, an den alltäglichen Angelegenheiten des Reichs teilzuhaben, führte das oft zu physischer Gewalt: Die neuen Anwärter kämpften nicht selten im wahrsten Sinne des Wortes mit den etablierten Eliten um das Recht, die lokale Politik mitzugestalten. Vor und bei Wahlen herrschte oft eine explosive Stimmung, weil jedermann sich darüber im Klaren war, dass er mit darüber entschied, welchen Kurs das Reich einschlagen würde. Dass man über die Wahlen Einfluss auf das Reich nehmen konnte, ließ neue – oft auch gewalttätige – Formen des Widerstands gegen die alteingesessenen lokalen Eliten entstehen, ähnlich wie es im achtzehnten Jahrhundert der Fall gewesen war, als die Bauern beim Staat Beistand gegen die erdrückende Übermacht des lokalen Adels gesucht hatten. Jetzt bildeten aber oft die Liberalen diese Eliten, die das neue System ursprünglich geschaffen hatten. Am 13. März 1897 griff eine aufgebrachte Menge in dem galizischen Dorf Dawidów, dessen Einwohner zumeist Polnisch sprachen und der römisch-katholischen Konfession angehörten, einen Wahlbeauftragten namens Stanisław Popel an, dem sie massiven Wahlbetrug vorwarfen. Popel schoss einen seiner bäuerlichen Angreifer nieder, was die Menge derart in Rage brachte, dass sie ihn totprügelte.[46] Die beiden Dorfgendarmen konnten den Mob nicht bändigen. Die Bauern hegten den Verdacht, dass die verantwortlichen Beamten Verzeichnisse von Wahlberechtigten gefälscht hatten, um örtlichen Großgrundbesitzern den Sieg zuzuschanzen. Die Regeln, nach denen das staatliche System funktionierte, hatten die Erwartung erweckt, dass es bei den Wahlen gerecht zugehe, und in den Augen der Bauern hatten die Großgrundbesitzer unfair gegen diese Regeln verstoßen.

Bei dem aufsehenerregenden Vorfall in der galizischen Ölförderstadt Drohobytsch während des Wahlkampfes im Jahr 1911, der in der Einleitung geschildert wurde, stand der jüdische stellvertretende Bürgermeister der Stadt, Jacob Feuerstein, ein Unterstützer der mächtigen polnischen Konservativen, jüdischen Nationalisten gegenüber, die sich mit örtlich ruthenischen (ukrainischen) Nationalisten zusammengeschlossen hatten, um einen jüdisch-zionistischen Kandidaten zu wählen. Mit Billigung der galizischen Regierung holte Feuerstein Militär aus der nahegelegenen Festung Przemyśl herbei, um die jüdischen und ruthenischen nationalistischen Gegner des von ihm favorisierten Kandidaten daran zu hindern, ihre Stimme abzugeben. Als eine große Schar jüdischer und Ruthenisch sprechender Bürger vor dem einzigen Wahllokal des Bezirks ihr Recht einforderte, an die Urnen zu gehen, soll Feuerstein den Soldaten den Befehl gegeben haben, das Feuer auf sie zu eröffnen. Sechsundzwanzig Menschen verloren ihr Leben, Dutzende wurden verwundet. Ein Korrespondent der Wiener *Neuen Freien Presse* bestätigte diese Angaben und berichtete auch, dass in den Stunden vor dem Blutbad die Soldaten sich höchst diszipliniert verhalten hätten, obwohl die Menge sie immer wieder provoziert habe.[47] Dass sechsundzwanzig Menschen getötet wurden, belegt, wie viel sowohl für die Amtsinhaber als auch für ihre Herausforderer bei diesen Wahlen auf dem Spiel stand.

Mit dem Ende eines erbittert ausgefochtenen Wahlkampfs kamen die Animositäten innerhalb eines Stadtrats nur selten zum Erliegen. Historiker des Habsburgerreichs haben die hochgradige Feindseligkeit, die zwischen den Mitgliedern von lokalen Gremien bestand und sich manchmal auch in körperlicher Aggression niederschlug, oft auf den zersetzenden Einfluss des Nationalismus zurückgeführt. Doch Aggressionen der Art, wie man sie für gewöhnlich mit den Bemühungen der Nationalisten um die Lahmlegung des österreichischen Parlaments nach 1897 assoziiert – Obstruktionen, Beleidigungen, Werfen mit harten Gegenständen –, charakterisierten auch das Verhalten von vielen Stadt- und Gemeinderäten in Orten, wo Nationalismus keine Rolle spielte. In Ungarisch Brod (Uherský Brod), wo die Gemeinderegierung bereits Mitte der 1880er-Jahre tschechisiert worden war, fochten politische Parteien, die eine Niederlage erlitten hatten, beharrlich – nämlich 1900, 1906 und 1911 – die Ergebnisse der Gemeindewahlen an und legten bei der mährischen Regierung Protest ein. Die Regierung reagierte schließlich 1913, indem sie die Ergebnisse, die in der ersten und der dritten Kurie bei der Wahl von 1913 erzielt worden waren, für ungültig erklärte. Gemeinderatssitzungen verliefen nicht selten stürmisch, und zahlreiche Mitglieder zeigten schon mehr oder weniger routinemäßig ihre Gegner wegen Verleumdung an – allerdings stets ohne Erfolg.[48] In Beraun, wo die Mehrheit Tschechisch sprach, hatte die böhmische Regierung bereits 1888 Wahlergebnisse für ungültig erklärt (als zwei verschiedene Daten für die Abstimmung bekanntgegeben worden waren). Auch danach blieb das politische Leben in dem Ort turbulent. Eine Lokalhistorikerin schrieb zu den Ratssitzungen in den 1890er-Jahren, sie litten unter «einem Klima, das von Intoleranz, Missachtung der Meinungsvielfalt und Verstößen gegen elementarste Anstands-regeln bis hin zu physischer Insultierung» geprägt sei.[49]

Das Beispiel von Ungarisch-Brod macht deutlich, welche Macht dem Reich, so wie es auf lokaler Ebene aufgefasst und erfahren wurde, inne-wohnte. Gewalttätige Ausschreitungen waren nicht einfach eine cha-rakteristische Begleiterscheinung der nationalistischen Art, Politik zu betreiben, sondern sie spiegelten wider, wie vielen Leuten am Funk-tionieren eines politischen Systems lag, von dem sie glaubten, dass es ihnen die Möglichkeit bot, über die Zukunft ihrer Stadt in einem über-geordneten Kontext mitzuentscheiden. Während einer turbulenten Übergangsphase, in der aufgrund politischer Reformen viele tausend Menschen mehr das Wahlrecht erhielten, kam es genau bei den Ge-legenheiten zu Reibungen, bei denen es um die Einflussnahme der Bür-ger auf das Geschick des Reiches ging: bei den Wahlen.

Modern sein, europäisch sein (und dafür zahlen)

Jeder, der einem dieser in sich zerstrittenen Magistrate angehörte, schien in einem Punkt mit allen anderen übereinzustimmen: Ihre Stadt sollte das sein, was sie «modern» nannten. Sie sollte an den technologi-schen Verbesserungen und kulturellen Errungenschaften teilhaben, die man überall in Europa wahrzunehmen glaubte. Eine Stadtregie-rung musste permanent bereit sein, Reformen in Angriff zu nehmen, und darüber nachdenken, mit welchen Projekten man die Entwicklung des Ortes vorantreiben konnte. Man musste rasch handeln, wenn man sich den rapiden Fortschritt auf technologischem und wirtschaftlichem Sektor zunutze machen wollte; sonst riskierte man, Märkte an regio-nale Konkurrenten zu verlieren und nicht in den Genuss der Vorteile zu kommen, die die Moderne in vielen Bereichen des alltäglichen Le-bens bereithielt. Der Verlauf einer Eisenbahnlinie oder die Wahl des Standorts für eine neue Kaserne konnte über die ökonomische Zukunft einer Stadt entscheiden.

Doch mit Modernität assoziierte man nicht nur eine vielverspre-
chende wirtschaftliche Zukunft, sondern auch ein bestimmtes Aussehen. Wenn eine Stadt zeitgemäß und fortschrittlich sein sollte,
musste man die repräsentativen Elemente einer generellen europäischen Modernität in ihre Landschaft oder ihr Erscheinungsbild inkor-
porieren. Als ein Bürgermeister mit der Stadtregierung von Krakau
über die potenzielle Eingemeindung seines Vororts in die nahe Groß-
stadt verhandelte, listete er auf, was man sich davon versprach: «Natürlich würden wir uns eine Straßenbeleuchtung, gepflasterte Straßen,
Wasserleitungen, Polizei und alle die anderen Dinge, die man in einer
großen Stadt findet, erwarten.» Ein anderer Bürgermeister eines kleinen Orts, der derartige Verhandlungen führte, verlangte als Preis
dafür, sich von der großen Stadt schlucken zu lassen, Gaslaternen,
gepflasterte Straßen, den Bau einer Schule und verbesserte Transportmöglichkeiten. Nathan Wood beschreibt in seiner Untersuchung Kra-
kaus um das Jahr 1900, wie dort einflussreiche Männer, meist in lokalen Zeitungen, mit eigenen Worten und Wendungen selbstbewusst die
urbane Modernität, den «kosmopolitischen» und «zeitgemäßen» Charakter ihrer neuerdings erweiterten Stadt herausstellten und ihr so
einen Platz inmitten von «Europa» gaben.[50] Allerdings wiesen sie auch
darauf hin, dass es ständiger Bemühungen bedurfte, damit ihr dieser
begehrte Status erhalten blieb. Unter anderem musste man dafür Sorge
tragen, dass in internationalen Medien positiv über die Stadt berichtet
wurde, und man musste – oft in Kooperation mit Privatleuten – den
Tourismus ankurbeln.

Für die meisten war Modernität kein lokales, sondern ein reichsweites Phänomen. 1891 wohnten mehrere Stadträte von Mährisch-
Schönberg, die dem Kulturverein «Kosmos» angehörten, in ihrem
Vereinsgebäude einem Vortrag über eine neue Erfindung namens Te-
lefon bei und ließen sich über deren Vorzüge aufklären. Unverzüglich
wurden sie beim Handelsministerium vorstellig und erwirkten die
Erlaubnis, ihren Ort an das bereits existierende Telefonnetz anzuschließen. Gegen Ende 1892 hatten sie mit Einwilligung des Ministeriums in Mährisch-Schönberg (Šumperk) ein Fernsprechamt eingerichtet.[51] Ungarisch-Brod hinkte nicht lange hinterher. Um 1905
hatten einunddreißig Einwohner schon einen Telefonanschluss, und

alle waren mit einem größeren überregionalen Fernsprechnetz verbunden.[52] Beide Städte verbanden sich selbst durch eigene Initiativen
mit dem Zentrum des Reiches, da sie die Vorteile erkannten, die sich
aus ihrem Platz im neuen reichsweiten Kommunikationsnetzwerk
ergaben.

Beim Ausbau der Infrastruktur ging man bisweilen auch Risiken ein,
indem man etwa Kasernen baute, in der Hoffnung, eine militärische
Einheit, die Geld in die Kassen der Stadt bringen würde, anlocken zu
können. Der Stadtrat von Mährisch-Schönberg realisierte ein solches
Projekt, der Ort wurde aber dennoch nicht zur Garnisonsstadt. Ähnliche
Versuche sind aus den größten Städten des Reiches, aus Budapest, Prag,
Wien und Triest überliefert. Wichtiger als solche spezifischen Einzelvor-
haben sind aber die Projekte, die von kleinen und mittelgroßen Städten
in den zwei Jahrzehnten von 1895 bis 1914 durchgeführt wurden – sie
waren von einer schwindelerregenden Bandbreite, reichten vom Bau
neuer Schulen und Spitäler bis zu dem von Bibliotheken und Theatern,
von der Einführung elektrischen Lichts bis zur Anlage von öffentlichen
Schwimmbädern, von der Errichtung neuer Bahnhofsgebäude bis zur
Schaffung eines Straßenbahnnetzes.

Um ihre zunehmenden Aufgaben erfüllen und ihrer wachsenden
Verantwortung gerecht werden zu können, vergrößerten die Gemeinden ihren Stab an Verwaltungsmitarbeitern und stellten auch zunehmend Fachleute für bestimmte Ressorts ein. 1896 beschäftigte die Stadt
Aussig bereits hundert Leute. 1900 befand man es für nötig, die Stelle
eines Verwaltungsdirektors zu schaffen, der den immer größer werdenden Mitarbeiterstab beaufsichtigte, und 1911 weihte man ein neues
Amtsgebäude ein, weil in dem alten Rathaus nicht genügend Räume
für Büros zur Verfügung standen.

In Österreich zumindest bestand ein großes Problem darin, wie
man für all diese notwendigen «Modernisierungen» bezahlen sollte,
und ein anderes darin, woher man die Mittel nehmen sollte, damit die
Stadt- und Kronlandregierungen ihren zahlreichen neuen Aufgaben
nachkommen konnten. Der Zentralstaat behielt in Österreich die
Kontrolle über die Steuerpolitik, hatte aber in den 1860er-Jahren den
Föderalisten Zugeständnisse gemacht, indem er die Verantwortung
für die Sozialfürsorge, kulturelle Einrichtungen, die Entwicklung der

Landwirtschaft, die Bildung, das Transportwesen und öffentliche Bauten den Kronländern und den Gemeinden übertragen hatte.[53] Das war vor allem finanziell ein geschickter Schachzug gewesen, da diese auch für alle Kosten aufkommen mussten. Die Kronländer verfügten über Fonds, die für einige dieser Gebiete bestimmt waren, und sie hatten die Genehmigung, auf die Steuern, die dem Staat gezahlt werden mussten, einen Aufschlag zu erheben, doch Ende der 1890er-Jahre reichte das alles bei weitem nicht mehr aus. Dass die Gemeinden die Freiheit besaßen, sich so zu entwickeln, wie es den Wünschen und Vorstellungen ihrer Bürger entsprach, erwies sich als zweischneidiges Schwert. Stadträte suchten verzweifelt nach Möglichkeiten, zuverlässige Geldquellen aufzutun, um weitere Entwicklungen bezahlen zu können.

Was für Möglichkeiten standen größeren oder kleineren Städten offen, um ihre Bemühungen, durch Modernisierungsmaßnahmen auf lokaler Ebene die Entwicklung des gesamten Reiches entscheidend mit voranzutreiben, finanzieren zu können? Sie konnten Abgaben erhöhen oder Monopole, die die Stadt innehatte, nutzen, um Geld aufzubringen. Dörfer aber besaßen diese Möglichkeiten nicht. Überdies waren um 1900 die Kronländer selbst tief verschuldet und bei den Aufschlägen auf die vom Staat erhobenen direkten und indirekten Steuern beim gesetzlich erlaubten Maximum angekommen. Um 1905 betrug der durchschnittliche Aufschlag, den die Kronländer zusätzlich verlangten, 55 Prozent der direkten Steuern, die in Österreich erhoben wurden.[54] Ein großer Teil der Schulden der Kronländer ließ sich auf deren Verpflichtung zurückführen, in mehrsprachigen Regionen kulturelle Einrichtungen und Schulen für die Angehörigen der verschiedenen Sprachgruppen anzubieten. Für den Finanzfachmann Ernst Mischler waren die verheerenden Kosten der separaten staatlichen Leistungen für die Angehörigen verschiedener Sprachgruppen in Mähren und der Bukowina, wo aufgrund der nationalen «Ausgleiche» bei Wahlen, im Schulsystem und in der Kulturpolitik «zweigleisig» verfahren werden musste, in hohem Maß für die Misere verantwortlich.

Jede Nationalität, so argumentierte der führende Staatsrechtler seiner Zeit weiter, strebe in der Phase ihrer politischen Vormachtstellung danach, die jeweils eigenen nationalen Bedürfnisse so weit wie möglich zu befriedigen; dabei sei es nicht selten der Fall, dass dies parallel oder doppelt geschehe, was zu hohen und steigenden Ausgaben führe.[55]

Wie anderswo in Europa erweiterte auch der Zentralstaat seine Kompetenzen drastisch, und infolgedessen stieg auch die Zahl der Staatsangestellten gewaltig. Dadurch dass immer mehr Österreicher zwischen 1867 und 1907 an den Parlamentswahlen teilnehmen durften, nahm der Einfluss der politischen Massenparteien zu. Sie erreichten, dass ihren Wählern durch die Einführung entsprechender Gesetze ein breites Spektrum an neuen öffentlichen Leistungen geboten wurde und versuchten auch darauf Einfluss zu nehmen, wer in den öffentlichen Dienst und in die Beamtenschaft aufgenommen wurde. Lokale Bezirkshauptmannschaften sahen sich ebenfalls gezwungen, fachlich versiertere Beamte einzustellen, die für so unterschiedliche Ressorts wie Inspektion landwirtschaftlich genutzter Flächen, technische Anlagen und Gesundheitsfürsorge zuständig waren. Es war nicht reiner Aktivismus seitens der Parteien, der diese personelle Aufstockung verursachte; und sie ging auch nicht auf Vetternwirtschaft zurück.

Nach der Blockade der Legislative, die das Kabinett Badeni zu Fall gebracht hatte, versuchte Ministerpräsident Ernest von Koerber den Fokus vom Nationalen auf das Lokale zu verlagern.[56] Er hoffte, eine engere Annäherung von Staat und Volk erreichen zu können, indem er die Zahl der Bezirkshauptmannschaften und ihrer fachkundigen Mitarbeiter radikal erhöhte. Er hatte aber vor seinem Rücktritt im Jahr 1904 nie die Gelegenheit, seine ehrgeizigen Reformpläne in die Tat umzusetzen. Dennoch stiegen in Österreich die jährlichen Kosten für die staatliche Verwaltung von 4 Millionen Kronen auf 18 Millionen an, da die Regierung versuchte, ihre Präsenz auf dem Land auszubauen, und politische Parteien neue öffentliche Leistungen für ihre Wähler verlangten.[57]

Die Kommission zur Förderung der Verwaltungsreform, die diese statistischen Daten veröffentlichte, wurde ins Leben gerufen, um die Verwaltung zu restrukturieren und auf eine stabilere finanzielle Grundlage zu stellen. Die Kommission hielt öffentliche Anhörungen ab, ließ sich Vorschläge unterbreiten und erstellte Berichte zu jedem

Teilbereich der verschiedenen Verwaltungsapparate und zu den dort Beschäftigten.[58] Sie erörtere mehrere Vorschläge zur Rationalisierung des öffentlichen Diensts, unter anderem den, weniger Beamte einzustellen, die ein Universitätsstudium absolviert hatten, und dafür mehr Angestellte mit höherer Schulbildung aufzunehmen.[59] Es ging den Reformern nicht darum, die Beamtenschaft quantitativ zu verringern, sondern sie wollten erreichen, dass diese effizienter arbeitete und die Ausgaben nicht immer weiter stiegen. Aufgrund der Art und Weise, in der lokale Interessen durch das aktuelle System immer mehr Gewicht erhielten, war es aber sehr schwer, die Unterstützung so vieler unterschiedlicher Gruppen für eine umfassende Reform der gesamten Verwaltung zu gewinnen.[60]

In Ungarn legten nationale Aktivisten in den regierenden Parteien größten Wert auf die Fähigkeit eines unabhängigen ungarischen Staates, die neuesten Technologien und Erfindungen einzusetzen, um zu beweisen, dass man Mitglied im europäischen Klub der sogenannten modernen Nationen war. Die Regierung investierte gewaltige Summen in den schnellen Auf- und Ausbau des Eisenbahnnetzes, das im Höchstmaß zentralisiert war, da alle Hauptstrecken nach oder durch Budapest führten. Die Stadtregierung von Budapest versuchte Besucher anzulocken, indem man die Stadt als «Paris an der Donau» präsentierte. 1900 schuf sie eine Tourismus-und-Reise-Agentur, die unverzüglich Marketing-Strategien entwickelte, damit Budapest fest in die Programme europäischer und internationaler Reiseunternehmen aufgenommen wurde. Alexander Vari hat darauf hingewiesen, dass die touristische Vermarktung einer relativ neuen Stadt, wie Budapest es war, die Stadtväter vor große Probleme stellte. Da es an historischen Baudenkmälern der Art fehlte, die Besucher nach Wien, Paris oder London zog, und es auch keine vergleichbaren weltbekannten Museen gab, musste Budapest gerade seine Modernität zu einem Hauptanziehungspunkt machen, indem man zeitgemäße, neumodische Attraktionen schuf: «Wo man keine Pyramiden, Sphinxen, keinen Vatikan, Meisterwerke der Kunst sowie wunderschöne natürliche Landschaften findet, muss man dafür sorgen, dass der Aufenthalt für einen Fremden durch künstliche Mittel interessant wird», schrieb ein lokaler Aktivist. Die Attraktionen reichten von einem 1903 eröffneten sogenannten

Eispalast (*Jégpalota*), einem Gebäude, in dem man sowohl in einem Gewächshause unter Palmen spazieren als auch sich auf einer Eisfläche mit Schlittschuhen vergnügen konnte, bis hin zu den «Donaufesten», bei denen die Stadt mit elektrischen Lichtern illuminiert und Feuerwerke gezündet wurden. Man veranstaltete Autocorsos, Fahrradsternfahrten und einmal sogar einen Stierkampf. Die Stadtväter versuchten Budapest selbst in ein Objekt touristischer Neugier zu verwandeln.[61]

Wenn die ungarische Regierung in den Jahrzehnten nach 1880 beträchtliche Summen in die urbane und landesweite Infrastruktur investierte, so war diese hektische Aktivität eher ein Ergebnis nationalistischer Bemühungen, dem Land zu Prestige zu verhelfen, als eine Reaktion auf die zunehmende Teilnahme der Bevölkerung am öffentlichen Leben. Im Gegensatz zu Österreich schrumpfte die Zahl der Wähler, die sich an kommunalen und parlamentarischen Wahlen beteiligen durften, in der Zeit von 1867 bis 1913, so dass die politische Macht auf kommunaler Ebene fest in der Hand einer sehr kleinen aus dem Land- und dem Hochadel sowie dem Großbürgertum bestehenden Gruppe blieb.[62] Die Stadträte standen im Allgemeinen weit weniger unter dem politischen Druck, die Infrastruktur und kommunalen Dienstleistungen für die wachsende Einwohnerschaft auszuweiten, als es in Österreich in den 1880er- und 1890er-Jahren der Fall war. Die Projekte, die man initiierte, sollten in der Regel vornehmeren Wohnvierteln zugutekommen, vor allem solchen im historischen Innenstadtbereich, und gleichzeitig zum Ruhm der Nation beitragen, indem man einen monumentalen Baustil wählte und technologische Innovationen einführte. Wenn es in Ungarn zu Manifestationen der Massenpolitik kam, dann eher auf den Straßen und im lokalen Vereins- und Verbandsleben als in einem spezifisch politischen Umfeld wie in den Ratsgremien der Städte und Komitate oder im Budapester Parlament. Das bedeutete aber auch, dass den politischen Kreisen in Ungarn die Erfahrung ideologischer Radikalisierung, von der das politische Leben in Österreich in den Jahren zwischen 1890 und 1910 erfasst wurde, gleichfalls nicht erspart blieb.

In diesen Jahrzehnten schlugen sich die Anziehungskraft der Modernität und das Bedürfnis, «Fortschrittlichkeit» von europäischen

Eröffnungszeremonie zu den Milleniumsfeiern in Budapest 1896. Gefeiert wurde das tausendjährige Jubiläum der ungarischen Landnahme in der Pannonischen Tiefebene.

Dimensionen unter Beweis zu stellen, auch in Initiativen nieder, die weit mehr als die Schaffung neuer Infrastruktur zum Ziel hatten. Forderungen von Arbeiterorganisationen, von feministischen Vereinigungen unterschiedlicher politischer Ausrichtung und von pädagogischen Reformern sowie solchen, die die ganze Lebensweise des Menschen neugestalten wollten, zielten auf eine Umformung wesentlicher Elemente der Gesellschaft, um diese im europäischen Sinne «fortschrittlich» – oder was man dafür hielt – zu machen. Aktivisten entwickelten radikale neue Perspektiven für ein modernes Leben: Sie traten für Tierschutz ein, propagierten neue medizinische Therapien, sprachen sich für Eugenik aus oder forderten zu vegetarischer Ernährung auf (Böhmen und Mähren zusammen konnten sich 1913 zwölf vegetarischer Speisegaststätten rühmen, in Wien gab es sechs und in Budapest eine).[63] Für die diversen Frauenorganisationen, die unter anderem das Spektrum der Berufe, die ihren Geschlechtsgenossinnen offenstanden, erweitern wollten, ließ sozialer Fortschritt sich daran messen, in welchem Ausmaß die gesellschaftliche Rolle der Frau sich gewandelt hatte.[64]

Auch in Österreich wiesen fast alle national ausgerichteten Organisationen explizit, ja voller Stolz auf ihre Frauensektionen hin. Tausende Aktivistinnen bewiesen immer wieder, wie gut sie sich darauf verstanden, Veranstaltungen zu organisieren, Spenden zu sammeln und neue Methoden zu entwickeln, um in lokalem Umfeld Unterstützung für nationale Anliegen zu gewinnen.[65] Gleichzeitig agitierten Vereinigungen von Frauen, die Bürotätigkeiten ausübten, um Verbesserungen bei ihren Arbeitsbedingungen oder ihrer Altersabsicherung zu erstreiten. In den Jahren zwischen 1890 und 1910 kämpften weibliche Angestellte im öffentlichen Dienst, deren Zahl sich in dieser Zeit auf nahezu 9000 belief, gegen ihre eklatante Ungleichbehandlung bei der Bezahlung und um angemessene Renten oder Pensionen.[66]

In einem für Schulaufführungen verfassten Stück mit dem Titel *A nők Hódolata* (Der Tribut der Frauen), das 1896 anlässlich der Millenniumsfeiern (896 waren angeblich die Magyaren in das Gebiet des modernen Staates eingewandert) überall im Land in den Mädchenschulen aufgeführt wurde, wurde Ungarns Modernität an den beruflichen und gesellschaftlichen Chancen von Frauen gemessen – und gefeiert. In dem Stück versucht eine Person namens «Verleumdung», drei weibliche Gestalten, die rumänische, deutsche und slawische Frauen verkörpern, gegen «Hungaria» aufzuhetzen. Hungaria triumphiert jedoch, indem sie die vielen Chancen aufzählt, die die ungarische Gesellschaft den Frauen jedes Volksstamms gewährt. Als Lehrerinnen, Post- und Telegrafenangestellte nähmen die Frauen der Gegenwart an der Entwicklung der ungarischen Nation teil.[67]

Einige wenige größere politische Parteien traten nach 1900 für das Frauenwahlrecht ein, vor allem die österreichischen und ungarischen Sozialdemokraten und die tschechische National-Soziale Partei. Letztere ließ 1912 aus Protest in einem Prager Stadtbezirk die nationalistische Schriftstellerin Božena Vitková-Kunětická (1862–1934) zur Wahl für den böhmischen Landtag antreten. Ihr Sieg war von großer symbolischer Bedeutung, auch wenn es ihr nicht gestattet war, ihr Amt anzutreten.[68]

Mit dem Aufkommen eines neuen urbanen Lebensstils – der sogenannten Moderne – in den größeren und kleineren Städten Österreich-Ungarns wurden Frauen neue Berufe zugänglich; sie konnten öffentlich im nationalen Sinne aktiv werden und Gesuche an den Gesetzgeber stellen. Gleichzeitig erwachte ein bisher unbekanntes kulturelles Interesse an geschlechtsspezifischen Phänomenen wie Prostitution oder sexuell abweichendem Verhalten. Wie andernorts in Europa auch kam es in den 1890er-Jahren, als preiswerte bebilderte Boulevardblätter rasch beliebt wurden, zu einem Konkurrenzkampf zwischen diesen Zeitungen, von denen jede ihren Absatz anzukurbeln versuchte, indem sie der Leserschaft schockierende Ereignisse aus der modernen urbanen Welt zur Kenntnis brachte. Vor allem aus touristischen Orten oder Militärstandorten berichtete die Boulevardpresse begeistert über die dunkleren Seiten der Moderne: die weitverbreitete Prostitution, sich immer offener zeigende Homosexuellenzirkel und eine atemberaubende Vielfalt von «Lustmorden» und anderen sexuell motivierten Gewaltverbrechen.[69] Wie Scott Spectors aufschlussreiche Analyse eines Wiener Zeitungsskandals im Jahr 1907 zeigt, versuchten die Zeitungen Leser zu gewinnen, indem sie in allen scheußlichen Einzelheiten über Gefahren oder die «Geißeln» des modernen Großstadtlebens berichteten, von denen die höchst ehrenwerte Leserschaft angeblich so gut wie gar nichts wusste.[70] Ein Blatt wie die *Illustrierte Österreichische Kriminal-Zeitung* erklärte es zu ihrer Pflicht, ihre rasch wachsende Leserschaft über die «hemmungslosen Flittchen», «ihre Zuhälter» und über die «ständig selbstsicherer werdenden Päderasten» in ihrer Mitte zu informieren.[71] In Ungarn ging ein Jahr später eine ähnliche Zeitung, der Anita Kurimay eine Untersuchung gewidmet hat, noch weiter, indem sie die jeweils unterschiedlichen Motive verglich, die Frauen und Männer in die Prostitution trieben:

> Es gibt eine ganze Menge unter den registrierten wie den heimlichen [weiblichen] Prostituierten, die durch ihr zügelloses Blut und exotisches Verlangen nach Männern in Verdammnis geraten. Das wäre bei männlichen Prostituierten beinahe unmöglich. Sie sind alle Geschäftsleute, die das letzte Quäntchen menschlichen Anstands fahren lassen, indem sie sich sogar zu perversen Bestialitäten hergeben – für Geld. Es ist daher verständlich, dass ihre moralische Verderbtheit bald an Kriminalität grenzt.[72]

Es überrascht nicht, dass ungarische Autoren oft das Florieren sexueller Abartigkeiten in Budapest mit dem raschen Wachstum der Stadt und ihrer Wandlung in ein «Paris des Ostens» in Verbindung brachten:

> Das ist der Grund, warum unser schönes Budapest eine große Stadt ist. Eine riesige Zahl von Nachtclubs und Kaffeehäusern befeuern und formen die bereits erwachten Gelüste. Allen Gelüsten des Menschen begegnet man in der Stadt, einschließlich der wilden Auswüchse der Natur. Diese wilden Auswüchse sind wohlbekannte und raffinierte Perversionen, die an den Stätten der Liebe emporwuchern und genauso im Inneren so vieler Familien.[73]

Nathan Wood zufolge brachten in Krakau oft dieselben Zeitungen, die immer wieder versuchten, ihre Stadt den Anschluss an die «modernen» Metropolen Europas finden zu lassen, detaillierte Berichte über die schockierenden Formen von Unmoral, die mit dem Modernsein einhergingen. Grausame Gewaltverbrechen und sexuelle Verderbtheiten, ganz zu schweigen von Raubüberfällen, Kindsmord oder Jugendkriminalität, stellten solchen Berichten zufolge angeblich den Preis dar, den eine Stadt dafür zu zahlen hatte, dass sie das Paris oder London des Ostens wurde. «Krakau ist nicht wirklich London oder Paris», erklärte eine Zeitung, «doch lässt hier, in diesem kleinen Krakau, schreckliche Armut ebenso wie in großen Bevölkerungszentren finstere Löcher und Spelunken entstehen.» 1910 erfreute Krakau sich seines eigenen Boulevardblatts, der *Illustrowany Kuryer Codzienny* (Illustrierter Täglicher Kurier). In einem Artikel über Kinderprostitution in der Stadt warnte die Zeitung mit süffisantem Unterton

> In Anbetracht unserer uneingeschränkten Liebe zu unserer Heimatstadt, in Anbetracht unserer Ehrfurcht vor ihren wertvollen historischen Monumenten […], dürfen wir nicht vergessen, dass Krakau […] mit dem Vergehen der Jahre zu einer immer größeren Stadt wird, und dass großstädtische Verderbtheit – vielleicht schneller als sie sollte – parallel zu ihrem tatsächlichen Wachstum zunehmend um sich greift.[74]

Die Großstädte Österreich-Ungarns sahen sich zwar selbstbewusst als Inkarnationen der Moderne, aber viele sorgten sich auch, dass man für diese Modernität vielleicht teuer bezahlen müsste. Doch waren diese

Sorgen, vor allem wie sie in den Medien in übersteigerter Form dargestellt wurden, selbst ein Aspekt der Moderne.

Vom Wehrdienst zum Patriotismus

Eine andere bedeutende Reform der liberalen Ära, die Einführung der
allgemeinen Wehrpflicht, hatte ebenfalls das Verhältnis der Bevölkerung
zum Reich geprägt, indem sie Millionen männlicher Staatsbürger eine
gemeinsame Erfahrung vermittelte, die nicht notwendigerweise endete,
wenn ihre Dienstzeit vorüber war. Wie in anderen europäischen Gesellschaften dieser Zeit wurden durch das neue Gesetz junge Männer aller
Schichten und aus allen Regionen der Monarchie zu einer gemeinsamen
militärischen Ausbildung und einem für gewöhnlich drei Jahre dauernden gemeinsamen Wehrdienst einberufen. Im Kontext der Staatenbildung haben Historiker die Einberufungsgesetze als sehr wirksame
Instrumente zur Erschaffung eines Gefühls von nationaler Einheit und
Zugehörigkeit aufgefasst, da die jungen Männer durch sie angeregt wurden, die Verbindungen zwischen ihrer jeweiligen Heimatregion und dem
übergeordneten Staat zu sehen.[75] Erst seit Kurzem haben Historiker aber
begonnen, Fragen nach der Rolle, die der allgemeine Militärdienst für
die Staatenbildung und die Ausbildung eines staatsbürgerlichen Empfindens spielte, auch in Bezug auf Österreich-Ungarn zu stellen. In welchem
Ausmaß ließ die Erfahrung des Wehrdiensts in jungen Männern aus
verschiedenen Regionen und mit unterschiedlichem sozialem Hintergrund ein gemeinsames Gefühl der Identifikation mit dem Staat, dem sie
dienten, entstehen?[76]

In der ersten Hälfte des neunzehnten Jahrhunderts hatte sich der
Dienst im österreichischen Militär nach Charakter, Umfang und Länge
von Region zu Region unterschieden und war ständig Änderungen
unterworfen gewesen. Vor den 1840er-Jahren hatte beispielsweise in
Ungarn manchmal eine lebenslange Wehrpflicht bestanden, während
sie im großen Rest des Reiches auf vierzehn Jahre beschränkt gewesen
war. Das Losverfahren hatte für gewöhnlich darüber bestimmt, wer
von den jungen Männern eines Ortes eingezogen wurde. Da es aber
offizielle wie auch inoffizielle Möglichkeiten gegeben hatte, um der
Verpflichtung zu entkommen – so gab es Ausnahmen für bestimmte

Berufe, für einen bestimmten Bildungsstand oder sozialen Status, während andere sich freikauften –, waren es in der Hauptsache ärmere Männer mit bäuerlichem Hintergrund, die herkömmlicherweise die Masse der gemeinen Soldaten stellten. 1840 hatte die Regierung mit Blick auf eine geplante Standardisierung des Dienstes im gesamten Reich die Länge der Dienstzeit für Ungarn auf zehn Jahre herabgesetzt und fünf Jahre später für die gesamte Monarchie eine Dienstzeit von acht Jahren eingeführt.[77]

Mit dem Gesetz vom Dezember 1868 wurde zum einen die Dienstzeit entscheidend verkürzt, zum anderen das traditionelle Verfahren selektiver Konskription durch die Einführung einer allgemeinen Wehrpflicht beendet.[78] Jetzt waren alle männlichen Staatsbürger an einer jährlichen Auslosung beteiligt, allerdings wurden nicht alle, auf die das Los gefallen war, in dem betreffenden Jahr auch wirklich eingezogen. Tatsächlich wurden in Österreich-Ungarn in jedem Jahr weniger wehrtaugliche Männer zum Dienst mit der Waffe eingezogen als in den anderen europäischen Großmächten. Die anderen mussten der Reserve beitreten oder einer der territorialen Milizen, der österreichischen Landwehr oder der ungarischen Honvéd.[79] Rekruten aus der gebildeten Mittelschicht, die zum Universitätsstudium zugelassen waren, konnten sich freiwillig zu einer ein Jahr dauernden Ausbildung zum Reserveoffizier melden.[80] Das stellte sicher, dass man über eine große Zahl von Reserveoffizieren verfügte, und bewirkte, dass in den Reservetruppen eine viel größere soziale und religiöse Vielfalt herrschte, als es in Deutschland oder Russland der Fall war, wo das gesamte Offizierskorps eine Bastion der Aristokratie blieb. In Österreich-Ungarn gab es auch einen hohen Prozentsatz an jüdischen Offizieren.

Durch die Reform wurde der Wehrdienst zu einem Männlichkeitsritual, dem sich junge Männer aus der gesamten Monarchie unterzogen, sobald sie das achtzehnte Lebensjahr erreicht hatten. Ein beliebtes slowenisches Volkslied aus den 1870er-Jahren hob auf den egalitären Charakter dieses Dienstes ab: «Ob Sohn eines Bauern oder Nobelmann, vom Militär niemand freikommen kann.»[81] Neben der neueingeführten schulischen Grundausbildung für alle, schuf der Militärdienst den wichtigsten Berührungspunkt zwischen dem Habsburgerstaat und seinen männlichen Angehörigen aus allen Schichten. Diese Berührung mag von den jungen Männern nicht immer als positiv empfunden worden sein, dennoch war der Militärdienst entscheidend daran beteiligt, dass die aus allen möglichen Regionen Stammenden sich bestimmte gemeinsame Praktiken zu eigen machten und bestimmte gemeinsame Denkmuster verinnerlichten, das heißt, eine gemeinsame Einstellung zum Reich gewannen.

In der Vergangenheit war der Militärdienst meist als eine Belastung empfunden worden, der man nach Möglichkeit aus dem Weg ging. Der Dienst in der modernen Truppe war jedoch für einen Rekruten aus der Arbeiter- oder Bauernschaft aus verschiedenen Gründen attraktiv. Man erhielt drei Jahre lang regelmäßig seinen Sold, wurde medizinisch betreut, Verpflegung und Unterkunft waren frei. Außerdem erhielt man eine praktische Ausbildung, die für einen zivilen Beruf nützlich sein konnte; man kam mit anderen Sprachen in Kontakt und lernte oft andere Regionen der Monarchie kennen.[82]

Die liberalen Reformer von 1868 wollten nicht nur erreichen, dass der Militärdienst von seinem Charakter her universeller wurde, indem alle männlichen Staatsbürger im Alter von mehr als achtzehn Jahren herangezogen wurden, er sollte auch humaner und rationaler werden. Bestimmte drastische und grausame Arten der Bestrafung wurden verboten, und es wurde genau gesetzlich festgelegt, welche Formen körperlicher Züchtigung zulässig waren. Diese Neuerung ging teilweise auf die liberale Überzeugung zurück – die nicht unbedingt von militärischen Befehlshabern geteilt wurde –, dass der Soldat aufgrund seines Status als Reichsbürger mehr Achtung und Respekt verdiene. Wie Christa Hämmerle gezeigt hat, wurde das Leben in den Kasernen bis weit ins zwanzigste Jahrhundert hinein aber dennoch weiterhin von vielen alten Praktiken geprägt, und in ihren Briefen und Erinnerungen klagten gewöhnliche Soldaten immer wieder über übertrieben harte körperliche Züchtigungen, die ohne ersichtlichen Grund verhängt wurden.[83]

Genau wie die Behörden der Kommunen, der Kronländer und des Reiches musste das Militär nach 1867 den internen Sprachgebrauch regeln, vor allem in Hinblick auf das, was in der österreichischen und der ungarischen Verfassung festgelegt worden war. Beim Umgang mit den gemeinen Soldaten, blieb Deutsch die Kommandosprache, und zwar vor allem aus Gründen der militärischen Zweckmäßigkeit und der Einheitlichkeit im ganzen Reich. Die Kommandosprache der Honvéd-Milizionäre hingegen (und auch der Angehörigen des *Hrvatsko domobranstvo*, der kroatischen Heimwehr) war das Ungarische, wohingegen die Mitglieder der österreichischen Landwehr Deutsch als Kommandosprache verwendeten.[84] Jeder Rekrut musste im Zuge seiner Ausbildung bis zu achtzig deutsche Kommandos verstehen lernen. Deutsch war aber auch die Dienstsprache, das heißt, die Sprache, in der die verschiedenen Institutionen und Dienststellen miteinander kommunizierten.

Von 1868 an hatten Rekruten jedoch das Recht auf eine Ausbildung in ihrer eigenen Sprache, außerdem durften sie innerhalb ihres Regiments in dieser Sprache miteinander sowie mit Offizieren bis zum Hauptmannsrang kommunizieren. Dieses Recht ging auf die Garantien in Bezug auf den Sprachgebrauch zurück, die in der österreichischen Verfassung enthalten waren, es galt aber für das gesamte österreichisch-ungarische Militär, nicht nur für die österreichischen Soldaten. Wenn mindestens 20 Prozent der Mannschaften eines Regiments eine der offiziellen Sprachen des Reiches verwendeten, wurde diese auch zu einer der offiziellen Sprachen des Regiments. Bei Paraden und Märschen sangen die Leute auch Lieder in den Regimentssprachen. Offiziere wurden dazu angehalten, die Sprachen der Männer, die ihrem Befehl unterstanden, zu lernen. Da Offiziere häufig an neue Standorte versetzt wurden und man sie für gewöhnlich nicht – oder jedenfalls nicht für längere Zeit – in ihren Heimatregionen Dienst tun ließ, war es oft nicht einfach für sie, diese sprachliche Kompetenz zu erwerben. Die Ausbildung der Offiziere schloss für gewöhnlich keinen Sprachunterricht ein.[85] Um 1900 war durch dieses Sich-Überschneiden von neuen Vorschriften und alten Traditionen eine Art von funktioneller Mehrsprachigkeit entstanden, wie man sie in den Streitkräften keines anderen europäischen Landes findet. Die sprachlichen Praktiken in den Regimentern «nationalisierten» die Soldaten, während das gesamte Militär durch die gemeinsame Verwendung der deutschen Sprache, einheitliche Uniformen und gemeinsame Bräuche geeint wurde.

Dass innerhalb eines Regiments Landessprachen verwendet werden konnten, Deutsch aber die allgemeine Kommandosprache war, löste sowohl im österreichischen als auch im ungarischen Parlament hitzige Debatten aus. Das galt auch für die Landtage. Nationalistische Politiker führten oft bestimmte Vorfälle an, bei denen Offiziere sich nicht verständlich in einer der Regimentssprachen ausgedrückt hatten, um dem Militär vorzuwerfen, mit der sprachlichen Gleichberechtigung hinterherzuhinken, oder die Offiziere zu bezichtigen, die Rekruten germanisieren zu wollen. Ungarische Politiker forderten regelmäßig, dass das Ungarische den gleichen Status wie das Deutsche erhalten und Deutsch nicht länger die einzige Kommando- und Dienstsprache sein sollte. Während der 1880er- und 1890er-Jahre setzten radikale ungarische Nationalisten diesen Streit um die Kommandosprache ein, um politischen Widerstand gegen die liberalen Nationalisten zu entfachen, die das Parlament dominierten. Sie bezichtigten sie, sich in einen die ganze Nation demütigenden Status quo zu fügen. Ihre Bemühungen lösten in den Jahren 1903 bis 1906 eine größere Verfassungskrise aus, nachdem die nationalistische Opposition die Regierungspartei zu Fall gebracht hatte, es ihr aber nicht gelang, ein Kabinett zu bilden, das für Franz Joseph annehmbar war.

Der Monarch war entschlossen, dafür zu sorgen, dass Deutsch die einzige Kommandosprache bleib, die im Militär verwendet wurde. Er drohte damit, in Ungarn das allgemeine Männerwahlrecht einzuführen, um die neue Regierung zu zwingen, von ihren Forderungen nach einer Einführung des Ungarischen als zweiter Kommandosprache abzusehen. So sehr die ungarischen Nationalisten auch danach strebten, die Unabhängigkeit ihres Landes von Österreich auf jede denkbare Weise zu steigern, ihre tiefsitzende Angst vor der Einführung eines Wahlrechts, das vielen Angehörigen anderer Sprachgruppen sowie ihnen feindlich gesinnter sozialer Klassen die Möglichkeit zu einer politischen Mitbestimmung verleihen würde, zwang sie am Ende dazu, in dieser Frage nachzugeben.

Es war nicht nur die bevorzugte Stellung des Deutschen als Kommando- und Dienstsprache, die den Zorn ungarischer Politiker wachrief. Sie waren auch der Ansicht, dass die Verwendung von regionalen Sprachen als Regimentssprachen auf der Basis der entsprechenden Artikel in der österreichischen Verfassung die Verwendung des Slowakischen,

Rumänischen oder Serbischen im öffentlichen Leben rechtfertigte, und das unterminierte die von ihnen betriebene Politik der sprachlichen Assimilation an das Ungarische. Aus diesem Grund versuchten sie – erfolglos – die Verwendung des Ungarischen als Regimentssprache für in Ungarn stationierte Einheiten durchzusetzen und zu verhindern, dass in diesen Einheiten andere Sprachen benutzt wurden.

Die spezifischen Bedingungen in den Garnisonsstädten, in denen Soldaten und Offiziere stationiert waren, trugen zur Verwendung mehrerer Sprachen innerhalb eines Regiments bei. Wir haben schon gesehen, dass Städte wegen der wirtschaftlichen Vorteile darum wetteiferten, eine Garnisonstruppe in ihren Mauern zu beherbergen. Solche wirtschaftlichen Beweggründe konnten gelegentlich auch schwerer wiegen als nationalistische Interessen der örtlichen Politiker. In Ljubljana, wo 1882 slowenische Nationalisten die deutschen Nationalliberalen im Stadtrat ablösten, ging man sofort dazu über, Schilder in Deutsch durch solche in Slowenisch zu ersetzen und Slowenisch statt Deutsch als Verwaltungssprache zu verwenden. Dieselben Politiker korrespondierten aber weiterhin mit den Offizieren der örtlichen Garnison auf Deutsch, und sie billigten auch, dass die Beschilderung in den Kasernen zweisprachig war. Dieser Pragmatismus resultierte aus der richtigen Einschätzung der Stellung Ljubljanas im Reich und der ökonomischen Vorteile, die staatliche Institutionen der Stadt bringen konnten. Letzteres erkannten auch viele andere Stadträte überall in der Monarchie.[86] Doch die positive Einstellung gegenüber der Präsenz des Militärs (obwohl dieses die deutsche Sprache verwendete) resultierte auch aus einem starken, im Volk verbreiteten Lokalpatriotismus. Für viele Einwohner der Krain hingen slowenischer Nationalismus und österreichischer Patriotismus zunehmend zusammen, und dies sogar noch zur Zeit der Balkankriege (1912–1913), als einige slowenische Nationalisten auch Serbien militärischen Beistand leisteten.[87] Slowenische Nationalisten stellten sich immer wieder als die treuesten Untertanen des Kaisers dar, und Slowenisch sprechende Kriegsveteranen bekundeten ihren Stolz auf die besondere Loyalität ihres Volkes.

Das Militär spielte im gesellschaftlichen Leben von Städten überall in der Monarchie eine wichtige Rolle. Offiziere nahmen an den von örtlichen Vereinigungen veranstalteten Feiern und Festen teil, sie besuchten Bälle oder beteiligten sich an Wohltätigkeitsveranstaltungen. Militärkapellen gaben regelmäßig öffentliche Konzerte oder musizierten an kirchlichen Feiertagen oder bei Feiern zu Ehren der Dynastie. Angehörige des Militärs stellten sich auf die besonderen kulturellen Forderungen vor Ort ein.[88] In Ljubljana etwa machten Offiziere es sich zur Regel, Feste der slowenischen Bevölkerung zu besuchen, und einige sprachen auch gelegentlich in der Öffentlichkeit Slowenisch. Die Militärkapellen brachten slowenische Märsche zu Gehör.[89]

Die Auswirkungen der Mehrsprachigkeit und anderer Aspekte des Militärdiensts lassen sich nur schwer einschätzen. Historiker, die Institutionen des Reiches einseitig charakterisierten – entweder als die Monarchie schwächend (durch ihnen inhärenten Nationalismus) oder sie stärkend (durch inhärenten Patriotismus) –, sahen üblicherweise im Militär eine tragende Säule des Reiches. Doch die Verwendung von Regimentssprachen und das wachsende nationale Selbstbewusstsein in den Regimentern lassen es fraglich erschienen, ob dieses traditionelle Bild so zutrifft, ob das Militär wirklich für das Reich eine solche zentripetale Kraft hatte. Tamara Scheer hat mit Recht bemerkt, dass die Mehrsprachigkeit des Militärs nationalistische und zugleich reichspatriotische Tendenzen verstärkte.[90] Das wird vor allem an den Aktivitäten der wachsenden Zahl von Veteranenvereinen um 1900 deutlich.

Als ehemalige Soldaten in den 1880er- und 1890er-Jahren begannen, sich selbst und ihren Erfahrungen oder Erlebnissen ein Denkmal zu setzen, indem sie sich zu patriotischen Veteranenvereinen zusammenschlossen, wurde deutlich, auf welche Weise und bis zu welchem Grad die Erfahrungen, die sie während ihrer aktiven Zeit gemacht hatten, zu ihrer Identifikation mit dem Reich beitrugen. Ihre Vereine engagierten sich in ihren Heimatstädten sozial und beteiligten sich an gemeinnützigen Unternehmungen patriotischen Charakters. In ihrem Engagement scheint sich nicht eine spezifisch militaristische, «soldatische» Einstellung wiedergespiegelt zu haben, sondern vielmehr das Bedürfnis, ihren Dienst fürs Vaterland durch einen Dienst für die Gemeinde und auch mithilfe einer ritualisierten Festkultur fortzusetzen.[91] Die Gründung solcher Vereine «von unten her» blieb in Regierungskreisen nicht unbemerkt; man verfolgte diese Entwicklung bald höchst interessiert. Viele Mitglieder der kaiserlichen und königlichen Regierungen, die nach Möglichkeiten suchten, die Bindung der Bürger an das Reich zu stärken, waren der Ansicht, dass diese Veteranenvereine materielle und moralische Unterstützung verdienten.[92]

Laurence Cole weist in seiner Untersuchung der Veteranenvereine auf ihre starke und rapide zahlenmäßige Zunahme in den letzten Jahrzehnten des neunzehnten Jahrhunderts hin (1890 gab es in Cisleithanien 1700, 1913 war die Zahl auf 2750 gestiegen). Diese zeige die Bedeutung, die viele Männer im Rückblick dem Militärdienst für ihr persönliches Leben zuschrieben.[93] Das Beispiel der Veteranen kann uns wiederum weiteren Einblick in die komplexe Rolle gewähren, die der Patriotismus in den letzten Jahrzehnten des Reiches im alltäglichen Leben spielte, wie auch in die komplizierte, oft verwickelte Beziehung zwischen Patriotismus und lokalen Manifestationen von Nationalstolz. Spezifische örtliche oder situative Bedingungen wirkten sich auf den Charakter, die Zahl und Zusammensetzung der Mitgliederschaft und die lokale Funktion eines Veteranenvereins aus. Im Gegensatz zu vielen anderen Arten von Vereinen – einschließlich nationalistischer – gewannen Veteranenvereine für gewöhnlich Angehörige unterschiedlicher sozialer Klassen als Mitglieder. Wenn in ihnen die untere Mittelklasse oder auch die Schicht der Arbeiter und Bauern dominierte, war in einigen Regionen eine solche Mitgliedschaft eine angenehmere Alternative zu der in Vereinen, in denen die liberalen Honoratioren des Ortes den Ton angaben. Cole weist nach, dass in Teilen des österreichischen Küstengebiets und in Tirol sich die Veteranenvereine oft mit populistischen sozialkatholischen Parteien zusammenschlossen, um die traditionelle Vorherrschaft der (in diesem Fall italienischen) liberalen Nationalisten im öffentlichen Bereich zu unterlaufen. Das bedeutete auch, wie Cole klarmacht, dass in diesen Regionen die patriotische Kultur der Veteranen «signifikante Teile der modernen Gesellschaft – die liberale Bourgeoisie im Trentino und in den Küstengebieten sowie den größten Teil der organisierten Arbeiterschaft in Triest – nicht berührte».[94]

Politiker und Beamte wurden zunehmend auf diese Vereine, die immer mehr zu einem Massenphänomen wurden, aufmerksam; sie begriffen, dass in einem Zeitalter der Massenpolitik – und der nationalistischen Agitation – ehemalige Soldaten ein Reservoir an Patrioten darstellten, die das öffentliche Leben in Österreich-Ungarn aktiv mitprägen konnten.[95] In der Amtszeit von Premierminister Koerber (1900–1904), der nach dem Chaos, das die Badeni'sche Sprachenverordnung ausgelöst hatte, versuchte, die Funktionsfähigkeit des Parteiensystems wiederherzustellen, debattierte das Kabinett sogar darüber, ob man nicht eine Veteranenorganisation für die gesamte österreichische Hälfte der Doppelmonarchie ins Leben rufen sollte, um so die Reichsidee neu zu untermauern. Gleichzeitig schlug der Kriegsminister vor, eine solche Organisation staatlicher Kontrolle zu unterstellen und ihre Mitglieder im Kriegsfall zur Wahrnehmung von Überwachungsaufgaben heranzuziehen. Der Plan, eine reichsweite Veteranenvereinigung zu schaffen, scheiterte schließlich an der Entschlossenheit der Veteranen, ihre lokale Eigenständigkeit zu bewahren. Regionaler Stolz und Zugehörigkeitsgefühl zu einer bestimmten ethnischen Gruppe waren nicht weniger entscheidende Komponenten ihrer Selbstidentifikation als ein dem gesamten Reich geltender Patriotismus. Viele lokale und regionale Organisationen hatten Sorge, dass ihre Unverwechselbarkeit ausgelöscht werde, wenn sie in eine größere Dachorganisation eingingen.[96]

Massengesellschaft und politische Kulturen

Am 5. November 1905 demonstrierten Tausende von Österreichern überall im Reich für die Gewährung des allgemeinen und gleichen Männerwahlrechts. In den Hauptstädten der Kronländer, von Innsbruck, Triest und Linz im Westen bis nach Krakau und Lemberg (Lwów, Lwiw) im Osten, zogen riesige Menschenmengen, die vor allem aus Fabrikarbeitern bestanden, durch die Straßen und forderten, über das Wahlrecht am Gesetzgebungsprozess im Reich beteiligt zu werden. Das gleiche Bild bot sich in kleineren Provinzstädten, vor allem in Böhmen, Mähren, Oberösterreich und der Steiermark. In Wien, wo es nur wenige Tage zuvor bei einer anderen Kundgebung zu einem Blutvergießen gekommen war, sah die Polizei tatenlos zu, als die Demonstranten in der Nähe der Hofburg auf die Ringstraße zogen und zum Parlamentsgebäude marschierten, wo Arbeiter, erneut unter den Augen der Polizei, an den schwarz-goldenen Fahnenmasten vor dem Gebäude rote Flaggen hochzogen.[97] Einzig in Prag kam es zu Gewalttätigkeiten, als die Demonstranten Barrikaden errichteten und sich zwei Tage lang Kämpfe mit der Polizei lieferten. Der Statthalter von Böhmen, Graf Karl Maria von Coudenhove (1855–1913), suchte in Wien um militärische Unterstützung nach und bat um die Genehmigung, das Kriegsrecht zu verhängen. Der Innenminister gab zwar dieser zweiten Bitte nach, riet aber auch zur Zurückhaltung, weil sonst die Gefahr bestände, dass man einen Bürgerkrieg auslöste. Später am selben Tag ließ Ministerpräsident Paul Gautsch (1851–1918) den Prager Zeitungen eine Erklärung zur Veröffentlichung zukommen, mit der er alle friedlichen Kundgebungen genehmigte, aber gleichzeitig warnte, dass weitere Gewalttätigkeiten zur Aussetzung von Bürgerrechten führen würden.[98]

Diese Ereignisse bezeugen die zunehmende Bereitschaft des Staates, solche politischen Willensbekundungen von unten zu tolerieren und sogar auf sie einzugehen, während er gleichzeitig darum bemüht war zu verhindern, dass es zu Gewalt kam. Die Liberalen von 1869 hatten auf Forderungen aus der Arbeiterschaft nach Gewährung des Wahlrechts herablassend reagiert. Jetzt, nach dreißig Jahren sektiererischer nationalistischer Konflikte, sahen einige Staatsmänner in der Miteinbeziehung der Arbeiter in politische Entscheidungsfindungen eine Möglichkeit, die parlamentarische Politik auf soziale und ökonomische Probleme auszurichten, die das gesamte Reich betrafen. Zur gleichen Zeit machte es das Geschehen auf internationaler Bühne für die Regierung schwerer, die Forderungen der Arbeiter weiterhin zu ignorieren.

Die November-Demonstrationen – mit gelegentlichen gewalttätigen Ausschreitungen – fanden im Schatten der Russischen Revolution von 1905 statt. Im Oktober war der Zar nach Monaten gesellschaftlichen Aufruhrs gezwungen gewesen, eine Verfassung zu gewähren und die Einrichtung einer gesetzgebenden Versammlung, der Duma, zuzulassen. Die Arbeiter in Österreich wurden aber nicht einfach durch die Ereignisse in Russland zu eigenem Handeln angeregt. Die Sozialisten des Landes hatten schon seit 1869 öffentlich für die Einführung des allgemeinen Männerwahlrechts demonstriert; damals waren sie bei Carl Giskra, dem ehemaligen Revolutionär von 1848, der inzwischen zum Innerminister aufgestiegen war, nur auf eisige Verachtung und Geringschätzung gestoßen. In den 1870er- und 1880er-Jahren waren Arbeiterorganisationen durch drakonische Gesetze, die man aus Angst vor gewalttätigen Aktionen von Anarchisten erlassen hatte, weitgehend in den Untergrund getrieben worden. Als diese Gesetze wieder aufgehoben wurden, gründeten Aktivisten am 1. Januar 1889 bei einer Zusammenkunft in Hainfeld die Sozialdemokratische Partei Österreichs. Die am Marxismus ausgerichteten Grundsätze dieser Partei wurden in erster Linie von Victor Adler (1852–1918) formuliert. Im Juli 1889 beteiligte sich die neue Partei in Paris an der Gründung der Zweiten Sozialistischen Internationalen.

Wie im Reich selbst machten sich auch im Inneren der Sozialistischen Partei, wie sie sich in den 1890er-Jahren entwickelte, zwei unterschiedliche Impulse bemerkbar, die man als zentralistisch und föderalistisch charakterisieren kann. Gesetze, die die Bildung von politischen Vereinen regelten, behinderten die Erschaffung einer zentralen Organisation, die die vielen regionalen und lokalen Zweige vereinte. Das verlieh diesen relativ unabhängigen Zweigen zum Kummer vieler Parteivorsitzender beträchtlichen Einfluss. Zu den erfolgreichsten Organisationen der Sozialisten gehörten daher kulturelle und gesellige Vereine, die auf lokaler Ebene aktiv waren: Lesegesellschaften, Sportvereine, Gesangvereine und Bildungsvereine. Anders als Vereine von erklärtermaßen politischem Charakter (aber genau wie nationalistische Vereinigungen) konnten solche Vereine leichter und ganz legal Dachorganisationen bilden. Die Partei widmete daher sozialdemokratischen Massenritualen, insbesondere den sorgfältig choreografierten Kundgebungen zum 1. Mai jeden Jahres, große Aufmerksamkeit. Nur bei solchen Feierlichkeiten konnten Menschen unterschiedlicher gesellschaftlicher Klassen und unterschiedlichen kulturellen Hintergrunds als Kollektiv politisch in Erscheinung treten. Parteiführer wie Adler nahmen auch die jährlichen Maifeiern wahr, um an Orten, an denen sich normalerweise nicht viele Arbeiter aufhielten, wie der Wiener Ringstraße, den Angehörigen dieser Klasse Reife, Ehrbarkeit und Würde zu bescheinigen.[99]

In den 1890er-Jahren nahm in der österreichischen Hälfte der Doppelmonarchie die Zahl der Gewerkschaften und die ihrer Mitglieder rapide zu, was auch den Glauben der Sozialdemokraten daran stärkte, dass der Sozialismus irgendwann in Österreich den Sieg davontragen werde. In einem Bericht aus der Zeit finden sich folgende Angaben zur Zahl der gewerkschaftlich organisierten Arbeitnehmer: 46 606 im Jahr 1892, 135 176 im Jahr 1902 und 448 270 im Jahr 1906, dem Jahr, in dem es zu Massenkundgebungen für die Reform des Wahlrechts kam. Damit kam man in Österreich an die für Frankreich geltenden Zahlen heran, nicht aber an die für Großbritannien oder Deutschland, wo die Gewerkschaften zu jener Zeit schon Millionen von Mitgliedern zählten. 1905 gab es in Ungarn jedoch 71 173 gewerkschaftlich organisierte Arbeiter, von denen die meisten in Budapest zu Hause waren.[100] Wie die Gewerkschaften fand auch die Sozialdemokratische Partei den größten Zulauf in den Industrieregionen von Böhmen, Mähren, Schlesien, der Steiermark, Nieder- und Oberösterreich sowie in Triest. 1897 gab sich die Partei eine föderalistische Struktur, wobei man sich nach sprachlichen beziehungsweise ethnischen Kriterien richtete, um ihre Ressourcen, vor allem bei Wahlen, wirkungsvoller einsetzen zu können. Nach dieser Neuorganisation hielten die einzelnen nationalen Gruppen eigene getrennte Parteitage ab, nahmen aber in jedem zweiten Jahr an einem Gesamtparteitag teil. Das blieb so bis 1911, als die österreichische Partei unter dem Druck von rivalisierenden populistischen Fraktionen offiziell in einzelne nationale Parteien aufgegliedert wurde.[101]

Die multinationale Identität der Sozialdemokratischen Partei ließ sie zusammen mit ihrem Eintreten für eine Wahlreform zu einer Massenpartei werden, die eine demokratischere Version des Reiches anstrebte. Diese Eigenschaft wurde beim Parteitag von Brünn im Jahr 1899 verstärkt, als sie sich zum ersten Mal ein Programm gab, das die Umwandlung des Reiches in einen demokratischen, föderativen «Nationalitäten-Bundesstaat» zum Ziel hatte. Dieses sogenannte Brünner Nationalitätenprogramm wurde auch entworfen, um Anschuldigungen vonseiten bürgerlicher Nationalisten zu entkräften, dass die Sozialisten aufgrund ihres kosmopolitischen Charakters nationalen Interessen ablehnend gegenüberständen.[102] Wie Jakub Beneš nachweist, reagierten Tschechisch, Deutsch, Italienisch und Polnisch sprechende Aktivisten der Bewegung auf solche Anschuldigungen, indem sie nachdrücklich geltend machten, dass ihr demokratischer Grundansatz den einzelnen nationalen Gemeinschaften viel mehr Vorteile bringen würde als der politische Ansatz bürgerlicher Gruppierungen.[103]

Als die österreichischen Arbeiter einen eigenen national orientierten Ansatz entwickelten, waren sie – es ist wichtig, sich das bewusst zu machen – weder Opfer noch passive Objekte eines ungezügelten bürgerlichen Nationalismus, wie er die politische Debatte in den letzten Jahrzehnten vor dem Weltkrieg beherrscht hatte. Vielmehr verfochten sie ganz eigene, demokratische und vollkommen andersgeartete Auffassungen von nationaler Eigenständigkeit. Als die österreichischen Sozialisten mit dem Brünner Nationalitätenprogramm zum ersten Mal eine Stellungnahme zur Koexistenz verschiedener kultureller Gruppen im Reich abgaben, verpflichteten sie sich klar zur Erhaltung des Reiches, wenn auch in einer demokratischeren Form, eben als föderativen Bundesstaat.

Die Verknüpfung der Frage der nationalen Identität und nationalen Gleichberechtigung mit dem allgemeineren sozialistischen Anliegen geschah nicht nur aus taktischen Gründen. In den Schriften von Austromarxisten wie Otto Bauer und Karl Renner spielte sie auch eine Rolle im Zusammenhang mit den Überlegungen, wie man eine wahrhaft gerechte Gesellschaft schaffen könnte. So wie sich nationalistische Ideen als Reaktion auf spezifische österreichische und ungarische Gesetze und in den Verfassungen enthaltene Versprechungen entwickelten, wurde auch der Austromarxismus durch Begegnungen mit dem Reich geprägt. Die Austromarxisten lehnten die Vorstellung ab, zu nationalistischen Identifikationen komme es nur auf einer übergeordneten Ebene. Um 1900 waren sie überzeugt, dass die konkreten Realitäten des täglichen Lebens in Österreich-Ungarn zutiefst von solchen Unterscheidungen geprägt waren. Gleichzeitig lehnten sie aber die Einschätzung der Nationalisten ab, die politischen Beziehungen zwischen den Völkern im Reich seien ein Nullsummenspiel, bei dem also dem Erfolg eines Volkes ein gleichhoher Verlust eines anderen gegenüberstehe. Überzeugt davon, dass es keine territorial oder historisch bedingte oder auch von außen zugewiesene nationale Identität gebe, sondern dass diese aus der «Persönlichkeit» eines Menschen erwachse, traten die Austromarxisten für kulturelle Autonomie und Gleichberechtigung aller Völker im Staat ein. Gleichzeitig versuchten sie, wirtschaftliche und soziale Gerechtigkeit für die Arbeiterklasse zu erreichen. Sie lehnten undemokratische Lösungen wie den Mährischen Ausgleich ab, bei dem tschechische und deutsche Nationalisten sich geeinigt hatten, nur jenen das Wahlrecht zu gewähren, die Steuern zahlten, und das die Oberschicht privilegierende Kurienwahlrecht für jedes der beiden Völker beizubehalten. Stattdessen versuchten die Austromarxisten, kulturelle Angelegenheiten zu föderalisieren, die Wirtschafts- und Staatspolitik aber zu zentralisieren, das heißt, auf einem übernationalen Level zu handhaben. Die Austromarxisten traten auch für eine gerechte Aufteilung kultureller Einrichtungen beziehungsweise der Mittel, sie zu finanzieren, zwischen den Nationalitäten Österreich-Ungarns ein. Nicht alle Sozialdemokraten schlossen sich ihnen in dieser Hinsicht an, vor allem tschechischsprachige Böhmen nicht.[104]

1896 wurden durch eine Wahlrechtsreform die existierenden vier Wählerklassen oder Kurien (Großgrundbesitzer, Handels- und Gewerbekammern, Groß- und Mittelbauern, in Städten lebende männliche Einwohner mit einem bestimmten Jahreseinkommen), die über die Zusammensetzung des Reichsrats entschieden, um eine fünfte erweitert. Diese bestand aus männlichen Staatsbürgern, die mindestens vierundzwanzig Jahre alt waren und nachweisen konnten, dass sie seit mindestens sechs Monaten in ihrem Wahlkreis ansässig waren. Ihr Einkommen spielte keine Rolle. Diese neue Kurie wählte zweiundsiebzig der insgesamt 425 Reichsratsabgeordneten.[105] Eine solche Reform eröffnete den Sozialdemokraten die Chance, bei Wahlen gegen die anderen Parteien zu bestehen, und im März des Jahres 1897 stellte die SDAP vierzehn Reichsratsabgeordnete. In den Landtagen und Stadträten waren die Sozialisten im Allgemeinen weniger stark vertreten, weil die Zahl der Wahlberechtigten für diese Gremien stärker eingeschränkt war und Manipulationen an der Tagesordnung waren. Aus diesem Grund verband sich für die Sozialisten mit Erlangung eines allgemeinen Wahlrechts die Aussicht, dem Sozialismus in der Zukunft zum Sieg zu verhelfen, und auf dem Parteitag von 1896 erklärte Adler die SDAP zur

«Partei des Wahlrechts». Aufgrund der bestehenden Verhältnisse und um dem von Adler erhobenen Anspruch gerecht zu werden, mobilisierte die Partei im November 1905 im gesamten Reich große Scharen ihrer Anhänger, damit sie sich an den Demonstrationen für die Einführung des allgemeinen Wahlrechts beteiligten.

Diese Demonstrationen erreichten ihren Höhepunkt am 28. November, dem Tag, an dem das Gesetz über das allgemeine Wahlrecht für Männer im Reichsrat zur Vorlage kam. Die Sozialdemokraten hatten für diesen Tag einen Generalstreik geplant (nachdem sie zuvor die Einwilligung von mehreren Arbeitgebern und der Regierung erhalten hatten), so dass Hunderttausende Männer und Frauen schweigend und sehr diszipliniert am Parlamentsgebäude vorbeizogen. Ähnliche Kundgebungen fanden auch in anderen Städten überall im Reich statt. In vielen Orten schlossen sich Anhänger der bürgerlichen Deutschen Fortschrittspartei, die ebenfalls für die Wahlrechtsreform eintrat, den Sozialisten an und trugen dazu bei, dass bei den Arbeitern der Eindruck entstand, sie seien auf dem sicheren Weg zum Erfolg und die Zukunft des Reiches werde eine sozialistische sein.

Die Gewährung des allgemeinen Männerwahlrechts und die Abschaffung des Kurienwahlsystems, die damit einherging – die entsprechenden Gesetze wurden am 26. Januar 1907 vom Kaiser für rechtskräftig erklärt – erfüllten die österreichischen Sozialdemokraten mit dem Gefühl, eine großen Leistung vollbracht zu haben, und ließen sie mit gesteigertem Optimismus in die Zukunft sehen. Dies war *ihre* Reform, nicht die der Nationalisten und auch nicht die des Bürgertums. Die Sozialdemokraten hatten im Alleingang die feudalen Privilegien des Adels, wie sie im Kurienwahlsystem Gestalt angenommen hatten, hinweggewischt und die Barrieren niedergerissen, die sie von der Macht fernhielten. Am 14. und 23. Mai 1907 wurden die ersten Wahlen zum Reichsrat nach dem neuen Wahlrecht durchgeführt, und die hohe Wahlbeteiligung – sie lag bei mehr als 80 Prozent – trug dazu bei, dass die Sozialisten über Nacht zur stärksten im Parlament vertretenen Partei wurden. Die Sozialdemokraten konnten 23 Prozent – das heißt über eine Million – aller abgegebenen Stimmen für sich verbuchen und stellten siebenundachtzig von 516 Abgeordneten. Die Wahlen in Österreich wurden in einzelnen Wahlkreisen durchgeführt und nicht nach

dem System des Verhältniswahlrechts, was erklärt, warum die Sozialdemokraten nicht sogar noch mehr Delegierte in den Reichsrat entsenden konnten. Dennoch schien der überwältigende Wahlsieg die
optimistischen Prognosen der sozialdemokratischen Führungsspitze
bezüglich des zunehmenden Einflusses ihrer Partei zu bestätigen. Die
Ergebnisse bescheinigten den Sozialisten auch, dass das Reich in der
Tat «ihres» war. Dieser Triumph ließ ein Bewusstsein von einer «Mit-
besitzerschaft» am Staat entstehen, wie man es unter vergleichbaren
Arbeiterbewegungen in Deutschland, Frankreich, Italien und Großbritannien nicht fand.[106]

Die Wahlen bestätigten auch, dass die Hoffnungen der Regierung
und sogar des Kaisers, die Reform könnte überregionale Parteien an die
Macht bringen, die darauf aus waren, das Reich gegen die regionalen
Kräfte des Nationalismus zu stärken, berechtigt gewesen waren. Das
war unter sozialistischen Theoretikern in den Jahren um 1900 ein großes Thema gewesen. Karl Renner hatte wiederholt seiner Überzeugung
Ausdruck verliehen, das allgemeine Wahlrecht für Männer werde die
Aufmerksamkeit der Wähler von sektiererischen nationalistischen Anliegen weg und zu wirtschaftlichen Themen hin lenken, denen man
sich auf reichsweiter Ebene widmen müsse.[107]

Die Wahlrechtsreform gestaltete die österreichische Politik auf
mehreren Ebenen in signifikanter Weise um, und zwar auf eine solche,
die das Reich als Ganzes wichtiger für die Wähler und ihre Parteien
werden ließ. Die anderen Hauptnutznießer der Reform von 1907 waren
zum Beispiel die regionalen sozialen katholischen Parteien, die sich im
Reichsrat zu einer Koalition zusammenschlossen und zusammen
sechsundneunzig Abgeordnete stellten. Wie John Boyer überzeugend
dargestellt hat, brachte die habsburgische Politik nach 1907 neue Normen und Erwartungen hervor, die die Bildung und Existenz von Massenorganisationen rechtfertigten, während sie gleichzeitig das Abtreten regional einflussreicher Aristokraten von der politischen Bühne
beschleunigten, deren Macht auf den Privilegien beruht hatte, die in
das alte Kurienwahlsystem eingegangen waren.[108] Diese Aristokraten
besaßen in den Landtagen der Kronländer und in Stadtregierungen
noch beträchtlichen Einfluss, insgesamt gesehen schwand ihre Macht
aber schnell dahin.

Dass diese Massenparteien sich an ihre potenziellen Wähler primär als an Arbeiter oder Katholiken wandten und nicht als Repräsentanten von Nationalitäten, ist wichtig, weil es ihnen einen weniger sektiererischen Charakter verlieh: Sie agierten reichsweit und sprachen Bürger überall im Reich an. Mit ihren politischen Appellen und Programmen versuchten sie ganz offiziell die Grenzen zwischen einzelnen nationalen Gemeinschaften zu überwinden und das Reich und die Gesamtheit seiner vielen Völker zum Objekt ihrer politischen Agitation zu machen. Vor allem sozialistischen Organisationen gelang es in höherem Maß als nationalistischen, sich mithilfe von Netzwerken aus wirtschaftlichen, kulturellen und sozialen Vereinen der Masse der Bevölkerung auf Dauer breite Unterstützung für ihre Arbeit zu verschaffen. Und wenn auch die Sozialdemokraten in der Regel viel kritischer gegenüber den institutionellen Stätten des Autoritarismus eingestellt waren, die es noch auszurotten galt, als die sozialen katholischen Parteien, stellten die einen wie die anderen die existierenden gesellschaftlichen Machtverhältnisse infrage und strebten ein erneuertes Reich an.

Ein Reich mit Zukunft?

Die habsburgischen Beamten und Parteipolitiker hatten schon seit langem Flexibilität und Kreativität an den Tag gelegt, wenn es darum ging, strukturelle Änderungen auszuhandeln, die zu einem besseren Funktionieren des Reiches beitragen und ihm langfristig größere Stabilität verleihen sollten. In Cisleithanien erarbeiteten die Architekten des Mährischen (1905), Bukowinischen (1910), Galizischen (1914) und Budweiser (1914) Ausgleichs wie auch die Urheber der Wahlrechtsreform von 1907 und die Initiatoren bürokratischer Reformen kühne politische Lösungen, um Konflikte, die durch politischen Nationalismus aufkamen, zu entschärfen. Ihre Bemühungen galten jeweils einer bestimmten Situation; die Lösungen waren größtenteils spezifisch und von lokalen Bedingungen geprägt. Sie ließen sich nicht ohne Weiteres auf ein anderes Kronland übertragen. In Mähren etwa war die Kurie der Großgrundbesitzer sogar davon befreit, sich für eine Nationalität zu entscheiden. In der Bukowina ließ der Ausgleich informell eine jüdische Wählergruppe zu, obwohl man die Juden eigentlich nicht als Volksgruppe zu sehen gewillt war.[109]

Diese Ausgleiche hatten häufig unerwartete Folgen. Der Mährische Ausgleich verstärkte, wie schon Zeitgenossen bemerkten, unbeabsichtigt nationale Identifikationen, indem er Einwohner des Kronlands, die sich zuvor mit keiner Volksgruppe identifiziert hatten, dazu zwang, sich für eine Nationalität zu entscheiden.[110] Nachdem die Regeln in Kraft getreten waren, mussten die zuständigen Stellen in Justiz und Verwaltung in den Kronländern die neuen Kriterien und Voraussetzungen von Volkszugehörigkeit berücksichtigen, wenn sie rechtliche Zuordnungen trafen. In Mähren bedeutete das, dass Personen nach und nach die Möglichkeit verloren, ihre Nationalität und die ihrer Kinder selbst zu bestimmen. Sobald die nationale Kategorisierung rechtliche Folgen hatte, vom Wahlrecht bis zum Schulbesuch der Kinder, verlangten Nationalisten, dass der Staat objektive Kriterien für die Bestimmung nationaler Zugehörigkeit festlegte, damit niemand von einer Nationalität zur anderen wechselte.

In Österreich machte sich in dem Jahrzehnt vor 1914 die Bereitschaft bemerkbar, auf der Ebene der Kronländer oder sogar – wie im Fall des Ausgleichs von Budweis – auf der Ebene einer einzelnen Stadt individuelle Lösungen für strukturelle Konflikte auszuhandeln. Obwohl keiner dieser Ausgleiche von seiner Tragweite her an den 1867 mit Ungarn geschlossenen heranreichte, wurde der österreichische Staat in den letzten Jahrzehnten seiner Existenz in gewisser Weise durch sie weit dezentralisierter oder föderalistischer – und dies trotz des exponentiellen Wachstums des öffentlichen Diensts oder des Beharrens der Oberverwaltungsgerichte darauf, allgemein verbindliche rechtliche und administrative Standards für ganz Österreich beizubehalten.

Sogar in Böhmen, dem Kronland, in dem nationalistische Konflikte anscheinend am schwersten zu überwinden waren, wurde weiterhin informell verhandelt, um eine föderalistische Kompromisslösung zu erreichen. Nationalistische Politiker mussten erkennen, dass es unmöglich war, solche Verhandlungen mit dem Gegner zu führen, ohne sich Angriffen vonseiten der Unnachgiebigeren und Verhärteteren unter ihren eigenen Gesinnungsgenossen auszusetzen. Im Juli 1913 bat Ministerpräsident Karl Graf Stürgkh (1859–1916) den Kaiser, den

Böhmischen Landtag aufzulösen, nachdem alle Verhandlungen sich hoffnungslos festgefahren hatten: Eine sogenannte Landesverwaltungskommission wurde mit der Wahrnehmung aller das Kronland betreffenden Angelegenheiten beauftragt. Monatelang hatte Böhmen an der Schwelle zu einer finanziellen Krise gestanden, und Obstruktion vonseiten nationalistischer Parteien hatte verhindert, dass der Landtag einen Ausweg fand. Viele Kritiker werteten Stürgkhs Vorgehen als Verfassungsbruch – was es rein technisch gesehen auch war –, und tschechische Nationalisten reagierten darauf, indem sie alle gesetzgebenden Prozesse im Reichsrat blockierten, wodurch sie erzwangen, dass dieser vorübergehend seine Arbeit einstellte. Wie Lothar Höbelt jedoch nachgewiesen hat, mögen tschechische und deutsche Nationalisten Stürgkh in der Öffentlichkeit zwar vehement kritisiert haben, insgeheim waren sie aber ungemein erleichtert, dass er Böhmens Finanzprobleme für sie «gelöst» hatte. Indem er die Landesverwaltungskommission eingesetzt hatte, hatte er sichergestellt, dass es zu keiner Unterbrechung hinsichtlich der öffentlichen Dienstleistungen kam. Und die Kommission hatte viele Mitarbeiter des jetzt aufgelösten Exekutivkomitees der Provinz übernommen, so dass diese ihre Arbeit fortsetzen konnten.[111] Stürgkh hatte stillschweigend tschechische und deutsche Nationalisten davon befreit, die Verantwortung für die Krise übernehmen zu müssen. Würde sein Schritt den Weg zu einem anderen föderalistischen Abkommen ebnen oder würde er zu einem Wiederaufleben des zentralistischen Staates führen?

Ein ganz anderes Beispiel für Staatsbildung eröffnete ebenfalls ganz verschiedene Möglichkeiten. Am 17. Februar 1910, sechzehn Monate nachdem Franz Joseph öffentlich seine Entscheidung bekannt gegeben hatte, Bosnien-Herzegowina an Österreich-Ungarn anzuschließen, erhielt die Provinz eine Verfassung und ihren eigenen Landtag. Doch machte dieser Prozess der Integration mehrere komplexe konstitutionelle Manöver nötig, die die Erschaffung einiger juristischer Fiktionen und die Missachtung anderer verfassungsmäßiger Realitäten erforderten. Bis zu seiner Annexion war das gemeinsame Finanzministerium Österreichs und Ungarns für die Verwaltung dieser einzigen Kolonie des Reiches – oder dieses Protektorats – zuständig gewesen. Dem Außenminister Graf Alois Lexa von Aehrenthal (1854–1912) zufolge hatte sich die Annexion 1908 als unumgänglich erwiesen, um die Hoffnungen serbischer Nationalisten, ihr Land um bosnisch-herzegowinisches Gebiet erweitern zu können, wie auch die Hoffnungen der Türken, es einem reformierten Osmanischen Reich wieder einverleiben zu können, zunichte zu machen. Doch wie genau sollte man das Territorium integrieren?

Von der Verfassung her gab es keinen Status, den man Bosnien-Herzegowina zuweisen könnte, um es mit dem Reich zu verbinden; die einzige Möglichkeit hätte darin bestanden, es direkt an das Staatsgebiet Österreichs oder Ungarns anzuschließen, etwas, wozu keiner der beiden Staaten bereit war. Eine mehr oder minder utopische Möglichkeit hätte darin bestanden, Bosnien-Herzegowina als territoriale Grundlage oder als eine Art Kerngebiet für einen neuen südslawischen Habsburgischen Staat zu benutzen, der zu den beiden existierenden hinzugekommen wäre, vielleicht unter Erweiterung um einige bis dahin österreichische und ungarische Gebiete (Teile der Krain, von Istrien und Dalmatien beziehungsweise Kroatien). Der Thronfolger, Erzherzog Franz Ferdinand, stand einer solchen Lösung aufgrund seiner Sympathien für die Südslawen des Reiches und seiner generellen Opposition gegen die Machtposition der Ungarn positiv gegenüber. Die politischen Führer Ungarns weigerten sich aber, irgendwelche territorialen Konzessionen zu machen, sprich Gebiete abzutreten, und wehrten sich kategorisch gegen eine Minderung ihres Einflusses, zu der es beim Übergang von einer dualistischen zu einer «trialistischen» Struktur unweigerlich gekommen wäre. Sie stellten sich auch einem Hinzukommen weiterer slawischer Nationen zu Ungarn entgegen, was eine unvermeidbare Folge eines Anschlusses Bosnien-Herzegowinas an das Magyarenreich gewesen wäre.

In der Verfassung oder dem «Landesstatut» von 1910 für Bosnien-Herzegowina wurden die allgemeinen Bürgerrechte festgelegt, außerdem die Schaffung eines Landtags, dessen Abgeordnete zum größten Teil durch Wahl bestimmt wurden, eines Justizsystems und eines öffentlichen Dienstes verkündet, wobei man die Strukturen im übrigen Reich berücksichtigte, einige davon aber auch außer Acht ließ. Franz Joseph regierte über die neuen Territorien in seiner Eigenschaft als Herrscher von Österreich und Ungarn. Seine Herrschaftsgewalt über die ehemals osmanischen Provinzen beruhte nicht auf Ansprüchen der habsburgischen Dynastie auf diese Territorien oder darauf, dass Bosnien-Herzegowina der Pragmatischen Sanktion zugestimmt hätte, sondern vielmehr auf seiner Stellung als Kaiser und König von Österreich-Ungarn. Doch aufgrund der neuen Verfassung befand Bosnien-Herzegowina sich in einer Art von rechtlichem Schwebezustand: Es war eigentlich weder Teil von Österreich noch von Ungarn. Die Bosnier wählten zwar einen Landtag und Stadträte, die über einheimische, innerbosnische Angelegenheiten entschieden, besaßen aber kein Mitspracherecht bei Debatten über Themen, die für die gesamte Monarchie relevant waren (also etwa über das Militär, die Finanzen des Reiches oder über auswärtige Angelegenheiten).[112]

Die Mitglieder des Bosnischen Landtags, der sich in Sarajevo versammelte, wurden ähnlich wie die in den Kronländern Österreichs von mehreren Kurien gewählt. Während jedoch in Österreich mittlerweile die Zugehörigkeit zu einer bestimmten von mehreren Sprachgruppen die Basis für viele gewählte Gremien bildete, wurde mit den Bestimmungen in der bosnischen Verfassung primär religiösen Unterschieden Rechnung getragen. Der Mährische Kompromiss von 1905 hatte die Kurien der Groß- und Mittelbauern sowie der Stadtbewohner in separate tschechische und deutsche Sektionen unterteilt. Das bosnische Landesstatut hingegen unterteilte die drei Hauptkurien (die der Großgrundbesitzer und derer, die am meisten Steuern zahlten, der Stadtbewohner und der Bauern) in separate orthodoxe, muslimische und katholische Sektionen.[113] Die Wähler in den beiden anderen Kurien mussten männlichen Geschlechts und Bürger von Bosnien-Herzegowina sein, das Alter von vierundzwanzig Jahren erreicht haben und seit mindestens einem Jahr im Land ansässig gewesen sein. Doch waren – anders als in der österreichischen Hälfte der Monarchie – nicht ausschließlich die einheimischen Bürger wahlberechtigt: Auch österreichische oder ungarische Männer im Alter von mehr als vierundzwanzig Jahren, die der Verwaltung angehörten, Eisenbahnangestellte waren oder als Lehrer in Bosnien arbeiteten, hatten das Recht, dort zu wählen.

Die Autoren der bosnischen Verfassung übernahmen bei der Auflistung der Bürgerrechte nahezu Wort für Wort die Formulierungen der österreichischen Verfassungsgesetze von 1867, mit einigen Ausnahmen, die spezifischen Bedingungen in den neuen Territorien geschuldet waren. Es wurde eine bosnisch-herzegowinische Staatszugehörigkeit oder Staatsbürgerschaft geschaffen, da es keine österreichisch-ungarische Staatsbürgerschaft gab, also eine die sowohl für Österreich als auch für Ungarn galt. Die Statuten garantierten Gleichheit vor dem Gesetz, Freiheit der Person und des Besitzes sowie die Freizügigkeit. Außerdem wurde dafür gebürgt, dass alle in den beiden Territorien anerkannten Religionen öffentlich praktiziert werden durften. Bei Zivilprozessen unter Muslimen sollte die Scharia Anwendung finden. Außerdem wurde jeder Volksgruppe ausdrücklich das Recht zugestanden, ihre eigene Sprache zu verwenden, damit ihr nationaler Charakter gewahrt blieb. Nicht aus der Verfassung von 1867 übernommen wurden aber die spezifischen Formulierungen von Artikel 19, mit denen dem einzelnen Bürger/der einzelnen Bürgerin nachdrücklich das Recht zugesichert wurde, seine/ihre Sprache in der Schule und im öffentlichen Leben zu benutzen.[114]

In einer detaillierten Analyse des Landesstatuts und der äußeren Umstände, unter denen es entworfen wurde, warnte Karl Lamp (1866–1962), Juraprofessor an der Universität Czernowitz, dass dieses Dokument sehr gut ungeahnte Konsequenzen für die Zukunft Österreich-Ungarns haben könnte. Er meinte, dass die Statuten für die Provinz Bosnien wenig dazu beitrügen, den verfassungsmäßigen Status Bosnien-Herzegowinas zu klären, vor allem, da weder Österreich noch Ungarn ihre Verfassungen – ja noch nicht einmal ihre Gesetze – geändert hätten, um der Annexion von 1908 Rechnung zu tragen. Lamp stellte die Frage nach dem genauen Status von Bosnien-Herzegowina und danach, wie dieser zukünftige konstitutionelle Entwicklungen im Rest Österreich-Ungarns beeinflussen würde.[115]

Man könnte die bosnische Verfassung als im Einklang mit so vielen anderen dezentralisierenden und föderalistischen Entwicklungen stehend sehen. Doch Lamp glaubte, dass das bosnische Landesstatut den Ausgangspunkt «des von der Monarchie im Neuland geleisteten Kulturwerkes» bilde und keinen Endpunkt markiere, und er meinte: «Es wäre ein Irrtum diese Wirkung der bosnischen Verfassung in der Richtung verstärkter Dezentralisierung zu suchen.» Er glaubte, dass stattdessen der Vorstoß Österreich-Ungarns in die Kolonialpolitik langfristig eine

größere – wenn auch vollkommen unbeabsichtigte – Zentralisierung des
Reiches zur Folge haben werde und eine Minderung der Unabhängigkeit
sowohl Österreichs als auch Ungarns.[116] Die Kolonialpolitik hatte neue
gemeinsame Interessen entstehen lassen, die die beiden Staaten in der
Zukunft enger miteinander verbinden würden, vor allem auch dadurch,
dass die bosnische Verfassung eine Erweiterung der Kompetenzen der
gemeinsamen Ministerien vorsah.[117]

Lamp stellte bei seiner Analyse nicht die verschiedenen ethnischen
Gruppen und ihre potenziell problematischen Beziehungen untereinander ins Zentrum. Für ihn schien das nicht der entscheidende Punkt
zu sein. Er führte vielmehr aus, dass Österreich und Ungarn eine engere konstitutionelle Verbindung würden eingehen müssen, um Fragen
in Bezug auf Grundrechte und Befugnisse zu klären, die durch die Annexion aufgeworfen, durch das Statut von 1910 aber nicht gelöst worden waren. Lamp behandelte Österreich-Ungarn weder als einen nach
europäischen Maßstäben besonderen Ausnahmefall noch als eine Art
Anachronismus, was seine Staatsstruktur betraf. Er untersuchte das
Reich im Rahmen von konstitutionellen Anomalien, wie sie im Fall von
Elsass-Lothringen und Deutschland bestanden, oder von Herausforderungen, mit denen europäische Staaten mit Kolonialbesitzungen in
Übersee langfristig konfrontiert waren.

Analysen von Rechtswissenschaftlern wie Lamp zeigen, mit welcher Engagiertheit unzählige Österreicher und Ungarn in der Zeit
nach 1900 darüber debattierten, welchen Weg das Reich in Zukunft
nehmen sollte und wie man seine Strukturen möglicherweise reformieren könnte.[118] Diese Diskussionen resultierten zum Teil aus der
Überzeugung der Zeitgenossen, dass diese florierende Gesellschaft
neue Regeln, Strukturen und Institutionen brauchte, um (noch) besser funktionieren zu können. Freilich war jede tiefgehende oder
umfassende Neugestaltung des Reiches ausgeschlossen, da jeder der
beiden Staaten aufgrund der Verfassung die Möglichkeit besaß, Reformen in dem jeweils anderen zu blockieren. Zwischen ungarischen
und österreichischen Politikern bestanden gravierende Meinungsun-
terschiede bezüglich der Zukunft des Reiches, und es gab in beiden
Hälften der Monarchie viele Interessengruppen, die über ihre Privilegien wachten.

Dennoch dokumentieren die Leidenschaftlichkeit, mit der man Reformprojekte diskutierte, und die Kreativität, mit der man sie ersann, dass man Österreich-Ungarn nicht einfach als einen zum Untergang verurteilten Anachronismus in Europas abtun kann. Die Existenz nationalistischer Bewegungen und nationalistischer Konflikte schwächte den Staat nicht lebensbedrohlich und führte mit Sicherheit nicht zu seinem Zusammenbruch im Jahr 1918. In Österreich-Ungarn wirkten sich die Institutionen des Reichs und die Erwartungen, die es geweckt hatte, auf die Forderungen der nationalistischen Bewegungen aus. Es waren Einrichtungen des Reiches, von Schulen und Kasernen bis zum überregionalen Handel und zur wissenschaftlichen Forschung, die im Zentrum politischer Aktivitäten und emotionaler Bindungen standen. Die Spannungen, die durch den Widerstreit zwischen nationalistischen Impulsen und solchen, die der Einheit des Reiches galten, entstanden, führten zu einer noch kreativeren, «phantasievolleren» staatlichen Politik. Das wird durch die politischen und administrativen Ressourcen belegt, die sowohl vom österreichischen als auch vom ungarischen Staat aufgebracht wurden, um – häufig in ganz gegensätzlicher Weise – nationalistische politische Bestrebungen in den Griff zu bekommen, zu zügeln oder sogar zu «normalisieren».

Hier sei aber auch ein anderer Versuch des Staates, mit den nationalistischen Bewegungen zurechtzukommen, erwähnt, einer, der in jeder Beziehung fehlschlug. Neuere Untersuchungen von Mark Cornwall zu Prozessen wegen Landesverrats – vor allem solchen, die in den Jahrzehnten vor dem Weltkrieg stattfanden – werfen Licht auf ungeschickte und fehlgeleitete Bemühungen im Staat, die durch den Widerstreit zwischen nationalistischen Bestrebungen und Reichspolitik entstandenen Spannungen abzubauen.[119] Regionale Ausgleiche, die einen stärkeren Föderalismus versprachen, stellten eine Art der Antwort auf strukturelle Probleme dar. Eine andere waren die gelegentlichen, jeder faktischen Grundlage entbehrenden Prozesse wegen Landesverrats, die nicht nur gegen die Prinzipien des Rechtsstaats verstießen, sondern im Allgemeinen auch nicht zu dem vom Staat erhofften Urteil führten. Doch sogar von diesen schlechten Imitationen des bekanntesten aller europäischen Prozesse wegen Hochverrats, des Verfahrens gegen den französischen Hauptmann Dreyfus, lässt sich nicht behaupten, dass sie den Bankrott des Reiches angezeigt hätten. Vielmehr geben sie zu erkennen, dass in der höheren Beamtenschaft ein Kampf um Demokratisierung entbrannt war. Es war nicht so, dass große Teile der Beamtenschaft für eine direkte Herrschaft des Volks eintraten. Vielmehr ließen sich die Beamten nach 1900 nicht mehr sauber von den per Wahl bestimmten Gremien und den politischen Parteien, von denen sie zunehmend ernannt wurden, trennen.

Das Bild von einem anachronistischen Reich, das schon lange vor dem Krieg aufgrund der Schwäche seiner internen Institutionen oder deren Unvermögen, den Anforderungen der Moderne gerecht zu werden, zum Untergang verurteilt war, wurde nicht von Historikern erfunden. In den Jahrzehnten vor 1914 erging sich eine Gruppe einflussreicher aktiver Beobachter aus den Kreisen der militärischen, bürokratischen und aristokratischen Eliten in düsteren Vorhersagen und stellte die Überlebensfähigkeit des Reiches infrage. Aus den Briefen dieser Männer aus der Vorkriegszeit schlägt einem eine zutiefst pessimistische Einschätzung der unmittelbaren Zukunft des Reiches entgegen. Vor allem die Wahlrechtsreformen, die 1907 mit der Einführung des allgemeinen Männerwahlrechts ihren Höhepunkt fanden und der großen Masse der Bevölkerung auf Kosten des landbesitzenden Adels politische Macht verliehen, ließen Ängste aufkommen, dass der Sozialismus marxistischer Prägung oder der sektiererische, zur Spaltung führende Nationalismus stärker werden könnte als der Patriotismus, die Bindung an das Reich. 1898 meinte Fürst Karl zu Schwarzenberg:

> Die sogenannten persönlichen Freiheiten müssten eingeschränkt werden. Leute welche meinen, daß sich das Rad nicht zurückdrehen lässt, waren kaum am Platze [...] Meiner Ansicht nach lässt sich Oesterreich nicht mehr anders, als durch einen modernisirten Absolutismus halten.

Fünf Jahre später klagte Alois Lexa von Aehrenthal, dass überall, «[w]o man hinschaut, Dekomposition [ist,] und nirgends begegnet man dem *festen Willen,* der *festen Hand,* die man dringendst benötigen würde». Graf Oswald von Thun-Salm drückte es viel drastischer aus: «Bei uns muß ein Optimist Selbstmörder werden!»[120]

1902 klagte Graf Franz von Thun-Hohenstein, ehemaliger Statthal-

ter von Böhmen und früherer Ministerpräsident von Österreich, beim
Außenminister Alois Lexa von Aehrenthal darüber, die Radikalen
seien in der Öffentlichkeit so einflussreich, dass es in der Politik keinen
Platz mehr für die Mitwirkung «vernünftiger Personen» zu geben
scheine. Derartige zutiefst pessimistische Äußerungen bezüglich der
Überlebensfähigkeit der Monarchie im zwanzigsten Jahrhundert gibt
es in großer Fülle, und zwar vor allem vonseiten derer, die traditionell
damit betraut waren, das Reich zu führen – mit anderen Worten
vonseiten der Aristokraten, die immer noch in den oberen Rängen des
öffentlichen Dienstes und des Militärs die Schlüsselpositionen innehatten. Es stimmte sicherlich, dass, wie Thun meinte, um 1900 viele
Menschen politischen Profit daraus zogen, wenn sie radikale nationalistische oder sozialdemokratische Überzeugungen äußerten.

Doch kündet das für sich genommen schon den Untergang des
Reichs an? Tatsächlich waren um 1900 verschiedene Reiche in Gefahr.
Dasjenige, das Männern wie Aehrenthal, Schwarzenberg oder Thun-
Hohenstein und Thun-Salm am ehesten entsprach, war um jene Zeit
schon gestorben, und zwar durch die liberalen Reformen in der Mitte
des neunzehnten Jahrhunderts, die die Massenreformen des zwanzigsten hervorgebracht hatten. Die alten Eliten begriffen sehr wohl, dass
die Veränderungen, die die österreichisch-ungarische Gesellschaft in
den letzten Jahrzehnten erfahren hatte – vom Aufkommen einer Volks-
politik (im Gegensatz zur Fürstendiplomatie) bis zur Politisierung der
Bürokratie – ihren Einfluss und ihre Macht gravierend verringert hatten. Viele fürchteten überdies, dass diese Veränderungen auch Österreichs Status als Großmacht abträglich waren.

Dieser existenzielle Pessimismus, der in der Elite um sich gegriffen
hatte, war einer der Faktoren, der 1914 einige Mitglieder des Generalstabs und des Diplomatischen Corps dazu ermutigte, Österreich in den
Krieg zu führen. In dem Glauben, dass ein alles umwälzender großer
Krieg ihnen die letzte Gelegenheit böte, die politischen Konflikte im
eigenen Land zu beseitigen, und verhindern könnte, dass der Großmachtstatus Österreichs weiter Schaden nahm, gingen sie das Risiko
ein. Der Mann, der als Einzelperson hauptverantwortlich für den
Kriegseintritt war, Generalstabschef Franz Conrad von Hötzendorf
(1852–1925), gab in einem Brief an Joseph Redlich – so steht es in dessen

politischem Tagebuch – den Ängsten seiner Kaste Ausdruck; er gab zu, «daß die innere Lage der Monarchie sehr schwer friedlich zu verbessern sei».[121]

Wir Historiker können den Zustand, in dem das Reich sich befand, untersuchen, ohne uns die wenig objektive Sichtweise einer zunehmend anachronistischer werdenden Elite zu eigen zu machen. Es gibt andere und bessere Möglichkeiten, diese Periode zu verstehen.

8

Krieg und radikale Staatsbildung,
1914–1925

Der Weg der Geschichte ist eben nicht der eines Billardballs, der
abgestoßen, eine bestimmbare Bahn durchläuft, sondern er
ähnelt dem Weg der Wolken, der zwar auch nach Gesetzen der
Physik verläuft, aber ebenso sehr als durch diese beeinflusst wird
von etwas, das man wohl nur ein Zusammentreffen von Tat-
sachen nennen kann.

Robert Musil, «Der deutsche Mensch als Symptom, 1923[1]

Im Sommer 1914 befanden sich die Bürger Österreich-Ungarns – und
mit ihnen die der meisten anderen europäischen Staaten – plötzlich im
Krieg. Angst vor einem Krieg war ihnen nicht fremd – zum letzten Mal
hatten sie sie 1908 nach der Annexion von Bosnien-Herzegowina ver-
spürt –, doch während ihre Nachbarn auf dem Balkan sich seit 1912
mehrfach im Kriegszustand befunden hatten, kam der Ausbruch der
Feindseligkeiten im Juli 1914 für die meisten Bürger der Doppelmonarchie völlig überraschend. Viele gesellschaftliche Gruppen erkannten
aber schnell, dass dieser Krieg ihnen die Möglichkeit bot, das Reich
ihren besonderen Vorstellungen entsprechend umzugestalten.

Fast sechs Jahre lang hatten die wichtigsten militärischen Führer,

wie der Chef des Generalstabs Franz Conrad von Hötzendorf, in einem
Krieg auf dem Balkan eine Gelegenheit gesehen, die politische Demokratisierung, die in den vergangenen Jahren stattgefunden hatte, rückgängig zu machen. Sie würden das Imperium umgestalten, indem sie
sich an der Vergangenheit orientierten, in der die österreichisch-ungarische Gesellschaft unpolitisch, geeint, hierarchisch strukturiert und
diszipliniert gewesen war. Natürlich existierte eine solche Vergangenheit nur in ihrer Vorstellung. Nachdem sich im Sommer 1914 der Ausbruch eines Kriegs abzeichnete, hießen das auch politische Führer
jeglicher Couleur willkommen. Für Sozialisten schien er die Möglichkeit zu bieten, als Gegenleistung für die Kooperation der Klasse der
Industriearbeiter soziale und politische Reformen durchsetzen zu können. Nationalistische Aktivisten sahen im Krieg eine einzigartige
Chance, im Gegenzug für das patriotische Opfer, das ihre Volksgemeinschaft brachte, regionale Autonomie, verstärkte rechtliche Anerkennung für ihre jeweilige Sprache oder sogar die Reorganisation des
gesamten Reiches zu erlangen. Politikern schien der Krieg die Aussicht
zu bieten, die Pattsituation aufzulösen, die im Reichsrat und im Böhmischen Landtag herrschte. Politikern aller Couleur war außerdem bewusst, dass in den Kreisen der Arbeiterklasse, der Bauernschaft und der
Mittelschicht der Krieg generell als notwendig akzeptiert wurde.[2] Ganz
unerwartet eröffneten sich zudem vielen Menschen, von den Arbeiterinnen in den Städten bis zu Bauern in kleinen Dörfern, nach Kriegsausbruch vielfältige Wege, ihren Wunsch nach radikaler sozialer und
politischer Veränderung zum Ausdruck zu bringen.

Zwischen August 1914 und November 1918 zogen nahezu 8 Millionen Männer für das Reich in den Krieg. Fast 1 500 000 von ihnen fielen
entweder im Kampf oder starben in der Gefangenschaft; 3 620 000
wurden verwundet und über zwei Millionen gerieten in Kriegsgefangenschaft. Es gab nur wenige Familien und Gemeinden, die nicht vom
Kriegsgeschehen betroffen waren. Wenn man noch das Leiden an der
Heimatfront hinzurechnet, das von Mangelernährung, Erschöpfung
und vielen Krankheiten verursacht wurde – es gab auch Menschen, die
regelrecht verhungerten –, dann kann man sagen, dass die Auswirkungen des Kriegs die gesamte Bevölkerung betrafen.[3] Die Folgen
waren aber nicht nur demografischer Art:[4] Der Krieg veränderte die

österreichisch-ungarische Gesellschaft auf verschiedene Weise. Der unersättliche Bedarf des Staates an Arbeitskräften, als die meisten Männer zum Kriegsdienst eingezogen waren, hatte zur Folge, dass immer mehr Frauen in den Industriebetrieben beschäftigt wurden. Dort unterwarf der Staat sie häufig einer militärisch-strengen Disziplin, traf aber kaum Vorkehrungen, damit sie ihren familiären Pflichten nachkommen konnten. In den letzten Kriegsjahren griff man sogar auf Frauen zurück, damit sie in der konservativsten aller Institutionen, dem Militär, anstelle von Männern Verwaltungs- und Büroarbeiten erledigten.[5] Während Lehrer an die Form geschickt wurden und Schulen ihre Pforten schlossen, schufteten Mütter lange Stunden in Fabriken und zogen Kinder im Müll nach Essbarem stöbernd durch die Straßen oder hielten stundenlang – oft auch die ganze Nacht hindurch – für ihre arbeitenden Mütter einen Platz in den endlos langen Schlangen vor den Lebensmittelgeschäften frei.

Der Staat, der Männern und Frauen an der militärischen wie an der Heimatfront ungeheure Opfer abverlangte, musste auch größere Verantwortung für ihre unmittelbaren körperlichen Bedürfnisse übernehmen. Denn viele Menschen waren auf ganz konkrete, materielle staatliche Hilfe für ihr tägliches Überleben angewiesen, und viele machten sich die Parolen vom «patriotischen Opfer» zu eigen, um ihre Versorgung zu fordern. Der Mangel an Lebensmitteln und Brennstoffen bedeutete in den Augen der Bevölkerung, dass der Staat permanent seiner Verpflichtung nicht gerecht wurde, seine Bürger angemessen zu ernähren, ihnen genügend Heizmaterial zur Verfügung zu stellen und für die Hinterbliebenen gefallener Soldaten zu sorgen. Das Unvermögen der führenden Militärs und Beamten, die materiellen Erwartungen zu erfüllen, die sie selbst in der Bevölkerung erweckt hatten, führte zu einer ernsten Vertrauens- und Legitimitätskrise. Der Staat reagierte darauf mit dem Versprechen, wirkungsvollere Maßnahmen zu ergreifen, das er aber überhaupt nicht erfüllen konnte.[6]

Im Oktober 1918, nur wenige Monate nachdem ein erschöpftes Österreich-Ungarn und das mit ihm verbündete Deutsche Reich mit letzter Kraft Siege über Russland, Italien und Rumänien errungen hatten, implodierte das Habsburgerreich schließlich, und neue regionale Regierungen mit Sitz in Prag, Zagreb, Lemberg, Wien und Budapest übernahmen das, was von dem großen Verwaltungsapparat des Reiches noch übrig geblieben war.

Der Krieg war nicht der Todesstoß für ein vor Schwäche ohnehin schon taumelndes Reich. Er bewirkte nicht, dass ein ohnehin unvermeidbarer Zusammenbruch einfach nur früher eintrat. Er schuf jedoch Bedingungen, die innerhalb weniger Jahre einen Zusammenbruch nicht nur möglich, sondern auch wahrscheinlich machten. Die entsetzlichen Leiden, die der Krieg mit sich brachte, ließen überall in Europa revolutionäre Kräfte wach werden. Ein Staat, der das Leiden seiner Bevölkerung nicht lindern konnte, büßte in deren Augen seine Legitimität ein. Es war aber nicht nur der Versorgungsmangel, der in Österreich-Ungarn dazu führte, dass patriotische Gefühle für das Reich zum Erliegen kamen; verstärkt wurde die Unzufriedenheit der Bevölkerung noch durch die strenge, die Grenzen des Legalen überschreitende militärische Diktatur, die ihnen in den ersten beiden Kriegsjahren auferlegt wurde. Zeitgenossen und spätere Historiker waren der Ansicht, dass die Regierung noch diktatorischer war als die Regierungen anderer kriegführender Staaten. Es ist fraglich, ob es irgendeiner Regierung hätte gelingen können, die Versorgungsengpässe zu beseitigen, doch mit ihrer eklatanten Missachtung von Rechtsansprüchen und juristischen Gepflogenheiten erreichten die diversen Landesregierungen Österreich-Ungarns nur, dass das Vertrauen der Bevölkerung in ihre Herrschaft schwand.[7]

Die radikale Umwandlung der grundlegenden Bedingungen der Gesellschaft durch den Krieg hatte zur Folge, dass in mehreren Schritten einige neue Strukturen entstanden. Einige davon wurden offiziell, «von oben» eingeführt (wie Lebensmittelrationierung, Überwachung der Bevölkerung, neue Arten von Sozialleistungen), andere wurden inoffiziell «von unten» her ins Leben gerufen; dazu gehörten Versuche vonseiten der Bevölkerung, die Verteilung von Nahrungsmitteln zu organisieren. Auch neue Verhaltensweisen der Polizei bildeten sich gewissermaßen von selbst aus. Anders als die führenden Persönlichkeiten der Zeit und spätere Historiker es sahen, markierte der November 1918 aber keinen radikalen Bruch mit der Vergangenheit. Wichtig sind die verschiedenen Punkte in unserer Periodisierung der Entwicklungen im

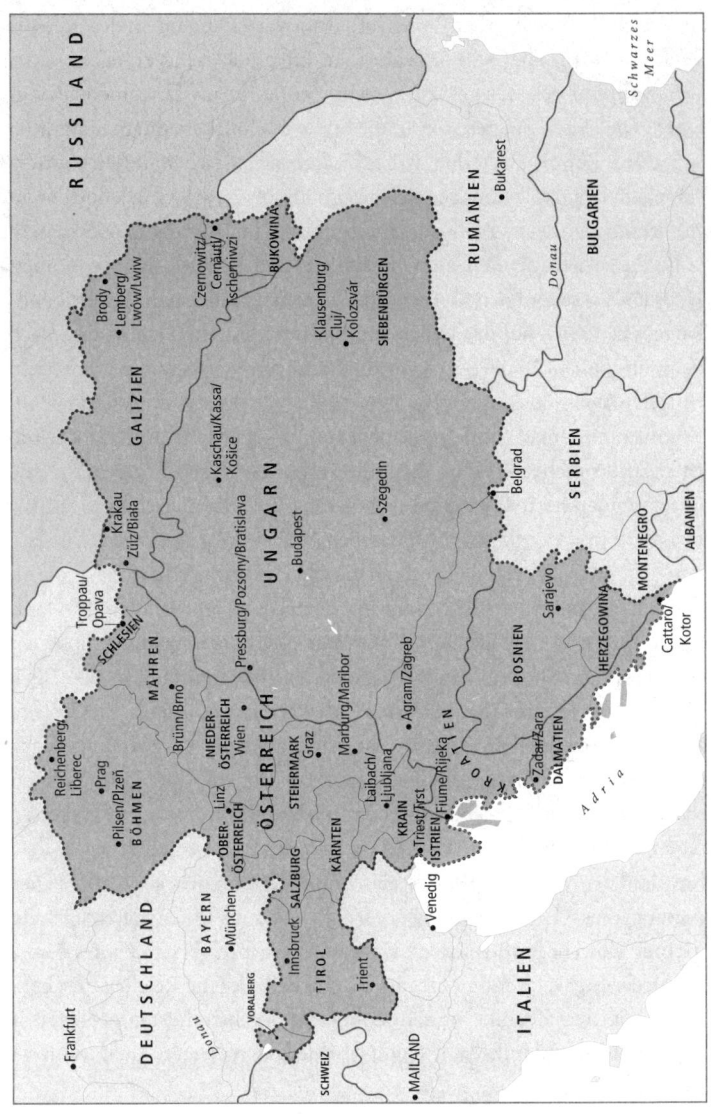

Österreich-Ungarn 1914

und nach dem Krieg. Die Welt von 1919 war eine ganz andere als die Welt von 1914, aber was sich alles am Ende politisch verändert hatte, war während des Krieges zu keinem Zeitpunkt im Einzelnen festzulegen. Die neuen Staaten, die an die Stelle des Reiches traten, bemühten sich unter Beweis zu stellen, wie grundlegend sie sich vom Reich unterschieden. Die Auflösung des Reiches im Oktober 1918 ging jedoch nicht mit einer radikalen Auflösung von dessen Institutionen oder einem völligen Bruch mit den alten Praktiken und Rechtssystemen einher. Und das Verschwinden Österreich-Ungarns von der politischen Landkarte wirkte sich auf das Leben der meisten Menschen kaum aus. Nach dem offiziellen Ende der Kampfhandlungen wurden die Menschen Mitteleuropas noch mehrere Jahre lang von Lebensmittelknappheit, Wohnraummangel und verschiedenen seuchenartigen Krankheiten geplagt. Im mehreren Regionen, die vorher der Habsburgermonarchie unterstanden hatten, brachen neue Kriege aus, die zwischen paramilitärischen und regulären militärischen Einheiten ausgetragen wurden, einige tobten jahrelang. Besseren Einblick in die Verhältnisse, die in den 1920er-Jahren in Mitteleuropa herrschten, gewinnt man, wenn man unter die Oberfläche der von den Nachfolgerstaaten erhobenen Ansprüche schaut und die institutionellen Kontinuitäten in den Blick nimmt. Mehrere Staaten behielten – diskret gewissermaßen – Gesetze des alten Reiches bei, ebenso Justizsysteme, und sie beließen sogar dieselben Personen in maßgeblichen Positionen. Den Zeitgenossen schienen die Unterschiede zwischen Reich und Nationalstaat, zwischen altem und neuem Regime, krass zu sein, und sie wiesen eifrig auf sie hin. Für den Historiker ist es aber unter Umständen kein hilfreicher Ansatz, diese Unterschiede hervorzuheben und ihnen nachzugehen. Meiner Ansicht nach sollte man viele der Nachfolgerstaaten des österreichisch-ungarischen Imperiums als einzelne «kleine Reiche» ansehen, so wie sie ihre Bevölkerungen lenkten und kontrollierten, sich selbst legitimierten und kulturelle Unterschiede konstruierten, auch wenn sie sich als Nationalstaaten gerierten.

Die Julikrisen

Die Ermordung des habsburgischen Thronfolgers und seiner Gemahlin am 28. Juni 1914, bei einer Visite in der bosnischen Hauptstadt Sarajevo, löste eine Krise aus, die einen großen Teil Europas einen Monat später in den Krieg trieb. Es gab aber in jenen Wochen noch andere Krisen, die die politischen Führungskreise Österreichs in Atem hielten. Im Juli forderte der Innenminister die Statthalter der Kronländer auf, ihren finanziellen Bedarf für das Haushaltsjahr 1915/16 anzumelden. Viele der Statthalter waren überzeugt, dass Österreich eine Krise drohe, eine, die weder durch die Situation auf dem Balkan noch auf die drohende Kriegsgefahr zurückzuführen sei. Der Ausbau der Infrastruktur hatte wachsende finanzielle Belastungen mit sich gebracht, ebenso die Notwendigkeit, staatliche Leistungen für die Angehörigen der unterschiedlichen Sprachgruppen zur Verfügung zu stellen, sowie die Ausweitung der Sozialfürsorge. Die Statthalter verlangten daher eine Aufstockung des Verwaltungspersonals, vor allem die Einstellung von Beamten mit Fachausbildung, die sich in allen möglichen Bereichen auskannten, vom Versicherungswesen bis zu medizinischen Technologien. Aus Triest meldete die Kanzlei des Statthalters, dass man sich mit 85 913 administrativen Vorgängen befasst habe, während es 1900 nur 38 044 gewesen waren. Der Statthalter von Schlesien forderte von Troppau aus die Einrichtung von elf neuen Stellen, wobei er noch eine ominöse Warnung ergehen ließ, dass man mit einer Reihe negativer Folgen rechnen müsse, wenn seinen Wünschen nicht stattgegeben würde. «Die Nichtbeachtung meiner wiederholten Forderungen», schrieb er, «hat die staatlichen Dienste bereits Schaden nehmen lassen».[8]

Für die habsburgischen Beamten zeichnete sich nur eine Krise am Horizont ab, und die stand nicht mit einem möglichen Krieg in Zusammenhang, sondern mit den leeren Kassen des Staates. Die Statthalter, die hofften, alles aus dem Zentralstaat herausholen zu können, was sich herausholen ließ, taten ihr Bestes, um die personelle Situation – und die finanzielle Lage ihres jeweiligen Kronlandes – so düster wie möglich zu malen. Diese Krise war nicht durch einen langsamen Niedergang des Reiches zustande gekommen und wurde auch nicht durch das Gefühl verschärft, dass ein völliger Zusammenbruch kurz bevorstand. Die Statthalter stellten den Staat und seinen Institutionen auch nicht als überholt und anachronistisch dar. In den Berechnungen zum Personalbedarf für das kommende Jahr kamen sie mit keinem Wort auf die Möglichkeit eines Krieges zu sprechen.

John Deak hat für die Jahre vor 1914 festgestellt, dass «eine Reihe von Maßnahmen vonseiten eines tatkräftigen und expandierenden staatlichen Apparats» darauf zielte, «eine vom Staat geförderte Modernisierung weiter voranzutreiben».[9] Genau diese Maßnahmen waren es, die viel dazu beitrugen, das Reich in den Augen der Bevölkerung zu legitimieren. Um sie auf längere Sicht fortsetzen zu können, wäre jedoch eine umfangreiche Reform vonnöten. Nationalistische Politiker erkannten ebenfalls, wie bedeutend diese legitimierende Funktion der staatlichen Beamtenschaft war, und sie unternahmen alle erdenklichen Anstrengungen, um Einfluss auf die Vergabe der Posten in den Behörden und Ämtern der einzelnen Kronländer oder Bezirke zu nehmen. Ihre eigenen Vereinigungen ahmten oft die Praktiken der Regierung nach, indem sie dafür sorgten, dass diejenigen Bevölkerungsgruppen Sozialleistungen erhielten, die sie in Regionen, in denen mehrere Sprachen gebräuchlich waren, für ihre nationalen Gemeinschaften gewinnen wollten.[10] Gleichzeitig wies diese Entwicklung auf die zunehmende Föderalisierung Österreichs hin. Zwar zerstörte der Nationalismus nicht den Staat, doch wie wir gesehen haben, prägte sein Einfluss nach 1900 deutlich die Reformbestrebungen und die Visionen für die Zukunft, indem er bewirkte, dass die einzelnen Kronländer mehr Macht übertragen bekamen.

Gleichzeitig braute sich aber in höheren Regierungskreisen eine weitere Julikrise zusammen, eine, in die am Monatsende auch einige der Statthalter verwickelt waren, die um zusätzliche Mittel zur Aufstockung ihrer Mitarbeiterstäbe ersucht hatten. Auch diese zweite Julikrise stand nicht mit einem potenziellen Zusammenbruch des Reiches in Zusammenhang, sie wurde aber durch den drohenden Kriegsausbruch verschärft. Ausgelöst wurde sie durch Initiativen vonseiten des Militärs, das Reich in eine ganz andere Richtung zu lenken, als die Politiker und der Beamtenapparat wollten.

Seit den kurz zuvor zu Ende gegangenen Balkankriegen (1912–1913)

und der internationalen Krise, die durch Österreich-Ungarns Annexion von Bosnien-Herzegowina im Jahr 1908 ausgelöst worden war,
hatten Mitglieder der militärischen Führungsriege vor möglichen
landesverräterischen Aktivitäten innerhalb der slawischen Bevölkerungsgruppen des Reiches gewarnt. In ihrer Feindseligkeit gegenüber
slawischen Nationalisten schlugen sich nicht einfach antislawische
Vorurteile nieder, obwohl solche in der militärischen Führung stark
verbreitet waren. Diese Feindseligkeit ging vielmehr darauf zurück,
dass das Militär sich bewusst von der bürgerlichen Gesellschaft und der
vom «Volk» betriebenen Politik distanzierte, ja beides ablehnte. Diese
Distanzierung war wiederum ein Ergebnis der Stellung des Militärs,
das dem Befehl des Kaisers und nicht den zivilen Regierungen von
Österreich und Ungarn unterstand, im Staat. Diese beiden Regierungen waren berechtigt, über die Finanzierung des Militärs mitzuentscheiden, sie konnten aber keinen Einfluss auf dessen Führung nehmen.
Die Tatsache, dass man bei der Höhe des Budgets von Verhandlungen
zwischen österreichischen und ungarischen Delegationen abhing und
dass die ungarische Regierung diese Verhandlungen oft ausnutzte, um
militärpolitische Änderungen zugunsten der eigenen Nation durchzusetzen, ließ die Abneigung der militärischen Führungsspitze gegenüber dem gesamten politischen System nur noch stärker werden. In
ihrem Denken war diese Elite die letzte bedeutende Bastion eines politischen Absolutismus geworden, der eine Partizipation der bürgerlichen Gesellschaft an der Führung des Staates kategorisch ablehnte. In
den Augen der ranghohen Militärs würde eine solche Beteiligung die
Monarchie unweigerlich schwächen, indem sie unnötig vielen Gruppen
eine Mitbestimmungsmöglichkeit gab. Sie sahen den Beamtenapparat
als mitbeteiligt an dieser negativen Entwicklung an, zum Teil deswegen, weil er ihrer Ansicht nach zu sehr vom Einfluss und der Gunst
der politischen Parteien abhängig geworden war.[11]

Die Feindseligkeit des Militärs gegenüber der Beamtenschaft hatte
strukturelle Ursachen, da beide sich gegenseitig die knappen staatlichen Ressourcen streitig machten.[12] Im Juli 1914, als Österreich-
Ungarn Serbien den Krieg erklärte, lagen die Statthalter der Kronländer und die militärischen Führer bereits im Kampf miteinander,
weil die einen wie die anderen versucht hatten, sich Zugang zu den

Ressourcen eines klammen Staates zu verschaffen. Als der Krieg aus-
brach, veränderte er die zwischen Militär und Bürokratie bestehenden
Machtverhältnisse zugunsten des Militärs, er ließ den fundamentalen
Konflikt zwischen ihnen aber nicht abklingen.

Krieg gegen die Gesellschaft

Als ein Krieg mit Serbien und möglicherweise mit Russland immer
wahrscheinlicher wurde, eignete das Armeeoberkommando sich rasch
entscheidende Machtbefugnisse an, um einerseits einheimische Institutionen nach Ausbruch des Krieges umzuformen und andererseits
nach Kriegsende eine unpolitische Ordnung einführen zu können. Im
Einklang mit seiner Verachtung der bürgerlichen Gesellschaft wollte
das Militär zwar nicht das führen, was Historiker einen «totalen Krieg»
nennen. Das heißt, es versuchte nicht, die formellen Grenzen zwischen
Zivilgesellschaft und Militär oder die zwischen öffentlicher Verpflichtung und privatem Opfer aufzuheben, und ganz gewiss zielte es nicht
darauf, dass sich die Gesellschaft aktiv an den Kampfhandlungen beteiligte. Vielmehr bemühte sich das Oberkommando darum, den Krieg
in einer Weise zu führen, die es möglich machen würde, die zum Teil
niedergerissenen Barrieren, die seiner Meinung nach den Staat von der
Gesellschaft trennen sollten, wieder zu errichten. Jonathan Gumz zufolge bot der Krieg dem Militär die einzigartige Gelegenheit, ein streng
militarisiertes und entpolitisiertes Regime zu erschaffen, das auf strik-
ten hierarchischen Strukturen und strenger Disziplin basierte und von
dem zahlreiche militärische Führer hofften, dass es politische Zwistig-
keiten für immer beseitigen, ja die Staatsführung von der Politik an
sich abkoppeln würde.[13]

Zumindest in Österreich gestattete es die Regierung dem Militär,
seine Ziele zu realisieren, indem sie sich – und die Beamtenschaft –
weitgehend seiner Befehlsgewalt unterstellte. Unter Berufung auf
Paragraf 14 der Dezemberverfassung von 1867, der den Kaiser und
seine Minister ermächtigte, Gesetze zu erlassen, ohne dass diese vorher
vom Reichsrat beraten werden mussten, beschnitt die Regierung die
bürgerlichen Rechte und legte den Staatsbürgern neue Verpflichtungen
auf, wodurch das entstand, was der Rechtshistoriker und Politiker Josef

Redlich als Erster eine «Militärdiktatur» nannte.[14] Nur wenige Tage bevor Österreich-Ungarn Serbien den Krieg erklärte, verhängte das Kabinett unter Leitung von Ministerpräsident Karl Stürgkh de facto das Kriegsrecht, indem es sowohl den Reichsrat als auch die Landtage der Kronländer auflöste. Durch eine Anweisung des Doppelkabinetts von Österreich-Ungarn wurden auch verschiedene Grundrechte wie das der Freiheit der Rede und der Versammlung «zeitweilig außer Kraft» gesetzt. Das österreichische Kabinett führte die Zensur der Presse wieder ein und hob das Recht auf, bei Strafprozessen von einem Geschworenengericht angehört zu werden; Zivilisten, die im Verdacht standen, sich Vergehen schuldig gemacht zu haben, die in sich irgendeiner Weise auf das Kriegsgeschehen auswirken könnten – von Spionage über das Horten von Lebensmitteln oder Materialien bis zur Störung der öffentlichen Ordnung – wurden dem Militärrecht, d. h. dem Standrecht unterworfen.[15] Außerdem setzte das Militär jetzt seine geheimen Pläne zur Organisation der Heimatfront in die Praxis um, die 1906 ausgearbeitet und 1909 und 1912 geändert worden waren.

Zusammengenommen gaben diese Maßnahmen dem Militär die Kontrolle über die österreichische und die österreichisch-ungarische Administration. Es konnte außerdem Zivilbeamte in Schlüsselstellungen durch von ihm selbst ausgewählte Mitarbeiter ersetzen sowie Zivilgerichte durch Militärgerichte, die nach dem Militärrecht urteilten. Durch das sogenannte Kriegsleistungsgesetz wurden überdies mehrere Industriebetriebe und die darin Beschäftigten direkt dem Armeeoberkommando unterstellt. Diese Maßnahmen ermöglichten es dem Kriegsministerium auch – quasi über Nacht – eine riesige neue Behörde zu erschaffen, das Kriegsüberwachungsamt, dessen Aufgabe es war, Österreicher, im Land lebende Ausländer, Vertriebene und Kriegsgefangene in im besetzten Ausland gelegenen Lagern zu überwachen.[16]

Dem Militär wurde aber nicht alles zugestanden, wonach es verlangte. Die ungarische Regierung wachte eifersüchtig darüber, dass dem Land seine Sonderrechte erhalten blieben. Die Regierung unter dem diktatorischen Ministerpräsidenten István Tisza erreichte, dass sowohl das Parlament in Budapest als auch der kroatische *Sabor* ihre Tätigkeiten während des gesamten Krieges fortsetzen konnten.[17] Da man in Budapest ohnehin jeden Versuch des Militärs, die von ihm geforderten Neuerungen auch auf ungarischem Territorium durchzusetzen, voller Misstrauen registrierte – das schloss auch die Einführung eines gemeinsamen österreichisch-ungarischen Kriegsministeriums ein –, wurden viele Einrichtungen doppelt, also in beiden Hälften des Reiches, geschaffen. In Ungarn, wo bestimmte Institutionen während des Kriegs nominell weiterhin der Kontrolle der Zivilregierung unterstanden, rief das Kriegsministerium seine eigene Kriegsüberwachungskommission (*Hadifelügyleti Bizottság*) ins Leben.[18] Tisza bestand auch darauf, dass präzise festgelegt wurde, wozu das österreichische Äquivalent dieser Behörde in Ungarn *nicht* befugt war, und er erhob häufig Protest, wenn das Militär in den auf ungarischem Territorium liegenden sogenannten Militärzonen seine Kompetenzen überschritt.[19] Das Insistieren der Ungarn auf Beibehaltung einer zivilen Herrschaft konnte die Staatsbürger aber nicht vor jener Art diktatorischer Rechtsvorschriften schützen, wie sie auch in Österreich galten. 1912 billigte die ungarische Regierung beispielsweise insgeheim ein Kodizill, das den Einsatz der Gendarmerie im Kriegsfall regelte; eine der Bestimmungen besagte, dass «Personen, die im akuten Verdacht der Spionage stehen, am Tage der Mobilisierung festgesetzt werden können».[20] Von Ende Juli 1914 an konnte diese Bestimmung nach Gutdünken der Gendarmerie auf jede Person in einer Kampfzone angewandt werden, die zu einer «suspekten» Sprachgruppe gehörte, in der Praxis vor allem auf Serbisch und Ruthenisch sprechende Bürger. Ein Bereich aber, in dem es sich spürbar auswirkte, dass die Kontrolle auch im Krieg weiterhin in Händen von Zivilbeamten lag, war der der Zensur. In Ungarn wurde die gesamte politische Berichterstattung nach wie vor von Budapest aus überwacht, daher konnte die ungarische Presse oft viel freier über das Kriegsgeschehen berichten als die österreichischen Zeitungen.[21]

Dass das Militär sich derart umfangreiche Machtbefugnisse aneignete und darauf ein so diktatorisches Regiment aufbaute, stellte aus mehreren Gründen einen fundamentalen Bruch mit der österreichischen Geschichte dar. Trotz des Feigenblatts, den der Notstandsartikel 14 der österreichischen Verfassung oder die Verpflichtung des ungarischen Ministerpräsidenten, dem Parlament über die ergriffenen Notmaßnahmen Bericht zu erstatten, boten, kündigten diese Änderungen ein radikales Abweichen von den normalen rechtsstaatlichen Verfahren an.[22] Sie zerstörten ein System, das seit den 1860er-Jahren die Erwartungen des Volks und die Reaktionen der Administration miteinander verknüpft hatte. Die Auflösung des Parlaments und der Landtage in Österreich bedeutete auch, dass mehrere Institutionen, die in den Augen der Bevölkerung entscheidend für die Legitimierung politischer Entscheidungen waren, verlorengingen, und dies in dem Augenblick, in dem man sie am dringendsten brauchte. Die Beamtenschaft, die jetzt dem Militär untergeordnet war, musste die volle Verantwortung für unpopuläre kriegsbedingte Maßnahmen übernehmen, wobei sie von den gewählten Amtsträgern kaum legitimierend unterstützt wurde. Doch scheint diese formelle Unterscheidung sich nicht unmittelbar auf das Denken der Bevölkerung ausgewirkt zu haben, da diejenigen, die unter der Kappheit von Versorgungsgütern oder unter dem strengen militärischen Regiment litten, sich weiterhin mit ihren Klagen und Beschwerden an örtliche Bürgermeister, ehemalige Abgeordnete des Reichsrats und der Landtage sowie an Parteivorsitzende wandten.

Staatsbildung von unten: Denunziationen und Hungerrevolten

«Diese Tat hat Schande über alle Südslawen gebracht. […] Jeder gute Slowene muss dieses Attentat aus moralischen und praktischen Gründen missbilligen.» In diesen Worten, die ein Slowenisch sprechender Schüler des Gymnasiums von Cilli im Sommer 1914 in sein Tagebuch eintrug, schlug sich nicht nur der Schock nieder, der viele Staatsbürger bei der Nachricht von der Ermordung des Thronfolgers und seiner Gemahlin durchfuhr, sondern es wird auch deutlich, auf welche Weise Verbundenheit mit dem Reich und nationale Identifikation sich bei Ausbruch des Krieges gegenseitig verstärkten.[23] Hier verlieh ein junger Slowene seinen patriotischen Gefühlen gegenüber der Dynastie und dem Reich Ausdruck.

Es gibt keinen Anlass zu glauben, dass die Bürger Österreich-Ungarns wesentlich anders auf die Herausforderung reagierten, die der Krieg darstellte, als die Menschen in Großbritannien, Frankreich,

Deutschland oder Russland. Wie in den anderen europäischen Staaten, die in den Krieg verwickelt wurden, löste der Ausbruch der Kampfhandlungen spontane und sehr sichtbare Bekundungen von Vaterlandsliebe in Österreich-Ungarn aus, wenn sich auch in die Begeisterung Sorge darüber mischte, welche Leiden der Krieg bringen könnte. Vaterlandstreue und -liebe wurden von all den sogenannten Volksgemeinschaften des Reiches zum Ausdruck gebracht, und trotz der Befürchtungen des Armeeoberkommandos wegen der möglichen Illoyalität der Slawen musste das AOK in seinen Berichten selbst zugeben, dass es in den von Slawen bewohnten Regionen zu keinem Widerstand gegen die Mobilmachung gekommen sei.[24] Überall im Reich herrschte im August unter den meisten jungen Männern die Begeisterung für den Krieg vor. Das war zum Teil den Wertvorstellungen zu verdanken, die ihnen in der Zeit kurz vor dem Krieg in den florierenden Massenorganisationen – religiöse, nationalistische (wie der Turnverein *Sokol*) oder sozialdemokratische – vermittelt worden waren. In jener Zeit des Friedens hatten sich viele junge Leute für Werte wie Gemeinschaftsgeist und Opferbereitschaft begeistert, weil sie darin eine Möglichkeit gesehen hatten, die angeblich korrumpierenden und selbstsüchtigen Wertvorstellungen der modernen städtischen Gesellschaft zu überwinden.[25]

Indem sie aber diese vaterländischen Empfindungen ignorierten und einige der slawischen Bevölkerungsgruppen im Reich ungerechtfertigten Verdächtigungen aussetzten, begingen die militärischen Führer Österreichs einen folgenschweren Fehler. Sie begriffen nicht, dass bei vielen Staatsbürgern Stolz auf das eigene Volk eine entscheidende Komponente ihres emotionalen Verbundenseins mit dem Reich insgesamt bildete. «Es war eher so, dass die regierende Elite den Glauben an ihre Völker verlor», meint Laurence Cole, «als umgekehrt.»[26] Seine Furcht vor mangelnder Einheit – eine völlige Fehldeutung der von den slawischen Völkern betriebenen Politik – veranlasste das AOK dazu, vorbeugend drakonische Maßnahmen gegen den möglichen Verrat durch eine fiktive slawische Fünfte Kolonne zu ergreifen. Der Verdacht fiel insbesondere auf in Galizien beheimatete Ruthenen, die angeblich auf der Seite Russlands standen, oder auf sogenannte «Slawophile» in Westösterreich und Südungarn.[27]

Die «von oben» diktatorisch unternommenen staatsbildenden Anstrengungen des Militärs riefen jedoch unerwartete Reaktionen vonseiten der Bevölkerung hervor. In den meisten Darstellungen der Heimatfront aus jüngerer Zeit wird hervorgehoben, in welcher Weise die Zivilbevölkerung, die einem strengen militärischen Regime unterworfen war, mit eigenen Initiativen auf diese neuen Bedingungen reagierte. Dies reichte von der individuellen Denunziation bestimmter Personen bis hin zu organisierten Hungerrevolten. Zwang führt nicht nur zum Gehorsam, sondern auch zu Konfusion. Und Konfusion kann zu neuen Formen von Aktivität und zu neuen Verhaltensmustern führen, um das Überleben zu sichern. Fast von Beginn des Krieges an schlossen die staatsbildenden Prozesse Veränderungen ein, die von verschiedenen Seiten ausgingen, nicht nur von oben. Wie Maureen Healy meint, reagierten die gewöhnlichen Einwohner Wiens in einer Zeit, da die Informationen «zugeteilt» wurden, auf Zensur und Propaganda seitens der Regierung, indem sie entweder Gerüchte verbreiteten oder ihre Nachbarn denunzierten, um ihr eigenes System von Gerechtigkeit und Fairness zu verwirklichen.[28] Die Wirksamkeit der vom Militär ergriffenen Maßnahmen wurde also in nicht geringem Maß von Initiativen gesteigert, die von ganz gewöhnlichen, erfindungsreichen Staatsbürgern ausgingen.

Das erste Gebiet, auf dem militärische und zivile Verwaltungsbeamte die Kontrolle über die neuen Maßnahmen verloren, war der Umgang mit mutmaßlichen Landesverrätern. Am 22. Juli erließ der österreichische Innenminister ein Dekret, mit dem örtliche Amtsträger aufgefordert wurden, mit gewaltsamen Mitteln gegen alle vorzugehen, die auf die Kriegserklärung mit serbophilen oder antimilitärischen Bekundungen reagierten. Das sollte lokale Autoritäten in die Lage versetzen, Agitatoren auszuschalten, die in russischem oder serbischem Sold standen, wie auch Sozialdemokraten, die sich möglicherweise gegen den Krieg aussprachen. Während die Furcht vor antimilitärischen Äußerungen rasch verging, schwoll die Paranoia vor Serbofreundlichkeit in mehrsprachigen Regionen wie der südlichen Steiermark oder Kärnten, wo sowohl Slowenisch als auch Deutsch sprechende Volksgruppen lebten, gewaltig an, eine Entwicklung, die vor allem durch Denunziationen aus den Kreisen der

Bevölkerung in Gang gesetzt und gefördert wurde.[29] Deutsche nationalistische Zeitungen in diesen Gebieten machten sich die Paranoia des Militärs zunutze, um ihre slowenischen Rivalen, darunter einige Priester, mit Anschuldigungen zu überhäufen, es mit den Serben zu halten, und die Polizei aufzufordern, diese Menschen einer strengen Überprüfung zu unterziehen, – und dies alles, obwohl, wie auch der schon zitierte Gymnasiast aus Cilli in seinem Tagebuch festhielt, die meisten slowenischen Nationalisten ganz zu Recht glaubten, dass der Thronfolger den Interessen der Südslawen sehr wohlwollend gegenübergestanden habe.[30]

«Jeder brave Kärntner oder Steirer beider Nationalitäten [soll] es für seine Bürgerpflicht [halten], alles der Gendarmerie zur Anzeige zu bringen, das ihm nur halbwegs serbenfreundlich oder hochverräterisch ersch[eint].»[31] Aufgrund dieser Anweisung, mit der das Militär glaubte, die lokale Bevölkerung unter strenger Kontrolle halten zu können, kam es bald zu einer nicht mehr zu kontrollierenden Denunziationsorgie. Nachbarn zeigten einander an und berichteten über undurchsichtige Vorgänge im Haus des jeweils anderen. Die örtlichen Regierungen und Gendarmen förderten das wachsende soziale Chaos dadurch, dass sie jedem leisen Gerücht, jeder Andeutung nachgingen, als weise sie auf eine ernsthafte Bedrohung hin. Sie erfüllten die von oben ergangene Anweisung, gegen potenzielle subversive Kräfte vorzugehen, auch wenn sie dabei die Grenzen des Gesetzes überschritten, fast noch eifriger, als von ihnen verlangt wurde, was zum Teil auf die Paranoia zurückzuführen war, die durch den plötzlichen Kriegsausbruch entstanden war. Es reichte ein Gerücht wie: der und der hat während des jüngst beendeten Balkankriegs etwas Positives über Serbien gesagt oder Geld für das Serbische Rote Kreuz gesammelt – und schon wurde der Betreffende festgesetzt. Von einem Priester hieß es vielleicht, er habe nicht genügend Trauer über die Ermordung des Erzherzogs gezeigt, weil er keine schwarze Fahne vom Kirchturm wehen ließ. Es gab auch noch weiter hergeholte Meldungen über italienische oder serbische Spione, die angeblich Grundbesitz aufkauften, oder Automobile, die mit Gold beladen von Frankreich nach Russland fuhren, und das hatte zur Folge, dass sich spontan Bürgerstreifen bildeten, die auf Verdächtige feuerten oder sie festnahmen.[32]

In der Südsteiermark legten die Gendarmen eine völlige Überaktion auf die vom Militär ergangenen Anweisungen an den Tag. Dort musste jeder, der ihre Autorität auch nur leise infrage stellte, damit rechnen, als serbophiler Landesverräter zu gelten und verhaftet zu werden. Am 5. August 1914 verhörten Gendarmen aus Pragerhof Anton Ravšl, einen Slowenisch sprechenden Priester aus Zirkovetz (Cirkovce) im Bezirk Pettau (Ptuj); sie bezichtigten ihn, von der Kanzel aus Lobreden auf die Serben gehalten zu haben. Später stellte sich heraus, dass es die hartnäckige Weigerung des Priesters war, etwas Derartiges zu gestehen, die zu seiner Verhaftung geführt hatte. «Da Sie mir widersprechen», soll einer der Gendarmen gesagt haben, «sind Sie verhaftet.» Ravšl wurde im Gefängnis misshandelt und als «windischer [slowenischer] Verräter», «den man am besten aufhängen sollte», beschimpft; erst am 15. September wurde er wegen Mangels an Beweisen wieder in Freiheit gesetzt.[33] Vom 27. Juli bis zum 1. Dezember lösten Gerüchte oder anonyme Hinweise auf suspekte Ansichten oder Sympathien von Nachbarn allein in der Steiermark offiziell die polizeiliche Verfolgung von mehr als 900 Männern und Frauen aus. Wie Martin Moll festgestellt hat, waren es tatsächlich noch viel mehr, die verhaftet wurden. Von den offiziell registrierten Fällen ereigneten sich zwei Drittel in mehrsprachigen Gebieten, in denen die nationalistischen Bewegungen am stärksten waren, was darauf hindeutet, dass die dortigen deutsch-nationalistischen Aktivisten die Gelegenheit wahrnahmen, ihre lokalen Gegner als subversive Elemente zu brandmarken.[34]

Im September erkannten die Obrigkeiten – einschließlich des Ministerpräsidenten Stürgkh und des Statthalters der Steiermark Manfred von Clary – bestürzt, dass die Lage völlig außer Kontrolle geraten war. Was als militärische Maßnahme zur Überwachung der örtlichen Bevölkerung begonnen hatte, hatte tatsächlich Chaos ausgelöst. Die übergeordneten Zivilbehörden versuchten jetzt – anfangs ohne Erfolg – die Gendarmen davon abzuhalten, auf bloße Denunziationen hin und ohne klare Beweise, tätig zu werden. Dennoch fügte, wie spätere parlamentarische Untersuchungen ergeben sollten, die Welle der Denunziationen dem Ruf des Staates in den Kreisen ansonsten patriotisch eingestellter Bürger, die persönlich davon betroffen worden waren, Schaden zu. Sie hatte auch langfristig gravierende Folgen für die Opfer: Viele von denen, deren Unschuld später erwiesen wurde, verloren ihre Anstellungen. Wenn auch zivile Mitarbeiter von Behörden aus diesem Geschehen ernüchternde Lehren zogen, waren sie nicht in der Lage, das Militär davon abzuhalten, im Frühjahr 1915 sogar noch härtere Maßnahmen gegen die Italienisch sprechenden Einwohner Triests, des Trentino und des Küstenlandes zu ergreifen, nachdem Italien Österreich-Ungarn den Krieg erklärt hatte. Als das Innenministerium aber dieses Mal den zivilen Staatsbeamten die Anweisung erteilte, mit aller Härte gegen die Irredentisten vorzugehen, erließ es gleichzeitig eine Warnung. Es hieß, dass «loyale staatsergebene Staatsangehörige italienischer Nationalität gegen ungerechtfertigte Angriffe, gegen Denunziationen und dergleichen geschützt [...] werden» sollten.[35] Die Beamten sollten nichts unternehmen, was zur «Beunruhigung der Bevölkerung» beitragen könnte und «Vexationen staatstreuer Elemente» unterlassen.

Dass die ungarische Regierung die Kontrolle über die Ausführung der Notstandsmaßnahmen behielt, verhinderte, dass es auch dort zu solchen Verfolgungen vonseiten der normalen Bevölkerung kam. Ganz zu Anfang scheint sie allerdings dazu ermuntert zu haben. Die Übergriffe richteten sich in erster Linie gegen die Serbisch sprechende Bevölkerungsgruppe im kroatischen Südungarn, aber auch gegen die Ruthenisch sprechende Gruppe im Nordosten des Landes. Am 15. Juli warnte der für beide Hälften der Monarchie zuständige Kriegsminister Alexander von Krobatin (1849–1933) den Ministerpräsidenten, dass seiner Meinung nach die im Königreich Kroatien und Slawonien ansässigen Mitglieder der slawisch-nationalistischen Turnvereinigung *Sokol* für das agitierten, was er eine «umfassendere serbische revolutionäre Bewegung» nannte.

Eine Woche später wandte Tisza sich an die Obergespane, die Leiter der einzelnen Komitate: «Auf die Haltung gegenüber der nicht-ungarischen Bevölkerung sollte ganz besonders geachtet werden. [...] Wir müssen ihr zeigen, wie stark wir sind.»[36] Sofort nach Ausbruch des Kriegs verhafteten Gendarmen überall in Nordungarn wahl- und planlos Führer und Mitglieder der *Sokol*-Vereinigung sowie prominente kroatisch-serbische Abgeordnete des *Sabor*, obwohl Letztere eigentlich politische Immunität genossen.[37]

Genau wie in Österreich wurde auch in Ungarn das radikale Vorgehen der Polizei und des Militärs durch gewalttätige Aktionen des Mobs und durch Denunziationen verschärft, so dass das Geschehen zu einem Massenphänomen wurde. In Kroatien fiel es der oppositionellen Partei des Rechtsanwalts Josip Frank nicht schwer, anti-serbische Krawalle auszulösen.[38] In Zombor (Sombor), einer Stadt in der Batschka-Region der westlichen Vojvodina mit rund 30 000 Einwohnern, von denen 12 000 serbischsprachig waren, wurde bei öffentlichen Kundgebungen Anfang September die Entfernung aller Ladenschilder in kyrillischer Schrift verlangt. Als ein wütender Mob einen serbisch-sprachigen Ladeninhaber durch die Straßen in sein Haus hetzte, weil er sich geweigert hatte, diesen Forderungen nachzukommen, schoss dieser auf die Demonstranten. Der Stadtkommandant verlangte vom Bürgermeister und Staatsanwalt, dass man ihm den Mann auslieferte. Er stellte ihn vor ein Militärgericht und ließ ihn an Ort und Stelle füsilieren. Dasselbe Kriegsgericht wählte außerdem zwölf wohlhabende Männer aus der Serbisch sprechenden Bevölkerungsgruppe aus, die, im Fall, dass das Militär von Angehörigen dieser Gruppe in irgendeiner Weise behindert oder ihm Widerstand geleistet werden sollte, «verhaftet und unverzüglich von den Militärbehörden exekutiert» werden sollten.[39]

Ministerpräsident Tisza protestierte widerholt gegen solche Manifestationen vor militärischer Willkür. In einem Brief an Außenminister Graf Burián (1851–1922) vom August 1914 klagte er, dass «von Militärkommandanten unter Missachtung der Regierung und [zivilen] Behörden begangene Exzesse zunehmen. Bitte unternehmen Sie alles in Ihrer Macht Stehende, um diesem Irrsinn Einhalt zu gebieten. Ich werde gezwungen sein, Seine Majestät aufzusuchen und dies zu einer Sache des Prinzips zu machen.» Doch bestand das Problem mehr in antiserbischen Kundgebungen des Volks als im Übereifer des Militärs, und die ungarische Regierung richtete widersprüchliche Botschaften an die Bevölkerung; an einem Tag forderte sie zu Mäßigung auf, am nächsten verlangte sie erbarmungslose Härte.

Bald setzte die Denunziationswelle in den Kreisen der Zivilbevölkerung sowohl in Österreich als auch in Ungarn einen anderen nicht zu kontrollierenden Prozess in Gang. Eine (anonyme) Anzeige bei einer lokalen Behörde wurde zu einem probaten Mittel, das viele nutzten, um sicherzustellen, dass diese die Beachtung bestimmter nach Kriegsbeginn eingeführter Vorschriften erzwang. Staatliche Einrichtungen jeder Art – die Polizei ebenso wie die Schulen – litten unter gravierendem Personalmangel, und mithilfe von Denunziationen ließ sich erreichen, dass die Behörden trotz dieser personellen Unterbesetzung die Einhaltung der Regeln durchsetzten, die den Bürgern am wichtigsten waren. Solche Anzeigen wurden zu einem Mittel, um Prinzipien des Rechts und der Gerechtigkeit aufrechtzuerhalten, die angeblich von einigen zerstörerischen Elementen der Gesellschaft bedroht waren – von Leuten, die Lebensmittel horteten oder Schwarzmarktgeschäfte trieben, von skrupellosen Vermietern und jugendlichen Delinquenten, die die kriegsbedingte Ausnahmesituation ausnutzen wollten. Vor allem in den Städten, wo der Zugang zu Lebensmitteln für das tagtägliche Überleben stark eingeschränkt war, konnte man die Behörden mithilfe von Denunziationen an ihre Pflichten gegenüber den Bürgern erinnern.

Die Versorgung mit Lebensmitteln geriet in fast allen Städten Österreich-Ungarns auf drastische Weise ins Stocken, da nicht nur ihre Produktion stark zurückging, sondern auch ihre Einfuhr aus dem Ausland aufgrund einer Blockade durch die gegnerischen Mächte zum Erliegen kam.[40] Die immer bedrohlicher werdende Knappheit wurde auch durch die Siege über Russland und Rumänien 1917 oder durch die Besetzung von Serbien und Russisch-Polen (wo das Militär Vorräte für seine eigene Verwendung beschlagnahmte) nicht beseitigt.[41] Dass Galizien und mit ihm nahezu ein Drittel des gesamten österreichischen Ackerlands schon im Herbst 1914 an Russland verlorenging, beeinträchtigte die Fähigkeit des Staates, seine Bürger angemessen zu ernähren, erheblich. Ein weiteres Problem entstand dadurch, dass die Landwirtschaft viele menschliche Arbeitskräfte, aber auch Zugtiere an das Militär verlor. Zwar eroberten die vereinten österreichisch-ungarischen und deutschen Streitkräfte im Jahr darauf Galizien zurück, doch war das Ackerland von den Kämpfen verwüstet und die Landbevölkerung stark dezimiert.

Insgesamt lagen die Ernteerträge an Weizen und Roggen 1915 um 50 Prozent niedriger als im Vorjahr, als die Ernten bereits schlecht gewesen waren. 1916 und 1917 sanken sie auf 44 Prozent beziehungsweise 40 Prozent im Verhältnis zu 1914. Andere Nahrungsmittel konnten den Mangel an Getreide nicht ausgleichen, deswegen wurden von den Produzenten oft irgendwelche Ersatzstoffe unter das Korn gemischt, alles Mögliche von Kartoffel- oder Kastanienmehl bis hin zu klein-gehackten Nesseln oder sogar Sägemehl. Das hatte natürlich zur Folge, dass der Nährwert des wenigen Getreides oder des aus ihm gebackenen Brots gering war, was wütende Proteste bei den Verbrauchern aus-löste.[42] In einem Brief, den ein Prager Bürger im Februar 1918 verfasste, findet sich die Klage: «Wir werden nur mit völlig schwarzem Mehl versorgt, das noch nicht einmal für das Vieh gut genug wäre.» Das Empfinden, kaum besser als Tiere behandelt zu werden, war weit ver-breitet.[43]

Im Agrarland Ungarn blieb die Lebensmittelproduktion wesentlich höher als in Österreich. Dort erzeugten die Bauen 1916 durchschnitt-lich 203 Kilo Getreide pro Kopf, während es in der anderen Hälfte der Monarchie lediglich 72 Kilo waren. Vor dem Krieg hatte Ungarn jähr-lich 2,1 Millionen Tonnen Getreide und Mehl nach Österreich aus-geführt. 1916 konnte man aber nur knapp 100 000 Tonnen für den österreichischen Partner erübrigen. 1915 begann auch die ungarische Regierung die Versorgung mit Grundnahrungsmitteln zu regeln und zu überwachen.[44] In Reaktion auf wiederholte Beschwerden von öster-reichischer Seite antwortete die ungarische Regierung jedes Mal, man könne nicht dazu beitragen, dass die Versorgungslage in Österreich sich bessere, da man auch das Militär beliefern müsse. Das Militär, das jetzt aus drei Millionen Soldaten und Offizieren bestand, zu denen noch zahlreiche Reitpferde und Zugtiere kamen, beanspruche den Löwenanteil an Nahrungs- und Futtermitteln.[45]

Im Februar 1915 richtete die österreichische Regierung eine soge-nannte Kriegsgetreide-Verkehrsanstalt ein, die die Verteilung von Getreide und Getreideprodukten im gesamten Reich regeln sollte. Die Sozialisten Karl Renner und Vinzenz Muchitsch wurden zu Mitglie-dern des Beirats ernannt, und beide traten sofort dafür ein, dass der Staat das Monopol über den Getreidehandel erhielt. Regionale Regie-rungen schlossen mit privaten Unternehmen Verträge über die Ein-richtung von sogenannten «Zentralen» ab, die die Zuteilung von Nah-rungsmitteln, Brennstoffen und anderen Materialien wie Leder oder Baumwolle übernahmen. Erst im November 1916 schuf die Regierung ein eigenes Amt für Volksernährung für ganz Österreich, zu dessen Direktorium mit Karl Renner auch ein Vertreter der Sozialisten gehörte.[46] Im April 1915 wurden von den Lokalregierungen in Wien und in Prag Bezugskarten eingeführt, die zum Erwerb einer genau festgesetzten Menge von einem bestimmten Produkt pro Tag in lokalen Geschäften berechtigten. Zu den ersten Erzeugnissen, die sowohl in Prag als auch in Wien rationiert wurden, gehörten Mehl und Brot, im Jahr darauf kamen Zucker, Milch, Kaffee und Schmalz hinzu.[47] An jene Regionen Österreichs, die man für besser versorgt hielt, weil es dort mehr Landwirtschaft gab – wie etwa das ländliche Böhmen –, stellte das Militär höhere Anforderungen, obwohl die Lage dort tatsächlich nicht besser war.[48]

Wie sehr sich die Versorgungslage in den Städten verschlimmerte, zeigt sich daran, dass den Wienern täglich immer weniger Nahrungsmittel zugestanden wurden. Während ihnen im April noch 100 Gramm Mehl pro Kopf und Tag bewilligt wurden, waren es im November 1918 nur 35,7 Gramm. 1916 stand jedem Einwohner der Stadt offiziell nur eine Tagesration von einem Achtelliter Milch zu, 1918 gab es nicht mehr genügend Milch, um sie rationieren zu können.[49] In Prag musste die tägliche Brotration im April 1918 halbiert werden, und im Juni des Jahres wurde überhaupt keines mehr ausgegeben. Die Fettrationen beliefen sich in Prag im April 1918 nur noch auf 50 Gramm – für den gesamten Monat. Insgesamt schnitt man, was die Versorgung der Zivilbevölkerung in den Städten während des Krieges betraf, in Österreich im Vergleich zu anderen Ländern sehr schlecht ab. In der französischen Hauptstadt beispielsweise wurde nur Zucker rationiert, und das erst 1917, Brot gar erst im Jahr 1918. In London trat überhaupt erst Anfang 1918 eine Lebensmittelrationierung in Kraft.[50] Österreichische Staatsbeamte klagten auch darüber, dass deutsche Städte, in denen eine vergleichbare Notlage wie in denen Österreichs herrschte, stärker von den 1918 mit Russland und Rumänien geschlossenen Friedensverträgen profitierten.

Die Situation in Budapest war nicht viel besser. Die Notstandsgesetze, die im Fall eines Krieges in Kraft treten sollten, passierten das Parlament im Jahr 1912 und wurden 1914 noch einmal ergänzt. Sie ermächtigten die Regierung, regulierend in die Wirtschaft einzugreifen; unter anderem war sie befugt, die Höchstpreise für die wichtigsten Verbrauchsgüter festzusetzen und die Abgabe von überschüssigen Reserven an solchen Gütern anzuordnen. Da es 1914 schon zu Versorgungsproblemen im Nordosten und Südwesten des Landes (in Frontnähe) gekommen war, ließ die Regierung im März 1915 Lebensmittelmarken ausgegeben, was der erste Schritt in Richtung auf eine Rationierung war. Im Dezember 1915 wurde Brot rationiert.[51]

Natürlich war es ein Problem, die rationierten Produkte überhaupt zu erhalten. Maureen Healy hat in ihrer aufschlussreichen Untersuchung zur Art und Weise, wie das Rationierungssystem funktionierte – oder versagte –, nachgewiesen, dass die Bürger überall im Reich sich nicht das verschaffen konnten, was ihnen offiziell zugestanden wurde. 1917 beschwerte sich der Statthalter von Triest beim Innenministerium darüber, dass rationierte Güter wie Getreide, Kartoffeln (die inzwischen in den Städten das Brot als Grundnahrungsmittel ersetzt hatten), Bohnen und Fette regelmäßig nicht in den in Aussicht gestellten Mengen geliefert wurden. Statt der angekündigten 2400 Waggons mit Kartoffeln habe man nur 1680 erhalten. Aufgrund der sich aus solchen Defiziten ergebenden Unterernährung der Bevölkerung steige die Zahl der Tuberkuloseerkrankungen an. «Die Stimmung der Bevölkerung», warnte der Statthalter, «welche die mannigfachen Entbehrungen des Krieges bisher in musterhafter Weise getragen hat, [kann] nicht weiteren Belastungen ausgesetzt werden.»[52] Wie viele andere Inhaber höherer Ämter war er besorgt, dass der Staat in den Augen seiner Bürger bei weiteren Belastungen seine Legitimität verlieren könnte.

Die schwierige Aufgabe, sich etwas zu essen zu verschaffen, nahm die Staatsbürger immer mehr in Anspruch. Fabrikarbeiterinnen, die meist strenger militärischer Disziplin unterworfen waren, und ihre Kinder mussten sich schließlich schon in der Nacht vor Geschäften anstellen, wenn sie am nächsten Morgen noch etwas erhalten wollten.[53]

In ihrer erhellenden Untersuchung zitiert Claire Morelon einen Prager, der sich daran erinnerte, mit sieben oder acht Jahren mit anderen Kindern seines Alters die ganze Nacht hindurch «vor einer Bäckerei auf dem Pflaster gesessen oder gelegen zu haben», um «am nächsten Morgen dranzukommen».[54] Healy zitiert den sozialdemokratischen

Politiker und Journalisten Max Winter, der diesem Phänomen in Wien nachging und erfuhr, dass man, wenn man sich erst nach drei Uhr in der Nacht anstellte, am nächsten Morgen nichts mehr von der Lieferung abbekam.[55] In einer empörten Eingabe an Ministerpräsident Stürgkh stellte Winter eine direkte Verbindung zwischen dem Leiden der Soldaten an der Front und dem ihrer Angehörigen daheim her, denen gegenüber der Staat seine Pflichten nicht erfüllte:

> Als oberster Beamter des Reichs sehen Sie sich mit Sicherheit als einen Patrioten an [...], doch es ist kein guter Patriot, der die Kinder im Stich lässt, deren Väter auf dem Schlachtfeld kämpfen und sterben, und die Gesundheit und das Leben dieser Kinder aufs Spiel setzt.[56]

Winters Empörung zeigt, dass dieses Versagen der Obrigkeit, die Bevölkerung im Krieg angemessen zu versorgen, schnell gefährliche Zweifel an der Legitimität des Reichs insgesamt wecken konnte. Aufgebrachte Bürger verlangten immer wieder von Beamten in den Provinzen und Städten, dass der Staat das garantierte, was er seinen Bürgern versprochen hatte, auch als es den Staatsvertretern immer schwerer fiel, ihren Aufgaben nachzukommen. Aus Berichten der Prager Polizei geht hervor, dass durch die Praxis, sich schon nachts vor Geschäften anzustellen, die Gefahr von gewalttätigen Ausbrüchen wuchs: «Diese Menschenmengen stehen auf den belebtesten Straßen und sind derart verbittert, dass sie, wenn sie auch nur leise gereizt werden, gewalttätig werden könnten.»[57] Frauen, die aufgebracht darüber waren, dass gewisse Dinge des Grundbedarfs nicht erhältlich waren, rotteten sich manchmal spontan zusammen, um zum örtlichen Rathaus zu ziehen und das zu fordern, was die Regierung ihnen schuldete. Auf Gerüchte hin, dass in anderen Bezirken irgendwelche Lebensmittel zu haben waren, setzten sich ebenfalls solche Scharen von Frauen in Bewegung. Die Beamten, bei denen diese Frauen ihre Beschwerden vorbrachten, fühlten möglicherweise mit ihnen mit, doch sie konnten wenig tun, um ihnen zu helfen, und oft zogen die Frauen unzufrieden ab, um bei einem anderen Beamten vorstellig zu werden – meistens wieder ohne Erfolg. Enttäuschung führte ebenfalls zu Gewalttätigkeiten und in den letzten beiden Kriegsjahren auch zu politischem Protest.[58] Als verzweifelte Städter begannen, Hamsterfahrten in nahegelegene ländliche Gebiete zu unternehmen, ließen die Behörden sie bei ihrer Rückkehr auf den Bahnhöfen von der Polizei untersuchen und das beschlagnahmen, was sich in ihren Körben und Rucksäcken an Essbarem fand.[59]

Diese Fahrten aufs Land trugen nicht dazu bei, die Städter bei der ländlichen Bevölkerung beliebter zu machen. Hinzu kam, dass den Bauern in sozialistischen Zeitungen der Vorwurf gemacht wurde, vom Hunger in den Städten zu profitieren. In Böhmen versuchte die tschechische nationalistische Agrarierpartei gegenüber den Bauern Ressentiments abzubauen, die von Artikeln sowohl in der deutsch- als auch der tschechischsprachigen sozialistischen Presse geschürt wurden. Um wieder ein Gefühl von Solidarität zwischen der – tschechischsprachigen – Stadt- und Landbevölkerung entstehen zu lassen, entwickelte die Wohlfahrtsorganisation der Partei, *České Srdce* (Tschechisches Herz) ein Programm, das in der Stadt wohnende Familien mit auf dem Land lebenden Familien in Berührung brachte. Später wurden auch Kinder aus den Städten zu Aufenthalten aufs Land geschickt, eine Initiative, die von Kaiser Karl nach dessen Thronbesteigung (1916) gefördert wurde, um die Einheit des Reiches zu stärken. Am wichtigsten war jedoch, dass die Presse der Agrarierpartei eine überzeugende, mit deren nationalistischer Ausrichtung im Einklang stehende Geschichte verbreitete, um die Notlage zu erklären: Böhmische Lebensmittelvorräte, so heiß es, würden nach Deutschland exportiert. Sowohl die militärischen als auch die zivilen Behörden dementierten das wiederholt, und die Prager Zweigstelle der Kriegsgetreide-Verkehrsanstalt setzte sogar einen Preis für jeden aus, der Beweise für solche Lieferungen nach Deutschland vorlegen konnte. Die Dementi verhallten jedoch mehr oder weniger ungehört, und Klagen über Lebensmittellieferungen nach Deutschland wurden sogar nach Kriegsende immer wieder laut.[60]

Die Staatsbürger sahen es immer mehr als ein Grundrecht an, in angemessener Weise mit Lebensmitteln versorgt zu werden. Ein Wiener beschwerte sich in einem Brief voller Groll darüber, dass arbeitende Menschen «ihr Leben opfern müssen, und man sie dafür hungern lässt. [...] Jede Person, ob reich oder arm, besitzt ein Recht auf Leben.»[61] Briefschreiber wie dieser, Denunzianten und politische Aktivisten verwendeten im Zusammenhang mit dem, was sie an der Heimatfront «leisteten», immer öfter den Ausdruck vom «Opfer». Das Opfer, das sie erbrächten, sei dem der Soldaten an der militärischen Front vergleichbar. Öffentliche Agititation für mehr Gerechtigkeit und Effizienz bei der Versorgung mit Nahrung und Heizmaterial wurde immer häufiger; es war Aktivwerden «von unten», das Politiker, Staatsbeamte und militärische Verwaltungsbeamte nicht länger ignorieren konnten. Politiker wie der christlichsoziale Wiener Bürgermeister Richard Weiskirchner (1861–1926) stellten sich immer mehr auf die Seite des Volks – in seinem Fall gegen die arroganten Ungarn, die sich weigerten, etwas von dem, was sie noch in Hülle und Fülle besaßen, abzugeben.[62]

Dadurch, dass Bürgermeister und ihre Stellvertreter sich mit dem Volk solidarisierten, verschärften sie die politische Lage; sie bestätige, wie berechtigt die Forderungen nach angemessener Ernährung waren, und schufen neue Rechte, die mit der Staatsbürgerschaft verbunden seien. Weiskirchner hatte noch in Friedenszeiten bei einer Zusammenkunft von Parteivorsitzenden, die im Stadtrat saßen, gesagt: «Niemand verlangte von mir, dass ich ihm Kartoffeln besorgen sollte. Niemandem kam in den Sinn, dass ich Mehl oder Fleisch beschaffen sollte: Die Stadtverwaltung war niemals rechtlich dazu verpflichtet, so etwas zu tun.» Der Bürgermeister mochte sich beschweren: «In keinem Statut oder Gesetz ist die Rede davon, dass es die Pflicht der Stadt ist, sich um die Ernährung zu kümmern», doch er selbst und andere waren verantwortlich dafür, dass sie derartige Erwartungen in der Bevölkerung geweckt hatten.[63]

Der neue Gesellschaftsvertrag, der von den Staatsbürgern dafür gefordert wurde, dass sie solche Opfer brachten, verlangte vom Staat, dass sie in adäquater Weise mit Lebensmitteln versorgt wurden. Der Staat – in Gestalt der Regierungen der Städte, der Kronländer oder der des Reiches – war zwar nicht in der Lage, diese Forderungen zu erfüllen, er verabschiedete aber neue Gesetze und verdoppelte seine Bemühungen, den Schwarzmarkthandel auszurotten, sowie allen jenen das Handwerk zu legen, die sich nicht an Preisbindungen hielten oder Lebensmittel verfälschten oder auch «streckten» oder verdünnten, um zu dokumentieren, dass man diese Probleme ernstnahm. Indem er derartig tatkräftig auf die Beschwerden seiner Bürger reagierte, erklärte der Staat ihre Forderungen für berechtigt. Er schuf keine Abhilfe, indem er Lebens-

VI. VÁLEČNÁ PŮJČKA

HANUŠ SVOBODA/PLAKAT.   DRUCK VON „MELANTRICH" PRAG.

Werbeplakat für die Zeichnung der 6. Kriegsanleihe. Vom November 1914 an wurden in halbjährlichem Abstand im Ganzen acht Mal solche Kriegsanleihen ausgegeben, mit denen Österreich-Ungarn seine enormen Kriegsausgaben mitfinanzierte. Insgesamt kamen in Österreich 35,1 Milliarden Kronen und in Ungarn 18,6 Milliarden zusammen.

mittel zur Verfügung stellte, sondern er antwortete mit einem Schwall neuer gesetzlicher Bestimmungen und einer größtenteils wirkungslosen Aktivität. Dieses Verhalten bestätigte aber die Vermutung vieler, dass die Nahrungsmittelknappheit in Wirklichkeit Resultat heimlicher Operationen vonseiten dubioser Mitbürger oder Fremder (vor allem Juden oder Flüchtlinge standen im Verdacht) war. Damit mag der Staat vorübergehend von seinem eigenen Versagen abgelenkt haben, er schädigte aber den gesellschaftlichen Zusammenhalt.[64]

Natürlich boten Denunziationen den Bürgern auch die Gelegenheit, persönliche Rechnungen zu begleichen, doch waren die Beamten schon bald in der Lage, solche Anzeigen zu erkennen. Das Erstatten einer Anzeige wurde auch zu einer Strategie, mit der man vorbeugend verhindern konnte, dass Verdacht auf einen selbst fiel. Indem man seinen Nachbarn eines Mangels an Patriotismus bezichtigte, bewies man, dass man selbst über eine gehörige Portion davon verfügte. Wen interessierte es eigentlich, dass das Prager Frauenhilfskomitee die Flaggen der Stadt und Böhmens von seinem Hauptquartier flattern ließ und nicht die schwarz-gelbe Reichsflagge? In diesem Fall stellten sowohl der Erstatter der Anzeige als auch die Angezeigten ganz klar ihren Patriotismus unter Beweis, aber auf sehr antithetische Weise.[65]

Ein anderes Ergebnis der Denunziationspraxis hatte noch eine größere Auswirkung auf die Gesellschaft. Es war nicht der Kriegsausbruch, der übertriebene Ängste davor ausgelöst hatte, die österreichisch-ungarische Gesellschaft könne von Verrätern durchsetzt sein. Militärisch lief es im ersten Kriegsjahr sehr schlecht für das Reich. Den Russen gelang es beinahe sofort, den größten Teil Galiziens und der Bukowina zu besetzen, während Serbien Invasionsversuche des Habsburgerreichs erfolgreich abwehrte. Zu diesen Fehlschlägen kam hinzu, dass Italien und Rumänien für die Wahrung der Neutralität territoriale Zugeständnisse vom Reich verlangten und dass Deutschland angesichts der misslichen militärischen Lage seinen Verbündeten drängte, solche Abtretungen in Betracht zu ziehen. Im Frühjahr 1915 gab Italien seinen formellen Neutralitätsstatus auf, so dass sich für Österreich-Ungarn im Südwesten eine neue Front auftat. Italien hatte mit Großbritannien und Frankreich ein Geheimabkommen geschlossen, das ihm umfangreiche territoriale Zugewinne auf der östlichen Seite der Adria in Aussicht stellte. Die Lage sah also insgesamt düster aus, und viele waren überzeugt, dass die Habsburgermonarchie bald eine schändliche Niederlage erleiden würde. Das Militär erklärte sein Versagen – massive Gebietsverluste und die Gefangennahme vieler Soldaten in Galizien in den Jahren 1914/15, die Unfähigkeit, Serbien zu erobern – häufig mit dem subversiven Verhalten der Zivilbevölkerung oder den destruktiven Aktionen slawischer Nationalisten. Man behauptete, dass bestimmte Volksgruppen die Niederlage Österreich-Ungarns ganz eindeutig herbeisehnten und das Ihre dazu beitragen wollten, dass es dazu kam.

Viele deutsche Nationalisten in Böhmen und ungarische Nationalisten schlossen sich diesen Behauptungen nur allzu gerne an und warnten vor Verrat durch tschechische und serbische Nationalisten. Tschechische Soldaten feuerten angeblich ihre Gewehre in die Luft ab, statt auf den Feind zu zielen, oder liefen – wie auch die serbischen Nationalisten – einfach über.[66] Während des Krieges antworteten tschechische Nationalisten auf solche Anschuldigungen meistens, indem sie sie als Hirngespinste deutscher Nationalisten abtaten. Sie führten zahllose Beispiele für von Tschechen erbrachte Opfer an, die, wie sie meinten, dem tschechischen Volk nach dem Krieg eine bessere Stellung im Reich einbringen würden. *Národní politika*, das Organ der Tschechischen National-Sozialen Partei, verkündete im Januar 1917: «Diese unsere innere Loyalität, die Erkenntnis, dass wir unsere Pflichten gegenüber dem Reich und der Dynastie wacker erfüllt haben, muss unseren festen, unerschütterlichen Glauben daran stärken, dass uns in Zukunft Gerechtigkeit widerfahren wird, selbst wenn das ein paar deutschen Nationalisten nicht gelegen kommen wird.»[67] In einer Ansprache vor dem Parlament klagte der Abgeordnete dieser Partei Jiří Stříbrný im Mai 1917 über die antitschechische Einstellung des Prager Polizeichefs; er vermutete, dass russophile Flugblätter, die vor Kurzem in der Stadt aufgetaucht waren, tatsächlich von deutschen Nationalisten mit Einwilligung der Polizei verteilt worden seien, um ihre tschechischen Rivalen zu diskreditieren.[68]

Nur ein paar Monate später wandelte sich die internationale Lage dramatisch. Da sie Russland als Alliierten verloren hatten, weil die Bolschewisten Frieden wollten, und die Möglichkeit, einen Separatfrieden mit Österreich auszuhandeln, in immer weitere Ferne zu rücken schien, begannen die westlichen Verbündeten jetzt eine Zerschlagung oder Aufteilung des Habsburgerreichs in Betracht zu ziehen. Nationalistische Politiker aus Österreich-Ungarn, die ins Exil gegangen waren, wie Tomáš Masaryk, der schon seit drei Jahren ohne Erfolg für eine solche Aufteilung plädiert hatte, fanden jetzt plötzlich mehr Gehör, wenn sie entsprechende Argumente vorbrachten.[69] Infolgedessen behaupteten jetzt einige tschechische Nationalisten in Böhmen gegenüber der Weltöffentlichkeit genau das, was ihnen vorher von deutschen Nationalisten unbegründeterweise vorgeworfen worden war: dass das tschechische Volk von allem Anfang an gegen den Krieg gewesen sei, dass es schon immer nach Unabhängigkeit von Österreich gestrebt habe und die

Patrioten aus seinen Reihen in der Tat versucht hätten, die Kriegs-
anstrengungen des Reiches zu untergraben. Nach dem Krieg lobten
tschechische nationalistische Politiker, Journalisten und Aktivisten die
Desertionen von tschechischen Soldaten und die von ihnen betriebene
Wehrkraftzersetzung. Das eine wie das andere war nur von ihren
deutschen Rivalen erfunden worden, wurde aber jetzt herangezogen,
um die Erschaffung eines neuen tschechoslowakischen Staates zu rechtfertigen.

Genauere Recherchen haben wiederholt ergeben, dass es sich bei
Geschichten über Massendesertionen tschechischer Soldaten oder
Weigerungen, in den Kampf zu ziehen, in Wahrheit um Mythen
handelt, die häufig von deutschen Nationalisten oder von militärischen Führern verbreitet wurden, um dem Militär dabei zu helfen,
von der völligen Inkompetenz abzulenken, die es vor allem in den ersten Kriegsjahren an den Tag legte. Der Historiker Richard Lein hat
nachgewiesen, dass das 28. Infanterieregiment (aus der Region um
Prag) nie zu den Russen übergelaufen ist, obwohl dieses Ereignis, das
im April 1915 stattgefunden haben sollte, allgemein «bekannt» war.
In Wirklichkeit verhielt es sich so, dass die militärische Führung
mit solchen Geschichten von angeblichem Landesverrat ihre eigene
Unfähigkeit kaschieren wollte; in diesem Fall nahm es sogar die
angebliche Massenflucht der Soldaten zum Anlass, das Regiment
aufzulösen.[70] Für spätere tschechisch-nationalistische und deutsch-
nationalistische Politiker hing so viel davon ab, dass solche Mythen
aufrechterhalten blieben, dass sie zu deren Weiterleben bis weit in die
Nachkriegszeit hinein beitrugen. Viele deutsche Nationalisten gaben
den Tschechen die Schuld sowohl an der militärischen Niederlage
Österreich-Ungarns als auch am Zerfall des Reiches. Tschechische
Nationalisten wiederum bauschten die Geschichten von der Desertion
und den subversiven Aktionen ihrer Volksgenossen auf, damit der
Anschein entstand, dass sie seit Kriegsausbruch auf die Erschaffung
eines unabhängigen eigenen Nationalstaats hingearbeitet hätten. Von
Tschechen begangener Verrat wurde zu einer wichtigen mythischen
Komponente der Gründungsgeschichte ihres Staates.

Neue Nachbarn

Eine andere nicht eingeplante Katastrophe zerrte in den ersten Kriegs-
wochen am Geflecht der sozialen Beziehungen im Reich: Tausende von
Österreichern flohen aus Galizien und der Bukowina vor den eindrin-
genden russischen Truppen, und diese riesige Welle von Flüchtlingen
war sowohl das Ergebnis als auch die Ursache von großem Chaos und
allgemeiner Konfusion.

Der Staat war in keiner Weise für diesen Notfall gewappnet. Das
lag zum einen daran, dass die Ereignisse sich regelrecht überschlagen
hatten, zum anderen hatte man nicht mit dem militärischen Erfolg
der Russen gerechnet. Letztlich spielte aber auch eine Rolle, dass
durch die Invasion lokale Institutionen der Regierung hinweggefegt
worden waren. Beamte aus Galizien und der Bukowina versuchten
auf der Flucht, die Akten aus ihrem Amtsbreich zu bewahren, und
appellierten an den Staat, die Zahlung ihrer Gehälter fortzuführen,
während sie gleichzeitig von den Einwohnern ihres Bezirks mit Hilfe-
gesuchen überschwemmt wurden.[71] Flüchtlinge aus Galizien landeten
schließlich in zahlreichen anderen Regionen des Reiches, in Niederösterreich (Wien), Böhmen (Prag), Mähren, Nordungarn und den Al-
penprovinzen.[72]

Mehrere Landesregierungen ließen in aller Eile provisorische Lager
errichten, in denen die Vertriebenen untergebracht und mit Essen versorgt werden konnten, während man beriet, was mit ihnen geschehen
sollte. In Bárta (Bardejov, Bartfeld), einer Stadt von 6000 Einwohnern
in Nordungarn, von Galizien aus gesehen auf der anderen Seite der
Karpaten, trafen Mitte November im Lauf von nur drei Tagen 10 000
jüdische Flüchtlinge aus der Nachbarprovinz ein. Seit Mitte September,
als russische Soldaten ihre Städte besetzt hatten, waren sie zu Fuß, ihre
Habseligkeiten auf Karren hinter sich herziehend, unterwegs gewesen.
Sie waren vom Hunger ausgezehrt und viele litten an ansteckenden
Krankheiten. Der Militärkommandant von Bárta ordnete an, die hei-
matlos Gewordenen weiter ins Landesinnere zu bringen. Diejenigen,
die einigermaßen bemittelt oder nach dem Dafürhalten des Kommandanten «intelligent» waren, sollten nach Kaschau (Kassa, Košice),
Budapest, Wien und Graz geschickt, die Unbemittelten hingegen in

Evakuierung in Galizien, 1914

Baracken untergebracht werden, die man vor Kurzem in der mährischen Stadt Ungarisch Hradisch errichtet hatte. Von dort aus sollten sie
dann später auf kleinere Lager verteilt werden, die man erst noch in
Böhmen und Mähren bauen musste. Die zu dieser zweiten Gruppe Gehörenden zogen bald nach Mähren weiter, die meisten zu Fuß, da das
Eisenbahnsystem völlig überlastet war und militärische Transporte den
Vorrang hatten.[73]

Wie dieses Beispiel zeigt, teilte man die Vertriebenen sowohl nach
ihrem staatsbürgerlichen Status als auch nach ihren finanziellen Mitteln verschiedenen Gruppen zu. Für österreichische Flüchtlinge war
der österreichische Staat zuständig; sie hatten Anspruch auf Unterstützung durch diesen Staat, und ihnen stand eine tägliche Beihilfe in
Höhe von 70 Heller zu (die 1915 auf 90 Heller heraufgesetzt wurde),
die aber nur auf österreichischem Territorium ausgezahlt wurde. Als
Österreicher waren die galizischen Juden, die es nach Bárta verschla-
gen hatte, nicht zur Unterstützung durch den ungarischen Staat berechtigt. Flüchtlinge, die bemittelt genug waren, um selbst für ihren
Unterhalt aufkommen zu können, wurden von denen separiert, die

mittellos waren. Wer zur ersten Kategorie gehörte, durfte in der Regel auf eigene Faust innerhalb Österreichs oder Ungarns reisen und musste nicht in die Aufnahmelager. Mittellose Flüchtlinge dagegen wurden in Lager in Österreich gebracht und mussten darauf hoffen, von internationalen Hilfsorganisationen wie dem American Jewish Joint Distribution Commitee Unterstützung zu erhalten, die in aller Eile Niederlassungen in Gegenden einrichteten, wo sich die Flüchtlinge sammelten.

Schnell wurde offenbar, dass die von staatlicher Seite vorgenommene Trennung von «bemittelten» und «unbemittelten» Flüchtlingen ihren Ursprung nicht nur in der Angst vor ansteckenden Krankheiten und Kriminalität hatte, sondern auch dem Bemühen entsprang, die Moral aufrechtzuerhalten sowie später auf das Verhalten der Flüchtlinge einzuwirken. Die Regierung rechtfertigte die Einrichtung von Barackenlagern damit, dass sonst in großen Städten oder in ländlichen Gebieten «jede Art von Kontrolle, insbesondere jene sanitärer Natur, unmöglich würde». Außerdem lag ihr daran, «Personen gleicher Nationalität möglichst in ein und demselben Gebiete unterzubringen, um hierdurch das Heimatgefühl ungeschwächt zu erhalten».[74] Der Staat richtete also solche Lager ein, um die Stimmung der Flüchtlinge überwachen, ihren Gesundheitszustand kontrollieren und ihnen gleichzeitig ein der Norm entsprechendes Verhalten in Bezug auf Arbeit, Freizeit und Moral «anerziehen» zu können. Fachleute für Flüchtlingsfragen sorgten sich um den potenziell negativen Einfluss, den das Leben in solchen Behelfsunterkünften auf die Moral der Bemittelteren unter den Heimatvertriebenen haben könnte. Sie beschafften ihnen oft separate private Unterkünfte, womit sie aber die Spannung zwischen Bevölkerungsschichten verschärfte, die der Staat eigentlich als gleichberechtigt hätte behandeln müssen.[75]

Im Sommer 1915 eroberte Österreich-Ungarn den größten Teil Galiziens und der Bukowina zurück, schon im Mai war man aber den ersten Angriffen von italienischer Seite ausgesetzt gewesen. Die meisten galizischen Flüchtlinge wurden aus der Steiermark und aus Niederösterreich in Lager nach Böhmen gebracht und dann später im Jahr wieder nach Galizien umgesiedelt. Tausende von italienischsprachigen Flüchtlingen aus dem Trentino füllten statt ihrer das Lager in der Ge-

meinde Wagna bei Leibnitz in der Steiermark. Weitere Tausende landeten in Lagern bei Braunau in Oberösterreich oder bei Mitterndorf und
Pottendorf in Niederösterreich. Gleichzeitig mussten auch an die 80 000
slowenischsprachige Staatsbürger, die aus den Gebieten an der westlichen Grenze um Görz (Gorica) herum und aus der Isonzo-Region vor
den näher rückenden italienischen Streitkräften geflohen waren, in
Lagern untergebracht werden.[76]

Als solche Lager zu festen Einrichtungen wurden, dienten sie auch
zu ganz anderen Zwecken, als nur Heimatvertriebene unterzubringen.
Sie erlaubten es der Obrigkeit, Kontrolle über verschiedene Gruppen
der Bevölkerung auszuüben, und oft hatte das gar nichts mit dem Krieg
zu tun. Es gab eigene Internierungslager für Angehörige verfeindeter
Staaten, die vom Kriegsausbruch in Österreich-Ungarn überrascht
worden waren, Lager für Menschen aus Regionen, die man vorsorglich
geräumt hatte, da sie zu Kampfzonen zu werden drohten, solche für
Flüchtlinge, die sich nicht kooperativ zeigten, ein Sonderlager für
Angehörige der Gruppe der Roma und Lager für jene, die man aus
Grenzregionen deportiert hatte, weil sie im Verdacht standen, politisch
unzuverlässig zu sein.[77] In der letzten Kategorie beruhte die Einstu-
fung einer Person als politisch unzuverlässig oft eigentlich nur darauf,
dass sie vor dem Krieg Mitglied einer italienischen nationalistischen
Vereinigung gewesen war oder versucht hatte, sich der Einberufung
zum Militär zu entziehen.[78]

Für italienischsprachige Flüchtlinge österreichischer Nationalität
in Italien oder in von Italien besetzten Gebieten war die Situation
nicht viel besser. Auch dort herrschte Lebensmittelknappheit, und die
einheimische Bevölkerung stand den unerwünschten Flüchtlingen
voller Misstrauen gegenüber. Im Allgemeinen, insbesondere aber
nach dem spektakulären Sieg der österreichischen und deutschen
Truppen bei Caporetto (Kobarid) im Herbst 1917, sah das italienische
Militär in allen italienischsprachigen Österreichern *austriacanti*,
Menschen, die es mit Österreich hielten. Als seine Soldaten in der
frühen Phase des Kriegs eine Grenzstadt einnahmen, warnte ein italienischer General die italienischsprachigen österreichischen Einwohner: «Meine Männer sind überzeugt, dass sie einen Befreiungskrieg
führen und keinen Besatzungskrieg, und Gnade euch Gott, wenn sie

erfahren, dass ihr nicht glücklich seid, aus der Gewalt Österreichs befreit zu werden.»[79]

Alle diese Lager wurden schnell zu neuen Stätten des Elends. Sie waren schlecht geplant und hastig hochgezogen worden und waren binnen Kurzem vollgestopft mit unerwartet großen Scharen von Flüchtlingen, Evakuierten und politisch verdächtigen Personen. Die Insassen litten an Unterernährung, Krankheiten, Erschöpfung, Depressionen und am Gefühl des Entwurzeltseins. In dem Sammellager im mährischen Ungarisch Hradisch etwa drängten sich Ende 1916 mehr als 90 000 Menschen. In den Baracken des Lagers von Wagna, mit dessen Errichtung man im Oktober 1914 begonnen hatte, hausten im Mai 1915 bereits 21 300 Menschen. Gegen Ende des Jahres 1915 waren die Lager in ganz Österreich jedoch nur auf bis zu 130 000 Menschen ausgelegt.[80]

In diesen Lagern fühlten die Fluchtlinge sich weniger wie loyale Untertanen, denen Hilfe vom Reich zustand, sondern eher wie Gefangene. Das lag unter anderem daran, dass einige Lager auch zur Unterbringung internierter Ausländer verwendet wurden, vor allem aber war es auf die Angst der Regierung zurückzuführen, dass ansteckende Krankheiten – wie Typhus – ausbrechen könnten. Zudem stand nicht genug Personal zur Verfügung, das die Muttersprache der Vertriebenen beherrschte, also Polnisch, Ruthenisch, Jiddisch, später auch Italienisch oder Slowenisch sprach. Die hygienischen Verhältnisse in den ersten Lagern waren tatsächlich katastrophal. Allein in dem Lager im steirischen Thalerhof starben während des Krieges 2000 Menschen an verschiedenen Krankheiten. Die medizinische Versorgung war minimal, weil mindestens ein Drittel der Ärzte, die für die Regierung des Kronlands arbeiteten, bis zum Oktober 1914 eingezogen worden war.[81] Überdies sah man sich mit Krankheiten konfrontiert, die in der Region schon seit Jahrzehnten nicht mehr vorgekommen waren. Die fast an Strafanstalten gemahnenden Bedingungen in den Lagern trugen nicht dazu bei, dass die Insassen Gefühle der Zuneigung zum Reich entwickelten. «Wie viele Dinge der Aufenthalt in Mitterndorf uns gelehrt hat», trug eine Frau aus der Region um Trento 1917 voller Bitterkeit in ihr Tagebuch ein, «was sich nicht alles in Bezug auf Patriotismus geändert hat.»[82] Da es der humanitären Katastrophe auf eigenem Territorium nicht Herr werden konnte, verlor das Reich eine der entscheidenden Schlachten des Kriegs: Es gelang ihm nicht, das Denken und Fühlen von Tausenden vertriebener Männer und Frauen weiter für sich einzunehmen.

Trotz der strengen Zensur sickerten bald Einzelheiten über die grauenhaften Verhältnisse in den ersten Lagern an die Presse durch. Die Krakauer Zeitung *Nowa Reforma* veröffentlichte einen überaus kritischen Bericht von galizischen Bezirkshauptmännern. Sie sahen sich nach einer Besichtigung von Wagna und Thalerhof veranlasst, die Kanzlei des galizischen Statthalters, in der man selbst noch mit der kürzlich erfolgten Evakuierung in die Grenzstadt Biala fertig werden musste, aufzufordern, beim Innenminister des Reiches die Beseitigung der schlimmsten Missstände zu verlangen. Während der Innenminister alle Vorwürfe zurückwies, seine Pflichten in Bezug auf Wagna vernachlässigt zu haben, richtete die Regierung der Steiermark dort umgehend eine große Entlausungsstation und ein Badehaus ein.[83] Dennoch waren die allgemeinen Verhältnisse in den Lagern noch im Frühjahr 1916 derart, dass Parlamentsabgeordnete der Italienischen Volkspartei aus Friaul vom Innenministerium forderten, Flüchtlinge aus ihrer Region ausschließlich in den benachbarten Kronländern Kärnten und Steiermark unterzubringen. Dort orientiere man sich bei der Verteilung der Leute auf die Baracken in den Lagern daran, in welchen Dörfern sie früher zuhause gewesen waren, und die Mahlzeiten würden von Menschen zubereitet, die mit den in ihren Heimatregionen üblichen Gerichten vertraut seien. Außerdem sollten sie nicht in ihrer Freiheit eingeschränkt werden, ihre Unterkünfte zu verlassen, wann sie wollten. Insgesamt gesehen sollten die Lager eher wie städtische Wohlfahrtseinrichtungen und nicht wie Gefängnisse geführt werden. Vor allem aber verlangten die Abgeordneten, man sollte dafür Sorge tragen, dass die Barackenlager «den Charakter von Strafkolonien» verlören, «welchen dieselben im Empfinden der Flüchtlinge angenommen haben».[84]

Die Regierung reagierte immer empfindlicher auf Beschwerden über die elenden Bedingungen, unter denen die Flüchtlinge und auch die Internierten dahinvegetieren mussten, und bemühte sich ein positiveres Bild vom Leben in den Lagern zu zeichnen. Immer wieder aufkommende Gerüchte, dass Insassen zwangsweise zu diversen Arbeiten herangezogen würden, wurden jedes Mal energisch dementiert. Ebenso solche des Inhalts, dass man versuche, die Lagerinsassen gegen Bezahlung auf nahegelegenen landwirtschaftlichen Anwesen allerlei Tätigkeiten verrichten zu lassen – was diese aber angeblich verweigerten, da sie arbeitsscheu seien. Als die Regierung der damals noch neutralen USA 1916 Beschwerden über die Bedingungen, unter denen internierte italienische Staatsangehörige im kroatischen Lager Koprivnica festgehalten wurden, an das österreichisch-ungarische Außenministerium weiterleitete, ließ das Ministerium die Amerikaner wissen, dass die Internierten oft regelmäßiger zu essen bekämen als die Einwohner des Ortes. Angeblich erhielten die Lagerinsassen täglich eine Ration von 400 Gramm Brot und wenn die Fleischpreise es zuließen, sonntags, montags und donnerstags eine Portion Gulasch.[85] Doch wenn die Bedingungen in den Lagern wirklich gelegentlich besser waren als in den umgebenden Städten und Dörfern, waren die Staatsbeamten deswegen in einer misslichen Lage, denn das dankte ihnen niemand, und es machte sie bei der einheimischen Bevölkerung nicht gerade beliebter.

Die Regierung sorgte sich auch um die psychische Gesundheit der Insassen. Wenn sie zu lange in den Barracken hausten, konnte das ihre «Heimatliebe» vermindern und schließlich dazu führen, dass die Moral auf den Nullpunkt sank. Da die Flüchtlinge oft gewaltsam von ihren Häusern und Angehörigen getrennt worden waren und sie ihr Leben jetzt in ungewohnten und alles andere als anheimelnden Umständen fristen mussten, suchte die Regierung nach Mitteln, sie mental und moralisch wieder aufzurichten und so etwas wie Normalität in ihr Dasein einziehen zu lassen. Ein Bericht des österreichischen Innenministeriums von 1915 kam zu dem Schluss, es sei von größter Wichtigkeit, dass sich die Niedergeschlagenheit unter den Flüchtlingen nicht auf die Bevölkerung in der Umgebung übertrage. Ihnen müsse «seelischer Trost, Zerstreuung und ohne Konkurrenzierung des lokalen Arbeitsmarktes nützliche Beschäftigung, der Flüchtlingsjugend insbesondere auch Unterricht geboten werden.» Als die Lager den Charakter des Provisorischen und Vorläufigen verloren, wurden in einigen von ihnen auch spezielle Gebäude gebaut, in denen Lebensmittelläden,

Metzgereien, Bäckereien, öffentliche Küchen, Spitäler, Schulen und sogar Andachtsräume untergebracht waren, um den Insassen eher das
Gefühl von einem normalen Leben zu vermitteln.[86] Doch war «norma-
les Leben» während des Krieges ein relativer Begriff: Es war außerhalb
der Lager nur selten möglich, und innerhalb der Lager so gut wie überhaupt nicht.

Um unter den Insassen größeres Zusammengehörigkeitsgefühl
in Kriegszeiten zu fördern, gab die Lagerverwaltung in Wagna sogar eine Tageszeitung heraus, die man für vier Heller kaufen konnte.
In der ersten Nummer, die am 14. Oktober 1915 in einer zweisprachigen (deutschen und italienischen) Ausgabe erschien, wurden 4040
Einwohner aus Friaul und 13 460 aus Istrien willkommen geheißen,
und den Neuankömmlingen wurde erklärt, die vorherigen galizischen
Bewohner seien auf ihre «heimatliche Scholle» zurückgekehrt. «Ihr
seid als Gäste in der grünen Steiermark willkommen», hieß es, «und
deutsche Gastfreundschaft soll euer Leid, das auch unser Leid ist, mildern.» Die Zeitung trug auch mit Fortsetzungsromanen – in deutscher und italienischer Sprache – zur Unterhaltung bei; außerdem
lieferte sie Berichte von den diversen Fronten, die hoffnungsvoll stimmen sollten, informierte über relevante Regierungsdekrete und
brachte lustige Anekdoten aus dem Soldatenleben. In der zweiten
Ausgabe fand sich eine Einladung an alle Frauen und Mädchen über
vierzehn, sich für den Näh- und Schneiderkurs einzutragen, der im
Lager abgehalten werden würde.[87]

Aus einem Bericht der Regierung an Beamte der Kronländer vom
März 1917 geht die Existenz einer Art von patriotischem Nützlich-
keitsdenken hervor. Es hieß nämlich, dass viele Flüchtlinge, die Ruthenisch (jetzt immer häufiger als Ukrainisch bezeichnet), Italienisch,
Rumänisch, Slowenisch oder Kroatisch sprachen, die Lagerverwaltung gebeten hätten, Deutschkurse für ihre Kinder zu organisieren,
um ihr «wirtschaftliches Fortkommen» zu sichern. Wien drängte die
Verwaltungsbeamten in den Provinzen, auf solche Bitten einzugehen,
weil durch solche Bemühungen «die Entwicklung regerer wirtschaftlicher und sozialer Beziehungen zwischen den Grenzgebieten und
dem Hinterlande der Monarchie unterstützt und mittelbar das Gefühl einträchtiger Zusammengehörigkeit vertieft wird».[88] Einige Be-

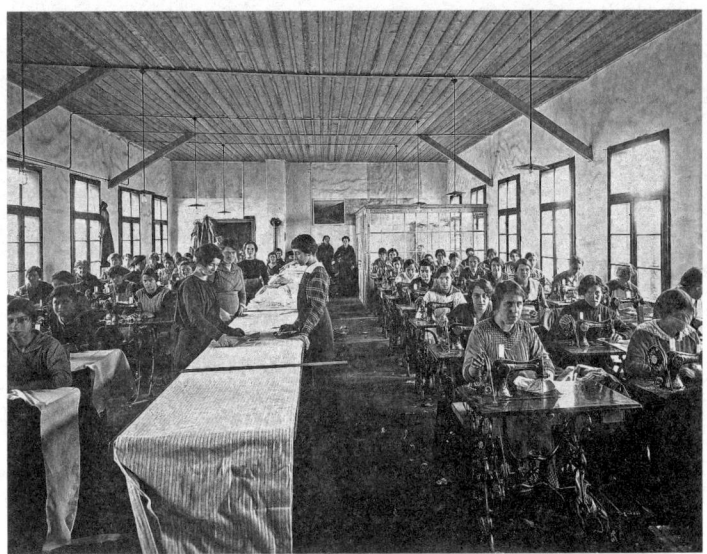

Im Flüchtlingslager in Wagna nehmen Frauen an einem Nähkurs teil. Auf 1915 datierte Abbildung in einer Propagandabroschüre des österreichischen Innenministeriums mit dem Titel «Flüchtlingsfürsorge»

amte wagten gar zu hoffen, die menschliche Katastrophe, die man zurzeit durchleide, würde das Reich gestärkt aus dem Krieg hervorgehen lassen.

Denjenigen Flüchtlinge, deren Verbindungen – familiärer oder beruflicher Art – oder deren Besitz im Westen es ihnen ermöglichten, sich nach eigener Wahl irgendwo niederzulassen (oft auch illegal), etwa in Städten wie Budapest, Prag oder Wien, litten ebenfalls unter Entwurzelung und Entbehrung, wie auch unter dem extrem feindseligen Verhalten vonseiten ihrer neuen Nachbarn. Oft weigerte man sich in Geschäften, sie zu bedienen, und städtische Gesundheitsämter, die fürchteten, dass sie irgendwelche ansteckenden Krankheiten übertragen könnten, unterzogen sie oft zwangsweise einer medizinischen Untersuchung. Eine besonders ausgeprägte Feindseligkeit schlug galizischen Juden entgegen; es sind aber auch viele Fälle dokumentiert, in denen sich solche Ablehnung gegen polnisch- oder ukrainischsprachige Flüchtlinge richtete. 1917 versuchte der Prager Magistrat unter Berufung auf mögliche Ansteckungsgefahren, jüdischen Flüchtlingen die Benutzung von Straßenbahnen zu verbieten, musste das Verbot allerdings umgehend wieder zurücknehmen.[89]

Der Staat versuchte der völlig neuen Herausforderungen, die die kriegsbedingte Migration ganzer Bevölkerungsgruppen darstellte, mit einem gewissen Maß an Kreativität und Umsicht Herr zu werden. Doch aufgrund der außergewöhnlichen Ansprüche, die der Vielfrontenkrieg an ihn stellte, fehlten ihm die Mittel, um auch nur die Grundbedürfnisse seiner aus der Heimat vertriebenen Bürger erfüllen zu können. Je mehr der Staat sich darum bemühte, desto weniger Dankbarkeit erntete er – sowohl von den Vertriebenen selbst als auch von ihren Gastgebern wider Willen. Staatsbeamten gelang es nicht, die Einstellung der Einheimischen, die selbst unter den Versorgungsengpässen litten, zugunsten der Flüchtlinge zu beeinflussen. Warum sollten sie die Flüchtlinge, in denen sie «Ausländer» sahen und keine hilfsbedürftigen Landsleute, willkommen heißen? Sie brachten doch nur die Gefahr von Ansteckungen mit und störten das soziale Gefüge.

Propaganda für das Reich

In den ersten Kriegsjahren unternahm der Staat wenig, um die strengen Zensurmaßnahmen (vor allem in Österreich) durch Kriegspropaganda zu ergänzen. Später aber machte sich das Armeeoberkommando die Talente diverser österreichischer Journalisten, Künstler, Fotografen und Filmproduzenten zunutze, um den Krieg in Wort und Bild so darzustellen, dass die Öffentlichkeit den Eindruck gewann, er nehme einen positiven Verlauf für das Reich, und ihn weiterhin unterstützte. Im Dezember 1915 begannen das österreichische Kriegsüberwachungsamt und sein ungarisches Äquivalent, *Hadifelügyeleti Bizottsád*, in Wien und Budapest für eingeladene Journalisten wöchentliche Pressekonferenzen abzuhalten, in dem Glauben, dass es wirkungsvoller sei, einige sorgfältig ausgesuchte Nachrichten an die Heimatfront vordringen zu lassen, als den Informationsfluss ganz zu unterbinden.[90] Mithilfe einer Unterabteilung, des Kriegspressequartiers (KPQ), unterhielt das Kriegsüberwachungsamt in den letzten beiden Kriegsjahren schließlich eine große Propagandamaschinerie.

Die Praktiken des Kriegspressequartiers spiegelten die Vorurteile des Armeeoberkommandos bezüglich der Völker des Reiches wider: Die Reporter wurden in zwei Gruppen unterteilt, eine österreichische und eine ungarische, deren offizielle Sprachen Deutsch und Ungarisch waren, so dass slawische Journalisten mehr oder weniger vom Informationsfluss abgeschnitten waren. Nur selten erhielten Journalisten die Möglichkeit, die Front selbst zu besuchen, und wenn, dann wurde sorgfältig darauf geachtet, was sie zu sehen bekamen. Im Sommer 1915, als Österreich-Ungarn die Festung im galizischen Przemyśl wieder einnahm und als es Serbien eroberte, erhielten beim Kriegspressequartier akkreditierte Berichterstatter erstmals die Erlaubnis, die Geschehnisse aus nächster Nähe mitzuverfolgen. Die meisten Kommandanten teilten aber die feindselige Einstellung von Conrad von Hötzendorf gegenüber der Presse, und nur wenige erachteten es als sinnvoll, Beziehungen zu den Berichterstattern zu pflegen, um ihr Ansehen bei der Öffentlichkeit zu verbessern.

In den ersten Kriegsjahren war die Kriegspropaganda ein Nebenprodukt von Kampagnen privater karitativer Organisationen oder öffentlicher Stellen, die Kriegsanleihen verkauften. Diese Kampagnen stellten meist die Bedürfnisse der Frontsoldaten in den Vordergrund und weniger einen Reichspatriotimus. Eine Hauptherausforderung bestand darin, reichsweit abgestimmte Botschaften sowohl für die Frontsoldaten als auch für die Bevölkerung daheim zu formulieren. Schließlich wurde das Kriegsarchiv, das für einen großen Teil der Propaganda zuständig war, tätig und ließ eine Reihe von Texten verfassen, die die Moral an der Heimatfront heben sollten. 1916 legte diese Abteilung dann eine Art Kriegsalmanach vor, der neben Fotografien der kaiserlichen Familie auch patriotische Aufsätze von bekannten deutschsprachigen Schriftstellern wie Arthur Schnitzler und Stefan Zweig enthielt. Bald folgten ähnliche Anthologien in deutscher Sprache, in denen sich Berichte über Erlebnisse an einer der Fronten oder über Schlachten fanden.[91] Einige dieser Publikationen erschienen auch in kroatischer, tschechischer, ungarischer und polnischer Übersetzung, die meisten von ihnen waren aber an eine deutschsprachige Öffentlichkeit gerichtet. Später organisierte das Kriegsarchiv auch in Städten des gesamten Reiches, unter anderem in Budapest, Wien, Graz, Zagreb, Prag, Salzburg und Innsbruck, Ausstellungen mit Gemälden und Fotografien, die den Krieg zum Thema hatten.

Im Mai 1916 wurde die ambitionierteste und bei weitem größte dieser Ausstellungen im Wiener Prater eröffnet. In mehr als vierzig Ausstellungshallen konnten sich die Besucher selbst ein Bild vom Krieg machen. Zur Schau gestellte «Ersatzlebensmittel» vermittelten einen Eindruck vom Leben an der Heimatfront, der Nachbau eines Schützengrabens ein Bild vom Kampfgeschehen an der Front. Auch Prothesen für Kriegsversehrte wurden gezeigt.[92] In ihrer brillanten Analyse dieser Ausstellung, die mehr als ein Jahr lang geöffnet blieb, kommt Maureen Healy aber zu dem Schluss, dass, da vieles von dem, was den Besuchern über das Leben im Krieg gezeigt wurde, nicht deren persönlichen Erfahrungen entsprach, mithin «neu» für sie war, der Unterhaltungswert weit höher gewesen sei als die potenzielle propagandistische Wirkung.[93] Das trifft vermutlich auch auf die vielen Propagandafilme zu, die im Auftrag der Regierung gedreht wurden. 1915 gab es in Wien und in Budapest jeweils 150 Kinos, kleinere Städte wie Zagreb, Klausenburg und Pressburg hatten allerdings weit weniger. In Prag waren es bei Kriegsende fünfunddreißig. Während des Kriegs entstanden viele improvisierte Einrichtungen für Filmvorführungen, und auch die Zahl der Studios vervielfachte sich. Die österreichischen und ungarischen Produktionsgesellschaften schlossen sich zusammen, um ihre Arbeit, was Spielfilme über den Krieg, aber auch Wochenschauberichte und Propagandastreifen betraf, koordinieren zu können. Diese besaßen alle Unterhaltungswert, also sahen die Leute sie sich an. Sie hatten jedoch nur eine geringe Auswirkung auf die Einstellung des Publikums zum Krieg, zum Teil, weil, wie im Fall der Ausstellungen, die persönlichen Erfahrungen der Zuschauer dem, was sie auf der Leinwand gezeigt bekamen und was in diesen Filmen geschildert und behauptet wurde, vollkommen widersprachen.

Wiederbelebung der Legitimität

Es war neun Uhr an einem kalten Novemberabend. [...] An den meisten Abenden eilten die Einwohner Budapests, der monotonen traurig stimmenden Kriegsnachrichten überdrüssig, an den Zeitungsständen mit ihren niederdrückenden Auslagen vorbei – heute aber hielten sie inne, um zu lesen. [...] Heute vergaßen sie für eine kleine Weile ihr tägliches Bangen um die Angehörigen, die an der Front standen, ihre Sorge und Angst um die Gatten, Söhne und Brüder, die Kriegsgefangene waren, ihre Trauer um die Toten. Heute überfiel alle das Gefühl von einer großen nationalen Katastrophe, das Grauen vor dem, was kommen würde, und die Furcht vor einer unbekannten Zukunft. Was alle zu jenen hell erleuchteten Zeitungsständen hinzog, war die Nachricht vom Tod Franz Josephs.[94]

Am 21. November 1916 starb der Mann, der nahezu siebzig Jahre lang die Dynastie und das Reich verkörpert hatte. Franz Joseph war nicht immer der von seinem Volk geliebte Großvater gewesen, aber er war schon vor langer Zeit ein Symbol für Kontinuität geworden und als Beschützer von Angehörigen aller gesellschaftlichen, sprachlichen, religiösen und politischen Gruppen im Reich verehrt worden. 1916 hatten nur noch wenige Bürger Erinnerungen an die Zeit, bevor Franz Joseph ihr Herrscher gewesen war. Sein Tod löste Angst und Ungewissheit aus in einer Zeit, als man dem dritten Kriegswinter entgegensah, der der schlimmste von allen werden sollte.

Franz Josephs Nachfolger als Kaiser und König wurde sein Großneffe Karl (1887–1922), mit neunundzwanzig Jahren ein noch junger Mann. 1911 hatte er Prinzessin Zita von Bourbon-Parma geheiratet. Zum Zeitpunkt von Franz Josephs Tod hatte das Paar vier Kinder, zu denen später noch vier weitere hinzukommen würden. Karl war unerprobt, unerfahren in Staatangelegenheiten und bei seinen Untertanen weit weniger bekannt, als sein Onkel Franz Ferdinand es gewesen war, der Franz Joseph auf den Thron gefolgt wäre, wenn er nicht 1914 in Sarajevo ums Leben gekommen wäre. Als Karl den Thron bestieg, tobte ein Krieg, der diesen Untertanen Opfer ohnegleichen abverlangte. Es war daher von größter Bedeutung für die Legitimität der Dynastie und die Kontinuität des Staates, dass er in die Rolle der kaiserlichen Vaterfigur schlüpfte und sie erfolgreich ausfüllte, indem er unverzüglich bei der Bevölkerung ein erkennbares Profil gewann, zu einer beruhigenden und beliebten Erscheinung wurde.[95] Wie seine Vorfahren Joseph II. und Franz II./I. hatte Franz Joseph die mit wenig Glanz verbundene Rolle des Ersten Staatsdieners erfüllt; legendär war seine Gewohnheit geworden, jeden Tag vor der Morgendämmerung aufzustehen und sich abends erst dann zur Ruhe zu begeben, wenn alle Regierungsgeschäfte erledigt waren. Wie könnte Karls Rolle aussehen?

Der neue Kaiser selbst und die Männer seiner Entourage versuchten eine öffentliche Person mit typischen, deutlich erkennbaren Zügen für die Untertanen zu kreieren, wobei sie sich aber nicht immer im Klaren darüber gewesen zu sein scheinen, was das für Züge sein sollten. Er wurde aber in jedem Fall als Mann von großer Frömmigkeit dargestellt, der sich hingebungsvoll um seine junge Familie kümmerte – und ebenso um Untertanen – als jemand, der bereitwillig von einer Ecke seines Reiches in die entgegengesetzte reiste, um mit Frontkämpfern wie auch mit normalen Bürgern zusammenzutreffen. Im Zuge seiner Bemühungen, ein engeres Band zwischen dem Herrscherhaus und dem Volk zu knüpfen, besuchten er und Zita Kampfschauplätze von der Bukowina bis nach Südtirol. Diese Ausflüge an die Front wurden nach Kräften publik gemacht und oft auch im Film festgehalten. Zita beteiligte sich aktiv an mehreren karitativen Unternehmungen zugunsten von Kriegsopfern, und 1917 wurde Karl ein Propagandafilm mit dem Titel *Unser Kaiser* gewidmet. Womöglich war es dem Herrscher nicht angenehm, dass seine Person dazu herangezogen wurde, dem Volk das Reich nahezubringen, aber er stimmte dem Einsatz neuer Kommunikationstechnologien zu diesem Zweck viel bereitwilliger zu, als Franz Joseph es getan hatte.

Seine Krönung zum König von Ungarn war eines der ersten Ereignisse mit ihm in der «Hauptrolle», die im Film festgehalten wurden. Die politischen Führer des Landes bestanden darauf, dass die Zeremonie so bald wie möglich im Anschluss an die Beisetzung Franz Josephs stattfand, und nachdem man den Termin mehrfach in letzter Minute geändert hatte, wurde sie für den 30. Dezember 1916 angesetzt. Die ungarische Staatsführung legte größten Wert darauf, dass der neue König sich diesem öffentlichen Ritual unterzog, einmal um seinen Status als legitimer Herrscher des Landes zu untermauern, zum anderen damit

die Bevölkerung sich weiter geschlossen hinter die Kriegsanstrengun-
gen stellte. Eine Krönungszeremonie bot auch eine ideale Gelegenheit,
Karl und seine Familie wieder beim Volk einzuführen, das heißt ihn
im wahrsten Sinne wieder populär zu machen. Das schien nötig, weil
Karl von Beginn seiner Herrschaft an versucht hatte, das Reich in neue
Richtungen zu führen, was bei den politischen Führern Ungarns einige
Besorgnis ausgelöst hatte. Sie fürchteten, dass der neue Monarch enge
Beziehungen zu einigen der Berater seines Onkels Franz Ferdinand
unterhielt, die im Ruf standen, entschieden antiungarisch eingestellt
zu sein. Dieser Verdacht wurde schon früh bestätigt, als der Kaiser
Graf Ottokar Czernin (1872–1932), der ebenfalls mit Erzherzog Franz
Ferdinand verbunden gewesen war, zum neuen Außenminister Österreich-Ungarns ernannte. Mit einer eilends vorgenommenen Krönung
wollte man solche Sorgen zerstreuen, und gleichzeitig sollte die Zeremonie es den ungarischen Politikern ermöglichen, den Herrscher über
ihre Wünsche zu informieren.

Graf Miklós Bánffy (1873–1950), den Direktor des ungarischen
Nationaltheaters in Budapest und späteren Romancier, betraute man
mit der Inszenierung dieser ersten Krönung seit 1867. Wie zu erwarten,
meldete er, dass er Schwierigkeiten hatte, die Handwerker zu rekrutie-
ren, die die Krönungskirche seinen ambitionierten Entwürfen entsprechend schmücken sollten. Ein anderes Problem ergab sich daraus, dass
für die Filmkameras und die Scheinwerfer eine Menge elektrischer
Energie benötigt wurde, die im Krieg nicht ohne weiteres zur Verfügung stand. Doch am Ende ging die ganze Zeremonie reibungslos über
die Bühne. Der neue Herrscher schaffte es, vor den Objektiven der
Kameras auf sein Pferd zu steigen und den Hügel hoch zu galoppieren,
den man vor der Krönungskirche aufgeschüttet hatte.

Von dort oben wies er mit seinem Schwert in alle vier Himmelsrichtungen. Bánffy berichtete, dass das Königspaar, das sorgfältig darauf
achtete, welchen Eindruck es hinterließ, dafür sorgte, dass sein vierjäh-
riger Sohn und Erbe Otto mit im Blickpunkt der Öffentlichkeit stand.
Erst nachdem die Kirche sich geleert hatte, geschah, so Bánffy in seinen
Erinnerungen, etwas, das die Leute als schlechtes Omen für die Zukunft hätten deuten können, wenn sie davon erfahren hätten. Eine
Platte aus dickem Glas, die Bánffy zum Schutz vor den Bogenlampen

*30. Dezember 1916: Kaiser Karl I. von Österreich legt vor der Matthias-
kirche in Budapest den Krönungseid ab und wird so zu König Károly IV.
von Ungarn.*

über dem Altar hatte anbringen lassen, «zersprang durch die Hitze und
sauste wie ein gigantisches Fallbeil auf den Altar nieder.»[96]

Karl hoffte, Österreich-Ungarn aus der prekären Situation heraus-
führen zu können, in der es sich durch den Krieg befand, indem er in
der Innen- und Außenpolitik neue Wege beschritt. Er erneuerte radikal
das militärische Oberkommando, löste persönlich Erzherzog Friedrich
als Oberbefehlshaber ab und entfernte Franz Conrad von Hötzendorf
aus dem Generalstab. Mehrfach versuchte er sowohl öffentlich als auch
im Geheimen bei der gegnerischen Allianz die Möglichkeit zu erkunden, aus dem Krieg auszuscheiden und unter Umständen sogar einen
Separatfrieden zu schließen. Er beendete die Militärdiktatur, die seit
dem Sommer 1914 bestanden hatte, und führte wieder eine konstitutionelle Herrschaft ein. In Ungarn bemühte er sich, einflussreiche
Verbündete zu gewinnen, die eine Ausweitung des Wahlrechts unterstützten und für einen toleranteren Umgang mit den nationalen Minderheiten eintraten. Im März 1917 billigte er die Einrichtung einer
Kommission, bei der Arbeiter, die in ihren Fabriken militärischer Dis-

ziplin unterworfen waren, Beschwerden vorbringen konnten.[97] In dieser Kommission saßen auch Vertreter der Arbeiter selbst. Im Mai 1917 wurde der österreichische Reichsrat von Kaiser Karl wiedereröffnet, der die Politiker implizit dazu ermunterte, ihm ihre Forderungen nach strukturellen Reformen zur Kenntnis zu bringen. In jenem Sommer erließ er auch eine Generalamnestie, durch die zahllose Gefangene, die von Militärgerichten wegen der unterschiedlichsten politischen Vergehen zu Haftstrafen verurteilt worden waren, ihre Freiheit wiedergewannen. Darunter war auch Friedrich Adler, der Sohn des Vorsitzenden der sozialdemokratischen Arbeiterpartei, der 1916 Ministerpräsident Stürgkh ermordet hatte, als dieser im Speisesaal eines Wiener Hotels beim Mittagessen saß. Im Zuge dieser Amnestie kamen auch mehrere führende nationaltschechische Parlamentsabgeordnete frei, darunter Karel Kramář (1860–1937) und Alois Rašín (1867–1923), die zu Unrecht des Landesverrats bezichtigt worden waren und im Gefängnis auf ihren Prozess warteten.

Im Oktober wurde auch die strenge Zensur aufgehoben, die das Armeeoberkommando nach Ausbruch des Krieges eingeführt hatte; nun galten wieder die Zensurkriterien der Vorkriegszeit.

Aufgrund des Bündnisses mit Deutschland, dem sich Österreich-Ungarn nicht entziehen konnte, verschaffte keine dieser Maßnahmen – weder die Beendigung der Militärdiktatur, noch die Liberalisierung des öffentlichen Lebens oder die zur Schau gestellte Bereitschaft zur Reform des Wahlrechts in Ungarn – dem Herrscher einen größeren Handlungsspielraum. Die Liberalisierung führte nicht dazu, dass sich die österreichischen Politiker geschlossen hinter ihn stellten und einen neuen Kurs einschlugen. Stattdessen bewirkte sie, dass sie sich untereinander zerstritten, und es wurde deutlich, wie sehr sich die Meinungsverschiedenheiten der Vorkriegszeit verschärft hatten. Wegen des Bündnisses mit Deutschland war Karls außenpolitischer Spielraum noch geringer. Seine sowohl öffentlich als geheim geführten Verhandlungen mit den alliierten gegnerischen Mächten schienen zwar vielversprechend, letztlich schaffte er es aber nicht, sich aus der partnerschaftlichen Umarmung Deutschlands zu befreien. Es bestand keine realistische Chance, Österreich-Ungarn aus dem Krieg herauszuführen. Wie er und Czernin einsehen mussten, war es aufgrund der großen militärischen und wirtschaftlichen Abhängigkeit von Deutschland unmöglich, eine eigenständige Außenpolitik zu verfolgen.[98] Bei der ersten Sitzung des Gemeinsamen Ministerrates Österreich-Ungarn am 12. Januar 1917 war Karl bereit, sich Vorschläge unterbreiten zu lassen, wie das Reich so restrukturiert werden könnte, dass die Nationalitäten beschwichtigt und miteinander ausgesöhnt würden. Konnte Österreich-Ungarn Ostgalizien im Austausch für Russisch-Polen an Russland abtreten, so dass die Schaffung eines ukrainischen Staates in Russland und eines von den Habsburgern dominierten Polen möglich würde? Konnte die Monarchie auf österreichischem Territorium ein neues südslawisches Gebilde erschaffen, das die Grundlage für die Umwandlung der Doppel- in eine Dreifachmonarchie (Österreich-Ungarn-Jugoslawien) bilden würde? Tisza sprach sich vehement gegen einen solchen Trialismus aus, Karl hoffte aber, zumindest die Unterstützung nationaler und sozialdemokratischer Politiker für eine Umwandlung des Reiches in eine Föderation erlangen zu können, die seinen Fortbestand langfristig sichern könnte.[99]

Die Wiederherstellung eines normaleren politischen Lebens in Österreich entsprang der ernsthaften Bemühung, bei den national orientierten Parteien und Gruppierungen wieder den politischen Rückhalt für das Reich zu gewinnen, der ihm unter der Militärdiktatur abhanden gekommen war. Es überrascht aber nicht, dass die Wiedereröffnung des Reichsrats nicht das erbrachte, was Karl sich erwartet hatte. Die Aufhebung der diversen Einschränkungen, denen die Bürger unterworfen gewesen waren, hatte sofort massive Beschwerden der Öffentlichkeit über die Lebens- und Arbeitsbedingungen zur Folge. Die Öffnung zuvor blockierter Kanäle für politische Einwände und politische Opposition resultierte in heftiger und offen zum Ausdruck gebrachter Kritik an der Regierung. Die öffentliche Debatte gab immer deutlicher zu erkennen, dass alle Beteiligten während der zweijährigen Diktatur ihre Forderungen heraufgeschraubt hatten und nicht in der Stimmung waren, sich auf Kompromisse einzulassen. Parlamentarische Kommissionen beispielsweise nahmen unverzüglich Untersuchungen zu den ungerechtfertigten Verhaftungen auf, zu denen es in der allgemeinen Hysterie bei Ausbruch des Kriegs gekommen war. Nationalpolitische Parteien verloren keine Zeit, ihre formellen Forderungen nach einer Restrukturierung des Reiches bekannt zu geben. Am 30. Mai verlas Anton Korošec (1872–1940), Abgeordneter der Slowenischen Volkspartei und Mitglied des neugegründeten Jugoslawischen Klubs, die sogenannte Mai-Erklärung, die den Zusammenschluss aller Südslawen zu einer einzigen administrativen Einheit verlangte, die innerhalb der Monarchie einen ähnlichen Status wie Österreich und Ungarn haben sollte. Die Tschechische Union (der die tschechischen nationalen Parteien angehörten, außerdem die Mehrheit der Sozialdemokraten) stellte ebenfalls am 30. Mai ihr eigenes Programm vor, das nach der Schaffung eines autonomen tschechischen und slowakischen Staates innerhalb einer neu zu bildenden Föderation verlangte.[100]

Die Regierung hatte solche Forderungen – wenn auch unabsichtlich – provoziert, aber sie tat wenig, um kreativ auf sie zu reagieren. Kaiser Karl und die politischen Beamten, in deren Hände er die Regierung weitgehend legte, dachten politisch nach wie vor in erster Linie an das Reich in seiner Gesamtheit. Eine Folge davon war, dass sie zum Beispiel nicht einsahen, warum der privilegierte Status des Deutschen als Amtssprache ein Problem darstellen sollte. Sie setzten sich nicht ernsthaft mit den von den national engagierten Politikern gestellten Autonomieforderungen auseinander, von denen viele auch nicht miteinander vereinbar waren, weil sie sich überschneidende Territorien für ihre zukünftigen föderalen Teilstaaten reklamierten. Karls Berater wollten auch das politische Verhältnis zu Ungarn nicht gefährden, dessen Führer jeden Ansatz zur Föderalisierung missbilligten. Als die Regierung nicht in angemessener Weise auf die Mai-Erklärung reagierte, wandten sich die Delegierten, die sie unterstützten, an das Volk, um Druck auf die Obrigkeit auszuüben. In den slowenischsprachigen Regionen der Krain, der Südsteiermark, Istriens und Triests bildete sich im Herbst eine «jugoslawische» Petitionsbewegung, die die Umsetzung der Mai-Erklärung verlangte. Für gewöhnlich begannen derartige Petitionen mit formelhaften Wendungen wie: «Lang lebe das Haus Habsburg und ein glückliches Jugoslawien unter seinem Zepter!», und meist waren sie auch von Mitgliedern des katholischen Klerus, der die Dynastie traditionellerweise unterstützte, unterzeichnet. Vom September 1917 bis zum März 1918 gelang es den Initiatoren der Petition, allein in der Südsteiermark mehr als 72 000 Unterschriften zu erhalten.[101]

Die Regierung war im Einvernehmen mit dem deutschen Verbündeten bereit, im Norden des Reiches die Erschaffung eines neuen Königreichs Polen zuzulassen, das nach Möglichkeit unter der Herrschaft eines Erzherzogs aus dem Hause Habsburg stehen sollte. Sie versuchte aber auch den Forderungen ukrainischer nationaler Wortführer Rechnung zu tragen. Als im Februar 1918 Österreich-Ungarn einen Friedensvertrag mit der neugegründeten Ukrainischen Republik (früher ein Teil des Russischen Reiches) schloss und anbot, dem neuen Staat ein Gebiet im Osten des besetzten (Russisch-)Polen zu überlassen, erhoben polnische Nationalisten wütenden Protest und entzogen dem Kabinett ihre Unterstützung. In jedem dieser Fälle unternahmen nationalistische Aktivisten Manöver, um ihre eigenen staatsbildenden Bemühungen zu fördern; dabei sollten diese neuen staatlichen Einheiten nominell immer noch Teile des Habsburgerreichs sein, obwohl ihre voneinander abweichenden Positionen das Rahmenwerk, das dieses Reich darstellte, immer mehr aushöhlten.[102]

Während Karl sich mühsam zu einer wie auch immer gearteten föderalistischen Lösung vorzutasten suchte, um die nationalen Forderungen der verschiedenen Gruppierungen in Österreich zu befriedigen, zeigten die politischen Führer Ungarns keinerlei Interesse an einer strukturellen Reform, die die Vormachtstellung ihrer eigenen Nation bedrohen würde, indem sie den sogenannten nationalen Minderheiten mehr Macht verlieh. Tisza war allenfalls willens, den rumänischen Aktivisten gewisse Zugeständnisse zu machen. Er und seine Verbündeten waren noch nicht einmal bereit, eine Reform des Wahlrechts in Betracht zu ziehen, das Kriegsveteranen wahlberechtigt machen würde (das sogenannte Heldenwahlrecht), wie es von einigen Parteien wie der katholisch-sozialen vorgeschlagen worden war. Sogar in dieser späten Phase des Kriegs blieb Tisza unbeugsam; er meinte: «Das würde bedeuten, fahrlässig Schichten und ihren Vertretern politische Rechte einzuräumen, die nicht reif für sie sind.»[103] Einige Vertreter der Opposition warnten daraufhin, die Ausweitung des Wahlrechts sei sehr wohl die einzige Möglichkeit, die Regierung vor einer Revolution zu bewahren.

Es ist besser, sie zu besiegen, wenn sie das Recht besitzen zu wählen, als ihnen dieses Recht vorzuenthalten, sie der äußersten Verzweiflung anheimfallen zu lassen und so das Fundament des Staates selbst zu unterhöhlen. [...] Falls die Regierung und die führenden Kreise der Meinung sind, keine neue Sozialpolitik betreiben zu müssen, wozu der erste Schritt jetzt unternommen werden muss, dann wird wirklich eine Revolution ausbrechen.[104]

Es war zu einem großen Teil auf die nicht mehr zu ertragenden Lebensbedingungen, den Hunger und den allgemeinen Mangel zurückzuführen, dass es in den letzten beiden Kriegsjahren immer häufiger zu Arbeitsniederlegungen, politischen Demonstrationen, Gewalttätigkeiten und sogar Meutereien kam. Bis zum Ende des Jahres 1916 waren Streiks örtlich begrenzt gewesen; ausgelöst worden waren sie oft durch die strenge militärische Disziplin, denen die Arbeiter in den Betrieben unterworfen waren, und dadurch, dass sie beim kleinsten Verstoß gegen die sogenannte Zucht und Ordnung an die Front geschickt werden konnten. Die Einführung von auch Arbeitervertreter einschließenden Beschwerdekommissionen, die unter anderem über die Höhe der Löhne mitentscheiden konnten, die in rüstungsrelevanten Betrieben gezahlt wurden, hatte bald zur Folge, dass die Beschäftigten in anderen Industriezweigen streikten, um dieselben Rechte zu erhalten.[105] Genau wie die politische Liberalisierung ließen solch kreative Versuche, kriegsbedingte Probleme zu lösen – wie die Einrichtung der Beschwerdekommissionen –, nur neue Probleme entstehen. 1917 kam es zu weit mehr Streiks, an denen sich weit mehr Arbeiter beteiligten als in den Jahren zuvor. Die Ziele waren immer mehr oder weniger die gleichen: höhere Löhne, kürzere Arbeitszeit, Brot und Frieden. Führern der Sozialdemokraten, die über die Beschwerdekommissionen erheblich an Einfluss gewonnen hatten, fiel es immer schwerer, ihre Anhänger zu zügeln, eine Tatsache, die ein lokaler Verwaltungsbeamter in der Steiermark so kommentierte: «Wenn heute die sozialdemokratische Partei, welche in gewissem Sinne sicherlich mit der Regierung geht, die Macht über die unzufriedenen Massen verliert, dann ist auch die Ruhe schwer aufrecht zu halten.»[106]

1918 kam es im Januar, März und Juni zu drei massiven Streikwellen, die in Österreich und in Ungarn die industrielle Produktion

fast zum Erliegen brachten. Als es so aussah, als würden die Friedensverhandlungen mit Russland scheitern, brach in Wiener Neustadt am
12. Januar ein Streik aus, der bald auch andere Industriegebiete im Land
erfasste. Am 16. Januar hieß die sozialdemokratische Führungsriege
diese Arbeitsniederlegungen rückwirkend gut. Am 17. Januar schlossen
sich ihnen 20 000 steirische Metallarbeiter an. Am 22. Januar traten
über 20 000 Beschäftigte anderer steirischer Industriebetriebe in Streik,
und bei einer Demonstration mit 15 000 Teilnehmern in Graz wurden
dem Staathalter die Forderungen der Arbeiter übermittelt – darunter
war die nach sofortiger Beendigung des Krieges.[107] Die Sozialdemokraten konnten zwar mit Mühe und Not verhindern, dass die Demonstrationen in der Steiermark außer Kontrolle gerieten, anderswo gelang
ihnen das aber nicht. Ähnliche Aktionen wurden auch von Industriearbeitern in Ungarn unternommen. In Budapest riefen Arbeiter einen
Generalstreik aus, und am 19. Januar ahmten in Szeged Kollegen von
ihnen die russischen Revolutionäre nach, indem sie Arbeiterräte ins
Leben riefen.[108]

Angst, dass die Friedensbemühungen zu nichts führen könnten
und sich die Ernährungslage nicht bessern würde, trieb die Arbeiter
zu weiteren Aktionen an. Einem Memorandum des Innenministeriums an den Kaiser vom Februar 1916 zufolge nahmen die Streiks
ihren Anfang «mit Protesten über die ungenügende Versorgung mit
Lebensmitteln, die aber auf den politischen Bereich übergriffen und
sich schließlich zu einer Friedensdemonstration auswuchsen, an der
550 000 Arbeiter [in ganz Österreich] teilnahmen. Unter den Streikenden waren auch Frauen.»[109]

Die Regierung tat ihr Bestes, damit die Lage sich stabilisierte. Da die
Ordnungskräfte, die dafür infrage gekommen waren, alle an der Front
waren, konnte man den Streik nicht gewaltsam beenden. Eine Möglichkeit, der Lebensmittelknappheit ein Ende zu setzen, zeichnete sich
jedoch nicht ab. Sogar in Ungarn war die Produktion von Nahrungsmitteln mittlerweile auf ein erschreckend niedriges Niveau gesunken – während man 1914 beispielsweise 211 Millionen Doppelzentner
Kartoffeln geerntet hatte, waren es 1918 nur noch 90 Millionen. Am
1. Mai 1918 und dann noch einmal im Juni des Jahres kam es in Budapest zu einem Generalstreik.[110]

Innerhalb des Militärs war die Lage nicht viel besser. Wie das Militär anderer kriegführender Länder hatte auch das österreichisch-ungarische mit einer wachsenden Zahl von Desertionen zu kämpfen, und von 1918 an auch mit offener Meuterei. Ab dem 22. Januar verweigerten in Pola (Pula), dem Hauptmarinestützpunkt Österreich-Ungarns, sowie in Cattaro (Kotor) Dockarbeiter und einige Sondereinheiten der Marine die Arbeit beziehungsweise den Dienst. Eine Abordnung verlangte bessere Bezahlung, die Versorgung mit Schuhen und Kleidung und außerdem, dass man ihre Familien, die nach dem Ausbruch der Kämpfe mit Italien in Lager im Landesinneren verbracht worden waren, zu ihnen zurückkehren ließ. Es wurden Verhandlungen geführt, die aber die Rebellierenden nicht zufriedenstellten. Sie weigerten sich, die Arbeit wiederaufzunehmen. Sie bezichtigten ihre Abgeordneten, dass sie sich hätten «kaufen» lassen.[111] Im Februar meuterten dann Matrosen verschiedener Sprachgruppen, die auf Schiffen der Adriaflotte Dienst taten und in Pola sowie im weiter südlich gelegenen Cattaro (Kotor) stationiert waren, um ihre Sympathie mit streikenden Dockarbeitern in Pola und Triest zu bekunden. Das waren nicht die einzigen Fälle von Meuterei, die anderen wurden nur nicht so bekannt. Auch in größeren und kleineren Garnisonen in Österreich und in Ungarn kam es zu Aufständen vonseiten der Soldaten.[112]

Tausende von Heimkehrern aus russischer Kriegsgefangenschaft stellten ebenfalls ein potenzielles Sicherheitsproblem dar – jedenfalls nach Meinung des Armeeoberkommandos und des Kriegsüberwachungsamts. Im Mai 1918 meldete die Gendarmerieabteilung von Żółkiew (Schowkwa), einer ein wenig nördlich von Lemberg gelegenen Stadt, dem Innen- und dem Kriegsministerium: «Der größte Teil der aus der russischen Kriegsgefangenschaft rückkehrenden Kriegsgefangenen hat in Russland die Revolution miterlebt und ist von revolutionären Tendenzen durchdrungen.»[113] Diese Nachricht – und viele andere dieser Art – bestätigten den von Oberst Max Ronge, dem Chef des Evidenzbüros, des Militärgeheimdienstes, schon seit eh und je gehegten Verdacht, dass die Gefangenen mit dem «bolschewistischen Bazillus» infiziert worden seien. Was sie in der Heimat erwarte, sei daher zunächst einmal kein freudiger Empfang, sondern eine eingehende Überprüfung ihres Herzens und Gewissen. Bevor man sie zu ihren Familien zurückkehren ließ, wurden die Männer in sogenannten Heimkehrerlagern festgehalten, wo man sie ärztlichen Untersuchungen und einer «disziplinarischen Umerziehung» unterzog.[114] Die Gendarmen von Żółkiew beschwerten sich in ihrem Bericht vor allem darüber, dass die ehemaligen Gefangenen in den Lagern zu große Freiheiten genössen: Sie schweiften in der Gegend umher und erzählten sich in den Dörfern, dass sie es bereuten, ins Reich zurückkehrt zu sein. Von den 120 272 Heimkehrern, die man bis zum Mai 1918 überprüft hatte, standen nur 517 im Verdacht landverräterischer Aktivitäten (die man ihnen aber nicht nachweisen konnte), und lediglich 603 desertierten (aus allen möglichen Gründen), bevor man sie hatte gründlich durchleuchten können.[115]

Streiks, Meutereien und Desertionen zum Feind bereiteten der Regierung Sorge, doch die größte Bedrohung stellte ihre eigene Unfähigkeit dar, die Bevölkerung zu ernähren: Dies ließ immer stärkere Zweifel an der Legitimität des Reiches aufkommen. Solange der Krieg sich seinem Ende entgegenschleppte, blieb die Lebensmittelrationierung bestehen, die Versorgung verschlechterte sich sogar noch. 1918 geschlossene Verträge mit der neuerdings unabhängigen Ukraine sowie den besiegten Rumänen und Russen ließen kurzfristig die Hoffnung aufkeimen, dass mehr Nahrungsmittel die Städte erreichen würden. Dem Friedensvertrag mit Russland, der am 3. März 1918 in Brest-Litowsk unterzeichnet wurde, war schon am 9. Februar der sogenannte «Brotfriede» vorausgegangen, doch die Versorgungslage verbesserte sich dadurch kaum.[116] Anfang Oktober, als in der Steiermark die Ernährung der Bevölkerung nur noch für eine einzige Woche sichergestellt war, erklärte die Wiener Regierung, sie sei nicht mehr für die Versorgung mit Lebensmitteln zuständig, und reichte den Schwarzen Peter an die Regierungen der einzelnen Kronländer weiter, indem sie diese zur Verteilung der noch vorhandenen Vorräte ermächtigte.[117]

Zwar ließ sich gegen die Lebensmittelknappheit nichts unternehmen, Karl versuchte aber die Not der Bevölkerung auf andere Weise zu lindern, damit das Vertrauen in den Staat wieder wuchs. Im August 1917 wurde ein neues Ministerium für soziale Fürsorge gegründet, das alle Fürsorgemaßnahmen für das gesamte Reich organisieren und sich vor allem um Einrichtungen für Kinder kümmern sollte.

Österreich-Ungarn mit besetzten Gebieten während des Ersten Weltkriegs

Ihm oblag auch die Verteilung der beträchtlichen finanziellen Mittel, über die der Witwen- und Waisenfonds verfügte.[118] Die Mitarbeiter dieses Ministeriums sollten auf die Erfahrungen und das Wissen zurückgreifen, das schon bestehende private Wohlfahrtsverbände erworben hatten. Diese Organisationen befanden sich zumeist in der Hand von nationalen Vereinigungen. Zwei solcher Organisationen, die tschechische *Česká zemská komise pro ochranu dětí a péči o mládež* (Provinzialkommission für Kinder- und Jugendfürsorge) und ihr

Äquivalent, die Deutsche Landesstelle für Kinderschutz und Jugendfürsorge, hatten in Böhmen bereits umfassende Netzwerke von lokalen Unterorganisationen geschaffen, vor allem solche, die Kinder
schützen, aber auch deren Identifikation mit einer nationalen Gruppe
herbeiführen wollten.[119]

Der neue Minister für soziale Fürsorge war der Volkswirtschaftler
Viktor Mataja (1857–1934); er erkannte sofort, dass sein Ministerium
nur dann effizient arbeiten konnte, wenn es sich die Kenntnisse und
Erfahrungen dieser privaten Organisationen zunutze machte. In einer
Rede im Reichsrat versicherte er den Abgeordneten: «Der neue Minister für soziale Fürsorge [...] wird insbesondere danach streben, die begeisterte Mitarbeit privater Vereinigungen und unabhängiger Organisationen zu erlangen.» Als das Ministerium einen Ausschuss ins Leben
rief, der Maßnahmen zur Jugendfürsorge für das gesamte Reich entwickeln sollte, setzte dieses Gremium sich vor allem aus Vertretern
tschechischer, deutscher, italienischer, kroatischer, polnischer und
jüdischer nationaler Organisationen zusammen.[120] Um ihren Versuch,
Einfluss zu gewinnen, zu rechtfertigen, schrieb ein tschechisches Mitglied des Jugendfürsorge-Ausschusses: «Unsere profunden Kenntnisse
des praktischen Lebens hat die [tschechische Provinzialkommission]
überzeugt, dass wir nur mit einem Gesetz, das in einem nationalistischen Geist verfasst wurde, auf Erfolg hoffen können, da man
damit auf das tiefe Mitgefühl und die eifrige Mitarbeit der großen
Massen hoffen kann.»[121] Mit anderen Worten: Nur eine Institution, die
örtlichen nationalen Gruppierungen Macht verlieh, könnte das Vertrauen der Bevölkerung gewinnen,

Private nationale Organisationen stellten auf allen Ebenen viele
Mitarbeiter des neuen Ministeriums, und in Böhmen wurden die
Millionen von Kronen, die dem Ministerium bewilligt worden waren,
fast ausschließlich tschechischen und deutschen nationalen Wohl-
fahrtsverbänden überlassen. Wenn der Staat aber hoffte, diese einzelnen, jeweils von einer bestimmten nationalen Gruppierung getrage-
nen privaten Organisationen für seine Zwecke einspannen zu können,
das heißt dafür, das Vertrauen der Bevölkerung in seine Kompetenz
zurückzugewinnen, dann täuschte er sich. Die Nutznießer der verschiedenen Wohlfahrtsmaßnahmen sahen nicht im kaiserlichen Staat,

sondern in einer der Organisationen den Urheber der Hilfsleistungen, die sie empfingen.[122] Eine deutschnationale Zeitung rechtfertigte die enge Kooperation der nationalpolitischen Vereine, für die sie sprach, mit dem Staat. Letzterer könne nur dank des Beistands und der Kompetenz Ersterer funktionieren. In diesem Sinn waren diese Vereine der Staat geworden:

> Man stößt oft auf die Behauptung, die Fürsorge für Kriegswitwen und -waisen obliege nicht privaten Wohlfahrtsorganisationen, sondern sei allein Aufgabe des Staats. [...] Doch wer ist letztlich der Staat? Wir sind es, da wir direkt oder indirekt dem Staat die Mittel zur Verfügung stellen, die es ihm gestatten, seinen Verpflichtungen nachzukommen.[123]

Die neuen karitativen Initiativen versuchten der wachsenden Zahl von Hilfsbedürftigen beizustehen, so gut es ging, und damit steigerten sie den Einfluss und die Popularität regionaler nationaler Kräfte, denen sie die Verteilung der diversen Hilfsgüter überließen, so dass diese das Verdienst für die Hilfsleistungen für sich beanspruchen konnten. Das sollte sich knapp ein Jahr später für diese regionalen nationalpolitischen Kräfte auszahlen, als sie sich selbst zu Trägern des neuen Staates ernannten.

Zwei Reisen in letzter Minute

Unter diesen für das Reich verhängnisvollen Bedingungen, im Spätsommer 1918, begaben sich zwei unabhängige Beobachter auf Erkundungstouren durch die Monarchie. Der eine von ihnen war der Wiener Sozialdemokrat und pädagogische Reformer Robert Scheu; er unternahm vom Juli bis zum September eine private Reise durch Böhmen, um sich ein klareres Bild von den Beziehungen zwischen Tschechen und Deutschen zu machen. Der andere war Graf István Tisza, der ehemalige ungarische Ministerpräsident; er reiste im September nach Kroatien, Dalmatien und Bosnien-Herzegowina, um in Erfahrung zu bringen, wie es dort um die Ernährungslage bestellt war. Tisza unternahm diese Inspektionsreise auf Wunsch des Herrschers, der insgeheim immer noch die Hoffnung hegte, der Graf würde sich durch das, was er unterwegs zu sehen bekam, von seinem hartnäckigen Widerstand gegen die Idee von der Erschaffung einer dritten administrativen Einheit, einem südslawischen Staat, abbringen lassen. Tisza wusste sehr wohl, dass das ein Nebenzweck seiner Reise, ja eigentlich sogar der Hauptzweck war. Er schrieb: «Meine wirkliche Aufgabe besteht darin, die politische Situation (südslawische Agitation etc.) zu erkunden und über sie zu berichten.»[124]

Im Norden Böhmens befragte Scheu Geschäftsleute, Angestellte des öffentlichen Diensts, Priester, Lehrer, patriotische Provinzpolitiker wie Karel Kramář. Er führte auch Gespräche mit ganz gewöhnlichen Bauern. Während die Politiker Scheu den radikalen politischen Wandel, der ihrer Überzeugung nach unmittelbar bevorstand, in allen Einzelheiten ausmalten, hatten seine anderen Gesprächspartner keine ganz so klare Vorstellung davon, wie die nahe Zukunft aussehen würde. Scheu erzählte später, er habe kaum feindselige Äußerungen vonseiten tschechischer Bauern gegenüber ortsansässigen Deutschen zu hören bekommen, doch eine Menge Klagen über arrogante Deutsch sprechende Staatsbeamte und Vertreter des Militärs. Ein relativ wohlhabender Bauer aus der Umgebung von Budweis war sich ganz sicher gewesen, dass das Königreich Böhmen jetzt autonom werden würde – genauso wie das Königreich Ungarn es schon war –, und dass die Tschechen dann frei sein würden. Das zeigt, dass die Menschen sich eine Zukunft innerhalb des staatlichen Rahmenwerks vorstellen konnten, wie es in jüngster Vergangenheit bestanden hatte, das aber in vieler Hinsicht «reformiert» sein würde. Mit dem Ende des Krieges würde ein tschechischer Nationalstaat entstehen, der aber immer noch in Beziehung zu einem Reichsganzen definiert sein würde. Scheus Bericht dokumentiert, dass die Vorstellungen, die die Politiker und die einfachen Bürger von der Zukunft hatten, sich in keiner Weise deckten. Die Politiker sahen das Ende des Reiches voraus.

Den Höhepunkt von Tiszas Reise, die ihn schon durch Kroatien, Dalmatien und Herzegowinas geführt hatte, stellte sein Besuch Sarajevos dar. In der bosnischen Hauptstadt traf er mit Abgeordneten des Landtags zusammen. Sie überreichten ihm eine Erklärung, mit der sie gegen die gnadenlose Art und Weise Protest erhoben, in der die einheimische Bevölkerung während des Krieges behandelt wurde, und verlangten von dem ehemaligen Ministerpräsidenten eine Generalamnestie, Entschädigung für durch den Krieg erlittene Verluste und die Wiedergewährung lokaler Autonomie. Tisza soll jedoch mit den Delegierten in dem «arroganten Ton, in dem ein Feudalherr mit seinen Leibeigenen spricht», geredet haben, woraufhin die Delegation, wie der bosnische Statthalter Stjepan Sarkotić (1858–1939) erzählte, «Graf Tisza den Rücken zuwandte und abzog». In dem Bericht, den Sarkotić telegrafisch nach Wien übermittelte, schrieb er, Tisza habe sich gegenüber den bosnischen Führern so brüsk geäußert, dass er «darauf verzichten wolle, das [was jener sagte] mithilfe des Hughes-Geräts weiterzuleiten». In seinem eigenen Bericht über das Treffen beharrte Tisza noch einmal darauf, dass die dualistische Struktur und das föderalistische Verhältnis zwischen Ungarn und Kroatien die «nicht aufzuhebenden Grenzen» seien, «innerhalb derer alle Pläne und Unternehmungen Bosnien–Herzegowinas sich bewegen» müssten. Es könne keine politische Einheit Südslawien geben und dementsprechend keine trialistische Lösung, weil damit das Abkommen von 1867 – der «Ausgleich» – außer Kraft gesetzt werden würde. Für Sarkotić befand Tisza sich in der Situation eines Mannes, «der plötzlich bemerkt, dass sich vor seinen Füßen ein Abgrund auftut, von Schwindel gepackt wird, aber weder einen Schritt vorwärts noch einen rückwärts tun kann». Im Angesicht des Abgrunds stand Tisza wie gelähmt da, gefangen in konventionellen und allzu engen Vorstellungen für die Zukunft, denn was in der jüngsten Vergangenheit geschehen war, hatte er nicht wirklich begriffen.[125]

«Als hätte es überhaupt keine Revolution gegeben»

Nachdem im Lauf von vier langen Jahren seine Ressourcen in extremer Weise beansprucht worden und jetzt nahezu erschöpft waren, war das Reich schließlich nicht mehr in der Lage, Hoffnungen auf eine andere – eine bessere – Zukunft zu erwecken, ja es konnte noch nicht einmal mehr das physische Überleben in der Gegenwart garantieren.[126] Als die militärischen Fronten zusammenbrachen (Ende September zog sich das mit den Mittelmächten verbündete Bulgarien aus dem Krieg zurück, die Italiener brachen Ende Oktober, genau ein Jahr nach ihrer demütigenden Niederlage bei Caporetto, durch), verflüchtigte sich jenes starke Empfinden einer wechselseitigen Beziehung, das den Staat und seine Bürger verbunden hatte. Das Reich hatte sich als unfähig erwiesen, das Volk angemessen zu ernähren und zu versorgen, und es hatte ihm im Krieg oft eine harte Behandlung angedeihen lassen; das bedeutete nichts anderes, als dass es seinen Teil des Abkommens nicht erfüllt hatte: Die Opfer, die die Bürger gebracht hatten, waren nicht belohnt worden. Das Reich hatte jämmerlich versagt, und diese Erkenntnis löste eine allgemeine Gleichgültigkeit hinsichtlich seines Schicksals aus, was es Ende Oktober (in Krakau, Lemberg, Prag, Zagreb, Wien) regionalen nationalistischen Führern möglich machte, den Obrigkeiten des Reichs die Macht aus der Hand zu nehmen, und in einigen Fällen (in Budapest) auch soziale Revolutionen auslöste.

Ohne Zweifel wurde dieses Auseinanderfallen des Reiches dadurch begünstigt, dass sich im Sommer Briten, Franzosen und Amerikaner schließlich, wenn auch immer noch widerstrebend, darauf einigten, es aufzulösen und die neuen Staaten Tschechoslowakei, Polen und Jugoslawien zu schaffen. Die genauen Grenzen dieser Staaten mussten noch festgelegt werden. Jetzt, im Oktober, war aber der Zeitpunkt gekommen, zu handeln: Die nationalen Aktivisten machten sich daran, oft mit viel «Gewurstel», diese brandneuen politischen Gebilde zu erschaffen.[127]

Am 2. Oktober versprach Karls neuer Ministerpräsident, der vorausahnte, was kommen würde, dem österreichischen Reichsrat öffentlich den Umbau des Reiches zu einer Föderation. Ihm wurde jedoch nur wenig Beachtung geschenkt, da die national angetriebenen politischen Parteien der Tschechen, Polen und Slowenen Wien das Recht absprachen, über die Zukunft der von ihnen Vertretenen zu entscheiden. Bereits am 5. Oktober hatte sich in Zagreb ein Nationalrat der Slowenen, Kroaten und Serben konstituiert und sich zu dem Gremium erklärt, das die südslawischen Volker repräsentierte. Zwei Wochen später weigerten sich Mitglieder dieses Rats, an den Sitzungen des ungarischen Reichstags teilzunehmen, und bildeten stattdessen ein Exekutivkomitee, das zumindest in Kroatien Regierungsaufgaben übernahm. Am 11. Oktober richteten die Abgeordneten des polnischen Landesparlaments in Krakau einen Nationalrat ein; das war der erste Schritt in

Richtung auf eine Vereinigung Galiziens mit einer neuen polnischen Republik, deren Hauptstadt Warschau sein würde. Am 17. Oktober gründeten rumänische nationalpolitische Abgeordnete aus der Bukowina in Wien einen rumänischen Nationalrat.[128]

Es waren nicht nur solche in aller Eile gegründeten Nationalräte oder -komitees, die sich bemühten, ihren Regionen eine bessere Zukunft zu sichern. In der Steiermark nahmen Vertreter der Geschäftswelt und der Arbeiterschaft insgeheim Verhandlungen auf, um der Regierung die Verwaltung des Kronlands aus der Hand zu nehmen. Sie hatten vor, die Versorgung mit Lebensmitteln sicherzustellen, indem sie steirische Industrieerzeugnisse und Rohstoffe – von Eisen, Kohle und Magnesium bis hin zu Draht und Papier – mit den benachbarten Kronländern gegen Getreide, Fett und Fleisch tauschten. Die Verhandelnden wählten ein Komitee für öffentliche Fürsorge, das unter dem gemeinsamen Vorsitz eines Sozialdemokraten und eines Deutschnationalen stand (später kam noch ein Vertreter der Christlichsozialen Partei hinzu). Als die Mitglieder des Komitees am 20. Oktober ihre Vorschläge bekannt gaben, fanden sie beträchtliche Zustimmung bei der Öffentlichkeit. Das *Grazer Tagblatt*, dessen Leser vorwiegend der Mittelklasse angehörten, meinte: «Da sich keine Zentralstelle in Wien bilden will, können wir hier im Lande nicht länger warten, [...] auf Gewalten, die uns vor dem Verhungern nicht schützen können, pfeifen wir.»[129] Innerhalb einer Woche erklärten sich sowohl die Regierung des Kronlands als auch die Zentralregierung in Wien damit einverstanden, dass Arnold Eisler und Ludwig Kranz als «Wirtschaftskommissionäre» amtierten und verliehen ihnen die entsprechenden Vollmachten. Eine Regionalisierung oder Dezentralisierung der kaiserlichen Macht wurde ganz eindeutig nicht nur aus nationalpolitischen Motiven angestrebt. Nationale Wortführer waren lediglich oft – allerdings nicht immer – in der Position, die überzeugendsten Argumente für eine Unabhängigkeit vorzubringen. Als alles zu zerfallen begann, griff aber eine Jeder-ist-sich-selbst-der-Nächste-Mentalität um sich, und einzelne Bezirke versuchten sich sogar gegenüber benachbarten abzuschotten, um die wenigen Ressourcen, über die sie noch verfügten, für sich zu behalten.[130]

Karl versuchte von Wien aus vergeblich, die allmähliche Auflösung des Staates aufzuhalten, indem er am 16. Oktober die Umwandlung der cisleithanischen Reichshälfte in einen Staatenbund bekanntgab:

> Österreich soll dem Willen seiner Völker gemäß zu einem Bundesstaate werden, in dem jeder Volksstamm auf seinem Siedlungsgebiete sein eigenes staatliches Gemeinwesen bildet. [...] Diese Neugestaltung, durch die die Integrität der Länder der Heiligen ungarischen Krone in keiner Weise berührt wird, soll jedem nationalen Einzelstaate seine Selbständigkeit gewähren; sie wird aber auch gemeinsame Interessen wirksam schützen und überall dort zur Geltung bringen, wo die Gemeinsamkeit ein Lebensbedürfnis der einzelnen Staatswesen ist. Insbesondere wird die Vereinigung aller Kräfte geboten sein, um die großen Aufgaben, die sich aus den Rückwirkungen des Krieges ergeben, nach Recht und Billigkeit erfolgreich zu lösen.[131]

Aus diesem sogenannten «Völkermanifest» geht hervor, wie bemüht Karl darum war, die Vertreter der verschiedenen Nationalitäten davon zu überzeugen, dass man wirklich noch einen Vorteil daraus ziehen könne, wenn man weiter zusammenhielte. Indem er ein Argument aufgriff und abwandelte, das der tschechische Nationalist František Palacký 1848 mit großer Überzeugungskraft zugunsten Österreichs vorgebracht hatte, betonte Karl, dass eine gemeinsame Organisation entscheidend für das Überleben der einzelnen Staatswesen sei. Er nahm auch ein anderes Argument auf, das Befürworter des Reiches seit anderthalb Jahrhunderten immer wieder ins Feld geführt hatten, nämlich dass nur das Reich – man könnte sagen, in der Funktion eines Schlichters – für Gerechtigkeit und Unparteilichkeit in den bevorstehenden Auseinandersetzungen sorgen könne. Dieses Argument muss all jenen grotesk erschienen sein, die vier Jahre einer Militärdiktatur durch- und überlebt hatten, in denen die Prinzipien des Rechtsstaats oft mit Füßen getreten worden waren. Karl hatte in der kurzen Zeit seiner Herrschaft viel unternommen, um den Rechtsstaat wiederherzustellen, aber er hatte nicht genug ausrichten können.

Das Manifest sah die Einrichtung diverser sich aus Parlamentsabgeordneten zusammensetzender Nationalräte vor – in einigen Fällen erklärte es sie auch nachträglich für rechtsgültig. Diese wiederum sollten föderale staatliche Einheiten oder einzelne «Staatswesen» schaffen und deren Beziehung zueinander wie auch ihr Verhältnis zu einer zentralen Regierung festlegen. Letztlich geschah auch genau dies, jedoch nicht unter Oberaufsicht einer zentralen Regierung und ohne dass es zu jener «Vereinigung der Kräfte» gekommen wäre, die Karl am Ende seiner Erklärung – die auch ein Auftrag war – so hoffnungsvoll heraufbeschworen hatte.

Am 28. Oktober übernahm der tschechische Nationalrat die Kontrolle über das im Zentrum Prags gelegene Getreideamt. Richard Lein und Claire Morelon zufolge ist nicht mit Sicherheit zu sagen, ob es sich dabei um einen demonstrativen revolutionären Akt handelte, mit dem der Nationalrat kundtun wollte, dass ein Regimewechsel stattgefunden hatte, oder ob Statthalter Coudenhove, der sich an diesem Tag nicht in der Stadt aufhielt, bereits seine Zustimmung zu dieser Übernahme gegeben hatte. Unklar ist auch, ob die Mitarbeiter des Getreideamts begriffen, dass sie nicht mehr im Dienst der Zentralregierung standen.[132] An jenem Tag kam eine Menschenmenge auf dem Wenzelsplatz zusammen, an dem das Amt lag, aber nicht so sehr wegen dieses Übernahmeakts, sondern weil ein Plakat, auf dem ein Waffenstillstand angekündigt war, viele herbeigelockt hatte. Diese Falschmeldung – in Wirklichkeit hatte Österreich-Ungarn nur um einen Waffenstillstand ersucht – löste bei der Bevölkerung allgemeine Begeisterung aus; die Stimmung nahm dann eine nationalistischere Färbung an, als bekannt gegeben wurde, dass Österreich-Ungarns die Bedingungen Woodrow Wilsons bezüglich der Selbstbestimmung der slawischen Völker akzeptiert habe.

Erst jetzt wurden, wie man sowohl zeitgenössischen Zeitungsberichten als auch später zu Papier gebrachten Erinnerungen entnehmen kann, überall in der Stadt Fahnen in den böhmischen Landesfarben – rot und weiß – aufgezogen oder aus den Fenstern gehängt. In den Straßen und auf den Plätzen wurden tschechische patriotische Lieder angestimmt, und Parlamentsabgeordnete hielten Ansprachen. Das tschechische Nationalkomitee übernahm fürs Erste Regierungsaufgaben. Die bereitwillige Kooperation lokaler Amtspersonen und das relativ passive Verhalten der kaiserlichen Beamten waren zum Teil darauf zurückzuführen, dass Karls Manifest vom 16. Oktober zu einer gewissen Verwirrung bezüglich der Zuständigkeit der Nationalräte ge führt hatte. Hatte Wien sie nicht damit beauftragt, das Reich neu zu organisieren? Da Coudenhove sich am 28. Oktober in Wien aufhielt, war es sein Stellvertreter, der formell die Macht an das Nationalkomitee übergab, und es war nicht klar, ob ihm die ganze Tragweite dessen, was er tat, bewusst war. Außerdem war Lein zufolge der Militärkommandant der Stadt zu überrascht von den Ereignissen, um in irgendeiner Weise einzuschreiten.

In dem ersten vom Tschechischen Nationalkomitee erlassenen allgemeinen Gesetz wurde nachdrücklich erklärt: «Alle bisherigen Provinz- und Reichsgesetze und -bestimmungen bleiben zunächst in Kraft.» Wie eines der prominentesten Mitglieder des Komitees, Alois Rašín, später erinnerte: «Der Grundzweck dieses Gesetzes bestand darin zu verhindern, dass sich eine anarchistische Situation ausbildete, so dass unsere gesamte staatliche Verwaltung so blieb und am 29. Oktober so weiter geführt wurde, als hätte es überhaupt keine Revolution gegeben.»[133] Bei Analysen dieser Erklärung hat man sich gemeinhin auf Rašíns ausdrückliches Ziel konzentriert, mit diesem Gesetz die öffentliche Ordnung wahren zu wollen, also «zu verhindern, dass sich eine anarchistische Situation ausbildete». Die Gründer des neuen Staates waren mit Sicherheit keine Sozialrevolutionäre, und Böhmen befand sich politisch in einer heiklen Situation. Ich möchte aber auf eine andere Formulierung von Rašín, besonders auf ein einzelnes Wort, hinweisen, nämlich auf «unsere». Rašín bezog sich auf «*unsere* gesamte staatliche Verwaltung», und wie Gary Cohen überzeugend nachgewiesen hat, zeigt diese Formulierung, in welch extremem Maß tschechische nationalpolitische Aktivisten die Administration Böhmens als ihre eigene Schöpfung ansahen und nicht als eine dem Kronland von außen aufgezwungene Einrichtung, die einem fremden Reich gedient hatte. Ihre Vorväter hatten dazu beigetragen, diese Institutionen zu gründen, ihre eigenen Parteien hatten die Mitarbeiter gestellt, und mithilfe dieser Institutionen war es ihnen lange vor dem Krieg gelungen, in Österreich einen tschechisch-nationalen öffentlichen Dienst zu begründen.[134] In den darauffolgenden Monaten und Jahren distanzierten sie sich vom alten Österreich, indem sie es als «fremden» Staat bezeichneten, doch an ihrer eigenen nationalen Schöpfung hielten sie fest. Tschechische nationale Protagonisten hatten das wohl effizienteste und umfassendste «Reich innerhalb eines Reiches» aufgebaut, doch polnische Aktivisten in Galizien, slowenische in der Krain und kroatische in Kroatien brachten oft ähnliche Gefühle zum Ausdruck, und ihre Verwaltungsbeamten übernahmen oft entscheidende Positionen in den neuen Staaten.

In den Wochen und Monaten nach der Verkündung des Völkermanifests beteiligten sich die national engagierten Politiker und die Einwohner Böhmens, Mährens und des jetzt Slowakei genannten nördlichen Ungarns an einer wahren Orgie der «Abkehr vom Reich», während sie gleichzeitig dessen Verwaltungssysteme übernahmen. Vom 28. Oktober an rissen Menschenmengen in Prag und anderen Städten die verhassten Symbole des Reiches – wie die kaiserlichen Adler –, mit denen man jetzt das Elend des Kriegs assoziierte, von den öffentlichen Gebäuden, Schulen, Spitälern, ja sogar von den Militäruniformen. Schon am 13. November setzte der Nationalrat in Prag einen Ausschuss ein, der damit beauftragt war, Straßen und Plätze umzubenennen.[135] Das Denkmal für Feldmarschall Radetzky wurde erst schwarz verhüllt und später ins Museum überführt. Die Statuen anderer Personen, die mit dem Haus Habsburg in Verbindung standen oder ihm angehörten, wie die Maria Theresias in Pressburg – das bald den neuen Namen Bratislava tragen sollte –, wurden ohne langes Zögern zerstört.[136] Auf dem Altstädter Ring in Prag stürzte eine Menschenmenge die aus dem siebzehnten Jahrhundert stammende Mariensäule um. Für die Nationalisten symbolisierte die Säule den Sieg der Habsburgischen Gegenreformation über Böhmen in der Schlacht am Weißen Berg 1620. Der Jahrestag der Schlacht war am 8. November, also kurz nach der Machtübernahme des Nationalrats. Viele Nationalisten glaubten, mit der Zerstörung der Mariensäule endlich Rache für das brutale Vorgehen der Habsburger nehmen zu können. Dieser symbolische Akt wurde sehr zwiespältig aufgenommen. Dass ihre Religion von den neuen säkularen Führern des Staates mit der Unterdrückung durch die Habsburger verknüpft wurde, löste bei frommen katholischen Bauern beträchtliches Misstrauen gegenüber der neugegründeten Republik Tschechoslowakei aus, vor allem, aber nicht ausschließlich, im slowakischen Osten.[137]

Während man die kaiserlichen Symbole beseitigte, beließ man die kaiserlichen Verwaltungsbeamten, Polizisten und sogar viele Offiziere des Heeres in ihren Stellungen. Untersuchungen zum Personal des Innenministeriums, der Polizeitruppe und des Militärs zeigen, dass hier ein hoher Grad an Kontinuität herrschte, der Übergang vom Kaiserreich zur Republik also in dieser Beziehung keinen gravierenden Wandel mit sich brachte.[138] Regierungs- und Militärbehörden in der neuen Tschechoslowakischen Republik zögerten sogar, einem Gesetz von 1919 zu folgen, nach dem Angehörige der «Tschechischen Legion», die in Russland, Italien oder Frankreich Dienst getan hatten, bei Einstellungen bevorzugt werden sollten. Die Behördenleiter hatten genau solche Angst vor einer möglichen bolschewistischen Indoktrinierung durch aus Russland heimkehrende Kriegsgefangene, wie die Behörden des Reiches sie gehabt hatten. Die tschechischen Nationalisten, die gerade ihre eigene Revolution zu einem erfolgreichen Ende gebracht hatten, wollten verhindern, dass die von ihnen begründete neue Ordnung durch weitere Revolutionen wieder zunichte gemacht wurde.[139]

Es blieben auch viele der unpopulären Gesetze in Kraft, die nach Ausbruch des Krieges erlassen worden waren. Es wurde weiterhin Zensur ausgeübt, Lebensmittel blieben rationiert, die Versammlungsfreiheit war nach wie vor eingeschränkt. Sogar die *Lèse-majesté*-Gesetze, die jede Beleidigung des Staatsoberhaupts unter Strafe stellten, blieben bestehen, auch wenn dieses Staatsoberhaupt keine Majestät mehr war. Viele Flüchtlinge hielten sich weiterhin in Prag auf – legal oder illegal –, und die Rückkehr großer Scharen von Soldaten vergrößerte die Wohnungsnot und ließ Arbeitsstellen noch knapper werden. Und das war nicht alles: Tatsächlich wurde immer noch Krieg geführt, wenn auch gegen andere Feinde als früher. Genau wie 1914 fuhren vom Hauptbahnhof, der inzwischen zu Ehren des amerikanischen Präsidenten in Wilson-Bahnhof umbenannt worden war, Züge voller Rekruten Richtung Osten ab, wo die Tschechoslowakei jetzt ihre neuen Grenzen gegen Ungarn und Polen verteidigen musste. Es strömten auch viele Flüchtlinge aus der Slowakei herein, die der Staat in einem Internierungslager aus der Kriegszeit unterbrachte. Da vieles so geblieben war wie in den Jahren zuvor, fragte mancher Bürger sich, ob es tatsächlich eine Revolution gegeben hatte. Ein ehemaliger Soldat, der 1920 eine lange Schlange von Frauen sah, die sich anstellten, um Milch zu kaufen, kleidete seine Enttäuschung in die düstere Frage: «Ist es das, wofür wir fünf Jahre lang gekämpft haben?»[140]

In Prag blieb die Kritik daran, dass es so viele Ähnlichkeiten zwischen dem Leben unter dem alten und dem neuen Regime gab, nicht auf tschechisch-nationale Kreise beschränkt. Auch die Deutschnationalen waren mit dem Stand der Dinge unzufrieden – vor allem mit der anhaltenden Nahrungsmittelknappheit und Wohnungsnot wie auch mit der generellen Gesetzlosigkeit –, und sie brachten das dadurch zum Ausdruck, dass sie die Verhältnisse als «zu österreichisch» bezeichneten. Dieses Adjektiv wurde immer gebräuchlicher, um Kritik an etwas zu üben – vom allgemeinen autoritären Verhalten bis zum Schwarzmarkthandel –, und darin schlug sich das Bedürfnis nieder, sich vom alten Regime zu distanzieren, während man gleichzeitig das Fortleben der alten in der neuen Ordnung beklagte. Das Weiterbestehen von Bedingungen, wie sie im Krieg geherrscht hatten, lange nach Ausrufung der Republik, und nicht irgendeine revolutionäre Ideologie scheinen den meisten Anlass zur Klage gegeben zu haben. Bis weit in die 1920er-Jahre schürten weder die erst kurz zurückliegende bolschewistische Revolution in Russland noch die verstörende Rückkehr der Kriegsgefangenen von dort und nicht einmal die Heimkehr der gewalttätigen tschechischen Legionäre Ängste vor einer revolutionären Erhebung. Die gesellschaftliche Stabilität wurde vielmehr dadurch bedroht, dass viele noch lange nach Kriegsende um das tägliche Überleben kämpfen mussten. Es kam wieder zu Hungerkrawallen, zu Fabrikarbeiterstreiks (1919 und 1920 gab es mehr Streiks als 1918) sowie zu gewalttätigen Ausschreitungen gegen Juden («Weg mit den Lebensmittelkontrollämtern, weg mit den Juden. Gebt uns zu essen! Wir wollen Kartoffeln.»). Bis Mitte der Zwanzigerjahre blieb die Lage instabil.[141]

«Wir stehen über einem Vulkan»

In Wien hatten die deutschsprachigen Abgeordneten des Reichsrats wie ihre polnischen, tschechischen, ukrainischen und südslawischen Kollegen am 21. Oktober 1918 einen Nationalrat ins Leben gerufen, dessen genaue Bezeichnung Provisorische Nationalversammlung für Deutschösterreich lautete.[142] Am 30. Oktober verabschiedete dieses Gremium eine vorläufige Verfassung für Deutschösterreich. Am 3. November unterzeichnete der Vertreter Wiens in Italien das Waffenstillstandsabkommen, das am folgenden Tag um 3 Uhr nachmittags in Kraft trat. Eine Woche später ging der Krieg offiziell zu Ende.[143] Am 11. November, dem Tag, an dem die Feindseligkeiten an der Westfront eingestellt wurden, erließ Karl eine Erklärung, mit der er in sorgfältig formulierten Sätzen seinen Verzicht auf die aktive Teilnahme an allen Staatsgeschäften bekanntgab. Am Tag darauf rief die Provisorische Versammlung die Republik Deutschösterreich aus. Der erste Kanzler des neuen Staates war der Sozialdemokrat Karl Renner, der einer Koalitionsregierung mit Christlichsozialen und Großdeutschen vorstand. Welches genau die territorialen Grenzen dieses Deutschösterreich sein würden und wie seine allgemeine Zukunft aussehen könnte, war sogar noch weniger klar als im Fall der anderen Nachfolgerstaaten. Die neue Republik beanspruchte die von Deutschsprachigen besiedelten Gebiete im Westen einschließlich Südtirols sowie einige Teile Böhmens und Mährens und ganz Österreichisch-Schlesien für sich. Sie verlangte auch das Recht, einen Anschluss an Deutschland zu vollziehen (Artikel 2 der neuen Verfassung). Die Alliierten jedoch legten nicht nur ein Veto gegen einen solchen Anschluss ein, sondern überließen auch die deutschsprachigen Gebiete von Böhmen, Mähren und Schlesien der Tschechoslowakei. Außerdem gingen sie auf die von Italien erhobene Forderung ein, die Grenze zwischen Tirol und Südtirol am Brenner zu ziehen, anstatt sie der Sprachgrenze entsprechend weiter südlich verlaufen zu lassen.

In anderen Teilen Mitteleuropas ging das Ende des Habsburgerreichs aber mit Gewalttätigkeiten und in einigen Fällen auch mit sozialen Revolutionen einher. In manchen Regionen wurden die Bemühungen der Nationalräte, die die Unabhängigkeit ihrer Völker erklärt hatten, diesen Übergang vom Reich zur Gründung von Nationalstaaten friedlich zu vollziehen, durch militärische oder revolutionäre Aktivitäten (in Zagreb und Budapest) zunichtegemacht oder diese Räte wurden gezwungen, selbst mit militärischen Mitteln einzugreifen (in Lemberg). In den frühen Morgenstunden des 30. Oktober 1918 besetzten ehemals in Habsburger Diensten stehende Soldaten, die dem ukrainischen

Das Lemberger Ghetto während des Pogroms vom November 1918

Nationalrat treu ergeben waren, in Lemberg die öffentlichen Einrichtungen, internierten den Habsburger Statthalter von Galizien und erklärten Lemberg – oder vielmehr Lwiw – zur neuen Hauptstadt eines neuen ukrainischen Staates. Dieser Staat, die Westukrainische Volksrepublik, wurde offiziell am 9. November vom Nationalrat ausgerufen. Unmittelbar danach brach in Galizien ein Krieg zwischen den Streitkräften der neu gegründeten Polnischen Republik und denen der Westukrainischen Volksrepublik aus. Beide Seiten beanspruchten Lemberg und das Territorium Ostgaliziens für sich, und beide Seiten waren sich auch bewusst, dass die militärische Kontrolle über die strittigen Gebiete ausschlaggebend für den künftigen Grenzverlauf sein würde.[144] Nach zwei Wochen langen heftigen Kämpfen in der Stadt und ihrer Umgebung, in denen eine neutrale jüdische Miliz, die mit Genehmigung der gegnerischen Parteien aufgestellt worden war, dafür sorgte, dass es in den jüdischen Wohnvierteln nicht zu Zerstörungen oder Plünderungen kam, errangen die polnischen Truppen am frühen Morgen des 22. November die Herrschaft über die Stadt. Weil sie verärgert darüber waren, dass die Juden sich für neutral erklärt hatten, diese aber im Verdacht hatten, insgeheim zu den Ukrainern gehalten zu haben, entwaffneten die siegreichen Polen die jüdischen Milizionäre und entfesselten ein mörderisches Pogrom, das 73 Menschen das Leben kostete; mehr als 443 wurden verletzt.[145] Der Polnisch-Ukrainische Krieg endete im Juli 1919 mit einer Niederlage der Ukrainer, doch formell wurden die Feindseligkeiten in der Region erst im März 1923 beendet.[146]

Am 23. Oktober 1918 wurde, um den Ausbruch einer mit Gewalttätigkeiten verbundenen sozialen Revolution zu verhindern, auch in Budapest von der Opposition und von sozialistischen Parteien ein Ungarischer Nationalrat gegründet. Dessen Mitglieder bezeichneten sich als die «wahren Vertreter der ungarischen Nation» und setzten sich entschieden von dem ab, was sie «das Adelsparlament» nannten. Während der König sich zusammen mit diesem Parlament ohne Erfolg um die Bildung eines akzeptierbaren neuen Kabinetts bemühte, stellte der Nationalrat dem ungarischen Volk ein zwölf Punkte umfassendes Programm vor. Dieses forderte demokratische Bürgerrechte, das Wahlrecht für Frauen, die Abschaffung der sogenannten Magnatentafel (des Herrenhauses des Parlaments), eine Aufkündigung des Bündnisses mit Deutschland, die sofortige Beendigung des Krieges, die vollständige Unabhängigkeit Ungarns, die Aufhebung der Zensur sowie eine Agrarreform, mit der dem Volk Grund und Boden übereignet wurde und die Verbesserung der Lebensbedingungen der Arbeiterschicht herbeigeführt werden sollte. Mit Bezug auf die nichtungarischen Bevölkerungsgruppen im Land verlieh der Rat seiner Hoffnung Ausdruck, dass die Umsetzung der von Woodrow Wilson festgesetzten Prinzipien der Selbstbestimmung die «territoriale Integrität Ungarns nicht gefährden, sondern im Gegenteil auf eine festere Grundlage stellen würde». Gleichzeitig drohte aber ein von Offizieren gegründeter Militärrat, den Krieg auf eine ganz andere Weise, nämlich mit einer Revolution, zu einem Ende zu bringen.[147] Bei Massendemonstrationen wurde am 28. Oktober die Übergabe der Regierungsgewalt an den unter dem Vorsitz von Graf Mihály Károlyi (1875–1955) stehenden Nationalrat gefordert, und am 30. und 31. Oktober erzwangen die Massen, die von streikenden Arbeitern unterstützt wurden, die Einsetzung der neuen Regierung. In der Hoffnung, die Legitimität der Habsburgerherrschaft in Ungarn erhalten zu können, bestätigte König Karl Károlyi rasch als

Ministerpräsidenten. Die neue Regierung erklärte dann das 1867 mit Österreich geschlossene Ausgleichsabkommen für aufgehoben.

Die weiteren Ereignisse in Ungarn führten zu neuen Kämpfen und dazu, dass zunächst kein Frieden in Sicht war. Auf der Grundlage eines zweiten Waffenstillstandsabkommens, das von Ungarn, als unabhängigem Staat, mit dem französischen Oberbefehlshaber der alliierten Truppen auf dem Balkan General Louis Franchet d'Espèrey (1856–1942) in Belgrad geschlossen wurde, war Ungarn verpflichtet, beträchtliche Territorien an Rumänien, Jugoslawien und die tschechoslowakische Republik abzutreten. Im März 1919 wurde die Regierung Károlyi durch einen von dem kommunistischen jüdischen Politiker Béla Kun (1886–1939) angeführten Coup gestürzt und eine Räterepublik ausgerufen. Die neue Regierung trat den Gebietsforderungen der Nachbarstaaten mit militärischen Mitteln entgegen. Nach einigen Anfangserfolgen scheiterte sie dann aber, und als es den Rumänen am 30. Juli 1919 gelang, die ungarischen Linien zu durchbrechen, floh Kun. Budapest wurde von rumänischen Truppen besetzt. Konterrevolutionäre Einheiten, die mit französischer Hilfe im Süden des Landes aufgestellt worden waren und zu denen auch paramilitärische Trupps gehörten, überzogen jetzt die ungarische Gesellschaft mit einem entsetzlichen Terror, der sich vor allem auch gegen die jüdische Bevölkerung richtete. Im November hielt der nominelle Führer dieser Einheiten, der österreichisch-ungarische Admiral Miklós Horthy (1868–1957), schließlich auf einem Schimmel sitzend an der Spitze seiner Kämpfer Einzug in Budapest. Er ging mit der sündigen Hauptstadt hart ins Gericht: Sie habe die Nation an die gottlosen Bolschewisten verraten. Im März 1920 wurde durch eine Nationalversammlung das Königreich Ungarn wiederbegründet, doch anstatt Karl einzuladen, seine alte Stellung wieder einzunehmen – etwas, das die Alliierten unter keinen Umständen geduldet hätten –, ernannte man Horthy zum Reichsverweser.[148]

Sogar im relativ friedlichen Böhmen und Mähren musste tschechoslowakisches Militär mehrere deutschsprachige Regionen besetzen, die ihre Zugehörigkeit zu einem Staat namens «Deutschböhmen» erklärten, der zwei Hauptstädte hatte: die im Norden gelegene Industriestadt Reichenberg (Liberec) und die alte Kapitale des Kronlandes Schlesien, Troppau (Opava).[149] Obwohl diese Besetzung ohne besonders viel Gewalt vonstatten ging, bestätigte sie die Tatsache, dass der Verlauf der territorialen Grenzen der nach dem Krieg entstandenen Staaten nicht so sehr von den politisch oder sachlich begründeten Beschlüssen der Alliierten auf der Pariser Friedenskonferenz von 1919 abhing, sondern schlicht und einfach davon, wer in den strittigen Gebieten die militärische Kontrolle innehatte.

In Zagreb beschloss der Jugoslawische Nationalrat am 24./25. November, serbische Truppen nach Kroatien hereinzuholen, und schlug Serbien den Zusammenschluss mit Kroatien zu einem Staat vor. Sehr bald aber protestierten die Bauern des Landes gegen die administrativen Praktiken des serbischen Militärs. Stjepan Radić (1871–1928), der Führer der Bauernpartei, drängte die Landbevölkerung, gegen das serbische Militär und die neue jugoslawische Regierung passiven Widerstand zu leisten, die von ihm als militaristisch abqualifiziert wurde. Er meinte, sie trage nur dazu bei, dass die Bedingungen, die unter den Habsburgern während des Kriegs geherrscht hätten, fortbeständen. Der Historiker John Paul Newman ist der Ansicht, dass die kroatischen Bauern ihren Widerwillen gegen eine Kooperation mit den habsburgischen Behörden gegen Ende des Kriegs auf die neuen jugoslawischen Behörden übertragen hätten. Ganz anders war die Einstellung der Bevölkerung von Dalmatien, wo kroatische Nationalisten und einheimische Bauern gleichermaßen das Vorrücken des serbischen Militärs begrüßten, da die Italiener Ambitionen an den Tag legten, die Kontrolle über die ganze Region an sich zu bringen. Deswegen unterstützten die Italiener auch – genau wie die Ungarn – die Gründung einer antijugoslawischen Kroatischen Legion, zu der es 1919 in Ungarn kam.[150]

In der Südsteiermark konstituierte sich später im selben Jahr in Marburg (Maribor) ein Slowenischer Nationalrat, der in den darauffolgenden Wochen in der Region die Macht übernahm. Am 26. Oktober richtete der Bezirkshauptmann von Gonobitz (Konjice) an die Kanzlei des Statthalters in Graz die Frage, ob es sich bei dem Slowakischen Nationalrat um eines der Gremien handele, die durch das Manifest Kaiser Karls ins Leben gerufen worden seien, und ob man sich den von diesem Rat ergehenden Befehlen beugen müsse. Der Statthalter antwortete nie darauf.[151] Am 1. November entschied sich die Zukunft der

Südsteiermark. Als Rudolf Majster, ein ehemaliger Offizier im österreichisch-ungarischen Heer, alle militärischen Einrichtungen in Marburg besetzte. Von Wien aus wies Staatskanzler Renner die steirische Landesregierung an, Marburg mit militärischen Mitteln für Österreich zu halten, doch verfügte man dort nicht über die Truppen, um gegen Majster vorzugehen. Obwohl amerikanische Experten später bei der Pariser Friedenskonferenz rieten, die neue österreichische Landesgrenze unterhalb Marburgs zu ziehen, schien es angesichts der militärischen Präsenz der Slowenen in der Stadt undenkbar, dass Jugoslawien sie jemals wieder abtreten würde.[152]

Dass man für das Ende des Habsburgerreichs kein präzises Datum angeben kann, sagt einiges sowohl über die Umstände aus, unter denen es zu diesem Ende kam, als auch über seine Bedeutung. Der Krieg zerstörte dieses Reich im Laufe einer längeren Zeit, indem er das Gefühl eines gegenseitigen Verpflichtetseins von Volk und Staat erodierte. Der Patriotismus vonseiten des Volks, aber ebenso vonseiten der Dynastie verkümmerte allmählich, so dass die *raison d'être* des Reiches zunehmend infrage gestellt wurde. Wie dieser kaleidoskopartige Überblick zeigen sollte, lief dieser Prozess schubweise in verschiedenen Regionen ab. Was für Staaten die Nachfolge des Reiches antreten und wo genau deren Grenzen verlaufen würden, blieb fürs Erste völlig unklar. Die entstehenden neuen Staaten waren zur Durchsetzung ihrer territorialen Forderungen Ende 1918 größtenteils auf die Loyalität und die Standorte ehemals habsburgischer Militäreinheiten angewiesen. Viele der Soldaten, die aus dem bemerkenswert geordnet demobilisierten österreichisch-ungarischen Militär ausschieden, wurden schnell wieder in neue nationale Streitkräfte eingegliedert. Die Alliierten leisteten sicherlich im Rahmen der Pariser Friedenskonferenz wertvolle Beiträge zur Festsetzung der neuen Grenzen. In den meisten Fällen waren aber keine demokratischen Prinzipien ausschlaggebend, sondern pure militärische Macht. Und so blieb es in vielen Regionen Mittel- und Osteuropas bis weit in die 1920er-Jahre.

Epilog: Die neuen Reiche

Warum sind zum Beispiel Amtsschilder, Postkarten usw. nicht
dreisprachig wie in der Schweiz. Das schadet niemand und würde
viele beruhigen.

Emil Ludwig: Gespräche mit Masaryk, 1935[1]

Nach zwei gescheiterten Versuchen, den ungarischen Thron wiederzuerlangen, ging Karl am 3. November 1921 zusammen mit seiner
schwangeren Frau Zita im Donauhafen Baja an Bord eines britischen
Dampfers, der das Paar in den rumänischen Schwarzmeerhafen Galaţi
(Galatz) brachte. Von dort fuhren sie ins Exil auf die zu Portugal ge-
hörende Insel Madeira. Ihre sieben noch kleinen Kinder holten sie aus
der Schweiz zu sich. Am selben Tag, an dem der letzte gekrönte König
von Ungarn sich ins Exil begab, legte Premierminister István Bethlen
dem Parlament ein Gesetz vor, mit dem die Pragmatische Sanktion aufgehoben werden sollte. Drei Tage später erklärte das Parlament dieses
Hausgesetz der Habsburger, das seit 1713 die rechtliche Grundlage für
ein geeintes Reich gebildet hatte, für ungültig. Ungarn sollte offiziell
weiterhin ein Königreich bleiben, aber mit einem Regenten oder
«Reichsverweser» statt eines Königs an der Spitze. Sechs Monate später, am 1. April 1922, erlag Karl in seinem Exil, verarmt und schwer-
krank, im Alter von vierunddreißig Jahren einer Lungenentzündung.

Die Habsburger regierten nicht mehr in Mitteleuropa. Ihr Reich war
das erste der großen kontinentaleuropäischen Reiche, das von der
Landkarte verschwand, sein Territorium teilten drei neue Staaten – die
Tschechoslowakei, Polen, Jugoslawien – und vier bereits existierende –
Österreich, Ungarn, Italien und Rumänien – unter sich auf, die sich alle
als Nationalstaaten ansahen. Sowohl Zeitgenossen als auch spätere
Historiker sahen die Zeit nach 1918 als, wie Eric Hobsbawm es formu-
liert hat, «apogee of nationalism», als eine Zeit, in der der Nationalis-

mus seinen Gipfelpunkt erreichte. «Wenn es je einen Zeitpunkt gab, da das ‹Nationalitätsprinzip› des neunzehnten Jahrhunderts triumphierte», schreibt Hobsbawm, «dann am Ende des Ersten Weltkriegs.» Es sollte in der Tat das Zeitalter der Nationalstaaten werden.[2] Man nannte das Zeitalter aber auch ein demokratisches, obwohl Mitte der Zwanzigerjahre bereits deutlich wurde, dass die demokratischen Institutionen in einem großen Teil Europas anfällig waren und manchmal auch zu schwach, um zu überleben.[3] Es lohnt sich, zunächst einmal bei diesen beiden Charakterisierungen der Periode anzusetzen, wenn man nach dem unmittelbaren Erbe fragt, welches das Habsburgerreich in Mittel- und Osteuropa hinterlassen hat.

Dass die Demokratie in der Praxis versagte, wird uns natürlich im Rückblick deutlicher, als es den Zeitgenossen sein konnte. Vielerorts sonnte man sich damals im Erfolg, den die Erschaffung neuer Staaten oder die territoriale Erweiterung existierender zu bedeuten schien. Eine spezifisch national gefärbte Auffassung von Demokratie hatte sich in den verschiedenen nationalistischen Lagern des ehemaligen Habsburgerreichs durchgesetzt. Für nationale Propagandisten stellte die Anerkennung nationaler Eigenständigkeit per definitionem einen Sieg der Demokratie dar, da sie glaubten, dass demokratische Rechte ebenso sehr – wenn nicht sogar in höherem Maß – nationalen Gemeinschaften zuständen wie einzelnen Menschen. Nach dieser Denkweise war die Existenz von Nationalstaaten an sich ein unmittelbares Ergebnis der Kämpfe ihrer Bevölkerungen um nationale Emanzipation, Kämpfe, die angeblich in dem halben Jahrhundert vor 1918 ausgetragen worden waren.

Während des Ersten Weltkriegs trugen nationalistische Aktivisten auf der ganzen Welt dazu bei, die Theorie zu propagieren, dass nationale Selbstbestimmung ihre Basis in einer generellen Zustimmung zu demokratischen Werten besitze. Das taten sie vor allem auch dadurch, dass sie die politische Struktur des «Reiches» mit Gewalt, Unterdrückung und dem Fehlen demokratischer Werte identifizierten. Im Dezember 1918 verkündete Tomáš Garrigue Masaryk, der Präsident der neugegründeten Tschechoslowakei, diesen Doppelsieg von Demokratie und nationaler Eigenständigkeit mit folgenden Worten: «Insgesamt gesehen gehören große Vielvölkerreiche der Vergangenheit an, einer Zeit, in der physische Gewalt geschätzt wurde und das Nationalitätsprinzip noch nicht galt, weil die Demokratie noch keine Anerkennung gefunden hatte.»[4] Einer solchen Ansicht lag die Überzeugung zugrunde, dass große Reiche nur durch Unterdrückung zusammengehalten werden konnten. Masaryk zufolge war die Zeit derartiger Reiche vorbei, weil der weltweite Triumph der Demokratie ihre Existenz unmöglich gemacht hatte. Hätten sie die Wahl gehabt, so hätten die Bevölkerungen solcher Imperien sich dafür entschieden, in Nationalstaaten zu leben. In diesem Sinn stellte die Existenz von Nationalstaaten einen Sieg der Demokratie dar und eine Niederlage der antinationalen autoritären Regierungssysteme – und dies, obwohl Forderungen nach Unabhängigkeit, die von Völkern in Überseekolonien vorgebracht wurden, um 1919 mehr oder weniger ungehört verhallten.[5]

Doch wenn die Siege von Nationalstaaten als Triumphe für die Demokratie gewertet wurden, dann musste das Habsburgerreich als «Völkerkerker» in Erinnerung bleiben. Politiker, Journalisten und Historiker überschlugen sich mit der Verbreitung von Geschichten über die Kämpfe, die ihre Völker schon in der Zeit vor dem Krieg ausgetragen hätten, um sich von den Fesseln eines tyrannischen und ungerechten Regimes zu befreien. Ihre Berichte über die Unterdrückung, der man damals ausgesetzt gewesen sei, waren vielleicht sogar zu wirkungsvoll. Denn als die Architekten des Vertrags von Sèvres – als Teil der Pariser Vorortverträge – das Mandatssystem zur Ausübung von Kontrolle über ehemalige Teilgebiete des Osmanischen Reiches ausarbeiteten, schlugen einige Teilnehmer der Konferenz vor, ein solches System auch für die Völker Osteuropas einzuführen. Der Südafrikaner Jan Smuts, der über einigen Einfluss verfügte, meinte in der Tat, durch ein solches System könne man die Osteuropäer darauf vorbereiten, sich später eigenverantwortlich zu regieren. «Die Völker, die nach dem Zerfall Russlands, Österreichs und der Türkei übrig geblieben sind», schrieb er, «sind in politischer Hinsicht größtenteils ungeübt: Viele von ihnen besitzen keine oder nur eine mangelhafte Fähigkeit zur Selbstregierung.»[6]

Sich auf den Gegensatz zwischen den neuen Nationalstaaten und dem alten Reich zu konzentrieren, gestattete es den Ideologen dieser neuen Staaten auch, die Tatsache zu schönen, dass es für deren Überleben bald notwendig war, die Bürgerrechte ihrer eigenen Bevölkerungen stark einzuschränken. Das traf vor allem auf die Angehörigen jener

Nationalitäten zu, die sich nicht an die Leitnation assimilieren ließen. Die Teilnehmer der Versailler Konferenz zerbrachen sich den Kopf darüber, wie man für ein friedliches Miteinander der kulturell unterschiedlichen Völker, die sich innerhalb der Grenzen eines neuen Nationalstaats gefangen sahen, sorgen könnte. Wie konnte man allen nationale Selbstbestimmung gewähren, also auch jenen, die sich kulturell von dem jeweils vorherrschenden Volk unterschieden?

Eine Klausel der Pariser Vorortverträge eröffnete den Bürgern jedes Nachfolgerstaates des ehemaligen Habsburgerreichs rein technisch die Möglichkeit, die Staatbürgerschaft eines anderen Nachfolgerstaates zu erwerben, der eher dem entsprach, was im Vertragstext als ihre «Rasse» oder ihr «Volk» bezeichnet wurde. An die 180 000 deutschsprachige Familien (also rund 540 000 Menschen) aus früheren Kronländern, die jetzt außerhalb Österreichs lagen, versuchten zum Beispiel die Staatsbürgerschaft der neuen Republik Österreich zu erlangen. Es stellte sich jedoch heraus, dass die Option, die Staatsbürgerschaft zu wechseln, nicht allen ehemaligen Bürgern des Reiches offenstand. Dass die Menschen nicht selbst darüber befinden konnten, welcher «Rasse» oder welchem «Volk» sie angehörten, zeigte, wie vieles sich in sehr kurzer Zeit verändert hatte. Das war ein entscheidender Punkt, der die neuen Staaten vom alten Reich unterschied. Die neuen Staatswesen hatten vielleicht Aspekte der Habsburgischen Institutionen, administrativen Praktiken oder Gesetzbücher übernommen, doch in ihrem Bemühen um ihre Identifikation als Nationalstaaten und in ihrer Entschlossenheit, den Menschen ihre Nationalität objektiv zuzuweisen, veränderten sie die Art und Weise, in der diese älteren Institutionen, Verfahren und Gesetze funktioniert hatten. Zirka 75 000 deutschsprachigen Juden aus den Nachfolgerstaaten – die meisten von ihnen aus Polen – wurde infamerweise der Erwerb der österreichischen Staatsbürgerschaft verweigert, weil der Oberste Gerichtshof des Landes und das Innenministerium befanden, dass sie in «rassischer Hinsicht» nicht als deutsch gelten könnten.[7] Pogrome, zu denen es überall im ehemaligen Galizien und in den böhmischen Ländern kam, besagten im Grunde etwas Ähnliches auf lokaler Ebene. Juden wurden oft schikaniert und misshandelt, ihre Häuser und Geschäfte zerstört, damit ihnen ganz klar wurde, dass sie sich nicht als Teil des Volkes sehen konnten, oder um zu bestätigen, was

Ostmitteleuropa 1925

viele ihrer nichtjüdischen Mitbürger schon immer geargwöhnt hatten, dass nämlich Juden ein subversives fremdes Element darstellten, ganz gleich, welche Sprache sie sprachen.

Auch von Volksgruppen, die durch den Versailler Vertrag offiziell als Minderheiten anerkannt wurden, glaubte man, dass sie der Existenz des betreffenden Nationalstaats an sich feindlich gegenüberständen. Da ihnen sowohl das internationale als auch das jeweilige Landesrecht Schutz gewährte (die Nachfolgerstaaten waren durch den Versailler Vertrag verpflichtet, bestimmte Minderheitenrechte zu respektieren), überrascht es nicht, dass viele Politiker in den Nachfolgerstaaten Karriere damit machten, dass sie Minoritäten repräsentierten. Sie argumentierten ebenfalls mit nationaler Eigenständigkeit und kultureller Unterschiedlichkeit, um Wiedergutmachung für die von ihnen Vertretenen zu fordern oder im Extremfall auch die Festlegung neuer Staatsgrenzen. Die Regierungen mehrerer Staaten (Deutschland, Österreich, Ungarn, sogar Italien) ermunterten Minoritäten der «Ihren», die in benachbarten Ländern angeblich wie gefangen saßen, nicht auszuwandern, sondern auf sogenanntem Feindesgebiet (Polen, Rumänien, Italien, Tschechoslowakei, Jugoslawien) auszuharren, so dass territoriale Ansprüche, die man in einer nahen oder fernen Zukunft an diese Nachbarländer stellen würde, mehr Gewicht erhielten.[8] Sie zwangen auf diese Weise Menschen, die eine bestimmte Sprache, etwa Deutsch, sprachen, sich mit dem deutschen Nationalstaat und seinen Interessen zu identifizieren, selbst wenn sie historisch gesehen nie mit diesem Staat in Berührung gekommen waren.

Es geht hier nicht darum, den Friedensvertrag zu bewerten, sondern aufzuzeigen, wie die vom Habsburgerreich ererbten Strukturen und Praktiken in Mittel- und Osteuropa weiterlebten, wenn auch in ganz anderen Staatswesen und unter ganz anderen Umständen. Generell bestritten sowohl die neuen als auch die älteren Staaten – einschließlich des neuerdings verkleinerten Österreich und Ungarn –, irgendetwas vom Reich übernommen zu haben. Sie behaupteten, in nahezu jeder Hinsicht radikal neue Arten von Staatswesen zu sein. Alle bezeichneten sich als Nationalstaaten, obwohl mit Ausnahme von Ungarn jeder von ihnen größere Bevölkerungsgruppen in seinen Grenzen einschloss, die offiziell als kulturell von der dominierenden Nation unterschieden eingestuft wurden. Mehr als ein Drittel der Einwohner der neuen Republiken Polen und Rumänien beherrschten noch nicht einmal die Landessprache und gehörten auch nicht den vorherrschenden Landeskirchen an, also in Polen der römisch-katholischen, in Rumänien der orthodoxen Kirche. Das galt auch für die Tschechoslowakei, wo nicht die Religion, sondern die Sprache ausschlaggebend für die Zuordnung zu einer Nationalität war. Wenn man Sprecher des Tschechischen und des Slowakischen als nicht zu einem einzigen Volk gehörend erfasste – darauf bestanden viele slowakische Nationalisten immer entschiedener –, dann stellte keine der beiden Sprachgruppen fünfzig Prozent der Gesamtbevölkerung. Auch Italien hatte Hunderttausende von deutsch-, slowenisch- und kroatischsprachigen Bürgern hinzugewonnen. Jugoslawien sah sich als Union des slowenischen, des kroatischen und des serbischen Volkes, doch seine zentralisierte politische Struktur verlieh serbischen Politikern eine beträchtliche Vormachtstellung über alle, die anderen sprachlichen und religiösen Gruppen entstammten, darunter auch Sprecher des Deutschen, Makedonischen und Albanischen. In fast allen Fällen wurde die Volkszählung zu einem Mittel, um die Art von «statistischer» Assimilation zu erzwingen, von der Vorkriegsungarn nur hatte träumen können. Sogar in der Tschechoslowakei konnte eine nicht zutreffende Angabe auf dem Fragebogen – die Behauptung, Deutscher zu sein, wenn alle objektiven Kriterien dafür sprachen, dass man Tscheche war – bedeuten, dass man eine Geldstrafe erhielt oder gar ins Gefängnis wanderte.[9]

Die Tschechoslowakei, Rumänien oder Polen zählten Millionen von Einwohnern, die anderen Völkern oder Ländern angehörten, was zum Teil darauf zurückzuführen war, dass jeder der genannten Staaten aus historischen, strategischen oder auch ethnischen Gründen fremde Territorien besetzt oder für sich reklamiert hatte. Einige polnische Nationalisten versuchten die Grenzen der Polnisch-Litauischen Adelsföderation des achtzehnten Jahrhunderts wiederherzustellen, ein Territorium, das viele ukrainisch-, weißrussisch- und litauischsprachige Bürger eingeschlossen hätte.[10] Die Tschechoslowakei beanspruchte sogar einen vorwiegend von Sprechern des Ukrainischen bewohnten Streifen Landes im ehemaligen nordöstlichen Ungarn, – die sogenannte Karpatenukraine – für sich, um eine gemeinsame Grenze mit dem verbündeten Rumänien zu haben. Die tschechoslowakische Republik verfuhr mit dieser Region, einer der ärmsten im Vorkriegsungarn, wie mit einer rückständigen Kolonie, die es mithilfe einer paternalistisch-rationalen Verwaltung zu fördern und auf einen modernen Stand zu bringen galt. Die Regierung in Prag bezog sich auf die Karpatenukraine oft mit Begriffen, die man auf der Pariser Friedenskonferenz für die neuen Mandatsgebiete oder Protektorate im Nahen Osten verwendete.

Was sozusagen die engere Heimat betraf, hatte die Prager Regierung in der Slowakei mit größeren Problemen zu kämpfen, wo die neu eingesetzten überheblich auftretenden Verwaltungsbeamten und Fachleute aus Böhmen und Mähren oft auf Ablehnung stießen. In den 1930er-Jahren strebten viele slowakische nationale Aktivisten nach einer föderalistischen Anbindung an den anderen Landesteil, die dem eigenen einen gewissen Grad an politischer Autonomie gewähren würde, wie sie Bürgern des alten Reiches vertraut gewesen war. Die Zahl der deutschsprachigen Einwohner, die im Westen der Republik lebten, übertraf mit zwei Millionen die der slowakischsprachigen Bürger im gesamten Staat. Tschechoslowakische nationale Programmatiker waren seit Jahrhunderten dafür eingetreten, dass die Grenzen ihrer administrativen Einheit den historischen Grenzen von Böhmen, Mähren und Österreichisch-Schlesien entsprechen und nicht aufgrund ethnischer Kriterien gezogen werden sollten. Jetzt wiesen sie zusätzlich darauf hin, dass die gebirgigen, von den sogenannten Sudetendeutschen besiedelten Grenzregionen im Westen von großer Bedeutung für die militärische Sicherheit des neuen Staates seien. Trotz der Minderheitenrechte, die die Republik ihren Bürgern gewährte, die einer anderen als der tschechischen oder slowakischen Volksgruppe angehörten – Rechte, die wesentlich umfassender waren als die, die Minderheiten in den anderen neuen Staaten genossen –, blieb es dabei, dass die Tschechoslowakei sich als Nationalstaat definierte. Diejenigen, die nicht der «Nation» angehörten, waren letztlich rechtlich und kulturell benachteiligt.[11]

Rumänien, ein Staat der bereits existiert hatte, gewann prozentual gesehen durch die Beschlüsse der Friedenskonferenz am meisten Territorium dazu. Damit erweiterte sich die Bevölkerung auch um größere ungarisch-, deutsch-, ukrainisch- und russischsprachige Gruppen, die in Siebenbürgen, der Bukowina und in Bessarabien beheimatet waren. Die Juden waren als Minderheitengruppe nun in jeder Region Rumäniens anzutreffen. Und obwohl die in Paris geschlossenen Abkommen das nur äußerst widerwillig zustimmende Rumänien verpflichteten, nicht nur allen Minoritäten Rechte zuzugestehen, sondern auch den Juden zum ersten Mal in der Geschichte die Staatsbürgerschaft zu gewähren, blieben diese gesellschaftlich geächtet und verachtet. Mehrere Regierungen nacheinander tolerierten ihre Verfolgung nicht nur, sondern stachelten sogar dazu an. Als typisch für die Verhältnisse in den neuen Staaten kann auch die höchst zentralisierte Kontrolle gelten, die von Bukarest aus über die neuen Territorien ausgeübt wurde, sowie die Abneigung dagegen, Rumänisch sprechende Bürger aus ehemals ungarischen Territorien in den öffentlichen Dienst aufzunehmen oder gar rumänischen Nationalpolitikern in Siebenbürgen in irgendeiner Weise Macht zu geben. Diese hatten vor 1918 jahrzehntelang darum gekämpft, ihre rumänische Identität aller Ungarisierung zum Trotz – vor allem in der siebenbürgischen Intelligenz – zu bewahren; nun wurde ihnen kaum ein Mitspracherecht bei der Regierung ihrer Heimatregion eingeräumt. Das war in anderen Nachfolgerstaaten – von der Tschechoslowakei bis Italien und Jugoslawien – ganz ähnlich. Die Zentralisierung von Regierung und Verwaltung sowie Argwohn gegenüber lokalen Aktivisten verhinderten, dass man echt föderalistische oder regionale Lösungen für gravierende politische Probleme ernsthaft in Betracht zog.[12]

«Theoretisch gibt es eine Kluft zwischen Nationalismus und Imperialismus», schrieb Hannah Arendt in *Elemente und Ursprünge totaler Herrschaft*, «in der Praxis kann sie überbrückt werden und ist sie überbrückt worden.»[13] Jeder der Nachfolgerstaaten, die sich selbst als «Nationalstaaten» stilisierten, agierte wie ein kleines Reich. Jeder versuchte, sich neue Territorien anzueignen, im vollen Bewusstsein, dass in diesen Gebieten große Scharen von Menschen lebten, die nicht dem Volk angehörten, das jetzt als die Leitnation angesehen wurde. Jeder hatte daher am Ende Bevölkerungsgruppen, die sich nicht im nationalen Sinn integrieren ließen oder integrieren lassen wollten. Jeder dieser Staaten verfolgte andere kreative Strategien, um die demografischen und kulturellen Probleme, die die Minderheiten mit sich brachten, zu bewältigen. Diese Strategien basierten auf den Träumen radikaler Nationalisten in Vorkriegsösterreich und -ungarn: von der Zwangserziehung von Kindern bis zu extremen Maßnahmen wie Zwangsassimilierung oder sogar Vertreibung.

Kein Staat konnte sich auf die Möglichkeit einlassen, die kulturellen Unterschiede zwischen Bevölkerungsgruppen bestehen zu lassen. Das lag nicht an der besonders komplexen demografischen oder ethnischen Zusammensetzung des einst als Habsburgerreich bekannten Gebiets. Es war vielmehr das Ergebnis der Null-Schnittmengen-Doktrin der Nationalisten in dem halben Jahrhundert vor dem Krieg: Unterschiede zwischen Angehörigen der Leitnationen und der Minderheiten wurden mit Hinweis auf nicht überwindbare kulturelle Barrieren hervorgehoben; auf mögliche Gemeinsamkeiten wurde kaum jemals verwiesen. Wenn doch, dann geschah das – etwa als die rumänische Regierung den Ukrainern in der Bukowina oder den Szeklern in Siebenbürgen sehr erfindungsreich authentisch rumänische Wurzeln zuschrieb –, durch die herrschende Macht, ohne Rücksicht auf die tatsächlichen Wünsche und Empfindungen derer, die derart «umkategorisiert» wurden.[14]

Die neuen Herrschenden entwickelten ihre politischen Strategien ausgehend von dem Glauben an die tiefen Unterschiede zwischen den Kulturen, die Nationalisten zumindest seit den 1880er-Jahren gefördert hatten (ursprünglich als Reaktion auf die Weigerung Österreichs, seine Bürger nach nationalen Kriterien zu kategorisieren). Aus diesem Grund waren Nationalisten und die von ihnen etablierten neuen Regierungen eifrig bemüht, nationale Zugehörigkeit auf der Basis objektiver äußerer Faktoren zu bestimmen – etwas, das Österreich-Ungarn weitgehend vermieden hatte. Aus diesem Grund waren sie auch eifrig darauf bedacht, private Schulsysteme, Theater, Bibliotheken, Kulturzentren von Minoritäten zu übernehmen und finanzielle Ressourcen an sich zu bringen, die vor dem Krieg im Besitz von verfeindeten nationalistischen Organisationen gewesen waren. Und wenn sie den Sprechern von Minderheitensprachen das Recht auf eine Erziehung in einer dieser Sprachen einräumten, dann taten sie alles, die Zahl der dafür infrage kommenden Schüler so klein wie möglich zu halten, etwa indem sie gegen den Willen der Betroffenen eine Zuschreibung zum Nationalvolk vornahmen oder die Grenzen von Schulbezirken und politischen Bezirken verschoben. Typisch für diese Art von Manipulationen war die von der rumänischen Regierung aufgestellte Behauptung, die Ukrainer in der Bukowina hätten in Wirklichkeit rumänische Wurzeln. Damit entzog sich der Staat der Pflicht, Schulunterricht in ukrainischer Sprache anzubieten.[15] Ein in Jugoslawien erlassenes Gesetz schloss Kinder mit slawischen Namen vom Besuch einer Minoritätenschule aus.[16] Das Habsburgerreich war untergegangen, doch Politik wurde weiterhin auf kulturellen Unterschieden aufgebaut, denn das schien den Bürgern das probateste Mittel zu sein, um Forderungen an ihren Staat stellen.

Auf eine ganz andere Art und Weise prägte die frühere Zugehörigkeit zum Reich die Erinnerungskulturen und vor allem die privaten und halböffentlichen Zeremonien zum Kriegsgedenken, die sich nach 1918 in vielen Grenzregionen der Nachfolgerstaaten informell herausbildeten. Gleichgültig, inwieweit man den nationalistischen Gründungsmythen in dem Jahrzehnt nach dem Krieg Glauben schenkte, es war eine unbestreitbare Tatsache, dass mehrere tausend Bürger der Nachfolgerstaaten in der habsburgischen Armee gekämpft und viele

Familien im Krieg Angehörige verloren hatten. Wie konnte man der von diesen Menschen erbrachten Opfer in einer Welt gedenken, aus der das, dem diese Opfer gegolten hatten, verschwunden war? Welche Art von Erinnerungskulturen entwickelten die Menschen auf lokaler Ebene zum Gedenken an den Dienst mit der Waffe, den sie selbst oder ihre Nachbarn und Verwandten für das Reich geleistet hatten? Das gilt vor allem für Regionen wie das Trentino (das jetzt zu Italien gehörte), wo, wie Laurence Cole kürzlich aufgezeigt hat, das Gefühl, zu den Besiegten zu gehören, unterschwellig weiterexistierte, obwohl man jetzt Bürger eines siegreichen Staates war. Dort mussten Kriegsveteranen, die auf der Verliererseite gekämpft hatten, ihre Erfahrungen unterdrücken und Familien für sich private Möglichkeiten finden, ihrer gefallenen Angehörigen zu gedenken.[17]

Und schließlich prägten aus der Zeit des Reiches übernommene Denkweisen nicht nur die Politik der neuen Staaten und das Brauchtum, sondern sie beeinflussten auch die Auffassung der Menschen in den verschiedenen Regionen von ihrem Verhältnis zu ihrer neuen Obrigkeit. Nach dem Zusammenbruch des Habsburgerreichs wurden mehrere Versuche zur Staatsbildung von unten unternommen, mit dem Ziel, die Beziehungen, wie sie im Reich geherrscht hatten, im Kontext eines neuen Europa aufrechtzuerhalten. Als die Führer der Deutsch sprechenden Gemeinde von Czernowitz (Cernăuţi, Tscherniwzi) mit dem Ende des Habsburgerreichs konfrontiert wurden, übermittelten sie auf telegrafischem Weg eine Loyalitätsadresse an ihre neue Reichshauptstadt Bukarest, und diese war im selben Geist formuliert wie einst die an die Hauptstadt Wien. Die Gemeinde schwor den neuen Herrschern Treue und erwartete dafür, sich weiter um das Gedeihen ihrer lokalen Welt kümmern zu dürfen, ihrer Schulen, kulturellen und geldwirtschaftlichen Einrichtungen, vom Theater bis zur Kreditbank, von kooperativ betriebenen Läden bis hin zu den Kirchen. Ob die Sprache des Staates Deutsch oder Rumänisch war, hatte für die deutsche Gemeinde von Czernowitz einen weit geringeren Belang, als dass jenes Verhältnis gegenseitigen Verpflichtetseins auch unter den neuen Herrschern bestehen blieb.[18] Wie als Antwort auf ihre Erklärung schwärmte jedoch der rumänische nationalistische Historiker Ion Nistor (1876–1962) von dem Ende solcher Beziehungen. Er schrieb 1918 mit Bezug auf die Bukowina:

Heute, da das Nationalprinzip triumphiert, da die alten Staaten in sich zusammenstürzen und aus ihren Trümmern verjüngte Nationalstaaten emporwachsen innerhalb der ethnischen Grenzen eines jeden Volks, muss der «Bukowinismus» verschwinden. [...] Die Bukowina hat sich mit Rumänien vereinigt und innerhalb dessen Grenzen ist kein Platz für den *homo bucovinensis,* sondern nur für den *civis Romaniae.*[19]

Was man in den folgenden Jahren unter einem *civis Romaniae* verstehen würde, war jemand, der die Nationalsprache – also Rumänisch – sprach und die Staatsreligion – in diesem Fall das östlich-orthodoxe Christentum – praktizierte. Auf ähnliche Art und Weise definierten sich auch die neuen tschechoslowakischen, polnischen, jugoslawischen oder italienischen Bürger.

Viele Jahre lang haben wir dazu geneigt, die Reiche Mittel- und Osteuropas mit Begriffen zu definieren und zu beurteilen, die uns größtenteils von den Nachfolgerstaaten ihren politischen Ideologien gemäß vorgegeben wurden. Dazu gehören ihr multinationaler Charakter (die Behauptung, dass ein «Vielvölkerstaat» per definitionem ein problematisches Staatswesen sei), die autoritären Machtstrukturen zwischen Zentrum und Peripherie, ihr angebliches Unvermögen, eine von der Bevölkerung akzeptierte Identität zu entwickeln, ihre vermeintliche Unterdrückung nationaler Regungen. All das sind *nationalistische* Definitionen der Reiche. Man könnte jedoch die Diskussion auf eine andere Basis stellen, indem man die selbsternannten Nationalstaaten als kleine Reiche versteht, was durchaus legitim wäre. Denn jeder von ihnen war nach 1918 ein Vielvölkerstaat, der für seinen Fortbestand davon abhing, multiethnische Bevölkerungsgruppen zu integrieren, die Randgebiete erfolgreich – wenn auch oft mit autoritären Mitteln – an das Zentrum zu binden und ein positives Identifikationsgefühl unter den Angehörigen derselben Nation zu formen. Das Jahr 1918 markierte keineswegs das Ende der Vielvölkerreiche, im Gegenteil, sie vermehrten sich.

Der Widerspruch zwischen Nation und Staat verschärfte sich in den Jahren zwischen den Kriegen auf eine Weise, wie es vor 1914 kaum vorstellbar war. So lässt sich die in der Regel entsetzliche Behandlung ethnischer Minderheiten während des Zweiten Weltkriegs und die Vertreibung «unerwünschter» Bevölkerungsgruppen nach dessen Ende erklären. Alle Staaten, die Vielvölkerstaaten waren, investierten einen erheblichen rhetorischen Aufwand und beträchtliche Ressourcen, um sich dieses viel geschmähten Status zu entledigen, während sie immer radikalere Lösungen für die Probleme ersannen, die die Minderheiten ihnen bereiteten. Die brutale nationalistische Diktatur wurde in den meisten Fällen als einzige Möglichkeit gesehen, die Quadratur des Kreises zu schaffen, die Verbindung von ethnisch verstandener Nationalität und populistischer Demokratie.

Wenn wir vermeiden, dass die Ideologien der Nationalstaaten unser Bild von einem Reich beeinflussen, dann können wir die Besonderheit des Habsburgerreichs als Staat und Gesellschaft objektiver verstehen und analysieren. Seine Besonderheit lag nicht in seiner Unfähigkeit, unterschiedliche Bevölkerungsgruppen zu integrieren. Die Existenz verschiedener Bevölkerungsgruppen spielt in der deutschen, irischen, italienischen, spanischen, rumänischen, tschechoslowakischen, polnischen und jugoslawischen Geschichte eine ebenso wichtige Rolle wie in der des Habsburgerreichs. Seine Besonderheit liegt eher in der Art, wie es mit den kulturellen Unterschieden umgegangen ist, die das politische Leben bestimmten, und in der Art, wie es politische und gesellschaftliche Institutionen, die aus diesen Unterschieden hervorgingen, möglichst effizient betreiben wollte. Aus diesem Grund können wir auch die Besonderheiten nationaler Identifikation im Habsburgerreich erkennen, die von den Institutionen des Reiches und den Möglichkeiten, die sie boten, geprägt war. Von den institutionellen Schranken befreit, in denen nationale Selbst- und Fremdzuschreibung im Habsburgerreich entstanden waren und sich entwickelt hatten, konnten sie sich in der Zeit zwischen den Kriegen zu etwas anderem auswachsen, zu etwas Vertrautem und zugleich erschreckend Fremdem für viele, denen das Leben im Habsburgerreich vor 1914 noch in Erinnerung war.

Anhang

Dank

Dieses Buch entstand – als Synthese von Ideen – in der Auseinandersetzung mit den oft provozierenden, häufig brillanten, gelegentlich spitzfindigen und stets inspirierenden Arbeiten anderer Wissenschaftler, die sich mit der Geschichte Mittel- und Osteuropas befassen und von denen viele nicht nur geschätzte Kollegen, sondern auch meine guten Freunde sind. Es basiert bis zu einem gewissen Grade auf meinen eigenen Forschungen sowie früheren Publikationen, baut aber hauptsächlich auf der Forschung und Interpretation anderer auf. Ohne das von anderen Historikern und Historikerinnen Geleistete hätte dieses Buch nicht geschrieben werden können, und ich bin ihnen zutiefst dankbar.

Die Arbeit an diesem Buch war für mich mit neuen Erfahrungen verbunden, weil ich mich weniger mit Archivmaterialien befasst habe – was mir in der Vergangenheit immer großes Vergnügen bereitet hat –, mich dafür aber intensiv mit den Forschungsergebnissen anderer auseinandersetzen musste. Es erfüllt mich mit Befriedigung, dass ich Vertreter eines Faches bin, das in den letzten Jahrzehnten einen gewaltigen Aufschwung erfahren hat – quantitativ wie qualitativ. Während der vergangenen acht Jahre, in denen ich mich mit diesem Projekt beschäftigt habe, stand mir Forschungsliteratur in Hülle und Fülle zur Verfügung, vor allem auch solche zu lokal begrenzten Themen. Es ist mir aber nach wie vor ein Rätsel, warum es so wenig neue übergreifende Narrative gibt, in die man die vielen und vielfältigen neuen Forschungsergebnisse einordnen kann. Bei der Arbeit an diesem Buch wurden mir meine eigenen Grenzen als Historiker, vor allem auch die sprachlichen, schmerzlich bewusst. Vieles in diesem Buch geht aber auf die Darstellungen von Fachkollegen zurück, die in Sprachen schreiben, die ich verstehe und die Archivmaterial verwendet haben oder zitieren, das in kroatischer, ungarischer, polnischer, rumänischer, serbischer, ukrainischer oder jiddischer Sprache vorliegt.

Als ich nach der Lese- und Sammelphase mit dem Schreiben begann, profitierte mein Manuskript von wiederholten kritischen Beurteilungen durch befreundete Historiker und Historikerinnen wie Belinda Davis und Seth Koven, die sich in den letzten zehn Jahren mit mir zu einer Art Schreibgruppe zusammengetan haben. Ihr unermüdliches Interesse an Aufbau und Inhalt jedes einzelnen Kapitels hat mich gezwungen, meine Gedanken klarer darzulegen, so dass sie auch für Nicht-Fachleute nachvollziehbar wurden, und Belege zu finden, die meine Thesen überzeugender untermauerten. Meine gute Freundin Tara Zahra hat sich nie über die vielen Kapitel beklagt, die ich ihr schickte – jedes für gewöhnlich mehr als zweimal –, und hat stets hilfreiche Kritik geäußert und mich auf weiteres nützliches Archivmaterial hingewiesen. Alison Frank Johnson hat in großherziger Weise das gesamte Manuskript durchgelesen, mir viele Seiten voller kluger Anmerkungen zukommen lassen und mich vor groben Fehlern bewahrt; das betrifft sowohl die Fakten und deren Deutung als auch den Stil meiner Ausführungen. Im Rahmen des Warschauer Workshops «Recovering Forgotten History: The Image of East-Central Europe in English Language Academic Textbooks» haben mir die Historiker Maciej Janowski, Adam Kożuchowski und Endre Sashalmi detaillierte Ratschläge zur Verbesserung mehrerer Kapitel gegeben.

In einer sehr frühen Phase der Konzeptualisierung des Buchs ließ Jeremy King mir wertvolle Ratschläge zukommen und Einblick in Quellen juristischer Art nehmen, die ich sonst nie zu Gesicht bekommen hätte. Meine Kollegen Gary Cohen, István Deák, Waltraud Heindl, Marsha Rozenblit, Helmut Walser Smith, Gerald Stourzh, Heidemarie Uhl sowie der leider verstorbene Klemens von Klemperer haben mir in den vielen Jahren, die nötig waren, um dieses Buch zu vollenden, vielfache Anregungen gegegeben, mich an ihrem Fachwissen teilhaben lassen und lebhafte Diskussionen mit mir geführt. Freunde, geschätzte Kollegen sowie ehemalige und derzeitige Studenten von mir haben mich großzügig ihre unveröffentlichten Manuskripte lesen lasssen, mir nützliche Hinweise gegeben oder mit mir über Ideen und Deutungen debattiert. Dazu gehören: Mitchell Ash, Brigitta Baader-Zaar, Pamela Ballinger, Ágoston Berecz, Barbara Boisits, William Bowman, Rogers Brubaker, Chad Bryant, Peter Bugge, Matti Bunzl, Jane Burbank, Hannelore Burger, Michelle Campos, Jane Caplan, Holly Case, Sieglinde Clementi, Deborah Coen, Laurence Cole, Fred Cooper, Mark Cornwall, Patrice Dabrowski, John Deak, Dejan Djokic, Astrid Eckert, Paula S. Fichtner, Franz Fillafer, Benno Gammerl, William Godsey, Olivia Gruber Florek, Hal Foster, Jon Fox, Robert Gerwarth, Fabio Giomi, Ben Goossen, Andreas Gottsmann, Jonathan Gumz, Edin Haidarpasic, Paul Hanebrink. Peter Haslinger, Gabrielle Hauch, Maureen Healy, Hans Heiss, Tomasz Hen-Konarski, Frank Henschel, Dagmar Herzog, Zdenek Hojda, Charles Ingrao, Maciej Janowski, Brendan Karch, Markus Krzoska, Börries Kuzmany, Tatjana Lichtenstein, Stefan Malfér, Irina Marin, Zoriana Melnyk, Maria Messner, Caroline Mezger, Erik Middelfort, Martin Moll, Claire Morelon, Dirk Moses, Caitlin Murdock, Norman Naimark, Robert Nemes, Jana Osterkamp, Roberta Pergher, Maya Peterson, Christian Promitzer, Joachim von Puttkamer, Iris Rachamimov, Dominique Reill, Máté Rigó, David Ruderman, Waltraud Schütz, Martin Schulze Wessel, Naoko Shimazu, Alexander Semyonov, Joshua Shanes, Scott Spector, Peter Stachel, Rok Stergar, Lauren Stokes, Ronald Suny, Jan Surman, Werner Telesko, Gregor Thum, Tatjana Tönsmeyer, Daniel Unowsky, Peter Urbanitsch, Brian Vick, Irina Vushko, Natasha Wheatley, Nancy Wingfield, Marion Wullschleger.

Viele andere Kollegen haben mich über die Jahre hinweg immer wieder eingeladen, die Ideen, die diesem Buch zugrundeliegen, in Seminaren oder Kolloquien vorzustellen, wodurch ich einige meiner Thesen präzisieren und von anderen abrücken konnte. Ich bin dafür zu Dank verpflichtet: David Abraham, Franz Adlgasser, Peter Becker, Harald Binder, James Brophy, Tim Buchen, Moritz Csáky, Sebastian Conrad, R. J.W. Evans, Johannes Feichtinger, Peter Haslinger, Milan Hlavačka, Rudolf Jaworski, Kirsten Jobst, Andrzej Kaminski, Borut Klanjan, Arpad von Klimo, Helmut Konrad, Peter Kracht, Börries Kuzmany, Paul Lerner, Fredrik Lindström, Irina Livzeanu, Oto Luthar, Sue Marchand, Michael L. Miller, Fatima Naquist, Martin Pelc, Markian Prokopovych, Matthew Rampley, Michael Rössner, Malte Rolf, Helmut Rumpler, Annemarie Sammartino, Tamara Scheer, Jeremy Smith, Leonard Smith, Martina Steer, Abigail Swingen, Franz A. J. Szabo, Olaf Terpitz, Philip Ther, Martina Thomsen, Stefan Troebst, Heidemarie

Uhl, Luboš Velek, Peter Vodopivec, Thomas Winkelbauer, Larry Wolff, Heidrun Zettelbauer.

Mehrere Institutionen haben mich beim Abfassen dieses Buchs unterstützt; dazu gehören die John Simon Guggenheim Foundation, das National Endowment for the Humanities und der Präsident und Provost des Swarthmore College. Charles Devlin und ich haben fünf der intellektuell anregendsten, unterhaltsamsten und kulinarisch bemerkenswertesten Monate unseres Lebens an der American Academy in Berlin verbracht, in denen ich irgendwie auch noch die Zeit fand, eine erste Fassung der Kapitel 1 bis 3 zu Papier zu bringen. Yolande Korb, die Bibliothekarin der Academy, vollbrachte Tag für Tag Wunder für mich, indem sie mir all das besorgte, was ich im preußischen Norden für meine Arbeit zur österreichischen Geschichte benötigte. Mein guter Freund Peter Haslinger hieß mich oft als Gast im Herder Institut in Marburg willkommen. Martin Pelc machte mich mit den Reizen von Opava (dem ehemaligen Troppau) und mit der Schlesischen Universität vertraut, an der ich 2012 als Gastprofessor der Europäischen Union unterrichten durfte. Meine Kollegen am History Department des Swarthmore College – vor allem Farid Azfar, Tim Burke, Bruce Dorsey, Robert S. Duplessis, Lillian Li, Marjorie Murphy und Robert Weinberg – haben mich in stimulierende und erhellende Diskussionen über das Habsburgerreich verwickelt. Meine neuen Kollegen am European University Institute in Florenz, an der Spitze Federico Romero, haben mich in einer lebendigen und anregenden intellektuellen Gemeinschaft willkommen geheißen. Es ist ein ebenso unerwarteter wie glücklicher Zufall, dass ich dort auf Laura Downs, meine Freundin und Verbündete aus der Zeit meines Promotionsstudiums, traf, die jetzt meine geschätzte und zuverlässige Mitarbeiterin ist. Was Florenz betrifft, muss ich auch meiner intellektuellen Partnerin und Kameradin Lucy Riall für die vielen neue Erkenntnisse danken, die ich gewonnen habe, indem ich mit ihr ein jährliches Seminar über moderne europäische Reiche abgehalten habe. Regina Grafe erinnerte mich täglich daran, warum Neuzeit-Historiker das Erbe berücksichtigen müssen, das die Habsburger der frühen Neuzeit und die Spanischen Habsburger hinterlassen haben. Pavel Kolář initiiert in Florenz oft stimulierende Diskussionen über Fragen, die die Habsburger betreffen, während er gleichzeitig die Küche verschiedener Regionen des Reiches in brillanter Weise wieder aufleben lässt. Ich möchte auch den Verwaltungsangestellten Theresa Brown und Jen Moor vom Swarthmore College sowie Francesca Parenti und Anna Coda vom EUI für ihren zuverlässigen und freundlichen Beistand danken. Meine Freunde und Freundinnen Stuart Adair, Leslie Delauter, Nora Johnson und Diane Shooman haben mir Mut zugesprochen, wenn ich mal wieder nicht weiterwusste.

Meine Eltern, Geschwister und angeheirateten Verwandten haben taktvoll schon früh aufgehört, mich zu fragen, wann das Buch endlich erscheinen würde. Matt, Dylan, Lucas, Ella und Callie haben sich vermutlich gefragt, ob ihr Onkel jemals sein Projekt abschließen würde. Kathleen McDermott, meine hervorragende Lektorin von Harvard University Press, half mir auch bei praktischen Problemen, die sich in Zusammenhang mit den Abbildungen ergaben, und bewies mehr Geduld, als ich für menschenmöglich gehalten hatte. Ich danke ihr besonders dafür, dass sie sich vorstellen konnte, wie dieses Buch einmal ausehen würde, lang bevor ich es in Händen hielt.

Charles Devlin hat dieses Buch mit fürsorglicher Aufmerksamkeit und Enthusiasmus begleitet, und zwar für eine viel längere Zeit, als er ursprünglich für nötig gehalten hatte. Das Projekt brachte ihn für fünf Monate nach Berlin und dann nach Florenz, während er sich gleichzeitig um seine geschäftlichen Angelegenheiten in Philadelphia kümmern musste. Er hat Berliner Deutsch gelernt und ist jetzt dabei, toskanisches Italienisch zu lernen. Ich hatte das Glück, ihn als Begleiter auf unzähligen Forschungsreisen zu wichtigen historischen Stätten des Habsburgerreichs dabei zu haben. Ich widme ihm dieses Buch mit aufrichtigen Entschuldigungen dafür, dass es sich auch nach all den Jahren wohl kaum als Grundlage für ein Filmdrehbuch eignen wird.

Anmerkungen

Abkürzungen

AHY	Austrian History Yearbook
AST	Archivio di Stato Trieste
AVA	Allgemeines Verwaltungsarchiv, Wien
CEH	Central European History
JMH	Journal of Modern History
HHStA	Haus-, Hof, und Staatsarchiv, Wien
SR	Slavic Review

Einleitung

1 Die Wahlbeteiligung lag bei 80,02 Prozent. Dieter Nohlen und Philip Stöver (Hg.): *Elections in Europe. A Data Handbook*. Baden-Baden 2010, S. 196.

2 Siehe die Artikel im liberalen *Bregenzer Tagblatt*, 11. Juni 1911, S. 2, sowie in der tschechischen christlich-sozialen Zeitung Čech, 11. Juni 1911, S. 1.

3 *Arbeiter-Zeitung* (Wien), 12. Juni 1911, S. 1 f.; *Grazer Volksblatt*, 11. Juni 1911, S. 1; *Linzer Volksblatt*, 12. Juni 1911, S. 1; *Bukowiner Post*, 11. Juni 1911, S. 1f; *Stajerc*, 11. Juni 1911, S. 1.

4 «Ihr werdet entscheiden!» In: *Arbeiter-Zeitung* (Wien), 11. Juni 1911, S. 1.

5 Sowohl dieser Vorfall als auch die lokalen Konflikte, die er auslöste, sind in Einzelheiten dargestellt bei Joshua Shanes: *Diaspora Nationalism and Jewish Identity in Habsburg Galicia*. New York 2012, S. 268–279. Wie Shanes mitteilt, gaben die meisten Zeugen an, dass die Gefahr, dass es zu Gewalttätigkeiten vonseiten der Menge kommen könnte, sich bereits gelegt hatte, als die Soldaten das Feuer eröffneten. Ich danke ihm dafür, dass er mich Einblick in einen unpublizierten Artikel nehmen ließ, in dem er diesen Vorfall und die städtische Politik in Drohobytsch noch eingehender analysiert. Siehe auch Alison Frank: *Oil Empire: Visions of Prosperity in Austrian Galicia*. Cambridge, MA, 2005, S. 76 f., 119 f. und 132–134.

6 Zu in Galizien abgehaltenen Wahlen siehe Harald Binder: *Galizien in Wien: Parteien, Wahlen, Fraktionen und Abgeordnete im Übergang zur Massenpolitik*. Wien 2005, S. 295–308.

7 Die Historikerin Deborah Coen hat mehrfach darauf aufmerksam gemacht, in welchem Maß sowohl Fachwissenschaftler als auch Amateure auf diver-

sen Gebieten mit ihren Arbeiten die zeitgenössischen Ideen vom Reich beeinflusst haben. Siehe D. C.: «Climate and Circulation in Imperial Austria».
In: *Journal of Modern History*», 82, Nr. 4 (Dezember 2010), S. 839–875;
dies.: *The Earthquake Observers: Disaster Science from Lisbon to Richter.*
Chicago 2012. Siehe auch Peter Stachel: «Ethnischer Pluralismus und wissenschaftliche Theoriebildung im zentraleuropäischen Raum. Fallbeispiele
wissenschaftlicher und philosophischer Reflexion der ethnisch-kulturellen
Vielheit der Donaumonarchie». Dissertation, Universität Graz, 1999. Artikel, die den gleichzeitigen Prozess der Nationalisierung der Wissenschaft in
den Vordergrund stellen, in: *The Nationalization of Scientific Knowledge in
the Habsburg Empire 1818–1918*, hg. von Mitchell Ash und Jan Surman.
Basingstoke 2012.

8 Es gibt eine wachsende Zahl von Untersuchungen zu dem vierundzwanzig-
bändigen Werk *Die österreichisch-ungarische Monarchie in Wort und
Bild*, das von 1886 bis 1902 in einer deutsch- und einer ungarischsprachi-
gen Ausgabe erschien und als «Kronprinzenwerk» bekannt wurde, da
Kronprinz Rudolf die Schirmherrschaft übernommen hatte. Siehe Zoltán
Szász; «Das ‹Kronprinzenwerk› und die hinter ihm stehende Konzeption».
In: *Nation und Nationalismus in wissenschaftlichen Standardwerken
Österreich-Ungarns*, ca, 1867–1918. Hg. von Endre Kiss, Csaba Kiss, Justin
Stagl u. a. Wien 1997, S. 65–70; Justin Stagl: «Das ‹Kronprinzenwerk› – eine
Darstellung des Vielvölkerreiches». In: *Das entfernte Dorf. Moderne
Kunst und ethnischer Artefakt.* Hg. von Ákos Moravánsky. Wien 2002,
S. 169–182; Regina Bendix: «Ethnology, Cultural Reification, and the Dy-
namics of Difference in the Kronprinzenwerk.» In: *Creating the Other.
Ethnic Conflict and Nationalism in Habsburg Central Europe.* Hg. von
Nancy M. Wingfield. New York 2003, S. 149–166; Hans Petschar: *Altöster-
reich. Menschen, Länder und Völker in der Habsburgermonarchie.* Wien
2011.

9 Eine provozierende Theorie dazu bei Tara Zahra; «Imagined Noncommuni-
ties: National Indifference as a Category of Analysis». In: *SR* 69, Nr. 1 (2010),
S. 93–119. Siehe auch Pieter Judson: *Guardians of the Nation: Activists on
the Language Frontiers of Imperial Austria.* Cambridge, MA, 2006.

10 Siehe hierzu Wolfgang Goederle: «Administration, Science, and the Nation:
The 1869 Population Census in Austria-Hungary». In: *AHY* 47 (2016).

11 Eine Ausnahme stellt Gary B. Cohen mit zwei einflussreichen Arbeiten dar:
«Nationalist Politics and the Dynamics of State and Civil Society in the
Habsburg Monarchy, 1867–1914». In: *CEH* 40, Nr. 2 (2007), S. 241–278; und
«Neither Absolutism nor Anarchy: New Narratives on Society and Govern-
ment in Late Imperial Austria.» In: *AHY* 29 (1998), S. 37–61. Siehe auch die
jüngere Untersuchung von John Deak: *Forging a Multinational State: State-
making in Imperial Austria from the Enlightenment to the First World
War.* Stanford, CA, 2015.

12 Beispiele dafür bei Daniel Chirot (Hg.): *The Origins of Backwardness in*

Eastern Europe. Berkeley und Los Angeles 1989. An anderer Stelle kritisiert Chirot solche Behauptungen hinsichtlich einer Andersgeartetheit Osteuropas: «Who is Western, who is not, and who cares?» In: *East European Politics and Societies* 13/2 (1999), S. 244–248. Ich danke Peter Bugge für diesen Hinweis.

13 Tony Judt: *A Grand Illusion? An Essay on Europe.* New York 2011, S. 50.

14 Mehrere beunruhigende Belege für Manifestationen dieser Ansicht in Lehrbüchern zur europäischen Geschichte bei Peter Bugge: «Eastern Europe: Myths of Uneven Development.» Unpublizierter Vortrag, gehalten bei der Jahresversammlung der American Historical Association, Januar 2008, Washington, DC. Siehe auch Ders.: «The Use of the Middle: *Mitteleuropa* vs. Střední Evropa». In: *European Review of History – Revue européenne d'histoire* 6/1 (1999), S, 15–34; «‹Shatter Zones›: The Creation and Recreation of Europe's East». In: *Ideas of Europe Since 1914. The Legacy of the First World War.* Hg. von Menno Spiering und Michael Wintle. Basingstoke und New York 2002, S. 47–68.

15 Larry Wolff: *Inventing Eastern Europe: The Map of Civilization on the Mind of the Enlightenment.* Stanford, CA, 1994; Maria Todorova: *Imagining the Balkans.* New York 1997; Peter Bugge; «Eastern Europe: Myths of Uneven Development (siehe Anm. 14); Mark Mazower: *The Balkans: A Short History.* New York 2002.

16 In den meisten dieser Werke wird wenig über das Habsburgerreich gesagt oder es werden nur die üblichen Klischees über seinen anachronistischen überholten Charakter und sein «Schwächeln» wiederholt. Eine Analyse von Werken dieses Genres bei John Deak: «The Great War and the Forgotten Realm: The Habsburg Monarchy and the First World War». In: *Journal of Modern History* 86 (Juni 2014), S. 336–380. Eine bemerkenswerte Ausnahme stellt in dieser Hinsicht dar: Christopher Clark; *The Sleepwalkers.* New York 2012 (dt. *Die Schlafwandler.* München 2014), in dem die Entwicklungen im Habsburgerreich und auf dem Balkan einer ernsthaften Untersuchung unterzogen werden.

17 Als einer der Letzten hat dies John Deak getan, indem er in «The Great War and the Forgotten Realm» die nationalistische Propaganda untersucht hat, die während des Krieges von vielen der Männer verfasst wurde, welche später zu den führenden Historikern der Region wurden.

18 István Deák: «Comments». In: AHY 3, Nr. 1 (1967), S. 303.

19 Gary B. Cohen: *The Politics of Ethnic Survival: Germans in Prague, 1861–1914.* Princeton, NJ, 1980; John W. Boyer: *Political Radicalism in Late Imperial Vienna: The Origins of the Christian Social Movement.* Chicago 1980.

20 Gerald Stourzh: *Die Gleichberechtigung der Nationalität in der Verfassung und Verwaltung Österreichs, 1848–1918.* Wien 1985; Emil Brix: *Die Umgangssprachen in Altösterreich zwischen Agitation und Assimilation: die Sprachenstatistik in den zisleithanischen Volkszählungen, 1880 bis 1910.*

Wien 1982; Hannelore Burger; *Sprachenrecht und Sprachengerechtigkeit im österreichischen Unterrichtswesen 1867–1918.* Wien 1995; Maria Kurz: «Der Volksschulstreit in der Südsteiermark und in Kärnten in der Zeit der Dezemberverfassung». Dissertation, Universität Wien, 1986.

21 Um einige Beispiele zu nennen, zur Wirtschaft: David Good: *The Economic Rise of the Habsburg Empire.* Berkeley und Los Angeles 1984; Richard Rudolph: *Banking and Industrialization in Austria-Hungary: The Role of the Banks in Industrialization in the Czech Crownlands.* New York 1976; zur Anthropologie: Katherine Verdery: *Transylvanian Villagers: Three Centuries of Political, Economic, and Ethnic Change.* Berkeley und Los Angeles 1983; zur Sozial- und Kulturgeschichte: Sammlung von Aufsätzen Peter Hanáks, postum veröffentlicht in englischer Übersetzung als *The Garden and the Workshop. Essays on the Cultural History of Vienna and Budapest.* Princeton, NJ, 1998; István Deák: *Beyond Nationalism. A Social and Political History of the Habsburg Officer Corps 1848–1918.* New York 1990; Waltraud Heindl: *Gehorsame Rebellen. Bürokratie und Beamte in Österreich, 1780–1848.* Wien 1991.

22 Siehe zum Beispiel: Rogers Brubaker, Margit Feischmidt, Jon Fox, Liana Grancea: *Nationalist Politics and Everyday Ethnicity in a Transylvanian Town.* Princeton, NJ, 2006; Rogers Brubaker: *Ethnicity Without Groups.* Cambridge, MA, 2004; Benno Gammerl: *Untertanen, Staatsbürger und andere. Der Umgang mit ethnischer Heterogenität im britischen Weltreich und im Habsburgerreich 1867–1918.* Göttingen 2010; Jeremy King: *Budweisers into Czechs and Germans: A Local History of Bohemian Politics, 1848–1948.* Princeton, NJ, 2002. Ders.: «The Nationalization of East Central Europe: Ethnicism, Ethnicity, and Beyond». In: *The Politics of Commemoration in Habsburg Central Europe, 1848 to the Present.* Hg. von Nancy Wingfield und Maria Bucur, West Lafayette, IN, 2001, S. 112–152.

23 Zum Problem nationaler Metaerzählungen in Mitteleuropa im 20. Jahrhundert siehe Pavel Kolář: «Die nationalgeschichtlichen master narratives in der tschechischen Geschichtsschreibung der zweiten Hälfte des 20. Jahrhunderts: Entstehungskontexte, Kontinuität und Wandel. In: *Geschichtsschreibung zu den böhmischen Ländern im 20. Jahrhundert. Wissenschaftstraditionen, Institutionen, Diskurse.* Hg. von Christiane Brenner und K. Erik Franzen. München 2006, S. 209–241; Pavel Kolář und Michal Kopeček; «A Difficult Quest for New Paradigms: Czech Historiography after 1989». In: *Narratives Unbound: Historical Studies in Post-Communist Eastern Europe.* Hg. von Sorin Antohi, Balázs Trencsényi und Péter Apor. Budapest 2007, S. 173–248; Gernot Heiss, Árpád von Klimó, Pavel Kolář, Dušan Kovač: «Habsburg's Difficult Legacy. Comparing and Relating Austrian, Czech, Magyar, and Slovak National Historical Master Narratives.» In: *The Contested Nation: Ethnicity, Class, Religion and Gender in National Histories.* Hg. von Stefan Berger und Chris Lorenz. Basingstoke 2008, S. 367–403.

1 Das zufällige Reich

1 Joseph von Sonnenfels: *Ueber die Liebe des Vaterlandes.* Wien 1717, S. 6.

2 Michael Hochedlinger und Anton Tantler (Hg.): «... *der größte Teil der Untertanen lebt elend und mühselig».* Die Berichte des Hofkriegsrates zur sozialen und wirtschaftlichen Lage der Habsburgermonarchie 1770–1771. Mitteilungen des Österreichischen Staatsarchivs, Sonderband 8. Wien 2005. Die Kronländer, auf die diese Charakterisierung sich bezog, waren Schlesien, Steiermark, Kärnten, Krain, Görz-Gradisca, Böhmen, Mähren sowie Nieder- und Oberösterreich. Siehe die Karte bei Hochedlinger und Tantner, S. lxxvii. Später wurden in Galizien (1776), dem Innviertel (1779), Tirol und Ungarn (1784), Vorderösterreich (1786) und der Bukowina (1787) neue Systeme der Konskription eingeführt.

3 Hochedlinger und Tantner: *Berichte des Hofkriegsrates,* S. xxxi.

4 Ebd., S. lxv, lxvi, xlix.

5 Ebd., S. 37.

6 Im Gegensatz zu dem Offizierskorps der preußischen Armee des achtzehnten Jahrhunderts rekrutierte sich das des habsburgischen Militärs nicht nahezu ausschließlich aus Adligen, und Adlige waren auch nicht für die Konskription der Infanterie zuständig.

7 Hochedlinger und Tantner: *Berichte des Hofkriegsrates,* S. liv–lv.

8 Zum Sprachenproblem siehe Tomasz Kamusella: *The Politics of Language and Nationalism in Modern Central Europe.* New York 2012.

9 Zur Geschichte des Hauses Habsburg siehe Paula Sutter Fichtner: *The Habsburgs: Dynasty, Culture, and Politics.* London 2014.

10 Zum Heiligen Römischen Reich und der Beziehung der Habsburger zu ihm siehe Charles Ingrao: *The Habsburg Monarchy 1618–1815.* 2. Aufl., Cambridge 2000, S. 16–18.

11 Ein Angehöriger einer anderen Linie der Familie der Habsburger regierte als Albrecht II. für die kurze Zeitspanne von 1438 bis 1439. Siehe Fichtner: *The Habsburgs,* S. 43f.

12 Ein entsprechendes Abkommen war schon viel früher von Maximilian und Ferdinand von Aragon diskutiert worden, allerdings hatte man noch nicht genau festgelegt, wie das Territorium im Besitz der Habsburger aufgeteilt werden sollte. Von 1521 an regierte Ferdinand allerdings schon über die österreichischen Erblande. Die Landtage Böhmens und Ungarns hatten seine Heirat vom Besitz eigener Fürstentümer abhängig gemacht. Paula S. Fichtner: *The Habsburg Monarchy, 1490–1848.* New York 2003, S. 11.

13 Der letzte spanische König aus dem Hause Habsburg, der geistig behinderte und körperlich gebrechliche Karl II., hatte den Thron seinem Großneffen Philipp vererbt, der in Frankreich in der Thronfolge an dritter Stelle stand. In dem daraufhin ausbrechenden Spanischen Erbfolgekrieg standen die österreichischen Habsburger zusammen mit Großbritannien, den Nieder-

landen, Portugal und dem Haus Savoyen Frankreich und Bayern gegenüber. Als dieser Krieg 1714 zu Ende ging, wurde der neue spanische König Philipp V. von der französischen Thronfolge ausgeschlossen, womit eine befürchtete Vereinigung der spanischen und der französischen Krone unmöglich gemacht wurde. Siehe Ingrao: *Habsburg Monarchy*, S. 105–119.

14 Fichtner: *Habsburg Monarchy*, S. 61; Ingrao: *Habsburg Monarchy*, S. 128 f.

15 Fichtner: *Habsburg Monarchy*, S. 63; Ingrao: *Habsburg Monarchy*, S. 150.

16 Zum Konzept der «Kompositmonarchie» siehe J. H. Elliot: «A Europe of Composite Monarchies». In: *Past and Present* 137 (1992), S. 48–71. Ein solcher Staat bestand aus einer Vereinigung einzelner Territorien unter der Herrschaft eines Souveräns, wobei jedes Territorium seine eigenen Gesetze und Bräuche beibehielt.

17 Die Habsburger verwalteten Böhmen, Mähren und Schlesien mithilfe einer eigenen Böhmischen Kanzlei, deren Sitz in Wien war. Diese war der Österreichischen Kanzlei vergleichbar, welche für ihre Erblande zuständig war. Auch wenn das Königreich Böhmen für die Habsburger und das Heilige Römische Reich Bedeutung behielt, konnte es nicht solche Forderungen nach vollständiger Unabhängigkeit stellen wie das Königreich Ungarn.

18 Die Ansprüche Karl Albrechts auf den Titel beruhten zum Teil auf seiner Verbindung mit Maria Amalia, der Tochter Josephs I. und Cousine von Maria Theresia, die ursprünglich von dem Gesetz, mit dem Leopold I. die weibliche Thronfolge ermöglichte, hätte profitieren sollen. Karl Albrecht selbst war ein Nachfahre des Habsburgerherrschers Ferdinand II., der von 1619 bis 1637 regierte.

19 Maria Theresia trug in Ungarn offiziell den Titel «König», nicht «Königin».

20 Tatsächlich traf Joseph mehr als eine Woche später zusammen mit Maria Theresias Gatten Franz Stephan in Pressburg ein, wo er dann vor dem Ungarischen Landtag einen Treueschwur ablegte. In vielen Darstellungen werden die beiden Ereignisse zu einem verschmolzen. In einigen wird sogar behauptet, dass die Herrscherin Trauerkleidung trug. C. A. Macartney (Hg.): *The Habsburg and Hohenzollern Dynasties in the Seventeenth and Eighteenth Centuries: Selected Documents*. London 1970, S. 132–136; Paul Lendvai: *The Hungarians: A Thousand Years of Victory in Defeat*. Princeton, NJ, 2003, S. 168.

21 Lendvai: *The Hungarians*, S. 168. Die Ansprache wurde auf Latein gehalten; hier ist eine ältere Übersetzung ins Deutsche zitiert. Siehe Edward Crankshaw: *Maria Theresia. Die mütterliche Majestät*. München 1978, S. 97.

22 C. A. Macartney: *Hungary: A Short History*. Edinburgh 1962, S. 97.

23 Kaunitz war ein weiterer Staatsmann aus Böhmen, der in Wien großen Einfluss besaß. Seine Familie hatte sich im mährischen Austerlitz (Slavkov) niedergelassen. Er diente als Botschafter in Paris, bevor er Maria Theresias Außenminister und (ab 1753) Staatskanzler wurde, beide Ämter hatte er von 1753 bis 1792 inne. Siehe die Untersuchung von Franz Szabo: *Kaunitz and Enlightened Absolutism, 1753–1780*. New York 1994.

24 Zu Preußen, dem Siebenjährigen Krieg und der Diplomatie der Zeit siehe die

Untersuchung von Franz Szabo: *The Seven Years War in Europe, 1756–1763*. London und New York 2013.

25 Larry Wolff: *The Idea of Galicia: History and Fantasy in Habsburg Political Culture*. Stanford, CA, 2010, S. 15. Polen hatte die Region erst im 14. Jahrhundert an sich gebracht, wodurch, wie Wolff meint, Maria Theresia ihr Gewissen ein wenig damit beruhigen konnte, dass sie als «König von Ungarn» ältere Ansprüche auf das Gebiet hatte.

26 Evans: *Austria, Hungary, and the Habsburgs*, S. 95.

27 Frank Henschel: «‹Das Fluidum der Stadt …› Lebenswelten in Kassa/Kaschau/Košice zwischen urbaner Vielfalt und Nationalismus 1867–1918. Dissertation, Universität Leipzig, 2013, S. 139.

28 Zu frühen wissenschaftlichen, patriotischen und kulturellen Vereinigungen, die sowohl Adlige als auch Angehörige der Mittelklasse zu ihren Mitgliedern zählten, siehe Rita Krueger: *Czech, German, and Noble: Status and National Identity in Habsburg Bohemia*. New York 2009.

29 Evans: *Austria, Hungary, and the Habsburgs*, S. 61.

30 Ebd., S. 69.

31 Ebd., S. 94.

32 «Wo immer man in der österreichischen Verwaltung jener Zeit (1740–1790) hinschaut, stößt man auf Böhmen». (Evans: *Austria, Hungary, and the Habsburgs*, S. 95; siehe auch allgemein S. 75–98).

33 Ernst Bruckmüller: *Sozialgeschichte Österreichs*. Wien 2001, S. 253. Evans: *Austria, Hungary, and the Habsburgs*, S. 68.

34 Lois Dubin: *The Port Jews of Habsburg Trieste: Absolutist Politics and Enlightenment Culture*. Stanford, CA, 1999, S, 15. Triest war um 1700 eine Kleinstadt von drei- bis fünftausend Einwohnern; Mitte des achtzehnten Jahrhunderts hatte sich die Einwohnerzahl bereits verdoppelt, und um 1775 betrug die Zahl der – wirtschaftlich prosperierenden – Bürger bereits mehr als fünfzehntausend.

35 Eine Untersuchung dieser Diskussionen bei Börries Kuzmany: *Brody. Eine galizische Grenzstadt im langen 19. Jahrhundert*. Wien 2011, S. 49–55; insbes. S. 52.

36 Hochedlinger und Tantner: *Berichte des Hofkriegsrates*, S. 29.

37 Derek Beales: *Joseph II*, Bd. 2 «Against the World». Cambridge 2009, S. 247.

38 Es war vor allem auf die Verzögerungstaktiken der Eliten der Kronländer zurückzuführen, dass das neue Gesetzeswerk, das schon unter Maria Theresia in Angriff genommen wurde, erst 1786, zur Regierungszeit von Joseph II., abgeschlossen werden konnte.

39 Siehe Hannelore Burger: «Passwesen und Staatsbürgerschaft». In: *Grenze und Staat, Passwesen, Staatsbürgerschaft, Heimatrecht und Fremdengesetzgebung in der österreichischen Monarchie, 1780–1867*. Hg. von Waltraud Heindl und Edith Saurer unter der Mitarbeit von Hannelore Burger und Harald Wendelin. Wien 2000, S. 3–172; hier S. 97.

40 Hochedlinger und Tantner: *Berichte des Hofkriegsrates*. S. LXVII.

41 Ebd., S. 29 f.

42 Ebd., S. 37.

43 Ebd., S. 61.

44 Ebd., S. 31 f. und S. 48.

45 Michael O'Sullivan: «A Hungarian Josephenist, Orientalist, and Bibliophile: Count Karl Revicky, 1737–1793». In: AHY 45 (2014), S. 68. Zur Akademie, den Lehrplänen und den Studenten siehe Paula S. Fichtner: *Terror and Toleration: The Habsburg Empire Confronts Islam, 1526–1850*. London 2009, S. 117–163.

46 Evans: *Austria, Hungary, and the Habsburgs*, S. 51.

47 Lois Dubin: *Port Jews*, S. 13–15.

48 Ebd., S. 14 und 43. Triest war einer der wenigen Orte in den Erblanden, in denen Juden sich niederlassen durften. 1771 verlieh Maria Theresia (gegen die Entrichtung einer hohen Summe) den Triestiner Juden einen Sonderstatus.

49 Die Habsburger verlegten die Hauptstadt Ungarns 1536 von Buda weiter nach Westen, nach Pressburg. Erst im späten achtzehnten Jahrhundert wurde die Regierung wieder von Buda aus ausgeübt. Das den Habsburgern unterstehende Ungarn wird generell als «Königreich Ungarn» oder «Westungarn» bezeichnet.

50 Die Einrichtung der sogenannten «Militärgrenze» in den Gebieten, die sich von Kroatien im Westen bis nach Siebenbürgen im Osten erstreckten, liefert eine Erklärung für die Präsenz einer großen Zahl von orthodoxen Katholiken im ansonsten römisch-katholischen Kroatien. Die Bevölkerung in der westliche Militärgrenze bestand oft aus den Angehörigen von Dorfgemeinschaften, die *en masse* auf habsburgisches Gebiet geflohen waren, um der Herrschaft durch die Türken zu entgehen.

51 Zu den Regierungen der Komitate im siebzehnten und achtzehnten Jahrhundert siehe George Barany: «Ungarns Verwaltung; 1848–1918». In: *Die Habsburger Monarchie 1848–1918*, Bd. II: «Verwaltung und Rechtswesen». Hg. von Adam Wandruszka und Peter Urbanitsch. Wien 1975, S. 306–468; insbes. S. 314–322.

52 Montesquieu war 1728 nach Ungarn gereist und hatte dort den Landtag besucht. Später meinte er, dass sich die von diesem betriebene Politik auf einem Stand befinde, der der Frankreichs im frühen Mittelalter vergleichbar sei. Gabor Vermes: *Hungarian Culture and Politics in the Habsburg Monarchy 1711–1848*. Budapest und New York 2014, S. 89 f. Eine Analyse der konstitutionellen Entwicklung in Ungarn bei László Peter: «Die Verfassungsentwicklung in Ungarn». In: *Die Habsburgermonarchie 1848–1918*. Bd. VII, «Verfassung und Parlamentarismus». Wien 2000, S. 239–540; zu Montesquieu S. 255.

53 Zitiert bei Evans: *Austria, Hungary, and the Habsburgs*, S. 21.

54 Evans: *Austria, Hungary, and the Habsburgs*, S. 174.

55 Ebd., S. 30.

56 George Barany: «Ungarns Verwaltung», S. 316 f.

57 Evans: *Austria, Hungary, and the Habsburgs*, S. 61.

58 Ebd.

59 Beales: *Joseph II*, Bd. 2, S. 66.

60 Ebd., S. 63.

2 Diener und Bürger, Kaiserreich und Vaterland, 1780–1815

1 Zitiert bei Derek Beales: *Joseph II*, Bd. 2, «Against the World». Cambridge 2009, S. 486.

2 Zitiert ebd., S. 204. Originaltext unter: http://www.jku.at/kanonistik/content/e95782/e95785/e95786/e95794/e104403/e104407/e98357/ToleranzpatentfuerJudeninWienundinNOE.pdf (abgerufen am 30. August 2016).

3 Zitiert bei Antal Szántay, Regionalpolitik im Alten Europa, Budapest 2005, S. 79, Anm. 251.

4 In seinem «Hirtenbrief» aus dem Jahr 1784 schrieb Joseph zum Beispiel, dass der Monarch jedem einzelnen seiner Untertanen verantwortlich sei, was die Verwendung und Verwaltung öffentlicher Gelder betreffe. Siehe Beales: *Joseph II*, Bd. 2, S. 347; sowie William Godsey: «Habsburg Government and Intermediary Authority under Joseph II (1780–1790). The Estates of Lower Austria in Comparative Perspective.» In: CEH 46 (2014), S. 728.

5 Zu Joseph II., zur Aufklärung und zur Verwendung von Landessprachen in Schule und Verwaltung siehe R. J.W. Evans: «Joseph II and Nationality in the Habsburg Lands». In: Ders.: *Austria, Hungary, and the Habsburgs: Essays on Central Europe c. 1683–1867*. Oxford 2006, S. 134–146.

6 Zur Entwicklung bildlicher Darstellungen Maria Theresias während ihres Lebens und nach ihrem Tod siehe Werner Telesko: *Maria Theresia: Ein europäischer Mythos*. Wien 2012.

7 T. C. W. Blanning: *Joseph II*. New York 1994, S. 126: Laurence Cole: *Military Culture and Popular Patriotism in Late Imperial Austria*. Oxford 2014, S. 32 f. und S. 62.

8 Joseph II. hatte eine Tochter von seiner ersten Gemahlin, die im Alter von sieben Jahren starb.

9 Beales: *Joseph II*, Bd. 2, S. 56.

10 Joseph II. hatte auch verfügt, dass öffentliche Angestellte mit einem Universitätsabschluss in Jurisprudenz in Kleinstädten und Dörfern und sogar auf den Besitzungen von Adligen überall in der Monarchie Recht sprechen durften. Die Universitäten (von Wien, Prag, Löwen, Freiburg im Breisgau, Lemberg, Pest, später auch Krakau) hatten das Recht, Doktortitel zu verleihen. Die Lyzeen (in Graz, Innsbruck, Brünn) hatten früher den Status von Universitäten besessen, konnten aber keine Doktortitel mehr verleihen. Waltraud Heindl: *Gehorsame Rebellen. Bürokratie und Beamte in Österreich, 1780–1848*. Wien 1991, S. 69 und 97. W.o. (2. Aufl. 2013)

11 Johann Pezzl schätzte 1787 die jährlichen Lebenshaltungskosten für einen alleinstehenden Mann, der einen bescheidenen Lebensstil pflegte und in Wien wohnte, auf 467 Gulden. Viele Studenten finanzierten ihre Ausbildung, indem sie Kindern von Adligen Privatunterricht erteilten. Waltraud Heindl: *Gehorsame Rebellen*, S. 180.

12 Ebd., S. 23 f.

13 Zum Anteil der Adligen an der Beamtenschaft in den in diesem Kapitel behandelten Jahren (1780–1815) siehe Heindl: *Gehorsame Rebellen*, 147.

14 Ebd., S. 226; zur Trennung von Arbeitsplatz und Wohnung.

15 Pezzl, zitiert bei Joachim Schondorff: *Aufklärung auf Wienerisch*. Wien, Hamburg 1980, S. 17.

16 Heindl: *Gehorsame Rebellen*, S. 185 ff.

17 Ebd., S. 22. Originaltext in Friedrich Walter (Hg.): Die österreichische Zentralverwaltung, II. Abt.: Von der Vereinigung der Österreichischen Hofkanzlei bis zur Einrichtung der Ministerialverfassung (1749–1848), Bd. 4: Die Zeit Josephs II. und Leopolds II. (1780–1792), Aktenstücke, Nr. 94, Wien 1950, S. 132 (Veröffentlichungen der Kommission für neuere Geschichte Österreichs 36).

18 Beales: *Joseph II*, Bd. 2, S. 46 f. Heindl: *Gehorsame Rebellen*, S. 26–28.

19 Hofdekret vom 13. und 23. März 1786, zitiert bei Heindl: *Gehorsame Rebellen*, S. 30.

20 Sonnenfels: *Liebe zum Vaterland*, S. 11 f.

21 Zitiert bei Miroslav Hroch: *Na prahu národní existence*. Prag 1999, S. 49.

22 Van Swieten erlangte auch eine gewisse Bekanntheit als Komponist, und er war ein Förderer von Haydn, Mozart und Beethoven. Sein Vater Gerard van Swieten, der Arzt Maria Theresias, war von der Herrscherin 1755 nach Mähren entsandt worden, um Gerüchten über Vampire, die dort ihr Unwesen treiben sollten, nachzugehen, und verfasste die *Abhandlung des Daseyns der Gespenster nebts einem Anhange vom Vampyrismus*. Augsburg 1768. Zu den Geschichtsvorlesungen siehe Heindl: *Gehorsame Rebellen*, S. 109–111. Heindl merkt an, dass diese Vorlesungsreihe bald durch Joseph II. beendet wurde, der der Meinung war, die Studenten hätten sich an den Schulen schon genügend Kenntnisse in österreichischer Geschichte angeeignet; Karl Anton von Martini wurde damit betraut, neue Lehrpläne auszuarbeiten, Ebd., S. 110 f.

23 Zensurordnung für Österreich u. d. E. 1781 (ZensO 1781), §1. Publiziert in: Vollständige Sammlung aller seit dem glorreichen Regierungsantritt Joseph des Zweyten für die k. k. Erbländer ergangenen höchsten Verordnungen und Gesetze, Nr. 198 (Erster Theil, Wien 1788), zitiert nach http://www.univie.ac.at/medienrechtsgeschichte/Zensurordnung1781.pdf (abgerufen am 13. 10. 2016).

24 Joseph Maria Weissegger von Weisseneck und M. Riggler, *Beiträge zur Schilderung Wiens*. Erstes Bändchen, Wien 1781, S. 3.

25 Zitiert nach Beales: *Joseph II*, Bd. 2, S. 95.

26 Vgl. ebd., S. 311. Die entsprechende Bestimmung besagte, dass überall dort eine Schule eingerichtet werden musste, wo neunzig bis einhundert Kinder im Schulalter in einer Entfernung von weniger als einer halben Wegesstunde wohnten.

27 Beales zufolge konnte Joseph II. diesen Zwang, alles persönlich zu regeln und zu kontrollieren, nicht überwinden. Er bestand darauf, dass die Schüler sich gegenseitig nicht duzten und dass man nur in Ausnahmefällen zu körperlicher Züchtigung griff. Lehrer sollten Pensionen erhalten, und in der Hierarchie der Städte sollten sie nur eine Stufe unter den Magistratsbeamten stehen. *Joseph II*, Bd. 2, S. 311 f.

28 *Politische Verfassung der deutschen Schulen in den kaiserl. Königl. Deutschen Erbstaaten*. Wien 1812, S. 150–154.

29 Publiziert in: Sammlung der [...] Gesetze und Verordnungen in Publico-Ecclesiasticis vom Jahre 1767 bis Ende 1782, 2 Bde, Wien 1782–1784, hier Bd. 1, S. 131 (Hervorhebungen im Original).

30 Zum Vergleich mit Großbritannien siehe Beales: *Joseph II*, Bd. 2, S. 170. Die mit den Toleranzpatenten gewährten Rechte wurden anschließend in den Provinzialgesetzen verankert, was es späteren Herrschern erschwert hätte, etwas von ihnen zurückzunehmen.

31 Zur Zahl jüdischer Untertanen siehe Beales: *Joseph II*, Bd. 2, S. 197–201. Die Angaben sind übernommen aus Horst Glassl: *Das österreichische Einrichtungswerk in Galizien (1772–1790)*. Wiesbaden 1975, S. 189–192; P. G.M Dickson: *Finance and Government under Maria Theresia*. 2 Bde. Oxford 1987; hier Bd. 1, S. 444. Laut Gabor Vermes waren 1772 75 000 Juden in Ungarn und 1000 in Siebenbürgen beheimatet. G. V.: *Hungarian Culture and Politics in the Habsburg Monarchy 1711–1848*, Budapest und New York 2014, S. 25.

32 In Böhmen, Schlesien und den Besitzungen in Italien im Jahr 1781; in Wien, Niederösterreich, Mähren 1782; in Ungarn 1782, in Galizien 1785 und 1789. Das galizische Judenpatent von 1789 hätte für die gesamte Monarchie gelten sollen, Josephs früher Tod verhinderte aber, dass es dazu kam. Michael Silber: «From Tolerated Aliens to Citizen Soldiers». In: Pieter Judson und Marsha Rozenblit (Hg.): *Constructing Nationalities in East Central Europe*. New York 2005, S. 19–36, hier S. 21 und S. 32 (Anm. 8). Siehe auch Beales: *Joseph II*, Bd. 2, S. 196–213.

33 Beales: *Joseph II*, Bd. 2, S. 204 f.

34 Weder der Habsburgerstaat noch die orthodoxer eingestellten Juden wurden in die Debatte einbezogen und nahmen auch keine Stellung zu dem Thema. Silber: *Tolerated Aliens*, S. 21.

35 Die Abfolge der Ereignisse war folgende: Der Herrscher ordnete die Einberufung an, der Hofkriegsrat protestierte. Joseph blieb unbeeindruckt von diesen Protesten und ordnete im Juni 1788 die Einberufung von Juden aus allen Kronländern an. Siehe die Analyse der Debatten bei Silber: *Tolerated Aliens*, S. 21–25.

36 Zitiert ebd., S. 26. Silber gibt an, dass die Regierung den Juden einige Konzessionen machte, indem sie den Eingezogenen zum Beispiel Uniformen aus Tuch zur Verfügung stellte, das keine der Fasern enthielt, die jüdischem Gesetz nach verboten waren. Sie weigerte sich aber, separate jüdische Einheiten aufzustellen.

37 Ebd., S. 30. Viel später, während der Kriege gegen Frankreich, wurden Juden auch zum preußischen Heer eingezogen.

38 Beales: *Joseph II*, Bd. 2, S. 207–212; siehe auch Michael L. Miller: *Rabbis and Revolution: The Jews of Moravia in the Age of Emancipation*. Stanford, CA, 2011; insbes. S. 40–52.

39 Paula S. Fichtner: *The Habsburg Monarchy, 1490–1848*. New York 2003, S. 82. Beales: *Joseph II*, Bd. 2, S. 316–326.

40 Das von Joseph II. ausgearbeitete Gesetz sah vor, dass unter bestimmten Umständen vom Staat einer Scheidung stattgegeben werden konnte und sogar eine kirchliche Wiederverheiratung möglich war. Beales: *Joseph II*, Bd. 2, S. 322 f.

41 In Galizien verhielt es sich so, dass Bauern, die anderswo hinziehen wollten, jemanden stellen mussten, der an ihrer Stelle ihr Land bearbeitete. Robin Okey: *The Habsburg Monarchy c. 1765–1918: From Enlightenment to Eclipse*. New York 2002, S. 42.

42 Beales: *Joseph II*, Bd. 2, S. 252. S. den Kommentar im Fließtext.

43 Zitiert bei Larry Wolff: *The Idea of Galicia: History and Fantasy in Habsburg Political Culture*. Stanford, CA, 2010, S. 16. Französisches Original in: Alfred von Arneth (Hg.): *Maria Theresia und Joseph II. Ihre Correspondenz*. Wien 1867, Bd. 2, S. 14.

44 Svjatoslav Pacholkiv: «Das Werden einer Grenze: Galizien 1772–1867». In: *Grenze und Staat. Passwesen, Staatsbürgerschaft, Heimatrecht und Fremdengesetzgebung in der österreichischen Monarchie, 1780–1867*. Hg. von Waltraud Heindl und Edith Saurer unter Mitarbeit von Hannelore Burger und Harald Wendelin. Wien 2000, S. 520–522; Wolff: *The Idea of Galicia*, S. 22–27.

45 Zur Bukowina in den 1780er- und 1790er-Jahren siehe Kurt Scharr: «Erfolg oder Misserfolg? Die Durchsetzung des modernen Territorialstaates am Beispiel des Ansiedlungswesens in der Bukowina von 1774–1826». In: Hans-Christian Maner (Hg.): *Grenzregionen der Habsburgermonarchie im 18. und 19. Jahrhundert. Ihre Bedeutung und Funktion aus der Perspektive Wiens*. Münster 2005. Zur Struktur der Gesellschaft und zum Fehlen einer Schicht von adligen Großgrundbesitzern S. 58.

46 Scharr «Erfolg oder Misserfolg», S. 52.

47 Obwohl sie sich auf die Herstellung von Schmuck verstand, hatte sie anscheinend vor, ein Hutgeschäft zu eröffnen. Siehe Hannelore Burger: «Die Staatbürgeschaft». In: Heindl und Saurer: *Grenze und Staat*, S. 88–172; hier S. 154 f.

48 Bis zu einem gewissen Grad geht diese liberale Einwanderungspolitik auf die

1740er-Jahre und Maria Theresias Versuche zurück, die für das Reich wertvolle Bevölkerung Schlesiens mit ihren diversen Fertigkeiten zu ersetzen.

49 Burger: «Staatsbürgerschaft», S. 98.

50 Siehe Gabriella Hauch: *Frau Biedermeier auf den Barrikaden. Frauenleben in der Wiener Revolution 1848.* Wien 1990, S. 22–24; 60–63.

51 Siehe Helmut Rumpler: *Eine Chance für Mitteleuropa. Bürgerliche Emanzipation und Staatsverfall in der Habsburgermonarchie.* Wien 2005, S. 108–111.

52 ABGB (1812), § 16, zitiert nach https://www.ris.bka.gv.at/NormDokument. wxe?Abfrage=Bundesnormen&Gesetzesnummer=10001622&Artikel=& Paragraf=16 (abgerufen am 13. 10. 2016). Zum Thema Sklaverei und Österreichisches Kaisertum siehe Alison Frank: «The Children of the Desert and the Laws of the Sea: Austria, Great Britain, the Ottoman Empire, and the Mediterranean Slave Trade in the Nineteenth Century». In: *American Historical Review* 117, Nr. 3 (Juni 2012).

53 In der Frühzeit diente der Ausdruck eher zur Unterscheidung zwischen dem Bürger eines Landes und einem Ausländer, und es verband sich mit ihm weniger die Vorstellung von der Gleichberechtigung der Bürger des Habsburgerreichs. Zum Bedeutungswandel des Ausdrucks siehe Hannelore Burger: «Passwesen und Staatsbürgerschaft». In: Heindl und Saurer: *Grenze und Staat,* S. 95–105.

54 William Godsey legt überzeugend dar, dass unter Joseph II. der Trend zu einer Verringerung der Bedeutung der Landtage ging, dass deren Bedeutung vor allem in bestimmten fiskalischen Angelegenheiten aber beträchtlich blieb. W. G.: «Habsburg Government and Intermediary Authority», S. 699–740.

55 Harald Wendelin: «Schub und Heimatrecht». In: Heindl und Saurer: *Grenze und Staat,* S. 173–343.

56 Siehe die Tabellen bei Wendelin: «Schub und Heimatrecht», S. 295–323. Frauen machten nur ein Viertel bis zu einem Drittel derer aus, die von Wien in ihre Heimatregionen abgeschoben wurden, vielleicht weil die Migrantinnen, die heirateten, damit das Heimatrecht der Region erlangten, in der ihre Ehemänner zu Hause waren.

57 Joseph war natürlich mit einer entsprechenden Zeremonie 1765 zum Kaiser des Heiligen Römischen Reichs gekrönt worden.

58 R. J.W. Evans: *Austria, Hungary, and the Habsburgs: Essays on Central Europe c.1863–1867.* Oxford 2006, S. 136 f.

59 Nach dem neuen Konskriptionsgesetz wurde zu dieser Zeit auch in Tirol verfahren, wo es auf starken Widerstand stieß. Okey: *Habsburg Monarchy,* S. 46. Bei früheren Erhebungen war der Adel nie erfasst worden, etwas, das Joseph bei dieser Gelegenheit aber einführte. Beales: *Joseph II,* Bd. 2, S. 478. Es zeigte sich, dass Ungarn eine Bevölkerung von mehr als 8 Millionen aufwies, während man sie zuvor auf 5 Millionen geschätzt hatte. Während man vorher davon ausgegangen war, dass es 30 000 Adlige gab, stellte sich heraus,

dass es tatsächlich 200 000 waren. Ungarn stellte damit die Hälfte der Bevölkerung der Monarchie, und es gab dort fast neunmal so viele Adlige, wie man angenommen hatte.

60 Viele Verwaltungsbeamte bezweifelten auch, dass sich eine solche Vermessung überhaupt durchführen ließ. Als Joseph erfuhr, dass man zweihundert Landvermesser benötigen werde, um das Territorium der gesamten Monarchie zu erfassen, entschied er sich, Bauern für die Aufgabe einzustellen, denen er Instruktionen und die nötigen Gerätschaften zukommen ließ. Ende 1786 hatten diese bäuerlichen Landvermesser bereits 75 Prozent des österreichischen Territoriums (einschließlich Böhmens und Galiziens) erfasst. Eine in den 1930er-Jahren in Polen angestellte Vermessung ergab, dass die frühere in Bezug auf Galizien weitgehend zuverlässig gewesen war. Beales: *Joseph II*, Bd. 2, S. 492 und S. 566. Okey: *Habsburg Monarchy*, S. 51

61 Charles Ingrao: *The Habsburg Monarchy 1618–1815*. 2. Aufl., Cambridge 2000, S. 204 f.; Beales: *Joseph II*, Bd. 2, S. 592–597.

62 Okey schätzt, dass galizische Adlige aufgrund dieser Reform bis zu 60 Prozent ihres jährlichen Einkommens eingebüßt haben. Okey: *Habsburg Monarchy*, S. 51. Ingrao: *Habsburg Monarchy*, S. 205, berichtet, dass ein typischer Bauer bis zu 70 Prozent seiner Erträge für Abgaben aller Art aufwenden musste.

63 Ingrao schätzt, dass es sich bei 20 Prozent aller Bauern in Böhmen um sogenannte Rustikalisten oder Rustikal-Bauern handelte. Ingrao: *Habsburg Monarchy*, S. 205.

64 Nicht alle Adligen besaßen große Ländereien, und vor allem in Galizien und Ungarn waren viele von ihnen derart verarmt, dass sie sich kaum von der Bauernschaft abhoben. Hajo Holborn: *A History of Modern Germany 1648–1840*. Bd. 2. New York 1964, S. 289.

65 Ein weiteres damit verbundenes Problem für die Adligen bestand darin, dass der Staat von ihnen erwartete, trotz ihres verringerten Einkommens weiter ihren traditionellen Aufgaben auf lokaler Ebene nachzukommen, also die Standesbücher zu führen und Recht zu sprechen.

66 Die Streitkräfte der Habsburger trugen mehrere Siege davon und eroberten sogar Belgrad von den Türken. Das brachte Joseph im eigenen Reich eine gewisse Popularität ein. Beales: *Jospeh II*, Bd. 2, S. 580 f.

67 Ingrao: *Habsburg Monarchy*, S. 207 f.

68 Beales: *Joseph II*, Bd. 2, S. 554.

69 Ebd.

70 Original in Schlitter, *Geheime Correspondenz Josefs II. mit seinem Minister in den österreichischen Niederlanden*, Wien 1902, 313–319; hier zitiert nach Beales, Bd. 2, 611 f.

71 Zur besonderen Bedeutung dieser Krone und ihrer Rückgabe siehe: Vermes: *Hungarian Culture and Politics*, S. 84 und 97.

72 Zitiert in Horst Haselsteiner: Joseph II. und die Komitate Ungarns: Herr-

scherrecht und ständischer Konstitutionalismus, Wien 1983, S. 273. Französisches Original in: Arneth, *Joseph und Leopold*, Bd. 2. Wien 1872, S. 297, 311.

73 Zitiert bei Beales: *Joseph II*, Bd. 2, S. 628. Französisches Original bei Arneth, Joseph und Leopold, Bd. 2. Wien 1872, S. 312, 314.

74 Zitiert bei Anna M. Drabek: «Patriotismus und nationale Identität in Böhmen und Mähren». In: *Patriotismus und Nationsbildung am Ende des Heiligen Römischen Reiches*. Hg. von Otto Dann, Miroslav Hroch und Johannes Koll. Köln 2003, S. 156.

75 Wie die ungarische Stephanskrone war auch diese Krone lange in Wien aufbewahrt worden, und Leopold stand im Begriff, sie nach Prag zurückbringen zu lassen, um mit dieser Geste den Böhmischen Landtag zu beschwichtigen.

76 Drabek: «Patriotismus und nationale Identität», S. 154.

77 Hugh LeCaine Agnew: «Ambiguities of Ritual: Dynastic Loyalty, Territorial Patriotism and Nationalism in the Last Three Royal Coronations in Bohemia, 1791–1836». In: *Bohemia* 41 (2000), S. 1–12.

78 Dass Kaiser Franz mehr als zwanzig Jahre lang in irgendwelche Kriege verwickelt war, ist kein Zeichen für eine entsprechende Disposition des Herrschers. Es spiegelt auch kein großes Verlangen wider, Europa neu zu gestalten. Der Herrscher zeigte auch keine Neigung, mit militärischen Mitteln in Frankreich zu intervenieren, wie einige seiner Berater forderten. Anders als sein Onkel Joseph griff Franz nur widerstrebend zu militärischen Mitteln, und er war von seinem ganzen Naturell her ein vorsichtiger Mann.

79 Heindl: *Gehorsame Rebellen*, S. 45–47.

80 C. A. Macartney: *The Habsburg Empire, 1790–1918*. London 1969, S. 152.

81 1754 hatte Wien 175 609 Einwohner gezählt. 1782 war die Zahl auf 206 120 gestiegen, und 1807 lebten 242 523 Menschen in der Stadt. Maren Seliger und Karl Ucakar: *Wien: Politische Geschichte 1740–1934. Entwicklung und Bestimmungskräfte großstädtischer Politik*. 2 Bde. Wien und München 1985, Bd. 1, S. 165.

82 Wolfgang Häusler: «Von der Manufaktur zum Maschinensturm. Industrielle Dynamik und sozialer Wandel im Raum von Wien». In: *Wien im Vormärz*. Wien und München 1980, S. 32–56.

83 Heindl: *Gehorsame Rebellen*, S. 265, berichtet über die Verarmung der Beamten mittleren Ranges während des Krieges aufgrund der Inflation. Siehe dagegen den Bericht zum wirtschaftlichen Aufschwung, den eine Stadt wie Troppau dank Napoleons Kontinentalsperre erfuhr, bei Faustin Enns: *Das Oppaland oder der Troppauer Kreis, nach seinen geschichtlichen, naturgeschichtlichen, bürgerlichen und örtlichen Eigenthümlichkeiten*. 4 Bde., Wien 1835, Bd. 1, S. 152–154.

84 Evans: *Austria, Hungary, and the Habsburgs*, S. 248, Anm. 8.

85 Hugo Schmidt: «The Origin of the Austrian National Anthem and Austria's Literary Effort». In: *Austria in the Age of the French Revolution 1789–1815*. Hg. von Kinley Brauer und William Wright. Minneapolis, MN, 1990,

S. 163–183; Laurence Cole: *Military Culture and Popular Patriotism in Late Imperial Austria*. Oxford 2014, S. 36.

86 Macartney: *Empire*, S. 182 f. Zur patriotischen Presse während dieser Zeit: Silvester Lechner: *Gelehrte Kritik und Restauration. Metternichs Wissenschafts- und Pressepolitik und die Wiener ‹Jahrbücher der Literatur› (1818– 1849)*. Tübingen 1977, S. 56–60.

87 Macartney: *Empire*, S. 185.

88 Siehe Werner Telesko: *Kulturraum Österreich. Die Identität der Regionen in der bildenden Kunst des 19. Jahrhunderts*. Wien 2008, S. 43.

89 Telesko: *Kulturraum Österreich*, S. 43 f. Das Gemälde wurde so bekannt und beliebt, dass der Kaiser bei Krafft auch eines in Auftrag gab, das die «Heimkehr des Landwehrmannes» zeigte.

90 Brian E. Vick: *The Congress of Vienna: Power and Politics after Napoleon*. Cambridge, MA, 2014, Kap. 2; zu den Glasmalereien am Beispiel Anton Kothgassers vgl. Walter Spiegl: «Das Glas im Biedermeier». In: *Bürgersinn und Aufbegehren, Biedermeier und Vormärz in Wien 1815–1848*. Katalog der 189. Sonderausstellung des Historischen Museums der Stadt Wien. Wien 1987, S. 214–217. Zu patriotischen literarischen Texten siehe Karen Hagemann: «‹Be Proud and Firm, Citizens of Austria!› Patriotism and Masculinity in Texts of the ‹Political Romantics› Written during Austria's Anti-Napoleonic Wars». In: *German Studies Review* 29 (2006), S. 41–62.

91 Macartney, *Empire*, S. 188. Das Zitat aus der Rede Erzherzog Karls in: ÖMZ 1844, 1/3, S. 306.

92 Die Geschichte ist komplizierter, als es nach der hier gegebenen Zusammenfassung den Anschein hat, Verrat und Missverständnisse spielen in ihr ebenfalls eine Rolle. 1818 erhielt Hofers Familie von Franz I. das Adelspatent verliehen.

93 Der Historiker Laurence Cole hat mehrere Arbeiten über den Hofer-Mythos und seine spätere Verwendung verfasst. Siehe L. C.: «*Für Gott, Kaiser und Vaterland*». *Nationale Identität der deutschsprachigen Bevölkerung Tirols, 1860–1914*. Frankfurt a.M, und New York 2000, insbes. S. 225–322.

94 Krafft, der *Der Abschied des Landwehrmannes* und *Die Heimkehr des Landwehrmannes* gemalt hatte, erhielt 1830 von Franz den Auftrag, den «Einzug von Kaiser Franz in Wien nach dem Pariser Frieden» in einem Bild festzuhalten, das Teil eines Zyklus bildete und für die Audienzsäle in Schönbrunn bestimmt war. Telesko: *Kulturraum Österreich*, S. 50; siehe auch ders.: «Der Hofburg-Zyklus Johann Peter Kraffts». In: *Die Wiener Hofburg 1835–1918. Der Ausbau der Residenz vom Vormärz bis zum Ende des «Kaiserforums»*. Hg. von W. T., Wien 2012, S. 32–36.

95 Brian Vick: «The Vienna Congress as an Event in Austrian History: Civil Society and Politics in the Habsburg Empire at the End of the Wars against Napoleon.» In: AHY 46 (2015), S. 125.

96 *Denkbuch für Fürst und Vaterland*. Hg. von Joseph Rossi. 2 Bde. Wien 1814– 1815. Ich danke Brian Vick für den Hinweis auf dieses bemerkenswerte Werk.

97 Rossi: *Denkbuch*, Bd. 1, S, 82 f.

98 Beispiele für vergleichbare Feierlichkeiten in Kreisen der Bevölkerung in englischen Städten während der 1740er-Jahre bei Kathleen Wilson: *The Sense of the People: Politics, Culture, and Imperialism in England 1715–1785*. Cambridge 1998, insbes. S. 140–164.

99 Rossi hielt insbesondere die Begeisterung der Einwohner von Triest fest, die mit den diversen Zeremonien auch die Rückkehr der gesamten Region an der Adriaküste unter österreichische Herrschaft feierten. Er merkte an, dass der Festzug vor dem Palast des Statthalters anhielt, wo sich zusammen mit militärischen und zivilen Führern auch Vertreter jeder der vielen in Triest ansässigen Bevölkerungsgruppen versammelt hatten. Rossi: *Denkbuch*, Bd. 2, S. 349 f.

3 Ein Reich der Widersprüche, 1815–1848

1 Moritz von Stubenrauch: *Statistische Darstellung des Vereinswesens im Kaiserthume Österreich*. Wien 1857, S. 2. Zitiert bei Irmgard Helperstorfer: «Die Entwicklung des Vereinswesens im Vormärz». In: *Bürgersinn und Aufbegehren. Biedermeier und Vormärz in Wien 1815–1848*. Katalog der 189. Sonderausstellung des Historischen Museums der Stadt Wien. Wien 1987, S. 319–325; hier S. 320.

2 Das ABGB galt nur für die Erblande, obwohl es ursprünglich auch im restlichen Reichsgebiet verpflichtend sein sollte.

3 Paula Sutter Fichtner: *The Habsburg Monarchy, 1490–1848*. London 2003, S. 114.

4 Mehrere Elemente dieses sich ausbildenden Polizeistaats können auf Joseph II. zurückverfolgt werden, der, wie in Kapitel 2 dargestellt, 1789 eine Polizeihofstelle ins Leben gerufen hatte, die unter der Leitung von Graf Johann Anton von Pergen stand.

5 David Laven: «Law and Order in Habsburg Venetia, 1814–1935». In: *Historical Journal*, Bd. 39, Nr. 2 (Juni 1996), S. 396 und 403.

6 Viele Zeitgenossen kritisierten die Tatsache, dass die Justiz nie den unabhängigen Status erhielt, der für sie vorgesehen war, vor allem auch nicht auf lokaler Ebene, dort wo immer noch Gerichtshöfe, die unter dem Vorsitz von ortsansässigen Adligen standen, Recht sprachen.

7 Waltraud Heindl: *Gehorsame Rebellen. Bürokratie und Beamte in Österreich, 1780–1848*. Wien 1991, S. 51.

8 Ebd., S. 51. Detaillierte Informationen zu den Gehältern und der Inflation, S. 159–179.

9 Obwohl die Alphabetisierung in einem großen Teil Österreichs während dieser Zeit voranschritt und es immer mehr private technische Lehrinstitute gab, stagnierte die staatliche Erziehungspolitik. Gary B. Cohen: *Education and Middle-Class Society in Imperial Austria 1848–1918*. West

Lafayette, IN, 1996, S. 11–23. Zu Stimmung und Atmosphäre an den Universitäten nach den Napoleonischen Kriegen siehe Deborah Coen: *Vienna in the Age of Uncertainty: Science, Liberalism, and Private Life*. Chicago 2007, S. 35–38.

10 Zu Österreichs Patentsystem, mit dem Erfindern für eine Zeitspanne von zehn Jahren Exklusivrechte für mechanische Gerätschaften eingeräumt wurden und das 1820 überarbeitet wurde, damit neue Technologien auf den Gebieten von Landwirtschaft und Chemie berücksichtigt werden konnten, siehe David Good: *The Economic Rise of the Habsburg Empire 1750–1918*. Berkeley und Los Angeles 1984, S. 64.

11 Zur derartigen Verwendung des Terminus «Nation» in Schlesien siehe Dan Gawrecki: «Regionale und nationale Identitäten in Österreichisch-Schlesien im langen 19. Jahrhundert». In: *Die Grenzen der Nationen. Identitätenwandel in Oberschlesien in der Neuzeit*. Hg. von Kai Struve und Philipp Ther. Marburg 2002, S. 111–134.

12 Zu den Reformbewegungen und den Aktivisten in den 1830er-Jahren siehe Gabor Vermes: *Hungarian Culture and Politics in the Habsburg Monarchy 1711–1848*. Budapest und New York 2014, S. 247–288.

13 István Deák: *The Lawful Revolution. Louis Kossuth and the Hungarians 1848–1849*. New York 1979, S. 24–26. Die Übersetzung der Titel und die Analyse der beiden Texte sind aus Deáks Werk übernommen. Zu Széchenyis Schriften und den Reaktionen, die sie auslösten, siehe Vermes: *Hungarian Politics and Culture*, S. 252–260.

14 Deák: *Lawful Revolution*, S. 26 f. und 38 f.

15 Zu den Hoffnungen, die sich in Dalmatien mit einem starken Staat verbanden, siehe Konrad Clewing: *Staatlichkeit und nationale Identitätsbildung. Dalmatien in Vormärz und Revolution*. München 2001, S. 69–102.

16 Die statistischen Angaben aus Good: *Economic Rise*, S. 45; Fichtner: *Habsburg Monarchy*, S. 119; sowie Don José Marugán y Martin: *Descripción geográfica, fisica, politica, estadistica, literaria del reino de Portugal y de los Algarbes, comparado con les principales de Europa*. Madrid 1833, Bd. 2, S. 301. Marugán zufolge zählte im Jahr 1830 Mailand 150 000 Einwohner, Venedig 100 000, Lemberg 50 000, Debrezin 42 000, Triest 40 000, Graz 34 000, Buda 33 000, Brünn 28 000, Pressburg 26 000, Klausenburg 25 000, das unabhängige Krakau 25 000, Brody 24 000, Agram 17 000, Hermannstadt 16 600, Werschetz 16 000. Nur in London überstieg die Zahl der Einwohner die Millionengrenze, in Paris lag sie nicht weit darunter. In Großbritannien gab es mit acht Städten von über 100 000 Einwohnern weit mehr Großstädte als in jedem kontinentaleuropäischen Staat. Anderen Quellen zufolge besaß Triest 1820 um einiges mehr als 40 000 Einwohner.

17 Franz Schams, Vollständige Beschreibung der Königlichen Freystadt Pests in Ungern, Pest 1821, S. 71.

18 Triest betreffende statistische Daten bei M. Breschi, A. Kalc und E. Navarra: «La Nascita di una città. Storia minima della popolazione di Trieste,

sec. XVIII–XIX». In: R. Finzi und G. Panjek (Hg.): *Storia economica e sociale di Trieste*. Bd. 1: «La città dei gruppi 1719–1918». Triest 2001, S. 69–237.

19 J. Bromuss [Jan Ohéral]: «Bilder aus dem industriellen Leben Brünns (1838)». In: *Jung Österreich. Dokumente und Materialien zur liberalen Österreichischen Opposition 1835–1848*. Hg. von Madeleine Rietra. Amsterdam 1980, S. 255 (Hervorhebungen im Original).

20 Zum Verkehrs- und Beförderungswesen in der Zeit vor der Einführung der Eisenbahn siehe Andreas Helmedach: *Das Verkehrssystem als Modernisierungsfaktor. Straßen, Post, Fuhrwesen und Reisen nach Triest und Fiume vom Beginn des 18. Jahrhunderts bis zum Eisenbahnzeitalter*. München 2002.

21 Good: *Economic Rise*, S. 65. Good schätzt, dass das österreichische (Haupt)-Straßennetz im Jahr 1847 mehr als 96 000 Kilometer lang war.

22 Nemes: *The Once and Future Budapest*, S. 116.

23 Zum Österreichischen Lloyd siehe Alison Frank: «The Children of the Desert and the Laws of the Sea: Austria, Great Britain, the Ottoman Empire, and the Mediterranean Slave Trade in the Nineteenth Century». In: *American Historical Review* 117, Nr. 3 (Juni 2012), S. 410–444, insbes. S. 415.

24 Clewing: *Staatlichkeit*, S. 68 und 236.

25 Günter Dinhobl: «‹… die Cultur wird gehoben und verbreitet.› Eisenbahnbau und Geopolitik in Kakanien». In: *Zentren, Peripherien und kollektive Identitäten in Österreich-Ungarn*. Hg. von Endre Hárs, Wolfgang Müller-Funk, Ursula Reber, Clemens Ruthner. Tübingen und Basel 2006, S. 79–96, hier S. 82.

26 Gerstner war auch Dozent am Polytechnikum in Prag und dessen erster Direktor.

27 Dieses spezifische Projekt wurde von drei Wiener Bankhäusern (Sina, Geymüller, Stametz) mit 900 000 Gulden finanziert.

28 Aufgrund technischer Probleme und des Überschreitens der vorgesehenen Ausgaben wurde die Strecke erst 1832 fertiggestellt. Von den 1860er-Jahren an verkehrten dort Dampflokomotiven.

29 Riepl hatte einen Lehrstuhl an der Wiener Technischen Hochschule inne. Später zeichnete er die Pläne für ein reichsweites Eisenbahnnetz. Burkhard Köster: *Militär und Eisenbahn in der Habsburgermonarchie 1815–1859*, München 1999, S. 54.

30 «Bauperiode und Streckenklassifizierung des Eisenbahnnetzes 1824–1914». In: *Die Habsburgermonarchie 1848–1918*. Hg. von Helmut Rumpler und Martin Seger. Band IX: «Soziale Strukturen», 2.Teil: Kartenband, S. 249. Siehe auch Chad Bryant: «Into an Uncertain Future: Railroads and Vormärz Liberalism in Brno, Vienna and Prague». In: *AHY* 40 (2009), S. 183–201, insbes. S. 186 f.

31 Ebd., S. 187. Um 1845 beförderte die Nordbahn jährlich 650 000 Passagiere und Güter im Gewicht von 109 Millionen Kilogramm.

32 Siehe die kritische Auseinandersetzung mit diesen Thesen in Good: *Econo-*

mic Rise, S. 65–67. Siehe auch: Fichtner: *Habsburg Monarchy*, S. 116; Köster: *Militär und Eisenbahn*, S. 53 f.

33 Köster: *Militär und Eisenbahn*. S. 237.

34 Ebd., S. 77.

35 Dinhobl: *Eisenbahnbau und Geopolitik*, S. 83; Köster: *Militär und Eisenbahn*, S. 158.

36 Zum Beispiel von Ungarisch Hradisch siehe Jiří Coupek: «Ungarisch Hradisch – Bürgertum und Stadtpolitik». In: *Kleinstadtbürgertum in der Habsburgermonarchie 1862–1914*. (Bürgertum in der Habsburgermonarchie IX), hg. von Peter Urbanitsch und Hannes Stekl. Wien 2000, S. 355–381.

37 Diese Strecke musste über den Semmeringpass, durch das Moor bei Laibach und die unwegsame Karstregion geführt werden.

38 Siehe Kai Struve: *Bauern und Nation in Galizien. Über Zugehörigkeit und soziale Emanzipation im 19. Jahrhundert*. Göttingen 2005, S. 72.

39 Larry Wolff: *The Idea of Galicia: History and Fantasy in Habsburg Political Culture*. Stanford, CA, 2010, S. 33, 36, 134.

40 John Paul Himka: *Galician Villagers and the Ukrainian National Movement in the Nineteenth Century*. New York 1988, S. 15.

41 Struve: *Bauern und Nation*, S. 75–77. Die Stanislau betreffenden Angaben gelten für das Jahr 1839.

42 Himka: *Galician Villagers*, S. 21.

43 Die statistischen Angaben und die Schilderung der Verhältnisse bei Clewing: *Staatlichkeit*, S. 53–64. Clewing widerspricht entschieden allen Behauptungen, Österreich habe bewusst eine Politik zur Trennung Dalmatiens von Kroatien betrieben (S. 68).

44 *Memoria statistica sulla Dalmazia*. Di Francesco Zavoreo, capitano ingegnere ex-veneto e direttore provvisorio dei lavori edili e idraulici in pensione. Venedig 1821; zitiert in Clewing: *Staatlichkeit*, S. 122 (Hervorhebungen des Autors).

45 Ebd., S. 123 (Hervorhebung des Autors).

46 Für Ungarn und die Lombardei galten nicht die Gesetze, die im restlichen Reich den Schulbesuch regelten. Rumpler: *Mitteleuropa*, S. 111–113.

47 1914 konnte niemand mehr anzweifeln, dass Österreich auf dem Bildungssektor Großes erreicht hatte. Das spiegelt sich u. a. darin wider, dass im Vergleich zu anderen Gesellschaften in West- und Mitteleuropa ein hoher Anteil der Bevölkerung lesen und schreiben konnte. 1914 waren nur 16,52 Prozent der Bevölkerung noch Analphabeten, in Frankreich waren es 15 Prozent, in Italien aber 45 Prozent. Clewing: *Staatlichkeit*, S. 114.

48 Ebd., S. 124 (Hervorhebung des Autors).

49 *Visitationsbericht zur Lage der Diözese Zadar*. Von Joseph Nowak, Erzbischof von Zadar, zitiert bei Clewing, S. 113 f., hier S. 113.

50 Ebd., S. 69 f.

51 Laven: «Venetia», S. 400.

52 Ebd., S. 401 f.

53 Michal Chvojka: «Buchhändler und Bücherschmuggel ausländischer Druck-
    schriften als Politikum im österreichischen Vormärz.» In: *Bohemia* 50
    (2010), S. 351–355. Evans teilt mit, dass in Ungarn eine weit weniger strenge
    Zensur ausgeübt wurde als im übrigen Reich. Evans: *Austria, Hungary, and
    the Habsburgs*, S. 188.

54 Friedrich Engel-Janosi: «Der Wiener juridisch-politische Leseverein: seine
    Geschichte bis zur Märzrevolution». In: *Mitteilungen des Vereines für Ge-
    schichte der Stadt Wien* 4 (1923), S. 58–66; hier S. 65. Gerhard Pfeisinger gibt
    an, dass in den Kaffeehäusern wesentlich offener über Politik diskutiert
    wurde als im Johanneum. G. P.: «Die Revolution von 1848 in Graz». Disser-
    tation, Universität Salzburg, 1985, S. 16 und S. 25–28.

55 Engel-Janosi: «Der Wiener juridisch-politische Leseverein», S. 58–66.

56 Alan Sked: *Metternich and Austria: An Evaluation*. New York und London
    2007; insbes. Kapitel 5 («Was Metternich's Austria a Police State?») und
    S. 123–177.

57 Zitiert ebd., S, 126.

58 Faustin Enns: *Das Oppaland oder der Troppauer Kreis, nach seinen ge-
    schichtlichen, naturgeschichtlichen, bürgerlichen und örtlichen Eigenthüm-
    lichkeiten*. 4 Bde. Wien 1835.

59 Ebd., Bd. II, S. 151 f.

60 Ebd., Bd. I, S. vii.

61 Ebd.

62 Ebd., Bd. II, S. 152.

63 Ebd, Bd. II, S. 153.

64 Ebd., Bd. II, S. 157.

65 Ebd., Bd. II, S. 157–159.

66 Siehe Rita Krueger: *Czech, German, and Noble: Status and National Iden-
    tity in Habsburg Bohemia*. New York 2009. Zum «Ossolineum» in Lemberg
    siehe Wolff: *The Idea of Galicia*, S. 81–85; Thomas Weidenholzer: «Bürger-
    liche Gesellligkeit und Formen der Öffentlichkeit in Salzburg 1780–1820».
    In: *Bürger zwischen Tradition und Modernität. Bürgertum in der Habs-
    burgermonarchie* VI. Hg. Robert Hoffmann in Zusammenarbeit mit Gunda
    Berth-Scalmani und Thomas Hellmuth. Wien 1997; Anton Schlossar: *Erz-
    herzog Johann von Oesterreich und sein Einfluss auf das Culturleben der
    Steiermark. Originalbriefe des Erzherzogs aus den Jahren 1810–1825.*
    Wien 1878, S. 20; Werner Telesko: *Kulturraum Österreich. Die Identität der
    Regionen in der bildenden Kunst des 19. Jahrhunderts.* Wien 2008, S. 379–
    381.

67 Zdeněk Hojda: «Patriae et Musis, Počátky Obrazárni Společnosti Vlas-
    teneckých Přátel Umění v Čechách». In: *Artis Pictoriae Amatores: Evropa v
    Zrcadle Pražského Barokního Sběratelství.* Hg. von Lubomir Slavíček. Prag
    1993, S. 311–316, auch zitiert bei Krueger: *Czech, German, and Noble*,
    S. 144.

68 Helperstorfer: «Vereinswesen», S. 320.

69 Otto Hwaletz: «Zur ökonomischen, sozialen und ideologisch-politischen Formierung des industriell-gewerblichen Bürgertums. Das Beispiel der Industrievereine». In: *Bürgertum in der Habsburgermonarchie.* Bd. 1. Hg. von Ernst Bruckmüller u. a. Wien 1990, S. 177–204; hier S. 192–194.

70 Anton von Kraus-Elisago: *Bericht über die dritte allgemeine Gewerbeausstellung.* Wien 1846, S. 35; zitiert nach Wolfgang Häusler: *Von der Massenarmut zur Arbeiterbewegung. Demokratie und soziale Frage in der Wiener Revolution von 1848.* Wien und München 1979, S. 68.

71 Elke Wikidal: «Gewerbe- und Industrieausstellungen im österreichischen Vormärz. Ihre Entstehung und Bedeutung im Kontext der industriellen Entwicklung der Zeit». Diplomarbeit, Universität Wien, 1994.

72 Zitiert bei Gabriella Hauch: *Frau Biedermeier auf den Barrikaden. Frauenleben in der Wiener Revolution 1848.* Wien 1990, S. 45.

73 Krueger: *Czech, German, and Noble, S. 100.*

74 Laurence Cole: *Military Culture and Popular Patriotism in Late Imperial Austria.* Oxford 2014, S. 261 f.

75 Clewing: *Staatlichkeit,* S. 242–244.

76 Franz Petter: *Dalmatien in seinen verschiedenen Beziehungen.* Wien 1857, Bd. 2, S. 13.

77 Frank Henschel: «‹Das Fluidum der Stadt ...› Lebenswelten in Kassa/Kaschau/Košice zwischen urbaner Vielfalt und Nationalismus 1867–1918. Dissertation, Universität Leipzig, 2013, S. 213 und 171.

78 Robert Nemes: *Another Hungary: The Nineteenth-Century Provinces in Eight Lives.* Stanford, CA, 2016.

79 Krueger: *Czech, German, and Noble,* S. 119.

80 Erstes Zitat aus Robert Nemes: *The Once and Future Budapest,* S. 63; zweites aus «Wanderungen durch Pesth (2. Abt.)», Die Grenzboten 6, II. Semester, III. Band, 1847, S. 411–420, hier S. 419.

81 Anna Millo: «Trieste, 1830–1870: From Cosmopolitanism to the Nation.» In: *Different Paths to the Nation: Regional and National Identities in Central Europe and Italy, 1830–1870.* Hg. von Laurence Cole. New York 2007, S. 68.

82 Zu den Industrievereinen siehe Hwaletz (wie Anm. 68), S. 177–204.

83 Etwa dreizehn von ihnen wurden in nicht-ungarischsprachigen Regionen der Monarchie gegründet. Friedrich Gottas: «Grundzüge der Geschichte der Parteien und Verbände». In: *Geschichte der Habsburgermonarchie 1848–1918.* Bd. 8, Teilbd. 1: «Politische Öffentlichkeit und Zivilgesellschaft», hg. von Helmut Rumpler und Peter Urbanitsch. Wien 2000, S. 1133–1168, hier S. 1139.

84 Hauch: *Frau Biedermeier,* S. 54.

85 Siehe Brian E. Vick: *The Congress of Vienna: Power and Politics after Napoleon.* Cambridge, MA, 2014, S. 151; siehe auch Margarete Grandner und Edith Saurer: «Emanzipation und Religion in der jüdischen Frauenbewegung. Die Faszination der Assoziation». In: *Geschlecht, Religion und Engagement. Die jüdischen Frauenbewegungen im deutschsprachigen Raum,*

19. *und frühes 20. Jahrhundert.* Hg. von Grandner und Saurer. Wien 2005, S. 8–10. Vick zufolge wird die Zahl der lokalen Zweige in diesem Beitrag unterschätzt.

86 Nemes: *Another Hungary,* S. 158.

87 Siehe hierzu vor allem die Untersuchung von Nemes in *Budapest,* S. 83–106.

88 Siehe Hauch: *Frau Biedermeier,* insbes. S. 45–47 und S. 53–55.

89 Millo: «Trieste», 65–67; Börries Kuzmany: *Brody. Eine galizische Grenzstadt im langen 19. Jahrhundert.* Wien 2011, S. 135–137.

90 Zu Schlesien siehe Gawrecki: «Regionale und nationale Identitäten in Österreichisch-Schlesien», S. 111–134.

91 Krueger: *Czech, German, and Noble,* S. 96 f. und S. 101.

92 Achtunddreißig von insgesamt 191 erschienen auf Ungarisch.

93 Géza Buzinkay: «B. Die ungarische politische Presse». Und Lothar Höbelt: «A. Die Deutsche Presselandschaft», beide Artikel in: *Geschichte der Habsburgermonarchie 1848–1918.* Bd. 8: «Politische Öffentlichkeit und Zivilgesellschaft». Hg. von Helmut Rumpler und Peter Urbanitsch. Wien 2000, S. 1895–1897 bzw. 1880–1883. Siehe auch Gottas: «Grundzüge», ebd. S. 1137 f. Nemes gibt jedoch an, dass in Buda und Pest die Leserschaft ungarischsprachiger Publikationen schneller wuchs als die deutschsprachiger. Mitte der 1830er-Jahre erreichten Erstere eine Auflagenhöhe von insgesamt 10 000; die der deutschsprachigen lag hingegen bei 5000. Nemes weist auch darauf hin, dass vermutlich viele Einwohner sowohl ungarisch- als auch deutschsprachige Blätter lasen. R. N.: *Once and Future Budapest,* S. 65.

94 Martin Sekera: «C. Das tschechische Pressewesen.» In: *Geschichte der Habsburgermonarchie 1848–1918.* Bd. 8: «Politische Öffentlichkeit und Zivilgesellschaft». Hg. von Helmut Rumpler und Peter Urbanitsch. Wien 2000, S. 1977–2036; hier S. 1978–1980.

95 Clewing: *Staatlichkeit,* S. 57.

96 Edin Hajdarpasic: *Whose Bosnia? Nationalism and Political Imagination in the Balkans, 1840–1914.* Ithaca, NY, 2015, S. 20–37.

97 Joachim Hösler: *Von Krain zu Slowenien. Die Anfänge der nationalen Differenzierungsprozesse in Krain und der Untersteiermark von der Aufklärung bis zur Revolution, 1768–1848.* München 2006, S. 246 f.

98 Ebd., S. 250. Siehe auch die statistischen Angaben für das Jahr 1845, ebd., S. 248–250.

99 Leopold von Hasner: *Denkwürdigkeiten. Autobiographisches und Aphorismen.* Stuttgart 1892, S. 17.

100 [Eduard von Bauernfeld:] *Pia desideria eines österreichischen Schriftstellers.* Leipzig 1843, S. 15 und S. 50.

4 Wessen Reich? Die Revolutionen von 1848 und 1849

1 Karl Hickel, Die Opfer des 13. März 1848 (ein Erinnerungsblatt). Prag 1848; zitiert bei Jan Randák: «Politisch-religiöses Totengedenken zu Beginn der Revolution von 1848/49 in Mitteleuropa». In: *Bohemia* 47, Nr. 2 (2006/07), S. 317.

2 František Palacký: «Letter to Frankfurt, 11 April 1848». In: Balázs Trencsény und Michal Kopeček (Hg.): *Discourses of Collective Identity in Central and Southeast Europe (1779–1945)*. Budapest und New York 2007, Bd. 2, S. 327.

3 Der Aufstand in Krakau selbst wurde nach neun Tagen von österreichischem Militär niedergeschlagen. In Galizien gab es einigen Behauptungen zufolge bis zu 2000 Todesopfer. Larry Wolff: *The Idea of Galicia: History and Fantasy in Habsburg Political Culture*. Stanford, CA, 2010, S. 142.

4 Kai Struve: *Bauern und Nation in Galizien. Über Zughörigkeit und soziale Emanzipation im 19. Jahrhundert*. Göttingen 2005, S. 81.

5 Ebd., S. 83.

6 Alan Sked: «Austria and the ‹Galician Massacres› of 1846: Schwarzenberg and the Propaganda War – An Unkown but Key Episode in the Career of the Austrian Statesman.» In: *A Living Anachronism? European Diplomacy and the Habsburg Monarchy*. Hg. von Lothar Höbelt und Thomas G. Otte. Wien 2010, S. 49–118.

7 Struve: *Bauern und Nation*, S. 80; Wolff: *Galicia*, S. 183.

8 István Deák: *The Lawful Revolution: Louis Kossuth and the Hungarians, 1848–1849*. New York 1979.

9 Militärexperten schätzten, dass man elf bis achtzehn Tage gewann, wenn man die Truppen mit der Eisenbahn transportierte; abgesehen davon trafen die Soldaten ausgeruht an ihrem Ziel an. Natürlich hatten sie es in den Waggons nicht gerade bequem: Die Männer saßen acht bis neun Stunden lang dichtgedrängt Rücken an Rücken auf Bänken und waren schlechtem Wetter mehr oder weniger ungeschützt ausgesetzt. Burkhard Köster: *Militär und Eisenbahn in der Habsburgermonarchie 1825–1859*. München 1999, S. 105.

10 Siehe vor allem: R. J.W. Evans: «The Habsburgs and the Hungarian Problem, 1790–1848». In: R. J.W. E.: *Austria, Hungary, and the Habsburgs: Essays on Central Europe c. 1683–1867*. Oxford 2006, S. 173–192; insbes. S. 182–184.

11 Das Regime zögerte nicht, potenziell rebellische Adelsgruppen in anderen Kronländern ebenfalls durch Hinweis auf die blutigen Ereignisse in Galizien gefügig zu machen. Was die Lombardei und Venetien betrifft, siehe Alan Sked: *Radetzky, Imperial Victor and Military Genius*. London und New York 2011, S. 184 f.

12 In Pest führte die Tatsache, dass einige nicht-adlige Mitglieder der Gesellschaft sogar zum ersten Mal wählen durften, dazu, dass der Wahlkampf und die Wahlen selbst von einer gewissen Erregung begleitet waren.

13 1847 konnte der Eindruck entstehen, dass diese drei Männer die gleichen

oppositionellen Ansichten vertraten, tatsächlich führten aber ihre unterschiedlichen politischen Positionen bald dazu, dass sie sich entzweiten. Széchenyi hegte noch die meisten Sympathien für die Regierung, Deák vertrat eine gemäßigte oppositionelle Position, während Kossuth zur Symbolfigur für eine radikalere Art von Patriotismus wurde.

14 Die Regierung stellte die Oppsoition kalt, indem sie vorschlug, die verhasste Zollgrenze zwischen Ungarn und dem Rest Österreichs aufzuheben. Viele Oppositionelle sahen den ungarischen Nationalstolz durch diese Grenze verletzt, da das Land durch sie in eine Art von «kolonialer Abhängigkeit» von Österreich gerate. Nüchterner Denkende (wie Széchenyi) fürchteten jedoch, dass die Aufhebung der Grenze den sich entwickelnden Industriebetrieben in Ungarn schaden könnte.

15 Zur Stimmung in Wien in den Wochen vor der Revolution siehe Wolfgang Häusler: *Von der Massenarmut zur Arbeiterbewegung, Demokratie und soziale Frage in der Wiener Revolution von 1848.* Wien und München 1979. Siehe auch Heinrich Reschauer: *Das Jahr 1848. Geschichte der Revolution.* Bd. 1. Wien 1872.

16 Zum Programm des Lesevereins siehe Heinrich Reschauer und Moritz Smets: *Das Jahr 1848. Geschichte der Wiener Revolution.* Wien 1872, Bd. 1, S. 126; Ernst K. Sieber: *Ludwig von Löhner: ein Vorkämpfer des Deutschtums in Böhmen, Mähren und Schlesien im Jahre 1848/1849.* München 1965, S. 20–22. In den Vorstädten war es bereits am 10. und 11. März zu Arbeiterunruhen gekommen.

17 Häusler: *Massenarmut*, S. 139 f.

18 Reschauer: *Das Jahr 1848*, Bd. 1, S. 175; Gabriella Hauch: *Frau Biedermeier auf den Barrikaden. Frauenleben in der Wiener Revolution 1848.* Wien 1990, S. 85 f.

19 Evans: *Austria, Hungary, and the Habsburgs*, S. 252.

20 Zu Spitzer und dem, was sich für viele Juden wie auch Christen mit seinem Tod verband, siehe Michael L. Miller: *Rabbis and Revolution: The Jews of Moravia in the Age of Emancipation.* Stanford, CA, 2011, S. 219–223; Randák: «Politisch-religiöses Totengedenken».

21 In der allgemeinen Verwirrung eröffnete das Militär sogar einmal das Feuer auf die kleine zeremonielle Bürgergarde.

22 Häusler: *Massenarmut*, S. 173–178; R. John Rath: *The Viennese Revolution of 1848.* Austin 1958, S. 68–73.

23 Erzherzog Stephan, der königliche Statthalter von Ungarn, erleichterte diesen Vorgang. Er war am 13. März in Wien gewesen, und es lag ihm daran, den Ausbruch ähnlicher Unruhen in Ungarn zu verhindern.

24 Zum Text siehe Trencsényi und Kopeček: *Discourses of Collective Identity*, Bd. 2, S. 443 f. Siehe auch Deák: *Lawful Revolution*, S. 71.

25 Deák: *Lawful Revolution*, S. 70–73.

26 Rudolf Till: «Die Mitglieder der ersten Wiener Gemeinde-Vertretung im Jahr 1848.» In: *Wiener Geschichtsblätter* 4 (1950), S. 61–72.

27 Deák: *Lawful Revolution*, S. 73–76. Zum Kabinett gehörten auch Kossuth als Finanzminister und Széchenyi als Minister für öffentliche Arbeiten und das Transportwesen.

28 Von Mailand abgesehen blieb es in der Lombardei friedlich. Sked: *Radetzky*, S. 134.

29 «Brief aus Linz». In: *Wiener Zeitschrift für Kunst, Literatur, Theater und Mode* 59 (1848), S. 236.

30 Zu den Ereignissen in Graz siehe Gerhard Pfeisinger: «Die Revolution von 1848 in Graz». Dissertation, Universität Salzburg, 1985, S. 55 f.

31 Ebd., S. 66.

32 Schilderungen aus dem *Cillier Wochenblatt*, zitiert bei Joachim Hösler: *Von Krain zu Slowenien. Die Anfänge der nationalen Differenzierungsprozesse in Krain und der Untersteiermark von der Aufklärung bis zur Revolution 1768–1848*. München 2006, S. 271 f.

33 *Klagenfurter Zeitung*, 19. März 1848, S. 1. Zu den Liedern und der Musik, die man während der Märztage in Klagenfurt zu hören bekam, siehe Walburga Litschauer: «‹Im nächtlichen Dunkel sang der Chor am Platz›, Klagenfurter Musikleben 1848». In: *Musik und Revolution. Die Produktion von Identität und Raum durch Musik in Zentraleuropa 1848/49*. Hg. von Barbara Boisits. Wien 2013, S. 121–133.

34 Hösler: *Von Krain zu Slowenien*, S. 272.

35 Konrad Clewing: *Staatlichkeit und nationale Identitätsbildung. Dalmatien in Vormärz und Revolution*. München 2001, S. 237.

36 Ebd., S. 212.

37 Siehe die hervorragende Analyse in Dominique Kirchner Reill: *Nationalists who Feared the Nation. Adriatic Multi-Nationalism in Habsburg Dalmatia, Trieste, and Venice*. Stanford, CA, 2012.

38 Gualtiero Boaglio: «Das italienische Pressewesen». In: *Geschichte der Habsburgermonarchie 1848–1918*. Bd. 8: «Politische Öffentlichkeit und Zivilgesellschaft». Hg. von Helmut Rumpler und Peter Urbanitsch. Wien 2000, S. 2279–2340; hier S. 2291.

39 Reill: *Nationalists*, S. 177 und S. 202 f.

40 Thomas Götz: *Bürgertum und Liberalismus in Tirol 1840–1873. Zwischen Stadt und «Region», Staat und Nation*. Köln 2001, S. 123–125.

41 Pieter M. Judson: *Exclusive Revolutionaries: Liberal Politics, Social Experience, and National Identity in the Austrian Empire, 1848–1914*. Ann Arbour 1996; Rita Krueger: *Czech, German, and Noble: National Identity in Habsburg Bohemia*. New York 2009, S. 204 f.

42 Stanley Z. Pech: *The Czech Revolution of 1848*. Chapel Hill 1969, S. 47–62.

43 Randák: «Politisch-religiöses Totengedenken», S. 313 f. Randák schildert auch eine jüdische Gedenkfeier, die am 23. März zu Ehren der Wiener Märtyrer abgehalten wurde.

44 «Na studenstvo vídenské», zitiert ebd., S. 316.

45 Struve: *Bauern und Nation*, S. 86.

46 Ebd., S. 86 f. Den Plänen der polnischen Patrioten zuwiderlaufend, ordnete die
    Regierung überdies an, dass zunächst die alten Bestimmungen, welche die
    Nutzung von Allmenden betrafen, ihre Gültigkeit behalten sollten.

47 Ebd., S. 87. Struve weist darauf hin, dass der Schätzung eines Historikers
    zufolge in mehr als sechshundert Dörfern die Großgrundbesitzer das Ende
    feudaler Verpflichtungen bereits anerkannt hatten oder es hatten anerken-
    nen müssen.

48 Hösler: *Von Krain zu Slowenien*, S. 272.

49 Ebd., S. 324 f.

50 Deák: *Lawful Revolution*, S. 116 f.

51 «Bürger von Troppau! Unser Kaiser hat gesprochen!» 17. März 1848, Öster-
    reichische Nationalbibliothek. Flugschriftensammlung: http://anno.onb.ac.
    at/cgi-content/anno-plus?aid=flu&datum=0031&page=2&si ze=45.

52 Oberösterreichisches Landesarchiv, Flugschriftensammlung B, Bd. 10. «An
    die National-Garde Gmundens». Siehe auch Bruno König: «Von der Natio-
    nalgarde (1848–1851)». In: *Zeitschrift für die Geschichte und Kulturge-
    schichte Österreichisch-Schlesiens*. Troppau 1906, S. 141–145.

53 Wie Anm. 51.

54 Börries Kuzmany: *Brody. Eine galizische Grenzstadt im langen 19. Jahr-
    hundert*. Wien 2011, S. 139.

55 Miller: *Rabbis and Revolution*, S. 222.

56 Saul Issak Kämpf: Rede gehalten bei der am 23. März 1848 im israelitischen
    Tempel zu Prag stattgefundenen Todtenfeier für die am 13. d.M. in Wien als
    Freiheitsopfer gefallenen Studierenden. Prag 1848, S. 11.

57 Deák: *Lawful Revolution*, S. 102; Nemes: *The Once and Future Budapest*,
    DeKalb 2005, S. 134.

58 Miller: *Rabbis and Revolution*, S. 254.

59 Ebd., S. 220.

60 Zusammen mit anderen Beispielen zitiert ebd., S. 255.

61 Hauch: *Frau Biedermeier*, S. 105.

62 Österreichische Nationalbibliothek: Flugblätter- und Plakatesammlung,
    1848; «Aufruf eines Mädchens an ihre konstitutionellen Schwestern der
    königlichen Stadt Olmütz». Hauch: *Frau Biedermeier*, S. 102–105; Nemes:
    Once and Future Budapest, S. 141. Zu Wiener Revolutionsliedern im All-
    gemeinen siehe Erich Wolfgang Partsch: «Revolutionsmusik? Zum Wiener
    Repertoire im Jahre 1848». In: Boisits: *Musik und Revolution*, S. 417–432.

63 Abbildungen der Barrikaden, die im März und Oktober 1848 in Wien und im
    Juni 1848 in Prag errichtet worden waren, zeigen, dass auch Frauen an-
    wesend waren, die aber oft als «Hilfsleistungen» verrichtend dargestellt
    sind. Pieter M. Judson: *Wien brennt. Die Revolution 1848 und ihr liberales
    Erbe*. Wien 1998, S. 93 und S. 105 f.

64 «Hrdinova milenka. Výjev z boje pro svobodu v Berlíně dne 18 března!» In:
    Letáky z roku 1848. Hg. von Miloslav Novotný. Prag 1948, S. 75. Zitiert bei
    Randák: «Politisch-religiöses Totengedenken», S. 317.

65 Nemes: *Once and Future Budapest*, S. 138. Die Regierung ordnete an, dass die Nationalflagge an allen öffentlichen Gebäuden hochgezogen und auf allen ungarischen Schiffen gesetzt wurde.

66 Zitiert ebd., S. 139–141.

67 Reschauer: *Das Jahr 1848*, Bd. 1, S. 16, zitiert bei Hauch: *Frau Biedermeier*, S. 95.

68 Hauch: *Frau Biedermeier*, S. 98.

69 Ebd.

70 *Schwarz-Roth-Gold*, 11. Juli 1848.

71 Deák führt viele Beispiele dafür an in seinem *Lawful Revolution*, unter anderem einen Vergleich, den Széchenyi zwischen dem Historiker und Aktivisten, zwischen Pál Vasvári und St. Just zog (S. 84).

72 Hauch: *Frau Biedermeier*, S. 145–164; Judson: *Exclusive Revolutionaries*, S. 39–41. Siehe auch die Flugblätter in der Sammlung der Österreichischen Nationalbibliothek: «Edle deutsche Frauen», «Wai! Geschrirn jetzt fangen die Jüdinen a schon an», «Der Frauenaufruhr im Volksgarten, oder die Waschenanstalt der Wiener Damen», *Neue politische Straßenzeitung* 2 (31. August 1848).

73 Struve; *Bauern und Nation*, S. 88–90. Struve zufolge wurde nur einer der Räte in Galizien nicht von einem Priester, sondern einem Bauern geleitet.

74 Judson: *Exclusive Revolutionaries*, S. 43 f.

75 Zitiert bei Lothar Höbelt: «Die Deutsche Presselandschaft». In: *Geschichte der Habsburgermonarchie 1848–1918*. Bd. 8: «Politische Öffentlichkeit und Zivilgesellschaft», hg. von Helmut Rumpler und Peter Urbanitsch. Wien 2000, S. 1821.

76 Wie Anm. 51.

77 Martin Sekera: «Das tschechische Pressewesen.» In: *Geschichte der Habsburgermonarchie 1848–1918*. Bd. 8: «Politische Öffentlichkeit und Zivilgesellschaft», hg. von Helmut Rumpler und Peter Urbanitsch. Wien 2000, S. 1826.

78 Harald Binder: «Das polnische Pressewesen». In: *Geschichte der Habsburgermonarchie 1848–1918*. Bd. 8: «Politische Öffentlichkeit und Zivilgesellschaft», hg. von Helmut Rumpler und Peter Urbanitsch. Wien 2000, S. 2037. Siehe auch ders.: «Das ruthenische Pressewesen». Ebd., S. 2093.

79 Binder: «Das polnische Pressewesen», S. 2045 f.

80 *Constitution*, 20. März 1848.

81 Géza Buzinkay: «Die ungarische politische Presse». In: *Geschichte der Habsburgermonarchie 1848–1918*. Bd. 8: «Politische Öffentlichkeit und Zivilgesellschaft», hg. von Helmut Rumpler und Peter Urbanitsch. Wien 2000, S. 1900–1907.

82 Ebd., S. 1901 f.

83 Sekera: «Das tschechische Pressewesen», S. 1987–1989.

84 Bei dem Zitat handelt es sich um eine Überschrift in einer Beilage zur *Laibacher Zeitung* vom 20. Mai 1848, zitiert bei Hösler: *Von Krain zu Slowenien*, S. 292.

85 Oberösterreichisches Landesarchiv, Flugschriftensammlung B, Bd. 5, «Die Verhandlungen der am 23. März auf dem Landtage versammelt gewesenen Stände des Erzherzogthums Österreich ob der Enns», Sitzungen vom 4. April und 24. Juli 1848. Unter den neuen Abgeordneten aus Linz und anderen Städten waren Kaufleute, ein Advokat, Ärzte, ein Apotheker, ein Brauer, ein Sensenschmied und ein Hutmacher.

86 «Verhandlungen des provisorischen Landtages des Herzogthumes Steiermark». Graz 1848, 13, Juni, S. 1–3.

87 Eine Auflistung der Kategorien der Wahlberechtigten und der Bedingungen, die diese zu erfüllen hatten, bei Deák: *Lawful Revolution*, S. 97 f.

88 Auch wenn die Pillersdorf'sche Verfassung Juden, die über Besitz verfügten, das Recht gewährte, an den Parlamentswahlen teilzunehmen, überließ sie die Entscheidung über ihre vollständige Emanzipation und die damit verbundenen Gesetzesänderungen – wie der Abschaffung der Judensteuer in Mähren – einem späteren konstitutionellen Komitee. Siehe Miller: *Rabbis and Revolution*, S. 196–206.

89 Siehe Brian E. Vick: *Defining Germany: The 1848 Frankfurt Parliamentarians and National Identity*. Cambridge, MA, 2002.

90 Siehe Karl Obermann: «Die österreichischen Reichstagswahlen 1848. Eine Studie zu Fragen der sozialen Struktur und der Wahlbeteiligung auf der Grundlage der Wahlakten». In: *Mitteilungen des österreichischen Staatsarchivs* 26 (Wien 1973), S. 342–374; sowie Andreas Gottsmann: «Der Reichstag 1848/49 und der Reichsrat 1861–1865». In: *Geschichte der Habsburgermonarchie 1848–1918*. Bd. 7, hg. von Helmut Rumpler und Peter Urbanitsch. Wien 2000, S. 567–665, inbes. S. 578–582.

91 Gottsmann: «Der Reichstag 1848/49», S. 584. Obermann und andere schätzen, dass die meisten Parlamentsabgeordneten 1848 von ungefähr 5 Prozent der Einwohner des jeweiligen Wahlbezirks gewählt worden waren. In Mähren gaben nur etwas mehr als 20 Prozent der Wahlberechtigten ihre Stimme ab, im benachbarten Schlesien waren es etwa 40 Prozent, in Oberösterreich nicht ganz 50 Prozent. In Triest lag die Beteiligung bei 25 Prozent. In Niederösterreich erreichte sie in einigen Bezirken 70 Prozent, in Wien und dessen Vorstädten, wo es überdurchschnittlich viele wahlberechtigte Arbeiter gab, war die Beteiligung aber niedriger. Demokraten vom linken Flügel stellten fünf der fünfzehn Wiener Abgeordneten, was für sie ein enttäuschendes Ergebnis war, da Wien im Ruf stand, eine Hochburg des politischen Radikalismus zu sein.

92 Pfeisinger: «Graz», S. 146 f.

93 Galizien entsandte drei jüdische Abgeordnete in den Reichstag, je einen aus Brody, Stanislau und Tarnopol. Eine jiddischsprachige Zeitung übte Kritik an der Wahl, die man in Brody getroffen hatte; sie fragte: «Wie kann man einen Mann wählen, der die Verhältnisse in unserer Region nicht kennt? Wir Galizier benötigen Abgeordnete aus unserer eigenen Mitte, die wissen, wo der Schuh drückt und wie man Abhilfe schaffen kann». Kuzmany: *Brody*, S. 140.

94 *Der Herold* (Graz), 3. Juli 1848; Hans Pirchegger: *Geschichte der Steiermark 1740–1919*. Graz und Wien 1934, S. 389.

95 Wenzel Dunder: *Denkschrift über die Wiener Oktober-Revolution. Ausführliche Darstellung aller Ereignisse aus amtlichen Quellen geschöpft, mit zahlreichen Urkunden begleitet.* Wien im Selbstverlag, 1849, S. 37–46; auch Gottsman: «Der Reichstag 1848/49»., S. 587 f. und Anm. 57.

96 Dass aus Galizien so viele adlige Großgrundbesitzer in den Reichstag gewählt wurden, ist Ergebnis der Wahlenthaltung von Bauern oder auf Machenschaften der Adligen zurückzuführen. Einige Kandidaten aus der Bauernschaft nahmen nicht mehr am zweiten Wahlgang teil, nachdem ihnen klar geworden war, dass sich Delegierte aus Adelskreisen zu ihnen gesellen würden. Das Misstrauen der Bauern wurde auch wach, als sie sahen, dass örtliche Großgrundbesitzer die Abhaltung der Wahlen organisierten, und als sie aufgefordert wurden, das Wahlprotokoll zu unterzeichnen, fürchteten sie, dass sie ihre Unterschrift unter ein Dokument setzten, dass die Grundherren später gegen sie verwenden würden. Siehe Roman Rosdolsky: *Die Bauernabgeordneten im konstituierenden österreichischen Reichstag 1848–1847.* Wien 1976; Struve: *Bauern und Nation*, S. 95–98.

97 Struve: *Bauern und Nation*, S. 98.

98 Das Parlament machte es sich schließlich zur Gewohnheit, vor einer Abstimmung die Sitzung zu unterbrechen, damit man den Bauernabgeordneten erklären konnte, um was genau es ging und welches die gegensätzlichen Standpunkte oder unterschiedlichen Vorschläge waren. Ebd., S. 99 f.

99 Zu Kudlich siehe Pawel Kladiwa und Andrea Pokludová: *Hans Kudlich (1823–1917). Cesta života a mýtu.* Český Těšín 2012. Zur Debatte über die Entschädigungszahlungen und die Beteiligung der galizischen Bauernabgeordneten siehe Struve: *Bauern und Nation*, S. 101.

100 Der vollständige Text der beiden im Weiteren untersuchten Verfassungsentwürfe unter http://www.verfassungen.de/at/at-18/kremsier49-htm.

101 Peter Bugge: «Czech Nation Building, National Self Perception, and Politics 1780–1914.» Dissertation, Universität Aarhus 1994, S. 84.

102 C. A. Macartney: *The Habsburg Empire 1790–1918.* London 1969, S. 417; Bugge: «Czech Nation Building», S. 84.

103 Der Staat konnte Adelstitel anerkennen, aber nur auf der Grundlage der Verdienste, die jemand erworben hatte, und kein Titel konnte ererbt werden. Überdies lohnt es sich, daran zu erinnern, dass der Staat bereits formell die «Sklaverei» abgeschafft hatte und Sklaven, die an Bord österreichischer Schiffe transportiert wurden oder österreichisches Gebiet erreichten, als «frei» galten. Diese Bestimmung war 1811 in das ABGB aufgenommen worden. Siehe Alison Frank: «The Children of the Desert and the Laws oft the Sea: Austria, Great Britain, the Ottoman Empire, and the Mediterranean Slave Trade in the Nineteenth Century». In: *American Historical Review* 117, Nr. 3 (Juni 2012).

104 In diesem Entwurf wurden Juden nicht explizit erwähnt, doch sowohl jüdi-

sche als auch nicht-jüdische Aktivisten sahen in Paragraf 16 aufgrund der darin in Aussicht gestellten Gewährung von Bürgerrechten den «jüdischen Emanzipationsparagrafen». Hinter den Kulissen kam es zu beträchtlicher Lobbyarbeit, um eine Mehrheit für diesen Paragrafen zu gewinnen. Palacký war angeblich nicht willens, der Frage der jüdischen Emanzipation eine vergleichbare Bedeutung einzuräumen wie der nach gleichen Rechten für Sprecher des Tschechischen, wenn dies nicht tschechichen nationalen Interessen entgegenkam. Eine Analyse der politischen Manöver, die um diesen Paragrafen herum stattfanden, bei Miller: *Rabbis and Revolution*, S. 214–216.

105 http://www.verfassungen.de/at/at-18/kremsier49-htm. Paragrafen 13–15.

106 *Amtliche Verhandlungs-Protokolle des Gemeindeausschusses der Stadt Wien vom 25. Mai bis 5. Oktober 1848.* Wien 1848, S. 43–47; John Boyer: *Political Radicalism in Late Imperial Vienna: Origins of the Christian Social Movement, 1848–1897.* Chicago 1981, S. 15 f. Judson: *Exclusive Revolutionaries*, 53–55.

107 Oberösterreichisches Landesarchiv, Flugschriftensammlung B, Bd. 5. «Protokoll Nr. 1 über die am 24. Juli 1848 von den gesammten Herrn Ständen des Landes ob der Ems mit Zuziehung aller Herren Mitglieder des provisorischen Landes Ausschusses zu Linz gepflogene Verhandlung».

108 Zitiert bei Thomas Götz: *Bürgertum und Liberalismus*, S. 249.

109 *Verhandlungen des provisorischen Landtages des Herzogthumes Steiermark.* Graz 1848 (17. Juni), S. 30.

110 Sehr wenige Aktivisten vertraten 1848 eine Ansicht, wie sie den heutigen Amerikanern wohl am vertrautesten wäre, dass nämlich eine «österreichische Nation» die Gesamtheit österreichischer Bürger umfasste, gleichgültig welches ihre Sprache war oder aus welcher Region sie stammten.

111 Zitiert bei R. J.W. Evans: «Language and State Building: The Case of the Habsburg Monarchy». In: AHY 35 (2004), S. 13.

112 Anton Orosz: *Worte eines eifrigen und uneigennützigen Staatsdieners, die bei der Regulierung der neuen Verhältnisse des Constitutionellen Dalmatien beachtet werden mögen.* Zara 1848, S. 55; zitiert bei Clewing: *Staatlichkeit*, S. 202 f.

113 Hösler: *Von Krain zu Slowenien*, S. 274.

114 Clewing: *Staatlichkeit*, S. 249 und S. 219–255.

115 Hösler: *Von Krain zu Slowenien*, S. 277.

116 Ebd., S. 278.

117 Das winzige Österreichisch-Schlesien wurde oft in administrativer Hinsicht mit Mähren zusammengelegt, 1848 aber von Wien als separate territoriale und administrative Einheit behandelt.

118 Trencsény und Kopecek: *Discourses of Collective Identity*, Bd. 2, S. 256–261; siehe auch: Dan Gawrecki: «Regionale und nationale Identitäten in Österreichisch-Schlesien im langen 19. Jahrhundert». In: *Die Grenzen der Nationen. Identitätenwandel in Oberschlesien in der Neuzeit.* Hg. Kai Struve und Philipp Ther. Marburg 2002, S. 111–134; insbes. S. 112–119.

119 Karl Hickel, Die Opfer des 13. März 1848 (ein Erinnerungsblatt)». Prag 1848; zitiert bei Jan Randák: «Politisch-religiöses Totengedenken zu Beginn der Revolution von 1848/49 in Mitteleuropa». In: *Bohemia* 47, Nr. 2 (2008/07), S. 317.

120 Vielen Wienern vermittelte im Frühjahr 1848 das Eintreffen von Delegationen mit Bittgesuchen an den Kaiser aus der gesamten Monarchie in Wien das Gefühl, dass eine Art brüderlicher Eintracht zwischen den verschiedenen Völkern bestand. Hauch: *Frau Biedermeier*, S. 95–97.

121 *Wiener Zeitschrift für Kunst, Literatur, Theater und Mode* 60–61 (1848), S. 239.

122 Zitiert bei Trencsény und Kopeček: *Discourses of Collective Identity*. Bd. 2, S. 327.

123 Ebd., S. 326 f.

124 Obwohl von Palacký und seinen Verbündeten festgelegt worden war, worüber bei dem Kongress diskutiert werden sollte, waren auch einige nicht-österreichische Teilnehmer zugegen, die eher ein vages panslawisches Programm (die Aufnahme Russlands) statt des austroslawischen verfolgten.

125 Das war die Reaktion deutscher Wortführer auf den sogenannten Grazer «Farbenzwischenfall», bei dem slowenische Aktivisten die slawischen Nationalfarben rot-weiß-blau zur Schau gestellt hatten; siehe Pfeisinger: «1848 in Graz», S. 103–106. Das erklärt auch die in Wien herrschende Begeisterung für Marschall Radetzky – der de facto antirevolutionäre Ziele verfolgte, dies aber in Norditalien tat.

126 Judson: *Exclusive Revolutionaries*, S. 58–60.

127 Vick: *Defining Germany*, S. 113. Zu den diesbezüglichen Debatten siehe S. 110–117 und Kapitel 4 im Allgemeinen.

128 Abigail Green: *Fatherlands: State-Building and Nationhood in Nineteenth-Century Germany*. Cambridge und New York 2005, S. 322.

129 Judson: *Exclusive Revolutionaries*, S. 62.

130 Baron Joseph von Lasser aus Oberösterreich meinte, er sehe wahre Freiheit in der Homogenität bestimmter grundlegender Institutionen, die Freiheit des Einzelnen, Freiheit der Gemeinde und den Zusammenhalt des gesamten Reiches garantierten. Zitiert bei Judson: *Exclusive Revolutionaries*, S. 64. Lasser war ein bedeutender liberaler Politiker der 1860er- und 1870er-Jahre.

131 Als Reaktion darauf schlugen Zentralisten einen Kompromiss vor. Größere vielsprachige Kronländer wie Böhmen sollten in kleinere Distrikte unterteilt werden, wobei diese Aufgliederung auf der Grundlage des Sprachgebrauchs vorgenommen werden sollte. Diesen Distrikten sollten dann viele der Befugnisse zugesprochen werden, die die Zentralisten für die Kronländer vorgesehen hatte. Damit wurde einzelnen Sprachgruppen größere Autonomie eingeräumt, gleichzeitig aber ein föderalistischer Zusammenschluss der jeweils über ein eigenes Landesparlament verfügenden Kronländer vereitelt.

132 Bugge: «Czech Nation Building». S. 84 f.

133 Hösler: *Von Krain zu Slowenien*, S. 323.

134 Rogers Brubaker: *Ethnicity without Groups*. Cambridge 2004, S. 17.

135 Trencsény und Kopeček: *Discourses of Collective Identity*, Bd. 2, S. 153.

136 Hösler: *Von Krain zu Slowenien*, S. 327–329.

137 Der Sieg über die Aufständischen in Mailand wurde von der Wiener Öffentlichkeit nicht als Bedrohung des revolutionären Erfolges in Österreich gesehen. Stattdessen fasste man ihn in patriotischer Manier als Triumph über Rebellen und eine fremde Macht, die die Integrität Österreichs bedroht hatte, auf.

138 Deák: *Lawful Revolution*, S. 329.

5 Ein liberales Imperium entsteht

1 *Allgemeines Reichs-Gesetz-und Regierungsblatt für das Kaiserthum Österreich*, II. Stück, 10, 25. zit. nach www.alex.onb.ac.at/

2 Ebd.

3 Harm Hinrich Brandt: *Der österreichische Neoabsolutismus. Staatsfinanzen und Politik 1848–1860*. 2 Bde. Göttingen 1978, S. 257; siehe auch Ders. (Hg.): *Der österreichische Neoabsolutismus als Verfassungs- und Verwaltungsproblem. Diskussionen über einen strittigen Epochenbegriff*. Wien 2014.

4 In Galizien kam es über der Frage, wem die Nutzung der Allmenden zustand, weiterhin zu Auseinandersetzungen zwischen Grundbesitzern und Bauerngemeinden. Siehe Kai Struve: *Bauern und Nation in Galizien. Über Zugehörigkeit und soziale Emanzipation im 19. Jahrhundert*. Göttingen 2005, S. 108–112.

5 Die Schlacht bei Solferino war die letzte auf europäischem Boden, bei der die Herrscher der an ihr beteiligten Länder ihre Armeen persönlich anführten; in diesem Fall handelte es sich um Franz Joseph, Napoleon III. und König Viktor Emanuel von Piemont-Sardinien.

6 Zitiert bei Robin Okey: *The Habsburg Monarchy c. 1765–1918: From Enlightenment to Eclipse*. New York 2002, S. 189.

7 Friedrich Schütz: *Werden und Wirken des Bürgerministeriums*. Leipzig 1909, S. 152.

8 Zitiert nach Stefan Lippert: *Felix Fürst Schwarzenberg. Eine politische Biographie*. Stuttgart 1998, S. 206.

9 Als Angehöriger dieses Ausschusses – dessen bürgerliche Mitglieder keineswegs in sozialer Hinsicht so radikal eingestellt waren, wie sein Name impliziert – sprach Bach sich dagegen aus, Arbeitern das Wahlrecht zu gewähren und wies auch Forderungen der Arbeiter nach Sozialfürsorgeprogrammen zurück. Siehe Christoph Stölzl: *Die Ära Bach in Böhmen. Sozialgeschichtliche Studien zum Neoabsolutismus 1849–1859*. München und Wien 1971, S. 250. Bach wäre im Oktober 1848 bei dem Aufstand in Wien beinahe gelyncht worden (ebd.).

10 Unter dem neuen absolutistischen System trafen die Kabinettminister gewöhnlich nicht zusammen, sondern erstatteten einzeln dem de facto bedeutungslosen Reichsrat Bericht, der dann wiederum den Kaiser informierte.

11 Siehe Waltraud Heindl: Josephinische Mandarine. Bürokratie und Beamte in Österreich, Bd. 2: *1848–1914*. Wien 2013, S. 42.

12 Evans: *Austria, Hungary, and the Habsburgs*, S. 281 f.

13 Beamte kleideten sich in auffallende (und oft teure) Uniformen, die bis 1918 in Wien für sie entworfen wurden. Karl Megner: *Beamte. Wirtschafts- und sozialgeschichtliche Aspekte des k.k. Beamtentums*. Wien 1986.

14 Ebd., S. 335 f.

15 Heindl: *Josephinische Mandarine*, S. 45.

16 Interessanterweise stammten die Beamten, die man nach Venetien entsandte, nachdem es dort kurz zuvor zu Aufständen gekommen war, aus anderen italienischsprachigen Regionen der Monarchie (nur nicht aus Venedig). Siehe Andreas Gottsmann: *Venetien 1859–1866. Österreichische Verwaltung und nationale Opposition*. Wien 2005, S. 31. Zur Brandmarkung von Beamten als «Deutsche» siehe Markian Prokopovych: *Habsburg Lemberg. Architecture, Public Space, and Politics in the Galician Capital, 1772–1914*. West Lafayette, IN, 2009.

17 Heindl: *Josephinische Mandarine*, S. 38 f.

18 Zitiert ebd., S. 44 f.

19 Unger, ein konvertierter Jude, saß in den 1870er-Jahren unter der liberalen Regierung Auersperg im Herrenhaus und war Präsident des Reichgerichts.

20 Siehe Waltraud Heindls Bericht über den Aufruhr im Kabinett, den eine 1852 von Thun vor den Mitgliedern der juristischen Fakultät der Wiener Universität gehaltene Rede auslöste, in der er offen das kritisierte, was er die «Naturrechtsgrundlage» des Allgemeinen Bürgerlichen Gesetzbuches nannte. In W. H. (Hg.): *Die Protokolle des österreichischen Ministerrates 1848–1867. Das Ministerium Buol-Schauenstein*. Bd. 1, 14. April 1852–13. März 1853. Wien 1975, S. xix–xxi.

21 C. A. Macartney: *The Habsburg Empire 1790–1918*. London 1969, S. 441 f. Viele von denen, die sich für die Verwendung von Volkssprachen in den Volksschulen aussprachen, konnten sich einfach nicht vorstellen, dass eine slawische Sprache an weiterführenden Schulen oder der Universität von Nutzen sein könnte.

22 Gary Cohen: *Education and Middle-Class Society in Imperial Austria, 1848–1918*. West Lafayette, IN, 1996, S. 25. Zu Thuns Reformen und dem Verhältnis, in dem sie zum Liberalismus standen, siehe auch Deborah Coen: *Vienna in the Age of Uncertainty: Science, Liberalism and Private Life*. Chicago 2007, S. 66; Heindl: *Josephinische Mandarine*, S 59–63.

23 Zitiert bei Cohen: *Education and Middle Class Society*, S. 25.

24 David Good: *The Economic Rise of the Habsburg Empire, 1750–1914*. Berkeley und Los Angeles 1984, S. 78 f.; Stölzl: *Die Ära Bach*, S. 28; Roman

Sandgruber: *Ökonomie und Politik. Österreichische Wirtschaftsge-schichte vom Mittelalter bis zur Gegenwart.* Wien 2005, S. 234 f. Steigen-den Getreidepreisen in der Zeit von 1850–1870 war es zu verdanken, dass viele Bauern im Westen ihren Anteil schon früh, bis zum Jahr 1860, beglei-chen konnten.

25 Struve: *Bauern und Nation,* insbes. S. 109–111. Bauerngemeinden erhielten insgesamt 1,2 Millionen Gulden und ca. 161 000 Hektar von den 2 700 000 Hektar Wald und Weideland, die ursprünglich gemeinschaftlich genutzt worden waren.

26 Ebd., S. 110; John-Paul Himka: *Galician Villagers and the Ukrainian Natio-nal Movement in the Nineteenth Century.* New York 1988, S. 40–48.

27 Die Tatsache, dass viele Bauern auf andere Weise von ihren ehemaligen Her-ren abhängig wurden, weil sie sich nämlich Geld von ihnen liehen, verstärkte ihr Misstrauen noch weiter.

28 Stölzl weist auf den Extremfall der Familie Schwarzenberg hin, die ur-sprünglich 607 028 Hektar Land in Böhmen besessen und über 230 000 Ab-hängige geboten hatte, deren Besitz dann aber nur noch 178 062 Hektar umfasste. Stölzl: *Die Ära Bach in Böhmen,* S. 35.

29 Ebd., S. 36. Die Adligen wehrten sich auch gegen ihre Eingliederung in Gemeinden, weil sie dann Schulsteuern und Kommunalabgaben hätten ent-richten müssen und es oft die Bauern waren, die die Beamten wählten, die über diese Abgaben entschieden. Ein 1851 erlassenes Gesetz räumte den Grundbesitzern die Möglichkeit ein, ihre Besitzungen nicht einer Verwaltung durch eine Gemeinde zu unterstellen, sondern sie selber zu übernehmen.

30 Bruck war der Meinung, dass das Zollsystem unbeabsichtigterweise das Wachstum des Reiches gehemmt habe, und er glaubte (zu Recht, wie sich herausstellte), dass österreichische Fabrikanten, vor allem auf dem Balkan und im Osmanischen Reich, erfolgreich gegen ausländische Konkurrenten bestehen könnten.

31 Die einzige Strecke, die nicht in staatlichem Besitz war, war die Kaiser-Fer-dinand-Linie, die Wien mit Galizien verband. Burkhard Köster: *Militär und Eisenbahn in der Habsburgermonarchie 1825–1859.* München 1999, S. 238–240; Good: *Economic Rise,* S. 81.

32 Good: *Economic Rise,* S. 81.

33 Ebd., S. 83.

34 Carl von Czörnig: *Österreichs Neugestaltung 1848–1858.* Stuttgart und Augsburg 1858, S. 206–208; Macartney: *Empire,* S. 460.

35 Czörnig: *Österreichs Neugestaltung,* S. 208 f. Die Verteilung der Handels-kammern auf die Kronländer und Regionen sah in den 1850er-Jahren wie folgt aus: je eine in den Kronländern Nieder- und Oberösterreich, Salzburg, Kärnten, Krain, Schlesien, Bukowina und der Region Wojwodina/Banat. Je drei in Galizien, Kroatien-Slawonien und der Küstenregion (Triest, Görz und Istrien). Vier in Tirol, je fünf in Böhmen und Ungarn, acht in Venedig, neun in der Lombardei.

36 Macartney: *Empire*, S. 488; siehe auch Daniel Unowsky: *The Pomp and Politics of Patriotism. Imperial Celebrations in Habsburg Austria, 1848–1916.* West Lafayette, IN, 2005, S. 37.

37 Unowsky: *Pomp and Politics*, S. 44.

38 Ebd., S. 41 f. Diese Petition, Galizien zu teilen, wurde von 200 000 Einwohnern des Kronlands unterzeichnet.

39 Nicht alle Juden, vor allem nicht solche, die orthodoxen Gruppierungen angehörten, wünschten eine vollständige Emanzipation; der Kaiser blieb trotzdem bei ihnen beliebt. Die österreichische Regierung hatte Juden 1848 emanzipiert – was auch mit der Kremsierer Verfassung geschah –, die ungarische hingegen nicht.

40 Zu diesem Gerücht und generell zur Elisabeth-Verehrung in Ungarn siehe Andras Gerö: *Modern Hungarian Society in the Making: The Unfinished Experience.* Budapest und New York 1995, S. 223–237.

41 Alice Freifeld: «Empress Elisabeth as Hungarian Queen: The Uses of Celebrity Monarchism». In: *The Limits of Loyalty: Imperial Symbolism, Popular Allegiance, and State Patriotism in the Late Habsburg Monarchy.* Hg. von Laurence Cole und Daniel Unowsky. New York 2007, S. 143 f.

42 Ebd., S. 145 f. Zu Mariazell und den Habsburgern im Allgemeinen siehe Alison Frank: «The Pleasant and the Useful: Pilgrimage and Tourism in Habsburg Mariazell». In: AHY 40 (2009), S. 157–182.

43 In mehreren Fällen wurde das Bild Elisabeths in von Zeitungen veröffentlichte Abbildungen der Habsburger im häuslichen Kreis einmontiert; dabei hielt sie sich in den 1870er- und 1880er-Jahren immer öfter fern von Wien auf. Dazu und zu anderen Aspekten der Darstellung der Kaiserin in den Medien siehe Olivia Gruber Florek: «The Modern Monarch: Empress Elisabeth and the Visual Culture of Femininity, 1850–1900». Dissertation, Rutgers University, 2012; insbes. Kapitel 2.

44 Ernst von Schwarzer: *Geld und Gut in Neuösterreich.* Wien 1857.

45 Ebd., S. 12.

46 Ebd., S. 19.

47 Heindl: *Josephinische Mandarine*, S. 64.

48 Schwarzer: *Geld und Gut*, S. 8.

49 Ebd., S. 12.

50 Siehe Eugen Weber: *Peasants into Frenchmen. The Modernization of Rural France 1870–1914.* Stanford, CA, 1976, S. 67, ebenso S. 3–22 und 67–94.

51 Joseph Baron Hammer-Purgstall: «Vortrag über die Vielsprachigkeit.» In: *Die feierliche Sitzung der kaiserlichen Akademie der Wissenschaften am 29. Mai 1852.* Wien 1852, S. 87–100, hier S. 96.

52 Hammer-Purgstall: «Vortrag», S. 98.

53 Peter Stachel: «Die Harmonisierung national-politischer Gegensätze und die Anfänge der Ethnographie in Österreich». In: *Geschichte der österreichischen Humanwissenschaften.* Hg. von Karl Acham. Wien 2002, S. 323–367. Siehe auch Karl Pusman: Die «*Wissenschaften vom Menschen» auf Wiener*

Boden (1870–1959). Die Anthropologische Gesellschaft in Wien und die anthropologischen Disziplinen im Fokus von Wissenschaftsgeschichte, Wissenschafts- und Verdrängungspolitik. Wien und Berlin 2008; Brigitte Fuchs: «Rasse», «Volk», «Geschlecht», Anthropologische Diskurse in Österreich 1850–1960. Frankfurt a. M. 2003.

54 Karl Freiherr von Czoernig: Ethnographie der österreichischen Monarchie mit einer ethnographischen Karte in vier Blättern. 3 Bde. Wien 1857, Bd. I, S. v.

55 Zitiert bei Stölzl: Die Ära Bach, S. 56. Fügner wurde später tschechischer Nationalist und war einer der Begründer der Sokol-Bewegung.

56 Zitiert ebd., S. 58, Anm. 9. Bach fürchtete anscheinend, dass das Sylvesterpatent, mit dem die Verfassung von 1849 außer Kraft gesetzt wurde, zu Demonstrationen und Gewalttätigkeiten führen würde, was aber nicht geschah.

57 Augsburger Zeitung, zitiert ebd., S. 58 f.

58 Zitiert ebd., S. 61.

59 Zitiert ebd., S. 57 f.

60 Allein in Böhmen zählten dazu die ehemaligen liberalen Abgeordneten Gustav Gross, Eduard Strache, Franz Stradal und Franz Klier; andere wurden angesehene Mitglieder von Handelskammern. Stölzl: Die Ära Bach, S. 59–61.

61 Leopold von Hasner: Denkwürdigkeiten. Autobiographisches und Aphorismen. Stuttgart 1892, S. 51.

62 Zitiert bei Thomas Götz: Bürgertum und Liberalismus in Tirol 1820–1873. Zwischen Stadt und Region, Staat und Nation. Köln 2001, S. 269. Siehe auch Christian Dirninger: «Die Habsburgermonarchie als Beispiel binnenstaatlicher Integration im 19. Jahrhundert». In: Wirtschaftliche Integration und Wandel von Raumstrukturen im 19. und 20. Jahrhundert. Hg. von Josef Wysocki. Berlin 1994, S. 65–100.

63 Innsbrucker Zeitung, zitiert bei Götz: Bürgertum und Liberalismus, S. 269.

64 Stölzl: Die Ära Bach, S. 58, Anm. 8.

65 Giskra fand eine Anstellung in der Wiener Anwaltskanzlei des Liberalen Eduard von Mühlfeld. Ende der 1850er-Jahre erhielt er die Erlaubnis, selbst als Advokat zu praktizieren, jedoch nur in Brünn. 1861 wurde er in den Mährischen Landtag gewählt und von dort aus ins neue Parlament (den Reichsrat) nach Wien entsandt.

66 http://www.britannica.com/place/Austria/History#toc33363.

67 Beide Verfassungen verliehen auch den Kommunen beträchtliche Befugnisse auf Kosten der Landtage. Siehe Jiří Klabouch: «Die Lokalverwaltung in Cisleithanien». In: Die Habsburger Monarchie 1848–1918, Bd. 2: «Verwaltung und Rechtswesen». Hg. von Adam Wandruszka und Peter Urbanitsch. Wien 1975, S. 270–395. John Deak: Forging a Multinational State: State Making in Imperial Austria from the Enlightenment to the First World War. Stanford, CA, 2015, S. 83–94.

68 Götz: *Bürgertum und Liberalismus*, S. 253 f.

69 Ebd., S. 255.

70 Fritz Mauthner: *Erinnerungen: Prager Jugendjahre*. Berlin 2014, S. 71; Gerhard Kurz: «Von Schiller zum deutschen Schiller. Die Schillerfeiern in Prag von 1859 und 1905». In: *Die Chance der Verständigung. Ansichten und Ansätze zu übernationaler Zusammenarbeit in den böhmischen Ländern 1848–1918*. Hg. von Ferdinand Seibt. München 1987, S. 41; Robert Nemes: *The Once and Future Budapest*. DeKalb, Ill., 2005, S. 159.

71 Robert Hoffmann: «Bürgerliche Kommunikationsstrategien zu Beginn der liberalen Ära: Das Beispiel Salzburg.» In: *Durch Arbeit, Besitz, Wissen und Gerechtigkeit. Bürgertum in der Habsburgermonarchie*. Bd. II. Hg. von Hannes Stekl, Peter Urbanitsch, Ernst Bruckmüller, Hans Heiss. Wien 1992, S. 317–336; siehe auch Alfred Hanke: *Die nationale Bewegung in Aussig von 1848–1914*. Prag 1943, S. 35 f.

72 Die österreichischen Finanzminister versuchten durch Kürzungen des Reichshaushalts – vor allem durch Beschneidung der Ausgaben für das Militär – zu erreichen, dass Papiergulden wieder in Silbergeld konvertiert werden konnten.

73 F. Schnürer: *Briefe Kaiser Franz Josefs an seine Mutter*. Salzburg 1930, S. 302.

74 Schon der Name dieses Gremiums, Reichsrat, zeigt an, dass der Kaiser ihm nur beschränkte Kompetenzen verleihen wollte.

75 Das änderte sich 1873; von da an hatten die Wähler das Recht, die Parlamentsabgeordneten per Direktwahl zu bestimmen, was unter anderem dazu dienen sollte, störrische föderalistische Landtage daran zu hindern, den Reichsrat zu boykottieren.

76 Zum Wahlsystem und der Einteilung in Bezirke, der «Wahlgeometrie», siehe Bernd Rottenbacher: *Das Februarpatent in der Praxis. Wahlpolitik, Wahlkämpfe und Wahlentscheidungen in den böhmischen Ländern der Habsburgermonarchie 1861–1871*. Frankfurt 2001.

77 Diese Aufteilung in einen weiteren und einen engeren Reichsrat machte es möglich, dass das Parlament sich versammelte und Entscheidungen in Bezug auf Österreich fällte, wenn die Ungarn sich weigerten, Vertreter nach Wien zu entsenden.

78 Siehe Stefan Malfer: *Einleitung*, in: *Die Protokolle des österreichischen Ministerrates 1848–1867*, V. Abteilung: *Die Ministerien Erzherzog Rainer und Mensdorff*. Bd. 2,1. 1. Mai 1861–2. November 1861. Bearb. von Stefan Malfèr. Wien 1981, S. ix–xxxii.

79 Stenographische Protokolle über die Sitzungen des Hauses der Abgeordneten des österreichischen Reichsrates (im Folgenden zitiert als SPSHA) I, Wahlperiode I.,1. Session, Sitzung am 2. Mai 1861, S. 7.

80 Ebd.

81 Jonathan Kwan: ««Öffentlichkeit», Adressdebatten und die Anfänge des Parlamentarismus in der Habsburgermonarchie 1861–1867». In: *Hohes Haus!*

150 Jahre moderner Parlamentarismus in Österreich, Böhmen, der Tsche-
choslowakei und der Republik Tschechien im mitteleuropäischen Kontext.
Hg. von Franz Adlgasser, Jana Manlínská, Helmut Rumpler und Luboš
Velek. Wien 2015, S. 135–144.

82 Pieter M. Judson: «Forcing Constitutional Change through Parliamentary
Practice in 1861». In: Adlgasser: Hohes Haus!, S. 119–134.

83 SPSHA, I. Wahlperiode, I. Session, 17. Sitzung am 15. Mai 1861, S. 116.

84 SPSHA, I. Wahlperiode, I. Session, 13. Sitzung am 11. Juni 1861, S. 263.

85 Ebd., S. 267.

86 Heinrich Pollak: Dreißig Jahre aus dem Leben eines Journalisten. 3 Bde.
Wien 1898, Bd. 1, S. 68. Franz von Krones: Moritz von Kaiserfeld. Sein
Leben und Wirken. Leipzig 1888, S. 203 ff.; Kurt Wimmer: Liberalismus in
Oberösterreich am Beispiel des liberal-politischen Vereins für Oberöster-
reich in Linz 1869–1909. Linz 1979, S. 194.

87 Lothar Höbelt (Hg.): Der Vater der Verfassung. Aus den Denkwürdigkeiten
Anton Ritters von Schmerling. Wien 1993, S. 157, 52, 136–139; Gottsmann:
Reichstag, S. 653 ff.

88 Zu einem Überblick über die Streitfragen, die den Reichsrat und das Kabinett in der Zeit zwischen 1861 und 1865 entzweiten, siehe: Pieter M. Judson:
Exclusive Revolutionaries: Liberal Politics, Social Experience, and National Identity in the Austrian Empire, 1848–1914. Ann Arbor 1996, S. 93–
105.

89 Er schuf jedoch einen siebenbürgischen Landtag, der für kurze Zeit Abgeordnete in den Reichsrat entsandte.

90 Keely Stauter-Halsted: The Nation in the Village: The Genesis of Peasant
National Identity in Austrian Poland, 1848–1914. Ithaca, NY, 2001;
Unowsky: Pomp and Politics, S. 46. Der Landtag von 1861 wurde 1863 während einer Erhebung polnischer Nationalisten in Russland vorübergehend
aufgelöst. Obwohl es polnischen Nationalisten in Galizien gelang, in den
1870er-Jahren Bauern den Einzug in den Landtag zu verwehren, konnten sie
nicht verhindern, dass eine Handvoll Bauern und dreizehn ruthenische
Nationalisten zu Reichsratsabgeordneten gewählt wurden.

91 Jiří Štaif: «Czech Politics and Schmerling's Electoral Geometry». In: Adlgasser: Hohes Haus!», S. 145–156. Zu Spaltungen innerhalb der tschechisch-
nationalen Partei siehe Bruce Garver: The Young Czech Party 1874–1901
and the Emergence of a Multi-Party System. New Haven, CT, und London
1974, S. 60–75.

92 Franz Joseph und viele frühere Zentralisten scheuten davor zurück, den
Namen «Österreich» für die nicht-ungarische Hälfte der Doppelmonarchie
zu verwenden. Für sie verband sich mit dem Namen immer noch die Vorstellung vom ganzen Reich. Der Name Österreich wurde während des Ersten
Weltkriegs offiziell für diese Hälfte der Monarchie eingeführt.

93 Es gab keine österreichisch-ungarische Verfassung, eine Tatsache, die erst
problematisch wurde, als Österreich-Ungarn mit Bosnien-Herzegowina ein

Protektorat erwarb, das beiden Staaten gehörte. Das Problem verschärfte sich, als Österreich-Ungarn dieses Protektorat 1908 annektierte. Siehe Gerald Stourzh: «Die dualistische Reichsstruktur. Österreichbegriff und Österreichbewusstsein 1867–1918». In: *Der Umfang der österreichischen Geschichte. Ausgewählte Studien 1990–2010.* Wien 2011, S. 105–114.

94 Zitiert bei Andrej Rahten: «Vom Primus zum Volkstribun. Die slowenischen Parlamentarier in den Parlamenten der Habsburgermonarchie». In: Adl-gasser: *Hohes Haus!*, S. 192.

95 Zu den Verhandlungen im Zusammenhang mit der *Nagodba* siehe Macart-ney: *Habsburg Empire*, S. 557 f. Franz Joseph erklärte sich damit einverstan-den, dass Dalmatien – damals Teil Österreichs – Verhandlungen um seine Aufnahme in die ungarisch-kroatische Reichshälfte führte, wenn der dor-tige Landtag sich dafür entschied. Der Landtag, in dem italienische Mit-glieder in der Mehrheit waren, machte aber nicht von dieser Möglichkeit Gebrauch, über die jedoch später, als kroatische Abgeordnete die Mehrheit innehatten, debattiert wurde. Macartney: *Habsburg Empire*, S. 645 f.

96 Okey: *Habsburg Monarchy*, S. 317.

97 Joachim von Puttkamer: *Rumänen und Siebenbürger Sachsen in der Aus-einandersetzung mit der ungarischen Staatsidee 1867–1914.* München 2003, S. 36.

98 Ágoston Berecz: *The Politics of Early Language Teaching: Hungarian in the Primary Schools of the Late Dual Monarchy.* Budapest 2013, S. 60.

99 Ebd., S. 60 f.

100 Die Prozentangaben nach Okey: *Habsburg Monarchy*, S. 315.

101 Zum Umsichgreifen des Antisemitismus in der ungarischen Lokalpolitik siehe Robert Nemes: «The Uncivil Origins of Civil Marriage: Hungary». In: *Culture Wars: Secular Catholic Conflict in Nineteenth Century Europe.* Hg. von Cristopher Clark und Wolfram Kaiser. Cambridge und New York 2003, S. 336–365.

6 Kulturkämpfe und Kämpfe um die Kultur

1 Bei den offiziellen Erhebungen, die in beiden Hälften des Reichs vorgenom-men wurden, wurden die Staatsbürger einer der folgenden Sprachgruppen zugeordnet: der tschechischen (nach 1880 als böhmisch-mährisch-slowa-kisch bezeichnet), der deutschen, der italienischen (nach 1880 als italienisch-ladinisch bezeichnet), der magyarischen, der polnischen, der rumänischen, der ruthenischen (oder ukrainischen), der serbo-kroatischen (manchmal auch getrennt als serbisch und kroatisch aufgeführt) und der slowenischen. Damit sind kaum alle Sprachen erfasst, die damals im Reich gebräuchlich waren. Viele Bürger verwendeten Sprachen, die die mit der Durchführung der Erhebung Beauftragten wohl als «lokale» oder «Dialekte» einstuften, wie das Ladinische in Tirol, das Jiddische in Galizien und der Bukowina oder

mährische Dialekte in Mähren und einem Teil Ungarns. Siehe *Die Habs-burgermonarchie 1848–1918*, Bd. 3: «Die Völker des Reiches». Hg. von Adam Wandruszka und Peter Urbanitsch. Wien 1980, Tabelle zwischen den Seiten 38 und 39.

2 Oscár Jászi: *Dissolution of the Habsburg Monarchy.* Chicago 1929. Man be-gegnet diesem Argument – in etwas anderer Formulieurng als bei Jászi – auch in den Behauptungen von Historikern, Journalisten und Politikern, die die Nachfolgerstaaten nach 1918 zu legitimieren versuchten und geltend machten, dass eine Bevölkerung, die aus nur einer ethnischen Gruppe be-steht, die angemessenste und modernste Gundlage für einen eigenständigen Staat bilde.

3 Eugen Weber meinte in seinem: *Peasants into Frenchmen. The Moderniza-tion of Rural France 1870–1914.* Stanford, CA, 1976, dass nur eine Minder-heit der Einwohner Frankreichs im 19. Jahrhundert die französische Sprache beherrscht habe und ein französisches Volk erst von und durch Einrichtun-gen des Zentralstaats wie Schulen, dem Militärdienst und der Eisenbahn ge-schaffen werden musste.

4 Man könnte Vergleichbares für das Osmanische Reich in der gleichen Zeit behaupten, wo die Herausbildung eines Konzepts von Staatsbürgerschaft und das gleichzeitige Ende des Milletsystems, jener Rechtsordnung, die jahrhundertelang das öffentliche Leben geregelt und religiöse Unterschiede ausgeglichen hatte, ebenfalls ein starkes Empfinden ethnischer und religiö-ser Unterschiede aufkommen ließ. Siehe z. B. Michelle U. Campos: *Ottoman Brothers: Muslims, Christian, and Jews in Early Twentieth-Century Pa-lestine.* Stanford, CA, 2011, S. 71–73, 87–92.

5 Siehe die Aufsätze von Rogers Brubaker: «Ethnicity without Groups», «Identity» (zusammen mit Frederick Cooper), «Ethnicity as Cognition» und «Ethnic and Nationalist Violence». In: R. B.: *Ethnicity without Groups.* Cambridge, MA, 2004, S. 7–115.

6 Besonders aufschlussreich sind die Arbeiten von Gerald Stourzh und mehre-ren seiner Schüler zur Rechts- und Verwaltungspraxis in der österreichi-schen Hälfte des Reichs.

7 *Kikeriki*, 9. Januar 1868, S. 1.

8 Es ist wichtig, zwischen der akzeptierten Barttracht – Backenbart, aber glatt-rasiertes Kinn – und der nicht tolerierten – Vollbart – zu unterscheiden. Siehe Ernst Hanisch: «Der Verlust der Bärte. Zur politischen Kultur der Wendehälse». In: *«Dürfen's denn das?» Die fortlaufende Frage zum Jahr 1848.* Hg. von Sigurd Paul Scheichl und Emil Brix. Wien 1999, S. 249–253, insbes. S. 250.

9 Die sechs sogenannten bürgerlichen Minister waren Johann N. Berger aus Niederösterreich (Minister ohne Geschäftsbereich), Rudolf Brestel, ebenfalls aus Niederösterreich (Finanzen), Carl Giskra aus Mähren (Inneres), Leopold von Hasner aus Böhmen (Religion und Erziehung), Eduard Herbst, ebenfalls aus Böhmen (Justiz) und Ignaz von Plener (dessen Familie dreizehn Jahre

zuvor geadelt worden war) aus Böhmen (Handel). Die Aristokraten im Kabinett waren der liberale Zentralist Fürst Karl Auersperg (Ministerpräsident), der galizische Konservative Graf Alfred Potocki (Landwirtschaft) und Graf Eduard Taaffe (Landesverteidigung, stellvertretender Ministerpräsident).

10 *Konstitutionelle Vorstadt-Zeitung*, 21. Dezember 1867.

11 Das Zitat stammt aus einem Programm des Linzer Liberal-Politischen Vereins. Siehe Kurt Wimmer: *Liberalismus in Oberösterreich am Beispiel des liberal-politischen Vereins für Oberösterreich in Linz 1869–1909*. Linz 1979. S. 172.

12 *St. Pöltener Wochenblatt*, zitiert bei Erhard Unterberger: «Der Liberalismus in St. Pölten (1870–1918)». Dissertation, Universität Wien, 1966, S. 32.

13 Adolf Promber in: *Politischer Volkskalender für 1878*. Klagenfurt und Villach 1877, S. 1–5.

14 Zu diesem Kulturkampf gegen die katholische Kirche, mit besonderer Berücksichtigung von Tirol, siehe: Laurence Cole: «The Counterreformation's Last Stand: Austria». In: *Culture Wars: Secular-Catholic Conflict in Nineteenth-Century Europe*. Hg. von Christopher Clark und Wolfram Kaiser. Cambridge und New York 2003, S. 285–312.

15 Carl Schorske: «The Ringstraße, Its Critics, and the Birth of Urban Modernism.» In: *Fin-de-Siècle Vienna: Politics and Culture*. New York 1980, S. 24–115; Nemes: *The Once and Future Budapest*. DeKalb 2005, S. 107–129 und S. 158–166; Peter Hanak: «Urbanization and Civilization: Vienna and Budapest in the Nineteenth Century.» In: *The Garden and the Workshop: Essays on the Cultural History of Vienna and Budapest*. Princeton, NJ, 1998, S. 3–43; Markian Prokopovych: *Habsburg Lemberg. Architecture, Public Space, and Politics in the Galician Capital, 1772–1914*. West Lafayette, IN, 2009, S. 83–100 und S. 157–196; Nancy M. Wingfield: *Flag Wars and Stone Saints: How the Bohemian Lands Became Czech*. Cambridge, MA, 2007, S. 17–47; Cathleen Giustino: *Tearing Down Prague's Jewish Town*. Boulder, CO, und New York 2003. Zum Kult der Liberalen um Maria Theresia und der Errichtung ihr gewidmeter Denkmäler siehe Werner Telesko: *Maria Theresia. Ein europäischer Mythos*. Wien 2012, S. 129–176.

16 Werner Telesko: *Kulturraum Österreich. Die Identität der Regionen in der bildenden Kunst des 19. Jahrhunderts*. Wien 2008.

17 Cole: «The Counterreformation's Last Stand», S. 295 f.

18 Ebd., S. 293 f.

19 Von diesem Zeitpunkt an übten die Kirchen nur die Kontrolle über den obligatorischen Religionsunterricht an den Volksschulen aus. Der Kaiser unterzeichnete dieses Gesetz, das dem römisch-katholischen Establishment einen empfindlichen Schlag versetzte, nur mit größtem Widerstreben. Siehe Karl Vocelka: *Verfassung oder Concordat? Der publizistische Kampf der österreichischen Liberalen um die Religionsgesetze des Jahres 1868*. Wien 1978.

20 Zitiert bei Max Vögler: «Similar Paths, Different ‹Nations›: Ultramontanisation and the Old Catholic Movement in Upper Austria, 1870–71». In: *Dif-

ferent Paths to the Nation: Regional and National Identities in Central Europe and Italy, 1830–1870. Hg. von Laurence Cole. New York 2007, S. 184.

21 Graf Taaffe, der Vertraute Franz Josephs im Bürgerministerium, berichtete es dem Kaiser mit der geziemenden Missbilligung.

22 Aus einem Artikel in der Wiener Zeitung *Morgenpost* vom 18. Oktober 1867, zitiert bei Vögler: «Similar Paths, Different Nations?», S. 184.

23 Kai Struve: *Bauern und Nation in Galizien. Über Zugehörigkeit und soziale Emanzipation im 19. Jahrhundert.* Göttingen 2005, S. 296.

24 Cole: «The Countereformation's Last Stand», S. 294. Die einzelnen Landtage hatten einen gewissen Spielraum, was die Umsetzung der diversen Einzelbestimmungen dieses Gesetzes betraf. Da sich der vom Klerus dominierte Provinzschulrat von Tirol bis 1910 weigerte, Geld für die Gehälter der Lehrer zur Verfügung zu stellen, unterrichteten dort weiterhin vor allem Priester an den Schulen.

25 Zum Kult um das Heiligste Herz Jesu siehe Laurence Cole: «*Für Gott, Kaiser und Vaterland», Nationale Identität der deutschsprachigen Bevölkerung Tirols, 1860–1914.* Frankfurt a. M. 2000, S. 139–224. Zu Wallfahrten in Österreich siehe Alison Frank: «The Pleasant and the Useful: Pilgrimage and Tourism in Habsburg Mariazell». In: AHY 40 (2009), S. 157–182. Zu einem Vergleich mit der volkstümlichen katholischen Kultur in Deutschland während des Kulturkampfs siehe Davin Blackbourn: *Marpingen: Apparitions of the Virgin Mary in Nineteenth-Centry Germany.* New York 1994; Jonathan Sperber: *Popular Catholicism in Nineteenth-Century Germany.* Princeton, NJ, 1984.

26 Laurence Cole: «Patriotic Celebrations in Late Nineteenth- and Early Twentieth-Century Tyrol.» In: *Staging the Past: The Politics of Commemoration in Habsburg Central Europe, 1848 to the Present.* Hg. von Nancy Wingfield und Maria Bucur. West Lafayette, IN, 2001, S. 80.

27 Der Text des *syllabus errorum* unter http://www.ewtn.com/library/PAPALDOC/P9SYLL.HTM.

28 Cole: «The Counterrefomation's Last Stand», S. 287–289; Nicholas Atkins und Frank Tallett: *Priests, Prelates and People: A History of European Catholicism since 1750.* Oxford 2002, S. 130. Siehe auch Max H. Vögler: «Religion and the Social Question in the Habsburg Hinterland: The Catholic Church in Upper Austria, 1850–1914.» Dissertation, Columbia University, 2006, «Introduction».

29 Zitiert in Wilhelm Wadl: *Liberalismus und soziale Frage in Österreich. Deutschliberale Reaktionen und Einflüsse auf die frühe österreichische Arbeiterbewegung (1867–1879).* Wien 1987, S. 52.

30 Vögler: «Similar Paths», S. 184. Pieter M. Judson: *Exclusive Revolutionaries: Liberal Politics, Social Experience, and National Identity in the Austrian Empire, 1848–1914.* Ann Arbor 1996; S. 134; Cole: «The Counterreformation's Last Stand», S. 302.

31 Vögler: «Similar Paths», S. 185 f.

32 Ebd.

33 Karl von Stremayr, der liberale Minister für Erziehung und Religion, erklärte, «[...] dass [a]n Stelle der alten, historischen, limitierten Kirchengewalt eine neue, unbeschränkte und unbeschränkbare getreten ist». Linzer Tages-Post, 14. Februar 1870; zit. n. Vögler, «Similar Paths», S. 189, Anm. 42.

34 Franz Josef Rudigier: *Über die Unfehlbarkeit des Papstes und die Liberalen.* Linz 1870; zitiert bei Vögler: «Similar Paths», S. 191.

35 In Teilen Österreichs führte der Konflikt zur Konversion von Hunderten von Katholiken – aber nicht zum Protestantismus, sondern zu den sogenannten «Altkatholiken», einer Bewegung, die die Lehre von der Unfehlbarkeit des Papstes ablehnte, doch im Großen und Ganzen an der traditionellen katholischen Lehre festhielt. «Neuprotestanten», ebd., S. 194.

36 *Neue Freie Presse*, 14. Dezember 1871, S. 1 f. Der Vorfall wird auch erwähnt in Walter Rogge: *Österreich seit der Katastrophe Hohenwart-Beust.* 2 Bde. Leipzig und Wien 1879, Bd. 1, S. 9.

37 Wimmer: *Liberalismus in Oberösterreich*, S. 194, Anm. 2; Vögler: «Similar Paths», S. 184 f.

38 Wimmer: *Liberalismus in Oberösterreich*, S. 30. Schon bei den Landtagswahlen von 1870 hatten die Konservativen den Liberalen einen Schock versetzt, indem sie in jedem der ländlichen Wahlkreise und sogar in einigen städtischen den Sieg davontrugen. Über Ängste der Liberalen wegen des Aufkommens katholischer Vereine siehe einen Artikel, in dem das Wachstum liberaler und konservativer Organisationen verglichen werden, in *Deutsche Zeitung* (Abendblatt) vom 22. Dezember 1871.

39 Vögler: «Similar Paths», S. 193.

40 *Neues Wiener Tagblatt*, 15. Oktober 1868.

41 *Für das Volk*, 20. Mai und 5. Juni 1868; [Wilhelm Angerstein]: *Österreichs parlamentarische Größen.* Leipzig 1872, S. 21 (Hervorhebung im Original); Wadl: *Liberalismus*, S. 62.

42 *Neue Freie Presse* 13, Nr. 5 (1868), S. 1; ausführlich zitiert bei Wadl: *Liberalismus und soziale Frage*, S. 62.

43 Beispiele für das Unvermögen der Arbeiter, sich öffentlich zu artikulieren, bei Wadl: *Liberalismus*, S. 159 und S. 161.

44 Aus: «Die Volkswirtschaft und die Volksschule». In: *Der österreichische Ökonomist* Nr. 32 (1869); zitiert ebd., S. 161.

45 Zum Wahlrecht siehe die Arbeiten von Brigitta Baader-Zaar, u. a.: «Women in Austrian Politics, 1890–1934: Goals and Visions». In: *Austrian Women in the Nineteenth and Twentieth Centuries.* Hg. von David Goode, Margarete Grandner und Mary-Jo Maynes. New York 1996, S. 59–90; «Rethinking Women's Suffrage in the Nineteenth Century: Local Government and the Entanglements of Property and Gender in the Austrian Half of the Habsburg Monarchy, Sweden, and the United Kingdom.» In: *Constitutionalism.*

Legitimacy, and Power; Nineteenth-Century Experiences. Hg. von Kelly Grotke und Markus Prutsch. Oxford 2014, S. 107–126. Siehe auch die drei Aufsätze: Renate Flich: «Bildungsbestrebungen und Frauenbewegungen»; Dies: «‹Arbeit, Recht und Sittlichkeit› – Themen der Frauenbewegungen in der Habsburgermonarchie» und Brigitta Baader-Zaar: «Frauenbewegungen und Frauenwahlrecht». Alle in: *Geschichte der Habsburgermonarchie 1848–1918.* Bd. 8: «Politische Öffentlichkeit und Zivilgesellschaft», hg. von Helmut Rumpler und Peter Urbanitsch. Wien 2006, S. 941–1028. Zu den Frauenbewegungen in Wien: Harriet Anderson: *Utopian Feminism: Women's Movement in fin-de-siècle Vienna.* New Haven, CT, 1992; zu Frauen aus der Bürger- und der Arbeiterschicht und politischen Bewegungen in Galizien: Dietlind Hüchtker: *Geschichte als Performance. Politische Bewegungen in Galizien um 1900.* Frankfurt a. M. 2014; zu gescheiterten Bemühungen von ungarischen Frauen um die Erlangung des Wahlrechts (nach 1900): Judit Acsády: «The Debate on Parliamentary Reforms in Women's Suffrage in Hungary, 1908–1918. In: *Suffrage, Gender, and Citizenship: International Perspectives on Parliamentary Reforms.* Hg. von Irma Sulkunen, Seija-Leene Nevala-Nurmi, Pirjo Markkola. Newcastle 2009, S. 242–258; zu Frauenbewegungen in Ungarn im Allgemeinen: Susan Zimmermann: «Frauenbewegungen und Frrauenbestrebungen im Königreich Ungarn». In: *Die Habsburgermonarchie 1848–1918.* Bd. 8: «Politische Öffentlichkeit und Zivilgesellschaft, S. 1359–1491.

46 Zu Auguste Fickert siehe Renate Flich: «Der Fall Auguste Fickert – eine Wiener Lehrerin macht Schlagzeilen». In: *Wiener Geschichtsblätter* 45, Nr. 1 (1990), S. 1–24.

47 Zum Beispiel Jiří Malíř: «Die Teilnahme von Frauen an den Ergänzungswahlen in den mährischen Landtag 1865». In: *Magister noster. Sborník statí věnovaných in memoriam prof. PhDr. Janu Havránkovi, CSc. (Festschrift in Memoriam Prof. PhD Jan Havránek).* Hg. von Michal Svatoš, Luboš Velek und Alice Velková. Prag 2005, S. 419–432.

48 Zitiert in Pieter M. Judson: «The Gendered Politics of German Nationalism, 1880–1900». In: *Austrian Women*, S. 1–17; und in Baader-Zaar: «Women in Austrian Politics.» Kopp zitiert in *Stenographische Protokolle des Landtages für das Erzherzogthum Österreich unter der Enns.* 11. Juni 1889.

49 Milica Antic Gaber und Irene Selisnik: «Slovene Women's Suffrage Movement in a Comparative Perspective.» In: Sulkunen, Nevala-Nurmi und Markkola: *Suffrage, Gender, and Citizenship*, S. 219–242; Acsády: «The Debate on Parliamentary Reforms», S, 242.

50 Judson: «Gendered Politics»; Heidrun Zettelbauer: *«Die Liebe sei Euer Heldentum». Geschlecht und Nation in völkischen Vereinen der Habsburgermonarchie.* Frankfurt a. M. 2005.

51 Gerald Stourzh: *Die Gleichberechtigung der Nationalitäten in der Verfassung und Verwaltung Österreichs, 1848–1918.* Wien 1985, S. 200 f.

52 Siehe insbesondere Stourzh: *Gleichberechtigung* sowie sein «Ethnic Attri-

bution in Late Imperial Austria: Good Intentions, Evil Consequences». In: *From Vienna to Chicago and Back: Essays on Intellectual History and Political Thought in Europe and America*. Chicago 2007, S. 157–176; Hannelore Burger: *Sprachenrecht und Sprachengerechtigkeit im österreichischen Unterrichtswesen, 1867–1918*. Wien 1995; Jeremy King: *Budweisers into Czechs and Germans: A Local History of Bohemian Politics, 1848–1948*. Princeton, NJ, 2002.

53 Tara Zahra: *Kidnapped Souls; National Indifference and the Battle for Children in the Bohemian Lands, 1900–1948*. Ithaca, NY, 2006, insbes. S. 13–78.

54 Durch die erste dieser Reformen wurde die Direktwahl von Parlamentsabgeordneten möglich, die ja vorher von den Landtagen bestimmt worden waren. Mit den beiden anderen wurde die Zahl der Wahlberechtigten erweitert. William Jenks: *The Austrian Electoral Reform of 1907*. New York 1974, S. 15–26.

55 Zitiert bei Daniel Unowsky: *The Pomp and Politics of Patriotism: Imperial Celebrations in Habsburg Austria, 1848–1916*. West Lafayette, IN, 2005, S. 49 f.

56 In den zwei Jahrzehnten davor war in Galizien Deutsch die obligatorische Unterrichtssprache an den höheren Schulen und der Universität und war auch in der Verwaltung verbreitet gewesen. Zu den von der Regierung gewährten Konzessionen siehe Alison F. Frank: *Oil Empire: Visions of Prosperity in Austrian Galicia*. Cambridge, MA, 2005, S. 35–37; C. A. Macartney: *The Habsburg Empire 1790–1918*. London 1969, S. 605 f.

57 Zitiert bei Gustav Kolmer: *Parlament und Verfassung in Österreich*. 8 Bde. Wien und Leipzig 1900–1914, Bd. 2, S. 122 (Hervorhebungen im Original); Judson: *Exclusive Revolutionaries*, S. 169.

58 Paul Molisch: *Briefe zur deutschen Politik in Österreich von 1848 bis 1918*. Wien 1934, S. 71; Judson: *Exclusive Revolutionaries*, S. 170.

59 Diese und andere Beispiele bei Andrej Rahten: «Vom Primus zum Volkstribun. Die slowenischen Parlamentarier in den Parlamenten der Habsburgermonarchie». In: *Hohes Haus! 150 Jahre moderner Parlamentarismus in Österreich, Böhmen, der Tschechoslowakei und der Republik Tschechien im mitteleuropäischen Kontext*. Hg. von Franz Adelgasser, Jana Malínská, Helmut Rumpler und Luboš Velek. Wien 2015, S. 188–190.

60 Zu Stojałowski und seiner Radikalisierung siehe Struve: *Bauern und Nation*, S. 192–201. Zu den Attacken galizischer Bauern auf das polnisch-nationalistische Establishment siehe auch Keely Stauter Halsted: «Rural Myth and Modern Nation: Peasant Commemoration of Polish National Holidays, 1879–1910». In: *Staging the Past: The Politics of Commemoration in Habsburg Central Europe, 1848 to the Present*. Hg. von Nancy M. Wingfield und Maria Bucur. West Lafayette, IN, 2001, S. 153–177.

61 Joshua Shanes: *Diaspora Nationalism and Jewish Identity in Habsburg Galicia*. Cambridge und New York 2012.

62 Robert Nemes: «The Uncivil Origins of Civil Marriage: Hungary.» In: *Culture Wars: Secular-Catholic Conflict in Nineteenth-Century Europe*. Hg. von Christopher Clark und Wolfram Kaiser. Oxford 2003, S. 313–335.

63 Zitiert abd., S. 327.

64 Ebd., S. 333.

65 Zum Antisemitismus der Christsozialen in Wien und Westösterreich siehe John Boyer: *Political Radicalism in Late Imperial Vienna: Origins of the Christian Social Movement, 1848–1897*. Chicago 1981; und ders.: *Culture and Political Crisis in Vienna: Christian Socialism in Power, 1897–1918*. Chicago 1995.

66 1884 legte das höchste Verwaltungsgericht die Bedingungen dafür fest, wann der Staat und eine Gemeinde eine Schule für Angehörige einer Minderheit unterhalten musste. Wenn innerhalb von fünf Jahren durchschnittlich 40 Kinder in einer Entfernung von bis zu zwei Stunden von einer Gemeinde entfernt lebten, so war dies Grund genug für die öffentliche Finanzierung einer Schule für diese sprachliche Minderheit. Burger: *Sprachenrecht und Sprachgerechtigkeit*, S. 100–110.

67 Von jedem ungarischen Kind erwartete man, dass es, wenn es die sechs Jahre Volksschule absolviert hatte, drei Jahre lang die «Sonntagsschule» besuchte. In den ärmeren Regionen Siebenbürgens gingen die meisten Kinder nur vier Jahre lang zur Schule. Das maßgebliche Werk zum ungarischen Erziehungssystem und seiner praktischen Verwirklichung ist Joachim von Puttkamer: *Schulalltag und nationale Integration in Ungarn. Slowaken, Rumänen und Siebenbürger Sachsen in der Auseinandersetzung mit der ungarischen Staatsidee, 1867–1914*. München 2003. Ágoston Berecz: *The Politics of Early Language Teaching: Hungarian in the Primary Schools of the Late Dual Monarchy*. Budapest 2013, bietet eine exzellente Analyse der Unterrichtspraktiken in Siebenbürgen.

68 Zitiert bei Puttkamer: *Schulalltag*, S. 302 f.

69 Berecz; *Politics*, S. 116.

70 Ebd., S. 116–118.

71 Zitiert ebd., S. 200 f.

72 Zitiert ebd., S. 201.

73 Zu den ungarischen nationalistischen Organisationen EMKE in Siebenbürgen und FEMKE in Nordostungarn siehe Joachim von Puttkamer: «Die EMKE in Siebenbürgen und die FEMKE in Oberungarn. Die Tätigkeiten zweier ungarischer Schutzvereine in ihrem nationalen Umfeld,» In: *Schutzvereine in Ostmitteleuropa. Vereinswesen, Sprachenkonflikt und Dynamiken nationaler Mobilisierung 1860–1939*. Hg. von Peter Haslinger. Marburg 2009, S. 158–169.

74 Vgl. Robert Nemes: *Another Hungary. The Nineteenth-Century Provinces in Eight Lives*. Stanford 2016, S. 139–141.

75 Ebd., S. 220 f.

76 Ebd., S. 140.

77 John-Paul Himka: *Galician Villagers and the Ukrainian National Movement in the Nineteenth Century.* New York 1988, S. 87,

78 Alle Zitate in diesem Absatz aus Himka (wie Anm. 76) S. 93 f.

79 Zur Entwicklung der Volkszählung in Österreich und ihrer praktischen Durchführung siehe Emil Brix: *Die Umgangssprache in Altösterreich zwischen Agitation und Assimilation.* Wien 1997; Wolfgang Göderle: «‹... für Administration und Wissenschaft.› Zensus und Ethnizität. Zur Herstellung von Wissen über soziale Wirklichkeit im Habsburgerreich zwischen 1848 und 1910». Dissertation, Universität Graz, 2014; Z. A.B. Zeman: «The Four Austrian Censuses and their Political Consequences». In: *The Last Years of Austria-Hungary: Essays in Political and Military History, 1908–1918.* Hg. von Mark Cornwall. Exeter 1990, S. 31–39.

80 Berecz: *Politics,* S. 23. Berecz vertritt die Meinung, dass magyarische Beamte den Zensus weniger dazu einsetzten, um die Assmilation herbeizuführen, sondern eher darum zu ermitteln, wie weit diese vorangeschritten war.

81 Natürlich lässt sich aus den statistischen Daten nicht ablesen, wie hoch der Kenntnisstand in Bezug auf eine andere Sprache war (ebd., S. 28–30). Für die siebenbürgischen Komitate, die er vor allem untersuchte, gibt Berecz an, dass 1910 von der Rumänisch sprechenden Bevölkerung im Alter zwischen sechs und neunundzwanzig Jahren 10 bis 16 Prozent Ungarisch sprachen oder verstanden; die Zahlen sanken generell, wenn man ältere Menschen in die Ermittlung einbezog. Von den deutschsprachigen Bewohnern Siebenbürgens war ein beträchtlich höherer Prozentsatz (zwischen 35 und 55) des Ungarischen mächtig.

82 Burger: *Sprachenrecht und Sprachgerechtigkeit,* S. 100–110.

83 Die Tatsache, dass nur *eine* Sprache als Sprache des täglichen Gebrauchs erfasst wurde, stellte eine Art Sieg für die nationalen Aktivisten dar, die das Vorherrschen und die Bedeutung von Multilingualismus in Österreich herabzuspielen versuchten.

84 Wenzel Holek: *Vom Handarbeiter zum Jugenderzieher.* Jena 1921, S. 1.

85 Holek: *Handarbeiter,* S. 3 und S. 4 f.

86 Das augenfälligste Beispiel dafür lieferte Triest im Jahr 1910. In diesem Fall entschied sich die Regierung – nachdem die Ergebnisse angezweifelt worden waren – tatsächlich dazu, die Erhebung noch einmal durchführen zu lassen.

87 Siehe die wichtige Studie von Peter Haslinger: *Nation und Territorium im tschechischen politischen Diskurs, 1880–1938.* München 2010, vor allem Teil II; Pieter M. Judson: *Guardians of the Nation: Activists on the Language Frontiers of Imperial Austria.* Cambridge, MA, 2006, S. 14 f., S. 29–33.

88 1898 veröffentlichte Mark Twain seinen Bericht über die Vorgänge im österreichischen Parlament während der Zeit des Streits um die Sprachenverordnung Badenis, deren Zeuge er wurde, unter dem Titel «Stirring Times in Austria, 1898». In: *Harper's New Monthly Magazine for March 1898,* Nr. 96, S. 530–540.

89 Berthold Sutter: *Die Badenischen Sprachenverordnungen von 1897.* 2 Bde.
    Graz und Köln 1960–1965.

90 «Das erste Opfer der Sprachenverordnung». In: *Deutsche Volkszeitung für
    den Neutitscheiner Kreis*, 12. Mai 1897, S. 6.

91 Zeugen gaben zu Protokoll, das Wolff Badeni während der Parlamentssit-
    zung bedrohte, indem er erklärte: «Wenn das ihre Politik ist, dann ist es
    nichts als elende Schikane!» Als Kollegen versuchten, ihn zurückzuhalten,
    fuhr Wolff mit seinen Beleidigungen fort. Er rief etwas von «polnischer
    Schurkerei», einigen Zeugen zufolge nannte er Badeni sogar «Polenschwein».
    Mit Genehmigung des Kaisers schickte Badeni seine Sekundanten zu Wolff,
    und am 25. September kam es zu einem Duell, bei dem Wolff den Minister-
    präsidenten am Arm verletzte. «The Badeni Wolff Duell». In: *New York
    Times*, 25. September 1897, S. 5.

92 Markus Krzoska: «Die Peripherie bedrängt das Zentrum. Wien, Prag und
    Deutschböhmen in den Badeni-Unruhen 1897.» In: *Grenzregionen der
    Habsburgermonarchie im 18. und 19. Jahrhundert. Ihre Bedeutung und
    Funktion aus der Perspektive Wiens.* Hg. von Hans-Christian Maner.
    Münster 2005, S. 145–165.

93 Lothar Höbelt: *Kornblume und Kaiseradler. Die deutschfreiheitlichen Par-
    teien Altösterreichs 1882–1918.* Wien 1993, insbes. S. 180–199.

94 Zum Mährischen Ausgleich siehe Horst Glassl: *Nationale Autonomie im
    Vielvölkerstaat. Der mährische Ausgleich.* München 1977; Zahra: *Kid-
    napped Souls*, S. 32–48; Stourzh: *Gleichberechtigung*, S. 200–228; T. Mills
    Kelly: «Last Best Chance or Last Gasp? The Compromise of 1905 and Czech
    Politics in Moravia». In: *AHY* 34 (2003), S. 279–301. *Moravské vyrovnání z
    roku 1905/Der Mährische Ausgleich von 1905.* Hg. von Lukás Fasora, J. Hanuš
    und Jiři Malíř. Brünn 2006, S. 43–58.

95 Zu den Ausgleichen – einschließlich des Budweiser Ausgleichs – in ihrer
    Gesamtheit siehe King: *Budweisers*, S. 138–147; und ders.: «Who is who?
    Separate but Equal in Imperial Austria». Unveröffentlichtes Manuskript
    (2010). Ich danke Prof. King dafür, dass er mich Einblick in dieses Manu-
    skript nehmen ließ. Zum Bukowiner Ausgleich siehe John Leslie: «Der
    Ausgleich in der Bukowina 1910: Zur österreichischen Nationalitäten-
    politik vor dem Ersten Weltkrieg». In: *Geschichte zwischen Freiheit und
    Ordnung, Gerald Stourzh zum 60. Geburtstag.* Hg. von Emil Brix u. a.
    Graz und Wien 1991, S. 113–144; Gerald Stourzh: «The National Com-
    promise in the Bukowina 1909/10». In: *From Vienna to Chicago and Back:
    Essays on Intellectual History and Political Thought in Europe and
    America*, Chicago 2007, S. 177–189; Börries Kuzmany: «Der Galizische
    Ausgleich als Beispiel moderner Nationalitätenpolitik?» In: *Galizien. Peri-
    pherie der Moderne – Moderne der Peripherie*, Hg. von Elisabeth Haid.
    Marburg 2013, S. 119–137. Zur wirtschaftlichen Notwendigkeit des Aus-
    gleichs in der Bukowina aus zeitgenössischer Sicht siehe Eugen Ehrlich: *Die
    Aufgaben der Sozialpolitik im österreichischen Osten, insbesondere in*

der Bukowina. Mit besonderer Beleuchtung der Juden- und Bauernfrage. Czernowitz 1909.

96 Die sogenannte «Lex Perek» eröffnete Nationalisten die Möglichkeit, Einspruch zu erheben, wenn sie glaubten, dass Eltern ihre Kinder in die falsche Schule schickten. Das Gesetz besagte, dass die Kinder die in der Schule verwendete Sprache gut beherrschen müssten, sonst könnten sie für eine Schule, an der in einer anderen Sprache unterrichtet wurde, «reklamiert» werden. Das Gesetz wurde von tschechischen Nationalisten verfasst und angewendet, die verhindern wollten, dass (tschechische) Eltern ihren Kindern eine deutschsprachige Ausbildung angedeihen ließen. Es hatte ein jährliches «Reklamierungsritual» in mährischen Schulen zur Folge. Siehe Zahra: *Kidnapped Souls*, S. 32–48.

97 Stourzh: «Ethnic Attribution». Zwei zeitgenössische Untersuchungen dieser Entwicklung sind: Edmund Bernatzik: *Über nationale Matriken.* Wien 1910; und Rudolf von Herrnritt: «Die Ausgestaltung des österreichischen Nationalitätenrechtes durch den Ausgleich in Mähren und der Bukowina». In: *Österreichische Zeitschrift für öffentliches Recht.* Bd. 1/5–6 (1914), S. 584–618. Ich danke Jeremy King für diese Hinweise.

98 *Vaterland,* 2. Mai 1873. S. 1, zitiert bei Matthew Rampley: «Peasants in Vienna: Ethnographic Display and the 1873 World's Fair». In: AHY 42 (2011), S. 110.

99 Zum Aufbau der Weltausstellung siehe Rampley: «Peasants in Vienna».

100 Schätzungen zufolge entstand durch das Ausbleiben der Besucher ein Verlust von 20 Millionen Gulden.

101 Dem 1880 (also nur fünf Jahre nach Gründung der Universität) erhobenen Zensus zufolge konnten 14,2 Prozent der männlichen und 8 Prozent der weiblichen Einwohner der Bukowina im Alter von mehr als sechs Jahren lesen und schreiben. In Niederösterreich waren es im Vergleich dazu 91 Prozent der männlichen und 87 Prozent der weiblichen Einwohner, in Böhmen 89 respektive 83 Prozent. Vorarlberg hatte die höchsten Raten, sie lagen für beide Geschlechter bei ca. 95 Prozent. In Gegenden, wo vorwiegend Landwirtschaft betrieben wurde und die ärmer waren, gab es wesentlich mehr Analphabeten. In Istrien konnten 28 Prozent der Männer und 18 Prozent der Frauen lesen und schreiben, in Galizien 17 Prozent der Männer und 10 Prozent der Frauen. Das Schulsystem zeitigte jedoch beeindruckende Ergebnisse. In Österreich insgesamt stieg zwischen 1880 und 1890 die Zahl der Männer, die lesen und schreiben konnten, von 62 Prozent auf 68,5 Prozent, die der Frauen von 55 auf 62,5 Prozent. Friedrich Umlauft: *Die Österreichisch-Ungarische Monarchie. Geographisch-statistisches Handbuch für Leser aller Stände.* Wien, Pest, Leipzig 1897, S. 780 f. In Ungarn mit seinem andersgearteten Schulsystem waren 1890 44 Prozent der Gesamtbevölkerung des Lesens und Schreibens kundig, wobei Sprecher des Ungarischen mit 53,6 und solche des Deutschen mit 63 Prozent an der Spitze standen, Sprecher des Ukrainischen mit 9 Prozent und des Rumänischen mit 14,1

ganz unten rangierten. Sprecher des Kroatischen mit 42,4 Prozent und des Serbischen mit 30,9 Prozent bildeten das Mittelfeld. Siehe Puttkamer: *Schulalltag*, S. 456.

102 Zitiert bei Kolmer: *Parlament und Verfassung*. Bd. 2, S. 243–245. Siehe auch Emanuel Turczynski: «Die Bukovina». In: *Deutsche Geschichte im Osten Europas: Galizien, Bukowina, Moldau*. Hg. von Isabel Röskau-Rydel. Berlin 1999, S. 213–328, hier S. 253.

103 Karl Emil Franzos: «Ein Culturfest». In: *Aus Halb-Asien. Culturbilder aus Galizien, der Bukowina, Südrußland und Rumänien*. Leipzig 1876, Bd. 1, S. 324.

104 Karl Emil Franzos: *Von Wien nach Czernowitz*. Hannover 2014, S. 23.

105 Ebd., S. 22.

106 Heinrich Pollak: *Dreißig Jahre aus dem Leben eines Journalisten*. 3 Bde. Wien 1898, Bd. 3, S. 78–87.

107 Zwischen 1868 und 1874 wurden 1005 Aktienunternehmen gegründet, von denen nur 685 wirklich existierten. Alle Wiener Banken, die vor 1868 gegründet worden waren, überlebten den Börsenkrach, aber nur 8 von den 70, die in dem Jahr selbst oder danach gegründet wurden. In den Kronländern gingen 44 von 65 neuen Banken bankrott. Viele Parlamentsabgeordnete – nicht nur liberale – saßen in einem oder mehr Aufsichtsräten von Unternehmen. Macartney: *Empire*, S. 608 f. Das liberale Kabinett Auersperg blieb noch weitere fünf Jahre im Amt, bis es 1880 durch ein Koalitionskabinett unter Taaffe abgelöst wurde.

108 Zum *Kronprinzenwerk* siehe Zoltán Szász: «Das ‹Kronprinzenwerk› und die hinter ihm stehende Konzeption». In: *Nation und Nationalismus in wissenschaftlichen Standardwerken Österreich-Ungarns, 1867–1910*. Hg. von Justin Stagl. Wien 1997, S. 65–70; Justin Stagl: «Das ‹Kronprinzenwerk› – eine Darstellung des Vielvölkerreiches». In: *Das entfernte Dorf. Moderne Kunst und ethnischer Artefakt*, Hg. von Ákos Moravánsky. Wien 2002, S. 169–182; Regina Bendix: «Ethnology, Cultural Reification, and the Dynamics of Difference in the Kronprinzenwerk.» In: *Creating the Other: Ethnic Conflict and Nationalism in Habsburg Central Europe*. Hg. von Nancy M. Wingfield. New York 2003, S. 149–166; Hans Petschar: *Altösterreich. Menschen, Länder und Völker in der Habsburgermonarchie*. Wien 2011.

109 Deborah Coen: «Climate and Circulation in Imperial Austria». In: *Journal of Modern History* 82, 4 (Dezember 2010), S. 839–875; *The Earthquake Observers. Disaster Science from Lisbon to Richter*. Chicago 2012.

110 *Bosnische Post* 48 (17. Juni 1888), S. 2.

111 «Round the Near East». Interview mit Benjámin von Kállay im *Daily Chronicle* vom 3. Oktober 1895; zitiert bei Robert Donia: *Islam Under the Double Eagle*. Boulder, CO, und New York 1981, S. 14.

112 Zitiert bei Robin Okey: *Taming Balkan Nationalism, The Habsburg ‹Civilizing Mission› in Bosnia, 1878–1914*. Oxford und New York, S. 27.

113 Okey; *Taming Balkan Nationalism*, S. 26.

114 Ebd., S. 28.
115 Zu den Bemühungen der Habsburger, bei den Muslimen des Protektorats ein
 Gefühl der Identifikation mit Bosnien hervorzurufen, siehe Edin Hajdarpasic: *Whose Bosnia? Nationalism and Political Imagination in the Balkans
 1840–1914*. Ithaca, NY. 2015, insbes. S. 161–198.

7 Unser tägliches Reich, 1880–1914

1 Joseph Roth: *Die Kapuzinergruft*. Köln 2010, S. 16.
2 Biografien einiger dieser Menschen, die auf der Suche nach Arbeit im In-
 und Ausland weit herumkamen in: *Auf der Walz. Erinnerungen böhmischer Handwerksgesellen*. Hg. von Pavla Vošahliková. Wien 1994.
3 Siehe Andrea Komlosy: *Grenze und ungleiche regionale Entwicklung: Bin-
 nenmarkt und Migration in der Habsburgermonarchie*. Wien 2003; sowie
 *Soziale Strukturen. Die Gesellschaft der Habsburgermonarchie im Karten-
 bild. Verwaltungs-, Sozial- und Infrastrukturen. Nach dem Zensus von
 1910. Die Habsburgermonarchie 1848–1918*. Hg. von Helmut Rumpler und
 Martin Seger, Wien 2010, S. 106 f.
4 Heinz Fassmann: «Die Bevölkerungsentwicklung 1850–1910». In: Helmut
 Rumpler und Peter Urbanitsch: *Die Habsburgermonarchie 1848–1918*,
 Bd. 9: «Soziale Strukturen». Wien 2010, S. 159–184; hier S. 173.
5 Bis 1889 waren die Eisenbahnen in Ungarn hauptsächlich zum Güter-
 transport benutzt worden. János Szulovszky: «Die Dienstleistungsgesellschaft in Ungarn». In: Rumpler und Urbanitsch (wie Anm. 3), S. 467–491;
 hier S. 473.
6 Tara Zahra: *The Great Departure: Emigration from Eastern Europe and the
 Making of the Free World*. New York 2016, S. 23–63. Nachdem das Ein-
 wanderungsamt der USA 1908 auch die Rückwanderer in ihre Ursprungs-
 länder zu erfassen begonnen hatte, erwies sich, dass nicht weniger als
 39,5 Prozent der Immigranten aus Österreich und 37,9 derer aus Ungarn (innerhalb eines Jahrzehnts) wieder in die Heimat zurückkehrten. Insgesamt
 waren es zwischen 1900 und 1910 400 000 Menschen, die aus den USA nach
 Österreich-Ungarn zurückkehrten. Statistische Daten bei Senator William
 P. Dillingham: *Emigration Conditions in Europe: Report of the Immigration Commission, 61st Congress*. Washington 1911, S. 351. Zur Auswanderung aus Ungarn siehe auch Julianna Puskás: *Ties that Bind, Ties that Divide*. New York 2000.
7 In Österreich wurden 1910 292 höhere Schulen oder Gymnasien von 95 933
 Knaben und 24 höhere Schulen von 3254 Mädchen besucht (die meisten in
 Galizien). Weitere 10 599 Mädchen besuchten 65 Lyzeen. Von Realschulen,
 in denen der Schwerpunkt des Unterrichts auf Mathematik und naturwissenschaftlichen Fächern lag, gab es in Österreich 146, die von 47 562
 Schülern besucht wurden. An ihnen war die zweite im jeweiligen Kronland

gesprochene Sprache für gewöhnlich Pflichtfach. Prozentual besuchten mehr tschechischsprachige Schüler eine Realschule als ein Gymnasium, während polnischsprachige Schüler an den Gymnasien proportional stärker vertreten waren. Siehe Rumpler und Urbanitsch; *Die Habsburgermonarchie 1848– 1918.* Bd. 9/2 (Kartenband), S. 220–227. Zu der Möglichkeit, eine Erziehung und die damit verbundene soziale Mobilität zu erlangen, siehe Gary Cohen: *Education and Middle-Class Society in Imperial Austria, 1948–1918.* West Lafayette, IL, 1996.

8 Margret Friedrich, Brigitte Mazohl und Astrid von Schlachta: «Die Bildungsrevolution». In: Rumpler und Urbanitsch: *Die Habsburgermonarchie 1848–1918.* Bd. 9/1, 67–107; hier S. 77, sowie Bd. 9/2 (Kartenband), S. 228 f.

9 In den ersten Jahren nach ihrer Einführung kamen rund 9 Prozent der Einwohner Cisleithaniens in den Genuss einer Krankenversicherung. Zur Sozialfürsorge siehe Birgit Bolognese-Leuchtenmüller: *Bevölkerungsentwicklung und Berufsstruktur: Gesundheits- und Fürsorgewesen in Österreich, 1750–1918.* Wien 1978, S. 328. In Cisleithanien wurde um 1910 ein Drittel des Staatshaushalts für die Entwicklung der Eisenbahnen, des Telegrafen-, Telefon- und Postwesens aufgewandt. Josef Wysocki: «Die Österreichische Finanzpolitik». In: Rumpler und Urbanitsch. *Die Habsburgermonarchie 1848–1918.* Bd. 1. «Die Wirtschaftliche Entwicklung», S. 68–104; hier S. 92.

10 John Deak: *Forging a Multinational State: State-Making in Imperial Austria from the Enlightenment to the First World War.* Stanford, CA, 2015, S. 175–177.

11 Das «zweigleisige» Verwaltungssystem in Österreich und die eingeschränkte Autonomie der Kommunalverwaltungen in Ungarn ließen zwei unterschiedliche Gruppen von Beamten entstehen, die beide in dieser Periode ein beträchtliches Wachstum erlebten. Eine Gruppe bestand aus Beamten, die von Budapest, Wien oder den Hauptstädten der Kronländer ernannt wurden, die zweite aus solchen, die von den gewählten Stadt- oder Gemeinderegierungen in Österreich und Ungarn ernannt wurden. Deak: *Multinational State,* S, 154–158; Jeremy King: «The Municipal and the National in the Bohemian Lands, 1848–1914». In: AHY 42 (2011), S. 89–109.

12 Ungarn war einer der ersten europäischen Staaten, in denen die Post mit dem Automobil zugestellt wurde; das war seit 1909 der Fall. Telegramme wurden bereits 1896 mit dem Fahrrad überbracht. Szulovszky: «Dienstleistungsgesellschaft», S. 479.

13 Weibliche öffentliche Angestellte durften nicht verheiratet sein, und in den frühen Jahren tendierten Behörden und Ämter dazu, die Witwen früherer Angestellter oder die Töchter von Angestellten einzustellen. Erna Appelt: «The Gendering of the Service Sector in Late Nineneenth-Century Austria». In: *Austrian Women in the Nineteenth and Twentieth Centuries.* Hg. von David F. Good, Margarete Grandner und Mary Jo Maynes. New York 1996, S. 115–131. Zu Frauen als Telegrafistinnen siehe Sonia Genser: «Von Klingelfeen, Blitzmädels und dem Fräulein vom Amt. Die Geschichte der

ersten Frauen im österreichischen Telefon- und Telegrafenwesen 1869–1914». Dissertation, Universität Innsbruck, 2003.

14 Friedrich, Mazohl und von Schlachta: «Die Bildungsrevolution». S. 74. Was die Ministerien betrifft, verfügten das Handels- und das Innenministerium über die größte Zahl an weiblichen Angestellten.

15 Wysocki: «Die österreichische Finanzpolitik», S. 89–91, 100 f.; Deak: *Multinational State*, S. 226–232.

16 Margaret Lavinia Anderson: *Practicing Democracy: Elections and Culture in Imperial Germany*. Princeton, NJ, 2000.

17 Carl E. Schorske: «Politics in a New Key: An Austrian Trio». In: *Fin-de-Siècle Vienna: Politics and Culture*. New York 1980, S, 116–180.

18 Zum Aufkommen politischer, wirtschaftlicher, sozialer und kultureller Formen von Antisemitismus in den Ländern der Habsburgermonarchie um 1900 liegen zahlreiche Untersuchungen vor. Das Standardwerk zu Lueger und der christlichsozialen Bewegung in Wien und Westösterreich ist: John Boyer: *Political Radicalism in Turn of the Century Vienna: Origins of the Christian Social Movement*. Chicago 1981. Eine ältere Untersuchung des Aufkommens eines rassischen Antisemitismus in deutsch-nationalistischen Kreisen ist: Andrew Whiteside: *The Socialism of Fools: Georg Ritter vn Schönerer and Austrian Pan Germanism*. Berkeley and Los Angeles 1975. Zu Böhmen und Mähren siehe vor allem Michal Frankl: *«Emancipace od židů»: český antisemitismus na konci 19. století»*. Prag 2007; Hillel Kieval: *Languages of Community: The Jewish Experience in the Czech Lands*. Berkeley und Los Angeles 2000, darin insbes. «Death and the Nation: Ritual Murder as Political Discourse in the Czech Lands.», S. 181–197; siehe auch die Aufsätze von Daniel Unowsky, Michal Frankl, Marija Vulesica und Alison Rose in *Sites of European Antisemitism in the Age of Mass Politics, 1880–1918*. Hg. von Robert Nemes und Daniel Unowsky. Waltham, MA, 2014.

19 Zu Lueger und seinen liberalen Anfängen siehe Nemes und Unowsky (Hg.): *Sites of European Antisemitism*. Zu den Jungtschechen und dem politischen Spektrum tschechischer Nationalisten im Allgemeinen siehe Bruce Garver: *The Young Czech Party, 1874–1901, and the Emergence of a Multi-Party System*. New Haven, CT, 1978. Zur Politik slowenischer Nationalisten siehe Peter Štih, Vasko Simoniti und Petere Vodopivec: *Slowenische Geschichte. Gesellschaft – Politik – Kultur*. Graz 2008, S. 283–287.

20 Zur Umwandlung des urbanen Lebens in den expandierenden Großstädten siehe Wolfgang Maderthaner: «Urbane Lebenswelten. Metropolen und Großstädte». In: Rumpler und Urbanitsch: *Die Habsburgermonarchie 1818–1918*. Bd 9/1, S. 493–538.

21 Amtsblatt der k.k. Bezirkshauptmannschaft in Rann, Jahrgang 1902–07; 1908–09 *Uradni list c.k. okrajnega glavarstva Brežicah Leto*. Rann/Brežice: 1902–07; 1908–09, S. 46 f., 72 f., 79.

22 Zu diesen Bemühungen siehe Kai Struve: *Bauern und Nation in Galizien. Über Zugehörigkeit und soziale Emanzipation im 19. Jahrhundert*. Göt-

tingen 2005, insbes. S. 148–184; Paul Himka: *Galician Villagers and the Ukrainian National Movement in the Nineteenth Century*. New York 1988, insbes. S. 86–103.

23 Franz Joseph musste miterleben: 1857 den Tod seiner zwei Jahre alten Tochter Sophie, 1867 die Hinrichtung seines Bruders Max (Kaiser Maximilians von Mexiko), 1889 den Selbstmord seines Sohnes Rudolf, 1898 die Ermordung seiner Gattin und 1914 die Ermordung seines Neffen und Erben. Zur Beliebtheit des Kaisers im fortgeschrittenen Alter siehe Peter Urbanitsch: «Pluralist Myth and Nationalist Realities: The Dynastic Myth of the Habsburg Monarchy – a Futile Exercise in the Creation of Identity?» In: AHY 35 (2004), S. 101–141; hier S. 122 f.

24 Struve: *Bauern und Nation*, S. 123; Keely Stauter Halsted: *The Nation in the Village: The Genesis of Peasant National Identity in Austrian Poland, 1848–1914*. Ithaca, NY, 2001.

25 Josef Redlich: *Das Wesen der österreichischen Kommunal-Verfassung*. Leipzig 1910, S. 61f; zitiert bei King: «The Municipal and the National», S. 89.

26 Zur Autonomie der galizischen Kommunen im Allgemeinen und der Art und Weise, wie sie durch die Autonomie des Kronlands geprägt wurde, siehe Alison Frank: *Oil Empire: Visions of Prosperity in Austrian Galicia*. Cambridge, MA, 2005, S. 37–40.

27 In Wien entsprachen die 18, 1 Prozent der Einwohner, die 1912 zur Teilnahme an Kommunalwahlen berechtigt waren, 70 Prozent der männlichen Bevölkerung im Alter von mehr als vierundzwanzig Jahren. Siehe Peter Urbanitsch: «Die Gemeindevertretungen in Cisleithanien». In: Rumpler und Urbanitsch: *Die Habsburgermonarchie 1814–1918*. Bd. 7: «Verfassung und Parlamentarismus». Teil 2: «Die regionalen Repräsentativkörperschaften». Wien 2000, S. 2199–2281; insbes. S. 2223–2230.

28 Die ungarischen Städte, die eine gewisse lokale Autonomie genossen, die jener vergleichbar war, die alle Kommunen in Österreich besaßen, taten dies aufgrund ihres traditionellen Status als «königlich-privilegierte» Städte.

29 Siehe Károly Vörös: «Die Munizipalverwaltung in Ungarn im Zeitalter des Dualismus». In: Rumpler und Urbanitsch: *Die Habsburgermonarchie 1848–1918*. Bd. 7; S. 2345–2382. Siehe auch Barany, «Ungarns Verwaltung», S. 409–446, sowie László Péter: «Die Verfassungsentwicklung in Ungarn». In: *Die Habsburgermonarchie 1848–1918*. Bd. 7, «Verfassung und Parlamentarismus». Wien 2000, S. 476–503, S. 537–540. Ein direkter Vergleich mit dem österreichischen System bei Gary B. Cohen: «Nationalist Politics and the Dynamics of State and Civil Society in the Habsburg Monarchy, 1867–1914». In: CEH 40, Nr. 2 (2007), S. 241–278, insbes. S. 255 f.

30 Zu den neuen Versammlungs- und Vereinsgesetzen und ihren Auswirkungen auf die österreichische Gesellschaft siehe Pieter M. Judson: *Exclusive Revolutionaries: Liberal Politics, Social Experience, and National Identity in the Austrian Empire, 1848–1914*. Ann Arbor 1996, S. 143–164.

31 Um diese Zeit (1868–1871) herum mobilisierten slowenische Nationalisten in der Krain und der Südsteiermark bei vergleichbaren *tabor*-ähnlichen Versammlungen Aktivisten dazu, die Vereinigung aller slowenischen Regionen zu einem einzigen Kronland zu verlangen. Insgesamt wurden achtzehn solche *tabors* abgehalten, an denen jeweils durchschnittlich 5000–6000 Leute teilnahmen (bei einem, das in der Nähe von Laibach stattfand, waren fast 30 000 Menschen anwesend). Štih, Simoniti und Vodopivec: *Slowenische Geschichte*, S. 267.

32 Frank Henschel: «‹Das Fluidum der Stadt …›» Lebenswelten in Kassa/Kaschau/Košice zwischen urbaner Vielfalt und Nationalismus 1867–1918. Dissertation, Universität Leipzig, 2013, S. 70. Angehörige des jüdischen Glaubens waren in Ungarn nicht wählbar, bis ihre Religion offiziell anerkannt wurde.

33 Der Bau der Ringstraße erfolgte vor dem Inkrafttreten der Autonomiegesetze und hatte angesichts des Sonderstatus von Wien die Zustimmung des Kaisers erfordert. Zur Ringstraße und den historistischen Baustilen siehe Karl Schorske: «The Ringstraße, Its Critics and the Birth of Urban Modernism». In: *Fin-de-siècle Vienna*, S. 24–115. Zum Operngebäude und dem Architekturbüro Fellner und Helmer siehe Philipp Ther: *Center Stage: Operatic Culture and Nation Building in Nineteenth Century Central Europe.* Übers. von Charlotte Highes-Kreutzmüller. West Lafayette, IN, 2014, S. 196. Siehe auch Gerhard Michael Dienes (Hg.): *Fellner&Helmer. Die Architekten der Illusion. Theaterbau und Bühnenbild in Europa anläßlich des Jubiläums ‹100 Jahre Grazer Oper›.* Graz 1999.

34 Joseph Roth: «Die Büste des Kaisers». In: *Die Erzählungen.* Köln 1973, S. 168.

35 Roth: *Kapuzinergruft*, S. 41 f.

36 Wolfgang Maderthaner und Lutz Musner: *Unruly Masses: The Other Side of Fin-de-siècle Vienna.* Übers. von David Fernbach und Michael Huffmaster. New York 2008, S. 34, 42, 52–56. Unter den größten Städten Österreich-Ungarns waren nur Triest und der Pester Teil von Budapest von der Anlage her moderner, da viel später entstanden. Dort gab es nicht jene Gliederung in einen historischen Kern und moderne Vorstädte. Siehe Wolfgang Maderthaner: «Urbane Lebenswelten: Metropolen und Großstädte». In: Rumpler und Urbanitsch: *Die Habsburgermonarchie 1848–1918.* Bd. 9, S. 499–505, zu Wien insbes. S. 506–518.

37 Hans Peter Hye: «Aussig – eine Industriestadt am Rande des Reichs». In: *Kleinstadtbürgertum in der Habsburgermonarchie, 1862–1914.* Hg. von Peter Urbanitsch und Hannes Stekl. Wien 2000, S. 43.

38 Marie Tosnerova: «Beraun – Im Sog fortschreitender Modernisierung». In: ebd., S. 160.

39 Jiří Coupek: «Ungarisch Hradisch – Bürgertum und Stadtpolitik». In; ebd., S. 357.

40 František Spurny: «Mährisch Schönberg – Eine Domäne der deutschen Industrie». In: ebd. S. 310 f.

41 John Boyer bietet eine Analyse dieser fiktiven Einigkeit des Bürgertums mit Bezug auf Wien in seinem *Political Radicalism in Turn-of-the-Century Vienna.* Chicago 1980.

42 Siehe z. B. Hye: «Aussig», S, 42.

43 Tosnerova: «Beraun».

44 Ebd.

45 Beispiele hierfür in den Aufsätzen in Urbanitsch und Stekl: *Kleinstadtbürgertum.*

46 Ich bin Zoriana Melnyk für den Hinweis auf diesen Vorfall dankbar. Melnyk führt aus, dass dies der einzige Fall ist, bei dem infolge von Gewalttätigkeiten im Zusammenhang mit Wahlen ein Vertreter des Staats zu Tode kam.

47 Joshua Shanes: *Diaspora Nationalism and Jewish Identity in Habsburg Galicia.* Cambridge 2012, S. 279.

48 Coupek; «Ungarisch-Hradisch», S. 374 f.

49 Tosnerova; «Beraun», S, 149–152; S. 161f.

50 Siehe Nathan Wood: *Becoming Metropolitan: Urban Selfhood and the Making of Modern Cracow.* DeKalb 2010, S. 92 f.

51 Spurny: «Mährisch Schönberg», S. 311. Ein Telefonnetz wurde in Ungarn von 1881 an angelegt, von 1895 an war der Staat für das gesamte Fernsprechsystem zuständig. Siehe Hans Peter Hye: «Technologie und sozialer Wandel». In: Rumpler und Urbanitsch: *Die Habsburgermonarchie 1848–1918.* Bd. 9, S. 29 f.

52 Coupek: «Ungarisch Hradisch», S. 370.

53 Hans Peter Hye: «Strukturen und Probleme der Landeshaushalte.» In: Rumpler und Urbanitsch: *Die Habsburgermonarchie 1848–1918.* Bd. 7, S. 1545–1592. Siehe auch Deak: *Forging a Multinational State,* S. 226–232; S. 249–258.

54 Deak führt Statistiken an, aus denen hervorgeht, dass sich der Aufschlag in der Bukowina auf 95 Prozent und in Galizien auf 81,5 Prozent belief. Ernst Mischler: «Der Haushalt der österreichischen Landschaften». In: *Jahrbuch des öffentlichen Rechts der Gegenwart* 3 (1909), S. 589; ders.: «Selbstverwaltung, finanzrechtlich», S. 236 f., zitiert bei Deak: *Forging a Multinational State,* S. 230 f.

55 Mischler: «Der Haushalt», S. 586, vgl. Deak: *Forging a Multinational State,* S. 231.

56 John Deak: «The Great War and the Forgotten Realm: The Habsburg Monarchy and the First World War». In: JMH 86 (Juni 2014), S. 368. Zu Koerbers Plänen für eine Erweiterung der Verwaltung und eine Wirtschaftsreform siehe Fredrik Lindström: «Ernest von Koerber and the Austrian State Idea: A Reinterpretation of the Koerber Plan (1900–1904)». In: AHY 35 (2004), S. 143–184.

57 Während dieser Zeit wurden sechsundvierzig neue Bezirkshauptmannschaften geschaffen. Statistische Angaben, vorgelegt von der Kommission zur Förderung der Verwaltungsreform, zitiert bei Deak: «The Great War». S. 368.

58 Deak: *Forging a Multinational State*, S. 249.

59 Deak: «The Great War», S. 372.

60 Deak: *Forging a Multinational State*, S. 242, S. 250–258.

61 Alexander Vari: «Bullfights in Budapest: City Marketing. Moral Panics, and Nationalism in Turn-of-the-Century Hungary.» In: AHY 41 (2010), S. 149–151: Miklós Hadas: «Modernity and Masculinity: Cycling in Hungary at the End of the Nineteenth Century.» In: *Gender and Modernity in Central Europe: The Austro-Hungarian Monarchy and its Legacy*. Hg. von Agatha Schwarz. Ottawa 2010, S. 47–64.

62 Henschel: «Das Fluidum der Stadt», S. 74; Vörös: «Die Munizipalverwaltung in Ungarn», S. 2366–2368.

63 Reinhard Farkas: «‹Lebensreform› als Antwort auf den sozialen Wandel». In: Rumpler und Urbanitsch: *Die Habsburgermonarchie 1848–1918*. Bd. 9, S. 1361.

64 Dietlind Hüchtker: *Geschichte als Performance. Politische Bewegungen in Galzien um 1900*. Frankfurt a. M. 2014, S. 14 f.

65 Zur Mitarbeit von Frauen in nationalen Vereinigungen siehe Pieter M. Judson: «The Gendered Politics of German Nationalism in Austria». In: *Austrian Women in the Nineteenth and Twentieth Centuries*. Hg. von David F. Good, Magarete Grandner, and Mary Jo Maynes. New York 1996, S. 1–18: Heidrun Zettelbauer: *«Die Liebe sei Euer Heldentum.» Geschlecht und Nation in völkischen Vereinen der Habsburgermonarchie*. Frankfurt 2005; Hüchtker: *Geschichte als Performance*; Jitka Malečkova: «Nationalizing Women and Engendering the Nation. The Czech National Movement». In: Ida Blom. Karen Hagemann, and Catherine Hall (Hg.): *Gendered Nations: Nationalisms and Gender Order in the Long Nineteenth Century*. Oxford und New York: 2000, S. 293–310.

66 Appelt: «The Gendering of the Service Sector», S. 121 und S. 126 f.

67 Joachim von Puttkamer: *Rumänen und Siebenbürger Sachsen in der Auseinandersetzung mit der ungarischen Staatsidee 1867–1914*. München 2003; S. 403.

68 Katherine David: «Czech Feminists and Nationalism in the Late Habsburg Monarchy: «The First in Austria›.» In: *Journal of Women's History* 3, Nr. 2 (1991), S. 26–45.

69 Zur reißerischen Kriminalberichterstattung in den österreichischen Medien siehe z. B. Scott Spector: «Where Personal Fate Turns to Public Affair: Homosexual Scandal and Social Order in Vienna, 1900–1910». In: AHY 38 (2007), S. 15–24; Nancy Wingfield: «Echoes of the Riehl Trial in Fin-de-Siècle Cisleithania.» In: AHY 38 (2007), S. 37–47: Daniel Vyleta: *Crime, Jews, and News: Vienna 1895–1914*. New York 2007.

70 Scott Spector: «The Wrath of the ‹Countess Merviola›: Tabloid Exposé and the Emergence of Homosexual Subjects in Vienna in 1907.» In: *Contemporary Austrian Studies* 15 (2006), S. 31–47.

71 Ebd., S. 36. Gegen Ende ihres ersten Erscheinungsjahres erreichte die *Illus-*

trierte Österreichische Kriminal-Zeitung eine Auflage von wöchentlich 30 000 Exemplaren.

72   Zitiert bei Anita Kurimay: «Sex in the ‹Pearl of the Danube›: The History of Queer Life, Love, and its Regulation in Budapest, 1873–1941. Dissertation, Rutgers University, 2012, S. 68. Behördlich registrierte Prostituierte mussten sich einer regelmäßigen medizinischen Untersuchung unterziehen; mit «heimlichen» Prostituierten sind die gemeint, die behördlicherseits nicht erfasst waren. Siehe Nancy M. Wingfield: «The Enemy Within: Regulating Prostitution and Controlling Venereal Disease in Cisleithanian Austria during the Great War». In: CEH 46, Nr. 3 (2013), S. 569; Karin J. Jusek: *Auf der Suche nach der Verlorenen. Die Prostitutionsdebatten im Wien der Jahrhundertwende.* Wien 1994.

73   Zitiert bei Kurimay; «Sex in the ‹Pearl of the Danube›», S. 16.

74   Zitiert bei Wood: *Becoming Metropolitan*, S. 178.

75   Dies ist eine bekannte These, die Eugen Weber aufstellt in seinem *Peasants into Frenchmen: The Modernization of Rural France, 1870–1914.* Stanford, CA, 1976, S. 292–303.

76   Christa Hämmerle: «Die k.(u.)k. Armee als ‹Schule des Volkes›? Zur Geschichte der allgemeinen Wehrpflicht in der multinationalen Habsburgermonarchie (1866 bis 1914/18).» In: *Der Bürger als Soldat. Die Militarisierung europäischer Gesellschaften im langen 19. Jahrhundert. Ein internationaler Vergleich.* Hg. von Christian Jansen. Essen 2004, S. 175–213.

77   Walter Wagner: «Die k.(u.)k. Armee – Gliederung und Aufgabenstellung 1866–1914.» In: Adam Wandruszka und Peter Urbanitsch (Hg.): *Die Habsburgermonarchie 1848–1918.* Bd. 5: «Die bewaffnete Macht.» Wien 1987, S. 240–243.

78   Zu den einzelnen Aspekten des Militärdiensts und den Änderungen, die dieser im Lauf der Zeit erfuhr: B. Schmitt: *Armee und Staatliche Integration: Preußen und die Habsburgermonarchie, 1815–1866. Rekrutierungspolitik in den neuen Provinzen: Staatliches Handeln und Bevölkerung.* Paderborn 2007; Laurence Cole: *Military Culture and Popular Patriotism in Late Imperial Austria.* Oxford 2014; Gunther Rothenberg; *The Army of Francis Joseph.* West Lafayette, IN, 1976; István Deák: *Beyond Nationalism: A Social and Political History of the Habsburg Officer Corps-* New York 1990, S. 56–60; Christa Hämmerle: «Die k.(u.)k. Armee als Schule des Volks?»

79   Cole führt aus, dass diejenigen mit den niedrigsten Nummern (96 500 Mann, 50 000 davon aus Österreich) drei Jahre aktiven Dienst taten, sieben Jahre in der Reserve dienten und zwei in der Landwehr oder bei der Honvéd. Diejenigen mit den mittelhohen Nummern (20 000 Mann) wurden für zwei Jahre der Landwehr oder der Honvéd zugeordnet, danach zehn Jahre der Reserve. Diejenigen mit den höchsten Nummern erhielten keine Ausbildung, konnten aber in Kriegszeiten zu den Milizen oder zur Ersatzreserve eingezogen werden. Cole: *Military Culture*, S. 114.

80   Ebd., S. 115. Nachdem sie eine einjährige Ausbildung absolviert hatten, nah-

men Reserveoffiziere an jährlichen Übungen teil. Deák: *Beyond Nationalism*, S, 86–88.

81 Zitiert bei Rok Stergar: «Die Bevölkerung der slowenischen Länder und die Allgemeine Wehrpflicht». In: *Glanz–Gewalt–Gehorsam. Militär und Gesellschaft in der Habsburgermonarchie (1800 bis 1918)*. Hg. von Laurence Cole, Christa Hämmerle und Martin Scheutz. Essen 2011, S. 135.

82 Ebd., Cole: *Military Culture*, S. 120.

83 Christa Hämmerle: «‹... dort wurden wir dressiert und sekiert und geschlagen ...›. Vom Drill, dem Disziplinarstrafrecht und Soldatenmisshandlungen im Heer (1868 bis 1914)». In: Cole, Hämmerle und Scheutz: *Glanz–Gewalt–Gehorsam*, S. 31–54.

84 Gunther E. Rothenberg: «Toward a National Hungarian Army: The Military Compromise of 1868 and Its Consequences». In: *SR* 31 (1972), S. 805–816; László Péter: «The Army Question in Hungarian Politics 1867–1918.» In: *Central Europe* 4 (November 2006), S. 88; Catherine Horel: *Soldaten zwischen nationalen Fronten. Die Auflösung der Militärgrenze und die Entwicklung der königlich-ungarischen Landwehr (Honvéd) in Kroatien-Slawonien 1868–1914*. Wien 2009.

85 Die offiziellen Sprachen waren Serbokroatisch, Tschechisch-Mährisch-Slowakisch, Deutsch, Ungarisch, Italienisch, Polnisch, Rumänisch, Ruthenisch (Ukrainisch) und Slowenisch. Inoffiziell wurde bosnisches Serbokroatisch als eigene Sprache behandelt. Siehe Tamara Scheer: «Die k.u.k. Regimentssprachen: Eine Institutionalisierung der Sprachenvielfalt in der Habsburgermonarchie (1867/8–1914)». In: Klaas-Hinrich Ehlers, Martina Niedhammer, Marek Nekula (Hg.): *Sprache, Gesellschaft und Nation in Ostmitteleuropa. Institutionalisierung und Alltagspraxis*. Göttingen 2014, 75–92. Einzelne Beispiele bei Peter Broucek: «Die Mehrsprachigkeit und Sprachenpolitik in den Einheiten der k.und k. Armee in den böhmischen Ländern». In: *250 Jahre Fremdsprachenausbildung im österreichischen Militär am Beispiel des Tschechischen*. Hg. von Josef Ernst. Wien 2003, S. 16–21. Rok Stergar: «Fragen des Militärwesens in der slowenischen Politik, 1867–1914». In: *Österreichische Osthefte* 46, Nr. 3 (2004), S. 391–422.

86 Weitere Beispiele bei Nicola Fontana: «Trient als Festungs- und Garnisonsstadt. Militär und Zivilbevölkerung in einer k.u.k. Festungsstadt, 1880–1914. In: Cole, Hämmerle und Scheutz: *Glanz–Gewalt–Gehorsam*, S. 177–198; Frank Wiggermann: *K.u.K. Kriegsmarine und Politik: Ein Beitrag zur Geschichte der italienischen Nationalbewegung in Istrien*. Wien 2004; Wilhelm Steinböck (Hg.): *Graz als Garnison: Beiträge zur Militärgeschichte der steirischen Landeshauptstadt*. Graz 1982; Martin Parth: «Die Garnison Graz um 1900». In: *Historisches Jahrbuch der Stadt Graz* 27, Nr. 28 (1998), S. 165–189: Peter Melichar; «Ästhetik und Disziplin: Das Militär in Wiener Neustadt, 1740–1914». In: *«Die Wienerische Neustadt»: Handwerk, Handel und Militär*. Hg. von Sylvia Hahn und Karl Flanner. Wien-Köln-Weimar 1994, S. 283–336. Zu Galizien siehe Piotr Galik: «Miasta Galicyskie jako gar-

nizony armii austro-węgierskiej w prezededniu I wojny światowej». In: *Acta Uniwersitatis Wratislaviensis* 111 (1993), S. 113–123.

87 Rok Stergar: «The Evolution of Language Policies and Practices of the Austro-Hungarian Armed Forces in the Era of Ethnic Nationalisms: The Case of Ljubljana-Laibach»; unveröffentl. Manuskript, 2015. Ich danke Professor Stergar dafür, dass ich Einblick in dieses Manuskript nehmen durfte. Siehe auch Stergar: «National Indifference in the Heyday of Nationalist Mobilization? Ljubljana Military Veterans and the Language of Command.» In: AHY 43 (2012), S. 45–58.

88 Fontana: «Trient als Festungs- und Garnisonsstadt», S. 192 f.

89 Stergar: «Evolution of Language Policies and Practices», S. 16.

90 Tamara Scheer: «Habsburg Languages at War: «The Linguistic Confusion at the Tower of Babel Couldn't Have Been Much Worse». In: *Languages and the First World War: Communicating in a Transnational War.* Hg. von Christophe Declercq und Julian Walker. London 2016.

91 Hanns Haas: «Krieg und Frieden am regionalen Salzburger Beispiel 1914.» In: *Salzburg Archiv* 20 (1995), S. 303–320; Cole: *Military Culture*, S. 314.

92 Cole: *Military Culture*, S. 268–286.

93 Cole: *Military Culture*, insbes. Kapitel 3–5; statistische Daten, S. 129.

94 Cole: *Military Culture*, S. 311.

95 Wie Cole und andere gemeint haben, führte die Förderung der Veteranenvereine durch den Staat nicht notwendigerweise dazu, dass deren Aktivitäten in irgendeiner Weise durch die Obrigkeit eingeschränkt oder geprägt wurden.

96 Cole: *Military Culture*, S. 268–307.

97 Hans Mommsen: *Die Sozialdemokratie und die Nationalitätenfrage im habsburgischen Vielvölkerstaat. Das Ringen um die supranationale Integration der zisleithanischen Arbeiterbewegung (1867–1907).* Wien 1963, S. 370.

98 Ebd., S. 370 f. Karl Ucakar: *Demokratie und Wahlrecht in Österreich: zur Entwicklung von politischer Partizipation und staatlicher Legitimationspolitik.* Wien 1985.

99 Zu den Feierlichkeiten am 1. Mai siehe Harald Troch: *Rebellensonntag. Der 1. Mai zwischen Politik, Arbeiterkultur und Volksfest in Österreich (1890–1918).* Wien 1991.

100 Angaben zur Zahl der gewerkschaftlich Organisierten in Österreich bei Geoffrey Drage: *Austria-Hungary.* New York 1909, S, 112. Angaben zu Ungarn S. 851.

101 Wolfgang Maderthaner: «Die Entstehung einer demokratischen Massenpartei: Sozialdemokratische Organisation von 1889 bis 1918». In: *Die Organisation der österreichischen Sozialdemokratie, 1889–1995.* Hg. vom Maderthaner und Wolfgang C. Müller. Wien 1996.

102 Während der jüngst vergangenen Badeni-Krise, die Demonstrationen und gewalttätige Auseinandersetzungen zwischen tschechischen und deutschen

Nationalisten ausgelöst hatte, hatten die sozialistischen Parteien die Zusammenarbeit mit den nationalistischen bürgerlichen Parteien verweigert und einiges an Unterstützung eingebüßt. Es wurde daher umso notwendiger, eine klare Stellung zur Frage nationaler Eigenständigkeit und nationaler Rechte zu beziehen.

103 Jakub Beneš: *Workers and Nationalism: Czech and German Social Democracy in Habsburg Austria, 1890–1918.* Unveröffentl. Manuskript. Ich bin Professor Beneš dankbar dafür, dass er mich Einblick in diese Arbeit nehmen ließ. Siehe auch Karl F. Bahm: «Beyond the Bourgeoisie: Rethinkig Nation, Culture, and Modernity in Nineteenth-Century Central Europe.» In: AHY 29, Teil 1 (1998), S. 19–36.

104 Otto Bauer: *The Question of Nationalities and Social Democracy.* Übers. von Joseph O'Donnell. Minneapolis 2000: Helmut Konrad: *Nationalismus und Internationalismus. Die österreichische Arbeiterbewegung vor dem Ersten Weltkrieg.* Wien 1976, S. 18–40; ders.: «Arbeiterbewegung und bürgerliche Öffentlichkeit. Kultur und nationale Frage in der Habsburgermonarchie». In: *Geschichte und Gesellschaft* 20, Nr. 4 (1994), S. 506–518; Hans Mommsen: «Otto Bauer, Karl Renner und die sozialdemokratische Nationalpolitik in Österreich von 1905–1914». In: *Studies in East European Social History.* Hg. von Keith Hitchens. Leiden 1977. Bd. 1.

105 William Jenks: *The Austrian Electoral Reform of 1907.* New York 1974, Kap. 1; John Boyer: «Power, Partisanship, and the Grid of Democratic Politics: 1907 as the Pivot Point of Modern Austrian History.» In: AHY 44 (2013), S. 148–174; Ernst Bruckmüller und Berthold Sutter: «Der Reichsrat, das Parlament der westlichen Reichshälfte Österreich-Ungarns (1861–1918).» In: Ernst Bruckmüller (Hg.): *Parlamentarismus in Österreich.* Wien 2002, S. 60–109.

106 Geoff Eley: *Forgung Democracy; The History of the Left in Europe, 1850–2000.* New York und Oxford 2002, S. 98.

107 Ucakar: *Demokratie und Wahlrecht,* S. 290–296.

108 Boyer: «Power, Partisanship, and the Grid of Democratic Politics».

109 Der oberste österreichische Gerichtshof befand 1909, dass, da der Sprachgebrauch zu einem großen Teil über die natioanle Zugehörigkeit entschied, die Juden aber nicht eine einzige Sparche verwendeten, sondern abhängig von ihrem Wohngebiet unterschiedliche Sprachen benutzen, sie nicht als eine eigenständige Nation angesehen werden konnten. Die Männer, die den Ausgleich in der Bukowina aushandelten, wo der Anteil der jüdischen Bevölkerung bei 12 Prozent lag, mussten daher dafür sorgen, dass die Juden auf irgendeine Weise repräsentiert waren, ohne eine formelle Kurie für sie zu schaffen. Siehe dazu die Aufsätze von Gerald Stourzh: «The National Compromise in the Bukovina 1909/1910», sowie «Max Diamant and Jewish Diaspora Nationalism in the Bukovina». Beide in: *From Vienna to Chicago and Back.* Chicago 2007, S. 177–189 und S. 190–203. Außerdem Eugen Ehrlich; *Die Aufgaben der Sozialpolitik im österreichischen Osten insbesondere in*

der Bukowona. Mit besonderer Beleuchtung der Juden- und Bauernfrage.
Czernowitz 1909.

110 Gerald Stourzh: «Ethnic Attribution in Late Imperial Austria: Good Intentions, Evil Consequences». In: Ritchie Robinson und Edward Timms (Hg.): *The Habsburg Legacy: National Identity in Historical Perspective (Austrian Studies 5)* (1994), S. 67–83. Siehe auch Jeremy King: *Budweisers into Czechs and Germans: A Local History of Bohemian Politics, 1848–1948.* Princeton, NJ, 2002, sowie Tara Zahra: *National Indifference and the Battle for Children in the Bohemian Lands, 1900–1848.* Ithaca, NY, 2008.

111 Stürgkh hatte auch mit Führern nationalistischer Parteien konferiert, bevor er den Landtag auflöste. Cohen; «Nationalist Politics», S. 271; Lothar Höbelt: «Bohemia 1913 – a Consensual *Coup d'État?*» In: *Estates and Representation* 20 (November 2000), S. 207–214; Siehe auch Gerald Stourzh: «Verfassungsbruch im Königreich Böhmen. Ein unbekanntes Kapitel zur Geschichte des richterlichen Prüfungsrechts im alten Österreich». In: *Staatsrecht und Staatswissenschaften in Zeiten des Wandels. Festschrift für Ludwig Adamovich.* Hg. von Ludwig Karl Adamovich und Bernd-Christian Funk. Wien 1992, S. 675–690.

112 Karl Lamp: «Die Verfassung von Bosnien und der Herzegowina vom 17. Februar 1910». In: *Jahrbuch des öffentlichen Rechts der Gegenwart*, Nr. 5 (1911), S. 137–229.

113 Zu den Voraussetzungen für die Gewährung des Wahlrechts siehe Lamp: «Die Verfassung», S. 142–145. Die Männer im Alter von mehr als dreißig Jahren, die die entsprehenden Voraussetzungen erfüllten, konnten mit Ausnahme von Lehrern und Angestellten des öffentlichen Diensts auch für einen Sitz im Landtag kandidieren. In der Kurie der muslimischen Großgrundbesitzer waren auch Frauen vertreten, die aber nur mithilfe eines männlichen Stellvertreters wählen konnten. Wie in der übrigen Monarchie konnten Männer, die aktiv Dienst beim Miltär taten – mit Ausnahme von Verwaltungsangestellten – nicht wählen.

114 Valerie Heuberger: «Politische Institutionen und Verwaltung in Bosnien und der Herzegowina 1878–1918». In: *Die Habsburgermonarchie, 1848–1918.* Bd. 7: «Verfassung und Parlamentarismus». Hg. von Heinrich Rumpler und Peter Urbanitsch. Wien 2000, S. 2383–2425; insbes. S. 2415–2419.

115 Lamp verglich den Status von Bosnien-Herzegowina mit dem, den das «Reichsland» Elsass-Lothingen als Verwaltungsgebiet innerhalb des bundesstaatlich organisierten Deutschen Reichs einnahm, sowie mit dem verschiedener Typen von Kolonien und Protektoraten. Lamp: «Die Verfassung», S. 211–215.

116 Ebd., S. 228 f.

117 Heuberger vertritt die Ansicht, dass die Statuten 1912 geändert wurden, um einiges von der Macht, die das gemeinsame österreichische und ungarische Finanzministerium innehatte, auf die lokale Regierung zu übertragen. Heuberger: «Politische Institutionen und Verwalrung», S. 2420–2423.

118 Robert Kann hat einige der bekannteren Reformideen analysiert und kategorisiert, von denen der Sozialdemokraten bis hin zu denen der katholischen Konservativen, in *The Multinational Empire; Nationalism and National Reform in the Habsburg Monarchy, 1848–1918*. New York 1950.

119 Mark Cornwall ist im Begriff, eine Studie zum Thema Hochverrat in der Habsburgermonarchie von 1848 bis 1918 abzuschließen. Siehe M. C.: «Loyalty and Treason in Late Habsburg Croatia: A Violent Discourse before the Great War». In: *Exploring Loyalty*. Hg. von Martin Schulze-Wessel und Jana Osterkamp. Göttingen 2017; «Traitors and the Meanings of Treason in Austria's Great War.» In: *Transactions of the Royal Historical Society* 25 (2015), S. 113–134.

120 Zur pessimistischen Gestimmtheit in Kreisen der konservativen Elite vgl. Solomon Wank: «Pessimism in the Austrian Establishment at the Turn of the Century». In: *The Mirror of History: Essays in Honor of Fritz Fellner*. Hg. von Solomon Wank et al. Santa Barbara, CA, und Oxford 1988, S. 295–314. Graf Oswald Thun an Aloys Frh. Lexa von Aehrenthal, 10. Februar 1898 und 18. Oktober 1903, zit. n. Ernst Rutkowski (Hg.): *Briefe und Dokumente zur Geschichte der österreichisch-ungarischen Monarchie unter besonderer Berücksichtigung des böhmisch-mährischen Raumes*, Teil I: Der Verfassungstreue Großgrundbesitz, 1880–1899, München 1983, S. 359, bzw. Teil II: Der Verfassungstreue Großgrundbesitz, 1900–1904, München 1991, S. 764 (Veröffentlichungen des Collegium Carolinum 51/I, II) (Hervorhebungen im Original).

121 Zit. n. Fritz Fellner (Hg.): *Schicksalsjahre Österreichs, 1908–1919; das politische Tagebuch Joseph Redlichs*, I. Band, 1908–1914, Graz, Köln 1953, S. 194. Zu Conrad von Hötzendorfs Ansichten im Allgemeinen siehe Rothenberg: *The Army of Francis Joseph*, S. 144 f.; Holger Herwig: *The First World War: Germany and Austria-Hungary 1914–1918*. London 1997, S. 9–11. Zu der anderen Bastion der Aristokratie, dem Außenministerium, siehe William D. Godsey: *Aristocratic Redoubt: The Austro-Hungarian Foreign Office on the Eve of the First World War*. West Lafayette, IN, 1999.

8 Krieg und radikale Staatsbildung, 1914–1925

1 Robert Musil: Der deutsche Mensch als Symptom. Reinbek 1967.

2 Martin Moll: *Die Steiermark im Ersten Weltkrieg. Der Kampf des Hinterlandes ums Überleben 1914–1918*. Graz 2014.

3 In die Zahl der Todesopfer, die der Krieg forderte, sind die zirka 478 000 Menschen eingeschlossen, die in Gefangenschaft starben. John Ellis und Michael Cox: *The World War I Data Book*. London 2001, S. 269. Einer von der Carnegie-Stiftung für Internationalen Frieden finanzierten Studie zufolge, die von Leo Grebler in *The Cost of the World War to Germany and Austria-Hungary*. New Haven, CT, 1940, S. 147 zitiert wird, sollen zusätz-

lich 467 000 Zivilisten in Österreich-Ungarn an den Folgen der Blockade durch die Alliierten gestorben sein; diejenigen, die der Spanischen Grippe zum Opfer fielen, sind darin nicht eingerechnet. Wenn man von einer Gesamtbevölkerung von ungefähr 52 Millionen ausgeht – das war der Stand von 1910 –, kamen also 3 Prozent der Einwohner durch direkte oder indirekte Kriegseinwirkungen ums Leben.

4 Zur Wirtschaft während des Krieges und zum Wandel der Produktionsverfahren, die durch vom Krieg herbeigeführte technologische Änderungen bewirkt wurden, siehe: *Wirtschaft, Technik und das Militär.* Hg. von Herbert Matis, Juliane Mikoletzky und Wolfgang Reiter. Wien und Berlin 2014.

5 Maureen Healy: «Becoming Austrian: Women, the State, and Citizenship in World War I.» In: CEH 33 (2002), S. 1–35.

6 Dies.; *Vienna and the Fall of the Habsburg Empire: Total War and Everyday Life in World War I.* Cambridge 2004; Laurence Cole: *Military Culture and Popular Patriotism in Late Imperial Austria.* Oxford 2013, S. 318.

7 Dass die Militärdiktatur im Vergleich zu den Regimen in anderen europäischen Staaten außergewöhnlich streng war, war eine Behauptung, die Josef Redlich in seinem Buch *Österreichs Regierung und Verwaltung im Weltkrieg.* Wien 1925, S. 123 vorbrachte. Redlich bezeichnete geheime Zusammenkünfte zwischen Vertretern des Kriegsministeriums, des Gemeinsamen Ministerrats und des Generalstabs im Jahr 1912 als «ungesetzlich». Bei diesen Treffen war die Schaffung eines Kriegsüberwachungsamtes geplant worden. Siehe auch Iris Rachamimov: «Arbiters of Allegiance: Austro-Hungarian Censors During World War I.» In: *Constructing Nationalities.* Hg. von Pieter M. Judson und Marsha Rozenblit. New York 2005, S. 157–177, hier S. 162.

8 John Deak: «The Great War and the Forgotten Realm: The Habsburg Monarchy and the First World War.» In: *JMH* 86 (Juni 2014), S. 369 f.

9 Ebd., S. 370.

10 Tara Zahra: *Kidnapped Souls: National Indifference and the Battle for Children in the Bohemian Lands, 1900–1848.* Ithaca, NY, 2008, S. 27–29; Pieter M. Judson: *Guardians of the Nation: Activists on the Language Frontiers of Imperial Austria.* Cambridge, MA, 2006, S. 40 f., S. 44–46.

11 Jonathan Gumz: *The Resurrection and Collapse of Empire in Habsburg Serbia, 1914–1918.* New York 2009, S. 10–16; Christoph Führ: *Das k.u.k. Armeeoberkommando und die Innenpolitik in Österreich, 1914–1917* (Studien zur Geschichte der Habsburgermonarchie 7). Graz, Wien, Köln 1968. Zur Stimmung innerhalb des Offizierkorps siehe auch István Deák: *Beyond Nationalism: A Social and Political History of the Habsburg Officer Corps, 1848 1918.* New York 1990; Günther Kronenbitter: *«Krieg im Frieden»: Die Führung der k.u.k. Armee und die Großmachtpolitik Österreich-Ungarns 1906–1914.* München 2003.

12 Waltraud Heindl: «Bureaucracy, Officials, and the State in the Austrian Monarchy: Stages of Change since the Eighteenth Century.» In: AHY 37 (2006), S. 35–57.

13 Gumz: *Resurrection and Collapse*, S. 14. Gumz meint, dass die Besatzungs-
    regimes, die Österreich-Ungarn in den besetzten Gebieten – vor allem in
    Serbien – eingesetzt hatte, die Gelegenheit geboten hätten, utopische, strikt
    nach militärischen Grundsätzen strukturierte Gesellschaften zu begründen,
    in denen es keine sozialen Konflikte gab.
14 Redlich: *Österreichs Regierung*, S. 123.
15 Christoph Führ: *Das k.u.k. Oberarmeekommando und die Innenpoliik in
    Österreich, 1914–1917.* Wien 1968, S. 27; Martin Moll; *Kein Burgfrieden.
    Der deutsch-slowenische Nationalitätenkonflikt in der Steiermark 1900–
    1918.* Innsbruck 2007, S. 184; John Deak: *Forging a Multinational State:
    State-Making in Imperial Austria from the Enlightenment to the First
    World War.* Stanford, CA, 2015, inbes. S. 264–269. Das österreichische Par-
    lament war von Stürgkh bereits im März 1914 aufgelöst worden.
16 Rachamimov: «Arbiters of Allegiance»; Tamara Scheer: *Die Ringstraßen-
    front. Österreich-Ungarn, das Kriegsüberwachungsamt und der Aus-
    nahmezustand während des Ersten Weltkrieges.* Wien 2010. Rachamimov
    zufolge wurde Österreich-Ungarn von ganz Europa um die für die Briefzen-
    sur zuständige Abteilung des KÜA beneidet.
17 Zu Tisza siehe Gabor Vermes: *István Tisza: The Liberal Vision and Conser-
    vative Statecraft of a Magyar Nationalist.* New York 1985.
18 Es sei an dieser Stelle noch einmal darauf hingewiesen, dass das österreichi-
    sche KÜA dem gemeinsamen – d. h. österreichisch-ungarischen – Kriegs-
    ministerium verantwortlich war, das ungarische HB aber nur dem ungari-
    schen Kabinett und Parlament.
19 József Galántai: *Hungary in the First World War.* Übers. von Éva Grusz und
    Judit Pokoly, überarb. von Mark Goodman. Budapest 1989, S. 72–79.
20 Zitiert ebd., S. 95.
21 Mark Cornwall: «Das Ringen um die Moral des Hinterlandes». Unveröffent-
    lichtes Manuskript für: *Die Geschichte der Habsburgermonarchie.* Bd. 11/1:
    «Die Habsburgermonarchie und der Erste Weltkrieg». Hg. von Helmut Rump-
    ler und Anatol Schmiedt (noch nicht erschienen). Ich bin Professor Cornwall
    dankbar dafür, dass er mich Einblick in dieses Manuskript nehmen ließ.
22 Während des Krieges erstattete der Premierminister dem Parlament acht-
    mal Bericht über die Anwendung von Notmaßnahmen. Galántai: *Hungary
    in the First World War,* S. 79.
23 Zitiert bei Arnold Suppan: «Die Untersteiermark, Krain und das Küstenland
    zwischen Maria Theresia und Franz Josef (1740–1918)». In: *Deutsche Ge-
    schichte im Osten Europas. Zwischen Adria und Karawanken.* Hg. von
    A. S. Berlin 1998, S. 342.
24 Z. A.B. Zeman: *The Breakup of the Habsburg Empire 1914–1918: A Study in
    National and Social Revolution.* London 1961, S. 42.
25 Mark Cornwall: «Das Ringen um die Moral des Hinterlandes»; ders.: *The
    Devil's Wall: The Nationalist Youth Mission of Heinz Rutha.* Cambridge,
    MA, 2012; insbes. S. 35–78.

26 Cole; *Military Culture*, S. 322.

27 Zu den Verfolgungen von Slawophilen in Galizien siehe Führ: *Das k.u.k. Oberarmeekommando*, S. 181. Am 17. Juli debattierte der Gemeinsame Ministerrat beispielsweise auf das Beharren Conrad von Hötzendorfs hin, der von der Vorstellung, dass vom Turnverein *Sokol* eine besondere Gefahr ausging, wie besessen zu sein schien, ob man nicht für alle Gebiete mit einer südslawischen Einwohnerschaft den Ausnahmezustand verhängen sollte. Merkwürdigerweise erlaubte man aber, dass am 26. Juli in der Steiermark ein Fest der *Sokoln* abgehalten wurde. Moll: *Kein Burgfrieden*, S. 181.

28 Healy: *Vienna and the Fall of the Habsburg Empire*, S. 122–159 und insbes. S. 159. Zu vom Volk ausgehenden Initiativen während des Kriegs und zu Denunziationen siehe auch Tara Zahra: *Kidnapped Souls*, S. 82–85.

29 Zur Machtanmaßung des Militärs, zu der Überreaktion örtlicher Gendarmen und den Folgen, die das auf lokaler Ebene in der Steiermark hatte, siehe Martin Moll: *Kein Burgfrieden*. Dort werden auch viele einzelne Fälle aufgelistet, bei denen Personen im Juli und August 1914 als potenzielle serbophile Verräter verhaftet wurden.

30 Moll: *Kein Burgfrieden*, S. 462.

31 Zitiert bei Suppan: «Die Untersteiermark, Krain und das Küstenland», S. 345; Moll: *Kein Burgfrieden*, S. 182.

32 Suppan, ebd., S. 345; Martin Moll: *Die Steiermark im Ersten Weltkrieg*, S. 45 f.;

33 «Windisch» war ein lokal gebräuchlicher Ausdruck für «slowenisch» oder «slawisch». Zitat aus Moll: *Kein Burgfrieden*, S. 367.

34 In der Steiermark wurden mindestens 637 Personen verhaftet. Statistische Angaben bei Moll: *Kein Burgfrieden*, S. 424–439. In 200 Fällen wurden sie tasächlich formell für schuldig befunden; später wurden diese Urteile aber oft aufgehoben. Andere Häftlinge wurden im Rahmen der von Kaiser Karl am 2. Juli 1917 erlassenen Generalamnestie freigelassen.

35 Ebd., S. 446.

36 Galántai: *Hungary in the First Wolrd War*, S. 96.

37 Ebd., S. 95–98. Ein Fall übereifriger Repression durch Militärs in Ungarn, in den ein Offizier von allerhöchstem Rang verwickelt war und der Tisza persönlich dazu veranlasste einzuschreiten, ist dargestellt bei Irina Marin: «World War One and Internal Repression: The Case of Major General Nikolaus Cena». In: AHY 44 (2013), S. 195–208.

38 John Paul Newman: «Post-Imperial and Postwar Violence in the South Slav Lands, 1917–1923». In: CEH 19, Nr. 3 (2010), S. 256.

39 Zu diesem Vorfall und zu Tiszas Protesten siehe Galántai: *Hungary in the First World War*, S. 97 f. Siehe auch Marin: «World War I and Internal Repression», S. 294 f.

40 Eine ältere Untersuchung der Nahrungsmittelkrise ist: Hans Loewenfeld-Rus: *Die Regelung der Volksernährung im Kriege*. Wien 1926. Andere Untersuchungen zu dem Thema sind u. a.: Peter Heumos: ««Kartoffeln her oder

es gibt eine Revolution»: Hungerkrawalle, Streiks und Massenproteste in den böhmischen Ländern, 1914–1918». In: *Der Erste Weltkrieg und die Beziehungen zwischen Tschechen, Slowaken und Deutschen.* Hg. von Hans Mommsen, Dušan Kováč, Jiří Malír und Michaela Marek. Essen 2001, S. 255–286.; Healy: *Vienna*; Claire Morelon: «Street Fronts: War, State Legitimacy and Urban Space, Prague 1914–1920.» Dissertation, University of Birmingham und École Doctorale des Sciences Po, Paris. 2015.

41 Gumz: *Resurrection and Collapse of Empire*, S. 142–192.

42 Martin Franc: «Bread from Wood: Natural Food Substitutes in the Czech Lands during the First World War.» In: *Food and War in Twentieth-Century Europe.* Hg. von Iva Zweiniger-Bargielowska, Rachel Duffett und Alain Drouart. Farnham 2011, S. 73–83: Roman Sandgruber: *Ökonomie und Politik. Österreichische Wirtschaftsgeschichte vom Mittelalter bis zur Gegenwart.* Wien 1995, 2005, S. 325; Moll: *Die Steiermark im Ersten Weltkrieg.* S. 96.

43 Zitiert bei Morelon: «Street Fronts», S. 137.

44 Galántai: *Hungary in the First World War*, S. 80 f.

45 Sandgruber: *Ökonomie und Politik*, S. 324. Statisken zur Wirtschaftsproduktion, zum Verbrauch und zum Transport von Produkten siehe *Die Habsburgermanarchie 1848–1918.* Bd. 11/2: «Weltkriegsstatistik Östereich-Ungarn 1914–1918. «Bevölkerungsbewegung, Kriegstote, Kriegswirtschaft».

46 Zu den verschiedenen Bemühungen der Munizipalverwaltungen siehe Redlich: *Österreichs Regierung und Verwaltung im Weltkriege*; zum Amt für Volksernährung siehe Ottokar Landwehr von Pargenau: *Hunger. Die Erschöpfungsjahre der Mittelmächte 1917/1918.* Wien und Zürich 1931, S. 6.

47 Healy: *Vienna and the Fall of the Habsburg Empire*, S. 43 f.; Morelon: «Street Fronts», S. 136. Zu Prag siehe auch Eva Drasarova und Jaroslav Vrbata (Hg.): *Sborník dokumentů k vnitřnímu vývoji v českých zemích za I. Světové války 1914–1918.* Prag 1993–1995, Bd. 2, S. 67.

48 Ivan Šedivý: *Češi, české země a Velká valka 1914–1918.* Prag 2001, S. 259; Moll: *Die Steiermark im Ersten Weltkrieg*, S. 85.

49 Healy: *Vienna and the Fall of the Habsburg Empire*, S. 45–47. In Graz standen vor dem Krieg 70 000 Liter Milch täglich zur Verfügung, 1918 waren es nur 14 000 Liter. Moll: *Die Steiermark im Ersten Weltkrieg*, S. 91.

50 Healy: *Vienna and the Fall of the Habsburg Empire*, S. 43 f. Siehe auch Thierry Bonzon und Belinda Davis: «Feeding the Cities.» In: *Capital Cities at War: London, Paris, Berlin 1914–1919.* Hg. von Jay Winter und Jean Louis Robert. Cambridge, Neuausgabe 1997. Zu Berlin siehe Belinda Davis: *Home Fires Burning: Food, Politics, and Everyday Life in World War I Berlin.* Chapel Hill 2000.

51 Galántai: *Hungary in the First World War*, S. 80–84.

52 AST. Abschrift Pr. A-107, 11. Januar 1917, vom Statthalter an das Innenministerium, Busta 439, Luogotenenza del Littoral, Atti Presidiali. Siehe auch Almerigo Apollonio: *La Belle Epoque e il tramonto dell'Impero Asburgico sulle Rive dell'Adriatico (1902–1918).* Bd. 2: «La Grande Guerra (1914–

1918)». Triest 2014. Tabellen zu Lebensmittelknappheit, Sterblichkeitsraten und Inflation, S. 959–969.

53 In Ungarn beispielsweise konnten Männer bis zu 55 Jahren wie auch Frauen aufgrund der Notstandsgesetze zwangsweise zu kriegswichtigen Arbeiten herangezogen werden. Galántai: *Hungary in the First World War*, S. 80 f.

54 Morelon: «Street Fronts», S. 139.

55 Healy: *Vienna and the Fall of the Habsburg Empire*, insbes. S. 31–86. Zum Anstehen vor Geschäften, S. 73–82, hier S. 76.

56 Zitiert ebd., S. 75.

57 Polizeibericht vom September 1917, zitiert bei Morelon: «Street Fronts», S. 173.

58 Eine Untersuchung dieses Phänomens in Prag bei Morelon: «Street Fronts», S. 170–186.

59 Zu Sanktionen gegen solche Hamsterfahrten siehe Moll: *Die Steiermark im Ersten Weltkrieg*, S. 158. Zu Versuchen, auf dem Land außerhalb von Prag Lebensmittel aufzutreiben, siehe Morelon: «Street Fronts», S. 146–148. Zu dem gleichen Phänomen in der Umgebung von Wien siehe Healy: *Vienna and the Fall of the Habsburg Empire*, S. 53–56.

60 Morelon: «Street Fronts», S. 152, 159 f.; zum České Srdce-Programm siehe ebd., S. 153–155.

61 Zitiert bei Healy: *Vienna and the Fall of the Habsburg Empire*, S. 52.

62 Ebd., S. 51, 57, Healy weist darauf hin, dass die Politiker, wenn sie Ungarn wegen seiner angeblichen Weigerung anprangerten, etwas von seinen Lebensmittelvoräten abzutreten, bei ihren Wählern an Ansehen verloren, weil sie auf diese Weise den Anschein erweckten, sich von den viel gewitzteren Ungarn übertölpeln zu lassen.

63 Zitiert ebd., S. 59.

64 Ebd., S. 65–69, Morelon: «Street Fronts», S. 124–132.

65 Morelon: «Street Fronts», S. 61.

66 Galántai gibt an, dass einundzwanzig Serbisch sprechende Soldaten, die von Serbien gefangengenommen wurden, in das serbische Militär aufgenommen werden wollten und neunundzwanzig von Ungarn nach Serbien flohen, um dem Dienst im österreichisch-ungarischen Militär zu entgehen. Weitere dreizehn setzten sich direkt nach Serbien ab. *Hungary in the First World War*, S. 97.

67 Zitiert bei Zahra: *Kidnapped Souls*, S 85.

68 Morelon: «Street Fronts», S. 161 f.

69 Masaryk hatte Österreich-Ungarn bei Ausbruch des Kriegs verlassen.

70 Richard Lein: *Pflichterfüllung oder Hochverrat? Die tschechischen Soldaten Österreich-Ungarns im Ersten Weltkrieg*. Wien 2011. Eine kleine Zahl tschechischer Soldaten kämpfte bis 1917 für Russland; in diesem Jahr wurde es auch Kriegsgefangenen gestattet, sich freiwillig zum Waffendienst für Russland zu melden. Zur formellen Aufstellung einer Tschechischen Legion kam es sowohl in Russland als auch in Frankreich. 1918 zählte sie an die 40 000 Mitglieder. Die Legion kämpfte auch im russischen Bürgerkrieg.

71 Deak: *Forging a Multinational State*, S. 271.

72 Zu den Flüchtlingen siehe: Marsha Rozenblit: *Reconstructing a National Identity: The Jews of Habsburg Austria during World War I*. Oxford 2001; Julie Thorpe: «Displacing Empire: Refugee Welfare, National Activism and State Legitimacy in Austria-Hungary in the First World War». In: *Refugees and the End of Empire; Imperial Collapse and Forced Migration in the Twentieth Century*. Hg. von Panikos Panayi und Pippa Virdee. Basingstoke 2011, S. 102–126; Beatrix Hoffmann-Holter: «*Abreisendmachung»: Jüdische Kriegsflüchtlinge in Wien 1914–1923*. Wien 1995; David Rechter; «Galicia in Vienna: Jewish Refugees in the First World War.» In: AHY 28 (1997), S. 113–130; Walter Mentzel: «Weltkriegsflüchtlinge in Cisleithanien, 1914–1918,» In: *Asylland wider Willen. Flüchtlinge in Österreich im europäischen Kontext seit 1914*. Hg. von Gernot Heiss und Oliver Rathkolb. Wien und München 1995, S. 17–44. Manfried Rauchensteiner: *Der Erste Weltkrieg und das Ende der Habsburgermonarchie*. Wien 2013, S. 835–853. Zu Flüchtlingen in Prag siehe Morelon: «Street Fronts», S. 120–132.

73 Zu diesem Zwischenfall und einer Darstellung der Arbeit internationaler Hilfsorganisationen siehe Rebekah Klein-Pejšova: «Beyond the ‹Infamous Concentration Camps of the Old Monarchy›: Jewish Refugee Policy from Wartime Austria-Hungary to Interwar Czechoslovakia». In: AHY 45 (2014), S. 154–177. Zur Erfahrung, die jüdische Flüchtlinge in Ungarn machten, siehe Robert Nemes: «Refugees and Antisemitism in Hungary during the First World War». In: *Sites of European Antisemitism in the Age of Mass Politics 1880–1918*. Hg. von R. N. und Daniel Unowsky. Waltham, MA, 2014, S. 236–254.

74 HHStA, MDA, AR, Fach 36, Karton 341, «Instruktion betreffend die Beförderung und Unterbringung von Flüchtlingen aus Galizien und der Bukowina, 15. September 1914».

75 K. K. Ministerium des Innern, *Staatliche Flüchtlingsfürsorge im Kriege 1914/15*. Wien 1915, S. 10.

76 Peter Štih, Vasko, Simoniti und Peter Vodopivec: *Slowenische Geschichte. Gesellschaft – Politik – Kultur*. Übers. von Michael Kulnik. Graz 2008, S. 306 f.

77 Einige lokale Regierungen nahmen oft die durch den Krieg bedingten Umsiedlungen von Bevökerungsgruppen wahr, um hart gegen die Roma vorzugehen, die sie als arbeitsscheu bezeichneten, und über die sie normalerweise wenig Kontrolle besaßen, weil sie nicht seßhaft waren, sondern im Land umherzogen. Siehe z. B. die Diskussion möglicher Maßnahmen gegen sie in: «Zigeunerunwesen, Bekämpfung, 8. Juli 1918». AVA, MdI, allg. 20, Karton 2120 Zigeuner. Rauchensteiner: *Der Erste Weltkrieg*, S. 845, informiert über die Einweisung von Flüchtlingen in die einzelnen Lager aufgrund der von ihnen gesprochenen Sprache.

78 Siehe zum Beispiel AST, «Verzeichnis über verfügte Internierungen», 24. März 1917, Busta 443, Luogotenenza del Littoral, Atti Presidiali. Auf-

geführt sind 216 aus Polen stammende Internierte; die Gründe für ihre Einweisung in das Lager reichen von «allgemein unverzuerlässig wegen wiederholten Diebstahls» bis zu «Handel mit Aufständischen, österreichfeindlich gesinnt» oder «macht Propaganda für liberale italienische Ideen, aktiv bei Wahlen».

79 Zitiert bei Cole: *Military Culture*, S. 320.

80 Wie Anm. 74, S. 11.

81 Moll: *Die Steiermark im Ersten Weltkrieg*, S. 63.

82 Zitiert bei Cole: *Military Culture*, S. 320.

83 Zu Wagna und Thalerhof siehe Moll: *Die Steiermark im Ersten Weltkrieg*, S. 66–76. Die Regierung der Steiermark setzte auch mobile Einrichtungen zur Entlausung und zum Baden ein, die von Lager zu Lager transportiert werden konnten.

84 «Wünsche und Vorschläge betreffend die staatliche Flüchtlingsfürsorge für Angehörige des Landes Görz-Gradisca, 2. März 1916». In: OestA, AVA, MdI, 19 allg., Karton 1955.

85 «Verpflegung der feindl. Zivilinternierten in der Monarchie, 26, November 1916», HHStA, MdA, AR, Fach 36, Karton 582.

86 Wie Anm. 74, S. 15; Moll: *Die Steiermark im Ersten Weltkrieg*, S. 72 f.

87 *Lager-Zeitung/Gazzetta di Campo*, herausgegeben und geleitet von der k.k. Barackenverwaltung in Wagna bei Leibnitz, Nr. 1 (4 Seiten), 14. Oktober 1915; Nr. 2 (4 Seiten), 15. Oktober 1915.

88 «Kulturelle Flüchtlingsfürsorge, deutscher Sprachunterricht». Wien, 14. März 1917. In: AVA, AdR, BMsV, Kriegsflüchtlingsfürsorge, Karton 15.

89 Rozenblit: *Reconstructing National Identity*, S. 79; Morelon: «Street Fronts», S. 131.

90 Gustav Spann: «Zensur in Österreich während des 1. Weltkrieges». Dissertation, Wien 1972; Cornwall: «Das Ringen um die Moral».

91 Titel u. a.: *Unsere Offiziere, Unsere Soldaten, Unsere Nordfront* und *Unsere Kämpfe im Süden*. Cornwall: «Das Ringen um die Moral».

92 Zu Ersatzlebensmitteln im Allgemeinen siehe Franz Vojir: «Ersatz-Lebensmittel im Ersten Weltkrieg in Österreich. In: *Wirtschaft, Technik und das Militär* (wie Anm. 3), S. 253–284.

93 Healy: *Vienna and the Fall of the Habsburg Empire*, S. 87–121.

94 Miklós Bánffy: *The Phoenix Land: The Memoirs of Count Miklós Bánffy*. London 2003, S. 3 f.

95 Zu Franz Joseph als Vaterfigur siehe Healy: *Vienna and the Fall of the Habsburg Empire*, S. 279–299.

96 Bánffy: *The Phoenix Land*, S. 32.

97 Moll: *Die Steiermark im Ersten Weltkrieg*, S. 136.

98 Kaiser Karl hatte Czernin Verhandlungen mit den Alliierten und den USA, bevor diese in den Krieg eintraten, aufnehmen lassen. In einem vertraulichen Brief an den französischen Staatspräsidenten, der diesem im März 1917 vom Bruder der Kaiserin übergeben werden sollte – einem Brief, von

dem nicht einmal Czernin etwas wusste –, bezeichnete Karl die Ansprüche Frankreichs auf Elsass-Lothringen als gerechtfertigt. Als Czernin ein Jahr später enthüllte, dass es eine geheime franzöische Friedeninitiative gegeben hatte, konterte Clemenceau mit der Mitteilung, dass von Österreich-Ungarn bereits viel früher Gespräche aufgenommen worden waren. Als Czernin dies abstritt, machte Clemenceau den Brief Karls bekannt. Czernin gab zwar zu, dass es sich um einen authentischen Brief handelte, behauptete aber, dass die Elsass-Lothringen betreffende Erklärung erfunden worden sei. Karl sah sich dennoch gezwungen, Kaiser Wilhelm II. seiner Loyalität zu versichern, und Czernin musste zurücktreten. Robert Kann; *Die Sixtusaffäre und die geheimen Friedensverhandlungen Österreich-Ungarns im Ersten Weltkrieg.* München und Wien 1966. Zum sich wandelnden Verhältnis Österreich-Ungarns zu den USA während des Krieges siehe Nicole Phelps: *US Habsburg Relations from 1815 to the Paris Peace Conference: Sovereignty Transformed.* Cambridge 2013; Václav Horčička: «The Biltateral Relationship Between Austria-Hungary and the United States from April to December 1917.» In: AHY 46 (2015), S. 261–295.

 99 Miklós Komjáthy (Hg.): *Protokolle des Gemeinsamen Ministerrats der Österreichisch-Ungarischen Monarchie (1914–1918).* Budapest 1966, S. 441 f.

100 Zur Mai-Erklärung und den Erklärungen anderer nationalpolitischer Gruppierungen im Parlament siehe Moll: *Die Steiermark im Ersten Weltkrieg,* S. 147 f.; Rauchensteiner: *Der Erste Weltkrieg,* S. 734–737.

101 215 der 380 Kommunen der Südsteiermark unterstützten die Petition. Moll: *Die Steiermark im Ersten Weltkrieg,* S. 147 f.; Cornwall: «Das Ringen um die Moral»; Walter Lukan: «Die politische Meinung der slowenischen Bevölkerung 1917/18 im Spiegel der Zensurberichte des Gemeinsamen Zentralnachweisbureaus für Kriegsgefangene in Wien». In: *Nacionalismus, společnost a kultura ve střední Evropě 19. a 20. Století.* Hg. von Jiří Pokorný, Luboš Velek, Alice Velková. Prag 2007, S. 246 und 259.

102 Rauchensteiner: *Der Erste Weltkrieg,* S. 912 f. Wolfdieter Bihl: *Österreich-Ungarn und die Friedensschlüsse von Brest-Litovsk.* Wien 1970; *Die Besatzung der Ukraine 1918. Historischer Kontext, Forschungsstand, wirtschaftliche und soziale Folgen.* Hg. von Wolfram Dornik, Stephan Karner. Graz-Wien-Klagenfurt 2008.

103 Zu Auseinandersetzungen um das Wahlrecht in Ungarn siehe Galántai: *Hungary in the First World War,* S. 224–226.

104 Aus einer Rede von Julius Andrássy dem Jüngeren, gehalten vor dem ungarischen Parlament am 26. Februar 1917, zitiert bei Galántai: *Hungary in the First World War,* S. 225.

105 Margarete Grandner: «Die Beschwerdekommission für die Rüstungsindustrie Österreichs während des Ersten Weltkriegs. Der Versuch einer ‹sozialpartnerschaftlichen› Institution in der Kriegswirtschaft?» In: *Historische Wurzeln der Sozialpartnerschaft.* Hg. von Gerald Stourzh und Margarete Grandner. Wien 1986.

106 Zitiert bei Moll: *Die Steiermark im Ersten Weltkrieg*, S. 137.

107 Ebd., S. 141–143.

108 Galántai: *Hungary in the First World War*, S, 294 f.

109 Zitiert bei Healy: *Vienna and the Fall of the Habsburg Empire*, S. 84; Rudolf Neck (Hg.): *Österreich im Jahre 1918. Berichte und Dokumente*. München 1968, S. 34 f.

110 Galántai: *Hungary in the First World War*, S. 292f, S. 296.

111 AST, «KK Festungskommissär in Pola an das Präsidium in Triest», 30. Januar 1918, Busta 449, Luogotenenza del Littoral, Atti Presidiali.

112 Richard Plaschka: *Matrosen, Offiziere, Rebellen. Krisenkonfrontationen zur See, 1900–1918*. Wien, Köln, Graz 1984; Bruno Frei: *Die Matrosen von Cattaro*. Wien 1963; Galántai: *Hungary in the First World War*, S. 299.

113 AST, «Bolschewikische Agitation (Heimkehrer)», MdI, Min. für Landesverteidigung, 4. Mai 1919, Busta 443, Luogotenenza del Littoral, Atti Presidiali.

114 Zitiert bei Rachamimov: «Arbiters of Allegiance», S. 171.

115 Ebd., S. 172.

116 Zum «Brotfrieden» siehe Rauchensteiner: *Der Erste Weltkrieg*, S. 914–920.

117 Moll: *Die Steiermark im Ersten Weltkrieg*, S. 158.

118 Tara Zahra: «‹Each Nation Cares Only For its Own›: Empire, Nation, and Child Welfare Activism in the Bohemian Lands, 1900–1918.» In: *American Historical Review*, Bd. 111, Nr. 5 (Dezember 2006), S. 1378–1402, insbes. S. 1393.

119 Zur Erschaffung dieser Netzwerke in Böhmen und Mähren siehe Zahra: *Kidnapped Souls*, S. 95–103.

120 Zahra: «Each Nation», S. 1381.

121 Ebd., S. 1394.

122 Ebd., S. 1379, 1393.

123 *Reichenberger deutsche Volkszeitung*, 16. Juni 1918, S. 1 f., zitiert ebd. S. 1400.

124 Zu Tiszas Inspektionsreise siehe Galántai: *Hungary in the First World War*, S. 310 f. Zu Scheus Reise siehe Robert Scheu: *Wanderung durch Böhmen am Vorabend der Revolution*. Wien, Prag, Leipzig 1919.

125 Zitate bei Galántai: *Hungary in the First World War*, S. 310 f.

126 Das Zitat «Als … gegeben» wurde einer Erklärung des tschechischen nationalen Führers Alois Rašín entnommen; es findet sich bei Gary B. Cohen: «Nationalist Politics and the Dynamics of State and Civil Society in the Habsburg Monarchy, 1867–1914». In: CEH 40/2 (2007), S. 278.

127 Am 26. September wurde in Paris von Tomáš Masaryk die Tschechoslowakische Republik ausgerufen, am 15. Oktober wurde dieser neue Staat von der französischen Regierung anerkannt.

128 Irina Livezeanu: *Cultural Politics in Greater Romania: Regionalism, Nation Building and Ethnic Struggle, 1918–1930*. Ithaca, NY, 1995, S. 57. Der Rumänische Nationalrat hatte sich in Reaktion auf das sogenannte «Völkermanifest» Kaiser Karls vom 16. Oktober gebildet.

129 Zitiert bei Moll: *Die Steiermark im Ersten Weltkrieg*, S. 159.

130 Ebd., S. 165.

131 Der Text wurde zwei Tage später in den Zeitungen veröffentlicht. Siehe beispielsweise *Neue Freie Presse* vom 18. Oktober 1918, S. 1.

132 Richard Lein: «Der ‹Umsturz› in Prag im Oktober 1918: zwischen Mythen und Fakten.» In: *Schlaglichter auf die Geschichte der böhmischen Länder vom 16. bis zum 20. Jahrhundert*. Hg. von David Schriffl und Niklas Perzi. Wien 2011, S. 185–206; Morelon: «Street Fronts». S. 204–206.

133 Zitiert bei Cohen: «Nationalist Politics», S. 278.

134 Ebd.

135 Morelon: «Street Fronts», S. 210.

136 Die Statue Maria Theresias, die von einem recht bekannten einheimischen Künstler geschaffen worden war, wurde im Oktober 1921 über einen Zeitraum von zwei Tagen hinweg von Angehörigen der tschechischen Legion unter den Augen der Polizei zerstört. Zu diesem Vorfall und zur Umbenennung der Stadt siehe: Peter Bugge: «The Naming of a Slovak City: The Czechoslowak Renaming of Pressburg/Pozsony/Prešporok in 1918–1919». In: AHY 35 (2004), S. 205–227, insbes. S. 222.

137 Zum Zerstörung der Mariensäule und zum katholischen tschechischen Nationalismus in den 1920er-Jahren siehe Cynthia Paces: *Prague Panoramas: National Memory and Sacred Space in the Twentieth Century*. Pittsburgh 2009, S. 87–96; dies.: «‹The Czech Nation Must Be Catholic!› An Alternative Version of Czech Nationalism during the First Republic». In: *Nationalities Papers* 27, Nr. 3 (1997), S. 407–428; dies. und Nancy M. Wingfield; «The Sacred and the Profane.» In: *Constructing Nationalites in East Central Europe*, S. 107–125; Martin Schulze-Wessel: «Tschechische Nation und katholische Konfession vor und nach der Gründung des tschechoslowakischen Nationalstaates». In: *Bohemia* 39 (1997), S. 311–337.

138 Ivan Šedivy: «K otázce kontinuity nositelů státní moci: jmenováni vedoucích úředníků v kompetenci ministerstva vnitra v letech 1918–1921». In: *Moc, vliv a autorita v procesu vzniku a utváření meziválečné ČSR 1918–1921*. Hg. von Jan Hájek, Dagmar Hájková und Luci Merhautová. Prag 2008, S. 184–197; Samuel Ronsin; «Police, Republic, and Nation: The Czechoslovak State Police and the Building of a Multinational Democracy, 1918–1925.» In: *Policing Interwar Europe: Continuity and Crisis, 1918–1949*. Hg. von Gerald Blaney. New York 2007, S. 136–158; Martin Zückert: *Zwischen Nationsidee und staatlicher Realität. Die tschechoslowakische Armee und ihre Nationalitätenpolitik, 1918–1938*. München 2006, insbes. S. 80–112. Siehe auch Morelon: «Street Fronts» zur Übernahme von Personal aus der Kaiserzeit.

139 Zur Problematik der Heimkehrer und potenziell durch sie erfolgende bolschewistische Infiltration siehe Hannes Leidinger und Verena Moritz: *Gefangenschaft, Revolution, Heimkehr. Die Bedeutung der Kriegsgefangenenproblematik für die Geschichte des Kommunismus in Mittel- und*

Ostmitteleuropa 1917–1920. Wien 2003. Die Autoren kommen zu dem Schluss, dass persönliche Erfahrungen für die Radikalisierung von Kriegsgefangenen in weit größerem Umfang ausschlaggebend waren als bolschewistische Propaganda.

140 Zitiert bei Morelon: «Street Fronts», S. 190.

141 1918 kam es in Böhmen zu 184 Streiks von Industriearbeitern, 1919 zu 242 und 1920 zu 590; danach nahm ihre Zahl wieder ab. Siehe Heumos: «Kartoffeln her», S. 271; Morelon: «Street Fronts», S. 188–190, S. 223–225.

142 Die Überschrift des Abschnitts aus einer Rede vor dem Ungarischen Parlament von Károlyi Huszár, zitiert bei: Galántai: *Hungary in the First World War*. S. 319,

143 Ebd., S. 325–327.

144 Alison F. Frank: *Oil Empire: Visions of Prosperity in Austrian Galicia*. Cambridge, MA, 2005, S. 205–208. Zum Kampf um das Ölfeld von Drohobytsch siehe S. 209–228.

145 Carole Fink: *Defending the Rights of Others: The Great Powers, the Jews, and International Minority Protection, 1878–1938*. Cambridge 2004, S. 110–112; William Hagen: «The Moral Economy of Popular Violence: The Pogrom in Lwow, 1918.» In: *Antisemitism and Its Opponents in Modern Poland*. Hg. von Robert Blobaum. Ithaca, NY, 2005, S. 124–147, insbes. S. 127 f.; Christoph Mick: «Nationalisierung in einer multiethnischen Stadt. Interethnische Konflikte in Lemberg, 1890–1920». In: *Archiv für Sozialgeschichte* 40 (2000), S. 113–146.

146 Siehe den Bericht über die Kriege in Timothy Snyder: *The Reconstruction of Nations: Poland, Ukraine, Lithuania, Belarus 1569–1999*. New Haven, CT, 2003, S. 137–141.

147 Der Militärrat gab sein Vorhaben dem ungarischen Volk am 26. Oktober bekannt. Galántai: *Hungary in the First World War*, S. 321 f.

148 Es gibt eine umfangreiche Forschungsliteratur zum «Weißen Terror» in Ungarn; siehe z. B.: Bela Bodo: «Militia Violence and State Power in Hungary, 1919–1920». In: *Hungarian Studies Review* 33 (2006), S. 121–167. Bis zu welchem Grad Horthy persönlich für die Exzesse des Weißen Terrors verantwortlich war, bleibt unstritten. Zu Horthy siehe István Deák: «A Hungarian Admiral on Horseback». In: I. D.: *Essays on Hitler's Europa*. Lincoln und London 2001, S. 148–159; Thomas Sakmyster: *Hungary's Admiral on Horseback: Miklós Horthy, 1918–1944*. New York 1993.

149 Einige deutsche Nationalisten in Südböhmen erklärten sich auch als zu Oberösterreich gehörig, und die Regierung in Linz sandte Vertreter dorthin, um die Verwaltung der neuen Territorien zu organisieren. Am 3. November erklärten einige deutschen Nationalisten in Südmähren ihre Zugehörigkeit zu Niederösterreich. Zur tschechoslowakischen Besetzung von «Deutschböhmen» siehe AVA, Österreichisches Staatsarchiv, Archiv der Republik, Landesregierung Deutschböhmen 1918–1919, Karton 5, II, IV, VIII, XIV, Karton 6, XIV. Siehe auch: «Prachatitz (zu Deutschösterreich)», «Winterberg

(Tschechoslowaken in der Stadt») und «Bergreichenstein (Besetzung Berg-
reichensteins durch die Tschechoslowaken)», In: *Südböhmische Volkszeitung*, 1. Dezember 1918, S. 7; «Die Tschechen in Südböhmen», 8, Dezember
1918, S. 2; «Tschechische Übergriffe». In: *Deutsche Volkszeitung Reichenberg*, 1. Dezember 1918, S. 4; «Reichenberg von den Tschecho-Slowaken besetzt», 16. Dezember 1918, S. 1.

150 Newman: «Post-Imperial and Postwar Violence», S. 258–260.
151 Moll: *Die Steiermark im Ersten Weltkrieg*, S. 170 f.
152 Die amerikanischen Fachleute kamen zu dem Schluss, dass die Beziehungen
der Ethnien zueinander in dieser Region «verworren» («confused») waren
und eine größere Zahl von Slowenisch Sprechenden es vorzog, die wirtschaftliche Verbindung mit Österreich im Norden aufrechtzuerhalten. Siehe
die Dokumente, die wiedergegeben sind bei Siegfried Beer und Eduard Stau-
dinger: «Grenzziehung per Analogie: Die Miles-Mission in der Steiermark
im Jänner 1919: Eine Dokumentation». In: *Als Mitteleuropa zerbrach: Zu
den Folgen des Umbruchs in Österreich und Jugoslawien nach dem Ersten
Weltkrieg*. Hg. von Stefan Karner. Graz 1990.

Epilog: Die neuen Reiche

1 Emil Ludwig: *Gespräche mit Masaryk. Denker und Staatsmann*. Amsterdam 1935, S. 261. Masaryk bezog sich mit dieser Aussage auf die Tschechoslowakische Republik.
2 Eric J. Hobsbawm: *Nationen und Nationalismus, Mythos und Realität seit
1780*. Übers. von Udo Rennert. Frankfurt a. M. und Wien 1992, S. 155.
3 Mark Mazower: *Dark Continent: Europe's Twentieth Century*. New York
1998, S. 3–40.
4 Thomas Garrigue Masaryk: «The Problem of Small Nations and States.» In:
We Were and We Shall Be: The Czechoslovak Spirit through the Centuries.
Hg. von Zdenka und Jan Muzner. New York 1941, S. 153.
5 Erez Manela: *The Wilsonian Moment: Self-Determination and the International Origins of Anticolonial Nationalism*. New York und Oxford 2007;
Naoko Shimazu: *Japan, Race and Equality: The Racial Equality Proposal of
1919*. New York und Oxon 1998.
6 Zitiert bei Margaret Macmillan: *Paris 1919: Six Months That Changed the
World*. New York 2001, S. 99. Siehe auch Mark Mazower: *No Enchanted
Palace: The End of Empire and the Ideological Origins of the United
Nations*. Princeton, NJ, 2009, S. 45.
7 Zu Fragen der Staatsbürgerschaft in Deutschösterreich nach dem Krieg siehe
Ulrike von Hirschhausen: «From imperial inclusion to national exclusion:
citizenship in the Habsburg monarchy and in Austria 1867–1923». In: *European Review of History – Revue européenne d'histoire* 16, Nr. 4 (August
2009), S. 551–573, insbes. S. 559–562. Die Autorin weist darauf hin, dass

während der Zeit von 1919 bis 1921 in einzelnen Fällen nationale Identität unterschiedlich bestimmt werden konnte. Als aber 1921 Leopold Waber von der nationalistischen Großdeutschen Volkspartei das Amt des Innenministers übernahm, legte er der Definition von Deutschtum ganz klar rassische Gesichtspunkte zugrunde, um die Naturalisierung aller jüdischen Antragsteller zu verhindern, und die Gerichte schlossen sich ihm an. Siehe auch Marsha Rozenblit: *Reconstructing a National Identity: The Jews of Habsburg Austria during World War I.* Oxford 2001.

8 Siehe die Beispiele bei Annemarie H. Sammartino: *The Impossible Border: Germany and the East, 1914–1922.* Ithaca, NY, 2010. Zu den Abkommen über Minderheitenrechte und ihre Umsetzung siehe Carole Fink: *Defending the Rights of Others: The Great Powers, the Jews, and International Minority Protection, 1878–1938.* Cambridge und New York 2004; Tara Zahra: «The Minority Problem and National Classification in the French and Czechoslovak Borderlands.» In: *Contemporary European History* 17, Nr. 2 (2008), S. 137–165.

9 Siehe Tara Zahras Untersuchung zu Gerichtsverfahren im Zusammenhang mit tschechoslowakischen Volkszählungen zwischen den Weltkriegen in *Kidnapped Souls: National Indifference and the Battle for Children in the Bohemian Lands, 1900–1948.* Ithaca, NY, 2008, S. 118–141.

10 Timothy Snyder: *The Reconstruction of Nations: Poland, Ukraine, Lithuania, Belarus 1569–1999.* New Haven, CT, 2003, S. 52–65.

11 Zu Beispielen für Zuweisungen zu einer Nation und die damit verbundene Einschränkung von Rechten in der Tschechoslowakei zwischen den Weltkriegen siehe Zahra: *Kidnapped Souls,* Kap. 4 und 5. Zum Charakter des deutschen Nationalismus in der Tschechoslowakei in diesem Zeitraum siehe auch Mark Cornwall: *The Devil's Wall: The Nationalist Youth Mission of Heinz Rutha.* Cambridge, MA, 2012. Zum tschechischen Imperialismus im ungarisch- und deutschsprachigen Grenzland siehe Daniel Miller: «Colonizing the Hungarian and German Border Areas during the Czechoslovak Land Reform, 1918–1938». In: AHY 34 (2003), S. 303–318.

12 Irina Livezeanu: *Cultural Politics in Greater Romania: Regionalism, Nation Building and Ethnic Struggle, 1918–1930.* Ithaca, NY, 1995, S. 155–166.

13 Hannah Arendt: *The Origins of Totalitarianism.* New York 1951, S. 153.

14 Livezeanu: *Cultural Politics,* S. 63–68, 138–143.

15 Ebd., S. 49 f., 60–68.

16 Andrej Vovko; «Die Minderheitenschulwesen in Slowenien im Zeitabschnitt des Alten Jugoslawien». In: *Geschichte der Deutschen im Bereich des heutigen Slowenien 1848–1941/Zgodovina Nemcev na Območju Današnje Slovenije, 1848–1941.* Hg. von Helmut Rumpler und Arnold Suppan. Wien 1988, S. 255–272. Wenn der Autor auch irreführende Behauptungen in Bezug auf die von den Habsburgern unternommene «Germanisierung» in der Region anstellt, bietet der Artikel doch einen nützlichen Überblick über rechtliche und institutionelle Aspekte der jugoslawischen Bildungs- und Minderheitenpolitik.

17 Siehe Laurence Cole: «Divided Land, Diverging Narratives: Memory Cultu-
res of the Great War in the Successor Regions of Tyrol»; Mark Cornwall: «A
Conflicted and Divided Habsburg Memory»; und John Paul Newman: «Silent
Liquidation? Croatian Veterans and the Margins of War Memory in Inter-
war Yugoslavia.» In: *Sacrifice and Rebirth: The Legacy of the Last Habsburg
War.* Hg. von Mark Cornwall und John Paul Newman. New York 2015,
S. 256–284; 1–12; 197–215.

18 Emanuel Turczynski: «Das Vereinswesen der Deutschen in der Bukowina.»
In: *Buchenland: Hundertfünfig Jahre Deutschtum in der Bukowina.* Hg.
von Franz Lang. München 1961, S. 118 f. Dort ist das Memorandum der deutschen Gemeinde vom 17. November 1918 wiedergegeben.

19 Livezeanu: *Cultural Politics in Greater Romania,* S. 49.

Bildnachweis

S. 39, 44: © akg-images | *S. 54:* © akg-images/De Agostini Picture Lib./A. De Gregorio | *S. 82, 84:* © Österreichische Nationalbibliothek | *S. 129:* © akg-images | *S. 134:* © akg-images/Erich Lessing | *S. 155:* © akg-images/De Agostini Picture Lib./G. Dagli Orti | *S. 157:* © akg-images/Erich Lessing | *S. 182:* © Opava, Slezské zemské museum/Schlesisches Museum | *S. 194:* © Österreichische Nationalbibliothek | *S. 218, 219:* © akg-images | *S. 224:* © akg-images/Fototeca Gilardi | *S. 231:* © akg-images/Erich Lessing | *S. 269:* © akg-images | *S. 289:* © akg-images/World History Archive | *S. 299, 302:* © Österreichische Nationalbibliothek | *S. 305, 333:* © akg-images/Imagno/Österreichisches Staatsarchiv | *S. 334:* © akg-images/Imagno | *S. 355:* © ANNO/Österreichische Nationalbibliothek | *S. 401:* © akg-images/Imagno | *S. 407:* © akg-images/Imagno/Österreichisches Staatsarchiv | *S. 410:* © Österreichische Nationalbibliothek | *S. 413:* © AKON/Österreichische Nationalbibliothek | *S. 416, 417:* © Österreichische Nationalbibliothek | *S. 432:* © akg-images/De Agostini Picture Library/A. Dagli Orti | *S. 441:* © Österreichische Nationalbibliothek | *S. 442, 443, 444:* © AKON/Österreichische Nationalbibliothek | *S. 460:* © Alinari/Art Resource, NY | *S. 517:* © akg-images | *S. 522, 529:* © Österreichische Nationalbibliothek | *S. 536:* © akg-images | *S. 559:* © Adoc-photos/Art Resource, NY

Zu den Wappen:

S. 33: Wappen Maria Theresias | *S. 76:* Wappen des Hauses Habsburg-Lothringen ab 1806 | *S. 139, 203:* Österreichischer Doppeladler, um 1835, © akg-images/Imagno/k.A. | *S. 281, 345:* Wappen des Kaisertums Österreich, 1815–1866 | *S. 425:* Wappen der Österreichisch-Ungarischen Monarchie, 1867–1915 | *S. 491:* Wappen der Österreichisch-Ungarischen Monarchie, 1915–1918

Personenregister

Kursive Seitenzahlen verweisen auf Bildtexte.

Aus dem Verlagsprogramm

Geschichte bei C.H.Beck

Marie-Janine Calic
Südosteuropa
Weltgeschichte einer Region
2. Auflage. 2019. 704 Seiten mit 41 Abbildungen und 7 Karten.
Gebunden

Marian Füssel
Der Preis des Ruhms
Eine Weltgeschichte des Siebenjährigen Krieges 1756–1763
2. Auflage. 2020. 656 Seiten mit 25 Abbildungen und 13 Karten.
Gebunden

Jill Lepore
Diese Wahrheiten
Eine Geschichte der Vereinigten Staaten von Amerika
Historische Bibliothek der Gerda Henkel Stiftung
Aus dem Englischen übersetzt von Werner Roller
4. Auflage. 2020. 1120 Seiten mit 33 Abbildungen.
Leinen

Volker Reinhardt
Die Macht der Schönheit
Kulturgeschichte Italiens
3. Auflage. 2020. 651 Seiten mit 110 Abbildungen,
davon 50 in Farbe, und 5 Karten.
Gebunden

Bart Van Loo
Burgund
Das verschwundene Reich
Eine Geschichte von 1111 Jahren und einem Tag
Aus dem Niederländischen von Andreas Ecke
2020. 656 Seiten mit 50 farbigen Abbildungen und 5 Karten.
Gebunden

Verlag C.H.Beck München

Biographien bei C.H.Beck

Tim Blanning
Friedrich der Große
König von Preußen
Eine Biographie
Aus dem Englischen übersetzt von Andreas Nohl
2019. 718 Seiten mit 32 Abbildungen und 19 Karten. Gebunden

Heinz Schilling
Karl V.
Der Kaiser, dem die Welt zerbrach
Biographie
2020. 457 Seiten mit 3 Karten und 40 Abbildungen. Gebunden

Wolfram Siemann
Metternich
Stratege und Visionär
Eine Biografie
2., durchgesehene Auflage. 2016. 983 Seiten mit 73 Abbildungen.
Gebunden

Barbara Stollberg-Rilinger
Maria Theresia
Die Kaiserin in ihrer Zeit
Eine Biographie
5., durchgesehene Auflage. 2018. XXVIII, 1083 Seiten mit 82 Abbildungen,
davon 30 in Farbe, 1 Karte und 3 Stammtafeln. Gebunden

Michaela Vocelka/Karl Vocelka
Franz Joseph I.
Kaiser von Österreich und König von Ungarn
1830–1916. Eine Biographie
2015. 458 Seiten mit 28 Schwarz-Weiß-Abbildungen,
13 farbigen Abbildungen im Tafelteil, 2 farbigen Karten im Vorsatz
und 1 Stammtafel. Gebunden

Verlag C.H.Beck München